Die NATO als Militärallianz

Entstehung und Probleme
des Atlantischen Bündnisses bis 1956

Herausgegeben vom
Militärgeschichtlichen Forschungsamt

Band 4

R. Oldenbourg Verlag München 2003

Die NATO als Militärallianz.
Strategie, Organisation
und nukleare Kontrolle im Bündnis
1949 bis 1959

Von
Christian Greiner, Klaus A. Maier
und Heinz Rebhan

Im Auftrag des
Militärgeschichtlichen Forschungsamtes
herausgegeben von

Bruno Thoß

R. Oldenbourg Verlag München 2003

Bibliografische Information der Deutschen Bibliothek

Die Deutsche Bibliothek verzeichnet diese Publikation in der Deutschen Nationalbibliografie; detaillierte bibliografische Daten sind im Internet über <http://dnb.ddb.de> abrufbar.

© 2003 Oldenbourg Wissenschaftsverlag GmbH, München
Rosenheimer Str. 145, D-81671 München
Internet: http://www.oldenbourg-verlag.de
Das Werk einschließlich aller Abbildungen ist urheberrechtlich geschützt. Jede Verwertung außerhalb der Grenzen des Urheberrechtsgesetzes ist ohne Zustimmung des Verlages unzulässig und strafbar. Das gilt insbesondere für Vervielfältigungen, Übersetzungen, Mikroverfilmungen und die Einspeicherung und Bearbeitung in elektronischen Systemen. Gedruckt auf säurefreiem, alterungsbeständigen Papier (chlorfrei gebleicht).

Satz: Militärgeschichtliches Forschungsamt, Potsdam
Grafiken: Daniela Borisch, Hannelore Mörig, Bernd Nogli, Militärgeschichtliches Forschungsamt, Potsdam
Druck und Bindung: R. Oldenbourg Graphische Betriebe Druckerei GmbH, München

ISBN 3-486-56757-8

Inhalt

Einführung 1

Christian Greiner

Die Entwicklung der Bündnisstrategie 1949 bis 1958

I. Die Grundlagen: Vertrag, Organisation,
   strategisches Grundkonzept 19

II. Die Bedrohung des Vertragsgebietes 39

III. Mittel- und kurzfristige Verteidigungspläne
    und Streitkräfteplanungen 1950 49

IV. Die konventionelle Phase: Koreakrieg und MC 14/1,
    1950 bis 1952 65

V. Der nukleare Einstieg. »New Look« und MC 48, 1952 bis 1954 103

VI. Die Implementierung der »Massive Retaliation«. »Directive«
    des NATO-Rates und MC 14/2, 1955 bis 1957 129

VII. Die Europäisierung der »Massive Retaliation«: MC 70, 1958 169

Heinz Rebhan

Der Aufbau des militärischen Instruments der NATO

I. Die militärische Lage der NATO 1949/50 177

   1. Divergierende Verteidigungskonzeptionen 178

2. Die sicherheitspolitische Lage der westeuropäischen Mitgliedstaaten 180
   3. Militär- und Wirtschaftshilfe aus den USA und Kanada 194
   4. Die Bedrohung durch die Sowjetunion und militärstrategische Pläne 197
   5. Erste Organisationsformen 201

II. Beschleunigte Aufrüstung infolge des Koreakrieges 1950 bis 1953 205

   1. Die Forcierung der Aufrüstungsprogramme 205
   2. Die Reorganisation der Struktur des Bündnisses 210
   3. Wirtschaftliche und politische Probleme 217
   4. Die Streitkräfteziele von Lissabon 220

III. Abstützung der Verteidigung auf Nuklearwaffen 1953 bis 1956 227

   1. Auf dem Weg zum »New Look« 227
   2. Ein neuer Ansatz 232
   3. Die Stationierung taktischer Nuklearwaffen in Europa 234
   4. Zwischen Verteidigung und Abschreckung 237

Zusammenfassung 245

Klaus A. Maier

Die politische Kontrolle über die amerikanischen Nuklearwaffen. Ein Bündnisproblem der NATO unter der Doktrin der Massiven Vergeltung

I. Einleitung 253

II. Die sicherheitspolitischen Hauptakteure unter Truman
    und Eisenhower – ein Überblick 257

   1. Der Präsident 257
   2. Der Nationale Sicherheitsrat (National Security Council – NSC) 258
   3. Das Außenministerium (Department of State) 260
   4. Das National Military Establishment (NME) und
      das Verteidigungsministerium (Department of Defense – DoD) 262
      a) Der Verteidigungsminister (Secretary of Defense) 262
      b) Die Minister für die Teilstreitkräfte (Service Secretaries) 265
      c) Die Joint Chiefs of Staff (JCS) 267

III. Die Auseinandersetzungen um die Obhut (Custody)
über die Nuklearwaffen 271

1. Begriffsdefinition..271
2. Der Atomic Energy Act von 1946 272
3. Einsatzpolitik: Die Direktive NSC 30..276
4. Der Fehlschlag vom August 1948 281
5. Die Übergabe der Atomwaffen im Ernstfall
   (Emergency Transfer)..283
6. Sommer 1950: Nichtnukleare Atomwaffenbestandteile
   unter der Obhut des Department of Defense 287
7. Korea: Die Auflösung strikter ziviler Kontrolle........................289
8. Empfehlungen des Special Committee NSC
   für den Entscheidungsprozeß 294
9. Der Widerstand der Joint Chiefs of Staff..................................296
10. »Agreed Concepts Regarding Atomic Weapons«......................302
11. Neuer Emergency Transfer-Plan und die Direktive NSC 141...305
12. »New Look« und »Massive Retaliation«....................................308
13. Der Atomic Energy Act von 1954 313
14. Die Obhut über die Thermonuklearwaffen und
    die Emergency Transfer-Direktive vom 4. April 1956..............317
15. Der letzte Akt: Die Direktive des Präsidenten
    vom 26. Februar 1959 324

IV. Die Vorabgenehmigung (Predelegation) des Einsatzes
von Nuklearwaffen..327

1. Begriffsdefinition..327
2. Die Nuklearisierung der NATO-Strategie 328
3. Autorisierung der Befehlshaber der Unified
   and Specified Commands 354
   a) Die Direktive NSC 5515/1..354
   b) Die Direktive NSC 5501 356
   c) Erste Anträge der JCS und die Direktive NSC 5602/1 359
   d) Die »Authorization«-Direktive vom 22. Mai 1957...............366
   e) Die Direktive NSC 5707/8...372
   f) Erste Entwürfe für Durchführungsbestimmungen 375
   g) Die Direktive NSC 5810/1...377
   h) Die »Implementing Instructions« vom 17. Februar 1959...381
   i) Die Weisung NSC 5906/1 386
   j) Die Weisungen an die Oberbefehlshaber.............................388

V. Zusammenfassung 393

Anhang: »Instructions for the Expenditure of Nuclear Weapons
in Accordance with the Presidential Authorization,
dated May 22, 1957« 397

Abkürzungsverzeichnis 421
Literaturverzeichnis 425
Personenregister 451
Autoren und Herausgeber 455

Einführung

Zu den Wesensmerkmalen des Nordatlantikpaktes gehört es, daß er trotz seiner zentralen Rolle für die Koordinierung transatlantischer Verteidigungsanstrengungen allein als Militärallianz nur höchst unzureichend zu begreifen wäre. Seine Gründungskonstellation, seine Strukturen und seine geschichtliche Entwicklung weisen ihn zwar im Kern unstrittig als ein Paktsystem in der Tradition klassischer Militärbündnisse aus. Auf Zeit angelegt, richtete sich der Daseinszweck solcher Allianzen durchgängig an Spannungen im internationalen System aus, die im bilateralen Konfliktaustrag nicht mehr zu steuern waren. Staatengruppen schufen sich deshalb im Rahmen von Allianzverträgen mehr oder weniger ausgeprägte Bündnisstrukturen, innerhalb derer die kollektiven Kriegsvorbereitungen zu koordinieren, gemeinsame Kriegsziele und Feldzugspläne abzustimmen und die Bündnisstreitkräfte im Einsatz über ein unterschiedlich integriertes Oberkommando zu führen waren. Der Zusammenhalt derartiger Allianzen reichte in der Regel nicht über das Ende der gemeinsamen Kriegsanstrengungen hinaus. Nicht selten begann sich die innere Kohäsion sogar schon während eines Koalitionskrieges wieder aufzulösen und die inneren Bruchkanten fortdauernder Interessendivergenzen freizulegen, die im Allianzvertrag nur mühsam überdeckt worden waren. Geradezu archetypisch läßt sich diese Beobachtung an der Entwicklung der Anti-Hitler-Koalition (1941-1945) ablesen. In dem Maße, wie sich auf den Schlachtfeldern zwischen 1942 und 1944 ihre militärische Lage verbesserte, verschlechterten sich ihre politischen Binnenbeziehungen und ließen auf den Konferenzen von Teheran, Jalta und Potsdam die nur durch die gemeinsame Bedrohung verdeckten bündnisinternen Risse des Langzeitkonflikts eines bereits seit 1917 andauernden Kalten Krieges hervortreten[1].

Derartige Probleme aus partieller Konvergenz und fortdauernder Divergenz der Interessen unter Bündnispartnern bildeten sich bei aller kollektiv wahrgenommenen Sicherheitsgefährdung auch schon in ihrer Gründungsphase im Innenleben der NATO ab. Auch sie würde mithin nicht verschont bleiben von jenem Bewegungsgesetz langlebiger Allianzen, der Gegenläufigkeit von abnehmendem Außendruck und zunehmender innerer Erosion. Was die NATO indes von Anfang an geschmeidiger machte als ihre Vorläufer in den beiden Weltkriegen, war die umfassendere Beschreibung ihres Daseinszwecks im Washingtoner Vertrag von 1949.

---

[1] Die beste Gesamtübersicht dazu bietet immer noch Weinberg, World at Arms; vgl. auch Watt, Bemerkungen, hier insbes. S. 352-354 und 365.

Die Bausteine, aus denen er sich zusammensetzt, lehnen sich stark an herkömmliche Allianzverträge an. Frappierend für ein Militärbündnis wirkt allerdings die Reihenfolge in der Anordnung der Bündnisziele. Anders als vergleichbare Paktsysteme bis 1945 wie etwa die Entente Cordiale von 1907 oder die Anti-Hitler-Koalition von 1941 stellt der NATO-Vertrag von 1949 nicht die gemeinsame militärische Sicherheitsbefriedigung an den Anfang seiner Agenda, sondern sein umfassenderes politisch-ökonomisches Anliegen einer Stabilisierung Westeuropas. Seine Präambel beschreibt die Grundzüge einer westlichen Wertegemeinschaft, die es in der Systemauseinandersetzung des Ost-West-Konflikts zu erhalten gilt. Die Verpflichtung auf die UN-Satzung mit ihren Regelungen für den friedlichen Konfliktaustrag in internationalen Krisen schließt sich dem im Artikel 1 an. Im Artikel 2 wird dazu die Schaffung von Bedingungen gefordert, die geeignet sind, allgemeine Stabilität und massenhaften Wohlstand durch wirtschaftliche Zusammenarbeit zu fördern. Erst im Artikel 3 folgt die militärische Absicht, daß man »die eigene und die gemeinsame Widerstandskraft gegen bewaffnete Angriffe erhalten und fortentwickeln« werde[2].

Nun könnte man dies als eine propagandistische Finte im Kalten Krieg ansehen, bei der es im Kampf um die Köpfe zwischen den ideologisch konkurrierenden Systemen in West und Ost um psychologische Vorteile vor einer Weltöffentlichkeit ging, die noch mitten in den Wiederaufbauproblemen nach dem Zweiten Weltkrieg steckte. Die schon 1950/51 erkennbaren und von da an konstitutiven Auseinandersetzungen im Bündnis um eine Verteidigungsplanung, die militärischen Erfordernissen und ökonomischen Ressourcen gleichermaßen gerecht werden sollte, machen indes deutlich, daß sich dahinter mehr und anderes als ein geschicktes publikumswirksames Arrangement von Bündniszielen verbarg[3]. Hier kam vielmehr eine Sicht westlicher Containmentpolitik zum Vorschein, wie sie deren Vordenker George F. Kennan bereits in den beiden komplementären Grundsätzen für die U.S.-Außenpolitik der unmittelbaren Nachkriegszeit ausformuliert hatte. Es gelte für eine demokratische Gesellschaft zwei politische Ziele in der Balance zu halten: »die Sicherheit der Nation zu schützen« und gleichzeitig »den Wohlstand ihrer Bevölkerung zu fördern«[4]. Wie nämlich die Erfahrung mit der gerade erst bestandenen Herausforderung durch den europäischen Faschismus lehre, müßten sich offene Gesellschaften auch jetzt im Kalten Krieg dagegen wappnen, »nicht den Kommunismus als solchen, [...] sondern die ökonomischen Verwerfungen zu bekämpfen, die die europäische Gesellschaft verwundbar machen für die Ausbreitung jeder Art totalitärer Bewegungen«[5]. Westliche Allianzpolitik durfte diesen für sie untrennbaren Zusammenhang nie aus dem Blick verlieren, daß sie sich

---

[2] Der NATO-Vertrag in seiner deutschsprachigen Version ist abgedruckt in: Bundesgesetzblatt 1955, Teil II, S. 293.
[3] Vgl. dazu insgesamt: Thoß, Kollektive Verteidigung.
[4] Grundsatzpapier von George Kennan »The Fundamental Objectives of Our Foreign Policy«, 20.8.1948, zit. nach: Gaddis, Strategies, S. 27.
[5] Memorandum Kennans als Chief Policy Planning Staff im State Department für Außenminister Dean Acheseon, 23.5.1947, FRUS 1947 III, S. 225.

nämlich im Rahmen eines Systemkonflikts zu bewähren hatte, der die westliche Staatengemeinschaft einer weit umfassenderen Bedrohung aussetzte, als dies ein potentieller Angriff auf ihre äußere Sicherheit darstellte. Der kombinierte Angriff des weltpolitischen Gegners von außen und im Inneren offener Gesellschaften bedrohte das politische System des westlichen Demokratiemodells in seiner äußeren Sicherheit, seiner ökonomischen Überlebensfähigkeit und seinem innergesellschaftlichen geistigen Zusammenhalt gleichermaßen. Als Reaktion darauf mußte sich die aufwachsende Nordatlantische Allianz einem Konzept umfassender Sicherheitsbefriedigung verschreiben, in dem das Überleben des eigentlich zu Schützenden, des politisch-ökonomischen Systems und seiner pluralistischen Gesellschaftsverfassung in den Mittelpunkt aller kollektiven Anstrengungen zu stellen war. Seine militärische Absicherung nach außen war dafür eine gewichtige Voraussetzung, aber eben nicht das allen anderen Zielen vorangehende Kernanliegen der in der NATO zusammengeschlossenen Staatengemeinschaft.

Es nimmt daher kaum wunder, daß die NATO-Staaten sich zwar von Anfang an einig waren über die gemeinsame Bedrohung und deren Abwendung durch ein Konzept kollektiver transatlantischer Verteidigung, ohne dafür zunächst auch nur annähernd über die erforderlichen militärischen Mittel zu verfügen. Im ersten strategischen Grundsatzpapier MC 3 vom Oktober 1949[6] war man zwar sogar schon so weit gegangen, die Basis künftiger »Vorwärtsverteidigung« in der Forderung aufscheinen zu lassen: »arrest and counter as soon as practicable the enemy offensives against North Atlantic Treaty powers by all means available«, worunter auch der Einsatz von Atomwaffen fiel. Der Vorbehalt der »Praktikabilität« solcher um des Allianzzusammenhaltes willen zwar unverzichtbaren, von den verfügbaren militärischen Mitteln her aber gar nicht zu leistenden Festlegung auf die Verteidigung möglichst aller Teile des Bündnisterritoriums war freilich ebenso unüberhörbar. Der Stabschef der U.S. Army, General Omar Bradley, schrieb seinen Landsleuten denn auch frühzeitig warnend ins Stammbuch, »daß wir nicht auf unsere Freunde in Westeuropa zählen können, wenn unsere Strategie im Falle eines Krieges darauf hinausläuft, daß wir sie zunächst dem Feind überlassen, verbunden mit dem Versprechen ihrer späteren Befreiung«[7]. Eine – wenn auch nur zeitweilige – militärische Aufgabe des westeuropäischen Kontinents und seine spätere Rückeroberung durch eine Invasion à la 1944 mußte den Zusammenhalt der Allianz von vornherein in Frage stellen.

Daß die Aufnahme einer Verteidigung des westeuropäischen NATO-Territoriums »so frühzeitig wie möglich« jedoch bis auf weiteres kaum mehr als eine politisch-psychologische Absichtserklärung und noch kein realisierbares militärisches Programm darstellte, war den NATO-Planern bei einem Kräftevergleich mit dem sowjetisch dominierten Lager allerdings ebenso offensichtlich. So gingen die westlichen Analytiker von Ende der vierziger bis in die sechziger Jahre kon-

---

[6] Strategic Concept for the Defense of the North Atlantic Area, 19.10.1949, abgedruckt in: NATO Strategy Documents, S. 1-7.
[7] Memorandum vom 5.4.1949, zit. nach Trachtenberg, Peace, S. 101.

stant von militärischen Fähigkeiten der Sowjetunion und ihrer Satelliten aus, die dem Ostblock ein regionales Übergewicht in Europa verschafften, das nur durch ein Zusammenfassen der westeuropäischen Kräfte und eine sinnvolle Lastenverteilung mit ihren angelsächsischen Partnern auszugleichen war. Die öffentlich und bündnisintern immer wieder in westlichen Bedrohungsperzeptionen ausgewiesenen gegnerischen Kräfte verloren wohl bei eingehenderer professioneller Bewertung einiges von ihrem furchterregenden Gewicht. Das lassen jedenfalls neuere Einblicke in die internen U.S. Einschätzungen durchgängig für die fünfziger und sechziger Jahre erkennen[8]. Selbst bei Einbeziehung solcher relativierender Faktoren blieb aus Sicht westlicher Analytiker und Streitkräfteplaner aber eine weit überlegene kritische Masse an angriffsfähigen Boden- und Luftstreitkräften auf Westeuropa gerichtet, die sich im Falle einer militärischen Auseinandersetzung wegen der eklatanten Schwäche der im Brüsseler Pakt erstmals zusammengefaßten westeuropäischen Verteidigungskräfte nur mit einer extrem risikobehafteten Gegenstrategie abfangen lassen mochte. Raum mußte aufgegeben werden, wollte man im Ernstfall Zeit gewinnen, um das eigene Potential in Westeuropa und Nordamerika voll zu mobilisieren und in einer zweiten Phase einer militärischen Auseinandersetzung dann zur Rückeroberung verlorenen Territoriums anzusetzen[9].

Noch 1950 lag dabei der Schwerpunkt der zur Verteidigung des NATO-Raumes verfügbaren Truppen freilich nicht bei der Nordatlantischen Allianz, sondern bei ihrem westeuropäischen Vorgänger, dem Brüsseler Pakt von 1948. Die USA hatten zwar mit dem Washingtoner Vertrag ihre bisher verfolgte Linie einer vorwiegend politisch-wirtschaftlichen Stabilisierung Westeuropas aufgegeben und nunmehr auch militärisch signalisiert, daß sie bereit waren, aus einer Strategie der Sicherung weniger vitaler Punkte (»Strong Point Strategy«) herauszutreten und sich stattdessen unmittelbar in die Verteidigung einer globalen Widerstandslinie rund um den kommunistischen Machtbereich (»Perimeter Strategy«) einzubringen[10]. Da man dazu aber die beiden Gegenküsten des amerikanischen Doppelkontinents in Ostasien und Westeuropa abzusichern hatte, durfte weltweites militärisches Engagement nicht in eine völlige Überforderung Amerikas ausschlagen. Globale Verantwortung Washingtons und regionale Selbstverantwortung seiner Partner hatten deshalb Hand in Hand zu gehen. Aus amerikanischer Sicht resultierte daraus ein Bündniskonzept für die NATO, in dem sich die militärischen Stärken der USA –

---

[8] Vgl. dazu und zum Folgenden: Duffield, Soviet Military Threat; zur parallelen Gegnerwahrnehmung der deutschen politisch und militärisch Verantwortlichen: Wiggershaus, Aspekte. Aus Akten in Archiven ehemaliger Mitglieder des Warschauer Paktes wird im übrigen neuerdings der Nachweis geführt, daß zumindest in der Stalin-Ära keine Vorbereitungen in den Ostblockstaaten auf eine Invasion Westeuropas getroffen wurden, der sowjetische Diktator vielmehr seinerseits von der Annahme einer potentiellen westlichen Aggression gegen Osteuropa und die Sowjetunion ausging, vgl. Lunak, Cold War Alliances, S. 33 f.

[9] Die frühe strategische Planung im Brüsseler Pakt und in der NATO ist eingehend analysiert bei Wampler, Legacy, S. 1–51.

[10] Gefahrenanalyse und Gegenprogramm sind niedergelegt im strategischen Grundsatzpapier NSC 68, 14.4.1950, abgedruckt in: FRUS 1950 I, S. 234–306 und eingehend analysiert bei Gaddis, Strategies, S. 89–126.

ihre See-, Luft- und Nuklearmacht – mit dem Aufbau einer hinlänglichen konventionellen Abwehrkraft der Westeuropäer im Zuge einer Lastenverteilung (»burden sharing«) aus globaler Abschreckung und regionaler Verteidigung verbinden sollten. Dafür mußten die Staaten Westeuropas ihre ökonomischen Ressourcen zusammenlegen, die zusätzlich durch zeitweilige U.S.-Militärhilfe als Anschubfinanzierung aufzustocken waren[11].

Bei einer so weitgehenden Aufgabenteilung lag jedoch das militärische Risiko für die Westeuropäer zumindest für die Übergangszeit ihrer Aufrüstung erkennbar zu hoch. Damit wurde schnell auf beiden Seiten des Atlantik deutlich, daß die militärische Ausgestaltung der NATO ein Mehr an Integration verlangte, als sie in der eher indirekten Sicherheitsgarantie der Amerikaner zu Wasser und in der Luft zugesagt war. Der britische Oberbefehlshaber der Brüsseler-Pakt-Truppen, Field Marshal Bernard L. Montgomery machte sich deshalb mit Unterstützung der britischen Stabschefs zum Sprecher Westeuropas, wenn er bei aller Anerkennung des U.S.-Nuklearpotentials als »der vorrangigen Offensivwaffe« des Westens klarstellte, daß eine Verteidigung Europas unmöglich sei »ohne stärkere konventionelle Streitkräfte, als wir sie derzeit verfügbar haben«[12].

Das war auch in Washington unstrittig, nur wurden dort die daraus zu ziehenden militärischen Konsequenzen zunächst noch ganz im Sinne einer strikten amerikanisch-westeuropäischen Arbeitsteilung gesehen. Mit einer drastischen Erhöhung ihrer eigenen Verteidigungsausgaben gingen die USA daher mit Vorrang an die Weiterentwicklung ihres strategischen Potentials. Von ihren westeuropäischen Partnern erwarteten sie dagegen, daß diese mit erhöhten finanziellen Eigenanstrengungen und flankiert durch U.S.-Militärhilfe eine angemessene konventionelle Streitmacht aufbauten. Dabei lagen im Pentagon zwei strategische Denkschulen miteinander im Widerstreit: die Anhänger einer »peripheral defense« in der Air Force plädierten für den absoluten Vorrang eines strategischen Luftkrieges gegen die Sowjetunion, der sich auf eine Kette von Luftwaffenbasen an der westeuropäischen Peripherie von Nordafrika bis zu den Britischen Inseln abstützen sollte; aus politischen, militärischen und psychologischen Gründen befürwortete demgegenüber die Army eine »forward strategy«, da sie eine großräumige Landungsoperation zur späteren Rückeroberung Westeuropas analog zur Invasion von 1944 gegen einen ebenfalls nuklear gerüsteten Gegners für aussichtslos hielt[13]. Im übrigen kritisierte die Führung der U.S. Army aus grundsätzlichen Erwägungen heraus eine einseitige Konzentration auf *ein Kriegsbild*, die nukleare Abschreckung und – im Falle ihres Scheiterns – auf *eine strategische Option*, die nukleare Gegenoffensive in die Tiefe des gegnerischen Raumes, als militärisch gefährlich, da sie anders als die dafür federführende Air Force nicht an die dauerhafte kriegsentscheidende Wirkung *eines einzigen Kampfmittels* glaubte.

---

11 Vorzüglich analysiert bei Hammerich, Invasion.
12 Global Strategy Paper des Chiefs of Staff Committee (COS) vom Sommer 1950, zit. nach Twigge/Macmillan, Britain, S. 261.
13 Vgl. Sisk, Forging, S. 67; eingehender analysiert bei Rearden, Formative Years, S. 390-393.

Für den Interessenausgleich innerhalb der NATO zwischen Führungsmacht und Partnerstaaten, zwischen global-transatlantischer und regional-westeuropäischer Orientierung resultierte aus diesen␣inneramerikanischen Divergenzen, verbunden mit der Forderung nach konsequenter allianzpolitischer Lastenverteilung, ein mehrfach gespaltener Diskurs:

Bei aller Prioritätensetzung zugunsten ihrer westeuropäischen Gegenküste (»Europe first«) mußten sich die USA in ihrem Selbstverständnis als global agierende Weltmacht Optionen offenhalten, die im Einzelfall europäischem Regionalinteresse zuwiderlaufen konnten. Das schlug sich nicht nur in offenen oder verdeckten Dissonanzen beim internationalen Krisenmanagement nieder. Es hatte auch ganz konkrete Auffassungsunterschiede über Umfang und Dauer des militärischen Engagements der USA auf dem westeuropäischen Kontinent zur Folge. Die Befürworter einer nordamerikanisch-westeuropäischen Sicherheitspartnerschaft hatten nämlich 1948/49 noch mit erheblichen inneramerikanischen Vorbehalten gegen ein neuerliches Engagement von U.S.-Truppen auf dem europäischen Kontinent zu kämpfen. Wenn man im amerikanischen Congress den Weg der Regierung Truman schließlich doch mehrheitlich mitging, dann mehr aus einem Gefühl für die »Lasten und Verantwortlichkeiten«, die den USA nun einmal wegen der eigenen Stärke und den sichtbaren Schwächen der Westeuropäer von der Geschichte aufgebürdet wurden[14]. Als Washington sich daher nach monatelangen inneramerikanischen Auseinandersetzungen, der sogen. »Great Debate« von 1950 über ein erneutes überseeisches Engagement, zu einer Verstärkung der U.S.-Streitkräfte in Europa durchrang, verstand man dies von Anfang an und durchgängig als temporären Anschub westeuropäischer Eigenanstrengungen und nicht als Entscheidung für eine dauerhafte Stationierung[15]. Gerade Präsident Dwight D. Eisenhower, der sich als NATO-Oberbefehlshaber (SACEUR) noch 1950/51 zum beredten Fürsprecher der westeuropäischen Forderungen nach einer Verstärkung der U.S.-Truppen gemacht hatte, ließ deshalb doch nie einen Zweifel am Grundsatz eines zeitlich begrenzten direkten militärischen Engagements der USA in Europa. Anstoß zur regionalen Selbsthilfe und die zeitweilige psychologische wie militärische Abschirmung einer westeuropäischen Aufrüstung bis zu ihrem Wirksamwerden, aber keine dauerhafte konventionelle »major military role« wie in Korea, hieß seine Maxime für Westeuropa. Im Kern stand dahinter eine strategische Grunddisposition, die regionale Selbstverteidigung mit globaler Flexibilität durch militärische Lastenverteilung zu verbinden trachtete, ohne die regionalen Partner aus ihrer Eigenverantwortung zu entlassen und die Weltmacht USA in die globale Überspannung ihrer Kräfte (»overcommitment«) zu treiben.

---

[14] Gegen die These der revisionistischen Schule von einer bewußten, ökonomisch motivierten U.S.-Weltpolitik nach 1945 betont dies für die Gründungsphase der NATO neuerdings Rodgers, Crossings, S. 502–504; vgl. dazu auch die Kanada/USA einbeziehende und stärker auf soziokulturelle transatlantische Gemeinsamkeiten abhebende Darstellung bei English, Who Could Ask.

[15] Vgl. Thoß, Presence.

Damit einher ging eine kontinuierliche allianzinterne Auseinandersetzung um das Verhältnis von strategischer Abschreckungsdoktrin und operativer Verteidigungsplanung. Unstrittig war im transatlantischen Diskurs über westeuropäische Sicherheit das gemeinsame Grundanliegen. Die Erfahrungen zweier Weltkriege und die technologische Revolutionierung der Kriegsmittel durch Massenvernichtungswaffen hatten ein Umdenken von herkömmlicher Kriegführungs- zu künftiger Kriegsverhinderungsstrategie befördert. Mit der Durchbrechung des amerikanischen Atommonopols durch die Sowjetunion (1949) war aber für die USA ein Zeitpunkt absehbar, an dem sich die beiderseitigen Vernichtungspotentiale wechselseitig neutralisieren würden. Zur globalen Abschreckung würden Nuklearwaffen zwar auch dann noch wirksam bleiben, als Mittel zur regionalen Kriegsverhinderung oder Krisensteuerung mußten sie aber in dem Maße an Glaubwürdigkeit verlieren, wie die USA selbst atomar verwundbar wurden. Der Koreakrieg wie auch spätere regionale Krisen um Indochina oder Formosa lieferten Kritikern der nuklearen Abschreckung in den USA und Westeuropa frühzeitig Anschauungsunterricht darüber, daß ein globaler Krieg zunehmend unwahrscheinlicher wurde, internationale Spannungen sich aber jederzeit und an jedem Punkt regional oder lokal militärisch aufladen konnten. In den Anfangsjahren der NATO mußten sich die Westeuropäer wegen ihrer eigenen militärischen Schwäche nolens volens noch auf ein einseitig angelsächsisch bestimmtes Kriegsszenario einlassen, bei dem die westliche Abwehrplanung auf der Vorstellung von einem Zwei-Phasen-Krieg basierte. Danach hatte sich die Allianz in einer ersten Phase der militärischen Auseinandersetzungen auf dem europäischen Kontinent mit ihren Präsenzstreitkräften so lange im wesentlichen selbst zu behaupten, bis die von den USA garantierte sofortige strategische Gegenoffensive unter Einsatz von Kernwaffen gegen das sowjetische Territorium als Entlastung auf dem regionalen Kriegsschauplatz wirksam wurde. Die Kombination aus westeuropäischer konventioneller Defensive und amerikanischer nuklearer Offensive hatte die Zeit zu erkämpfen, die für die volle Mobilisierung der angelsächsischen Potentiale erforderlich war, mit denen in der nachfolgenden Phase an die Rückeroberung des Bündnisterritoriums und die Zerschlagung des sowjetischen Restwiderstandes auf dem europäischen Kontinent gegangen werden konnte. Dem stand die Grundbedingung Frankreichs jeder Allianz als »Vorwärtsverteidigung« am Rhein unter voller Mitwirkung der amerikanischen Führungsmacht gegenüber, die von den übrigen kontinentaleuropäischen Partnerstaaten übernommen und damit zur Nagelprobe für den Bündniszusammenhalt wurde.

Räumliche Nähe der Kontinentaleuropäer zur zentraleuropäischen Hauptfront hier, die erhebliche geographische Distanz zu ihr bei den angelsächsischen Seemächten dort beeinflußten schließlich auch die unterschiedlichen operativen Vorstellungen. Der gefährlichste Kräfteansatz lag aus kontinentaleuropäischer Sicht in einem schnellen Durchstoß überlegener sowjetischer Panzerkeile zum Atlantik – und genau darauf deutete die Dislozierung der sowjetischen Hauptangriffsarmeen in Mitteleuropa hin. Damit drohten aber nicht nur bereits bei Kriegsbeginn die wirtschaftlichen Zentren Westeuropas an Rhein und Ruhr, in Südbelgien und

Nordfrankreich in die Hand des Angreifers zu fallen. Mit dem Zugriff auf die Atlantikküste würden auch die Umschlaghäfen für die transatlantische Versorgung verloren gehen. Zusätzlich würden die Verteidigungsräume der Allianz in eine nur noch über See verbundene Nord- und eine Südhälfte zerrissen werden. Der Alptraum eines jede koordinierte Verteidigungsführung obsolet machenden Offensivstoßes durch die mitteleuropäische Zentralfront hindurch binnen weniger Tage war mithin nicht erst ein publizistischer Warnschrei der siebziger Jahre. Er gehörte zu den Urängsten einer Verteidigungsplanung, die noch stark aus den Erfahrungen der raumgreifenden Panzeroperationen des Zweiten Weltkrieges schöpfte. Im Unterschied zu dieser alles dominierenden Fixierung auf die große Land-Luft-Schlacht um den Zentralraum der Allianz kreiste das operative Denken der an großräumigen Operationen geschulten Stabschefs der Seemächte dagegen stärker um die Optionen, die sich aus einer Sicherung der Flanken und dem Einsatz des strategisch nutzbaren Nuklearpotentials ergaben. Aus dieser Perspektive kam es nicht so sehr darauf an, jeden Fußbreit Boden festzuhalten, was nur unter Inkaufnahme eines frühzeitigen Verschleißes der wenigen eigenen Divisionen zu realisieren war. Unter zeitweiliger Preisgabe westeuropäischen Raumes ließen sich vielmehr die eigentlichen Stärken der nordatlantischen Allianz, ihre Beherrschung der angrenzenden Seeräume und ihr überlegenes strategisches Nuklearpotential voll ausspielen. Verstärkte man daher die westeuropäischen Abwehrverbände in einem militärisch wie finanziell vertretbaren Ausmaße in der Mitte Europas und hielt mit den eigenen überlegenen Seestreitkräften die Flanken vor der nordnorwegischen Küste wie im Mittelmeer besetzt, dann ließ sich die gegnerische Angriffswucht im Zentrum so lange verlangsamen, bis die von Norden und Süden zangenartig angesetzten eigenen Luftoffensiven den sowjetischen Kernraum des Angreifers und damit die Quelle seiner Offensivfähigkeit nachhaltig zerstört hatten[16].

Alle drei Faktoren zusammengenommen – eine angemessene amerikanisch-europäische Lastenverteilung, ein ausgewogenes Verhältnis von Abschreckung und Verteidigung und die operative Planung für diese Verteidigung – verlangten nach dem Aufbau einer integrierten westeuropäischen Streitmacht schon im Frieden. Die dafür erforderlichen Kräfte zur Schließung der festgestellten Streitkräftelücke auf dem Kontinent waren wiederum aus Sicht der Stabschefs in Washington und London nur unter zusätzlicher Ausschöpfung des bisher ungenutzten westdeutschen Menschen- und Industriepotentials aufzustellen und dauerhaft zu unterhalten, da aus westeuropäischen Mitteln allein noch nicht einmal die für eine Abwehr-

---

[16] Vortrag des SACEUR im Weißen Haus, 31.1.1951, FRUS 1951 III, S. 454: »Wenn die Russen im Zentrum voranzukommen versuchen, würde ich sie extrem hart von beiden Flanken her treffen. Ich denke, wenn wir die Art von Streitkräften aufbauen, die mir vorschwebt, wird das Zentrum halten und sie werden sich schließlich zurückziehen müssen.« In beinahe deckungsgleichen Kategorien dachte sein Stellvertreter Montgomery; vgl. dessen Vortrag vor dem National War College, 13.4.1953, auszugsweise zit. bei Hamilton, Monty, S. 833 f.

front am Rhein benötigten Boden- und Luftstreitkräfte zusammenzubekommen waren[17].

Unter dem Eindruck des Kriegsausbruchs in Korea im Sommer 1950 und seinen psychologischen Rückwirkungen auf Europa konnten deshalb schließlich die politisch-psychologischen Vorbehalte in Westeuropa – allen voran in Frankreich – gegen eine Aufrüstung des ehemaligen deutschen Kriegsgegners überwunden werden. Die direkte Hereinnahme der Westdeutschen konkretisierte von nun an die Verteidigungsplanungen auf zwei Feldern zusätzlich: Wollte man das westdeutsche Potential für die westliche Verteidigung nutzbar machen, dann mußten zum einen auch die Grenzen dieser Verteidigung weiter nach Osten vorgeschoben und zum anderen zur Kontrolle des deutschen Kontingents die militärische Organisation im Bündnis ausgebaut werden[18]. So setzte eigentlich erst das Jahr 1950 die entscheidenden Impulse für den Ausbau und die Durchorganisation des Nordatlantikpakts zu dem charakteristischen Militärbündnis, das sich von nun an wesentlich über seine in Strukturen gegossene militärische Aufgabe definierte. Je konsequenter sich die Bündnisplaner dabei auf die zeit- und mittelgerechte Abwehrorganisation gegen einen jederzeit drohenden Umschlag vom Kalten zum »heißen« Krieg konzentrierten, desto dichter mußten sich auch die militärischen Strukturen innerhalb des Allianzgebäudes vernetzen. Neben den ständigen Debatten über Anpassungen in der Bündnisstrategie an sich verändernde Herausforderungen hießen in der Folge Standardisierung der Rüstung, integrierte Luftverteidigung, wachsende Koordination der national ausgerichteten Logistik und gemeinsame Notstandsplanung in der Zivilverteidigung die Schlagworte, die den Allianzdiskurs im Innern prägen sollten.

Die im Gründungskonsens des Nordatlantikpaktes so weit in den Vordergrund gerückte Grundüberlegung von einer politischen und ökonomischen Koordinationsrolle in den transatlantischen Beziehungen blieb demgegenüber zwar als Desiderat durchgängig im Bündnis wach und gab gerade in Allianzkrisen auch immer wieder Anstöße für eine entsprechende Ausweitung der Bündnispolitik. Die Einsetzung von drei »Weisen« 1952 zur Lösung des Problems einer ökonomischen Lastenverteilung im Bündnis[19] und neuerlich 1955 zur Erarbeitung eines Systems engerer politischer Konsultation auf der Grundlage des Art. 2 NATO-Vertrag[20] machten dabei Spielräume für die Lösung von ad hoc-Problemen, aber auch die Grenzen einer vorrangigen Militärallianz unübersehbar, sobald sie in die Felder politischer und ökonomischer Koordination von souveränen Nationalstaaten auszugreifen suchte[21].

---

[17] Vgl. dazu Montgomerys drastische Bestandsaufnahme vor den Kommandeuren der Brüsseler Pakt-Truppen nach Abschluß der Übung UNITY, Mai 1950, ebd., S. 762 f.
[18] Eingehend geschildert in AWS 1, S. 327–389; vgl. jetzt auch Trachtenberg, Peace, S. 103–113.
[19] Dazu liegt jetzt als Dissertation vor: Hammerich, Jeder für sich, die 2002/03 in dieser Reihe publiziert wird.
[20] Vgl. dazu Thoß, Bündnissolidarität und Heinemann, Vom Zusammenwachsen, S. 239–260.
[21] Dem Verhältnis von Bündnisintegration und Nationalstaat wird in einem weiteren Band dieser Reihe nachgegangen: Krüger, Sicherheit.

Wie sich demgegenüber die vorwiegend »militärische Dimension« im Bündnis während der Frühphase der NATO zwischen Gründung und Konsolidierung ausprägte, soll im vorliegenden Band auf drei zentralen Feldern nachvollzogen werden. Die Basis dafür bildet ein Gang durch die Entwicklung des strategischen Denkens und der daraus abgeleiteten operativen Planung vor dem Hintergrund einer gemeinsamen Bedrohungsperzeption (*Christian Greiner*). Darauf baut eine Skizze über die Herausbildung der militärischen Strukturen und den Aufbau von NATO-Streitkräften auf, die zusammen den organisatorischen Rahmen und das Potential für kollektives militärisches Handeln in der Allianz abgeben (*Heinz Rebhan*). Abgerundet wird der Blick auf die militärische Strukturentwicklung der NATO schließlich mit einer Analyse zum Stellenwert von Kernwaffen und ihrer politischen Kontrolle in den USA und im Bündnisrahmen (*Klaus A. Maier*).

In seiner Analyse der Strategieentwicklung schildert *Christian Greiner* zunächst die Grundlagen, auf denen zwischen 1947 und 1949 westeuropäische und amerikanische Vorstellungen über eine gemeinsame Verteidigung des nordatlantischen Raumes und seiner angrenzenden Regionen im Vertrag von Washington zusammengeführt und mit einem ersten kollektiven Strategiekonzept militärisch unterlegt wurden. Dazu brachten die Westeuropäer zwar klare eigene Interessen einer effizienten Verteidigung ihrer Territorien mit. Da sie dafür aber völlig unzureichende militärische Mittel präsent hatten und deshalb einseitig auf amerikanische Unterstützung angewiesen waren, mußten sie sich zunächst sehr weitgehend auf angelsächsische Vorgaben einlassen. Unübersehbar war dabei schon damals, daß beide Seiten letztlich von unterschiedlichen Grunddispositionen ausgingen. Die Westeuropäer wollten ihren transatlantischen Partner anders als in den beiden Weltkriegen von Anfang an und durchgängig in die direkte Verteidigung Europas einbinden, während die Amerikaner letztlich wesentlich Hilfe zur Selbsthilfe anboten.

Raum und Kräfte veränderten sich dabei schon im ersten Jahrfünft der NATO-Entwicklung nachhaltig. Im östlichen Mittelmeer und in Zentraleuropa konnte sich die westliche Allianz um die Partnerstaaten Griechenland, Türkei und die Bundesrepublik erweitern, während sich parallel dazu mit Finnland, Schweden, der Schweiz, Österreich und Jugoslawien eine neutrale Pufferzone zwischen den Blöcken auszuformen begann. Da im übrigen auch die Gefahr eines unmittelbar bevorstehenden militärischen Konflikts abnahm, verschoben sich im west-östlichen Kräftevergleich die Bedrohungsperzeptionen weg von vorrangig militärischer Gefährdung hin zu einem generellen Systemwettlauf, für den nicht kurzfristige Hochrüstung, sondern Durchhaltefähigkeit für einen langen Kalten Krieg anzustreben war. Anstatt sich dazu auf eine Angleichung der beiderseitigen konventionellen Streitkräftezahlen einzulassen, erschien den angelsächsischen Mächten die Abstützung auf die eigene nukleare Überlegenheit militärisch effizienter und ökonomisch kostengünstiger.

Frühzeitig wurde allerdings im transatlantischen Verhältnis auch ein grundlegendes Dilemma sichtbar. Die nukleare Abschreckung als zentrales Mittel zur Kriegsverhinderung verlor in dem Maße an Glaubwürdigkeit, wie sich der atomare Kräftevergleich ab 1952/53 weg von einer einseitig amerikanischen Überlegenheit auf eine strategische Pattsituation mit der Sowjetunion zubewegte. Die wechselseitige Neutralisierung der nuklearen Abschreckungspotentiale mußte aber der konventionell überlegenen sowjetischen Seite unterhalb der atomaren Schwelle Optionen begrenzter Kriegführung eröffnen, auf die seitens der NATO mit ihrer verzögerten herkömmlichen Rüstung nur unzureichend zu reagieren war. Die Erfahrungen aus dem Koreakrieg machten deutlich, daß strategische Nuklearwaffen regionale Kriege weder verhindern noch beenden konnten. Andererseits erbrachten die Anstrengungen der Westeuropäer zu einer aufholenden konventionellen Rüstung nicht die erhofften Erfolge. In Lissabon ließen sich 1952 zwar einvernehmliche Streitkräftezahlen festschreiben, die sich aber im Lichte der finanziellen Möglichkeiten nicht annähernd in die geforderten militärischen Potentiale umsetzen ließen.

Als Ausweg bot sich mit dem Amtsantritt einer neuen republikanischen Regierung in den USA unter dem bisherigen NATO-Oberbefehlshaber und nunmehrigen Präsidenten Dwight D. Eisenhower eine Nuklearisierung der Bündnisstrategie an, die gleichzeitig eine Ökonomisierung in der Verteidigungsplanung anstrebte. Ein hinreichend abwehrstarker konventioneller »Schild« war wegen seiner Kosten politisch und ökonomisch nicht durchsetzbar. Das Vertrauen in die Abschreckungswirkung des amerikanischen nuklearstrategischen »Schwertes« hatte andererseits bereits in Korea Risse erhalten, die sich mit dem schnellen sowjetischen Aufholen bei der Entwicklung von H-Waffen schon 1953 zusätzlich erweiterten. Im »New Look« der Regierung Eisenhower mit ihrer Suche nach einem Ausgleich aus allgemeiner Haushaltssanierung und finanzierbarer Bündnisverteidigung wiesen dazu die vermeintlich billigeren, treffgenaueren und zahlenmäßig breiter zu streuenden taktischen Atomwaffen für den Gefechtsfeldgebrauch die Wege. Unzulängliche konventionelle »man power« ließ sich auf diesem Wege durch gesteigerte atomare »fire power« ausgleichen. Die Europäer fanden zunächst Gefallen an dem Gedanken, dadurch wenigstens teilweise ihren eingegangenen Verpflichtungen bei den aufzustellenden Divisionen entgehen oder diesen Ausbau zumindest zeitlich strecken zu können. Bei den angelsächsische Mächten stand neben einer Reduzierung der Verteidigungsetats die zusätzliche Hoffnung Pate, über eine konsequentere Arbeitsteilung Truppen aus Westeuropa zurücknehmen und damit Reserven für ihre globalen Interessen gewinnen zu können.

Der Umstieg in eine Nuklearisierung der Bündnisstrategie ab 1953 warf freilich eine Fülle neuer Fragen in der Binnendiskussion der NATO auf. Auf den nuklearen Kern dieser Probleme wie der Dislozierung und Freigabe von Atomwaffen wird in anderem Zusammenhang eingegangen (*Klaus A. Maier*). Unter dem Gesichtspunkt einer Fortschreibung des strategischen Denkens und seiner Umsetzung in operative Einsatzpläne mußte dagegen insbesondere das Verhältnis von taktisch-atomarem »Schwert« und konventionellem »Schild« austariert werden, und das sollte speziell für den neuen Bündnispartner Bundesrepublik erhebliche Gefahren aufwerfen. Bei den westlichen Nuklearmächten und bei SHAPE mochte man argumentieren, daß ein frühzeitiger Einsatz von taktischen Atomwaffen dem Angreifer eine Aggression so kostspielig machen mußte, daß er sich letztlich ganz davon abschrecken ließ. Ging diese Rechnung jedoch nicht auf, dann würden die Territorien beider deutscher Staaten das atomare Schlachtfeld mit allen Risiken und Konsequenzen für das Überleben von Bevölkerung und Infrastruktur bilden. Schnell wurde außerdem deutlich, daß die Rechnung einer »preisgünstigeren« Strategie der massiven Vergeltung allenfalls für eine sehr knapp bemessene Übergangszeit aufgehen konnte. Da man sich nämlich seitens der NATO schon jetzt auf das Heraufziehen eines atomaren Patts einstellen mußte, war es nicht mit einer angedachten Umrüstung auf atomkriegsfähige Streitkräfte getan. Neben die Option reiner Abschreckung hatten Vorkehrungen für den dann wieder wahrscheinlicheren Einsatzfall regional oder lokal begrenzter Kriegführung zu treten. Das aber hieß, daß an Stelle kostensparender atomarer Schwerpunktrüstung eine nuklear und konventionell ausgewogene Doppelrüstung für mehrere Optionen künftiger Einsatzplanung vorgehalten werden mußte. Doch zu dieser Konsequenz würde sich erst die neue U.S.-Regierung unter John F. Kennedy und seinem Verteidigungsminister Robert McNamara ab 1961 durchringen.

Im Endergebnis führte die Implementierung der »Massiven Vergeltung« mit den dabei auftretenden operativen Problemen vielmehr dazu, daß sich die Europäer 1957/58 auf eine »Europäisierung« der Bündnisstrategie einlassen mußten. Dazu war der bisherige konventionelle »Schild« mit einem eigenständigen atomaren »Schwert« auszurüsten. Dies wiederum führte Ende 1957 zur Zustimmung der europäischen NATO-Partner zu einer Lagerung kompletter atomarer Systeme einschließlich der Gefechtsköpfe auf ihren Territorien. Um beim taktisch-atomaren Gefechtsfeldeinsatz eine zu schnelle Eskalation in einen allgemeinen Atomkrieg zu vermeiden, blieb allerdings nur die Festlegung abgestufter eurostrategischer Einsatzkonzepte im neuen Grundlagendokument der MC 70. Wenn es vor diesem Hintergrund nicht gelang, die Mitspracherechte der Westeuropäer beim Einsatz von Atomwaffen wesentlich zu erweitern, dann drohten freilich innerhalb der NATO über die »Europäisierung« der Verteidigungsplanung Zonen unterschiedlicher Sicherheit zu entstehen. Hinter der »Europäisierung« der NATO-Strategie lauerte mithin für die Westeuropäer die Gefahr einer Regionalisierung ihrer Sicherheit.

Bei allen Auffassungsunterschieden im einzelnen hatten sich die NATO-Mitglieder 1949/50 doch immerhin relativ einvernehmlich auf die Grundzüge einer gemeinsamen Verteidigungsstrategie verständigen können. Die Umsetzung von strategischem Denken in kollektives operatives Planen und Handeln verlangte aber gebieterisch nach entsprechenden Organisationsstrukturen. *Heinz Rebhan* schildert dazu als Ausgangspunkt die sicherheitspolitische Lage in Westeuropa, wie sie sich den am NATO-Aufbau Beteiligten aus perzipierter Bedrohung und eigenen Verteidigungsüberlegungen 1948/49 darstellte. Als einer der ersten Anstöße für die Herausbildung differenzierter Organisationsformen erwies sich dabei die Verteilung der amerikanisch-kanadischen Militär- und Wirtschaftshilfe für Westeuropa. Neben den Atlantikrat als oberstes politisches Organ sowie das Defense Committee und die Standing Group für die gemeinsame Verteidigungsplanung trat daher frühzeitig das Defense Financial and Economic Committee für die Koordination der ökonomischen Sicherstellung kollektiver Verteidigungsanstrengungen.

Zur Beschleunigung beim Aufbau integrierter Kommandostrukturen sollte allerdings erst der Schock des Koreakrieges im Sommer 1950 mit seinen psychologischen Folgen extrem gesteigerter Bedrohungsperzeptionen in Westeuropa führen. Regionale Planungsgruppen für Nordamerika, den Atlantik und Westeuropa reichten dafür nicht mehr aus. An ihre Stelle traten integrierte militärische Kommandobehörden, die das vorhandene Truppenpotential des Brüsseler Paktes mit den aufwachsenden NATO-Verbänden zusammenzuführen, diese einheitlich auszurüsten und auszubilden sowie schließlich im Einsatzfall integriert zu führen hatten. Das zentrale Anliegen der Westeuropäer nach direkter und dauerhafter Vernetzung von transatlantischer und westeuropäischer Verteidigung fand dabei seinen personifizierten Ausdruck in der Bestallung des General of the Army Eisenhower zum Alliierten Oberbefehlshaber in Europa, der mit seinem NATO-Kommando gleichzeitig die Führung aller U.S.-Truppen in Europa vereinigte.

Damit war zwar ein integrierter führungstechnischer Überbau geschaffen, der aber immer noch an dem eklatanten Mangel unzureichend präsenter und einsatzfähiger Truppen krankte. In der bereits unter strategischen Gesichtspunkten beschriebenen Phase konventioneller Aufrüstung kam es deshalb darauf an, einvernehmliche Streitkräftezahlen festzulegen, deren Aufbau und Ausrüstung finanziell abzusichern und die national eingegangenen Zusagen der einzelnen Mitgliedstaaten zur Erfüllung ihres jeweiligen Streitkräfteanteils in verbindliche Selbstverpflichtungen umzusetzen. Deren Einhaltung sollte wiederum über ein System jährlicher Überprüfungen durch das Bündnis (NATO Annual Review) kontrolliert werden.

Die Umsetzung dieser Ziele wurde über die Erarbeitung eines Konzepts bündnisinterner Lastenverteilung durch das Temporary Council Committee ökonomisch vorbereitet und auf der Frühjahrstagung der Allianz in Lissabon 1952 politisch abgesegnet. Ein militärisch funktionsfähiges Instrument wurde daraus jedoch erst, als an die Stelle faktisch nicht realisierbarer konventioneller Streitkräfteziele auf der Grundlage eines Strategiewechsels ab 1953 die taktisch-atomare Umrüstung trat. Zwar blieben auch in der Folgezeit eingegangene Verpflichtungen der Mitgliedstaaten zur Aufstellung einer Mindestzahl an Streitkräften hinter den Forderungen von SACEUR zurück. Und was an deutschen Divisionen, Geschwadern und Flottillen ab 1955 hinzukam, sollte immer wieder durch Reduzierungen und Ausdünnungen in den amerikanischen, britischen und französischen Verbänden für die Gesamtverteidigung verloren gehen. Daraus resultierende militärische Risiken waren nur noch durch wachsende atomare Abhängigkeiten in operativer Planung und waffentechnischer Ausrüstung aufzufangen. Erst nach einem erneuten Strategiewechsel konnte schließlich in den sechziger und siebziger Jahren darangegangen werden, strategisch-nukleares, taktisch-nukleares und konventionelles Potential zur Grundlage einer ausgewogenen Streitkräftestruktur der NATO zu machen, mit der das Bündnis Optionen für ein strategisches Konzept flexibler Antworten (»flexible response«) auf globale, regionale und lokale Herausforderungen erhielt.

Wenn ab 1953 taktisch-nukleare Waffen auf allen Ebenen in die Bündnisstreitkräfte integriert werden sollten, dann mußten diese in hinreichender Zahl verfügbar gemacht, einsatznah disloziert und zeitverzugslos eingesetzt werden können. Das war jedoch nur möglich, wenn das inneramerikanische System politischer Kontrollen über Nuklearwaffen den militärischen Erfordernissen angepaßt wurde, die aus einer derartigen Rollenverschiebung von politischen Abschreckungs- zu militärischen Einsatzwaffen herrührten. In seiner Analyse der politischen Kontrollproblematik von Atomwaffen geht *Klaus A. Maier* dazu auf zwei Wegen vor, die über die beiden zentralen Kontrollaspekte hinweg verfolgt werden: Da die amerikanische nukleare Dominanz im Bündnis zu den markantesten Merkmalen kollektiver Verteidigungsplanung im Rahmen der NATO gehört, werden zunächst die dafür unilateral in den USA entwickelten Kontrollmechanismen beschrieben, bevor von da aus auf multilaterale Regelungen im Allianzrahmen geblickt wird. Als ausschlaggebende Themenfelder werden dafür die beiden eng aufeinander bezogenen zentralen Komplexe der Obhut über und der Einsatzfreigabe von Atomwaffen durchleuchtet.

Der Atomic Energy Act von 1946 hatte das in den vierziger Jahren nur geringfügig aufwachsende Potential an einsatzfähigen Atomwaffen zunächst einer so ausschließlich zivilen Kontrolle in den USA unterstellt, daß ihr militärischer Einsatz vollständig vom Zusammenwirken des Präsidenten mit der zivilen Atomic Energy Commission (AEC) abhing. Immerhin gelang es frühzeitig, militärische Mitglieder in diese Kommission zu integrieren und damit ein erstes Tor für militärische Einflüsse auf das nationale Atomenergieprogramm zu öffnen. Mit der Verschärfung des Ost-West-Konflikts zum Kalten Krieg begannen dann zwar Ende der vierziger Jahre Atomwaffen Eingang in die militärischen Einsatzpläne zu finden, ohne daß dies jedoch zunächst die ausschließlich zivile Prärogative bei ihrer Einsatzfreigabe berührte. Noch in der Berlin-Krise von 1948/49 gelang es den Militärs nicht, die für ihre nach Ostengland verlegten Bomber benötigten Atomwaffen aus ziviler Verfügungsgewalt freizubekommen.

Erste Auflockerungen auf dem für die militärische Führung lähmend langen Weg zu verbindlichen Übergabeverfahren von Atomwaffen aus zivilen in militärische Hände im Einsatzfalle erbrachte der Koreakrieg. Mit einer Anpassung des Atomic Energy Act von 1951 konnten auch die Bestimmungen für die Weitergabe atomarer Informationen an befreundete Staaten vorsichtig liberalisiert werden. Die von den U.S.-Stabschefs gewünschte Übernahme von Atomwaffen in die Obhut des Pentagon war dagegen bis zum Ende der Ära Truman nicht zu erreichen, wenngleich schon jetzt der strikt zivile Gewahrsam zugunsten von Verbesserungen in der militärischen Verfügbarkeit aufgebrochen war. Die ebenfalls bereits unter Truman eingeleitete enorme Steigerung der Waffenproduktion wie bei der Miniaturisierung zu einsatzfähigen Gefechtsfeldwaffen taten ein Übriges, um den Prozeß der militärischen Verfügbarkeit von Atomwaffen zu beschleunigen. In der Logik von Eisenhowers »New Look« und seiner Nuklearisierung der Bündnisstrategie lag es dann ab 1953, daß Atomwaffen Schritt für Schritt aus zivilem Gewahrsam gelöst, in die Obhut des Department of Defense überführt und schließlich auch in einsatznahe Lager in Europa transferiert wurden. Damit einher ging zwangsläufig eine weitere Liberalisierung bei der Weitergabe von Atominformationen an die Verbündeten, wie sie schon 1954 in einem Amendment zum Atomic Energy Act von der Regierung Eisenhower gefordert und vom Kongreß zugestanden wurde. Nur so konnten nämlich die für gemeinsame Einsatzplanung erforderlichen »restricted data« in die NATO-Stäbe eingespeist werden. Sichergestellt blieb zwar weiterhin, daß U.S.-Atomwaffen auch in außeramerikanischen Lagerstätten streng unter amerikanischer militärischer Obhut verblieben. In dem Maße, wie sich aber der Zeitfaktor zur ausschlaggebenden Größe atomarer Einsatzplanung entwickelte, wurden im inneramerikanischen Freigabesystem seit Mitte der fünfziger Jahre die Weichen endgültig zugunsten schnellerer militärischer Verfügbarkeit umgestellt.

Die Nuklearisierung der NATO-Strategie beschleunigte aber nicht nur die Überführung von Atomwaffen in militärische Obhut, sie höhlte auch schrittweise das alleinige Recht des Präsidenten zu ihrem Einsatz aus. Erste Forderungen nach Einplanung von Atomwaffen in die Verteidigungspläne der NATO hatten schon die ersten beiden Oberbefehlshaber Eisenhower und Ridgway gestellt. Die Implementierung der »massive retaliation« als verbindliche Bündnisstrategie und die damit verbundene Umorientierung vom möglichst späten zum frühen Einsatz von Atomwaffen hatten jetzt unter dem neuen SACEUR Gruenther operative Zwangsläufigkeiten im Gefolge, bei denen die politische Führung analog zu den Mobilmachungsnotwendigkeiten von 1914 geradezu zu Gefangenen militärtechnischer Abläufe zu werden drohte. Die weite Streuung taktischer Atomwaffen bis auf nachgeordnete Kommandoebenen, eine räumlich und zeitlich ausdifferenzierte vorgeplante Zielauswahl und die extrem reduzierte Zeit für Einsatzentscheidungen spielten zusammen, wenn der SACEUR eine Vorabfreigabe (»predelegation«) für seinen Atomic Strike Plan forderte, sobald die Alarmstufe »General Alert« ausgelöst war. Formal blieb damit zwar der Grundsatz einer allein vom amerikanischen Präsidenten freizugebenden Grundentscheidung über den Einsatz von Atomwaffen erhalten; unter den Bedingungen eines als größte denkbare Gefahr perzipierten sowjetischen Überraschungsangriffs verschoben sich die Gewichte dagegen erkennbar zum SACEUR in seiner Funktion als Oberbefehlshaber der U.S.-Truppen in Europa hin.

Noch komplexer stellte sich das Problem der Einsatzfreigabe dar, sobald man die Frage von politischer Entscheidung und militärischer Durchführung auf die kollektive Ebene der NATO hob. Der nuklearstrategische Risikoverbund, den die Allianz unter den Bedingungen einer Strategie der Massiven Vergeltung bildete, griff tief in die nationalstaatliche Souveränität der Partnerstaaten ein. Der Grundsatz wechselseitiger Konsultation im NATO-Rat oder – wie es von französischer Seite schon vor Staatspräsident Charles de Gaulle angedacht war – in einer nuklearen Standing Group der großen Drei löste das Problem nur bedingt, stand jede Konsultationslösung doch immer unter dem Vorbehalt der Führungsmacht, daß es keinen Automatismus für solche dem Einsatz vorausgehende Beratung geben könne, Konsultation vielmehr von der Entwicklung der militärischen Lage und der verfügbaren Zeit abhängig gemacht werden müsse. Nicht akzeptabel für die europäischen Verbündeten waren dabei die sehr weitgehenden Ermächtigungen an amerikanische Oberbefehlshaber, die gleichzeitig NATO-Positionen innehatten, zu atomarer Selbstverteidigung im Falle eines nuklearen Überraschungsangriffs durch die Sowjetunion notfalls ohne vorherige Konsultation der betroffenen Partnerstaaten. Derartige Regelungen wurden deshalb bewußt im inneramerikanischen Informationskreis zurückgehalten, während gleichzeitig aber mit Blick auf ein wieder in Gang kommendes Denken in den Kategorien begrenzter Kriegführung Ende der fünfziger Jahre Überlegungen in der Regierung Eisenhower Raum griffen, die eine generelle Verstärkung europäischer atomarer Teilhabe vorsahen.

In ihrer nuklearen Bestandsaufnahme gingen die sicherheitspolitischen Berater des neuen U.S.-Präsidenten John F. Kennedy jedenfalls davon aus, daß nicht nur in den inneramerikanischen Kontrollmechanismen die präsidentielle Prärogative zur alleinigen Freigabe von Atomwaffen sehr weit ausgehöhlt, sondern mit Blick auf eine gewollte »Europäisierung« der NATO-Verteidigung auch bereits eine Entwicklung zugunsten einer europäischen nuklearen Teilhabe eingeleitet war. Technisch konnte man diesen Aufweichungsprozeß durch den Einbau elektronischer Sicherheitseinrichtungen (»permissive action links«) in die amerikanischen Atomwaffen wieder in den Griff bekommen, die allein durch den amerikanischen Präsidenten zu entsperren waren; allianzpolitisch sollte die Frage der nuklearen Mitbestimmung im Bündnis dagegen zur Kernfrage des transatlantischen Sicherheitsdialogs in der Ära Kennedy-Johnson werden, bis sie schließlich Ende der sechziger Jahre im Rahmen der Nuclear Planning Group der NATO einvernehmlich gelöst wurde.

Die militärische Dimension der NATO reicht natürlich weit über die hier vorgestellten Bereiche von Strategieentwicklung, Aufbau des militärischen Instruments und nukleare Kontrollproblematik hinaus. So wird etwa die wechselseitige Wahrnehmung von NATO und Ostblock über eine breitere Untersuchung der Bedrohungsperzeptionen noch wesentlich zu vertiefen sein. Aufgabe eines Folgebandes wird es schließlich sein, Möglichkeiten und Grenzen von Bündnisintegration an weiteren militärischen Untersuchungsfeldern wie der Rüstungskooperation und -standardisierung, dem Aufbau einer integrierten Luftverteidigung, den Ansätzen für ein System vereinheitlichter Kriegsbevorratung und Logistik und der breitgefächerten Notstandsplanung im Rahmen der Zivilverteidigung nachzugehen. Erst in der Zusammenschau aller dieser Integrationsbemühungen und der Gegnerwahrnehmung mit den hier vorgestellten militärischen Grundstrukturen des Bündnisses läßt sich ein hinreichend differenziertes Gesamtbild von der NATO als einer Militärallianz, von ihrer Gründungsphase und von der Konsolidierung ihrer Sicherheitsstrukturen in den fünfziger Jahren gewinnen.

Bruno Thoß

Christian Greiner

**Die Entwicklung der Bündnisstrategie
1949 bis 1958**

I. Die Grundlagen: Vertrag, Organisation, strategisches Grundkonzept

Nachdem im Jahre 1947 die zweite Konferenz der vier Mächte Frankreich, Großbritannien, Sowjetunion und Vereinigte Staaten über die Zukunft Gesamtdeutschlands scheiterte, war der britische Außenminister Ernest Bevin überzeugt, »daß die Sowjetunion in absehbarer Zukunft nicht bereit sein wird, in vernünftiger Weise mit dem Westen zu verhandeln und daß die Rettung des Westens von der Bildung einer Art – formeller oder informeller – Union in Westeuropa abhängen wird, die von den Vereinigten Staaten und den Dominions unterstützt wird – von einer solchen Mobilisierung der moralischen und materiellen Kraft, die Vertrauen im Innern und anderswo Respekt hervorrufen wird«[1]. Der amerikanische Außenminister George C. Marshall, dem diese Überzeugung am 18. Dezember 1947 dargelegt wurde, zeigte sich zunächst sehr zurückhaltend und ließ sich nur die Worte entlocken, man müsse die Ereignisse so nehmen, wie sie seien, und zuerst an einen »koordinierten Effekt« zwischen Großbritannien und den USA denken[2].

Der britische Wunsch nach einer »formellen oder informellen Union« in Westeuropa und über den Atlantik war die Konsequenz des sich 1947 verschärfenden Ost-West-Gegensatzes. Der Blockbildung im Osten, die aus westlicher Sicht mit der Gründung des »Kommunistischen Informationsbüros« am 22. September 1947 begann und zu einem von der militärisch hoch gerüsteten UdSSR beherrschten Lager führte, das durchaus expansionistische Ziele zu verfolgen schien, standen die westeuropäischen Staaten hilflos gegenüber. Großbritannien hatte beides – kommunistisch gesteuerte Expansion und eigene Schwäche – während seines Engagements im griechischen Bürgerkrieg selbst schmerzlich erfahren. Am 21. Februar 1947 mußte den USA mitgeteilt werden, daß die britische Unterstützung für die griechische Regierung und für die Türkei in sechs Wochen enden werde. Am 14. Februar 1947 hatte der britische Außenminister im Unterhaus angekündigt, Großbritannien werde sich aus Palästina zurückziehen und die Regelung des arabisch-israelischen Konflikts den Vereinten Nationen überlassen. Am 20. Februar 1947 wurde zudem der politische und militärische Abzug aus Indien öffentlich angekündigt. Wirtschaftliche Schwäche als Folge der Überanstrengung aller Ressourcen während des Zweiten Weltkrieges zwang die britische Regierung zum Abbau ihrer weltweiten Verpflichtungen. Die britische Situation war nur ein

---

[1] Achilles, Die Rolle, S. 11.
[2] Cook, Alliance, S. 110.

Symbol für die Krise aller westeuropäischen Staaten, die zum Teil dazu noch, wie Frankreich und Italien, starke nationale kommunistische Parteien im Innern zu fürchten hatten. Alle europäischen Augen richteten sich so auf die USA. Die Briten verliehen am Jahresende 1947 den europäischen Sorgen und Wünschen nach Unterstützung und sogar nach einem Bündnis mit ihrem traditionell engen Verbündeten Ausdruck.

Das ganze Jahr 1947 über hatten die Vereinigten Staaten ihre Bereitschaft zu helfen gezeigt, allerdings in einer ihnen angemessen erscheinenden Weise. Sie übernahmen mit Militärhilfe und -beratern zunächst die britischen Verpflichtungen in Griechenland und in der Türkei. Präsident Harry S. Truman erläuterte am 12. März 1947 dem Kongreß die dahinter stehende politische Absicht: »Ich bin der Ansicht, daß es die Politik der Vereinigten Staaten sein muß, die freien Völker zu unterstützen, die sich der Unterwerfung durch bewaffnete Minderheiten oder durch Druck von außen widersetzen. [...] Ich bin der Ansicht, daß unsere Hilfe in erster Linie in Form wirtschaftlicher und finanzieller Unterstützung gegeben werden sollte, die für eine wirtschaftliche Stabilität und geordnete politische Vorgänge wesentlich ist[3].«

Waren so die Vereinigten Staaten an einem aktuellen Krisenherd der Ost-West-Auseinandersetzung in Europa für einen seit je engen Partner eingetreten, so versuchten sie, das gleiche Mittel finanzieller und wirtschaftlicher Hilfe zwei Monate später auf ganz Europa anzuwenden. Der amerikanische Außenminister legte am 5. Juni 1947 in einer Rede an der Havard-Universität den später nach ihm benannten Marshall-Plan vor: »Es ist nur logisch, daß die Vereinigten Staaten alles tun, was in ihrer Macht steht, um die Wiederherstellung gesunder wirtschaftlicher Verhältnisse in der Welt zu fördern, ohne die es keine politische Stabilität und keinen sicheren Frieden geben kann. [...] Jeder Regierung, die bereit ist, beim Wiederaufbau zu helfen, wird die volle Unterstützung der Vereinigten Staaten gewährt werden.« Aber dann folgte die wesentliche Bedingung unter der allein die USA bereit waren, erhebliche Geld- und Sachmittel in den wirtschaftlichen Wiederaufbau Europas zu stecken: »Eines ist schon jetzt klar: Bevor die Vereinigten Staaten [...] zum Gesundungsprozeß der europäischem Welt beitragen können, müssen die Länder Europas untereinander zu einer Einigung darüber kommen, was die gegenwärtige Lage am dringendsten erfordert und in wieweit die Länder Europas selbst dazu beitragen können, eine volle Auswertung der Maßnahmen unserer Regierung zu erzielen. [...] Die Initiative muß von Europa ausgehen[4].« So auf Einheit und Initiative im wirtschaftlichen Bereich angesprochen und festgelegt, machten sich die Europäer auf den Weg, der schließlich am 16. April 1948 zum Abkommen über die Organisation für Europäische Wirtschaftliche Zusammenarbeit (OEEC) führte, auf deren Basis dann das amerikanische Hilfsprogramm für Europa (ERP) abgewickelt wurde.

---

[3] Engel, Handbuch, S. 306.
[4] Ebd., S. 311.

Der Leiter des Politischen Planungsstabes im amerikanischen Außenministerium, George F. Kennan, brachte im Juli 1947 die Politik, die hinter diesen Hilfen und Vorschlägen der USA steckte, auf den Nenner und gab ihr den Namen. Er empfahl »eine Politik fester Eindämmung, die bestimmt ist, die Sowjets mit unwandelbarer Gegenkraft an jedem Punkt zu konfrontieren, wo sie Anstalten treffen, die Interessen einer friedlichen Welt zu stören«[5]. Die wichtigsten geographischen Bereiche, für die diese »Eindämmungspolitik« (Containment) gelten sollte, waren aus amerikanischer Sicht Japan und Europa wegen des dort vorhandenen Wirtschafts- und Industriepotentials. Ein und ein halbes Jahr später erklärte der Nationale Sicherheitsrat im November 1948 mit Zustimmung des Präsidenten: »Die sowjetische Beherrschung der potentiellen Macht von Eurasien, sei sie durch bewaffnete Aggression oder durch politische und subversive Mittel erzielt, würde für die Vereinigten Staaten militärstrategisch und politisch unannehmbar sein[6].« Ziel der amerikanischen Politik war es deshalb, durch finanzielle und wirtschaftliche Hilfe in den westeuropäischen Staaten wirtschaftliche und darauf folgend politische Stabilität zu schaffen. Die dadurch angeregte europäische Selbsthilfe und Zusammenarbeit sollten ein eigenständiges Gegengewicht zu dem politischen und militärischen Gewicht der UdSSR und ihrer im Ostblock zusammengeschlossenen Satelliten schaffen. Dieses Gleichgewicht der Kräfte würde es dann den USA erlauben, sich politisch und militärisch vom europäischen Kontinent weitgehend fernzuhalten.

Im militärischen Bereich erwartete man von den Europäern ebenfalls eigene Anstrengungen, die allenfalls durch amerikanische Militärhilfe unterstützt werden sollten. So wurden 1948 Polizei und Streitkräfte Italiens mit leichten Panzern und Schützenpanzern ausgerüstet und die drei Divisionen, die Frankreich in seiner Besatzungszone in Westdeutschland stationiert hatte, mit Waffen und Gerät in bessere Einsatzbereitschaft gebracht[7]. Der Befehlshaber der amerikanischen Streitkräfte in Europa, General Lucius D. Clay nannte mit Zustimmung der amerikanischen Stabschefs das Ziel all dieser Bemühungen: »Die USA sollten ›auf der Bühne‹ [d.h. in Europa] bleiben bis Westeuropa stabil und aufgerüstet ist, um sich selbst zu verteidigen. Personell kann Westeuropa Streitkräfte aufbieten, die nicht weniger zählen als die jedes möglichen Gegners. Das Kräftegleichgewicht ist ein stärkerer Garant des Friedens als jeder andere Faktor[8].« Der militärische Beitrag der USA zu diesem Gleichgewicht der militärischen Kräfte in Europa sollte sich vor Ort auf die anwesenden Besatzungstruppen und die Flottenverbände im Mittelmeer, die man seit 1946 als Ersatz für abgezogene britische Einheiten verstärkt hatte, beschränken. Letztlich war das in Europa angestrebte militärische Kräftegleichgewicht durch die strategische Luftwaffe der USA, ihre weltweit operierende Marine und die Atombombe, die sich zu diesem Zeitpunkt noch allein in amerika-

---

[5] Kennan, Sources, S. 88.
[6] FRUS 1948 I, S. 667.
[7] Rearden, Formative Years, S. 468.
[8] Wettig, Entmilitarisierung, S. 274.

nischem Besitz befand, abgesichert. Das wurde im Juli 1948 sinnfällig demonstriert, als zu Beginn der sowjetischen Landblockade der Zugänge nach West-Berlin einige Staffeln des strategischen Bombers B-29 nach Großbritannien verlegt wurden und damit in die unmittelbare Reichweite der wichtigsten Ziele in der UdSSR rückten. Allerdings war der militärische Wert dieser »Zauberwaffe« der USA nicht so groß wie öffentlich vorgegeben. Es mangelte an Flugzeugen, mit denen die noch unförmigen Nuklearbomben tatsächlich transportiert und abgeworfen werden konnten. Der Bestand an Atombomben selbst betrug 1948 ca. 50, von denen keine in Großbritannien stationiert wurde[9]. Ob man jemals bereit sein würde, in einem Krieg mit der Sowjetunion tatsächlich Nuklearwaffen einzusetzen, wollte der Präsident nicht grundsätzlich und im voraus entscheiden, auch die Bedingungen für einen solchen Einsatz nicht im vorhinein festlegen[10].

Die politischen, wirtschaftlichen und militärischen Maßnahmen der USA im Zuge ihrer Eindämmungspolitik in Richtung Europa hatten zu dieser Zeit keine »Union formeller oder informeller« Art zum Ziel. Vielmehr war es im amerikanischen Urteil an den Europäern, sich mit dieser amerikanischen Unterstützung selbst zu helfen und sich selbst politisch und militärisch zu organisieren.

Wenn trotzdem die vage Andeutung Bevins vom Dezember 1947 schon bald bei den Amerikanern Gehör fand, 1948 Verhandlungen über eine Nordatlantische Allianz geführt wurden und 1949 ein entsprechender Vertrag unterzeichnet werden konnte, so gab es verschiedene Gründe, die eine amerikanische Sinnesänderung bewirkt hatten. Der »ständige, kritische Spannungszustand«, den der amerikanische Verteidigungsminister James V. Forrestal im Frühjahr 1948 zwischen den USA und der UdSSR konstatierte, verschärfte sich mit gelegentlichen Entspannungsperioden bis in das Jahr 1950 beständig[11]. Dem kommunistischen Staatsstreich in der Tschechoslowakei im Februar 1948 folgten sowjetische Pressionen auf Norwegen und der sowjetisch-finnische Freundschafts- und Beistandspakt, der für die sowjetische Marine Stützpunkte in der Ostsee sicherte. Die am 1. April 1948 sich erstmals bemerkbar machende Absicht der Sowjets, die Landwege nach West-Berlin zu behindern oder ganz zu sperren, wurde als ein direkter Angriff auf westliche Positionen in Europa gewertet. Er betraf die USA als Besatzungsmacht unmittelbar und veranlaßte General Clay, an einen kurz bevorstehenden Krieg zu glauben. Die vom 24. Juni 1948 bis zum 12. Mai 1949 dauernde totale Blockade der Landwege nach West-Berlin begleitete als Dauerkrise die gesamten Verhandlungen zum Nordatlantikvertrag und brachte durch die Luftbrücke eine erste deutliche Erhöhung der amerikanischen Truppenpräsenz in Europa[12].

Mit der Detonation der ersten sowjetischen Atombombe am 29. August 1949 war das amerikanische Nuklearmonopol gebrochen[13]. Ereignisse im Fernen Osten,

---

[9] Ross, American War Plans, S. 12 f. und 106 f.; Beitrag Maier, Politische Kontrolle, in diesem Band, S. 255, Anm. 9.
[10] Etzold/Gaddis, Containment, S. 343.
[11] Congress (Washington) Hearings, Selective Service, S. 6123.
[12] Schraut, U.S. Forces in Germany, S. 165.
[13] Siehe dazu: Ziegler, Intelligence Assessments, passim.

wie die Proklamation einer kommunistischen Volksrepublik in China am 21. September 1949, der Abschluß eines Freundschafts- und Beistandspaktes zwischen der UdSSR und dieser chinesischen Volksrepublik am 14. Februar 1950 und die Anerkennung der kommunistischen Aufständischen in Indochina durch diese beiden Staaten als »Demokratische Republik Vietnam« am 31. Januar 1950 zeigten zum einen die Geschlossenheit und Schlagkraft des östlichen Blocks und beeinflußte zum anderen die militärische Lage in Europa durch die Verlegung französischer Truppen nach Indochina. Da sich Großbritannien und die Niederlande gleichfalls in ihren fernöstlichen Kolonien in militärische Konflikte (Malaya bzw. Indonesien) verwickelt sahen, schien der von den Amerikanern gewünschte militärische Kräfteaufbau in Europa immer zweifelhafter. Der gemeinsame und offenbar weltweit operierende Feind der USA und der Westeuropäer war endgültig ausgemacht. Der Nationale Sicherheitsrat der amerikanischen Regierung stellte fest: »Die kurzfristigen Absichten und die endgültigen Ziele der sowjetischen Führer bedrohen die Sicherheit der USA und sie werden dies immer tun[14].«

Die in Europa und weltweit als zunehmend bedrohlich empfundene Lage war in den USA von der Erkenntnis begleitet, daß die Westeuropäer in keiner Weise in der Lage waren, das von den Amerikanern herbeigewünschte Kräftegleichgewicht auf irgendeinem Gebiet alleine herzustellen. Schon die in Westeuropa angestrebte politische und wirtschaftliche Konsolidierung bedurfte, um dauerhaft zu sein, einer festeren militärischen Rückendeckung durch die USA. Wenn sich die Vereinigten Staaten daher im Frühjahr 1948 zu Verhandlungen über eine noch ganz vage Vereinbarung politischer oder gar militärischer Natur zunächst auch nur gegenüber Großbritannien bereiterklärten, so taten sie dies außerordentlich zögernd. Weder gelang es den Europäern, die USA in einen Vertrag zu ihren Bedingungen »hineinzuziehen«, noch ließen sich die Amerikaner mehr als nötig von der internationalen Krise in eine solche Vereinbarung mit den Westeuropäern »hineinschieben«[15]. Sie verfochten vor allem von Anfang an einige Grundsätze, zu denen allein sie bereit waren, mit den Europäern überhaupt in Verhandlungen einzutreten. An erster Stelle stand »größte Handlungsfreiheit« bezogen auf den politischen und militärischen Kurs, den die USA aus ihrer Sicht und aus ihren globalen Verpflichtungen heraus zu verfolgen gedachten[16]. Eine gegenseitige Verpflichtung sollte auf »fortgesetzter und wirksamer Selbsthilfe und gegenseitiger Unterstützung beruhen« und natürlich die Sicherheit der Vereinigten Staaten betreffen[17]. Gegenseitige Unterstützung erwarteten die USA »in größtmöglichem Ausmaß« von ihren zukünftigen Partnern[18]. Ein weiterer Punkt war die gerechte Verteilung der Lasten nach den

---

[14] FRUS 1948 I, S. 663.
[15] Foot, America, S. 91 f. (Zitat); Rearden, Formative Years, S. 470.
[16] Condit, Joint Chiefs, S. 385; Rearden, Formative Years, S. 463.
[17] Engel, Handbuch, S. 344 (Vandenberg-Resolution).
[18] NA, RG 218, GF 1948–1950, Western Europe (3-12-48), sec. 30, Memorandum for the Secretary of Defense, Subject: Guidance for the United States Military Representatives appointed to the Military Committee and to the Standing Group of the North Atlantic Treaty Military Organization, 30.9.1949, S. 2.

spezifischen Eigenheiten und dem jeweiligen Leistungsvermögen eines jeden Vertragsteilnehmers. Gelegentlich wollten die USA auch eine »starke Führungsposition« vor allem im militärischen Bereich einnehmen, aber sobald dieses Ziel mit dem der auch angestrebten »größten Handlungsfreiheit« in Konflikt geriet, entschied man sich meist für die Handlungsfreiheit anstatt einer Führung, die auch Verantwortung bedeutet hätte[19].

Die Position der Westeuropäer, und besonders der auf dem europäischen Kontinent gelegenen, war in allen Punkten fast entgegengesetzt. Während der Verhandlungen faßte der französische Botschafter in Washington die wesentlichen europäischen Forderungen für den militärischen Kern eines möglichen Vertrages unmißverständlich zusammen. Frankreich werde dem Vertrag nur beitreten, wenn sofort amerikanische Versorgungsgüter nach Frankreich geschickt würden, wenn sofort amerikanische Truppen nach Frankreich kämen, wenn sofort ein »integriertes militärisches Befehlsorgan« in Westeuropa eingerichtet werde, natürlich unter amerikanischer Beteiligung, und wenn sofort französische Vertreter in die Institution der anglo-amerikanischen Stabschefs (Combined Chiefs of Staff) entsandt werden könnten[20]. Allgemein war es die Absicht der Kontinentaleuropäer, die USA mit ihrer gesamten militärischen Kraft möglichst eng an den europäischen Kontinent und seine Sicherheit gegenüber der UdSSR zu binden. Dieser Zweck konnte besonders aus französischer Sicht nur durch eine »konkrete militärische Allianz gegen einen sowjetischen Angriff« erreicht werden[21]. Einer solchen Fessel suchten sich alle amerikanischen Politiker und führenden Militärs zu entziehen. So sind die Verhandlungen um eine atlantische Allianz auch als ein Ringen zwischen den USA, die Handlungsfreiheit anstrebten und Initiative von den europäischen Partnern erwarteten, und den Europäern, die Führung, Verantwortung und Leistung von den Amerikanern einforderten, zu verstehen. Die erste Runde dieser Auseinandersetzung bis zum Ausbruch des Koreakrieges ging klar an die Vereinigten Staaten, wie Vertrag, Organisation und ein erstes strategisches Konzept der NATO beweisen.

Schon der Gang der rund einjährigen Verhandlungen zeigte, daß die USA der Herr des Verfahrens waren. Bevin wiederholte am 18. Januar 1948 seinen Vorschlag einer »Union in Westeuropa« mit »formellem oder informellem Charakter«, hinter der die Amerikaner und die Dominions stehen sollten[22]. Die amerikanische Reaktion war offiziell kühl, inoffiziell von der Meinung bestimmt, die Europäer sollten vorangehen und die Amerikaner auf Distanz bleiben. So wurde am 17. März 1948 der auf Initiative Bevins zustande gekommene »Vertrag über die wirtschaftliche, soziale und kulturelle Zusammenarbeit, sowie über die kollektive Verteidigung« in Brüssel von den Außenministern Belgiens, Frankreichs, Großbritanniens, Luxemburgs und der Niederlande unterzeichnet. Der amerikanische Präsident

---

[19] Condit, Joint Chiefs, S. 385.
[20] Baylis, Britain, S. 21.
[21] FRUS 1948 III, S. 35; Bagnato, France, S. 85 und 102.
[22] Cook, Alliance, S. 113 f.

Truman kommentierte den Abschluß des »Brüsseler Vertrages« vorsichtig, die USA würden den europäischen Bemühungen zur Selbstverteidigung ihre Unterstützung mit angemessenen Mitteln, wie sie die Situation erforderte, geben[23]. Immerhin wurde die »Westunion« (Western Union) zur Eintrittskarte für die streng geheimen »Pentagongespräche« zwischen den USA, Großbritannien und Kanada vom 22. März bis zum 1. April 1948, nachdem sich der amerikanische Außenminister Marshall bereit erklärt hatte, über ein »Atlantisches Sicherheitssystem« zu sprechen[24].

Im April 1948 legten dann das amerikanische Außenministerium und der Nationale Sicherheitsrat die Einzelheiten eines möglichen Vertrages fest. Die wesentlichen waren das Prinzip der Selbsthilfe und gegenseitigen Unterstützung sowie der Grundsatz, daß jedes Mitglied selbst bestimmen sollte, »ob eine Aggression vorliege und welche Maßnahmen es dann ergreifen wolle, bis Übereinstimmung über gemeinsame Maßnahmen erzielt sei«[25]. Die von Senator Arthur H. Vandenberg initiierte Resolution des amerikanischen Senats vom 11. Juni 1948, welcher der Präsident am 2. Juli 1948 zustimmte, machte in den USA den Weg zu Verhandlungen über einen Atlantikpakt frei. Die Gespräche zwischen den USA, Kanada und den Mitgliedern der Westunion begannen am 6. Juli und führten mit Unterbrechungen bis zum 9. September 1948 zu einem fertigen Vertragsentwurf. Nach diesen »Washington Security Talks« wurde vom 10. Dezember 1948 bis zum 15. März 1949 im gleichen Kreis erneut über den Vertrag diskutiert. Erst zu diesem Zeitpunkt wurden Dänemark, Island, Italien, Norwegen und Portugal eingeladen, dem Vertrag beizutreten, dessen Text man aber schon am 18. März 1949 veröffentlicht hatte[26].

Betrachtet man den Vertragstext vor dem Hintergrund dieser Verhandlungen, so wird die amerikanische Handschrift deutlich. Auf ausdrücklichen Wunsch des amerikanischen Senatsausschusses für Auswärtige Angelegenheiten wurde Artikel 11 als »Schutzklausel« eingefügt[27]. Er bestimmt, daß der gesamte Vertrag in Übereinstimmung mit den »verfassungsmäßigen Verfahren« der einzelnen Mitglieder durchzuführen sei[28]. Diesen Vorbehalt betrachtete der Senatsausschuß als »allumfassend«[29]. Mochte das vor allem innenpolitische Gründe haben, um die Befugnisse des Präsidenten als Oberbefehlshaber der Streitkräfte und die Entscheidungsgewalt des Kongresses über Krieg und Frieden nicht beeinträchtigen zu lassen, und galt dies auch für alle Mitglieder, so war damit auch unverkennbar jeder

---

[23] Ebd., S. 128.
[24] Ebd., S. 128 ff.; Rearden, Formative Years, S. 459 ff.
[25] NA, RG 319, Army Chief of Staff, Operations and Plans Division, NSC 9/1, The Position of the United States with Respect to Support of Western Union and other related Free Countries, 23.4.1948, S. 3 f.; Rearden, Formative Years, S. 461 ff.
[26] Rearden, Formative Years, S. 470 ff.
[27] Ipsen, Institutionalisierung, S. 22.
[28] Engel, Handbuch, S. 347 (NATO-Vertrag).
[29] Ipsen, Institutionalisierung, S. 22.

»Bündnisautomatik« aus amerikanischer Sicht ein Riegel vorgeschoben[30]. Dies betraf insbesondere den Bündnisfall und die daraus folgenden Beistandspflichten. Die USA schienen zunächst geneigt, beides nach dem Vorbild des »Interamerikanischen Beistandspaktes von Petropolis«, des sogenannten »Rio-Paktes« vom 30. August 1947, regeln zu wollen. Es hieß in diesem Vertrag, »daß der bewaffnete Angriff irgendeines Staates gegen einen amerikanischen Staat als Angriff gegen alle amerikanischen Staaten angesehen werden soll und daß daher jede der vertragsschließenden Parteien zum Beistand verpflichtet ist, indem sie [...] dem Angriff entgegentritt«[31]. Unter den Maßnahmen, die dann getroffen werden konnten, stand die »Anwendung bewaffneter Gewalt« allerdings nur an letzter Stelle[32]. Auch durfte »kein Staat zur Anwendung bewaffneter Gewalt ohne seine Zustimmung verpflichtet« werden[33]. Trotzdem war nach Meinung des Senatsausschusses für Auswärtige Angelegenheiten hier das »*Recht* der individuellen oder kollektiven Selbstverteidigung in eine *Pflicht* umgewandelt worden«[34].

Die Mitglieder der Westunion wollten den entsprechenden Artikel aus dem Brüsseler Vertrag übernommen sehen, in dem festgelegt war: »Wenn eine der Hohen vertragsschließenden Parteien das Ziel eines bewaffneten Angriffs in Europa werden sollte, so werden die anderen Hohen vertragsschließenden Parteien der angegriffenen Partei [...] alle in ihrer Macht liegende militärische und sonstige Hilfe und Unterstützung leisten[35].« Schon im April 1948 war das State Department von der Rio-Formel abgerückt. Der entsprechende Artikel im Nordatlantikvertrag erhielt schließlich den Wortlaut: »Die Parteien vereinbaren, daß ein bewaffneter Angriff gegen eine oder mehrere von ihnen in Europa oder Nordamerika als ein Angriff gegen alle angesehen werden wird; sie vereinbaren daher, daß im Falle eines solchen bewaffneten Angriffs jede von ihnen [...] der Partei oder den Parteien, die angegriffen werden, Beistand leistet, indem jede von ihnen unverzüglich für sich und im Zusammenwirken mit den anderen Parteien die Maßnahmen, einschließlich der Anwendung von Waffengewalt trifft, die sie für erforderlich erachtet, um die Sicherheit des nordatlantischen Gebietes wiederherzustellen und zu erhalten[36].« Damit war das Ausmaß der Beistandspflicht in das Ermessen des einzelnen Mitgliedes gestellt. Der Ausschuß für Auswärtige Angelegenheiten des amerikanischen Senats betonte deshalb auch, »daß jede Partei frei bleibt bei der Abgabe ihres rechtschaffenen Urteils im Rahmen ihrer Entscheidung über die Maßnahmen, die sie treffen will. [...] Abhängend von der Schwere des Angriffs gibt es zahlreiche Maßnahmen unterhalb der Anwendung von Waffengewalt, welche der Situation hinreichend angepaßt sein können.« Vom »diplomatischen Protest« bis zu den

---

[30] Rearden, Formative Years, S. 473.
[31] Engel, Handbuch, S. 314 (Pakt von Rio, Art. 3); Rearden, Formative Years, S. 460.
[32] Engel, Handbuch, S. 317 (Pakt von Rio, Art. 8).
[33] Ebd., S. 318 f. (Pakt von Rio, Art. 20).
[34] Ipsen, Institutionalisierung, S. 20 f. (Hervorhebung durch Ipsen).
[35] Engel, Handbuch, S. 325 (Brüsseler Fünf-Mächte-Vertrag, Art. 4).
[36] Ebd., S. 346 (NATO-Vertrag, Art. 5).

»härtesten Formen von Pressionen« reichte eine weite Palette von Möglichkeiten[37]. Dabei war nur auf ausdrücklichen Wunsch der Europäer die »Anwendung von Waffengewalt« als eine Möglichkeit in den Vertrag aufgenommen worden. Zu einer »Kriegserklärung« war niemand verpflichtet. Lediglich das Ziel aller Maßnahmen, die Sicherheit des nordatlantischen Gebiets wiederherstellen und erhalten zu wollen, mochte ein Hinweis auf die Angemessenheit der Mittel sein.

Wohl waren die möglichen Objekte eines »bewaffneten Angriffs«, auf den es angemessen zu reagieren galt, im Vertrag aufgelistet, das bedeutete aber keinesfalls, daß damit der Bündnisfall »automatisch« eintrat. Hier vertrat der Senatsausschuß die Meinung, daß »jeder Partei die Verantwortung obliegen würde, selbst die Tatsachenfrage zu entscheiden, ob ein Angriff vorliegt oder nicht«[38]. Erst danach konnten alle gemeinsam oder auch nur einige Mitglieder feststellen, daß der Bündnisfall gegeben sei. Den Beurteilungsmaßstab dafür bezeichnete der amerikanische Außenminister wie folgt: Erst wenn der bewaffnete Angriff auf irgendeine Partei die *nationale* Sicherheit einer anderen bedrohe, könne diese Partei diesen Angriff auch als auf sich gerichtet betrachten und zu dem Schluß kommen, daß der Bündnisfall eingetreten sei[39].

Was für die nationale Sicherheit der USA geographisch von Bedeutung war, zeigte die Auswahl der Mitglieder, welche die Amerikaner in der Nordatlantischen Allianz sehen wollten. Das Vertragsgebiet umfaßte die Territorien aller Anlieger am Nordatlantik nördlich des Wendekreises des Krebses, die dort gelegenen Inseln von Vertragspartnern, die algerischen Départements Frankreichs in Nordafrika und über die in den drei Westzonen Deutschlands stationierten Besatzungstruppen indirekt auch das Gebiet der künftigen Bundesrepublik Deutschland[40]. Wichtig für die USA schienen aber aus dem gesamten Vertragsgebiet außer dem nordamerikanischen Teil und dem Nordatlantik nur die »Trittsteine« im Nordatlantik: Grönland, Island und die Azoren als Stützpunkte für die amerikanische Luftwaffe und Marine. Also mußten Dänemark, Island und Portugal, letzteres trotz seiner autoritären Regierungsform, Paktmitglieder werden. Erst auf massiven Druck Frankreichs wurden die algerischen Départements eingeschlossen, das restliche Algerien, Tunesien und Marokko – 1949 noch unter französischer Kolonialherrschaft stehend – aber ausgeklammert, Italien schließlich auf Wunsch Frankreichs und mit Zustimmung der USA zugelassen[41].

Der amerikanischen Absicht entsprechend, sich, sobald Europa politisch, wirtschaftlich und militärisch auf eigenen Beinen stehen würde, wieder aus dem Vertrag zurückzuziehen, entsprach die Vertragsdauer. Angelehnt an den Brüsseler Vertrag wollten die Europäer 50 Jahre festlegen. Es blieb auf amerikanischen Wunsch bei einer 20jährigen Vertragsdauer und der Möglichkeit, nach zehn Jahren

---

[37] Ipsen, Institutionalisierung, S. 19.
[38] Ebd., S. 17.
[39] Ebd., S. 18 (Herborhebung im Original).
[40] Engel, Handbuch, S. 346 (NATO-Vertrag, Art. 6).
[41] Rearden, Formative Years, S. 472 f.

bereits den Vertragstext zu überprüfen »unter Berücksichtigung der Umstände [...], die dann den Frieden und die Sicherheit des nordatlantischen Gebiets berühren«[42].

In wesentlichen Punkten der Vertragsgestaltung hatten sich damit die amerikanische Auffassungen durchgesetzt. Trotzdem machte der amerikanische Präsident am 3. April 1949, dem Vorabend der Vertragsunterzeichnung, den versammelten Außenministern der Mitgliedsstaaten noch einmal klar, was die Nordatlantische Allianz bedeuten sollte und was nun von den Europäern erwartet wurde. Für Truman war der Nordatlantikvertrag »ein Symbol [der] gemeinsamen Entschlossenheit« der Amerikaner und Europäer, den »Weltkommunismus« einzudämmen und in ferner Zukunft zu besiegen. Dies sollte auf dem »entscheidenden Schauplatz« Westeuropa geschehen, denn hier allein konnte es in einer gemeinsamen Anstrengung gelingen, das »Weltgleichgewicht« entscheidend zugunsten des Westens zu verändern. Das war nun auf keinen Fall militärisch gemeint. Die kommunistische Bedrohung sah Truman nicht militärisch, sondern in ihrer »dynamischen sozialen Kraft«, der es durch eine gemeinsame Politik zu begegnen galt. Dafür war nach amerikanischem Urteil ein Zeitraum von mehreren Jahren gegeben, in dem mit keinem militärischen Konflikt mit der UdSSR zu rechnen war. So bezog sich die gemeinsame Politik zunächst auf folgende Gebiete: Die Eingliederung Westdeutschlands und Japans in die westliche Staatengemeinschaft mit allen Konsequenzen, auch der einer militärischen Bewaffnung; die Beendigung der Kolonialkonflikte Frankreichs und der Niederlande im Rahmen einer allgemeinen Entkolonialisierung, um die dann freiwerdenden Streitkräfte nach Europa zurückzubringen; die Förderung der wirtschaftlichen und politischen Einheit Westeuropas. All dies erforderte schmerzliche Opfer und die Aufgabe nationaler Ziele von den künftigen europäischen Mitgliedern der NATO.

Aber Truman, Außenminister Dean G. Acheson und Verteidigungsminister Louis A. Johnson hatten auch klare Vorstellungen von den militärischen Zielen der neuen Nordatlantischen Allianz. Truman erläuterte zunächst, was die Europäer nicht zu erwarten hatten. Es werde kein ausgedehntes Wiederbewaffnungsprogramm geben, also keine unbegrenzte amerikanische Militärhilfe. Dies schon deshalb nicht, weil man damit einen »präventiven Krieg« mit der Sowjetunion herausfordern konnte. In diesem Fall sei es nämlich unmöglich, die sowjetischen Divisionen daran zu hindern, Westeuropa »zu überrennen«. An die Verteidigung des Rheins, wie sie zu diesem Zeitpunkt die Westunion plante, war nicht zu denken. Das amerikanische Nuklearpotential schien nur von begrenztem Wert. Es fehlten die strategischen Einsatzmittel. Es war auch nicht möglich, ein großes Land wie die UdSSR aus der Luft mit Atombomben zu besiegen, ganz abgesehen von den Folgen eines Nuklearwaffeneinsatzes auf die von sowjetischen Truppen besetzten Territorien der westeuropäischen Verbündeten. Selbst wenn man die Sowjetunion am Schluß niedergerungen haben würde, wären die Folgen eines solchen Krieges für die USA und die Europäer schrecklich.

---

[42] Engel, Handbuch, S. 348 (NATO-Vertrag, Art. 12).

Nach diesem Schreckensszenario eines Krieges mit der UdSSR in Europa, das deutlich zeigte, wie wenig die USA daran interessiert waren, in einen solchen Krieg hineingezogen zu werden, entwickelte der amerikanische Verteidigungsminister einen Plan für eine »wirksame Verteidigung« des »kritischen Gebietes« von Europa, der bis etwa 1956 verwirklicht werden sollte. Die Stichworte lauteten: »Vereinigung aller Streitkräfte und aller Rüstungsproduktion in größtmöglichem Ausmaß«, Konzentration aller Mittel, Integration auf allen militärischen Gebieten und sinnvolle Arbeitsteilung bei der Lösung dieser Aufgaben in Krieg und Frieden. Die Alternative zu dieser »drastischen Politik« im Verteidigungsbereich war die Fortsetzung einer »Papierverteidigung«, wie man sie jetzt in Europa hatte. Damit war das militärische Programm umrissen, das in der NATO bis zum Beginn des Koreakrieges im Juni 1950 tatsächlich in Angriff genommen wurde. Die schwachen und zusammenhanglos vorgetragenen Einwände der europäischen Außenminister während der amerikanischen »Lehrstunde in Machtpolitik« an diesem 3. April 1949 erklärten auch, warum die USA sich mit ihren Vorschlägen ohne weiteres durchsetzen konnten. Solange nur die Bereiche der Organisation und der Pläne berührt wurden, also nicht tatsächlich in die nationalen Streitkräftebereiche eingegriffen werden mußte, blieb das auch in Zukunft so.

Verteidigungsminister Johnson machte am 3. April auch für die militärische Organisation der NATO Vorschläge:
1. Ein »echtes vereinigtes Oberkommando« mit umfassenden Befugnissen für die operative und logistische Planung im Frieden und die Operationsführung im Krieg, das aus Gründen der »Sicherheit« und anderer Überlegungen nur aus Frankreich, Großbritannien und den USA bestehen sollte, während weitere Allianzmitglieder dort nur durch Verbindungsstäbe vertreten sein sollten.
2. Unter diesem Oberkommando dann die Verteidigungsorganisation der Westunion, vielleicht ergänzt um Italien, die für Planung und Koordinierung der Verteidigung Westeuropas zuständig sein sollte[43].

Damit war ein klarer organisatorischer Trennungsstrich zwischen dem nordamerikanisch-atlantischen und dem westeuropäisch-kontinentalen Vertragsgebiet im Hinblick auf die Zuständigkeiten gezogen. Nach Meinung der amerikanischen Stabschefs sollte ihnen die militärische Bündnisorganisation eine »starke militärische Führungsposition« und »größte Handlungsfreiheit« sichern[44]. Der Vertrag ließ denn auch im militärischen Bereich weitgehende Organisationsfreiheit. Denn festgelegt war nur die politische Spitze als ein Rat, in dem jedes Mitglied vertreten sein sollte, und der alle Fragen, die Durchführung des Vertrages betreffend, prüfen sollte. Darüber hinaus war nur noch ein Verteidigungsausschuß vorgesehen, der Maßnahmen zur Durchführung der Artikel 3 (Erhaltung und Entwicklung der Verteidigungsfähigkeit durch ständige und wirksame Selbsthilfe und gegenseitige Unterstützung) und Artikel 5 (Bündnisfall und Beistandspflicht) zu empfehlen

---

[43] Wiebes/Zeeman, Lehrstunde, S. 413 ff. (für den ganzen vorausgehenden Abschnitt).
[44] Condit, Joint Chiefs, S. 385.

hatte. Zu diesem Zweck konnten durch den Rat »nachgeordnete Stellen« errichtet werden, soweit sie erforderlich schienen[45].

So fanden sich in der militärischen Organisation, die der Nordatlantikrat auf seiner ersten Sitzung am 17. September 1949 in Washington beschloß, die Anregungen Johnsons und die Absichten der Joint Chiefs of Staff (JCS) getreulich wieder[46]. Die »starke Führungsposition« der USA hatte ihre Verankerung in der »Ständigen Gruppe« (Standing Group) gefunden, der neben den USA nur Frankreich und Großbritannien angehörten. Ihr arbeitete ein Stab aus Offizieren dieser drei Länder zu. Wohl war sie nur ein »Unterausschuß« des Militärausschusses aus den Stabschefs aller Mitglieder, aber da dieser nur gelegentlich zusammenkam, geschah die kontinuierliche Arbeit durch Amerikaner, Franzosen und Briten, lokker geführt durch »allgemeine Richtlinien und Anleitungen« des abwesenden Militärausschusses. Die Kompetenzen der »Ständigen Gruppe« waren nicht so umfassend, wie sie Johnson vorgeschlagen hatte, vielmehr hatte sie nur die unter ihr stehenden »Regionalen Planungsgruppen« mit Richtlinien, Anleitungen und Auskünften zu bestimmten Fragen militärischen Charakters zu versorgen, die regionalen Verteidigungspläne aufeinander abzustimmen und zu einem Ganzen zusammenzufassen. Durch einen besonderen Repräsentanten konnten alle anderen Mitglieder zu diesem amerikanisch-französisch-britischen Koordinierungsorgan beständig Verbindung halten[47]. Seine Kompetenzen wurden schon im März 1950 erweitert, da es sich schnell als unmöglich erwies, immer wieder neue Richtlinien und Anleitungen für jede Einzelfrage vom Militärausschuß einzuholen[48].

Trotzdem konnte von eigenständiger Planung im operativen und logistischen Bereich im Frieden und operativer Führung im Krieg, wie sie Johnson am 3. April 1949 vorgeschlagen hatte, kaum die Rede sein. Die Planung geschah vielmehr durch den Unterbau der »Ständigen Gruppe«, die sogenannten »Regionalen Planungsgruppen«, die, wie schon der Name andeutete, reine Planungsorgane waren, über die oder mit denen operative Führung nicht erfolgen konnte. Vorbild für diese Planungsgruppen war der »Ständige Gemeinsame Verteidigungsausschuß«, der am 12. Februar 1947 zwischen den USA und Kanada auf der Grundlage des Verteidigungsausschusses beider Länder vom August 1940 geschaffen worden war. Die dafür vereinbarten Grundsätze zur »Verteidigung der nördlichen Hälfte der westlichen Hemisphäre« waren so gestaltet, daß jeder »das Ausmaß seiner praktischen Mitarbeit [...] selbst bestimmen« und jederzeit seine Mitarbeit wieder einstellen konnte[49]. Der Wunsch nach »größter Handlungsfreiheit« hatte sich nach diesem Vorbild auch bei der amerikanischen Konstruktion der Regionalen Planungsgruppen der NATO ausgewirkt. Zum einen war das Vertragsgebiet in fünf

---

[45] Engel, Handbuch, S. 347 (NATO-Vertrag, Art. 9).
[46] Rearden, Formative Years, S. 475 ff.
[47] NATO. First Five Years, S. 68 und 175 f.
[48] NISCA, 3/1/2, Establishment and overall Organisation of Military Committee, Standing Group and Regional Planning Groups, MC 16, Matters on which the Standing Group shall be authorized to take action in the name of the Military Committee, 14.3.1950.
[49] Engel, Handbuch, S. 297.

Regionen aufgeteilt worden, nämlich: Kanada-USA, Nordatlantik, Nord-, West- und Südeuropa. Die Regionalisierung der Planung bedeutete natürlich auch eine regionalisierte und dezentralisierte Verantwortung der Mitglieder. Zum anderen waren die USA nur Mitglied der Region Kanada-USA und Nordatlantik. In allen anderen Gruppen wollten sie sich trotz des Drängens der Europäer und besonders der Briten nur »soweit es angebracht war aktiv an der Planung der Verteidigung beteiligen«[50]. Das bedeutete, daß in jedem einzelnen Fall die amerikanischen Stabschefs entscheiden wollten, ob sich die USA an irgendwelchen Plänen oder Maßnahmen einer Region beteiligen würden und in welcher Form.

Die Zurückhaltung der USA gegenüber einer allzu starken Einbindung in die Verteidigung Westeuropas zeigte sich auch in ihrem Wunsch, die militärische Organisation der Westunion und hier besonders den seit Oktober 1948 existierenden Befehlshaberausschuß von der militärischen Organisation der NATO strikt getrennt zu halten. Nur über diesen Ausschuß wäre Führung durch die »Ständige Gruppe« im Kriege, wie sie dem amerikanischen Verteidigungsminister Johnson vorgeschwebt hatte, denkbar gewesen. So bildete der Ständige Militärausschuß der Westunion zugleich die »Regionale Planungsgruppe Westeuropa« der NATO, während der Ständige Gemeinsame Verteidigungsausschuß der USA und Kanadas zugleich die »Regionale Planungsgruppe Kanada-USA« war[51]. Die gesamte ständig präsente militärische Organisation der NATO bestand so aus der »Ständigen Gruppe«, ihrem Stab sowie den nationalen Verbindungsoffizieren in Washington auf der obersten Ebene und den fünf Regionalen Planungsstäben in London, Paris und Washington auf der Ebene darunter. Die eigentliche Führung des militärischen Teils der NATO sollte aber nach amerikanischem Verständnis durch enge Zusammenarbeit der beiden angelsächsischen Partner über die britische militärische Vertretung in Washington auf »indirekte« Weise erfolgen. Durch »U.K.–U.S. Agreements« wollte man bilaterale Fragen außerhalb der NATO regeln, aber auch den anglo-amerikanischen Einfluß in der NATO sichern und sie damit in den »richtigen Bahnen« halten[52]. Die hierarchisch abgestufte und regionalisierte militärische Planungsorganisation der NATO erlaubte den USA so in der Tat beides: »Führung«, vielleicht auch »Kontrolle«, vor allem aber »Planungs- und Handlungsfreiheit« oder auch Distanz zumindest zu den europäischen Verteidigungsbelangen.

Die Europäer waren, obwohl man eine internationale Arbeitsgruppe gebildet hatte, mit Ausnahme der Briten an der Ausarbeitung dieser Organisation kaum beteiligt worden, hatten allerdings auch wenig eigene Beiträge geliefert[53]. Dadurch war nun etwas entstanden, was in dieser Form ihren Interessen kaum entsprechen konnte. Vorsichtig brachte das der norwegische Verteidigungsminister während

---

[50] NATO. First Five Years, S. 176 f.; Condit, Joint Chiefs, S. 394 f.; Jordan, U.S. Naval Forces, S. 71.
[51] FRUS 1949 IV, S. 257 und 346; Condit, Joint Chiefs, S. 398.
[52] FRUS 1949 IV, S. 121 und 326; Condit, Joint Chiefs, S. 383.
[53] Rearden, Formative Years, S. 475 und 477.

der ersten Sitzung des NATO-Verteidigungsausschusses zum Ausdruck: »Unsere Organisation sollte auch darauf vorbereitet sein, die ersten Aufgaben für den Fall eines militärischen Angriffs zu bewältigen[54].« Da die Amerikaner einen solchen Angriff in absehbarer Zeit aber gar nicht erwarteten, die Bedrohung durch den »Weltkommunismus« für sie ja eher im Bereich seiner »dynamisch sozialen Kraft« lag, hatten sie eine Organisation durchgesetzt, die die Sowjetunion militärisch nicht provozieren konnte, Europa militärisch sich selbst überließ und die es ihnen gestattete, militärisch zur soeben gegründeten Verteidigungsallianz ein wenig auf Distanz zu bleiben.

War die militärische Organisation der NATO aus einer fast ausschließlich amerikanischen Idee entstanden, so war das erste »strategische Konzept für die Verteidigung des nordatlantischen Gebiets« eine vollständig amerikanische Angelegenheit. Es basierte auf den Grundzügen, die der amerikanische Verteidigungsminister Johnson den Außenministern der übrigen NATO-Mitglieder an jenem denkwürdigen 3. April 1949 dargelegt hatte. Ausgehend von dem Gedanken, daß ein Krieg gegen die UdSSR vor allem ein Land- und Luftkrieg sein werde, empfahl er den Kontinentaleuropäern, ohne Rücksicht auf das Prestige der Teilstreitkräfte und nationale Sensibilitäten ihre Anstrengungen auf den Aufbau von Land- und taktischen Luftstreitkräften zu konzentrieren. Die Aufgaben der Seestreitkräfte sollten die USA und Großbritannien übernehmen. Der strategische Luftkrieg schließlich sollte die alleinige Verantwortung der USA mit einiger Unterstützung durch die Briten sein[55].

Unmittelbar nach der Unterzeichnung des Nordatlantischen Vertrages am 4. April 1949 legten die Mitglieder der Westunion am 5. April umfangreiche Forderungen nach Finanz- und Militärhilfe durch die USA vor. Dänemark, Italien und Norwegen folgten. Nun wurde das von Johnson angesprochene militärische Arbeitsteilungsprogramm die Grundlage, von der aus amerikanische Militärs dem Kongreß Umfang und Notwendigkeit einer Militärhilfe für die europäischen NATO-Partner erläuterten. In diesem Zusammenhang erfolgte eine Präzisierung und Einordnung der Aufgaben nach ihrer Bedeutung für die Bündnisverteidigung: »Bei diesem Militärhilfeprogramm sind die Vereinten Stabschefs dem Grundsatz gefolgt, daß jeder die Aufgabe übernehmen sollte, für die er nach seiner Position und seiner Fähigkeit am besten geeignet ist.

– »Erstens, die USA werden mit dem strategischen Luftkrieg beauftragt sein. Wir haben wiederholt in diesem Lande gesagt, daß unsere Möglichkeit, die Atombombe einzusetzen, die erste Priorität in der gemeinsamen Verteidigung sein muß.
– Zweitens, die USA und die Seemächte der Westunion werden die wichtigen Seeoperationen führen, einschließlich des Schutzes der Seeverbindungen. Die

---

[54] NISCA, 3/1/2, Verbatim Record, 1st Defense Committee Meeting, 5.10.1949, Item 2: Establishment of Organization (DC 1), S. 9 f.
[55] Wiebes/Zeeman, Lehrstunde, S. 420 f.

Westunion und andere Nationen werden ihre eigenen Häfen und Küsten schützen.
- Drittens, der harte Kern der präsenten Landstreitkräfte wird aus Europa kommen, andere Länder werden in dem Maße helfen, wie sie solche Streitkräfte mobilisieren können.
- Viertens, England, Frankreich und andere kontinentaleuropäische Länder werden die Masse der Flugzeuge für Erdkampfunterstützung und die eigene Luftverteidigung stellen. Wir werden die taktische Luftwaffe für unsere eigenen Land- und Seestreitkräfte und die Luftverteidigung unterhalten[56].«

Der amerikanische Kongreß tat dann ein übriges, um das künftige strategische Konzept der NATO noch enger an die Militärhilfe der USA und das ihr zugrunde liegende Aufgabenverteilungsprogramm zu fesseln. Im Gesetz zur gegenseitigen Verteidigungshilfe von 1949, das am 6. Oktober 1949 vom amerikanischen Präsidenten unterzeichnet wurde, war festgelegt, daß von der insgesamt für die Länder des Nordatlantikpaktes bis zum 30. Juni 1950 vorgesehenen eine Milliarde U.S.-Dollar 900 Millionen erst verfügbar werden sollten, nachdem der amerikanische Präsident die Vorschläge für die Gesamtverteidigung des Nordatlantikgebietes genehmigt hatte[57]. Damit waren die europäischen Empfängerländer in zweifacher Weise gebunden. Zum einen waren sie unter Zeitdruck gesetzt, denn Militärhilfe gab es ja erst, wenn das strategische Konzept vorlag und von den Amerikanern genehmigt war. Zum andern war eigentlich kein anderer Inhalt für dieses Konzept denkbar als die Aufgabenverteilung, die dem Verteidigungshilfegesetz zugrundelag.

Der Zeitablauf für die Erstellung des strategischen Grundkonzeptes spiegelte die Eile wieder, mit der es unter diesem Druck bearbeitet werden mußte. Der Auftrag des Verteidigungsausschusses der NATO an den Militärausschuß erging am 5. Oktober 1949. Bereits am 10. Oktober 1949 einigte sich die Ständige Gruppe auf eine amerikanische Vorlage, die genau dem Aufgabenprogramm für die amerikanische Militärhilfe entsprach. Nach Beratungen im Militär- und Verteidigungsausschuß wurde das Papier am 1. Dezember 1949 von den Verteidigungsministern der NATO gebilligt. Am 6. Januar 1950 stimmte der Nordatlantikrat dem Konzept zu. Im veröffentlichten Kommuniqué wurde ausdrücklich festgehalten, daß Selbsthilfe und gegenseitige Unterstützung die Grundlage der gemeinsamen Verteidigung seien[58]. Schließlich gab der amerikanische Präsident am 25. Januar 1950 seine Zustimmung, und am gleichen Tag wurden die bilateralen Militärhilfeabkommen zwischen den USA und ihren europäischen Bündnispartnern unterschrieben[59]. Innerhalb von genau drei Monaten war damit das strategische Grundkonzept zur Verteidigung des nordatlantischen Gebiets erstellt worden. Das Konzept, das am 3. Dezember 1952 (MC 3/5) nur marginal geändert werden sollte, galt bis zur Einführung der Strategie der »massive retaliation« (MC 14/2) im Jahr 1957

---

[56] Congress (Washington) Hearings, Mutual Defense Assistance Act of 1949, S. 71.
[57] Engel, Handbuch, S. 359 f.; Rearden, Formative Years, S. 481 ff.
[58] NATO. First Five Years, S. 181 f.
[59] Condit, Joint Chiefs, S. 399 f.; NATO. First Five Years, S. 27.

als Grundlage aller militärstrategischen Pläne der NATO[60]. Insofern war der amerikanische Einfluß im militärstrategischen Bereich der Allianz auch auf dem Papier für längere Zeit gesichert.

Da der Vertragstext nach amerikanischer Interpretation keine bestimmte Militärstrategie vorsah, hatten die amerikanischen Stabschefs diese Lücke mit einem eigenen, den amerikanischen Interessen folgenden Vorschlag gefüllt. Die europäischen Bündnispartner hatten ihm in der Erwartung baldiger amerikanischer Militärhilfe zugestimmt. Die Zustimmung mochte ihnen umso leichter gefallen sein, als das Konzept nach amerikanischer Lesart aus »politischen und Sicherheitsgründen« absichtlich sehr allgemein gehalten worden war[61]. Es enthielt aber neben vielen Absichtserklärungen zur Koordinierung, Integration und Standardisierung der verschiedensten Vorhaben und Ausrüstungen detailliert das von den Amerikanern gewünschte Aufgabenverteilungsprogramm, das für sie bei einem möglichen militärischen Konflikt in Kontinentaleuropa dort wenig unmittelbar zu tun bereithielt. Bei der Verteidigung des Vertragsgebietes auf der Grundlage »nationaler individueller Spezialisierung« war es die Aufgabe der Kontinentaleuropäer, ihre Territorien und damit das kontinentaleuropäische Vertragsgebiet allein zu verteidigen[62]. Als Trost konnten sie es empfinden, daß sie dies nur »anfänglich« tun sollten, und ihnen andere, außerhalb Kontinentaleuropas situierte Partner, also die USA, Kanada und Großbritannien, »mit der geringst möglichen Verzögerung« zu Hilfe kommen würden. Die Rolle, die sich die USA selbst zugeschrieben hatten, sah drei Aufgaben vor: Den strategischen Luftkrieg »mit allen Waffentypen ohne Ausnahmen«, also auch mit Atombomben – diese Aufgabe stand an erster Stelle des Katalogs; den Schutz der See- und Luftverbindungen über den Atlantik und die Mobilisierung der Streitkräfte für spätere offensive Operationen, die das Vertragsgebiet wiederherstellen und erhalten sollten[63]. Für diese Aufgaben sollten alle anderen Mitglieder Stützpunkte für amerikanische Luft- und Seestreitkräfte bereitstellen und sie auch selbst verteidigen[64].

Die USA hatten gehofft, auf dieser Basis Stützpunktrechte im Rahmen der Allianz aushandeln zu können, wie auch im amerikanisch-kanadischen Verteidigungsabkommen von 1947 die »gegenseitige und wechselseitige Benutzung der Einrichtungen für Land-, Luft- und Seestreitkräfte« enthalten war, sahen sich aber bald auf den Weg bilateraler Verhandlungen mit einzelnen Bündnispartnern ver-

---

[60] Pedlow, Evolution, S. XXII; NATO Strategy Documents, S. 279.
[61] Condit, Joint Chiefs, S. 400. Diese Formulierung fand Eingang auch in Bündnispapiere, siehe dazu: MC 14, Strategic Guidance for North Atlantic Regional Planning, 3.3.1950, S. 1, in: NATO Strategy Documents, S. 87.
[62] FRUS 1950 III, S. 2.
[63] Rearden, Formative Years, S. 482 (Diskussion um »atomic bomb« oder »all means possible with all types of weapons, without exception«); MC 3/1, The Strategic Concept for the Defense of the North Atlantic Area, 19.11.1949, S. 19-29, in: NATO Strategy Documents, S. 23-36 (weitere europäische Änderungswünsche zum ursprünglichen Papier der Ständigen Gruppe MC 3 vom 5.10.1949, in: ebd., S. 1-8).
[64] DC 6/1, The Strategic Concept for the Defense of the North Atlantic Treaty Area, 1.12.1949, in: NATO Strategy Documents, S. 57-64.

wiesen[65]. So dauerte es noch bis 1951, ehe entsprechende Verträge mit Frankreich, Dänemark (Grönland), Island und Portugal (Azoren) abgeschlossen werden konnten[66]. Da auch die Militärhilfe bilateral zwischen den USA und den Empfängernationen geregelt worden war, weil die amerikanische Regierung über eine eigene Organisation die Kontrolle über die Hilfslieferungen behalten wollte, und deshalb die Westunion oder die NATO als Partner nicht in Frage kamen, die zudem über keine Verteilerorganisation verfügten, zeigte sich an diesen beiden Komplexen – dem Stützpunkt- und dem Militärhilfeprogramm – bereits, wie schwierig der Weg zu gemeinsamem militärischen Handeln in der NATO noch sein würde.

Das strategische Grundkonzept war der Ausdruck dessen, was schon die »Vandenberg-Resolution« vom 11. Juni 1948 besagte. Die USA wollten sich nur einem Abkommen anschließen, das »auf fortgesetzter und wirksamer Selbsthilfe und gegenseitiger Unterstützung« beruhte und das »die nationale Sicherheit der Vereinigten Staaten« betraf. Dieser Grundsatz hatte seinen Eingang nicht nur in den Artikel 3 des Nordatlantikvertrages gefunden, sondern war nun ganz konkret im strategischen Grundkonzept festgeschrieben worden. Zu anderen als den von den USA festgelegten Bedingungen war eine Vereinbarung über den Atlantik hinweg nicht zu haben. Sie waren Herr des Verfahrens und bestimmten die Bedingungen. Bezogen auf eine mögliche Verteidigung des europäischen Vertragsgebiets hieß das, daß dafür die Europäer zuständig waren und hier ihre »ständige und wirksame Selbsthilfe« einzusetzen hatten. Darüber hinaus erwarteten die USA europäische See- und Luftbasen für ihre nationale Sicherheit und Strategie als »gegenseitige Unterstützung«. Die Unterstützung der USA sollte im Frieden Militärhilfe und im Kriegsfall der Einsatz ihrer See- und Luftstreitkräfte nach einer eigenen Strategie sowie die Mobilisierung ihrer industriellen und militärischen Ressourcen für einen endgültigen Sieg sein. Die Europäer fühlten sich in diesem Szenario etwas allein gelassen, auch in der Erinnerung daran, daß es im Zweiten Weltkrieg Jahre gedauert hatte, bis das militärische Gewicht der USA in Europa spürbar geworden war.

Während der vierten NATO-Ratssitzung vom 15. bis 18. Mai 1950 in London unternahmen die USA einen weiteren Versuch, die für sie so wichtige europäische Einheit und Selbsthilfe voranzubringen. Im strategischen Grundkonzept war ein Grundsatz der, daß die größte Wirksamkeit der Streitkräfte bei geringstem Einsatz von Menschen, Geld und Material erreicht werden sollte. Das wollte man dadurch bewerkstelligen, daß jedes Mitglied nur die Streitkräfte aufstellte und unterhielt, die mit den im Arbeitsteilungsprogramm übertragenen Aufgaben übereinstimmten. Allerdings war schon im strategischen Konzept dieses Prinzip dadurch verwässert worden, daß man die »eigene Verteidigung« und die »gemeinsame Verteidigung« dann doch wieder gleichgewichtig nebeneinander gestellt hatte[67]. Nun erhoben die USA in London die Forderung, die Streitkräfte aller Bündnismitglieder nach dem »übergeordneten Gesichtspunkt« des strategischen Grundkonzeptes zu organisie-

---

[65] Engel, Handbuch, S. 296.
[66] NATO. First Five Years, S. 40.
[67] DC 6/1, 1.12.1949, S. 3, in: NATO Strategy Documents, S. 60.

ren⁶⁸. Dabei sollten die einzelnen Mitglieder nationale Ungleichgewichtigkeiten in Kauf nehmen. Gegen diesen Eingriff der Allianz in die souveräne Gestaltungs- und Verfügungsgewalt über ihre nationalen Streitkräfte wandten sich Frankreich, Belgien, die Niederlande und Norwegen; die drei ersteren vor allem mit Blick auf ihre militärischen Verpflichtungen in Übersee⁶⁹. Die Briten steuerten einen Kompromiß bei. Im Frieden sollten die Streitkräfte nationalen Anforderungen genügen, im Kriegsfall aber eine »koordinierte« Streitmacht der NATO bilden⁷⁰. Die schließlich erreichte Übereinkunft sah so aus, daß die Regierungen aufgefordert wurden, oder sich eigentlich selbst aufforderten, »sich auf die Schaffung einer kollektiven, in sich ausgeglichenen Streitmacht [...] zu konzentrieren«. Gleichzeitig durften allerdings die Verpflichtungen außerhalb des Nordatlantikgebietes »voll in Erwägung gezogen« werden⁷¹. In dem nicht veröffentlichten Teil des Bündnisbeschlusses war darüber hinaus noch von »innerer Sicherheit« und »dringenden Erfordernissen der nationalen Verteidigung« die Rede, die berücksichtigt werden durften⁷². Sicher zu Recht bezeichnete der amerikanische Außenminister Acheson das so entstandene Konzept für »ausgewogene gemeinsame Streitkräfte« der Allianz als »unklar«⁷³. Diese Unklarheiten nutzten Frankreich und die Niederlande, um Flugzeugträger zu bauen, die sicherlich mit den ihnen zugeteilten Aufgaben im Rahmen der gemeinsamen Verteidigung des europäischen Vertragsgebietes wenig zu tun hatten. Die Unbeweglichkeit einmal abgeschlossener bilateraler Militärhilfeabkommen zeigte sich dann aber auch darin, daß die USA auch noch die Flugzeuge für den französischen Träger lieferten⁷⁴.

Das kontinentaleuropäische Interesse an der gemeinsamen Bündnisverteidigung formulierte ein französischer Antrag. Er forderte, daß die Mitglieder es als »wichtigstes Ziel« anerkennen sollten, eine Aggression abzuschrecken oder ihr erfolgreich zu widerstehen. Dazu schien es erforderlich, daß *jedes* Mitglied der Notwendigkeit zustimmte, »Streitkräfte für die Anfangsverteidigung [in Kontinentaleuropa] zu unterhalten«⁷⁵. Der französische Außenminister Robert Schuman erklärte dies im Fortgang der Diskussion sogar zum »politischen Ziel«⁷⁶. Acheson wollte dieses Problem zur Beratung auf die militärische Ebene verweisen. Er bekam Unterstützung durch seinen kanadischen Kollegen, der darauf hinwies, man könne sich nicht einseitig auf den Aufbau von Streitkräften in Europa festlegen, da man nicht wisse, wo ein Krieg beginnen werde. Der britische Außenminister Bevin schlug sich auf die Seite der Kontinentaleuropäer und wünschte, daß eine entsprechende politische Richtlinie den militärischen Planern mit auf den Weg gegeben

---

[68] NISCA, R 4/2 (V), 15.5.1950, S. 20; Rearden, Formative Years, S. 484 ff.
[69] FRUS 1950 III, S. 109 f.
[70] Ebd., S. 110.
[71] NATO. First Five Years, S. 183.
[72] FRUS 1950 III, S. 110 f. und 120.
[73] Acheson, Creation, S. 399; FRUS 1950 III, S. 123 f.
[74] NATO. First Five Years, S. 24.
[75] NISCA, D-4/11 (Revision 1), French Draft Resolution by the Atlantic Council, 17.5.1950, S. 1.
[76] FRUS 1950 III, S. 120.

werde[77]. Die Amerikaner, so allseits unter Druck gesetzt, beeilten sich zu erklären, daß natürlich jeder Aggression in dem Augenblick begegnet werden müsse, in dem sie auftrete, und daß die Hilfe der USA von dem Augenblick an »mit der größtmöglichen Kraft und von ganzem Herzen andauern« werde[78]. Der Ratsbeschluß stellte dann den üblichen Kompromiß dar. Unter anderen Grundsätzen und Zielen galt auch als wichtig, daß die Allianzmitglieder Streitkräfte unterhielten, um einem ersten Angriff angemessen begegnen zu können[79].

Diese Kontroverse illustriert noch einmal den kaum überbrückbaren Gegensatz zwischen dem amerikanischen Wunsch, die Europäer möchten sich selber helfen und die Verteidigung des Kontinents gemeinsam in die eigenen Hände nehmen, und der europäischen Erwartung von großzügiger amerikanischer Hilfe in allen Formen bis hin zur Stationierung von mehr amerikanischen Truppen für die Verteidigung in Europa von Anfang an. Diese Positionen bestimmten die gesamten Überlegungen in allen Phasen der Verhandlungen über die Nordatlantische Allianz. Schon bei den Washingtoner Sicherheitsgesprächen hatte der Vertreter des amerikanischen Außenministers, Robert A. Lovett, kein Freund einer Vereinbarung mit der Westunion, klargemacht, was die Amerikaner nicht wollten. Nämlich eine »Feuerfalle« aufzubauen und dann in sie hineinzugeraten, wie in den zwei vergangenen Weltkriegen[80]. Deshalb war es nach seiner Ansicht an den Europäern, selbst und allein eine wirksame Verteidigung zu bewerkstelligen. Deutlich erklärte Acheson bei der Beratung des Nordatlantikvertrages, dieser erfordere zu seiner Implementierung von amerikanischer Seite weder Geld, noch Truppen, noch daß überhaupt etwas getan oder im Kriegsfall in einer bestimmten Weise gehandelt werde[81]. General Bradley, der Vorsitzende der amerikanischen Stabschefs, erläuterte, »daß Westeuropa letzten Endes nur durch die Westeuropäer geschützt werden« könne, dagegen weder durch amerikanische Dollars noch Waffen[82]. Für Senator Vandenberg war der Nordatlantikvertrag eine Art von »Versicherungspolitik«, den Europäern irgendwie den Rücken zu stärken bei dem Unternehmen, ihre eigene Verteidigung aufzubauen; für andere Mitglieder der amerikanischen Regierung gar nur ein »Beratungsorgan«[83]. Diese amerikanische Haltung zur gemeinsamen Sicherheit, die in der amerikanischen Öffentlichkeit durchaus begrüßt wurde, verdroß sogar die engsten europäischen Verbündeten der USA, die Briten. Bevin beklagte im NATO-Rat, daß mit dieser Haltung Europa angekündigt werde, man werde es irgendwann von sowjetischer Besatzung wieder »befreien«, aber Europa müsse »zuerst selbst etwas tun«[84].

---

[77] Ebd., S. 120 f.
[78] Ebd., S. 121.
[79] Ebd., S. 122.
[80] FRUS 1948 III, S. 151.
[81] Ireland, Entangling Alliance, S. 131.
[82] Congress (Washington) Hearings, North Atlantic Treaty, S. 287.
[83] Ireland, Entangling Alliance, S. 131; Rearden, Formative Years, S. 471.
[84] FRUS 1950 III, S. 120 f.

Das wechselseitige Warten auf europäische Selbsthilfe in den USA und auf amerikanische Unterstützung in Europa blockierte bis zum Beginn des Koreakrieges jede ernsthafte und sichtbare Maßnahme zur Verbesserung der europäischen Verteidigung. Mit dem zweifelhaften Erfolg, daß man hier angesichts der sowjetischen Rüstung eine »Papierallianz« geschaffen hatte[85].

---

[85] Rearden, Formative Years, S. 487.

II. Die Bedrohung des Vertragsgebietes

Der geographische Raum, den die NATO ihrem Vertrag zufolge im Bündnisfall wiederherzustellen und zu erhalten hatte, erfuhr in dem hier behandelten Zeitraum einige wesentliche Veränderungen, wie sich auch die Bedrohung zum Teil wandelte. Durch den Beitritt Griechenlands und der Türkei am 18. Februar 1952 erweiterte sich das Vertragsgebiet beträchtlich nach Südosten auf den Nahen Osten zu. Fast die gesamte Nordküste des Mittelmeeres gehörte damit zum Bündnisgebiet. Da auch große Teile der Südküste noch unter der kolonialen Herrschaft einzelner Allianzmitglieder standen, wurde das Mittelmeer von Gibraltar bis zum Suezkanal quasi zum Bündnisgewässer. Das fand seinen Ausdruck in einer Änderung des Artikels 6 des Vertrages durch das Beitrittsprotokoll für Griechenland und die Türkei. »Das Gebiet der Türkei« sowie Streitkräfte, Schiffe und Flugzeuge »im Mittelmeer« galt es jetzt vor einem bewaffneten Angriff zu schützen[1]. Durch die im Mittelmeer stationierte 6. U.S. Flotte war nun nicht nur ein für die Allianzmitglieder wichtiger Schiffahrtsweg vom und in den Indischen Ozean, sondern auch die gesamte Südflanke des Vertragsgebiets besser geschützt. Eingetauscht hatte man dafür die unmittelbare Nähe des türkischen Vertragsgebiets zu dem sicherheitspolitisch immer unruhiger werdenden Nahen Osten und eine neue Grenze mit der UdSSR. Die Dardanellen und der Bosporus, durch die allein die sowjetische Flotte vom Schwarzen Meer in das Mittelmeer gelangen konnte, waren nunmehr Teil des Territoriums eines Bündnismitgliedes.

Der Beitritt der Bundesrepublik Deutschland am 5. Mai 1955 gab der schon im Dezember 1950 vom NATO-Rat vereinbarten »Vorwärtsstrategie« ihre geographische Grundlage, die sich vom »Eisernen Vorhang«, d.h. der Grenze zwischen der Bundesrepublik Deutschland und der Deutschen Demokratischen Republik bis an den Rhein erstreckte. Das Vertragsgebiet grenzte damit aber auch mit seiner längsten Ausdehnung an den sogenannten Ostblock und den 1955 gegründeten Warschauer Pakt. Die Ostseeausgänge, der einzige Seeweg der sowjetischen Marine von der Ostsee in die Nordsee und den Atlantik, wurde nun von zwei Allianzmitgliedern, Dänemark und der Bundesrepublik überwacht. Daß die Bundesrepublik Deutschland kein Mitglied wie jedes andere war, ergab sich schon aus den umfangreichen völkerrechtlichen Abmachungen, die im Rahmen der NATO und der WEU – der um Italien und die Bundesrepublik erweiterten Westunion von 1948 –

---

[1] Engel, Handbuch, S. 469 f.; siehe zum Beitritt Griechenlands und der Türkei: Manousakis, Griechenland und Bagci, Türkische Außenpolitik.

getroffen wurden. Als geteiltes Land mit dem Anspruch auf Wiedervereinigung mit der DDR mußte die Bundesrepublik im Beitrittsprotokoll erklären, »daß sie sich aller Maßnahmen enthalten werde, die mit dem streng defensiven Charakter dieser Verträge unvereinbar seien«[2]. Die praktische Umsetzung dieser Erklärung bildeten der freiwillige Verzicht der Bundesrepublik auf die Herstellung von ABC-Waffen auf dem eigenen Territorium, die Begrenzung der deutschen Streitkräfte auf etwa 500 000 Mann und neu definierte Befugnisse des SACEUR, die unter anderem verhindern sollten, daß ein deutscher Generalstab auf nationalistische Abenteuer auszog und das ganze Bündnis mit hineingeriet[3]. Deutlich wurde, daß die NATO an Territorium und Potential des neuen Mitglieds aus politischen und militärischen Gründen sehr interessiert war, gleichzeitig aber auch an seiner Kontrolle.

Am 28. Juni 1948 wurde Jugoslawien aus dem Kominform ausgeschlossen. Es versuchte, von nun an einen eigenen innen- und außenpolitischen Kurs unabhängig von der Sowjetunion und ihren übrigen Satelliten zu steuern. 1954 wurde ein »Vertrag über Freundschaft und Zusammenarbeit« zwischen Griechenland, der Türkei und Jugoslawien abgeschlossen[4]. 1954 gelang es den USA und Großbritannien, die leidige Triestfrage zwischen Italien und Jugoslawien vertraglich zu regeln[5]. Da 1949 der Bürgerkrieg in Griechenland zu Ende gegangen war, und gleichzeitig Italien mit dem Aufbau seiner neuen Streitkräfte begonnen hatte, schien nun das südliche Vertraggebiet in größerer Sicherheit als zuvor. Mit dem Beginn des Algerienkrieges 1954 zeigten sich allerdings neue Gefahren am Südrand des Bündnisgebiets, die vor allem Frankreich betrafen und in der Folge zu einem ständigen Abzug französischer Truppen aus dem kontinentaleuropäischen Vertragsgebiet führten[6].

Das System des 1955 gegründeten Bagdadpaktes zwischen dem Irak, der Türkei, Iran, Pakistan und Großbritannien sollte den Nahen Osten stabilisieren, ein Vorhaben, das, wie die Auseinandersetzung um den Suez-Kanal im Herbst 1956 zwischen Frankreich, Großbritannien und Israel einerseits und Ägypten andererseits bewies, nur unvollkommen gelang[7]. Vor allem für die ehemaligen Kolonialmächte in diesem Raum, Frankreich und Großbritannien, stellte sich immer öfter die Frage, wie ihr militärisches Engagement im nordatlantischen Bereich und außerhalb davon zu gewichten war.

Durch den Abschluß des Österreichischen Staatsvertrages im Jahre 1955, der die Neutralisierung des Landes und den Abzug der Besatzungstruppen der USA, Frankreichs, Großbritanniens und der UdSSR zur Folge hatte, wurden die westlichen Besatzungszonen Österreichs quasi aus dem Schutz des Nordatlantikvertra-

---

[2] Engel, Handbuch, S. 645.
[3] NATO. First Five Years, S. 235–268 (alle für den NATO-Beitritt der Bundesrepublik wichtigen Dokumente); FRUS V 1952–1954, S. 1381 (Zitat).
[4] Brown, Small-State Security; Engel, Handbuch, S. 625 ff. (Vertragstext).
[5] Heinemann, Vom Zusammenwachsen, S. 11–70.
[6] Elsenhans, Frankreichs Algerienkrieg.
[7] Ra'anan, USSR Arms.

II. Die Bedrohung des Vertragsgebietes

ges, den sie bisher über die westlichen Besatzungstruppen genossen hatten, entlassen. Zwischen das mittel- und südeuropäische Vertragsgebiet schoben sich damit neutrale Staaten, Österreich und die Schweiz[8]. Im Norden des Vertragsgebietes hatten die Pressionen der Sowjetunion auf Finnland und Norwegen schon 1949 ihr Ende gefunden. Die eingetretene Entspannung fand ihren Niederschlag in der Bedrohungsanalyse der Allianz darin, daß die finnischen Divisionen aus der Kategorie der sowjetischen Unterstützungskräfte herausgenommen wurden.

Die unterschiedliche geographische Lage der verschiedenen Teile des Vertragsgebietes zu den Territorien der Sowjetunion und ihrer Satelliten und die sich entwickelnde Waffentechnik bedingten einen unterschiedlichen Grad der Bedrohung. Dem unmittelbaren und sofortigen Zugriff gegnerischer Truppen in jeder Form waren nur Norwegen, die Bundesrepublik Deutschland, Griechenland und die Türkei ausgesetzt, die gemeinsame Grenzen mit der Sowjetunion oder ihren Verbündeten hatten. An der deutsch-deutschen Grenze ergab sich zudem die Möglichkeit eines innerdeutschen militärischen Konfliktes, wie er 1950 in Korea Wirklichkeit wurde. Alle anderen kontinentaleuropäischen Bündnismitglieder waren von Landstreitkräften nur nach längeren Anmärschen bedroht. Die »Insel«-Mitglieder Großbritannien und Island, aber auch die USA und Kanada hätten nur durch amphibische Invasionen angegriffen werden können.

Bei der geringen Stärke und Reichweite der sowjetischen Überwasserflotte ging die größte Gefahr für das nordatlantische Vertragsgebiet und die europäischen Küstengewässer von der zunehmenden Zahl sowjetischer U-Boote mit großer Reichweite und der Fähigkeit der sowjetischen Handelsmarine sowie der Luftwaffe, Minen zu legen, aus.

Alle, auch die nordamerikanischen Allianzmitglieder Amerika und Kanada waren oder gerieten in die Reichweite sowjetischer Kampfflugzeuge. Nach der Erprobung einer sowjetischen Atombombe 1949 und einer Wasserstoffbombe 1953 wuchs diese Bedrohung aus der Luft in den nuklearen Bereich.

Die Regionale Planungsgruppe Westeuropa bzw. der Kommandobereich Europa Mitte galten allgemein als der für die gesamte Allianz wichtigste, aber auch am meisten bedrohte Teil des Vertragsgebiets. Angesichts der zahlenmäßigen Überlegenheit der sowjetischen konventionellen Land- und Luftstreitkräfte gegenüber den in diesem Bündnisbereich stationierten Streitkräften der NATO-Mitglieder sprachen alle Beurteilungen der sowjetischen Fähigkeiten davon, daß es der UdSSR und ihren Verbündeten möglich sei, die hier gelegenen Allianzpartner in kurzer Zeit zu »überrennen« und zu »besetzen«[9]. Über den gesamten Zeitraum von 1950 bis 1956 schien es in den Augen von Politikern und Militärs der NATO denkbar, daß sowjetische Landtruppen in wenigen Tagen am Rhein, an der Kanal- und Atlantikküste oder gar an den Pyrenäen stehen konnten.

Wo sich die nukleare Bedrohung zuerst und am nachhaltigsten auswirken würde, war eher umstritten. Zunehmend fühlten sich die USA und Kanada bedroht,

---

[8] Heller, »Schild-Schwert«-These (für Österreich).
[9] MC 14/1, NATO Strategic Guidance, 9.12.1952, S. 8 f., in: NATO Strategy Documents, S. 203 f.

da der Sowjetunion daran gelegen sein mußte, das hier versammelte Wirtschafts- und Rüstungspotential sofort zu zerstören, während eine nukleare Zerstörung des Vormarschgebietes der sowjetischen Streitkräfte in Europa eher zweifelhaft erscheinen mußte. Sicher schien nur ein sofortiger nuklearer Schlag auf die Stützpunkte der amerikanischen und britischen strategischen Luftstreitkräfte, z.B. in Großbritannien, weil die UdSSR diese Gefahr für ihr eigenes Staatsgebiet ausschalten wollte[10].

Die von den USA zur eigenen Entlastung geförderte Regionalisierung des gesamten Vertragsgebietes und die damit erreichte Dezentralisierung der Verantwortung für die Verteidigung fand mithin in der unterschiedlichen Qualität der Bedrohung der einzelnen Teile des Bündnisgebiets eine objektive Begründung. Das hatte zur Folge, daß sich die NATO ab 1954 mit ihren militärstrategischen und operativen Überlegungen auf das Vertragsgebiet in Kontinentaleuropa und hier vor allem auf den Mittelbereich konzentrierte, während die Regionen Nordatlantik und erst recht Nordamerika mehr und mehr ein Eigenleben führten[11].

Die im Laufe der Zeit wachsende wirtschaftliche und politische Stabilisierung der europäischen Allianzmitglieder ließ die Furcht vor der »dynamisch sozialen Kraft« des Kommunismus und vor seinem innenpolitischen Einfluß in verschiedenen Mitgliedsländern, wie Frankreich und Italien, immer mehr schwinden. Trotzdem blieb das der UdSSR unterstellte Endziel stets im Blick der Analytiker einer sowjetischen Bedrohung, nämlich eine von der Sowjetunion beherrschte kommunistische Weltordnung. Eine sichere und machtvolle Basis zur Unterstützung der internationalen kommunistischen Bewegungen zu bieten, schien die am nächsten liegende Absicht der sowjetischen Führer zu sein[12]. Von daher betrachteten sie »die internationalen Angelegenheiten als einen Kampf um die Weltherrschaft zwischen zwei rivalisierenden Ideologien«, dem Kommunismus und den westlichen Demokratien[13]. Mochte dieser Kampf vorzugsweise auf diplomatischen, wirtschaftlichen und kulturellen Feldern ausgetragen werden, so konnte er doch jederzeit aus unterschiedlichsten Gründen in einen militärischen Konflikt eskalieren.

Die NATO betrachtete sich selbst als ein Haupthindernis für die UdSSR auf ihrem Weg zur »Weltherrschaft« und sah von daher zwei Ansätze der Sowjetunion, dieses Hindernis zu beseitigen. »Das ständige und hauptsächliche Ziel der UdSSR im NATO-Raum« schien darin zu bestehen, in den westlichen Öffentlichkeiten »die Unterstützung für westliche Verteidigungsmaßnahmen zu untergraben und damit den Weg für eine Auflösung der NATO zu ebnen«. Hierzu dienten vor allem die Darstellung der UdSSR als »Friedensmacht« und der Abbau des Mißtrau-

---

[10] DC 13, North Atlantic Treaty Organization Medium Defense Plan, 28.3.1950, S. 31 f., in: NATO Strategy Documents, S. 141 f.
[11] MC 48, The most effective pattern of NATO Military Strength for the next few years, 18.11.1954, S. 1, in: NATO Strategy Documents, S. 231.
[12] DC 13, 28.3.1950, S. 17, in: NATO Strategy Documents, S. 127.
[13] C-M (56) 138 (Final), Directive to the Military Authorities from the North Atlantic Council, 13.12.1956, S. 3, in: NATO Strategy Documents, S. 271.

ens gegenüber den sowjetischen Absichten. Weltweit nutzte die Sowjetunion – vor allem in Afrika, Asien und im Mittleren Osten – nationale und neutralistische Bewegungen, die sie mit Wirtschafts- und Militärhilfe unterstützte, um die Stellung der Westmächte dort zu unterminieren[14]. Mochte so im Zuge der von der UdSSR propagierten »friedlichen Koexistenz« zwischen »sozialistischen« und »kapitalistischen« Staaten militärische Konflikte unwahrscheinlich erscheinen, blieb ein Krieg mit der UdSSR und dem Warschauer Pakt doch immer im Blick der NATO.

1950 und 1952 hatte man noch bestimmte Zeitpunkte festgelegt, zu denen die Sowjetunion zu einem Krieg bereit sein könnte. Dabei wurden die Jahre 1954 und 1956 ins Auge gefaßt, weil dann die sowjetische Rüstung so weit fortgeschritten sein konnte, um zwei aus der Sicht der NATO für einen Erfolg wesentliche Aufgaben zu erfüllen, nämlich das »Überrennen« Kontinentaleuropas und die nukleare Zerstörung der Rüstungsbasis der NATO in den USA. Diese Sicht änderte sich jedoch 1953[15]. Der NATO-Rat stellte im Dezember dieses Jahres fest, daß die Bedrohung nicht zu irgendeinem bestimmbaren Zeitpunkt in einen Krieg umschlagen werde, sondern die Mitglieder »müßten sich damit abfinden, dieser Bedrohung noch für lange Zeit standzuhalten« und »deshalb damit rechnen, auf Jahre hinaus Streitkräfte und Waffen in Bereitschaft zu halten«[16]. Es war dies die Übernahme der von den USA unter der Präsidentschaft von Dwight D. Eisenhower im nationalen Bereich eingeführten Politik des »long haul« oder auch des »long pull«, d.h. des langen Atems bei Aufstellung und Unterhalt von Streitkräften durch die Nordatlantische Allianz[17].

Das erforderte eine gesunde wirtschaftliche, soziale und finanzielle Basis nicht nur für den Westen, sondern auch für die UdSSR. Die Auseinandersetzung verlagerte sich damit in den rüstungswirtschaftlichen Bereich. Nun hatte zwar der Westen die größere und breitere wirtschaftliche Grundlage, aber die UdSSR verwendete nach westlicher Einschätzung einen größeren Teil ihrer Wirtschaftskraft für die Produktion militärischer Rüstungsgüter im konventionellen und nuklearen Bereich. Außerdem hatte sich die sowjetische Wirtschaft von den im Zweiten Weltkrieg erlittenen Schäden so weit erholt, daß die UdSSR wirtschaftlich stärker schien als vor Ausbruch dieses Krieges. Die jährlichen Produktionszahlen für konventionelle und nukleare Waffen und Ausrüstung, die die NATO annahm, waren beachtlich, die Steigerungsmöglichkeiten im Mobilmachungs- oder Kriegsfall ebenfalls. Die sowjetische Wirtschaft war von ihrer Rohstoffbasis her fast autark, wenn auch ihre wesentlichen Produktionsstätten im Kriegsfall in Reichweite der westalliierten strategischen Bomber lagen[18]. 1956 wurde »ein schnelles Anwachsen der wirtschaftlichen Stärke« der UdSSR prognostiziert, das ihrer Führung die Hoff-

---

[14] C-M (56) 138, 13.12.1956, S. 4, in: NATO Strategy Documents, S. 272.
[15] DC 13, 28.3.1950, S. 17 und 31 f., in: NATO Strategy Documents, S. 127 und 141 f.; MC 14/1, 9.12.1952, S. 6, in: NATO Strategy Documents, S. 201.
[16] Engel, Handbuch, S. 594.
[17] Siehe dazu: Dockrill, Eisenhower's New Look.
[18] NATO, IMS, Central Records, MC 44 (Final), Estimate of the Strength and Capabilities of the Soviet Bloc from now through 1954, 17.12.1952, S. 9, 14, 20 und 22 f.

nung geben mochte, ihre politischen Ziele »ohne einen Krieg in der voraussehbaren Zukunft verwirklichen zu können«, d.h. den Rüstungswettlauf gegen den Westen zu gewinnen[19]. Alles in allem wurde der Sowjetunion unterstellt, daß sie wirtschaftlich in der Lage schien, einen Mehrfrontenkrieg gegen die NATO zu führen. Wie lange sie einen solchen Krieg wirtschaftlich durchzuhalten vermochte, war angesichts der geplanten strategischen Luftangriffe der USA auf die sowjetischen Wirtschafts- und Rüstungszentren eine offene Frage[20]. Zwei Dinge schienen allerdings sicher. Die UdSSR würde sich erstens aus wirtschaftlichen Erwägungen nicht von einem Krieg abhalten lassen, wenn es ihr zweitens möglich erschien, ihr erstes Ziel, die Besetzung Kontinentaleuropas in einem schnellen Anlauf zu erreichen. Denn dann konnte das eroberte westeuropäische Wirtschaftspotential ihr eigenes ergänzen und verstärken[21]. Auch aus dieser Sicht der Dinge war das kontinentaleuropäische Vertragsgebiet mehr und vor allem konventionell bedroht als andere Teile des Bündnisbereichs.

Die militärischen Fähigkeiten, die die UdSSR auf dieser wirtschaftlichen Grundlage über die Jahre entwickelte, waren leichter zu beurteilen als die Absichten, die sie damit verfolgen mochte. Die Zahlen der sowjetischen Divisionen, Schiffe und Flugzeuge blieben über den hier betrachteten Zeitraum fast gleich. Was die Bündnismilitärs dagegen mit zunehmender Sorge feststellten, war eine beständig fortschreitende Modernisierung aller konventionellen Verbände und Waffensysteme und eine schnell voranschreitende quantitative und qualitative Entwicklung bei den sowjetischen Nuklearwaffen. Die 175 präsenten sowjetischen Heeresdivisionen, zu denen noch 40 Artillerie- und Flugabwehrdivisionen zu rechnen waren, blieben eine feste Größe in den westlichen Berechnungen bis in die 60er Jahre. Die rund 86 Divisionen der sowjetischen Verbündeten im Warschauer Pakt wurden je nach den zwischen der UdSSR und ihren Satelliten herrschenden politischen Beziehungen in ihrem militärischen Wert unterschiedlich beurteilt.

Die Dislozierung der Großverbände ergab folgendes Bild: 100 der vor allem gepanzerten und mechanisierten Divisionen standen westlich der Linie Leningrad – Odessa, davon wiederum 22 in der DDR. Es war dies das eigentliche Angriffspotential der UdSSR gegenüber dem kontinentaleuropäischen Vertragsgebiet. Die NATO sprach es immer als »einsatzbereite Speerspitze« an, mit der »schnell nach Westeuropa« vorgestoßen werden konnte[22]. Gewaltig groß erschien das personelle und materielle Reservoir, aus dem die Sowjetunion bei einer Mobilisierung schöpfen konnte. Nach 30 Tagen sollten insgesamt 320 Liniendivisionen, nach einem Jahr 470 existent sein. Die Versorgung all dieser Verbände glaubte die NATO für

---

[19] C–M (56) 138, 13.12.1956, S. 3, in: NATO Strategy Documents, S. 271.
[20] NATO, IMS, Central Records, MC 44 (Final), 17.12.1952, S. 17.
[21] DC 13, 28.3.1950, S. 22, in: NATO Strategy Documents, S. 132.
[22] C–M (54) 36, Current Appraisal of Soviet Strength, 20.4.1954, veröffentlicht in: NATO. First Five Years, S. 112 f.

sechs bis zwölf Monate sichergestellt, bei Betriebsstoff allerdings nur für drei bis sechs Monate[23].

Die Teilstreitkraft, welche die Seemächte im Bündnis, die USA und Großbritannien, am wenigsten beeindrucken konnte, waren die sowjetischen Seestreitkräfte. Mit drei veralteten Schlachtschiffen, ca. 20 Kreuzern, rund 160 Zerstörern und 350 U-Booten war wenig Staat gegen die anglo-amerikanischen Flugzeugträgerflotten zu machen. Respekt hatte man nur vor dem Einsatz der hochseefähigen U-Boote im Atlantik und vor der sowjetischen Luftwaffe, sowie der Handelsmarine, die wichtige Häfen und Schiffahrtswege rund um den europäischen Kontinent durch Minen sperren konnte. Die sowjetischen U-Boote mußten aus Binnenmeeren wie der Ostsee und dem Schwarzen Meer heraus oder unter extremen Wetterbedingungen wie im Nordmeer operieren. Trotzdem glaubte man nach den Erfahrungen, die man während des Zweiten Weltkrieges mit der deutschen U-Bootwaffe gemacht hatte, im Kriegsfall mit rund 40 bis 50 sowjetischen U-Booten im Nordatlantik auf den Routen der westalliierten Konvois mit Truppen und Versorgungsgütern für Europa rechnen zu müssen[24].

Von den ca. 20 000 Flugzeugen der Sowjetunion waren die meisten nur für den taktischen Einsatz vorgesehen. Es zeichnete sich aber die Ausrüstung fast aller Geschwader mit Strahltriebflugzeugen, der großzügige Ausbau der Flugplatzinfrastruktur in den Staaten des Warschauer Paktes und in der westlichen Sowjetunion sowie der Aufbau einer schlagkräftigen strategischen Luftwaffe ab[25]. Diese war zunächst mit einem Nachbau des amerikanischen B-29-Bombers, der TU-4, ausgerüstet, aber ab 1955 wurde ein neuer Bombertyp mit Strahltriebwerken und wesentlich größerer Reichweite (M 4, BISON) eingeführt. Beide Flugzeuge konnten über den Nordpol Ziele in Nordamerika erreichen[26]. Als unzureichend beurteilte man die Luftverteidigung der UdSSR, die schon wegen des großen zu schützenden Raumes vor fast unüberwindlichen Schwierigkeiten stand, deren Kontroll- und Führungssysteme aber auch nicht auf dem neuesten Stand schienen, wie auch die eingesetzten Jagdflugzeuge mit einer zu geringen Reichweite[27].

Über Quantität und Qualität der sowjetischen Nuklearrüstung war die NATO insgesamt wenig orientiert. Da die Informationen der Allianz sämtlich von ihren Mitgliedern stammten, zeigte sich hier vor allem die amerikanische Zurückhaltung in diesem Bereich. So sprachen die Bündnispapiere nur von bemerkenswerten Entwicklungen sowohl bei den Sprengköpfen als auch bei den Einsatzmitteln. Ab 1954 schien es der UdSSR immerhin möglich, Nuklearwaffen für jeden militärischen Zweck zu produzieren[28]. Die USA taxierten den Bestand an sowjetischen Nuklearwaffen auf 30 für 1950, 63 für 1951, 165 für 1953, 250 für 1954 und 2 500

---

[23] NATO, IMS, Central Records, MC 44 (Final), 17.12.1952, S. 28 und 33.
[24] Ebd., S. 27; NATO. First Five Years, S. 113.
[25] NATO. First Five Years, S. 112.
[26] Nowarra, Sowjetische Flugzeuge, S. 177 f.
[27] NATO, IMS, Central Records, MC 44 (Final), 17.12.1952, S. 29.
[28] Ebd., S. 32; NATO. First Five Years, S. 113.

bis 4000 für das Jahr 1961[29]. Ziele in Europa und den USA waren damit gleicherweise erreichbar. Die offizielle Politik der UdSSR auf diesem Gebiet schien es zu sein, die Gefährlichkeit der Nuklearwaffen besonders zu betonen, um die Furcht davor in der westlichen Öffentlichkeit zu schüren und die USA damit von einem Einsatz abzuschrecken[30]. Daß mit diesem Versuch einer »psychologischen Neutralisierung Westeuropas durch die Drohung mit einem atomaren Angriff« einiger Erfolg erzielt wurde, bewies die Klage des SACEUR, General Gruenthers, man denke im Westen zuviel über die »Schrecken dieser Waffen nach« und »male sich beschaulich aus, welches Unheil diese Waffen *uns* bringen könnten«. Das diene »im psychologischen Sinne der Stärke der Sowjets«[31].

Die gemeinsamen Vorstellungen der Bündnispartner zu den sowjetischen Absichten im Falle eines Krieges orientierten sich etwa bis 1954 an der Operationsführung der deutschen Wehrmacht zu Beginn des Zweiten Weltkrieges, die man ja zum Teil selbst erlebt hatte, aber auch an den sowjetischen Operationen am Ende dieses Krieges. In einem weltweiten Krieg, für den man die UdSSR 1954 politisch, wirtschaftlich und militärisch gerüstet glaubte, erwartete man gleichzeitige oder aufeinander folgende Angriffe auf das gesamte Vertragsgebiet, den Nahen, Mittleren und Fernen Osten. Strategische Luftangriffe auf Nordamerika und Großbritannien sowie Seeoperationen vor allem von U-Booten im Nordatlantik, Mittelmeer und den angrenzenden Seegebieten würden diese Landoperationen begleiten. Ziel der Sowjetunion mußte es nach Meinung der Bündnismilitärs sein, das westeuropäische Festland schnell zu besetzen und von allen Verbindungen abzuschneiden, gleichzeitig die Basen der anglo-amerikanischen strategischen Luftwaffen und der Rüstungsindustrien vor allem in Nordamerika zu zerstören oder wenigstens zu lähmen. Fraglich war indes, ob die Angriffe auf Westeuropa nur mit den präsenten rund 80 bis 100 Divisionen aus Osteuropa und der westlichen Sowjetunion begonnen werden würden, was fast aus dem Stand möglich schien, und für die NATO eine sehr kurze Vorwarnzeit bedeutet hätte. Oder ob dem Angriff eine Verstärkung dieser Verbände oder gar eine allgemeine Mobilmachung vorausgehen würde, wodurch die NATO unterschiedliche Zeiträume für Gegenmaßnahmen gewonnen hätte[32]. Besonders die europäischen Bündnismitglieder neigten

---

[29] Die Zahlen sind zusammengestellt aus: NA, RG 218, GF 1948–1950, Western Europe (3-12-48), sec. 41, JCS 1844/46, Joint Outline Emergency War Plan »Offtackle«, 8.11.1949, S. 347; Poole, Joint Chiefs, S. 171; NATO, IMS, Central Records, MC 70, The Minimum Essential Force Requirements, 1958–1963, 29.1.1958, S. 6; Ross, American War Plans, S. 108 und 140. Siehe aber andere Zahlen bei Trachtenberg, Peace, S. 181: 1950: 5; 1951: 25; 1953: 120; 1954: 150 und 1959: 1050.

[30] NISCA, C-M (54) 33, Report on Trends and Implications of Soviet Policy, December 1953 to April 1954, 15.4.1954, S. 7.

[31] DC 13, 28.3.1950, S. 32, in: NATO Strategy Documents, S. 142 (erstes Zitat); Strategie der NATO, S. 55 (zweites Zitat von 1955; Hervorhebung im Original).

[32] NATO, IMS, Central Records, MC 44 (Final), 17.12.1952, S. 17 und 36.

zu der Annahme, daß die UdSSR die Vorteile der Initiative und Überraschung durch einen Angriff ohne größere Vorbereitung nutzen werde[33].

Dieses globale und sicherlich auch etwas überzogene Bedrohungsszenario erfuhr 1956 eine wesentliche Einschränkung und Differenzierung. Allerdings wurde dadurch die Lage für das Bündnis insgesamt und seine kontinentaleuropäischen Mitglieder nicht einfacher. Die in allen Bereichen gleichmäßige Rüstung der UdSSR eröffnete ihr vom globalen Nuklearkrieg bis zur Förderung von Aufständen und Guerillakriegen alle Möglichkeiten, während sich die NATO inzwischen bei Abschreckung, aber auch Verteidigung fast ausschließlich auf Nuklearwaffen aller Kategorien abstützte. Einer Vielzahl denkbarer militärischer Optionen der Sowjetunion stand so auf Seiten der NATO eigentlich nur die Option nuklearer Abschreckung und Verteidigung gegenüber, und damit in letzter Konsequenz die Auslösung eines weltweiten Nuklearkrieges, wenn die von der Allianz mit den Nuklearwaffen eigentlich nur bezweckte Abschreckung versagen sollte.

Daß die Sowjetunion von sich aus »willkürlich« einen »allgemeinen Atomkrieg« beginnen würde, schied als Möglichkeit nach dem Urteil der NATO-Experten aus, weil die sowjetischen Führer die Folgen eines solchen Krieges »verstanden und fürchteten«. Gerade darauf beruhte ja die Hoffnung des Bündnisses, mit der Androhung eines weltweiten nuklearen Krieges die UdSSR von allen militärischen Aktionen zumindest gegen das Vertragsgebiet abhalten zu können. Die Vielzahl der konventionellen Optionen, die die Sowjetunion im Gegensatz zur NATO besaß und die sie natürlich auch nutzen konnte, ließen allerdings frühzeitig Zweifel selbst unter den Bündnismitgliedern darüber aufkommen, ob ein nuklearer Waffeneinsatz mit der Aussicht auf eine Eskalation bis hin zu einer globalen militärischen Auseinandersetzung in jedem Fall die richtige Antwort sei. Grundsätzlich wuchs nämlich die Möglichkeit konventioneller Aktionen aller Art durch die Sowjetunion, »wenn die sowjetischen Führer zu der Auffassung gelangten, daß das Bündnis vor der Verwendung von Atomwaffen gegen die UdSSR [...] zurückschrecken würde«. Das war sicher umso eher der Fall, je geringfügiger die sowjetische Aktion nach Raum, Ziel und Mitteleinsatz war. Dieses Zurückschrecken vor dem Ersteinsatz der Nuklearwaffen konnte allerdings auch gegenüber jeder konventionellen militärischen Operation der UdSSR in größerem Umfang und gegen das Vertragsgebiet gerichtet eintreten, wenn Furcht vor einem sowjetischen nuklearen Gegenschlag oder »Uneinigkeit und Demoralisierung« die Allianz vor einer nuklearen Reaktion selbst abschreckten. So schwebte das Bündnis gegenüber allen konventionellen Optionen der UdSSR in der Gefahr, klein beigeben zu müssen oder durch Einstieg in einen nuklearen Waffeneinsatz einen umfassenden Nuklearkrieg heraufzubeschwören. Wahlmöglichkeiten zwischen Kapitulation oder Katastrophe wollte man sich nun dadurch schaffen, daß man »ausreichende konventionelle Streitkräfte« zu unterhalten suchte, »um sicherzustellen, daß eine örtliche bewaffnete Intervention durch sowjetische oder Satellitenstreitkräfte keine

---

[33] NATO, IMS, Central Records, MCM-4-55, Intelligence Briefing, 10.12.1955, S. 6; MC 48, 18.11.1954, S. 5 f., in: NATO Strategy Documents, S. 235 f.

Aussicht auf leichten Erfolg bot«. Diese Absicht oder besser, dieses Problem, betraf einmal mehr nur das kontinentaleuropäische Vertragsgebiet. Die außerhalb gelegenen Bündnismitglieder waren davon nur insofern betroffen, als zu den ausreichenden herkömmlichen Streitkräften auch »überseeische Truppen«, die in Westeuropa stationiert waren oder noch werden sollten, gehörten[34]. Sie waren nicht nur eine willkommene Verstärkung der Streitkräfte der europäischen Mitglieder auf dem Kontinent, sondern auch als ein Mittel engerer Anbindung der überseeischen Nuklearmächte USA und Großbritannien an die Belange der kontinentaleuropäischen Verteidigung gedacht.

Die Frage, wann Nuklearwaffen einzusetzen waren, sofern sich die konventionellen Streitkräfte als unzulänglich erweisen sollten, verwickelte nicht nur die beiden Nuklearmächte, sondern die ganze Allianz in eine beständige Debatte um die Höhe der sogenannten »Atomschwelle«. Zuvor war allerdings noch die entscheidende Frage zu klären, ob, und wenn ja, in welcher Form und mit welcher Beteiligung der anderen Allianzmitglieder die USA überhaupt bereit sein würden, ihre Nuklearwaffen zur Verteidigung des europäischen Vertragsgebietes einzusetzen. Verbunden mit dem ständig schwelenden Problem, welche Zahl und Art konventioneller Streitkräfte der sowjetischen Bedrohung angemessen schienen, waren dies die Faktoren, die alle Planungen für eine Bündnisstrategie bestimmten. Zwischen der Bedrohung durch die UdSSR und der Sorge um die Nukleargarantie der USA befanden sich die europäischen Bündnispartner bei der Strategiediskussion so in einer wenig komfortablen Lage[35]. Um die Besetzung durch sowjetische Truppen oder die nukleare Vernichtung zu verhindern, war eine Lösung zu finden, die dann auch noch den stets begrenzten finanziellen Mitteln der Mitglieder zu entsprechen hatte. In einer besseren Situation sahen sich die nordamerikanischen Mitglieder in einiger Entfernung zu den Streitkräften der UdSSR und unter dem sicheren Dach des amerikanischen Nuklearschirms.

---

[34] Alle Zitate aus: C-M (56) 138, 13.12.1956, S. 4 f., in: NATO Strategy Documents, S. 272 f.
[35] Heuser, NATO, S. 1-41.

III. Mittel- und kurzfristige Verteidigungspläne und Streitkräfteplanungen 1950

Die ersten militärstrategischen Überlegungen und Pläne der NATO hatten vor allem zum Ziel, Streitkräftekontingente für die Allianz insgesamt, die dann auf die einzelnen Mitglieder verteilt wurden, zu bestimmen. Die Pläne des Bündnisses legten weniger ein detailliertes militärisches Vorgehen für den Kriegsfall fest als vielmehr Ziele und Aufgaben für diese Streitkräfte nach den Vorgaben des strategischen Gesamtkonzepts. In mittelfristigen Plänen versuchte man, die in drei bis vier Jahren benötigten Streitkräfte zu ermitteln. Kurzfristige Pläne gingen von den sofort oder in Jahresfrist vorhandenen Streitkräften aus. Erst die operativen Pläne der Obersten NATO-Befehlshaber in Europa und für den Atlantik, die ab 1951 erschienen, bemühten sich, ein der angenommenen Bedrohung angemessenes, auch operatives Vorgehen im einzelnen zu beschreiben.

Von Anfang an nahmen militärische Stellen der USA starken Einfluß auf die Verteidigungspläne in Europa. Bereits in einer Richtlinie für die amerikanischen Vertreter in den europäischen Regionalgruppen wurde die Zielrichtung dieses Einflusses deutlich. Die kurzfristigen Verteidigungspläne sollten allein die militärischen Mittel der europäischen Nationen berücksichtigen, mit denen ein »substantieller Brückenkopf« in Westeuropa gehalten werden konnte. Die Mobilisierung zusätzlicher Kräfte sollte es dann erlauben, diesen Brückenkopf zu erweitern und so größere Teile Europas vor einer »längeren Besetzung« durch sowjetische Truppen zu bewahren. Die mittelfristigen Pläne konnten nach Meinung der Amerikaner die »ständig wachsenden Möglichkeiten [...] der europäischen Nationen« berücksichtigen, ihre Territorien vor Eroberung und Besetzung zu schützen. Zweifelsfrei wurde gegenüber den europäischen Verbündeten festgestellt, daß die USA »keine feste Verpflichtung« übernehmen könnten, die von der NATO entwickelten Pläne auszuführen, es sei denn, sie entsprächen der amerikanischen Kriegsplanung oder erhielten die besondere Zustimmung der Vereinten Stabschefs der USA. Diese hielten es im Augenblick für nicht angebracht, über die in Westeuropa stationierten Besatzungstruppen hinaus Streitkräfte für die Verteidigung des europäischen Vertragsgebiets zur Verfügung zu stellen. Die Aufgabe der USA im Rahmen der Bündnisverteidigung sahen die Stabschefs vor allem darin, das amerikanische Industriepotential als Garant einer erfolgreichen Kriegsbeendigung vor Schäden zu bewahren[1].

---

1 NA, RG 218, GF 1948–1950, Western Europe (3-12-48), sec. 30, Memorandum for the Secretary of Defense, Subject: Guidance for the United States Military Representatives appointed to the

Der gültige amerikanische Kriegsplan wurde von den Vereinten Stabschefs am 8. Dezember 1949 in Kraft gesetzt, trug den Namen OFFTACKLE und war Ende September/Anfang Oktober 1949 nur mit den Briten und Kanadiern diskutiert worden[2]. Beide übernahmen Teile der amerikanischen Planung in ihre nationalen Pläne. Der amerikanische Plan beruhte im wesentlichen auf einer strategischen Luftoffensive gegen die UdSSR mit konventionellen und nuklearen Mitteln. Damit verfolgte man zwei Ziele: die sowjetische Kriegsführungsfähigkeit zu »zerstören« und einen sowjetischen Vormarsch nach Westeuropa zu »verzögern«. Dazu sollten in den ersten drei Monaten eines Krieges 292 Atombomben und 17 610 Tonnen konventioneller Bomben eingesetzt werden. Dafür standen eine schwere Bombergruppe (B-36) in den USA, zwei mittlere Gruppen (B-29) in Großbritannien und eine auf Okinawa zur Verfügung. Die übrigen von den USA geplanten und auch mit eigenen Streitkräften unterstützten Operationen dienten dem Ziel, die Stützpunkte der strategischen Bomberkräfte zu verteidigen und die See- und Luftverbindungen dorthin zu sichern. So waren neben den USA und Kanada Island, Grönland und Großbritannien zu schützen sowie die Seeverbindungen von den USA nach England, Gibraltar, Alaska, Südamerika, Okinawa und Japan offenzuhalten.

Für den europäischen Kontinent war mittel- und langfristig eine Verteidigung am Rhein vorgesehen. Kurzfristig, d.h. für 1950/51, sollten sich die Europäer auf das Halten eines »substantiellen Brückenkopfes« nördlich der Pyrenäen beschränken. Sollte auch das nicht möglich sein, war eine »frühestmögliche Rückkehr nach Westeuropa« geplant. Auch dafür mußten die ohnehin für den Einsatz der strategischen Bomber wichtigen Basen Großbritannien, das westliche Mittelmeer mit Gibraltar und Teile Nordwestafrikas im Besitz des Westens bleiben. Sollten die Sowjets die in einem künftigen Krieg vermutete Neutralität Spaniens nicht achten, war an eine Verteidigung Südspaniens am Guadalquivir und in der Sierra Nevada gedacht. Erst zwei Jahre nach Kriegsbeginn glaubten die USA genügend Heeres- und Luftstreitkräfte aufgebaut zu haben, um mit der Rückeroberung des europäischen Kontinents beginnen zu können. Wie im Zweiten Weltkrieg sollten diese Operationen von Großbritannien und Nordafrika ihren Ausgang nehmen. In wesentlichen Teilen galt diese amerikanische Planung für einen globalen Krieg mit der Sowjetunion bis 1952. Die amerikanischen Vertreter in den Regionalen Planungsgruppen benutzten diesen Plan immer dann, wenn es um die Frage ging, welche Streitkräfte die USA wo und zu welchem Zeitpunkt für die Verteidigung des europäischen Vertraggebiets zur Verfügung stellen konnten und wollten[3].

Am 29. November 1949 gab der Militärausschuß Weisung an die Ständige Gruppe, eine strategische Richtlinie für die nun beginnende Planung der Regionalgruppen zu entwerfen. In den Arbeitsprozeß wurden auch die nationalen Reprä-

---

Military Committee and to the Standing Group of the North Atlantic Treaty Military Organization, 30.9.1949.

[2] Wampler, Legacy, S. 5 ff.

[3] Condit, Joint Chiefs, S. 294 ff.; Poole, Joint Chiefs, S. 164; Ross, American War Plans, S. 111 ff.

sentanten aller Mitglieder bei der Ständigen Gruppe eingeschaltet. Zu verschiedenen Entwürfen der Ständigen Gruppe durften sie Kommentare abgeben. Das am 4. Januar 1950 fertiggestellte Papier wurde am 6. Januar den Regionalen Planungsgruppen übergeben, die seit dem 1. November 1949 schon arbeitsbereit waren, aber jetzt erst mit der eigentlichen Planung beginnen konnten[4]. Die Zeitgrenzen, die die Ständige Gruppe gesetzt hatte, waren verhältnismäßig eng. Die Ständige Gruppe begründete dies mit der wachsenden Bedrohung. Eile schien aber auch geboten, um dem amerikanischen Kongreß schnell eine Unterlage für weitere Militärhilfe an die Hand zu geben[5]. Bis zum 15. Februar 1950 sollte so ein »Medium Term Plan« mit dem Stichtag 1. Juli 1954 und ein Aufstellungsprogramm für die dazu benötigten Streitkräfte beginnend am 1. Juli 1950 erstellt werden[6]. Zum 1. September 1950 wurde ein »Short Term Plan« für die an diesem Tag verfügbaren Streitkräfte erwartet.

Der Sowjetunion wurde ein »Maximum« an militärischen Operationsmöglichkeiten zugestanden[7]. Hier war die Ständige Gruppe amerikanischen Vorgaben gefolgt. Demgegenüber galt für den eigenen Kräfteansatz, daß man die Planung nicht auf Streitkräften aufbauen könne, wie sie die Alliierten am Ende des Zweiten Weltkrieges besessen hätten. Vielmehr müsse man von einer »realistischen Planung« ausgehen, was bedeutete, daß die eigenen Kräfte nicht »disproportional« zur Bedrohung sein sollten, aber doch im Bereich der Möglichkeiten der Mitglieder bleiben mußten. Deshalb waren Methoden zu entwickeln, mit denen die numerische Unterlegenheit gegenüber der UdSSR kompensiert werden konnte[8]. Dazu zählten nach Meinung der Ständigen Gruppe moderne Kampfmethoden und technische Überlegenheit[9].

Die Weisung der Ständigen Gruppe betonte als eigentliche Absicht der Allianz, die Sowjetunion vor jedem Angriff auf das Vertraggebiet abschrecken zu wollen. Sollte das mißlingen, stellten sich für die dann angestrebte »erfolgreiche Verteidigung« zwei Aufgaben: das Vertraggebiet »so weit vorwärts wie möglich zu verteidigen« und zur gleichen Zeit mit »offensiven Luftoperationen« gegen das sowjetische Territorium zu beginnen. Die Ständige Gruppe beurteilte auch die Bedeutung der

---

[4] Pedlow, Evolution, S. XIII f.; MC 14, Strategic Guidance for the North Atlantic Regional Planning, 3.3.1950, S. 1 f., in: NATO Strategy Documents, S. 87 f.; Wampler, Legacy, S. 14 ff. Die den Regionalgruppen zugeleiteten Papiere waren: SG 13/10, Intelligence Guidance for North Atlantic Regional Planning, 27.12.1949; SG 13/16, Strategic Guidance for North Atlantic Regional Planning, 4.1.1950; SG 13/17, General Background concerning Integration of Regional Plans, 7.2.1950. Die beiden ersten wurden dann zur MC 14 zusammengefaßt und vom Militärausschuß erst am 28.3.1950 formal gebilligt.

[5] MC 14, 3.3.1950, S. 4, in: NATO Strategy Documents, S. 90; Wampler, Legacy, S. 17.

[6] Auf Wunsch der Amerikaner wurde der Stichtag für den mittelfristigen Plan vom 1. Januar 1954 auf den 1. Juli 1954 verlegt, um mit dem Beginn des amerikanischen Haushaltsjahres übereinzustimmen (Condit, Joint Chiefs, S. 403). 1954 schien außerdem genügend weit in der Zukunft für eine mittelfristige Planung, aber auch wieder nicht zu weit, um unrealistisch zu werden (Condit, Test of War, S. 312).

[7] MC 14, 3.3.1950, S. 16, in: NATO Strategy Documents, S. 102.

[8] MC 14, 3.3.1950, S. 4, in: ebd., S. 90.

[9] MC 14, 3.3.1950, S. 9, in: ebd., S. 95.

einzelnen Regionen für die Bündnisverteidigung allgemein. Sie erklärte die Verteidigung Europas als besonders wichtig, da es das für die UdSSR am schnellsten und leichtesten zu erreichende Angriffsobjekt sei und sein Verlust die Verteidigung der NATO insgesamt zum Scheitern bringen werde. Die drei europäischen Regionalgruppen bildeten deshalb zusammen die »Deckungsfront« nach Osten für das Vertragsgebiet[10].

Auch auf diese Vorgaben hatten die USA als Mitglied der Ständigen Gruppe Einfluß genommen. Bei ihren Vorschlägen gingen die Vereinten Stabschefs davon aus, daß die UdSSR im Kriegsfall gleichzeitig Operationen führen werde, um die Atlantik- und Mittelmeerküsten sowie den Nahen Osten mit Landstreitkräften zu erreichen. Im Rahmen ihrer beschränkten Möglichkeiten würde sie Atomwaffen gegen alle Mitglieder der NATO einsetzen. Den einzelnen Regionen wurde als wichtigste Aufgabe vorgeschrieben, die Land- und Seegebiete zu verteidigen, die für offensive Operationen besonders der strategischen Luftstreitkräfte benötigt wurden. Für den mittelfristigen Plan gaben die Amerikaner zu verteidigende Linien und Gebiete vor: den Rhein, Teile Skandinaviens und Italien. Den eigenen Atomwaffeneinsatz stellten die Vereinten Stabschefs unter den Vorbehalt der Zustimmung des Präsidenten. Da die Führung der strategischen Luftoffensive ausschließlich in amerikanischer Verantwortung lag, sollte jeder detaillierte Hinweis auf sie im Rahmen der regionalen Verteidigungspläne unterbleiben[11].

Am 1. März 1950 hatte die Ständige Gruppe die einzelnen regionalen Verteidigungspläne zu einem mittelfristigen Gesamtverteidigungsplan zusammengefaßt. Es ergab sich nun folgendes Bild: Das der UdSSR unterstellte Vorgehen im Kriegsfall entsprach den von den USA gemachten Vorgaben. Die Sowjetunion würde versuchen, die ihr gegenüberstehenden Kräfte zu vernichten und die Küsten des Atlantiks und des Mittelmeers zu erreichen sowie den Nahen Osten zu besetzen. Mit Luftangriffen unter Einsatz aller Waffen »ohne Ausnahme«, also auch mit Atombomben, gegen alle Bündnismitglieder mußte gerechnet werden. Die UdSSR würde versuchen, das kontinentaleuropäische Vertragsgebiet durch den Einsatz von U-Booten und Seeminen von seinem nordatlantischen Hinterland abzuriegeln[12]. Demgegenüber sollte es die allgemeine Absicht des Bündnisses sein, die Sowjetunion davon zu überzeugen, daß sich ein Krieg für sie überhaupt nicht auszahlen werde. Im Kriegsfall selbst wollte man das ganze Vertragsgebiet »erfolgreich« verteidigen[13]. Beide Ziele gedachte man mit einer »strategischen Offensive« vor allem aus der Luft zu erreichen, mit der die sowjetische Fähigkeit, einen Krieg zu führen, zerstört werden sollte. Im Frieden sollte damit zu Abschreckungszwecken gedroht werden, im Krieg sollte diese »strategische Luftoffensive« von den USA in die Tat umgesetzt werden[14].

---

[10] MC 14, 3.3.1950, S. 8-11, in: NATO Strategy Documents, S. 94-97.
[11] Condit, Joint Chiefs, S. 400 ff.
[12] DC 13, North Atlantic Treaty Organization Medium Term Defense Plan, 28.3.1950, S. 8 f., in: NATO Strategy Documents, S. 118 f.
[13] DC 13, 28.3.1950, S. 7, in: NATO Strategy Documents, S. 117.
[14] DC 13, 28.3.1950, S. 10, in: ebd., S. 120.

III. Mittel- und kurzfristige Verteidigungspläne und Streitkräfteplanungen 1950

Den Ablauf eines Krieges mit der Sowjetunion stellte man sich in vier Phasen gegliedert vor, ohne allerdings zeitliche Abgrenzungen vorzunehmen. Zunächst galt es, die erste sowjetische Offensive zum Stehen zu bringen und gleichzeitig mit der »Luftoffensive« gegen die UdSSR zu beginnen. Es sollten anschließend »größere offensive Operationen« folgen, die in der nächsten Phase bis zur sowjetischen Kapitulation weiterzuführen waren. Abschließende Operationen sollten dem Erreichen der alliierten Kriegsziele dienen. Hierüber schwieg sich der Bündnisverteidigungsplan aus, weil die in und nach einem Krieg gegenüber der Sowjetunion zu verfolgenden politischen Ziele von den Regierungen der Mitglieder zu bestimmen waren[15]. Die Amerikaner hatten intern für sich schon einige dieser Ziele vorgegeben. Die Herrschaft der UdSSR über nicht sowjetische Staaten oder ihre Einmischung in die inneren Angelegenheiten anderer Staaten sollte beendet werden. Die sowjetische Regierung sollte ihr außenpolitisches Verhalten an den Grundsätzen der Charta der Vereinten Nationen ausrichten und militärisch nicht mehr in der Lage sein, einen Angriffskrieg zu führen[16].

Während der mittelfristige Bündnisplan nur die erste Phase eines Krieges mit der Sowjetunion zum Gegenstand hatte, beinhaltete der gleichzeitige amerikanische Plan OFFTACKLE alle vier Phasen bis zur Beendigung des Krieges. Hier waren auch Angaben über die voraussichtliche Dauer der einzelnen Phasen gemacht. So umfaßte die erste Phase drei, die zweite neun Monate. Mit dem zweiten Kriegsjahr begann die dritte Phase, mit dem dritten die abschließende vierte Phase. Die in den einzelnen Zeitabschnitten vorgesehenen militärischen Aktivitäten entsprachen in etwa denen des NATO-Planes, mit Ausnahme des ersten Zeitabschnittes von 90 Tagen. Hier kam es den amerikanischen Planern auf den strategischen Luftkrieg und die Sicherung der dafür notwendigen Stützpunkte Island, Grönland, die Azoren und Großbritannien an, während die NATO darüber hinaus die sowjetischen Truppen in Europa »so weit ostwärts wie möglich« anhalten wollte[17].

Die Verteidigungspläne der nordamerikanischen und der nordatlantischen Region, in denen die USA Mitglied waren, trugen am deutlichsten die amerikanische Handschrift. Die Bedeutung des nordamerikanisch-kanadischen Vertragsgebiets lag darin, daß dort das Gesamtpotential der Allianz versammelt war und die wirkungsvollste Waffe der Allianz, die strategische Bomberflotte mit Atombomben, ihre Ausgangsbasis hatte. So galt es, dieses Potential zu schützen und möglichst schnell zur Unterstützung der anderen Mitglieder verfügbar zu machen. Folgerichtig waren die Hauptaufgaben der Region die Luft- und Küstenverteidigung und die Bereitstellung von Verstärkungskräften für die europäischen Regionen. Der Wunsch der Europäer war es nun, daß möglichst wenige Kräfte für die Verteidi-

---

[15] DC 13, 28.3.1950, S. 8 und 11, in: NATO Strategy Documents, S. 118 und 121; Condit, Joint Chiefs, S. 404 f.
[16] FRUS 1948 I, S. 669; Etzold/Gaddis, Containment, S. 209 ff.
[17] NA, RG 218, GF 1948—1950, Western Europe (3-12-48), sec. 41, JCS 1844/46, Joint Outline Emergency War Plan »Offtackle«, 8.11.1949, S. 357 f.; DC 13, 28.3.1950, S. 13, in: NATO Strategy Documents, S. 123.

gung dieser Region gebunden waren, um möglichst viele davon möglichst schnell nach Europa zu bekommen. Da Landverteidigung in den USA und in Kanada überhaupt nicht notwendig schien, erwartete man also einen schnellen Zustrom amerikanischer Divisionen in das europäische Vertragsgebiet. Dagegen stand die Notwendigkeit, daß zur Mobilisierung und zur Ausbildung dieser Divisionen eine breite personelle Basis erforderlich war. Alles, was so von den Amerikanern ohne Zahlenangaben zugesagt wurde, waren »einige Seestreitkräfte« und taktische Luftstreitkräfte sowie Luftverteidigungskräfte, die sofort für einen »ostwärtigen Einsatz« verfügbar gemacht werden sollten[18].

Darunter verstanden die USA die angrenzende nordatlantische Region und Großbritannien. Sahen die Europäer in dieser Region vor allem die »Rollbahn«, auf der Verstärkungskräfte und Versorgung nach Europa gelangen mußten, so gründete sich für die Amerikaner auf die Luft- und Seestützpunkte dieser Region die Einsatzfähigkeit des amerikanischen strategischen Bomberkommandos und der amerikanischen Flugzeugträgergruppen. Mit diesen beiden Instrumenten allein war es möglich, sofort offensiv gegen das sowjetische Territorium und gegen die sowjetischen Flottenbasen im Norden der UdSSR und in der Ostsee vorzugehen. Letztlich waren diese Basen auch eine vorgeschobene Verteidigungslinie der USA im Atlantik. So fanden sich im Verteidigungsplan der nordatlantischen Region dann beide Aufgaben nebeneinander: die Verteidigung Portugals und folgender Luft- und Seebasen: die Azoren, Madeira, Grönland, Island, Spitzbergen, Färöer, Jan Mayen und die Sicherung der Luft- und Seerouten im und über den Atlantik für die Unterstützung des europäischen Vertragsgebiets. Natürlich ergänzten sich beide Aufgaben, aber sie waren von unterschiedlicher Priorität für Amerikaner und Europäer[19].

In den drei europäischen Planungsgruppen waren die USA kein ständiges Mitglied. Ihre dort anwesenden Vertreter sollten sich nach dem Organisationsbeschluß des NATO-Rates vom 17. September 1949 »aktiv an der Planung« beteiligen[20]. Gegenüber den Briten hatten die USA diese Art der Beteiligung dahingehend erläutert, daß man eine »aktive Rolle [...] innerhalb der von den amerikanischen Stabschefs vorgegebenen Grenzen spielen wolle« und daß diese Mitarbeit die künftige Haltung der Stabschefs, wo nötig, für die Europäer vorteilhaft beeinflussen werde[21]. Aber diese Haltung führte natürlich dazu, daß sich in den europäischen Planungsgruppen eben vorwiegend europäische Wünsche durchsetzten, auch wenn sie von den verfügbaren Mitteln her eher unrealistisch waren.

Eine strategische Gewichtung der europäischen Region im Vergleich zur nordatlantischen und nordamerikanischen ergab, daß die Eroberung Westeuropas durch die UdSSR für diese einen »entscheidenden Sieg« darstellen und ihr für die Fortführung des Krieges gegen die USA einen »überwältigenden Vorteil« sichern

---

[18] DC 13, 28.3.1950, S. 14, 54 f. und 63 f., in: NATO Strategy Documents, S. 124, 165 f. und 174 f.
[19] DC 13, 28.3.1950, S. 14, 51–60, in: ebd., S. 124, 162–171.
[20] Engel, Handbuch, S. 355.
[21] Condit, Joint Chiefs, S. 395.

würde. Andererseits sicherte Westeuropa der NATO und vor allem den USA alle Möglichkeiten für offensive Operationen gegen die UdSSR. Die Verteidigung Westeuropas war so von »überragender Bedeutung« und nebenbei auch »billiger« als eine Wiedereroberung. Westeuropa würde, das ergab schon die schlichte Logik der geographischen Lage, das erste Angriffsziel der Sowjetunion sein[22]. Zwar hatte auch der amerikanische Nationale Sicherheitsrat mit Zustimmung des Präsidenten festgestellt, daß »die sowjetische Beherrschung der potentiellen Macht von Eurasien [...] für die Vereinigten Staaten militärstrategisch und politisch unannehmbar sein« würde. Das bedeutete jedoch nicht, daß man willens und in der Lage war, zu der von den Europäern geplanten Verteidigung Kontinentaleuropas von Anfang an beizutragen, und es damit doch auf eine Wiedereroberung ankommen lassen mußte[23].

Die drei europäischen Planungsgruppen Nordeuropa, Westeuropa und Südeuropa-Westliches Mittelmeer bildeten zusammen die »Deckung« des gesamten nordatlantischen Vertragsgebiets nach Osten, die im Kriegsfall »frühzeitig« verstärkt werden mußte[24]. Dabei war die in der Mitte gelegene Region Westeuropa von besonderer Bedeutung, weil sie zum einen den Zusammenhalt dieser Deckungsfront gewährleistete, zum anderen von hier aus die Verbindung zum nordatlantischen Hinterland und zu den »überseeischen Ressourcen« am einfachsten zu halten war[25]. Die Flankenregionen Nordeuropa und Südeuropa-Westliches Mittelmeer konnten die Verteidigung der Planungsgruppe Westeuropa unterstützen, schienen aber selbst stark gefährdet, wenn diese Region verloren ging. Bei der Betrachtung der europäischen Gebietsteile, die nun tatsächlich verteidigt und gehalten werden sollten, gab es dann wieder sehr schnell regionale Abweichungen unterhalb der allgemeinen und wünschenswerten Absicht, »so weit ostwärts« oder »so weit vorwärts wie möglich« zu verteidigen[26]. Die amerikanischen Vorschläge fanden hier wenig Beachtung. Die Europäer setzten sich eigene Ziele, welche schon 1948 die fünf Mitglieder des Brüsseler Paktes Belgien, Frankreich, Großbritannien, Luxemburg und die Niederlande festgelegt hatten. Den Amerikanern war im Mai dieses Jahres mitgeteilt worden: »Für den Fall eines sowjetischen Angriffs, so kurzfristig er auch kommen mag, sind die fünf Mächte entschlossen, so weit ostwärts wie möglich zu kämpfen [...] und damit die Territorien der fünf Mächte [...] zu schützen[27].« Dieser Kampf sollte nach der NATO-Planung irgendwo zwischen Elbe und Rhein beginnen und durch die Verstärkung natürlicher Hindernisse sowie durch künstliche Sperren unterstützt werden. Neben der Verteidigung der Territorien der fünf Brüsseler Paktmitglieder, die wesentlich alle westlich des Rheins lagen, sollten mit dieser so weit im Osten wie möglich beginnenden Verteidigung folgende Ziele erreicht werden:

---

[22] DC 13, 28.3.1950, S. 12 und 42 (Zitate), in: NATO Strategy Documents, S. 122 und 153.
[23] FRUS 1948 I, S. 667; Etzold/Gaddis, Containment, S. 208.
[24] DC 13, 28.3.1950, S. 55, in: NATO Strategy Documents, S. 166.
[25] DC 13, 28.3.1950, S. 43, in: ebd., S. 154.
[26] DC 13, 28.3.1950, S. 13 und 43, in: ebd., S. 123 und 154.
[27] FRUS 1948 III, S. 125 f.

- Der Schutz der gesamten Niederlande, Dänemarks und Italiens,
- die Sicherung des »beträchtlichen Potentials« Westdeutschlands,
- die Beherrschung der Nordseeküsten und die Unterstützung offensiver Operationen in der Ostsee, sowie
- die Sicherung einer Land- und Luftverteidigung mit Tiefe[28].

Für die Regionale Planungsgruppe Nordeuropa beschränkte sich die Bestimmung des zu verteidigenden Raumes auf die Feststellung, »lebenswichtige Gebiete« in jedem Land, also Norwegen und Dänemark, seien »sicher zu halten«[29]. Es schien schwierig, genauere Angaben zu machen, da die große Ausdehnung der Region und die geringen dänischen und norwegischen Streitkräfte zusammen mit der nur schwer einzuschätzenden Haltung Schwedens im Kriegsfall mit der Sowjetunion insgesamt eine militärisch kaum zu bewältigende Aufgabe stellten.

Um die Positionen in Südeuropa und im westlichen Mittelmeer abstecken zu können, mußte der strategische Wert Jugoslawiens, Österreichs und der Schweiz beurteilt werden. Von Jugoslawien erwartete man zwar einigen Widerstand, der aber nicht ausreichen würde, einen sowjetischen Vorstoß nach Oberitalien zu verhindern. Die Rolle Österreichs konnte bis in das Jahr 1954 kaum eingeschätzt werden, da seit 1947 zwischen der Sowjetunion, den drei Westmächten und der österreichischen Regierung über einen Staatsvertrag verhandelt wurde, dessen Ziel die Aufhebung der Besatzung und die Neutralität Österreichs war. Unabhängig vom Status Österreichs als besetztes oder neutrales Land wurden die österreichischen militärischen Kräfte als »sehr klein« beurteilt. Die westalliierten Besatzungstruppen in Österreich waren ebenfalls nur von geringer Bedeutung. So lag zwischen der west- und südeuropäischen Planungsgruppe ein militärisches Niemandsland, das seine Fortsetzung in der neutralen Schweiz fand. Von ihr erhoffte man sich allerdings wirksame militärische Unterstützung für den Schutz der Flanken der beiden NATO-Planungsgruppen. So wollte man versuchen, auch in Italien so weit im Osten wie möglich, wenigstens aber die Alpenregion zu halten, die Adriaküste gegen Anlandungen von See her zu schützen und die Seeverbindungen im Mittelmeer nach Nordafrika und zum Suez-Kanal offenzuhalten[30].

Die operative Absicht bei der Verteidigung des kontinentaleuropäischen Vertragsgebiets war es, sofort alle verfügbaren Kräfte in einer ersten Anstrengung, den sowjetischen Angriff zum Stehen zu bringen, einzusetzen. Die Landstreitkräfte sollten dabei im größtmöglichen Ausmaß von taktischen und strategischen Luftstreitkräften unterstützt werden. Diesen Luftstreitkräften war die Aufgabe zugedacht, die sowjetischen Offensiven unmittelbar zu »verlangsamen« oder gar zu »stoppen«, und zwar durch Angriffe auf die sowjetischen Heeresstreitkräfte direkt, ihre Versorgungs- und Verbindungslinien, ihre Reservekräfte und ihre weiter zurückliegenden logistischen Basen. Im Kampf gegen die feindliche Luftwaffe und ihre Bodenorganisation wollte man frühzeitig die Luftüberlegenheit über den eu-

---

[28] DC 13, 28.3.1950, S. 43 f., in: NATO Strategy Documents, S. 154 f.
[29] DC 13, 28.3.1950, S. 48 ff. (Zitat, S. 50), in: NATO Strategy Documents S. 159 ff. (Zitat, S. 161).
[30] DC 13, 28.3.1950, S. 45 ff. (Zitat, S. 45), in: ebd., S. 156 ff. (Zitat, S. 156).

III. Mittel- und kurzfristige Verteidigungspläne und Streitkräfteplanungen 1950

ropäischen Regionen gewinnen. Neben den landgestützten Luftstreitkräften glaubte man, hier auch mit den amerikanischen Flugzeugträgern in der Nordsee und im Mittelmeer rechnen zu können. Ziel dieser ersten Verteidigungsanstrengung war es, Zeit zu gewinnen für die Mobilisierung der eigenen Reservekräfte auf dem Kontinent, für die Heranführung von Kräften aus der nordamerikanischen Region und für das Wirksamwerden der strategischen Luftoffensive gegen die Sowjetunion selbst, mit der sie politisch und militärisch möglichst schnell in die Knie gezwungen werden sollte[31]. Daß mit den kontinentaleuropäischen Kräften nur eine Verteidigung auf Zeit geführt werden konnte, ergab sich aus ihrem Stärkenverhältnis zu den angenommenen sowjetischen Streitkräften, das auch für 1954 noch als äußerst ungünstig beurteilt wurde.

Als »Minimum« sollten bis zum 1. Juli 1954, ohne die Region USA-Kanada,
- 90½ Divisionen,
- 8676 Flugzeuge und
- 2324 Schiffe und Boote bereitgestellt werden.

Die Masse der Land- und Luftstreitkräfte wurde für die Region Westeuropa benötigt, nämlich 54 Divisionen und 5864 Flugzeuge. Die Seestreitkräfte wollte man im Nordatlantik und im Mittelmeer konzentrieren, 957 bzw. 948 Einheiten. Auf den 31 Flugzeugträgern, die zum allergrößten Teil amerikanische waren, standen 2382 Flugzeuge zur Verfügung, von denen man sich einen wesentlichen Beitrag zur Land- und Luftschlacht auf dem Kontinent erwartete[32].

Die europäische Deckungsfront des nordatlantischen Vertragsgebiets wurde bald als »Schild« bezeichnet. Seine Aufgabe war es, dem ersten Ansturm jeder Aggression zu widerstehen, bis die Reservekräfte in Europa und Nordamerika mobilisiert und herangeführt sein würden, um die Schildstreitkräfte zu unterstützen[33]. Entlastung für den Kampf dieses »Schildes« erwartete man natürlich auch von der Luftoffensive gegen das sowjetische Territorium. Da der »Schild« von vornherein nur für fähig gehalten wurde, eine zeitlich begrenzte Verteidigung zu führen, schien es umso wichtiger zu klären, wann Reservekräfte zu erwarten waren und welche Auswirkungen die auch mit nuklearen Mitteln geführten Luftangriffe auf die UdSSR und auf deren nach Westen angreifenden Truppen haben könnten. Die Mobilisierung und der Einsatz von Reservekräften der kontinentaleuropäischen Allianzmitglieder war mit Fragezeichen versehen. Zum einen konnte niemand die zu erwartenden Schäden durch die sowjetischen Luftangriffe auf die nationalen Mobilisierungsbasen abschätzen, zum anderen mangelte es schon in Friedenszeiten an Personal und Material für Reserveverbände. So fehlten von vornherein in der Planung rund zehn Divisionen bei den bis 30 Tage nach Kriegsbeginn in Europa zu mobilisierenden Großverbänden[34].

---

[31] DC 13, 28.3.1950, S. 43 f., in: NATO Strategy Documents, S. 154 f.
[32] DC 13, 28.3.1950, S. 66 (Appendix A), in: NATO Strategy Documents, S. 166; Condit, Joint Chiefs, S. 406; Condit, Test of War, S. 312; Wampler, Legacy, S. 22 (die Zahlen differieren leicht).
[33] NATO. First Five Years, S. 103.
[34] NISCA 7/3, DC 28, Medium Term Plan Force Requirements, 26.10.1950, S. 7 ff.

Das amerikanische Nuklearpotential trat dem Namen nach in den Bündnisplänen nicht in Erscheinung. In den USA war aber bereits unter Experten und in der Öffentlichkeit eine lebhafte Debatte über seine Nützlichkeit für die europäische Bündnisverteidigung entbrannt. Im Mai 1949 kam eine hochrangige militärische Expertenrunde der amerikanischen Stabschefs zu dem Schluß, daß die amerikanischen Luftangriffe auf die UdSSR die sowjetischen Streitkräfte nicht ernsthaft daran hindern würden, schnell nach Westeuropa und in den Nahen und Fernen Osten vorzustoßen. Erst mit der Zeit würden die durch den strategischen Luftkrieg hervorgerufenen Versorgungsschwierigkeiten, besonders bei Ölprodukten, die sowjetische Führung zu neuen wichtigen Entscheidungen zwingen, deren Charakter aber nicht vorherzusehen war[35]. Amerikanische Marineoffiziere machten in ihrer Auseinandersetzung mit der Luftwaffe und deren nuklearer Dominanz diese Kritik öffentlich: »Der strategische Luftkrieg wird nicht dazu beitragen, die westlichen Demokratien gegen angreifende Armeen zu verteidigen. Wenn ein Aggressor Westeuropa angreift, wird er es mit voll ausgerüsteten Streitkräften tun, die vollständig mit sofort benötigten Versorgungsgütern versehen sind und für die weitere Vorräte [...] bereitgehalten werden. Der Bombenkrieg auf das Territorium eines Gegners wird eine nur geringfügig verzögernde Wirkung auf seine Streitkräfte im Einsatz haben. Diese Tatsache ist den Regierungen und den Bevölkerungen der europäischen Staaten bekannt. Ihre Moral und der Widerstand, den sie leisten werden, hängen aber wesentlich davon ab, ob die Militärstrategie der USA ihnen sofortige und wirkungsvolle Unterstützung im Kriegsfall versprechen wird[36].«

Was die europäischen Partner der USA erwarteten, war genau diese sofortige und wirkungsvolle Hilfe, am besten in einer Form, die die »sowjetische Armee am Überschreiten der Elbe« hindern würde. Denn nur »vierzehn Tage nach einer Invasion« würde schon »alles zu spät« sein[37]. Daß das Strategic Air Command (SAC) der USA dazu nicht das geeignete Mittel war, ergaben weitere amerikanische Untersuchungen. Im Februar 1950 erbrachte eine davon das Ergebnis, daß von den für den ersten Einsatz vorgesehenen 292 Atombomben und 17 610 Tonnen konventioneller Bomben aus logistischen Gründen und wegen der geringen Anzahl verfügbarer Flugzeuge zunächst nur die nuklearen Bomben eingesetzt werden könnten. Der dadurch bei ausgewählten sowjetischen Industriezweigen erzielte Schaden sollte 85 % der Produktion betragen. Diese Tatsache, so vermutete man, würde den sowjetischen Vormarsch ins westliche Europa »verzögern«. In welchem Ausmaß war aber nicht vorhersagbar[38].

Der Vorsitzende der amerikanischen Vereinten Stabschefs, General Omar N. Bradley, versuchte, den »unendlichen Schaden«, den diese z.T. veröffentlichten Überlegungen in der NATO anrichten konnten, einzugrenzen[39]. Er verteidigte die

---

[35] Etzold/Gaddis, Containment, S. 360 ff.; Condit, Joint Chiefs, S. 313 ff.
[36] Congress (Washington) Hearings, The National Defense Program, S. 185 f.
[37] Delmas, Des illusions, S. 37.
[38] Poole, Joint Chiefs, S. 163 ff.
[39] Hammond, Super Carriers, S. 533.

offizielle Militärstrategie der Allianz und betonte die abschreckende Wirkung der nuklearen Drohung auf die UdSSR. Die strategischen Luftangriffe auf die Sowjetunion würden dem Bündnis erlauben, Reserven zu mobilisieren und damit den amerikanischen Kontinent, die See- und Luftbasen sowie die »Grenzen in Europa« zu verteidigen. Bradley wies allerdings auch auf die in der NATO vereinbarte Arbeitsteilung und die angestrebten ausgewogenen Bündnisstreitkräfte hin[40]. An diese Aufgabenverteilung hielt sich die amerikanische Luftwaffenführung und weigerte sich, nachdem der mittelfristige Verteidigungsplan der NATO vorlag, die Bodenoperationen in Europa durch die strategische Luftwaffe zu unterstützen. Die Stabschefs machten sich diesen Standpunkt zu eigen, und damit fiel eine wesentliche Voraussetzung für eine erfolgreiche Verteidigung mit dem »Land-/Luftschild« weg[41].

Ähnliche Schwierigkeiten ergaben sich bei der Koordinierung der »Schildverteidigung« mit der Heranführung von Reservekräften aus den USA. Die Amerikaner machten keine genauen Angaben nach Zeit und Kräften. Sie waren auch mit sich selbst uneins. Während der Vorsitzende der Vereinten Stabschefs durchaus bereit schien, innerhalb von zwei oder drei Monaten nach Beginn eines Krieges amerikanische Heeresdivisionen nach Frankreich zu schicken, wollten die drei Stabschefs von Heer, Luftwaffe und Marine selbst ihre personellen und materiellen Reserven für einen möglichen Einsatz in Europa von Anfang an in Nordafrika bereitstellen[42]. Es stand damit zu befürchten, daß die eigentliche Absicht, in Westeuropa große Teile des Vertragsgebiets so lange zu verteidigen, bis die UdSSR unter den nuklearen Schlägen der amerikanischen Luftwaffe zusammengebrochen war oder bis genügend Verstärkungskräfte aus Übersee eingetroffen waren, nicht verwirklicht werden konnte. Dies umso mehr, als die Amerikaner in ihrer Hauptkritik an dem Bündnisplan bemängelten, daß Streitkräfte in der erforderlichen Größenordnung weder von den Europäern aufgeboten werden konnten, noch von den USA dafür Militärhilfe zu erwarten war. Sie forderten deshalb eine möglichst schnelle Überprüfung mit dem Ziel, zu einer realistischen Streitkräftezahl zu kommen[43].

Das alles mußte eigentlich zu dem Urteil führen, daß die von der NATO für 1954 geplante Verteidigung in Kontinentaleuropa keine Aussichten auf Erfolg haben konnte. Die Verteidigung der nordamerikanischen und der nordatlantischen Region dagegen schien einigermaßen gesichert. Trotzdem wurde der Plan vom Militär- und vom Verteidigungsausschuß der NATO am 28. März bzw. am 1. April 1950 angenommen. Einschränkend war davon die Rede, daß es sich bei der Festlegung der benötigten Streitkräfte um eine »erste Schätzung« handele[44]. Worauf es nun eigentlich ankommen mußte, auch wenn man für die Verwirklichung des Planes

---

[40] Congress (Washington) Hearings, The National Defense Program, S. 522 f.
[41] Condit, Joint Chiefs, S. 406.
[42] Wampler, Legacy, S. 7.
[43] Condit, Joint Chiefs, S. 406.
[44] DC 13, 28.3.1950, S. 3, in: NATO Strategy Documents, S. 113.

noch vier Jahre Zeit hatte, sprach der britische Verteidigungsminister an: »Um uns selbst zu sichern, müssen wir den Plan zum frühest möglichen Zeitpunkt mit etwas Realität, etwas Inhalt, etwas Substanz versehen[45].« Der Nordatlantikrat auf der Ebene der Außenminister dagegen betrachtete die wirtschaftlichen und finanziellen Implikationen der militärischen Forderungen und stimmte angesichts der sich hier ergebenden »Ungewißheiten« dem mittelfristigen Verteidigungsplan nicht zu[46].

Für die Erstellung der kurzfristigen Verteidigungspläne der einzelnen Regionen, die wie die der mittelfristigen am 6. Januar 1950 begann, mußten solche Bedenken nicht berücksichtigt werden. Denn diesen Plänen sollten die zum 1. September 1950 vorhandenen Streitkräftezahlen zugrundeliegen. Es galt also, nicht Pläne als Grundlage für die Beurteilung der dazu erforderlichen Streitkräfte zu machen, sondern Pläne, die man mit den verfügbaren Truppen ausführen konnte. Das führte in den europäischen Regionen, und besonders in der westeuropäischen, zu den allergrößten Schwierigkeiten. Die politische Führung der Brüsseler Paktmitglieder, allen voran Frankreich, hatten nämlich ihren militärischen Befehlshabern als Richtlinie vorgegeben, daß die Staatsgebiete der Mitglieder vollständig am Rhein und an der Ostgrenze der Niederlande zu verteidigen seien[47]. Der britische Feldmarschall Montgomery, der Vorsitzende des Befehlshaberausschusses der Westunion, teilte daraufhin dem britischen Kriegsministerium mit, die Streitkräfte der Westunion reichten gerade einmal für eine dreitägige Verteidigung der Halbinsel Brest aus[48]. Der Befehlshaber der Landstreitkräfte der Westunion, der französische General Lattre de Tassigny, hingegen hatte den Streitkräften in der französischen Besatzungszone Deutschlands schon Weisung gegeben, am Rhein, wenn nötig, »bis zum Tod« zu kämpfen, denn die »Atombombe« werde »ihre Sache« am Ende retten[49]. Den unterschiedlichen militärischen Ansichten stand die politische Vorgabe entgegen, mit ca. zehn Divisionen und rund 395 Flugzeugen einen Plan für die Verteidigung der in Luftlinie rund 1000 km langen Front von der niederländischen Nordseeküste bis zur schweizerischen Grenze zu entwerfen[50]. Dafür hätten nach dem Urteil der Militärs eigentlich 54 Divisionen und 4200 Flugzeuge vorhanden sein müssen[51].

Die westeuropäische Planungsgruppe der NATO übernahm diese Planung. Die Rhein–Ijssel-Linie wollte man verteidigen. Im ostwärtigen Vorfeld sollten Verzögerungsgefechte im Schutz von großräumigen Zerstörungen und Geländehindernissen geführt werden, um die sowjetischen Truppen so weit ostwärts wie möglich aufzuhalten. Im übrigen vertraute man auf den strategischen Luftkrieg gegen die

---

[45] NISCA, Minutes of the Defense Committee Meeting, 1.4.1950, Item 3: NATO Medium Defense Plan (DC 13), S. 14.
[46] Wampler, Legacy, S. 22.
[47] NA, RG 218, GF 1948–1950, Western Europe (3-12-48), sec. 9, DELWU 75, 13.10.1948.
[48] Ferrell, Formation, S. 14.
[49] Wampler, Legacy, S. 10.
[50] Condit, Joint Chiefs, S. 373 und 420 f.
[51] Poole, Joint Chiefs, S. 185; NA, RG 218, GF 1948–1950, Western Europe (3-12-48), sec. 36, Memorandum for Admiral Davis, 28.11.1949.

UdSSR und verzichtete darauf, weitere Verteidigungs- oder Rückzugspositionen westlich des Rheins vorzusehen[52]. Die Verteidigungsminister des Brüsseler Paktes bestätigten am 5. September 1950 diese Planung. Alle anderen Vorschläge der Belgier, Briten und auch der Niederländer hatten die Franzosen nicht von der Meinung abbringen können, daß am Rhein eine »Invasion« ihres Staatsgebiets verhindert werden müsse[53].

Die Haltung der Amerikaner zu diesen Vorhaben ihrer europäischen Partner war von Anfang an negativ, da sie ja für die kurzfristigen Verteidigungspläne schon 1949 eine »alternative Militärstrategie« vorgeschlagen hatten, die sich auf das Halten »substantieller Brückenköpfe« beschränken sollte. Obwohl nach dem Beginn des Koreakrieges erwogen wurde, bis sechs Monate nach Kriegsbeginn sechs amerikanische Divisionen für den Einsatz in Europa bereitzustellen, erwarteten die amerikanischen Stabschefs nicht, daß die Rheinverteidigung so lange halten würde. Sie wiesen den Befehlshaber der in Europa stationierten amerikanischen Truppen an, die Rheinverteidigung nur als eine Anfangsoperation zu betrachten, der eine Verteidigung an weiter westlich liegenden Positionen folgen müsse. Der seit 1949 gültige Alarmplan von European Command (EUCOM) sah bereits zwei Rückzugslinien vor: zur Contentin-Halbinsel, um von dort die britische Insel zu erreichen und nach Marseille, um nach Nordspanien, Norditalien oder Nordafrika ausweichen zu können[54]. Die politische Führung der USA verlangte von den europäischen NATO-Verteidigungsministern, die im Oktober 1950 dieser Planung des Brüsseler Paktes ebenfalls zustimmten, eine »realistische Revision« der geplanten Rheinverteidigung vorzunehmen[55]. Der Dissens über die kurzfristige Verteidigungsplanung in Europa zwischen militärischen und politischen Führern in Europa sowie zwischen Amerikanern und Europäern ganz allgemein war offensichtlich. Seine Beilegung wurde ab Sommer 1950 durch die Ereignisse in Korea und ihren Einfluß auf die NATO wesentlich erleichtert.

Können die militärstrategischen Pläne der NATO für das europäische Vertragsgebiet mit dem Begriff »Schild« charakterisiert werden, so wurde für die jeweils zugehörige Streitkräfteplanung schon für die Zeitgenossen die Bezeichnung »Lücke« zum Schlüsselbegriff[56]. Gemeint war die »Lücke« zwischen dem, was die vereinbarten Pläne an Truppen aller Kategorien zu einem bestimmten Zeitpunkt forderten, und dem, was die einzelnen Mitglieder glaubten, tatsächlich bereitstellen zu können. Oder was, wenn sich der Zeitpunkt auf die Gegenwart bezog, vorhanden war. Die »Lücke« betraf fast nur das europäische Vertragsgebiet und die hier benötigten oder vorhandenen Streitkräfte. Sie fand ihren charakteristischen Ausdruck besonders in den Zahlen der Divisionen und der Flugzeuge für den taktischen Einsatz. In den Regionen Nordamerika und Atlantik wie bei den Seestreit-

---

52 Wampler, Legacy, S. 19 f.
53 Poole, Joint Chiefs, S. 190 f.
54 Wampler, Legacy, S. 44.
55 Poole, Joint Chiefs, S. 191; Condit, Test of War, S. 314.
56 Hilsman, NATO, S. 16; Condit, Test of War, S. 369 ff.

kräften allgemein trat das Problem der »Lücke« weniger in Erscheinung. Zum einen war hier die direkte zahlenmäßige Bedrohung weniger faßbar und damit das eigene numerische Gegengewicht von nicht so großer Bedeutung, zum anderen lag das Problem fast ausschließlich in amerikanischer Hand und war deshalb für das Gesamtbündnis von geringerem Interesse. Die »Lücken« in Europa wurden dagegen zum beständigen Diskussionspunkt in allen Bündnisgremien unter den Stichworten eines »fairen Anteils« an der gemeinsamen Verteidigung und einer gerechten Lastenverteilung unter den Mitgliedern[57]. Die Front verlief jeweils zwischen den Europäern, die mit Blick auf ihre Volkswirtschaften meinten, genug getan zu haben und für den dann an der Planerfüllung noch fehlenden Rest amerikanische Unterstützung vielfältigster Art erwarteten, und den Amerikanern, die besonders im konventionellen Bereich angesichts der europäischen Bevölkerungszahlen und Wirtschaftskraft geneigt waren, die Verteidigung des europäischen Vertragsgebiets zur alleinigen Sache der europäischen Allianzmitglieder zu erklären.

Die Streitkräfteplanung für den 1. Juli 1954 im Rahmen des mittelfristigen Verteidigungsplanes konnte erst im Oktober 1950 abgeschlossen werden. Der Beginn des Koreakrieges und die dadurch ausgelösten Aktivitäten in der NATO beeinflußten diese Planung aber nur insofern, als von der noch im Frühjahr 1950 beabsichtigten Reduzierung der zunächst für 1954 vorgesehenen Streitkräfte Abstand genommen wurde. Die »erste Schätzung« des mittelfristigen Verteidigungsplanes, die der Verteidigungsausschuß am 1. April 1950 akzeptiert hatte, blieb bestehen, wurde zum Teil noch erhöht, und vom NATO-Rat im Dezember 1950 bestätigt[58]. Die Ständige Gruppe hatte aber nun eine zeitliche Grenze gezogen, da nur noch Streitkräfte für die ersten 90 Tage, d.h. für die erste Phase eines Krieges mit der Sowjetunion sowohl nach der NATO- als auch der amerikanischen OFFTACKLE-Planung berücksichtigt werden sollten[59].

Die Gesamtzahl der geforderten Divisionen belief sich nun unter Ausschluß der nordamerikanisch-kanadischen Region auf $91^{1}/_{3}$. Die »Lücke« betrug $20^{1}/_{3}$ Divisionen. Sie war in der Region Westeuropa mit elf Divisionen, die an geplanten $55^{1}/_{3}$ fehlten, am größten. Wenn man die Divisionen nach ihrem Präsenzgrad unterschied, so fehlten die meisten Divisionen, nämlich $9^{2}/_{3}$, im Mobilisierungszeitraum von 30 Tagen, während die 30 präsenten Divisionen der westeuropäischen Region nur ein Fehl von $1^{1}/_{3}$ aufwiesen. In den anderen Regionen waren die »Lücken« entsprechend kleiner[60]. Die Reservekräfte außerhalb der drei kontinentaleuropäischen Regionen sollten 18 Divisionen betragen und je zur Hälfte von Amerikanern und Briten gestellt werden. Von den Anglo-Amerikanern wurde zudem erwartet, daß sie mit zehn präsenten Divisionen ständig in Europa anwesend sein würden[61]. Bei den taktischen Flugzeugen ergab sich für alle europäischen

---

[57] Condit, Test of War, S. 340.
[58] NISCA 7/3, DC 28, Medium Term Plan Force Requirements, 26.10.1950, S. 2; Wampler, Legacy, S. 22.
[59] DC 28, 26.10.1950, S. 2.
[60] DC 28, 26.10.1950, S. 7 ff.
[61] DC 28, 26.10.1950, S. 8.

und die nordatlantische Region zusammen eine »Lücke« von 3459 Flugzeugen, die sich im Vergleich zu den bis 1954 geforderten 9356 Maschinen auftat. An den geplanten 1945 Schiffen und Booten aller Art vom Flugzeugträger bis zum Minensuchboot würden 1954 447 Einheiten fehlen, die Masse bei Geleitbooten und Minensuchern[62].

Man kann die Entwicklung einer Militärstrategie der NATO bis zum Ende der 50er Jahre von der Streitkräfte- und Mittelseite her auch als den ständigen Versuch betrachten, diese »Lücke zu schließen«[63]. Auf der Suche nach Wegen in diese Richtung zeigten sich, neben den vom Militärausschuß vorgeschlagenen Methoden, die »numerische Unterlegenheit« gegenüber den sowjetischen Streitkräften auszugleichen, bald zwei Möglichkeiten: ein Verteidigungsbeitrag der 1949 gegründeten Bundesrepublik Deutschland und die Verwendung der ab 1952/53 einsatzbereit werdenden amerikanischen Nuklearwaffen für den taktischen Einsatz auf dem Gefechtsfeld[64]. Der deutsche Beitrag, so wie er sich nach Stärke und Organisation während der Verhandlungen über die Europäische Verteidigungsgemeinschaft von 1951 bis 1954 herausbildete, paßte mit zwölf präsenten Divisionen und 1326 Flugzeugen genau in die »Lücke« der westeuropäischen Region[65]. Die zusätzlich ab 1954 in das Arsenal der NATO aufgenommenen »kleinen« Nuklearwaffen als »billiger« Ersatz für fehlende Divisionen führten dagegen zu großen Turbulenzen unter den Bündnismitgliedern.

Die Ausgangslage für den Streitkräfteaufbau der NATO im Jahre 1950 vermittelte, sowohl im Vergleich der vorhandenen zu den benötigten eigenen Streitkräften als auch im Verhältnis der Bündnis- zu der sowjetischen Militärmacht, einen Eindruck von den Schwierigkeiten, die das Bündnis zu bewältigen haben würde. Auf dem europäischen Kontinent standen den dortigen NATO-Staaten, die über rund 14 Divisionen und 1000 Flugzeuge verfügen konnten, allein in Osteuropa und im westlichen Teil der Sowjetunion 82 sowjetische Divisionen mit ca. 8000 Flugzeugen gegenüber[66]. Die Streitkräfteergänzungen, von den europäischen Allianzpartnern selbst bis 1954 geplant, zeigten zweierlei: sie waren zu gering und sie konnten eigentlich nicht die Aufgaben erfüllen, die die kontinentaleuropäischen Mitglieder nach den Bündnisplänen zu übernehmen hatten. National ausgewogene Streitkräfte im Gegensatz zu ausgewogenen Bündnisstreitkräften behielten vor allem bei den größeren europäischen Bündnismitgliedern und Kolonialmächten wie Frankreich, Belgien, Großbritannien und den Niederlanden noch lange Zeit Gültigkeit. Zu fehlender Quantität trat so mangelnde Qualität bezogen auf die vereinbarten Aufgaben in den Allianzplänen, die Bündnisstreitkräfte im umfassenden Sinne erfordert hätten.

---

62 DC 28, 26.10.1950, S. 13 ff.; Condit, Test of War, S. 371 (etwas andere Zahlen).
63 Condit, Test of War, S. 373 ff.
64 MC 14, 3.3.1950, S. 4, in: NATO Strategy Documents, S. 90.
65 BA-MA, BW 9/3343, fol. 36 und 39 (Vertrag über die Schaffung der Europäischen Verteidigungsgemeinschaft, Militärisches Sonderabkommen).
66 NATO. First Five Years, S. 29 und 112; Condit, Test of War, S. 312.

IV. Die konventionelle Phase: Koreakrieg und MC 14/1, 1950 bis 1952

Für die USA galt nach wie vor die Meinung Achesons und anderer politischer Führer, daß der mit den Europäern abgeschlossene Vertrag keine zusätzlichen Ausgaben für ihre Streitkräfte und keine bedeutenden Veränderungen in deren Dislozierung mit sich bringe[1]. Wenn hier 1950 noch vor dem Beginn des Koreakrieges eine Änderung eintrat, so hatte das auch weniger mit dem Nordatlantikvertrag zu tun als vielmehr damit, daß sich die USA durch Ereignisse in der UdSSR in ihrer eigenen Sicherheit eingeschränkt fühlten. Es war dies vor allem der erste sowjetische Atombombentest am 29. August 1949. Am 31. Januar 1950 beauftragte der amerikanische Präsident Truman daher seinen Außen- und Verteidigungsminister, »unsere Ziele im Frieden und im Krieg und ihren Einfluß auf unsere militärstrategischen Pläne unter der Annahme zu überprüfen, daß die Sowjetunion die Fähigkeit besitzt, Atombomben und thermonukleare Bomben herzustellen«[2].

Die von den beiden Ministerien erarbeitete Denkschrift lag dem Präsidenten am 7. April 1950 vor, wurde von ihm dem Nationalen Sicherheitsrat übergeben, der ihr am 27. April zustimmte[3]. Kernpunkt aller Überlegungen und besonders der militärischen war der wachsende Vorrat der UdSSR an Atombomben, der wie folgt taxiert wurde:

1950:	von	10	bis	20
1951:		25		45
1952:		45		90
1953:		70		135
1954:		120		200[4]

Zusammen mit einer immer stärker werdenden strategischen Luftwaffe ergaben sich dadurch nach amerikanischer Einschätzung für die Sowjetunion im Falle eines Krieges folgende Möglichkeiten:

---

[1] Congress (Washington) Hearings, North Atlantic Treaty, S. 47.
[2] FRUS 1950 I, S. 141 f. und 236.
[3] NSC 68, United States Objectives and Programs for National Security, 14.4.1950, in: FRUS 1950 I, S. 234-292 (für das Folgende).
[4] Bei Trachtenberg, Peace, S. 181, finden sich andere Zahlen: 1950: 5; 1951: 25; 1952: 50; 1953: 120; 1954: 150.

- Die Zerstörung der britischen Inseln als Stützpunkt des Westens für dessen strategische Bomberkräfte und als Ausgangspunkt einer neuen Invasion nach Westeuropa,
- die Zerstörung lebenswichtiger Zentren und Verbindungen in Westeuropa,
- vernichtende Angriffe auf einige wichtige Zentren vor allem der Rüstungsindustrie in den USA und Kanada.

Die USA waren damit erstmals ernsthaft selbst durch sowjetische Nuklearwaffen bedroht. Diese Bedrohung des amerikanischen Territoriums, aber auch die der europäischen Verbündeten durch sowjetische Atombomben konnte vor dem Einsatz der eigenen abschrecken, vor allem, wenn die UdSSR nur einen konventionellen Angriff gegen Europa führte. Das hieß, unterhalb der sich allmählich gegenseitig neutralisierenden Nuklearwaffen gewann die UdSSR erhebliche Bewegungsfreiheit für ihre überlegenen konventionellen Landstreitkräfte. Die Gefahr für die europäischen Bündnispartner, von den sowjetischen Truppen »überrannt« und »besetzt« zu werden, war erheblich gestiegen. Die Konsequenz, die die USA aus dieser Situation nun im militärischen Bereich zogen, war kurz und knapp formuliert: »Es ist notwendig, die militärische Kraft zu haben, die sowjetische Expansion, wenn möglich, abzuschrecken und, wenn notwendig, aggressive Aktionen begrenzten oder totalen Ausmaßes, die von der Sowjetunion selbst ausgehen oder von ihr geleitet werden, zu vernichten.« Acheson, einer der Bearbeiter der Denkschrift, war schon früher zu der Meinung gekommen, daß die Bedeutung von Atomwaffen insbesondere für die Verteidigung Westeuropas »nicht sehr groß« sei, und daß man einen »Ersatz« für den »Verteidigungsschild der Atomwaffen« suchen müsse[5].

Die konkreten Schlußfolgerungen aus dieser militärstrategischen Analyse bezogen sich aber weniger auf die europäischen Sorgen und die Probleme der NATO, als auf ureigenste amerikanische Verteidigungsbelange oder allenfalls das, was die Arbeitsteilung in der Allianz den USA als Aufgabe zuwies. Denn den Streitkräften der USA, die es nun aufzubauen oder zu verstärken galt, wurden folgende Aufgaben zugewiesen:
- Die Verteidigung der Westlichen Hemisphäre und »wichtiger alliierter Gebiete«, um dort die Fähigkeiten für die künftige Kriegführung zu entwickeln,
- die Bereitstellung und der Schutz einer Mobilmachungsbasis sowie der Aufbau der »offensiven Streitkräfte« für den Sieg,
- die Durchführung offensiver Operationen, um die lebenswichtigen Elemente der sowjetischen Fähigkeit, Krieg zu führen, zu zerstören und den Feind »aus dem Gleichgewicht zu bringen«, bis die volle amerikanische und alliierte Offensivkraft eingesetzt werden kann,
- die Verteidigung und Aufrechterhaltung der Verbindungslinien und Stützpunkte für diese Aufgaben und

---

[5] FRUS 1949 I, S. 616 f.

IV. Die konventionelle Phase: Koreakrieg und MC 14/1, 1950 bis 1952

— die Hilfe für Alliierte, die zur Durchführung dieser Aufgaben benötigt werden[6]. Bezogen auf das Vertragsgebiet und andere geographische Räume, die für die amerikanische Sicherheit von Bedeutung waren, wurde festgestellt, daß die Streitkräfte der USA und ihrer Verbündeten so stark sein sollten, um die USA und Kanada »angemessen« gegen Luftangriffe und Großbritannien, Westeuropa, Alaska, den westlichen Pazifik, Nordafrika, den Nahen und Mittleren Osten und die Verbindungslinien dorthin »angemessen« gegen Luft-, See- und Landangriffe verteidigen zu können. Die Streitkräfte »der freien Welt« insgesamt sollten eine »freie Politik« unterstützen, die darauf abzielte, den Kreml bei seinem Versuch, die Welt zu beherrschen, zu stoppen und zurückzudrängen. Diese Streitkräfte mußten so lange unterhalten werden können, als es erforderlich erschien. Bezogen auf Europa wurde festgestellt, daß man dort nicht die präsenten oder schnell verfügbaren Streitkräfte besäße, um »örtlichen Vorstößen« der Sowjetunion mit »örtlichen Aktionen« begegnen zu können. Dadurch konnte dort jede solche Situation zum Rückzug oder zum »totalen Krieg« führen, bei dem Westeuropa zu Beginn unter sowjetische Besatzung fallen werde.

Die Studie NSC 68 blieb vor dem Beginn des Koreakrieges ohne umfassende Konsequenzen für den Streitkräftebereich der USA. Truman wünschte, daß zunächst einmal die Kosten berechnet würden. Wenn Teile der Vorschläge doch verwirklicht wurden oder wenigstens mit ihrer Realisierung begonnen wurde, dann war das die Folge des sowjetischen Atomtests, auf den man vor allem reagierte. Am 31. Januar 1950, dem gleichen Tag, an dem das Papier NSC 68 in Auftrag gegeben wurde, wies Truman die Atomenergiekommission an, »die Arbeiten für alle Arten von Atomwaffen – einschließlich der sogenannten Superbombe – fortzusetzen«[7]. Besaßen die USA 1949 etwa 170 nukleare Sprengkörper, so waren es dann im Juni 1951 rund 440 und gegen Ende der Präsidentschaft Eisenhowers 1959 12 300[8]. Waren die Sprengkörper 1948 noch »Laboratoriumsmodelle«, so wurden sie bis 1952/53 zu »militärischen Waffen«, geeignet sowohl zur großflächigen Zerstörung von Städten wie auch zum Einsatz durch normale Artilleriegeschütze gegen militärische Verbände[9]. Ein weiterer Entschluß im Zusammenhang mit dem sowjetischen Nukleartest war der zum schnellen Ausbau des »Continental Defense«, d.h. der Luftverteidigung der USA und Kanadas. Der Weg führte hier zu einer Koordinierung der Aktivitäten mit Kanada, zum Aufbau eines Frühwarn- und Führungssystems auf der Basis von Radarstationen und zur beschleunigten Entwicklung von Raketen für die Luftverteidigung vom Boden und von Flugzeugen aus[10].

Diese beiden Entwicklungen zeigten charakteristische und langfristig gültige Einstellungen der USA zu Sicherheitsproblemen allgemein und zu denen der

---

6   NSC 68, United States Objectives and Programs for National Security, 14.4.1950, in: FRUS 1950 I, S. 234–292 (für das Folgende).
7   FRUS 1950 I, S. 513.
8   Trachtenberg, Peace, S. 181.
9   Schneider, Nuclear Weapons, S. 89.
10 Watson, Joint Chiefs, S. 111 f.

NATO im besonderen. Bei dem vorgeschlagenen Ausbau ihrer Streitkräfte gingen die USA den Weg, zunächst ihre »technische Überlegenheit durch eine beschleunigte Ausnutzung des wissenschaftlichen Potentials« auszuspielen[11]. Sowohl mit dem Ausbau und der Verbreiterung ihres Nuklearpotentials als auch mit der Errichtung einer wirksamen Luftverteidigung wurde diese »technische« Lösung gewählt, wofür sich natürlich auch beide Bereiche besonders gut anboten. Eine Idee, die sich für die Amerikaner vor allem im Hinblick auf die Nuklearwaffen manifestierte, war neben der dadurch demonstrierten Abschreckung die, daß die beste Verteidigung eine entschlossene Offensive sei, mit der allein, wie die Geschichte lehre, eine günstige Entscheidung für die USA im Kriegsfall herbeigeführt werden konnte. Die Vorstellung, mit vorwiegend technischen Mitteln und auf offensive Weise schnell und günstig eine Entscheidung erzwingen zu können, war den Amerikanern auch deshalb angenehm, weil damit die eigene Bedrohung und eigene Verluste verringert werden konnten.

Diese technische Art der Kriegführung fern des eigenen Territoriums kontrastierte natürlich merklich mit der Landverteidigung im europäischen Vertragsgebiet. Aber mit der innerhalb der Allianz vereinbarten Arbeitsteilung hatten sich die USA die Aufgaben übertragen, die dieser Art der Kriegführung entsprachen: Schutz und Mobilisierung ihres technischen Potentials, das offensiv und unmittelbar gegen den Gegner eingesetzt eine schnelle Entscheidung bringen sollte. Der mühselige und verlustreiche Krieg gegen die sowjetischen Streitkräfte vor Ort war nach diesem Katalog eben Sache der Europäer. Obwohl die Probleme und Erfordernisse der europäischen NATO-Verbündeten, nämlich konventionelle Streitkräfte, in der NSC 68-Studie auch genannt wurden, folgten die vor dem Koreakrieg getroffenen Maßnahmen der USA ihrer Vorstellung eines Krieges mit der UdSSR und ihrem Anteil an den in der Allianz verteilten Aufgaben[12]. Nicht nur in dieser Sicht der Dinge belehrte der Koreakrieg die Amerikaner jedoch eines anderen und für die europäischen Sicherheitsbelange eines besseren.

Der Angriff nordkoreanischer Truppen auf Südkorea am 25. Juni 1950 führte in den USA, aber auch in der NATO, angestoßen durch die amerikanische Führungsmacht, zu weitreichenden Konsequenzen. Was den europäischen Bündnispartnern bei den Vertragsverhandlungen nicht gelungen war, nämlich die USA tiefer in die europäische Verteidigung »hineinzuziehen«, das schaffte das Ereignis des Koreakrieges: die USA, wenn auch zunächst zögernd, in das europäische Vertragsgebiet mehr »hineinzuschieben«[13]. Wie nun auch insgesamt eine nicht zu übersehende »Europäisierung« der Verteidigungsbemühungen der Allianz stattfand. Die Gründe dafür, daß die USA in der Allianz jetzt ihre reservierte Haltung, die sich bisher nur um Kontrolle und Handlungsfreiheit bemüht hatte, in einer Schnelligkeit und Konsequenz aufgaben, die die Europäer nun wieder besorgt machten, weil sie eine zu starke amerikanische Dominanz in der NATO, einen

---

[11] Etzold/Gaddis, Containment, S. 433.
[12] Heuser, NATO, S. 31.
[13] Foot, America, S. 91 f.; Trachtenberg, Peace, S. 119.

amerikanisch-sowjetischen Rüstungswettlauf oder gar eine Provokation der UdSSR zu einem Krieg fürchteten, waren vielfältig[14].

Zunächst einmal hatte sich im Urteil der Amerikaner die Bedrohung allgemein verschärft. Zum ersten Mal zeigte sich der Ostblock – denn hinter dem nordkoreanischen Angriff wurden wie selbstverständlich die UdSSR und die Volksrepublik China vermutet – bereit, für ein politisches Ziel, die Vereinigung ganz Koreas unter kommunistischer Herrschaft, militärische Gewalt anzuwenden. Der Krieg war von Anfang an und blieb bis zu seinem Ende nach Geographie und eingesetzten Mitteln ein begrenzter konventioneller Konflikt. Das Nuklearpotential der USA hatte weder abschreckend gewirkt und den Krieg verhindert, noch war es in seinem Verlauf aus unterschiedlichen Gründen zu einem Einsatz geeignet. Letztendlich mußte der Kampf drei Jahre lang vorwiegend mit Landstreitkräften ausgefochten werden. Es war kein Krieg, der auf einen Schlag durch das überlegene technische Potential der USA entschieden werden konnte. Dadurch wurde die Bedeutung der konventionellen Komponente amerikanischer Streitkräfte, um die man sich aus Kostengründen eigentlich hatte nicht bemühen wollen, nachhaltig in Erinnerung gerufen

Das europäische Vertragsgebiet blieb für die USA trotz zunehmender politischer und militärischer Inanspruchnahme durch den koreanischen Konflikt das Hauptinteresse und die größte Sorge. Der Koreakrieg wurde auch deshalb nur mit begrenzten Mitteln geführt, weil die NATO die »erste Priorität« der USA blieb[15]. Man erwartete lange Zeit einen weiteren sowjetischen Angriff in Europa, zumal sich hier mit dem geteilten Deutschland den Sowjets eine ähnliche Situation wie in Korea bot. Aufmerksam verfolgten die amerikanischen Vereinten Stabschefs die sowjetischen Aufrüstungsbemühungen im östlichen Teil Deutschlands[16]. Die Amerikaner beabsichtigten zwar, »Korea zu halten«, schon um das eigene Gesicht und die Zuverlässigkeit als Bündnispartner zu wahren, aber »wenn irgendwo ein Feuer ausbrechen sollte, werde man Korea sofort verlassen«[17]. Niemand war allerdings an einem Krieg mit der UdSSR in Europa interessiert und deshalb mußte die konventionelle Schwäche der Bündnisverteidigung in Kontinentaleuropa beseitigt werden, um der Sowjetunion keinen ähnlichen Anreiz für ein militärisches Abenteuer wie in Korea zu bieten. Dies sollte nach amerikanischem Urteil auch so schnell wie möglich geschehen, denn das Datum für den Beginn eines immer möglichen Krieges mit der UdSSR war im Zuge ständiger Bedrohungsbeurteilungen nach Ausbruch des Koreakrieges von 1954 auf 1952 vorverlegt worden. Ihre bisherige Tätigkeit in der NATO hatte den Amerikanern zudem den Eindruck vermittelt, daß Fernbleiben von den europäischen Regionalen Planungsgruppen keineswegs die Kosten vermindert, sondern nur zu weniger Einfluß geführt hatte.

---

[14] Lafeber, NATO, S. 48.
[15] Ebd., S. 49; Ross, American War Plans, S. 141.
[16] Poole, Joint Chiefs, S. 192; Trachtenberg, Peace, S. 99 f.
[17] Lafeber, NATO, S. 46 (Präsident Truman).

So schienen auch aus dieser Sicht der Dinge alte Standpunkte überholt und Führung in der NATO durch die USA gefordert.

Die für den Koreakrieg benötigten Streitkräfte wurden in den USA mit einer »schleichenden Mobilmachung« bereitgestellt[18]. Bald kämpften sechs Divisionen auf dem koreanischen Kriegsschauplatz mit Unterstützung entsprechender Luft- und Seestreitkräfte. Es war dies ein zweckgebundenes, sehr zurückhaltendes Aufrüstungsprogramm, das im Oktober 1950, als sich schon ein Ende des Krieges abzuzeichnen schien, bereits wieder überprüft und gekürzt werden sollte. Die Warnung des amerikanischen Verteidigungsministers George C. Marshall vor einem sogenannten »Pendel-Denken« in der Verteidigungspolitik, d.h. dem raschen Wechsel zwischen Streitkräfteauf- und -abbau, wurde durch das Eingreifen der Volksrepublik China in den Konflikt gegenstandslos[19]. Der amerikanische Präsident Truman erklärte am 15. Dezember 1950 den nationalen Notstand, und es begann eine mit allen Mitteln geförderte Aufrüstung. Der vor dem Koreakrieg für das Haushaltsjahr 1950/51 vorgesehene Verteidigungshaushalt von 13,3 Milliarden U.S.-Dollar stieg auf 55 Milliarden für 1951/52[20]. Die konventionellen Streitkräfte der USA wurden damit von zehn auf 18 Divisionen, von 281 auf 397 größere Kriegsschiffe und von 58 auf 95 Luftwaffengeschwader, vorwiegend für den taktischen Einsatz bestimmt, verstärkt[21]. Die Militärhilfe wurde schon für 1950/51 um vier Milliarden erhöht, wovon 3,5 Milliarden für die NATO-Verbündeten vorgesehen waren[22].

Von dieser komfortablen materiellen Basis aus konnte nun nicht mehr das Argument der JCS und amerikanischer Politiker von vor dem Koreakrieg gelten, die USA könnten in der NATO keine weiteren militärischen Verpflichtungen übernehmen, weil ihnen dazu die finanziellen und militärischen Mittel fehlten. Die USA verließen daher den beschränkten Aufgabenbereich, den sie sich selbst im Bündnis übertragen hatten, und traten in großzügiger Weise in den ein, der eigentlich derjenige der Europäer hätte sein sollen: die konventionelle Verteidigung des kontinentaleuropäischen Vertragsgebiets. Der Ankündigung, daß die Verteidigung des gesamten Vertragsgebiets und besonders die des europäischen weiterhin das erste Anliegen der USA sein werde, folgte die öffentliche Verlautbarung, daß die USA zusätzliche Divisionen im Frieden und im Kriegsfall nach Europa schicken und mehr Militärhilfe zur Verfügung stellen würden[23]. Intern wurde bereits eine neue Befehls- und Kommandoorganisation für die NATO geprüft, weil das System der Ständigen Gruppe mit den fünf untergeordneten Regionalen Planungsgruppen

---

[18] Department of Defense, Semiannual Report, 1.1.-30.6.1951, S. 79.
[19] Poole, Joint Chiefs, S. 66.
[20] May, American Commitment, S. 60 f.
[21] Poole, Joint Chiefs, S. 71.
[22] Lafeber, NATO, S. 47.
[23] NA, RG 218, GF 1948-1950, Western Europe (3-12-48), sec. 55, JCS 2073/61, U.S. Participation in the Defense of Western Europe, 3.9.1950, S. 439; ebd., JSPC 876/173, Position on Recommendation to be submitted to the President regarding a European Defense Force and related Matters, 28.8.1950, S. 2; FRUS 1950 III, S. 273 und 292.

IV. Die konventionelle Phase: Koreakrieg und MC 14/1, 1950 bis 1952

eine im Frieden und erst recht für den Fall eines Krieges unzureichende Sache schien. Der Mann, der in Europa an der Spitze dieser neuen militärischen Organisation der Allianz stehen sollte, war schon Mitte September 1950 im Gespräch, General Dwight D. Eisenhower[24].

Dieses bald als »Vorschlagspaket« bekannte amerikanische Angebot an die europäischen Verbündeten war natürlich nicht ohne Bedingungen und Forderungen der USA zu haben[25]. Man erwartete besonders von den Kontinentaleuropäern entsprechende Gegenleistungen im Streitkräftebereich. Das Angebot zusätzlicher Divisionen wurde geradezu in der Absicht gemacht, anschließend sagen zu können, dies sei der Beitrag der USA, d.h. insgesamt sechs auf dem europäischen Kontinent stationierte Divisionen. Den »Rest« möchten nun die Europäer stellen, wobei sich dieser Rest für den europäischen Kontinent dann insgesamt einschließlich der amerikanischen Divisionen schon 1951 auf 48 Divisionen belaufen sollte[26]. Dafür sollten auch bisher brachliegende militärische Potentiale, wie das Schwedens, Spaniens und Deutschlands genutzt und in die Allianz einbezogen werden[27]. Es wurde also von den europäischen NATO-Partnern erwartet, einer wie auch immer gearteten Verwendung deutscher Soldaten für die Bündnisverteidigung zuzustimmen, wobei die USA frühzeitig selbst eine deutsche NATO-Mitgliedschaft ins Auge faßten[28]. Die Stationierung zusätzlicher Streitkräfte in Europa war aus amerikanischer Sicht nur als vorübergehende gedacht, bis die Europäer allein in der Lage sein würden, ihre Aufgabe im Rahmen der Bündnisverteidigung zu übernehmen[29].

Die Diskussion um einen möglichen deutschen Streitkräftebeitrag beförderte in der Allianz Überlegungen zu der Frage, wo in Europa die Verteidigung zumindest in der Zukunft aufzunehmen sei. Seit den ersten Planungen der Westunion vom Mai 1948 galt für das europäische Vertragsgebiet die Formel von der Verteidigung »so weit ostwärts wie möglich«[30]. Für den Bereich der Regionalen Planungsgruppe Westeuropa hatte man ergänzend hinzugefügt »so weit ostwärts wie möglich in Deutschland«, das ja nicht eigentlich zum Bündnisgebiet zählte[31]. In der Region Nordeuropa bestand die Zielsetzung, den Feind außerhalb eines Gebietes zu halten, das geographisch nicht näher bezeichnet, aber als »verteidigungsfähig« angenommen wurde[32]. Die Regionale Planungsgruppe Südeuropa-Westliches Mittelmeer sollte so weit ostwärts und nördlich wie möglich verteidigen[33]. Die geographische Schwäche jeder Verteidigung auf dem europäischen Kontinent war, daß

---

24 Kaplan, NATO, S. 46 f.; Condit, Test of War, S. 323; Wampler, Legacy, S. 24 f.
25 Poole, Joint Chiefs, S. 200.
26 JCS 2073/61, 3.9.1950, S. 439 und 441; Poole, Joint Chiefs, S. 200; Wampler, Legacy, S. 39 f.
27 Poole, Joint Chiefs, S. 188.
28 Ebd., S. 192.
29 May, American Commitment, S. 68.
30 FRUS 1948 III, S. 125 f.
31 DC 13, 28.3.1950, S. 43, in: NATO Strategy Documents, S. 154.
32 DC 13, 28.3.1950, S. 50, in: ebd., S. 161.
33 DC 13, 28.3.1950, S. 46, in: ebd., S. 157.

die Grenzen des Vertragsgebietes in der Mitte bis zu den Grenzen Frankreichs und der Beneluxländer nach Westen zurücksprangen, und wegen der Territorien der Nichtmitglieder Bundesrepublik Deutschland, Österreich und Schweiz ein räumlicher Zusammenhang der drei Regionen Nord-, West- und Südeuropa nicht gegeben war. Ein Beitritt der Bundesrepublik zur NATO hätte dieses Problem zum großen Teil gelöst. Im Vorgriff auf diese Möglichkeit legte der NATO-Rat im Dezember 1950 den Grundsatz der »forward strategy« für das gesamte europäische Vertragsgebiet fest, wie das schon im August 1950 die Ständige Gruppe empfohlen hatte[34]. Der NATO-Rat präzisierte diese Empfehlung und lieferte die entsprechenden Begründungen für das Vorschieben der ersten Verteidigungslinie nach Osten insgesamt: »Die Verteidigung des NATO-Gebiets erfordert, daß Westeuropa so weit im Osten wie möglich verteidigt wird. Um voll wirksam zu sein, muß diese Verteidigung sicherstellen, daß die drei Kampffronten in Europa [d.h. Nord-, Mittel- und Südeuropa] ein zusammenhängendes Ganzes bilden und sich gegenseitig unterstützen. Dies ist nur möglich, wenn die westeuropäische Region eine Vorwärtsstrategie [forward strategy] anwendet und ihre Verteidigung so dicht am Eisernen Vorhang wie möglich beginnt.

Auf diese Weise können die Territorien aller kontinentaleuropäischen NATO-Staaten geschützt werden und dem Feind der Vorteil verwehrt werden, auf der inneren Linie seinen Angriff auf eine der drei getrennten Fronten zu konzentrieren. Die Anwendung einer solchen Strategie ist auch notwendig, damit das beträchtliche Potential Westdeutschlands dem Feind verweigert und für die Alliierten gewonnen wird, um der Land- und Luftverteidigung Tiefe und Dauer zu geben, um die Zusage der Besatzungsmächte, Westdeutschland zu schützen, abzusichern, und den guten Willen von Westdeutschland zu gewinnen[35].«

Die so definierte und festgelegte »forward strategy« war von nun an die politische Vorgabe des NATO-Rates an die militärischen Planer. Zwar war kein Zeitpunkt für ihre tatsächliche Verwirklichung angegeben, aber da die grundlegende Absicht einer Verteidigung »so weit im Osten wie möglich« schon im mittelfristigen Verteidigungsplan enthalten war, konnte die nun erfolgte Präzisierung des Begriffs Osten mit dem Eisernen Vorhang, d.h. der Ostgrenze der Bundesrepublik Deutschland, auch mit dem Enddatum dieses Planes, dem 1. Juli 1954, in Zusammenhang gebracht werden. Die zunächst nur auf das europäische Vertragsgebiet bezogene »forward strategy« fand bald auf das ganze Bündnisgebiet Anwendung. Es sollte insgesamt an den vertraglich festgelegten geographischen Grenzen der NATO verteidigt werden. Damit war am Beispiel des europäischen Vertragsgebiets noch einmal der Grundsatz bestätigt, daß die Territorien aller Mitglieder zu verteidigen waren. Daß die »forward strategy« auch eine offensive Komponente

---

[34] NISCA 7/2, SGM-267-50, Standing Group Guidance to Regions and Nations on the Collective Balancing of NATO Forces, 19.8.1950, S. 9.
[35] NISCA, C6 – D/1, Annex B, 13.12.1950, S. 1. Der Begriff »forward strategy« stammte von der Ständigen Gruppe (NISCA 7/3, MC 26, Medium Term Force Requirements, 22.10.1950, S. 3).

IV. Die konventionelle Phase: Koreakrieg und MC 14/1, 1950 bis 1952

enthielt, ergab sich dabei aus den geplanten taktischen und strategischen Einsätzen der Luft- und Seestreitkräfte der Allianz außerhalb des Vertragsgebiets von selbst.

Die durch den Koreakrieg und wegen der von den USA in der NATO entfalteten Initiativen gestiegene Bedeutung des europäischen Teils der Allianz führte quasi zu einer Europäisierung der Bündnisstrategie. Das zeigte sich nicht nur an dem in Europa zuerst benutzten Begriff der »forward strategy«, sondern auch an einer neuen Gewichtung der im Bündnis insgesamt zu leistenden Aufgaben. Die grundlegenden strategischen Papiere hatten bisher die Reihenfolge der Aufgaben »strategische Luftoffensive« und »Verteidigung des europäischen Vertragsgebiets« offen gelassen[36]. Die Ständige Gruppe setzte nun für eine Richtlinie zum Aufbau ausgewogener gemeinsamer Streitkräfte Prioritäten. Zuerst galt es jetzt, Europa so weit im Osten wie möglich zu verteidigen, dann erst die strategische Luftoffensive gegen die UdSSR zu führen[37]. Mochte das vor allem der Beruhigung der Europäer dienen, so drückte sich darin doch die gewachsene Bedeutung Europas für die Allianz aus. Allerdings traf die Europäer damit auch eine erhöhte Verantwortung, die Mittel für diese erste Aufgabe im Rahmen der Bündnisstrategie bereitzustellen. Auch für dieses Vorhaben gab es im NATO-Rat im Dezember 1950 durch den belgischen Außenminister Paul van Zeeland eine Zielsetzung: »Wenn der Frieden gesichert werden soll, sind drei Schlußfolgerungen [aus dem Koreakrieg] zu ziehen:
1. Die Atlantische Gemeinschaft muß stark sein und das Kräftegleichgewicht wiederherstellen.
2. Die NATO-Staaten müssen vereint bleiben und gleiche Ziele haben.
3. Die vorgesehenen NATO-Streitkräfte werden nur in der Lage sein, den Frieden zu bewahren, wenn sie ohne Verzögerung aufgestellt werden[38].«

Das Kräfteverhältnis zwischen der NATO und der Sowjetunion in Europa, das nun ins Gleichgewicht gebracht werden sollte, stellte sich im Frühjahr 1951 wie folgt dar: bei den Divisionen wie 15 zu 103, wobei allein in der DDR 22 sowjetische Divisionen bereit standen, und bei den Flugzeugen für den taktischen Einsatz wie 1000 zu 20 000. Im Raum der beiden deutschen Staaten lagen sich sieben alliierte und 22 sowjetische Divisionen gegenüber. 18 alliierte Divisionen galten als erforderlich für eine wirkungsvolle Verzögerung ostwärts des Rheins, 54 für eine Verteidigung am Rhein selbst[39].

Bereits am 25. Juli 1950 hatte die amerikanische Regierung alle NATO-Partner aufgefordert, bis zum 5. August mitzuteilen, welche Maßnahmen im Verteidigungsbereich sie angesichts des Koreakrieges zu treffen gedächten. Man erwartete einen »substantiell erhöhten Beitrag« der Verbündeten[40]. Am 3. August 1950 for-

---

[36] MC 14, 3.3.1950, S. 10, in: NATO Strategy Documents, S. 96; DC 13, 28.3.1950, S. 12, in: NATO Strategy Documents, S. 122.
[37] SGM-267-50, 19.8.1950, S. 9.
[38] NISCA, C6-R/2, 19.12.1950, S. 5.
[39] Poole, Joint Chiefs, S. 185; Ross, American War Plans, S. 142 (dort die materiellen Fehlbestände der NATO in Europa: 8000 Panzer, 9200 Schützenpanzer, 3200 Artilleriegeschütze und 8636 taktische Flugzeuge).
[40] NISCA, D-D/6, 27.7.1950, S. 2; Condit, Test of War, S. 315 f.

derte der amerikanische Repräsentant die übrigen Mitglieder im NATO-Stellvertreterrat auf, bis zum 28. August anzugeben, welche Streitkräfteverstärkungen bis zum 1. Juli 1951 geplant seien[41]. Die Antworten der europäischen Allianzpartner an die USA waren wenig überzeugend und befriedigend. Insgesamt wollten alle europäischen Mitglieder der NATO in den nächsten drei Jahren – also bis 1953 – zusätzlich 3,5 Milliarden U.S.-Dollar im Verteidigungsbereich aufwenden. Man hatte in den USA wenigstens zehn bis zwölf Milliarden erwartet[42]. Selbst dies wäre, verglichen mit den Steigerungsraten des amerikanischen Verteidigungshaushalts, auch nur bis 1952 noch zu wenig gewesen. Bis zum 1. Juli 1951 sollten immerhin im europäischen Vertragsgebiet 13 zusätzliche Divisionen aufgestellt werden. Frankreich allein versprach bis 1953 15 zusätzliche Großverbände[43]. Allerdings relativierten sich diese Zahlen sehr schnell, wenn man den schlechten Ausbildungs- und Ausrüstungszustand der bestehenden Verbände bedachte und dazu berücksichtigte, daß die zusätzlichen Divisionen nur mit weiterer und erhöhter amerikanischer Finanz- und Militärhilfe aufgestellt werden konnten.

Der Anreiz der amerikanischen Vorleistungen zur Verteidigung des europäischen Vertragsgebiets, bestehend aus Militärhilfe in Höhe von 4,5 Milliarden U.S.-Dollar für 1951, zusätzlichen Divisionen und einer neuen Organisation mit einem amerikanischen Befehlshaber an der Spitze erwies sich so als wenig wirksam, die europäischen Partner zu größeren eigenen Anstrengungen zu veranlassen[44]. Als Grund dafür gaben die Europäer ihre beschränkten Finanz- und Wirtschaftskapazitäten an. So versuchten die Amerikaner, den Druck etwas zu erhöhen. Die von den USA der NATO für Europa angebotene Entsendung eines amerikanischen »Supreme Allied Commander Europe« (SACEUR), der zusammen mit seinem Stab die Aufgabe erhalten sollte, »detaillierte Operationspläne zu entwickeln, die militärstrategischen Pläne zu verbessern und – besonders wichtig – *für die Mittel und Kräfte zu ihrer Verwirklichung zu sorgen«,* wurde an die Bedingung geknüpft, daß die Europäer zuvor im Frieden Streitkräfte für ihn bereitstellten und für einen Kriegsfall weitere Kräfte zusagten, die er führen sollte[45].

Von dieser Bedingung wich die amerikanische Regierung bis zur Sitzung der Außen- und Verteidigungsminister der NATO im Dezember 1950 in Brüssel wieder ab. Man kam vielmehr zu der Überzeugung, daß ein oberster Bündnisbefehlshaber in Europa jetzt bestellt werden mußte, um die geplante Organisation zu schaffen und die benötigten Streitkräfte zu »rekrutieren«[46]. Seine Ernennung er-

---

[41] NISCA, D-D/18 (Revised), A Proposal for Action by the Council Deputies, 4.8.1950.
[42] NISCA, D-R/10, 24.8.1950, S. 1.
[43] NA, RG 218, GF 1948-1950, Western Europe (3-12-48), sec. 60, JCS 2073/81, Proposed Increase in Military Forces readily available by 1 July 1951 for North Atlantic Treaty Area, 11.10.1950, S. 611 und 614.
[44] Condit, Test of War, S. 315.
[45] NA, RG 218, GF 1948-1950, Western Europe (3-12-48), sec. 58, JCS 1868/200, Supreme Headquarters, Atlantic Powers in Europe (SHAPE), 23.9.1950, S. 2346 f. (Hervorhebung im Original); Poole, Joint Chiefs, S. 197.
[46] FRUS 1950 III, S. 570; Condit, Test of War, S. 324 f.

wies sich als ein formal komplizierter Akt zwischen der Allianz, die einen Offizier aus dem nationalen Bereich eines Mitgliedes für eine Bündnisfunktion haben wollte, und dem NATO-Mitgliedsstaat, dessen nationaler Verfügungsgewalt dieser Offizier unterstand. So wurde der amerikanische Präsident zunächst gebeten, einen Offizier zu benennen und gleichzeitig Eisenhower als einziger Kandidat vom NATO-Rat vorgeschlagen. Am gleichen Tag noch, dem 19. Dezember 1950, »designierte« Truman Eisenhower als Bündnisbefehlshaber und der Rat »ernannte« ihn dazu[47]. Die Zustimmung des nun 60jährigen amerikanischen General of the Army lag seit Oktober 1950 vor. Das erklärte die Schnelligkeit der personellen Transaktion. Am folgenden Tag beschloß der Konsultativrat des Brüsseler Paktes, seine Verteidigungsorganisation in die der NATO zu überführen. Der Stab von Field Marshal Montgomery bildete den Organisationskern des neuen Stabes der militärischen Organisation der NATO in Europa: »Supreme Headquarters Atlantic (später: Allied) Powers Europe« (SHAPE). Die meisten hochrangigen Offiziere aus dem Befehlshaberausschuß der Westunion traten mit Montgomery in Eisenhowers Stab über. Montgomery wurde sein Stellvertreter.

Mit »Ike« und »Monty« betraten die Befehlshaber der Invasion von 1944 und die militärischen Bezwinger der deutschen Wehrmacht die Bühne des Bündnisgeschehens. Eisenhower, aber auch die folgenden SACEUR, überstrahlten bald andere Akteure der NATO. Er wurde zum Symbol und zur Hoffnung nicht nur für eine wirksame Verteidigung des europäischen Vertragsgebiets, sondern in Europa die »persönliche Verkörperung der NATO selbst«[48]. Neben ihm verblaßten andere Bündnispersönlichkeiten oder Allianzgremien. Auch andere später ernannte Bündnisbefehlshaber, wie der für den Atlantik oder den Ärmelkanal, konnten nie das Ansehen und die Popularität des europäischen Befehlshabers der NATO gewinnen. Von daher ergab sich vor allem für die Öffentlichkeit ein weiterer Schritt hin zu einer Europäisierung der NATO und ihrer Verteidigungsbemühungen. Andere geographische Bereiche des Vertragsgebiets wie der Atlantik, die weiter unter nationaler Führung bleibende Region USA-Kanada und auch Großbritannien traten im Bewußtsein der Öffentlichkeit weit hinter den europäischen Teil des Bündnisgebiets zurück. Unter der Führung und maßgebenden Gestaltung des amerikanischen SACEUR schien die Verteidigung des europäischen Kontinents gegen die UdSSR zur Hauptsache der NATO zu werden.

Das entsprach einem langgehegten Wunsch der kontinentaleuropäischen Mitglieder, dem der französische Außenminister Schuman schon im November 1948 Ausdruck verliehen hatte. Ein Amerikaner als Oberbefehlshaber werde die amerikanische Verpflichtung in der NATO und vor allem den Einsatz ihrer nuklearen Waffen garantieren[49]. Von amerikanischer Seite ging es vor allem darum, nun bei dem gesteigerten eigenen Einsatz die Kontrolle über die Verteidigung in Europa zu behalten und die dort stationierten eigenen Truppen unter ein nationales

---

[47] Poole, Joint Chiefs, S. 219; NATO. First Five Years, S. 36; FRUS 1950 III, S. 604 f.
[48] Condit, Test of War, S. 363.
[49] Leonardis, Defense, S. 193.

Kommando zu stellen. So wurden Eisenhower gleichzeitig mit seiner Ernennung zum SACEUR alle Land-, See- und Luftstreitkräfte der USA in Europa, im Ostatlantik und im Mittelmeer unterstellt. Die national-amerikanischen Kommandostränge des »European Command« (EUCOM) liefen so neben denen von SHAPE einher[50].

Präsident Truman hatte gegenüber Eisenhower seine Meinung zum Ausdruck gebracht, daß der Wunsch der europäischen Allianzmitglieder nach einem amerikanischen Befehlshaber in Europa von der Absicht begleitet sein werde, ihn dann auch »vollständig und vorbehaltlos« zu unterstützen[51]. In der Tat unterstellte Frankreich als erstes Mitglied seine drei in der Bundesrepublik Deutschland stationierten Divisionen sofort dem SACEUR und versprach zwei weitere für das Jahr 1951. Großbritannien folgte mit den auf dem Kontinent dislozierten Verbänden[52]. Während einer Rundreise durch die Hauptstädte der europäischen Bündnispartner vom 6. bis zum 25. Januar 1951 gewann Eisenhower selbst den Eindruck, daß alle bereit waren, zur konventionellen Stärkung der Verteidigung in Westeuropa beizutragen. Wo dieser Wille nicht erkennbar war, machte er seinen Gesprächspartnern manchmal auch mit drastischen Worten Mut dazu[53]. Ob man aber wirklich auf dem richtigen Weg war, mußte die Zukunft zeigen. Daß der SACEUR nicht nur auf den guten Willen der Allianzpartner angewiesen blieb, sondern auch über eigene Kompetenzen ihnen gegenüber verfügte, war sicher eine wichtige Voraussetzung für die gewünschte Verstärkung der Verteidigung in Europa.

Am 18. Dezember 1950 billigten die Außen- und Verteidigungsminister der NATO in Brüssel einen vom Militärausschuß vorgelegten Bericht über die Schaffung einer »integrierten europäischen Verteidigungskraft«, die Einrichtung eines »Obersten Hauptquartiers in Europa« und die Reorganisation der »militärischen Struktur der NATO«[54]. Der Grund für diesen umfassenden militärischen Neubeginn nach reichlich einem Jahr militärischer Planung lag darin, daß unter dem Eindruck erhöhter Bedrohung im Gefolge des Koreakrieges alles, was auf diesem Gebiet bisher geleistet worden war, schärfster Kritik verfiel und als unpraktisch und unzureichend beurteilt wurde. Die bisherige militärische Organisation mit fünf Regionalen Planungsgruppen hatte im Urteil des Militärausschusses weder eine vernünftige Planung im Frieden ermöglicht, weil eigentlich fünf voneinander abgegrenzte Pläne entstanden waren, die von der Ständigen Gruppe nur notdürftig hatten zu einem Gesamtplan zusammengefaßt werden können, noch konnte diese Organisationsform die Basis für eine Führung im Kriegsfall sein. Es war auch nicht gelungen, die Pläne in eine wirkungsvolle Verteidigung des Bündnisgebietes umzusetzen, weil die vorhandenen Streitkräfte nicht geeignet waren, einer sowjeti-

---

50 Pole, Joint Chiefs, S. 219; Trachtenberg, Peace, S. 118 f.
51 Poole, Joint Chiefs, S. 219.
52 NATO. First Five Years, S. 35.
53 Generals, S. 12 f.
54 DC 24/3, The Creation of an Integrated European Defense Force, the Establishment of a Supreme Headquarters in Europe, and the Reorganization of the NATO Military Structure, 12.12.1950, in: FRUS 1950 III, S. 548−564.

schen Offensive Widerstand entgegenzusetzen. Sie waren auch keine einheitliche Bündnisstreitkraft, sondern nach wie vor nationale Streitkräfte, die nicht gemeinsam geführt werden konnten. Diese eigentlich nicht neuen Erkenntnisse waren bisher ohne den Willen zu Änderungen akzeptiert worden, aber angesichts der neuen Qualität der Bedrohung schienen vor allem für das westeuropäische Vertragsgebiet neue Entschlüsse notwendig.

Es galt nun »Westeuropa im größtmöglichen Ausmaß zu verteidigen«, wobei »Westeuropa« nicht nur das europäische Vertragsgebiet umfaßte, sondern jetzt auch »Westdeutschland«, also die 1949 gegründete Bundesrepublik Deutschland einschloß[55]. Die dazu ins Leben zu rufende »vereinigte« (»unified«) oder auch »integrierte« (»integrated«) Streitkraft der Allianz sollte aber auch die Aufgabe der »Abschreckung« erfüllen und im Frieden so disloziert werden, daß sie einer sowjetischen Strategie des Kalten Krieges begegnen konnte[56]. Unter dieser geographischen und organisatorischen Formel waren die Interessen aller beteiligten Bündnismitglieder zusammengefaßt, wie sich aber zeigen sollte, bei weitem nicht in Einklang gebracht. Der Kalte Krieg verlagerte sich zunehmend aus dem Vertragsgebiet in alle Teile der Erde. Das Verhältnis von Abschreckung und Verteidigung bereitete besonders für Europa zunehmend Schwierigkeiten. Aber zunächst galt es, die ersten Schritte auf das Ziel hin zu tun. Dies sollte in drei Phasen geschehen: die Planung der Kommandoorganisation mit der Zuweisung von entsprechenden Befugnissen an die Allianzbefehlshaber, die Errichtung der Hauptquartiere und Stäbe und anschließend die Unterstellung nationaler Streitkräfte unter diese Organisation.

Die neue Form der militärischen Organisation war verhältnismäßig schnell gefunden, da man weitgehend im Rahmen der alten blieb, aber einige neue Schwerpunkte setzte. Mit der Absicht, nun eine Führungs- und Kommandoorganisation, die in Frieden und Krieg gleich gut arbeitete, zu schaffen, entstand der Bedarf für eine »oberste Autorität« (»higher authority«), die die unterstellten Kommandos mit »schnellen Entscheidungen in militärischen Dingen« zu »positivem Handeln« bringen konnte. Diese Rolle fiel ganz selbstverständlich der Ständigen Gruppe, also den USA, Frankreich und Großbritannien zu, die dieses Organ und seinen Arbeitsstab mit ihrem Personal bildeten. Sie erhielt »mehr Autorität« und die Aufgabe, in allen Gebieten, in denen Streitkräfte der Allianz operierten, zu führen und dafür schon im Frieden die für die »integrierte Streitkraft« benötigten Mittel zu bestimmen. Ihr waren die künftigen Oberbefehlshaber der NATO unterstellt und verantwortlich. Der nur gelegentlich tagende Militärausschuß, bestehend aus den nationalen Stabschefs, blieb diesem Kommandosystem übergeordnet. Um eine bessere Verbindung zwischen Ständiger Gruppe und Militärausschuß zu gewährleisten, wurde ein Ausschuß nationaler militärischer Vertreter (»Military Representatives Committee«) eingerichtet, in dem nationale Vertreter der Stabschefs der Mitgliedsländer ständig anwesend waren, um nationale Anliegen vorzutragen,

---
[55] FRUS 1950 III, S. 539.
[56] DC 24/3, 12.12.1950, S. 548 (auch für das Folgende).

Vorlagen der Ständigen Gruppe zu beraten und an ihre Stabschefs in den Heimatländern weiterzuleiten. Der Vorsitzende der Ständigen Gruppe war zugleich Vorsitzender des Ausschusses der nationalen militärischen Vertreter. Die Stäbe der nationalen Vertreter und der amerikanisch-britisch-französische Stab der Ständigen Gruppe sollten eng zusammenarbeiten. Trotz dieser Verflechtung war die Hierarchie eindeutig von der Ständigen Gruppe bestimmt, die ihrerseits eng mit den Bündnisbefehlshabern zusammenwirken wollte und das »Military Representatives Committee« eher als hinderlich betrachtete. Da die wichtigsten Befehlshaber der NATO in Europa und anderwärts bald alle Anglo-Amerikaner waren, entschieden sich auf der Ebene der »special relationship« zwischen den USA und Großbritannien eher die wichtigen Dinge als in den Ausschüssen, in denen alle Mitglieder vertreten waren.

Die gewünschte Kommandoorganisation war zumindest im europäischen Vertragsgebiet einfach herzustellen. Sie entstand durch Umwandlung der bisherigen Planungsstäbe der Regionalen Planungsgruppen in Führungsstäbe, die allerdings nun gemeinsam dem Oberkommando SHAPE unterstellt wurden. Kurzfristig wurde überlegt, die Planungsregionen West- und Südeuropa zu einem Kommandobereich zusammenzufassen und so eine einheitliche Führung für die Deckungsfront nach Osten von der Ostsee bis zur Adria zu schaffen, aber es blieb schließlich bei zwei Bereichen, die jeweils »detaillierte Operationspläne« für sich erarbeiten sollten. Die Koordinierung der Operationen an der gesamten Deckungsfront fiel damit SHAPE zu. Das war insofern eine sinnvolle Lösung, als sich Eisenhower die Planung und Führung in der ehemaligen Region Westeuropa wegen ihrer »überragenden Bedeutung« für die Gesamtverteidigung selbst vorbehielt und hier nur einen französischen Befehlshaber der Landstreitkräfte haben wollte, aber keinen Befehlshaber für die Gesamtoperationen aller Teilstreitkräfte[57]. Im Norden und Süden dagegen gab es solche Gesamtbefehlshaber.

Die Regionale Planungsgruppe Kanada-USA wurde in die neue Kommandostruktur ohne besondere Begründung zumindest »für diese Zeit« nicht einbezogen. Diese Lösung erwies sich bis heute als dauerhaft und begründete eigentlich eine weitere Europäisierung der militärischen Bündnisplanung und eine gewisse Abkoppelung des nordamerikanischen vom europäischen Bündnisgebiet, zumal der Region Kanada-USA eigene operative Planungen unabhängig von den NATO-Befehlshabern zugestanden wurden[58].

Um die Besetzung der Stelle des Oberbefehlshabers des neuen atlantischen Kommandobereichs kam es zu einer langen und bitteren Kontroverse der Seemächte Großbritannien und Amerika. Gegen den britischen Widerstand setzten sich die USA als Führungsmacht der Allianz hier durch[59]. Am 10. April 1952, ein Jahr nachdem Eisenhower in Paris seinen Dienst angetreten hatte, konnte auch ein amerikanischer Admiral für das atlantische Kommando in Norfolk (USA) einge-

---

[57] NATO. First Five Years, S. 72.
[58] DC 24/3, 12.12.1950, S. 555.
[59] Poole, Joint Chiefs, S. 230 ff.; Pedlow, Politics, S. 15-42.

setzt werden[60]. Allerdings waren zuvor und auch danach einige Kompensationen für die Briten fällig. Sie erhielten den neu geschaffenen Befehlsbereich Ärmelkanal, der den Oberbefehlshabern Europa und Atlantik gleichgestellt wurde, die Befehlsbereiche Ostatlantik und Nordeuropa und den im März 1953 nach dem Bündnisbeitritt Griechenlands und der Türkei eingerichteten Befehlsbereich »Mittelmeer«. Mit der Ständigen Gruppe in Washington an der Spitze war damit die neue militärische Kommandoorganisation der NATO vollständig errichtet.

Die geographische Abgrenzung der Befehlsbereiche und die Besetzung der einzelnen Befehlshaberstellen waren insgesamt nicht von militärischen Gesichtspunkten bestimmt, sondern von den nationalen politischen Interessen der einzelnen Mitglieder, die sie mit Zähigkeit und Nachdruck bis auf die höchsten Regierungs- und Bündnisebenen vertraten, um ihren Einfluß in der Allianz zu wahren oder zu vergrößern[61]. Oft war die Lösung dann, daß rein nationale Bereiche geschaffen wurden, die zudem noch Bündnisbefehlshabern der gleichen Nationalität unterstanden. Den größten Grad an Internationalität und Integration erreichte der Befehlsbereich Westeuropa, bald auch »Central Europa« oder »Europa Mitte« genannt, sowohl was die Zusammensetzung der Stäbe als auch was die Mischung der unterstellten Truppen anging. Aus dem Gerangel um die höchsten Positionen gingen ansonsten eindeutig die USA und Großbritannien als Sieger hervor, die alle Befehlshaberstellen der ersten zwei Hierarchieebenen besetzen konnten. Mochte das für Großbritannien eine Bestätigung seiner noch bestehenden Großmachtstellung allgemein und seiner Rolle als zweiter Führungsmacht hinter den USA in der Allianz sein, so bedeutete es für die Vereinigten Staaten eine völlige Abkehr von ihrer bisherigen Politik gegenüber der NATO. Die Forderung des Militärausschusses, wie auch die aller europäischen Mitglieder, nach »voller Teilnahme des mächtigsten Mitgliedes an der europäischen Militärorganisation« der NATO, war nun fast mehr als erfüllt[62]. Von der Position der Distanz und der Sicherung von Handlungsfreiheit, die sie bis zum Ausbruch des Koreakrieges eingenommen und behauptet hatten, waren die USA dazu übergegangen, sich Führung und Kontrolle durch die Übernahme der wichtigsten Stellen in der neuen Militärorganisation der NATO zu sichern. Die organisatorische Trennung der nordamerikanischen Planungsregion von den atlantisch-europäischen Befehlsbereichen wurde durch die nationale Identität der amerikanischen Befehlshaber überbrückt.

Die Aufgabe, die dem neuen Oberbefehlshaber der NATO für Europa vom Militärausschuß gestellt wurde, bestand darin, dafür zu sorgen, daß die von den Mitgliedern für die Verteidigung Westeuropas zur Verfügung gestellten Streitkräfte so organisiert, ausgebildet, ausgerüstet und einsatzbereit waren, um im Kriegsfall die vereinbarten Operationspläne ausführen zu können. Seine Befugnisse dafür bemaßen sich zunächst nach dem, was die Allianz unter Integration verstehen wollte. Die geplante »integrierte NATO-Verteidigungsstreitkraft« sollte aus »natio-

---

[60] NATO. First Five Years, S. 75.
[61] Pedlow, Politics, S. 41 f.
[62] DC 24/3, 12.12.1950, S. 549 (auch für das Folgende).

nalen Beiträgen« bestehen, die »unter einem einzigen, vereinten Kommando integriert« werden sollten, über die jedes Mitglied aber »die politische und gewisse militärische Kontrollen« behalten sollte[63]. So blieb die Frage, wie weit die jeweilige nationale militärische Kontrolle noch in die Kontrolle und Führung des SACEUR hineinreichen sollte. Die Vorbereitung der Operationspläne und die Errichtung einer wirkungsvollen militärischen Befehls- und Kommandoorganisation fielen in die alleinige Kompetenz des SACEUR[64]. Er mußte beides mit nationalen Vorstellungen abgleichen. Gegenüber den Streitkräften, die ihm sofort zur Verfügung gestellt wurden (»allocated«, später »assigned«) oder für eine spätere Unterstellung vorgesehen waren (»earmarked«), standen ihm gewisse Inspektions- und Vorschlagsrechte zu. Die Führerausbildung (»higher training«) und die Ausbildung allgemein durfte er »direkt kontrollieren« und »inspizieren« mit dem Ziel, eine angemessene Organisation und Ausbildung sicherzustellen. Sein Empfehlungsrecht gegenüber den nationalen Stabschefs und Verteidigungsministern, mit denen er unmittelbar verkehren durfte, bezog sich auf die Friedensdislozierung, die Organisation, Ausbildung und auf logistische sowie administrative Angelegenheiten, sofern sie die Einsatzbereitschaft der unterstellten oder für eine Unterstellung vorgesehenen Verbände betrafen. Die Versorgung der Streitkräfte blieb in jedem Fall in nationaler Hand. Dem SACEUR wurde allerdings die »Verantwortung für die Koordinierung« übertragen. Mängel in all diesen Bereichen sollten den nationalen Stellen angezeigt und der Ständigen Gruppe mitgeteilt werden. Die Bündnismitglieder konnten so von zwei Bündnisinstitutionen zu Verbesserungen gemahnt werden.

Trotzdem reduzierten sich die dem SACEUR selbständig im Frieden zugewiesenen Kompetenzen auf Planungs- und Organisationsfreiheit im Bündnisbereich unter Berücksichtigung nationaler und der Interessen anderer Bündnisinstanzen. Sehr zu recht bezeichnete Eisenhower SHAPE als ein »operatives Hauptquartier«, während alle anderen Belange der unterstellten Truppen wie Verwaltung, Personal und Versorgung den Mitgliedern verblieben[65]. Beständig forderten alle folgenden europäischen NATO-Oberbefehlshaber, ihre Verantwortung auf den logistischen Bereich auszudehnen.

Im Kriegsfall wurden zwar dem SACEUR die »vollen Befugnisse« (»full powers«) eines Oberbefehlshabers zugesprochen, aber sie sollten sich dann doch nur auf die Operationsführung und die Ausbildung erstrecken[66]. So waren die nun etablierten Bündnisbefehlshaber, denn diese Regelungen galten nicht nur für den SACEUR, sondern auch alle anderen Befehlshaber, eigentlich nur operative Planer und Führer und vielleicht noch Organisatoren ihrer Stäbe und Hauptquartiere, aber der Zugriff auf die Mittel zur Verwirklichung ihrer Pläne blieb ihnen weitgehend versagt. Das zeigte sich auch bei den festgelegten Unterstellungsverhältnissen

---

[63] FRUS 1950 III, S. 540.
[64] DC 24/3, 12.12.1950, S. 559 f. und 562 ff. (auch für das Folgende).
[65] Eisenhower, Annual Report, S. 33.
[66] DC 24/3, 12.12.1950, S. 562 (auch für das Folgende).

IV. Die konventionelle Phase: Koreakrieg und MC 14/1, 1950 bis 1952

für die nationalen Streitkräfte. Das »letzte Ziel« sollte es sein, SHAPE alle Streitkräfte zu unterstellen (»to allocate«), die für die Anfangsverteidigung vorgesehen waren. Die Ambitionen der Mitglieder und die darauf Rücksicht nehmenden Regelungen der Allianz verwässerten diese Absicht beträchtlich. Zunächst behielten die Mitglieder alle Streitkräfte unter nationalem Kommando, die für die unmittelbare Verteidigung ihrer Staatsgebiete, einschließlich der Luft- und Küstenverteidigung, die nationale Angelegenheit blieben, vorgesehen waren. Erst wenn dieser Bedarf nach Meinung der einzelnen Bündnismitglieder gedeckt war, konnten die restlichen Streitkräfte direkt unterstellt oder für eine Unterstellung vorgesehen werden. Präsente Verbände sollten dabei unterstellt (»assigned«), Reserveverbände für eine Unterstellung vorgemerkt (»earmarked«) werden.

Die Trennung zwischen den Staatsgebieten (»zones of interior«) und den Operationsgebieten der Allianzbefehlshaber (»theater of operations«) blieb lange unklar, war aber vom Vorrang der nationalen Verantwortung für die Verteidigung der jeweiligen Staatsgebiete bestimmt. Nur wenn es die »wirksame Führung der Operationen« erfordern sollte, konnten »besondere Gebiete« aus den Staatsterritorien der Mitglieder der »operativen Kontrolle« der alliierten Befehlshaber unterstellt werden. Uneingeschränkt war nur das Gebiet der Bundesrepublik Deutschland bis zu ihrem Beitritt zur NATO 1955 »Operationsgebiet« des SACEUR. Auch die Verfügungsgewalt der Mitglieder über die unterstellten oder vorgemerkten Streitkräfte blieb umfassend. Es bedurfte nur der »Beratung« mit den Allianzbefehlshabern, um sie »auszutauschen«, wenn nur »Größe, Zusammensetzung und Qualität« des gesamten nationalen Beitrages »grundsätzlich unverändert« blieben. Der Abtransport und die Ausdünnung von Truppen vor allem der ehemaligen Kononialmächte der NATO, um sie außerhalb des europäischen Vertragsgebiets zu verwenden, blieb ein beständiges Problem des SACEUR, dem er eigentlich ziemlich hilflos gegenüberstand.

Das amerikanische Außenministerium verschaffte Eisenhower, ehe er seine Tätigkeit als Oberbefehlshaber der NATO in Europa aufnahm, einen Einblick in den Stand der Allianzverhältnisse in Europa. Nach der Darstellung der Organisation und der kurz- wie mittelfristigen Verteidigungspläne folgte für jede Region eine Mängelliste. Sie umfaßte: die Lücken zwischen den erforderlichen und den durch die Mitglieder verfügbar gemachten Streitkräften, die unzureichende Dislozierung und Logistik der vorhandenen Streitkräfte, die mangelnde Zusammenarbeit der Mitglieder und die fehlende Abstimmung der in Europa geplanten Operationen mit den Kräften außerhalb des Kontinents, wie den anglo-amerikanischen strategischen Bomber- und Seestreitkräften[67]. Damit waren auch die vordringlichsten Aufgaben Eisenhowers genannt. Auf seiner Reise durch alle europäischen Mitgliedsländer der NATO im Januar 1951 verbreite der neue SACEUR Optimismus und Hoffnung in den Leistungswillen der Bündnispartner, forderte aber gleichzeitig sehr deutlich militärische Anstrengungen. Es gab nach seinem Urteil bisher »weder Wunderpläne noch eine militärische Streitkraft«. Die Verteidigung Europas

---

[67] FRUS 1951 III, S. 460-464.

konnte auch nicht durch »äußere Hilfe« gewährleistet werden, vielmehr mußte zunächst »jedes Land [...] den Kern seiner eigenen Verteidigung schaffen«, die dann zu einer Bündnisverteidigung zu formen waren[68].

Die so angesprochenen europäischen Allianzmitglieder beeilten sich, zumindest ihren guten Willen zu zeigen, und stellten ihre vorhandenen, vor allem in der Bundesrepublik Deutschland stationierten Heeresverbände dem neuen Bündnisbefehlshaber zur Verfügung. Bis zum Jahresende 1951 dauerte der Prozeß der Reaktivierung und Unterstellung von Divisionen an und führte zu einem ersten ansehnlichen Ergebnis. $20^1/_3$ Divisionen zählte man im November 1951 für den Bereich des SACEUR. Davon waren allerdings $8^1/_3$ »äußere Hilfe« der Amerikaner, Briten und Kanadier. Eine Verstärkung um weitere acht Divisionen – zum Teil aber nur als Reserveverbände – wurde für 1952 erwartet. Parallel zu dieser Verstärkung der Allianzstreitkräfte lief der Wiederaufbau der nationalen und der Bündnismilitärorganisation. Die NATO aktivierte die geplanten beiden Armeegruppen im Abschnitt Europa Mitte: die amerikanisch-französische »Central Army Group« in Heidelberg und die britisch-niederländisch-belgisch-kanadische »Northern Army Group« in Bad Oeynhausen. Die Amerikaner nahmen die Hauptquartiere ihrer 7. Armee und ihrer 12. Taktischen Luftwaffe in Betrieb. Ein wichtiger Teil der »äußeren Hilfe« der USA wurde neu gegliedert. Die Teile des amerikanischen SAC in Großbritannien wurden zur 3. Luftwaffe (»Third Air Force«) zusammengefaßt[69].

Eisenhower zeigte sich öffentlich das ganz Jahr 1951 über außerordentlich zuversichtlich. Europa werde sich in zweieinhalb oder drei Jahren »in einer ziemlich guten Situation befinden«. Es schien möglich, »das Gleichgewicht mit der Sowjetunion herzustellen«. Vielleicht konnte auch dann schon die »äußere Hilfe«, d.h. die amerikanischen und britischen Truppen, wieder heimkehren[70]. Vor Gremien der Allianz und der amerikanischen Regierung war der Oberbefehlshaber mit seiner Zuversicht zurückhaltender, dafür in seiner Beurteilung der Lage und den daraus abzuleitenden Forderungen offener. Der vorherrschende Eindruck, den er während seiner Europareise gewonnen hatte, war der »äußerster Armut« der westeuropäischen Staaten im Vergleich zu den USA[71]. Als Folge davon konnte von den meisten Bündnismitgliedern nicht mehr für die Verteidigung ausgegeben werden als bisher. Von daher rührte der Mangel an Material und Ausrüstung bei allen europäischen Armeen, während Personal genügend vorhanden war. Dem konnte nur dadurch abgeholfen werden, daß man zwei Grundsätzen folgte, die Eisenhower immer wieder verkündete: die europäischen Anstrengungen mußten koordiniert erfolgen, dann waren durch gemeinsame Anstrengungen 350 Millionen Westeuropäer den 190 Millionen Russen in jedem Fall überlegen, und der Sicherheit mußte

---

[68] KAG 1951, S. 2763B.
[69] KAG 1951, S. 2784A und 2791G; NATO. First Five Years, S. 102; Poole, Joint Chiefs, S. 226; Harley, United States Air Forces, S. 22 f.; Frederiksen, American Military Occupation, S. 150 ff.
[70] KAG 1951, S. 3160A und 3249E.
[71] FRUS 1951 III, S. 451.

IV. Die konventionelle Phase: Koreakrieg und MC 14/1, 1950 bis 1952

in jedem Land der erste Rang eingeräumt werden. Darüber hinaus war es Aufgabe der USA, aus ihrer wegen des Koreakrieges bereits auf Hochtouren laufenden Rüstungsindustrie auch die Europäer zu versorgen. Der Anfang mit all diesem mußte jetzt gemacht werden. Der Blick auf das Ziel irgendwelcher Planungen im Jahre 1954 durfte nicht von gegenwärtigem Handeln ablenken[72].

Schon zu einem sehr frühen Zeitpunkt – im Januar 1951 – entwickelte Eisenhower sein Konzept für die Verteidigung des ihm nun übertragenen Befehlsbereichs. Seine beiden Ausgangspunkte waren dabei die geographische Lage Westeuropas als einer langen, schmalen Halbinsel zwischen Mittelmeer und Nordsee und die Überlegenheit der beiden wichtigsten NATO-Mitglieder USA und Großbritannien an See- und Luftstreitkräften im Vergleich zur UdSSR. Wohl sollte nun die Halbinsel, soweit das möglich war, mit Landstreitkräften gehalten werden, aber die eigentlichen Schläge auf den Angreifer, die ihn zum Rückzug zwingen sollten, wollte Eisenhower von den Seeflanken her mit den Luftstreitkräften führen[73]. Es war dies sicher eine Relativierung bisheriger Bündnisüberlegungen zur »forward strategy« oder zu einer Verteidigung so weit ostwärts wie möglich. Schon das State Department hatte in seiner Lagebeurteilung für Eisenhower dargelegt, daß in den Bündnisplänen nirgendwo stand, welches Gebiet denn nun genau verteidigt werden sollte, und gleichzeitig bedauert, daß keine Pläne für Operationen westlich des Rheins möglich seien, weil dies bisher von der Westunion aus »politischen und psychologischen« Gründen stets abgelehnt worden sei[74]. Der SACEUR nahm sich nun selbst Freiräume für die Planung einer Verteidigung ostwärts und westlich des Rheins je nach den zu Lande und in der Luft verfügbaren Kräften. Für eine Verteidigung des Rheins hielt er dabei 50 bis 60 Divisionen für notwendig[75].

Einen wesentlichen Grundsatz für die Streitkräfteplanung der NATO entwickelte Eisenhower mit dem Gedanken, daß »Demokratien [...] auf die Dauer von Reservisten verteidigt [werden] und niemals von Truppen, die bereits in Uniform stehen«. Die Begründung dafür war, daß man keinen Angriffs- sondern einen Verteidigungskrieg zu führen haben werde[76]. Diese Sicht der Dinge, die aus den Erfahrungen des Zweiten Weltkrieges gewonnen war, führte besonders bei den Heeresstreitkräften zu einer Teilung in die präsenten »Deckungs- oder Schildstreitkräfte«, die, unterstützt durch Luft- und Seestreitkräfte, durch ihren Einsatz Zeit zu schaffen hatten, bis die Reservekräfte für die Gesamtverteidigung mobilisiert waren. Eisenhowers Stellvertreter Montgomery unterstützte ihn lebhaft mit der eingängigen Idee, daß hinter einem »Schild« präsenter Streitkräfte die Bündnismitglieder Zeit haben müßten, »zu den Waffen zu eilen«[77]. Die Verstärkung der amerikanischen Heeresstreitkräfte auf dem europäischen Kontinent um drei Divi-

---

72 FRUS 1951 III, S. 449–458; Condit, Test of War, S. 361 f.; Trachtenberg, Peace, S. 147.
73 FRUS 1951 III, S. 427 und 454; Wampler, Legacy, S. 25.
74 FRUS 1951 III, S. 460 f.
75 Ebd., S. 455.
76 KAG 1951, S. 3160A.
77 DDEL, Presidential Series, Ann Whitman File, box 21, Montgomery 1953–56 (4), Memorandum on the present state of the game in NATO by Field Marshal Montgomery, 26.6.1953, S. 2.

sionen 1951 diente so der Absicht, die Verteidigung hier länger führen zu können und damit Zeit für das Heranbringen »äußerer Hilfe« zu gewinnen. Sie hatte im Urteil Eisenhowers aber auch ihre eigene nationale Logik. Denn die dann in Europa versammelten amerikanischen Truppen konnten bei einem totalen Zusammenbruch dieser zeitlich geplanten Verteidigung als geschlossene Armeegruppe unter dem Schutz der eigenen Luftwaffe einen »geordneten Rückzug« antreten und aus der Bretagne oder von der Cotentin-Halbinsel »gut« evakuiert werden[78].

Am 2. April 1951 nahm SHAPE offiziell den Dienst auf, obwohl man schon seit dem 21. Februar »physisch präsent« und an der Arbeit war[79]. Der britische Field Marshal Montgomery wurde als Stellvertreter von General Eisenhower der eigentliche militärische Motor von SHAPE, wenn er als eine Art »Inspector General« auch mit seinem steten Arbeitseifer, seiner ohne Rücksichten geäußerten Meinung und seinem skurrilen Benehmen manchem auf die Nerven ging[80]. Zuständig nur für die Organisation, Ausrüstung, Ausbildung und Einsatzbereitschaft der unterstellten oder für eine Unterstellung vorgesehenen Streitkräfte entwickelte er eine kaum zu bremsende Tätigkeit weit über diesen Aufgabenbereich hinaus. Er führte den militärischen Stab auch auf dem Gebiet der Operationsplanung, während Eisenhower die Vertretung der NATO in der Öffentlichkeit und die mehr diplomatisch-politischen Aufgaben im Rahmen der Allianz wahrnahm[81]. Durch zahlreiche Reisen zu den nationalen militärischen Stellen und in Gesprächen mit den Verteidigungsministern verschaffte sich Montgomery einen Eindruck vom Zustand der Streitkräfte insgesamt und von den nationalen Planungen. Auch hier sparte er nicht mit oft unerbetenen Ratschlägen und herber Kritik, die dann auf anderen Kanälen wieder relativiert werden mußte.

Am 29. März 1951 empfahl Montgomery, die kurzfristigen Verteidigungspläne der ehemaligen europäischen Regionalen Planungsgruppen als Operationsgrundlage für einen überraschenden Angriff solange in Kraft zu lassen, bis SHAPE selbst einen eigenen Verteidigungsplan für den Notfall (»Emergency Defense Plan«) entwickelt habe[82]. Da es zu diesem Zeitpunkt nur den mittelfristigen Verteidigungsplan (DC 13), aber noch keinen kurzfristigen für das europäische Vertragsgebiet insgesamt gab, stimmte Eisenhower dieser Empfehlung zu[83]. Die Zeit, in der diese alten Pläne noch gültig sein sollten, wollte man bei SHAPE aber so kurz wie möglich halten. Auf einer ersten Planungskonferenz am 18. Mai 1951 legte deshalb Montgomery eine »Strategische Richtlinie« und einen minutiösen Zeitplan für die Erarbeitung des Emergency Defense Plan und eines Verteidigungsplanes

---

[78] FRUS 1951 III, S. 456; Poole, Joint Chiefs, S. 243.
[79] Eisenhower, Annual Report, S. 8; Poole, Joint Chiefs, S. 225.
[80] Wampler, Peace, S. 26 f.
[81] DDEL, EP, PPS, Montgomery 1, FM/59, 18.2.1952, gez. Montgomery, S. 1 (bezugnehmend auf Direktive Eisenhowers an Montgomery vom 12.3.1951).
[82] DDEL, EP, PPS, Montgomery 2, FM/28, 29.1.1951, gez. Montgomery, S. 1.
[83] SHAPE, Central Registry, Proj. 12c, Reel 1, Record of an interview between LtCol Rosson, PPa.O, and the Assistant Historian, 22.5.1953, S. 1.

für 1954 vor[84]. Mit der laufenden Aufstellung der bis 1954 für erforderlich gehaltenen Streitkräfte sollte sich der kurzfristige Verteidigungsplan immer mehr dem mittelfristigen für 1954 annähern, so daß es 1954 nur noch einen Plan geben würde. Beide Pläne wurden zum Jahresende 1951 fertig. Die Eile hatte zwei Gründe: Zum einen wollte SHAPE bald über eigene Pläne verfügen, zum anderen wollte man insbesondere mit dem mittelfristigen Plan für 1954 in die in verschiedenen Bündnisgremien laufende Diskussion zur Streitkräfteplanung rechtzeitig eingreifen können[85]. Und dies, wie Montgomery mitteilte, von einem »rein militärischen Gesichtspunkt« aus, weil es nicht Aufgabe von SHAPE sein könne, die militärischen Erfordernisse mit der wirtschaftlichen Erholung und dem Lebensstandart der einzelnen Mitgliedsländer abzugleichen[86].

Ausgangspunkt der Überlegungen waren 49 präsente Divisionen und 9212 taktische Flugzeuge, die der NATO-Rat inzwischen als Mindestbedarf für die Verteidigung Westeuropas bis zum Jahr 1954 anerkannt hatte. Dies entsprach in etwa dem Bedarf, den die erste Streitkräfteplanung vom Oktober 1950 ermittelt hatte (DC 28: 45 Divisionen)[87]. Montgomery bemerkte dazu allerdings auf der Stabskonferenz am 18. Mai 1951, er kenne keine nationalen Pläne, die darauf hindeuteten, daß diese Forderungen an Divisionen und Flugzeugen auch tatsächlich erfüllt werden würden[88].

In der Stabskonferenz wie auch in der Strategischen Richtlinie bekräftigte Montgomery die Grundsätze zur Verteidigungs- und Streitkräfteplanung, die schon Eisenhower verkündet hatte. Sie galten für den kurz- wie auch für den mittelfristigen Plan[89]:
— Den Aufbau einer »militärischen Kraft« zur Abschreckung der UdSSR, die in ihren präsenten Teilen geeignet war, den ersten Angriff zu überstehen und aufzuhalten,
— die Mobilisierung weiterer Kräfte hinter diesem »Schild«,
— den Übergang zur Offensive, so schnell und wirksam wie möglich,
— die Verteidigung von den Seeflanken des europäischen Kontinents her, während in der Mitte kurz- und auch mittelfristig allenfalls »Schlüsselstellungen« in den verschiedenen Befehlsbereichen gehalten werden konnten.

Im Norden waren dies die Luft- und Seestützpunkte in Dänemark und an der norwegischen Küste. Die Ostsee sollte für die sowjetischen Seestreitkräfte ge-

---

[84] SHAPE, Central Registry, Proj. 12c, Reel 1, FM/43, Staff Conference at SHAPE: 18.5.1951. Remarks by Field Marshal Montgomery (»Strategic Guidance Directive No. 1«), gez. Montgomery.
[85] SHAPE, Central Registry, Proj. 12c, Reel 1, SHAPE, Summary Notes, Strategic Planning Conference, 29.5.1951, 27.6.1951, S. 9 f.
[86] FM/43, 18.5.1951, S. 1.
[87] FM/43, 18.5.1951, S. 2 und Appendix »A«.
[88] Ebd., S. 1 f.
[89] Ebd.; SHAPE, Central Registry, Proj. 12c, Reel 1, Strategic Guidance No. 1 (für das Folgende). Die »Strategic Guidance« wurde von Montgomery entworfen und am 18.5.1951 vorgestellt (SHAPE, Central Registry, Proj. 12c, Reel 1, Record of an interview between LtCol Rosson, PPa.O, and the Assistant Historian, 22.5.1953, S. 1; Wampler, Legacy, S. 28 f.).

schlossen werden. In der Mitte verwendete man für die zu haltenden »Schlüsselstellungen« wieder die verschwommene Bezeichnung »so weit im Osten wie möglich« mit der Elbe als »vorderster Grenze« und der Schweiz als »südlicher Bastion«. Daß kurzfristig keine »forward strategy«, wie vom NATO-Rat im Dezember 1950 beschlossen, geführt werden konnte, war allerdings auch klar. Im Süden sollten das Mittelmeer offen gehalten und die italienischen Alpen verteidigt werden. Die »forward strategy« nach Osten sollte hier an der Grenze zu Jugoslawien beginnen und vor allem der Zugang von Görtz (Gorizia) nach Oberitalien blockiert werden. Die insgesamt im europäischen Bündnisbereich für erforderlich gehaltenen Landstreitkräfte wurden mit 45 präsenten und 37 innerhalb von drei Monaten zu mobilisierenden Divisionen beziffert. Der größte Teil davon, nämlich 30 bzw. 25 Divisionen, entfiel auf den Bereich Europa Mitte.

In weiteren Planungskonferenzen mit den Stäben und Befehlshabern aller europäischen Bereiche wurden die »Strategische Richtlinie«, die kurz- und mittelfristigen Pläne sowie die Streitkräfteplanung weiter diskutiert[90]. Dies betraf vor allem den Mittelabschnitt, in dem es eine Reihe von Problemen zu lösen galt. Zunächst versuchte man, den Begriff »forward strategy« zu definieren, aber, wie ein Protokollant bemerkte, blieb es bei der Ankündigung. Diskutiert wurden schließlich nur verschiedene Verteidigungslinien von der Elbe über die Weser an den Rhein. Das Mißliche jeder Verteidigungslinie war allen bekannt: daß sie durchbrochen, die zur Verteidigung eingesetzten Truppen umfaßt und vernichtet werden konnten. Schließlich mußten aber doch Rhein und Ijssel und der Kaiser-Wilhelm-Kanal als solche Linien benannt und allseits akzeptiert werden. Für alle anderen Stellungen fehlten die dafür erforderlich erachteten Kräfte. Der Rhein war zudem eine kategorische politische Forderung Frankreichs. An der Südflanke dieser Stromlinie hoffte man auch auf die Unterstützung der Schweiz.

Was war ostwärts und westlich des Rheins zu tun? Man wollte möglichst alle Kräfte intakt am Rhein versammeln, also verboten sich ausgedehnte, verlustreiche Operationen in der Bundesrepublik Deutschland. »Verzögerungsstellungen« westlich des Rheins sollten zwar geplant werden, aber Montgomery gab die Devise aus, daß in die Öffentlichkeit nur die Meinung von SHAPE dringen dürfe, daß jeder Vorstoß über den Rhein nach Westen sofort »kanalisiert« und vernichtet werden würde. Übereinstimmend hielten alle Befehlshaber 55 Divisionen, die bis 30 Tage nach Kriegsbeginn mobilisiert werden mußten, für eine Rheinverteidigung für erforderlich. Die Ziele der »forward strategy« in den Befehlsbereichen Nord und Süd hielten sich an die Vorgaben der »Strategischen Richtlinie«. Diese Vorgaben galten gleicherweise für die kurz- und mittelfristige Planung, nur daß der letzteren natürlich wegen der erhofften größeren Streitkräftezahl auch die besseren Er-

---

[90] Für das Folgende: SHAPE, Central Registry, Proj. 12c, Reel 1, Strategic Guidance No. 1; DDEL, EP, PPS, box 82, Montgomery 3, FM/43, 18.5.1951; ebd., Summary Notes, Strategic Planning Conference, 29.5.1951, 27.6.1951; KAG 1951, S. 2989G; DDEL, EP, PPS, box 82, Montgomery 3, FM/48, Notes on Field Marshal Montgomery's Talk to the SHAPE Planning Staff in Paris, 20.6.1951, 23.6.1951.

folgsaussichten eingeräumt wurden. Unter den Bereichen Nord, Mitte und Süd war die Lage im Norden wegen der dort nur geringen verfügbaren Zahl an Landstreitkräften am aussichtslosesten. Aber das Wesentliche waren ohnehin die Luft- und Seestreitkräfte, mit denen das sowjetische Kriegspotential insgesamt zerschlagen und der sowjetische Vormarsch sofort verzögert werden sollte. Hinzu kamen umfangreiche Sperr- und Zerstörungsmaßnahmen im Vorfeld der Rheinverteidigung. Ziel der gesamten Planung war es, den Sowjets zu verwehren, mit mehr als 50 Divisionen zu operieren oder sie zu versorgen. Diese 50 Divisionen hoffte man dann endgültig am Rhein stoppen zu können.

Mitte August 1951 war eine erste Aufstellung der Streitkräfte fertig, die man zur Durchführung der »forward strategy« bei einem Kriegsausbruch am 1. Juli 1954 zu benötigen glaubte. Sie wurde im August 1951 der Ständigen Gruppe vorgelegt und im November mit dem NATO-Rat diskutiert. Der Chef des Stabes von SHAPE, General Alfred M. Gruenther, betonte dabei, daß gegen ökonomische Überlegungen militärisch realistische Erfordernisse anerkannt werden müßten[91]. Die der Streitkräfteplanung zugrunde liegenden militärstrategischen und operativen Ziele waren die der »Strategischen Richtlinie« Montgomerys, die man aber präzisiert hatte. Sie lauteten nun wie folgt[92]:

Im Norden: die Verteidigung Dänemarks, vor allem Jütlands und Seelands, die Sperrung der Ostseeausgänge und die Behauptung der norwegischen Häfen und Flugplätze.

Im Süden: die Verteidigung der italienischen Alpen und der italienisch-jugoslawischen Grenze, die Kontrolle des westlichen Mittelmeers und die Ausschaltung aller Basen an der albanischen Küste.

In der Mitte wollte man den Kampf irgendwo zwischen Eisernem Vorhang und Rhein aufnehmen. Während in der norddeutschen Tiefebene beweglich verteidigt werden sollte, wollte man zwischen Thüringer Balkon, Rhein, Neckar und im Schwarzwald Geländeteile fest halten (»firm bases«).

Der Rückhalt dieser Art von »forward strategy« war wie in allen bisherigen Plänen die Rhein-Ijssel-Linie. Hinter dieser Landverteidigung auf dem europäischen Kontinent, die mit dem Ziel, die Territorien der Allianzmitglieder zu schützen, und unter dem Namen der »forward strategy« geführt wurde, sollten die strategischen und taktischen Luftwaffen der Anglo-Amerikaner der eigentliche Rückhalt der Bündnisverteidigung sein. Stationiert auf Basen rund um das europäische Festland und auf Trägerschiffen in der Nordsee und im Mittelmeer sollten sie zum einen die Landstreitkräfte direkt unterstützen und zum anderen zum frühestmöglichen Zeitpunkt den Krieg aus der Luft in das Hinterland der angreifenden sowjetischen Streitkräfte tragen. Wenn auch kein genauer Zeitpunkt für ihren Beginn festgelegt

---

[91] Wampler, Legacy, S. 28 und 30; Engel, Handbuch, S. 461.
[92] Für das Folgende: SHAPE, Central Registry, Proj. 12c, Reel C-1, SHAPE/333/51, 1954 Force Requirements, 14.8.1951; ebd., Reel 2, COS/PLA/A/17/7, 1954 Defence Plan Central Europe, Notes of the Meeting between SHAPE Team and the three Headquarters Central Europe at Fontainebleau, 16.11.1951, 19.11.1951.

werden konnte, spielte diese Gegenoffensive in der Luft, aber auch zu Lande eine wichtige Rolle in den Bündnisüberlegungen.

Der auf dieser militärstrategischen Basis errechnete Streitkräftebedarf für SHAPE war eigentlich der alte, schon von den Regionalen Planungsgruppen ermittelte: 97 Divisionen 30 Tage nach Kriegsbeginn, davon 46 präsente, und 9141 Flugzeuge unter Einschluß der französischen und britischen Luftverteidigung. Dazu erwartete man noch 300 zusätzliche Bombenflugzeuge von Kommandos außerhalb von SHAPE. Für die geplante Gegenoffensive wurden darüber hinaus 20 bis 30 Divisionen und 2000 bis 3000 Flugzeuge für notwendig erachtet. An Seestreitkräften waren eigentlich nur die Flugzeugträgergruppen von unmittelbarer Bedeutung für die kontinentaleuropäische Landverteidigung. Je zwei Trägergruppen an der Nord- und Südflanke wünschte der SACEUR zu seiner Verfügung.

Der Vergleich dieser Bedarfszahlen mit dem, was die Mitglieder schon bereithielten oder noch aufstellen wollten, zeigte die üblichen Lücken hinsichtlich der Qualität aber auch der Quantitäten. Es fehlten insgesamt 23 Divisionen. Ohne einen »substantiellen deutschen Beitrag« war diese Lücke nicht zu schließen. Die andere Möglichkeit, für fehlende Truppen »Ersatz« zu beschaffen, nämlich »Atomwaffen, die auf dem Gefechtsfeld eingesetzt werden konnten«, betrachtete man noch skeptisch. Zunächst mußten die »Pläne und Vorbereitungen für eine konventionelle Kriegführung, bei der eine große Zahl von Landstreitkräften gebraucht wurde, mit aller möglichen Schnelligkeit weiter verfolgt werden«. Auch eine längere Vorwarnzeit vor einem sowjetischen Angriff würde nicht bedeuten, daß an den präsenten Kräften Abstriche gemacht werden konnten. Immerhin konnte man die Hoffnung haben, daß es zum 1. Juli 1954 gelingen konnte, die erforderlichen militärischen Mittel für diese Bündnisverteidigung bereitzustellen und anschließend in guter Qualität zu erhalten.

Solche Hoffnungen gab es natürlich für den »Emergency Defense Plan« von SHAPE, der zum 15. Februar 1952 in Kraft gesetzt wurde, nicht[93]. Man konnte nur die Streitkräfte in Anschlag bringen, die am 1. Januar 1952 tatsächlich zur Verfügung standen: insgesamt $22^2/_3$ präsente Divisionen, die man bis 90 Tage nach Kriegsbeginn auf $50^1/_3$ zu erhöhen hoffte; dazu 1711 taktisch einsetzbare Flugzeuge unter dem direkten Kommando von SHAPE, sowie 612 britische Flugzeuge unter nationalem Kommando. Seestreitkräfte standen SHAPE nur im Mittelmeer zur Verfügung, vor allem vier Flugzeugträger französischer und amerikanischer Herkunft, während die britischen außerhalb des Kommandos von SHAPE blieben. Im Norden konnte nur mit den schwachen dänischen und norwegischen Seestreitkräften gerechnet werden, im Mittelabschnitt auf die »Rheinflottillen« der Amerikaner, Briten und Franzosen. Um so mehr war man auf die Unterstützung anderer nationaler und Bündniskommandos angewiesen. An der Spitze standen hier die strategischen Luftwaffen der USA und Großbritanniens, die das sowjeti-

---

[93] Für das Folgende: SHAPE, Central Registry, Proj. 1, Reel 2, SHAPE 731/51, SHAPE Emergency Defense Plan, 1.12.1951; ebd., Proj. 12c, Reel 1, Emergency Defense Plan (SHAPE EDP 1-52), 1.1.1952.

sche Kriegführungspotential zerschlagen und den sowjetischen Vormarsch verzögern sollten. Zwar hoffte man, daß dadurch die offensiven Fähigkeiten der Sowjets sehr beeinträchtigt werden würden, aber wann man das auf dem europäischen Kriegschauplatz spüren würde, war nach wie vor eine offene Frage. Die erste Aufgabe des Atlantischen Kommandos sollte die Unterstützung des SACEUR sein[94]. Beim Schutz der Verbindungslinien durch das Mittelmeer schließlich hoffte man auf das Nahostkommando der Briten. Einen Angriff der UdSSR erwartete man als Überraschungsangriff unter Einsatz aller Mittel, auch Atomwaffen, und begleitet von subversiven Aktionen in den Mitgliedsländern. Nur wenn dem Angriff ein beträchtlicher Streitkräfteaufbau besonders in der DDR vorausgehen würde, konnte man auf eine gewisse Vorwarnzeit setzen.

Die allen drei Kommandobereichen gemeinsamen Aufträge lauteten dahingehend:
– Die sowjetische Offensive so bald wie möglich zu stoppen und
– alle Basen, Gebiete und Verbindungslinien, die für die Verteidigung allgemein und für die Luftoffensiven insbesondere benötigt wurden, zu verteidigen.

In den Aufgabenkatalogen für die einzelnen Befehlsbereiche von SHAPE wurden diese zu verteidigenden Zonen näher bestimmt, wobei die Reihenfolge der Aufzählung ausdrücklich keine Priorität bedeutete. Hauptaufgabe im Norden war die Sperrung der Ostseeausgänge und dazu die Verteidigung der folgenden Positionen:
– Jütland und Seeland,
– Tromsö – Narvik – Bodö,
– Südwestnorwegen und Bergen und
– das Trondelag-Gebiet in Mittelnorwegen.

Diese Räume wurden vor allem benötigt, um Verstärkungen und Versorgung anlanden und die eigene Luftwaffe einsetzen zu können.

In der Mitte war der Dreh- und Angelpunkt aller Überlegungen die Flußlinie des Rheins und der Ijssel. Ostwärts davon sollte verzögert, dann an dieser Linie verteidigt werden. Immerhin war auch westlich des Rheins eine Verteidigung vorzubereiten, die man aber nach dem Eintreffen von mobilisierten Verstärkungskräften sofort wieder an den Rhein vorverlegen wollte. Die im Mittelabschnitt verfügbaren Luftstreitkräfte erhielten den Auftrag, die Luftüberlegenheit zu erringen und das Gefechtsfeld nach Osten hin, d.h. in der DDR, Polen, der CSSR und in Westrußland, abzuriegeln. Im Süden richtete sich das Hauptaugenmerk auf die Verteidigung der italienisch-österreichischen und der italienisch-jugoslawischen Grenze. Österreich sollte geräumt und die dort stationierten alliierten Truppen nach Italien abgezogen werden. Sicherung der Seewege im Mittelmeer und Erringung der Luftherrschaft waren hier die Aufgaben vor allem der anglo-amerikanischen Seestreitkräfte im Mittelmeer.

Die Schwäche der präsenten Heeresverbände (Nord: $2/3$; Mitte: $15^2/_3$; Süd: $6^1/_3$ Divisionen) und der schlechte Zustand der zu mobilisierenden Reserveverbände veranlaßten SHAPE jedoch zu Warnungen in bezug auf die Realisierungschancen

---

[94] Maloney, Atomare Abschreckung, S. 58 f.

für den kurzfristigen Verteidigungsplan. In ihnen kam die große Sorge vor einem militärischen Chaos und dem Zusammenbruch jeder militärischen Führung für den Fall eines großangelegten sowjetischen Überraschungsangriffs deutlich zum Ausdruck. Es dürfe keinen Überraschungsangriff geben. Personal und Material müßten rechtzeitig evakuiert werden. Die Flüchtlingsbewegungen dürften keinesfalls die militärischen Operationen stören. Die vorbereiteten Spreng-, Sperr- und Überschwemmungsmaßnahmen müßten zeitgerecht ausgeführt werden.

Am Jahresende 1951 und im Frühjahr 1952 zogen Marschall Alphonse Juin, der französische Befehlshaber der Landstreitkräfte im europäischen Mittelabschnitt, und General Eisenhower Bilanz der ersten Bemühungen der NATO, in Europa eine glaubwürdige, d.h. wirksame Verteidigung aufzubauen. Juin kam für seinen Kommandobereich bis in das Jahr 1953 hinein zu einem sehr pessimistischen Urteil[95]. Der Zustand der Truppen, der Logistik, die ja in nationaler Verantwortung lag, und der Kommandoorganisation führte ihn zu dem Schluß, daß ein massiver sowjetischer Angriff schnell über den Rhein gelangen werde und westlich des Rheins zwei getrennte Kräftegruppen der NATO – im Norden britische und Benelux-Truppen, im Süden amerikanische und französische – einzeln geschlagen werden würden. Wenig Hoffnung setzte Juin in den Einsatz der Luftwaffen und möglicherweise bald verfügbarer taktischer Atombomben. Die taktischen alliierten Luftwaffen würden bei der beträchtlichen zahlenmäßigen Überlegenheit der sowjetischen ihre Unterstützungsaufgabe für den Landkampf kaum erfüllen können und die Nuklearwaffen zur unmittelbaren Unterstützung von Heerestruppen waren noch zu wenig erprobt. Die Wahrheit, daß nur ausreichend Landstreitkräfte den europäischen Kontinent decken konnten, war nach Meinung Juins unter dem abschreckenden Schutz der strategischen Atomwaffen der USA vergessen worden. Sie aber waren im Kriegsfall eben nicht »das klassische Mittel« einer Verteidigung zu Land. Mehr Landstreitkräfte durch die Einbeziehung deutscher Divisionen in die Bündnisverteidigung, eine Logistik unter der Führung des SACEUR und eine verbesserte Führungsorganisation, das waren daher die Forderungen Juins.

Eisenhower vertrat in seinem Bericht an die Ständige Gruppe zwar auch die Meinung, es müsse ein Schild durch die Europäer gegen die Gefahr aus dem Osten aufgebaut werden, aber er war für die Zukunft zuversichtlich, daß dies auch gelingen konnte, ohne die Wirtschaft oder die Finanzen der Mitglieder zu ruinieren[96]. Zum einen rechnete auch er mit einem umfangreichen deutschen Beitrag, zum zweiten sollte die Verteidigung durch schnell zu mobilisierende Reservekräfte, die hinter dem Schild der präsenten Kräfte standen, geführt werden, und zum dritten konnte Europa nur mit Unterstützung von außen durch See- und Luftstreitkräfte gehalten werden. Hier aber besaß die Allianz eine erhebliche Überlegenheit gegenüber der Sowjetunion. Trotz vieler Verbesserungen während des einen Jahres seiner Dienstzeit als SACEUR war der aktuelle Zustand der Bündnisverteidigung in

---

[95] SHAPE, Central Registry, Proj. 12c, Reel 1, From General Juin to General Eisenhower, 31.12.1951 (Translation).
[96] Eisenhower, Annual Report, passim.

Europa jedoch auch im Urteil Eisenhowers nicht zufriedenstellend. Denn alle Bemühungen waren noch »enttäuschend« weit entfernt von einer »entscheidenden Verteidigung«, vor allem ostwärts des Rheins. Die Möglichkeiten von SHAPE als eines bloßen »operativen« Hauptquartiers waren natürlich beschränkt, hier Abhilfe zu schaffen. Wohl hatte SHAPE in etwa einem Jahr beträchtliche Planungsarbeit geleistet, aber Eisenhower warnte davor, die Pläne und Vorhersagen für die Wirklichkeit zu halten. Diese mußte an den tatsächlichen Möglichkeiten und Notwendigkeiten gemessen und mit den wirtschaftlichen Gegebenheiten in Einklang gebracht werden.

Diese Aufgabe wurde im September 1951 vom NATO-Rat einem besonderen Gremium übertragen, dem »Temporary Council Committee« (TCC), und damit von der militärischen auf die politische Ebene gehoben[97]. Unter der Führung der »Drei Weisen«, des Amerikaners Harriman, des Briten Plowden und des Franzosen Monnet, sollten alle Mitglieder entscheiden, »ob die militärischen Autoritäten zu viel verlangten oder die Regierungen zu wenig anboten«[98]. Unter dem Ausschuß der »Drei Weisen« wurde ein militärischer Stab etabliert, der die Kosten und den Aufwand militärischer Sicherheit für das Bündnis prüfen sollte. Mit einem System von Fragebögen und mündlichen Anhörungen der nationalen Regierungen sollte die Leistungsfähigkeit der einzelnen Mitglieder geprüft und ermittelt werden, welche Streitkräfte man sich leisten konnte, welche Schwierigkeiten es bei der Rüstungsproduktion gab und welche Änderungen der Organisation und der Verfahren nötig waren[99].

Am 23. Februar 1952 billigte der NATO-Rat in Lissabon den abschließenden Bericht des TCC[100]. Er enthielt nicht nur die Streitkräfteziele, die sich das Bündnis nun für die Jahresenden von 1952, 1953 und 1954 setzte, sondern auch andere Vorschläge, wie insgesamt die abschreckende militärische Kraft der NATO gestärkt werden konnte. Der Rahmen für den vorgeschlagenen Streitkräfteaufbau stellte sich wie folgt dar: Im Mittelpunkt der Überlegungen stand einmal mehr Westeuropa, d.h. das kontinentaleuropäische Vertragsgebiet, für das allein die ermittelten Zahlen für Land- und Luftstreitkräfte galten. Hier sollte mit einem ersten gewichtigen Schritt schon bis Ende 1952 eine »angemessene Abschreckungskraft« aufgebaut werden, die auf einer »gesunden wirtschaftlichen Basis« der gesamten nordatlantischen Gemeinschaft ruhte. Das Zahlenwerk war ohne Berücksichtigung der künftigen Beiträge Griechenlands und der Türkei sowie der Bundesrepublik Deutschland aufgestellt worden, obwohl gerade der »substantielle« deutsche Beitrag an Truppen und anderen Belangen »als wichtig« eingestuft wurde. Auch »gewisse neue Waffen und Techniken« hatten bei der Berechnung des Streitkräftebedarfs keine Rolle gespielt, sollten allerdings in Zukunft stärker berücksichtigt wer-

---

[97] Engel, Handbuch, S. 454; siehe zum TCC: Thoß, Kollektive Verteidigung sowie Hammerich, Operation Wise Men.
[98] Poole, Joint Chiefs, S. 270.
[99] Ebd., S. 275 f.
[100] FRUS 1952-1954 V, S. 220 ff. (für das Folgende); Condit, Test of War, S. 373 ff.

den. In langwierigen und schwierigen Verhandlungen hatten alle Mitglieder die Beiträge akzeptiert, die sie nun zu den »assigned« und »earmarked forces« der Allianz leisten sollten[101]. Allerdings hatte man im NATO-Rat eine allgemeine salvatorische Klausel eingefügt, daß noch »viele finanzielle und andere Probleme gelöst werden müßten, ehe die festgelegten Streitkräfteziele erreicht werden könnten«, die es allen Mitgliedern erlaubten, von ihren Zusagen auch wieder abzuweichen[102]. Feste verbindliche Ziele waren auch nur für 1952 vorgegeben worden. Die Angaben für 1953 galten als »provisorisch«, die für 1954 hatten wirklich nur einen »planerischen« Charakter. Ein Ziel, das sich alle neuen Prüfungen zum Streitkräftebedarf seit April 1950 (DC 13) immer wieder gesetzt hatten, die Reduzierung der für notwendig erachteten Streitkräfte, wurde auch dieses Mal nur zum Teil erreicht. Die Zahlen für 1954 wurden vom NATO-Rat am 23. Februar 1952 gegenüber der bisherigen Planung verändert:

Divisionen:	M-Day von 46 auf 33$^{2}/_{3}$
	M+30 von 98 auf 77$^{2}/_{3}$
Größere Kriegsschiffe:	M-Day von 642 auf 849
	M+180 von 1099 auf 2273
Taktische Flugzeuge:	M-Day von 9212 auf 8807

Ein wesentliches Ziel der neuen Streitkräfteüberprüfung des TCC war es, bereits 1952 die Kräfte so zu verstärken, daß eine »erhöhte« abschreckende Wirkung gegen eine Aggression erreicht werden konnte. Hier mußten besonders bei den Land- und Luftstreitkräften größere Anstrengungen von den Mitgliedern verlangt werden. Die Vorgaben lautet:

Divisionen:	M-Day von 19 (1951) auf 25
	M+3 von 20$^{2}/_{3}$ (1951) auf 31$^{1}/_{3}$
	M+30 von 34 (1951) auf 53$^{2}/_{3}$
Taktische Flugzeuge:	M-Day: von 2907 (1951) auf 4067[103].

Die Verteilung der vorgesehenen Bündnisstreitkräfte auf die wichtigsten Mitglieder bestätigte noch einmal das Arbeitsteilungsprogramm des strategischen Grundkonzeptes von 1949 (DC 6/1), obwohl sich die Vereinigten Staaten und Großbritannien jetzt doch mit einer erheblichen Zahl von Divisionen an der Verteidigung auf dem europäischen Kontinent beteiligen wollten. Von der für 1954 vorgesehenen Endzahl von 77$^{2}/_{3}$ Divisionen stellten Frankreich und Italien 38$^{2}/_{3}$, also fast die Hälfte, die USA und Großbritannien 17$^{1}/_{3}$ und die restlichen Mitglieder 21$^{2}/_{3}$. Zu dieser Gesamtzahl hoffte man, über die Europäische Verteidigungsgemeinschaft

---

[101] NATO. First Five Years, S. 72.
[102] FRUS 1952-1954 V, S. 153.
[103] Poole, Joint Chiefs, S. 276; Watson, Joint Chiefs, S. 282; Condit, Test of War, S. 375; FRUS 1952-1954 V, S. 147 und 204 (M-Day: Tag des Mobilisierungsbeginns).

(EVG) noch 12 deutsche Divisionen rekrutieren zu können, so daß sich dann 89²/₃ Großverbände ergaben, von denen Deutschland, Frankreich und Italien als die größten kontinentaleuropäischen Mitglieder 50²/₃ zu stellen hatten.

Bei den See- und Luftstreitkräften war das Verhältnis zwischen den angelsächsischen Mitgliedern und den kontinentaleuropäischen genau umgekehrt. Von den für 1954 geplanten 941 größeren Kriegsschiffen steuerten die USA und Großbritannien 695 bei, Frankreich und Italien 125. Bei den taktischen Luftstreitkräften in Stärke von 8807 Flugzeugen bestritten Großbritannien und die USA mit 4067 fast die Hälfte, Frankreich und Italien zusammen 2870. Von der Bundesrepublik Deutschland erwartete man zusätzlich 1158 Flugzeuge, womit die Gesamtzahl auf 9965 steigen sollte[104]. Nimmt man zu dem anglo-amerikanischen Bündnisbeitrag an See- und Luftstreitkräften dessen strategischen Luftwaffen und ihr Nuklearpotential hinzu, die zwar außerhalb der Bündnisintegration verblieben, aber doch der Allianz als Abschreckungs- und Verteidigungskraft zugerechnet werden konnten, so zeigte sich die führende Rolle der nuklearen See- und Luftmächte USA und Großbritannien im militärischen Bereich der NATO sehr deutlich.

In einem zusätzlichen Bericht hatte das TCC die Kosten für diesen Streitkräfteaufbau der NATO berechnet. Auf die Mitglieder kamen von 1951 bis 1954 zusätzliche Verteidigungsausgaben von insgesamt 2,4 Milliarden U.S.-Dollar zu, obwohl man sich schon auf »Spardivisionen«, diese allerdings mit voller Kampfkraft, geeinigt hatte. Nach den eigenen Angaben waren die Mitgliedsregierungen aber nur in der Lage, die Hälfte, also 1,2 Milliarden U.S.-Dollar aufzubringen[105]. Der Blick der meisten Mitglieder richtete sich deshalb weiter auf amerikanische Finanz- und Militärhilfe, die dann von 1950 bis 1953 auch reichlich, vor allem nach Frankreich floß, das eigentlich nur das Personal für die angekündigten Divisionen stellte[106]. Aus dieser Sicht der Dinge hielt der Vorsitzende der amerikanischen Stabschefs, General Bradley, die neue Streitkräfteplanung für nicht realistisch[107]. Gegenüber der Öffentlichkeit verzichtete die NATO denn auch auf offizielle Zahlenangaben und beschränkte sich auf die Bemerkung, es seien Entscheidungen getroffen worden, um zum frühestmöglichen Zeitpunkt ausgeglichene kollektive Streitkräfte aufzubauen, die den Erfordernissen der äußeren Sicherheit genügten und im Rahmen der Möglichkeiten der Mitglieder lägen[108].

Das TCC schlug für diesen Streitkräfteaufbau auch organisatorische Änderungen im politischen und militärischen Bereich vor. Ein Generalsekretär mit einem international zusammengesetzten Stab erhielt die Aufgabe, Entscheidungen, die im NATO-Rat oder in dem neu an Stelle des bisherigen Rates der Stellvertreter geschaffenen Ständigen NATO-Rat auf Botschafterebene getroffen worden waren, in die Tat umzusetzen. Allgemein versprach man sich durch den Generalsekretär,

---

[104] Poole, Joint Chiefs, S. 293.
[105] Poole, Joint Chiefs, S. 291; FRUS 1952–1954 V, S. 204; Condit, Test of War, S. 376.
[106] Watson, Joint Chiefs, S. 201 f.; Poole, Joint Chiefs, S. 278 und 329; NATO. First Five Years, S. 132–141.
[107] Poole, Joint Chiefs, S. 292; Condit, Test of War, S. 375 f.
[108] Engel, Handbuch, S. 472.

zu dem der Brite Lionel Hastings Lord Ismay ernannt wurde, und den Internationalen Stab eine bessere Koordinierung aller Bündnisaktivitäten. Das vom TCC angewandte Verfahren, die militärischen Planungen mit den wirtschaftlichen Gegebenheiten und Absichten der einzelnen Mitglieder in Einklang zu bringen, sollte nun jedes Jahr erneut durchgeführt werden (»Annual Review«). Schließlich wurden die Kompetenzen der Ständigen Gruppe und des SACEUR neu bestimmt und etwas erweitert. Beide erhielten die Befugnis, den Mitgliedern im logistischen Bereich und bei der Ausrüstung der »assigned« und der »earmarked« Verbände Prioritäten und Umfänge zu empfehlen. Um die Zusammenarbeit der wichtigsten politischen und militärischen Gremien der NATO zu erleichtern, wurden diese außer der Ständigen Gruppe, die in Washington verblieb, in Paris konzentriert, d.h. der Ständige NATO-Rat wurde von London nach dort verlegt[109].

Die nächste »Strategische Richtlinie« vom 9. Dezember 1952 (MC 14/1) übernahm weitgehend die Planungen von SHAPE aus dem Jahre 1951. Die Basis der Streitkräfteplanung waren die Beschlüsse des NATO-Rates von Lissabon vom Februar 1952. In die seit 1949 kontinuierlich verfolgte Linie, ansehnliche konventionelle Bündnisstreitkräfte ins Leben zu rufen, fiel auch die Billigung eines neuen »Strategischen Konzeptes« (MC 3/5) durch den Ständigen NATO-Rat im Dezember 1952[110]. Dieses Papier sollte das erste »Strategische Konzept« vom Dezember 1949 (DC 6/1) ersetzen. Aber bis auf marginale Änderungen, wie die notwendige Umbenennung der ehemaligen Regionalen Planungsgruppen in die nun existierenden Befehlsbereiche und ein neuer Artikel über »kollektive Zusammenarbeit«, war es das alte Dokument, das gültig blieb. Erhalten wurde damit vor allem das grundsätzliche Arbeitsteilungsprogramm für den Aufbau der Bündnisverteidigung im Frieden und die Verteidigungsaufgaben im Krieg. Die Tatsache bestand fort, daß die Europäer für die Land- und Luftverteidigung Kontinentaleuropas, damit auch ihrer Staatsterritorien, zuständig sein und die Anglo-Amerikaner für die Seeverbindungen und den strategischen Luftkrieg verantwortlich zeichnen sollten. Die schnelle Wirkung des strategischen Luftkrieges und die rasche Heranführung von mobilisierten Reserven aus Übersee blieben die Hoffnung der Europäer für eine erfolgreiche Verteidigung in Europa. Das Hauptziel der Allianz war weiterhin Kriegsverhinderung durch Abschreckung.

Militärausschuß und NATO-Rat prüften und billigten im Dezember 1952 auch eine neue Einschätzung der sowjetischen Fähigkeiten und Absichten bis in das Jahr 1954 hinein[111]. Der Militärausschuß kam mit Zustimmung der Außen- und Verteidigungsminister der NATO zu dem allgemeinen Urteil, daß die Sowjetunion politisch, wirtschaftlich und militärisch 1954 in der Lage sein werde, einen weltweiten Krieg gegen die westlichen Mächte zu beginnen. Er würde gleichzeitig oder

---

[109] Engel, Handbuch, S. 472 f.; FRUS 1952-1954 V, S. 226 ff.; NATO. First Five Years, S. 43 ff. und 89 ff.
[110] Engel, Handbuch, S. 584; MC 3/5, The Strategic Concept for the Defense of the North Atlantic Treaty Area, 3.12.1952, in: NATO Strategy Documents, S. 185-192.
[111] NATO, IMS, Central Records, MC 44, Estimate of the Strength and Capabilities of the Soviet Block from now through 1954, 17.12.1952 (für das Folgende).

nacheinander zu Land- und Luftoperationen in Kontinentaleuropa, dem Nahen, Mittleren und Fernen Osten führen, begleitet von strategischen Luftangriffen auf Großbritannien und Nordamerika, sowie zu Seeoperationen im Nordatlantik und dem Mittelmeer. Die sowjetische Hauptoffensive war in Europa zu erwarten. Das ergab sich schon daraus, daß mehr als 100 sowjetische Liniendivisionen westlich einer Linie von Leningrad nach Odessa stationiert waren. Mit einem Angriff war allerdings nach Einschätzung des Militärausschusses erst zu rechnen, wenn sich die UdSSR für fähig hielt, sowohl Westeuropa »zu überrennen«, als auch das Nuklear- und Mobilmachungspotential »sonstwo«, d.h. in den USA, in großem Ausmaß zu zerstören. Der dazu notwendige Atomwaffenvorrat wurde für 1954 dahingehend beurteilt, daß er ausreichend schien, allen militärischen Forderungen zu genügen. Etwas relativiert wurde diese Feststellung der NATO dadurch, daß der von den USA intern ermittelte sowjetische Bestand an Nuklearwaffen nur zwischen 235 und 250 Stück lag, auch die strategischen Bomber der UdSSR technisch nicht auf der Höhe der Zeit waren und im übrigen nur eine beschränkte Reichweite hatten[112]. Vorsichtig wurde die Wirkung der geplanten eigenen strategischen Luftangriffe auf die UdSSR eingeschätzt. Obwohl alle wichtigen sowjetischen Industriegebiete in Reichweite der alliierten, sprich der anglo-amerikanischen Luftwaffe lagen, kam man nur zu dem verklausulierten Urteil, es wäre falsch zu folgern, daß die sowjetische Rüstungsindustrie oder die sowjetischen Streitkräfte ihre »Anfangsintensität« vom Kriegsbeginn auf die Dauer des Krieges beibehalten könnten. Klar war das Gesamturteil, 1954 würde die sowjetische Bedrohung für die Allianzmitglieder größer sein als je zuvor[113].

Die vom NATO-Rat gebilligte neue »Strategische Richtlinie« (MC 14/1) war aus folgenden Gründen rund zweieinhalb Jahre nach der ersten »Strategischen Richtlinie« vom April 1950 (DC 13) erforderlich geworden[114]:
– Eine Verlängerung des Zeitraumes, in dem die Richtlinie gelten sollte, bis in das Jahr 1956,
– eine neue Beurteilung der Bedrohung,
– der Bündnisbeitritt der Türkei und Griechenlands und
– die Verpflichtung, das Territorium der Bundesrepublik Deutschland zu verteidigen, die sich nun aus dem Protokoll über die Beistandsverpflichtungen zwischen EVG und NATO ergab.

Die militärischen Mittel, mit denen die neue »Strategische Richtlinie« in die Tat umzusetzen war, hatten sich seit den Allianzbeschlüssen vom Februar 1952 nicht verändert. Die insgesamt 41 bis 30 Tage nach Kriegsbeginn zu mobilisierenden griechischen und türkischen Divisionen sowie die 507 Flugzeuge dieser zwei Mitglieder dienten allein der Verteidigung ihrer Territorien. Sie konnten daher die

---

[112] Wiggershaus, Bedrohungsperzeptionen, S. 34; Ross, American War Plans, S. 143; Trachtenberg, Peace, S. 181 (dort 150).
[113] MC 44, 17.12.1952, S. 1.
[114] MC 14/1, NATO Strategic Guidance, 9.12.1952, in: NATO Strategy Documents, S. 193–228 (für das Folgende).

Planungen von SHAPE in den anderen europäischen Bereichen nicht beeinflussen. Ein deutscher Verteidigungsbeitrag war noch nicht in der Kalkulation. Die Entwicklung zusätzlicher Massenvernichtungswaffen auf der eigenen Seite wie in der UdSSR rechtfertigte nach Meinung des Militärausschusses keinerlei Änderung in der Streitkräfteplanung, weil der Umfang der konventionellen Truppen der Allianz ohnehin weit entfernt vom eigentlichen Bedarf blieb und der Einfluß von Nuklearwaffen auf die Bündnisverteidigung noch nicht sicher abgeschätzt werden konnte.

Die sicherheitspolitischen Ziele der NATO blieben weiterhin Kriegsverhinderung durch Abschreckung, Verteidigung des Vertragsgebiets und die frühestmögliche Niederlage der UdSSR, damit das Erreichen der von den Regierungen zu bestimmenden Kriegsziele. Die »Richtlinie« umfaßte nur die erste Phase eines möglichen Krieges mit der Sowjetunion, die ohne konkrete Zeitangaben vom Kriegsbeginn bis zur »Stabilisierung« der anfänglichen sowjetischen Offensive und bis zum Beginn der alliierten Luftoffensive gedacht war. In dieser ersten Phase sollten von allen Streitkräften der Mitglieder vier Aufgaben bewältigt werden, die sich eng an das »Strategische Konzept« (MC 3/5) anlehnten:

- Die feindlichen Offensiven zum Stehen bringen und mit eigenen Offensiven beantworten. Hierzu sollten alle präsenten Land-, See- und taktischen wie strategischen Luftstreitkräfte eingesetzt werden.
- Die eigenen strategischen Luftangriffe sicherstellen, die mit allen Mitteln und allen Waffentypen durchgeführt werden sollten.
- Die Stützpunkte und Verbindungslinien für die zwei ersten Aufgaben verteidigen.
- Die gesamte militärische Kraft aller Bündnismitglieder zur Verstärkung der Verteidigung und zur Durchführung späterer Offensiven mobilisieren.

Benutzt man für die präsenten Land- und Luftstreitkräfte besonders in Europa das Bild des Schildes, wie es Eisenhower und Montgomery immer wieder verwendeten, so ergab sich, daß vor diesem Schild die alliierten Luftstreitkräfte Truppen, Versorgung, Verbindungen und Rüstungspotential der UdSSR zerschlagen sollten, während hinter ihm weitere Streitkräfte, besonders in Nordamerika und Großbritannien, mobilisiert und über den Atlantik und den Ärmelkanal herangeführt wurden. Sowohl was den Einsatz der strategischen und taktischen Luftwaffen als auch die Mobilisierung der Verstärkungskräfte anging, war man optimistisch. Man nahm an, daß die Luftangriffe »entscheidend« sein würden für die Verteidigung und daß es gelingen werde, die Verstärkungen rechtzeitig heranzubringen.

Aus den vier Hauptaufgaben entwickelten sich logisch die Aufträge für die Streitkräfte in den einzelnen Teilen des Vertragsgebietes. Man folgte dabei nicht der Einteilung in die Befehlsbereiche, sondern einzelne geographische Bereiche wurden nach ihrer Bedeutung für die Gesamtverteidigung betrachtet und bewertet. Das ergab die nachstehende Reihenfolge:
- Kontinentaleuropa,
- die Britischen Inseln,
- Nordamerika,

- die angrenzenden Seegebiete:
  - Nordatlantik,
  - Ärmelkanal und Nordsee,
  - Mittelmeer,
- die isolierten Teile des Vertragsgebiets:
  - Portugal,
  - Algerien.

Im Mittelpunkt aller Überlegungen zur gesamten Bündnisverteidigung stand damit einmal mehr Kontinentaleuropa, d.h. das gesamte europäische Landgebiet unter der Kommandogewalt des SACEUR. Deutlich zeigte sich hier die seit 1950 als Folge des Koreakrieges bestehende Hinwendung der USA zu den Belangen der europäischen Verteidigung. Aber für den ersten Rang Kontinentaleuropas in den Bündnisplanungen gab es natürlich noch andere objektive Gründe als das amerikanische Interesse und den Wunsch der Europäer, der europäischen Verteidigung die erste Priorität in der Allianz einzuräumen. Das kontinentaleuropäische Landgebiet war wegen des hier versammelten industriellen und wirtschaftlichen Potentials und wegen seiner zentralen geographischen Lage von entscheidender Bedeutung für alle Allianzmitglieder. Es war am meisten bedroht, durfte aber keineswegs in die Hände des Gegners fallen, weil dies für die Fortführung eines Krieges durch die Anglo-Amerikaner allein von größtem Nachteil gewesen wäre. Der Besitz von Kontinentaleuropa war deshalb von »überragender« Bedeutung, seine Verteidigung »kostengünstiger« als seine Wiedereroberung. So lautete die erste der für diesen geographischen Raum zu erfüllenden Forderungen, soviel als immer möglich in eigenem Besitz zu behalten und gegen die zu erwartenden Land- und Luftangriffe einschließlich Luftlandeoperationen zu verteidigen. Daraus ergab sich die schon bekannte Absicht der »forward strategy« oder der Verteidigung so weit im Osten wie möglich. Das war besonders im Mittelbereich wichtig, um die Verbindung zu den Flanken nicht zu verlieren und der Verteidigung die nötige Tiefe zu sichern.

Von dieser Idealvorstellung mußten wegen der selbst nach dem für 1956 geplanten Streitkräfteaufbau noch beschränkten Mittel und wegen der geographischen Gegebenheiten Abstriche gemacht werden. Für die geplanten Verteidigungslinien in den drei Befehlsbereichen des SACEUR ergab sich daraus:

In der Mitte war beabsichtigt, das industrielle Potential von Westdeutschland, d.h. das Ruhrgebiet, das Gebiet der Beneluxstaaten und Nordostfrankreich zu halten. Sollte das nicht möglich sein, sollten »ausgewählte Schlüsselstellungen«, ohne daß sie näher bezeichnet wurden, verteidigt werden. Die Rhein-Ijssel-Linie wurde als »größtes natürliches Hindernis« angesprochen, das man mit »künstlichen Mitteln« verstärken wollte.

Im Norden wurde die Verteidigung Dänemarks als »Schlüssel« zur Verteidigung ganz Skandinaviens betrachtet. Vom Kaiser-Wilhelm-Kanal nach Norden sollten Jütland und Seeland gehalten und damit die Ostseeausgänge geschlossen werden. Der restliche Raum des Befehlsbereichs und damit ganz Norwegen gewann für die Bündnisverteidigung nur noch Bedeutung durch die hier vorhandenen Häfen und Flugplätze, die alle gehalten werden sollten, an prominenter Stelle Narvik, um Verstärkungskräfte anlanden und die Luftwaffen einsetzen zu können.

Rechnete man im Norden mit der Neutralität oder gar dem Anschluß Schwedens an die Bündnisverteidigung, so setzte man im Süden seine Hoffnungen auf Jugoslawien. Von daher ergab sich für Italien die Verteidigung der italienischen Alpen und des Isonzo, in Griechenland das Halten am Strumon-Fluß. In der Türkei kam alles auf das Schließen der Dardanellen und des Bosporus an. Also mußte möglichst viel von Türkisch-Thrazien im europäischen Teil der Türkei verteidigt werden. Im türkischen Kerngebiet sollte Anatolien als Verkehrsdrehscheibe gehalten werden. Ansonsten waren in der Türkei vor allem Stützpunkte für den strategischen Luftkrieg gegen die UdSSR von Bedeutung.

Die übrigen Teile des Vertragsgebiets galten in der aufgezählten Reihenfolge als Rückhalt der nach Osten geführten Verteidigung auf dem europäischen Kontinent. Hier mußten vor allem alle Basen, die für den Einsatz der See- und Luftstreitkräfte und die Bereitstellung der nötigen Logistik und Verstärkungstruppen für die europäische Verteidigung dienen konnten, gegen Angriffe von See und aus der Luft verteidigt werden. Die Seeverbindungen über den Nordatlantik und in den europäischen Randmeeren sollten dazu möglichst uneingeschränkt zur Verfügung der Allianz stehen. Für die amerikanisch-kanadische Region stellte sich die Frage, wieviel Kräfte für die eigene Verteidigung und wieviel für die Unterstützung auf dem europäischen Kontinent verwandt werden sollten. Man entschied sich dafür, der nordamerikanischen Rüstungsindustrie ein »vernünftiges Ausmaß an Schutz« zu gewähren, die Masse der Kräfte dieser Region aber nach ihrer Mobilisierung für die Verteidigung des Nordatlantiks und Europas vorzusehen. Alle wichtigen Inseln im Atlantik und im Mittelmeer wollte man schließlich als Stützpunkte verteidigen.

Die Sowjetunion selbst als überlegene Landmacht auf dem eurasischen Kontinent und unmittelbarer Nachbar der kontinentaleuropäischen Allianzmitglieder konnte im Falle eines Krieges zunächst nur diesen Teil des Vertragsgebiets, allerdings sehr massiv gefährden. Weiten Teilen der Mitgliederterritorien drohte damit Zerstörung und Besetzung. Mit der »Strategischen Richtlinie« vom Dezember 1952 stellte sich das Bündnis in seinen militärstrategischen Absichten und Plänen endgültig auf diese Bedrohung ein. Kontinentaleuropa rückte in den Mittelpunkt aller Überlegungen zur Bündnisverteidigung. Der NATO-Rat bekräftigte noch einmal das Ziel aller militärischen Bemühungen, »alle Völker und Territorien des durch den Nordatlantikvertrag erfaßten Gebietes zu verteidigen«[115]. Für das europäische Vertragsgebiet war dieses Ziel sicher am schwierigsten zu erreichen. Auch von daher rechtfertigte sich die prominente Stellung der europäischen im Rahmen der gesamten Bündnisverteidigung.

Selbst mit den für 1956 nun ins Auge gefaßten Streitkräften, für die zudem noch nicht von allen Mitgliedern Zusagen vorlagen, schien die Verwirklichung der beabsichtigten »forward strategy« in Europa jedoch nicht möglich. So mußte man, um verteidigungsfähige Stellungen zu bekommen, die den vorhandenen Mitteln

---

[115] Engel, Handbuch, S. 584.

IV. Die konventionelle Phase: Koreakrieg und MC 14/1, 1950 bis 1952

entsprachen und von der Geographie her die Truppen unterstützen konnten, große Teile des europäischen Kontinents zur Räumung vorsehen. An bestimmten Linien und Positionen sollte der »Schild« aus konventionellen Land- und taktischen Luftstreitkräften dann aber halten und den sowjetischen Ansturm stoppen. Das eigentliche kriegsverhindernde oder kriegsentscheidende Mittel der Allianz blieb indes das konventionelle und nukleare Rüstungs- und Industriepotential der anglo-amerikanischen Luft- und Seemächte. Sie standen rund um den europäischen Kontinent und weltweit bereit, um entweder einen sowjetischen Angriff auf den europäischen »Schild« überhaupt abzuschrecken oder ihn vor diesem »Schild« zu zerschlagen. Nur von dieser Teilkomponente der Bündnisverteidigung her war die Bündnisstrategie insgesamt schon 1952 eine »massive retaliation« nuklearer Art. Die europäische Teilstrategie der Allianz brachte dagegen die schon 1950 geäußerte Absicht zum Ausdruck, der UdSSR in Europa angemessene konventionelle Streitkräfte entgegenzustellen und damit auf dem Kontinent direkt und konventionell zu verteidigen, auch wenn damit nicht das ganze europäische Vertragsgebiet zu schützen war. Insofern kann man sicher für den europäischen Bereich der Bündnisverteidigung, der zugleich im Mittelpunkt aller Überlegungen der ganzen Allianz stand, von einer noch »konventionellen Phase« der Bündnisstrategie sprechen, die durch Kombination mit einer »Bomberstrategie« unter Einsatz auch nuklearer Mittel eine stark offensive Komponente erhielt[116].

Daß es zu dieser »kontinentalen Strategie« der NATO aus politischen und wirtschaftlichen Gründen keine anderen Möglichkeiten geben durfte, zeigte sich in Beratungen des Ständigen NATO-Rates mit den Vertretern der USA, Großbritanniens und Frankreichs in der Ständigen Gruppe. Gegenüber der Konzentration aller militärischen Kräfte auf die Verteidigung des Kommandobereichs Europa wurden alle anderen ebenfalls diskutierten Strategien, wie die einer »peripheren Verteidigung« außerhalb Europas oder einer Verteidigung von europäischen Randgebieten mit der Absicht, den gesamten Kontinent zu einem späteren Zeitpunkt zurückzugewinnen, abgelehnt. Das bestätigte auch der neue nationale amerikanische Plan für die Führung eines Krieges ab 1. Juli 1954. Er ging von der Voraussetzung aus, daß das in der NSC 68 vorgesehene Rüstungsprogramm in den USA durchgeführt wurde, daß die NATO-Partner ihre Verteidigungsausgaben erhöhten und daß in absehbarer Zeit ein deutscher Verteidigungsbeitrag verfügbar sein würde. Unter diesen Bedingungen übernahmen die amerikanischen Planer nun die Absicht der NATO, in Europa »so weit im Osten wie möglich« zu verteidigen, und legten als vorderste Linie etwas global Trondheim – Oslo – Seeland – den Rhein – die Alpen – die Piave fest[117]. Bis alle Annahmen für diesen Plan verwirklicht waren, behielten sich die JCS aber Alternativen offen, die dem SACEUR in seiner Eigenschaft als amerikanischer Oberbefehlshaber in Europa mitgeteilt wurden. In amerikanischen Plänen vom Herbst 1952 fanden sich so Rückzugsoperationen: vom Rhein an die Pyrenäen oder über die Cotentin-Halbinsel (Norman-

---

116 Trachtenberg, Nuclearization, S. 417 f.; Heuser, NATO, S. 26 und 32 f.
117 Ross, American War Plans, S. 142 ff.

die) nach Großbritannien. Man traute der Haltbarkeit des »Schildes« trotz der Absicherung durch die eigenen Nuklearwaffen doch nicht ganz und wollte für alle Möglichkeiten Vorsorge treffen[118].

Während die Überlegenheit des See-, Luft- und Nuklearpotentials der Allianz gegenüber der UdSSR 1952 eindeutig war, zeigten sich auf dem Weg zum konventionellen Gleichgewicht und zur konventionellen Verteidigung in Europa bereits im Dezember 1952 erste Schwierigkeiten. Die Diskrepanz zwischen Planung und Verwirklichung war schon seit Mai 1952 Gesprächsthema in der amerikanischen Regierung. Man war, was die Fähigkeiten der europäischen Bündnismitglieder anging, in Lissabon offenbar etwas »überoptimistisch« gewesen[119]. Die Erklärungen des NATO-Rates während seiner Sitzung im Dezember 1952 in Paris brachten dies vorsichtig zum Ausdruck. Die Streitkräfteziele, die man sich für das Jahresende 1952 vorgenommen hatte, waren »substantiell« erreicht worden[120]. SACEUR und SACLAM sprachen sich aber dahingehend aus, daß sie ihre Aufträge nur ausführen konnten, wenn die ihnen unterstellten Streitkräfte kräftemäßig beständig anwuchsen[121]. Der Rat lenkte aber die weitere Ergänzung der Streitkräfte in eine etwas andere Richtung. Zunächst kam das bekannte Argument, daß eine starke Verteidigung eine »gesunde Wirtschaft« erfordere. Dann wurde für den weiteren Streitkräfteaufbau die Richtlinie ausgegeben, daß die Wirksamkeit der vorhandenen Streitkräfte und ihre Unterstützung mehr zu fördern seien als der Aufbau neuer Verbände, da für beide Aufgaben die Mittel nicht bereitgestellt werden konnten. Damit wurde der Qualität der bereits existierenden Streitkräfte der Vorzug vor der Aufstellung neuer Truppen gegeben, die nur zu quantitativ mehr, aber eben weniger effektiven Verbänden führen konnte.

Zwei Entwicklungen, die der Rat ansprach, mußten in besonderer Weise das künftige Streitkräfteniveau und damit die Verwirklichung des konventionellen Teils der neuen »Strategischen Richtlinie« beeinflussen. Der Krieg Frankreichs in Indochina wurde als »in vollster Übereinstimmung mit den Zielen und Idealen der Atlantischen Gemeinschaft« bezeichnet. Er sollte von allen Mitgliedsregierungen unterstützt werden[122]. Damit war natürlich auch ein zunehmender Abfluß französischer Truppen aus Europa auf diesen Kriegsschauplatz im Fernen Osten verbunden, der nunmehr von den anderen NATO-Partnern im Rahmen des weltweiten Kampfes gegen den Kommunismus gutgeheißen wurde. Der NATO-Rat begrüßte weiter den Abschluß des EVG-Vertrages und wünschte sein schnelles Inkrafttreten. Denn nur auf diesem Weg konnte der konventionelle Beitrag der Bundesrepublik Deutschland von zwölf Divisionen, 1326 taktischen Flugzeugen und 186 kleineren Schiffen für die Bündnisverteidigung rekrutiert werden[123]. Es war dies die einzige wirkliche konventionelle Verstärkung, die die Allianz erwarten

---

[118] Poole, Joint Chiefs, S. 307 f.
[119] FRUS 1952–1954 V, S. 300.
[120] Engel, Handbuch, S. 584; Watson, Joint Chiefs, S. 282 und 319; Condit, Test of War, S. 383.
[121] Engel, Handbuch, S. 584; Condit, Test of War, S. 384.
[122] NATO. First Five Years, S. 194.
[123] Ebd., S. 195.

konnte, wenn man von den 41 Divisionen und 507 Flugzeugen der im Februar 1952 beigetretenen Mitglieder Griechenland und Türkei absah, da diese Streitkräfte nur regional eingesetzt werden konnten[124].

Zusätzliche Überlegungen zur Streitkräfteplanung hätten eigentlich die »neuen Waffen« erfordert. Hierunter fielen zum einen neue verbesserte konventionelle Waffentypen und zum anderen Nuklearwaffen für den strategischen und taktischen Einsatz. Der NATO-Rat hüllte sich hier gegenüber der Öffentlichkeit aber in Schweigen, was seinen Grund darin hatte, daß man sich über die Folgewirkungen einer Einführung von taktischen Nuklearwaffen auf die benötigten Streitkräfte keineswegs im Klaren war. So mußte es zunächst bei den im Februar 1952 geplanten Streitkräften und der neuen »Strategischen Richtlinie« vom Dezember 1952 bleiben, auch wenn Schwierigkeiten und Unbehagen weiter zunahmen. Der »atomare Faktor« mußte aber in dem Maße berücksichtigt werden, in dem man neue Erkenntnisse gewann, die bei der Streitkräfteplanung verwendet werden konnten[125]. Bis dahin galt, wie vor allem der Vorsitzende der amerikanischen Stabschefs und gleichzeitig der Ständigen Gruppe der NATO, General Omar N. Bradley, nicht müde wurde zu versichern, daß die geplanten Streitkräfte aufgestellt werden mußten. Alles andere schien »Wunschdenken«, vor allem mit Blick auf »neue«, d.h. nukleare Gefechtsfeldwaffen[126].

---

[124] Poole, Joint Chiefs, S. 293; Watson, Joint Chiefs, S. 287.
[125] SHAPE, Central Registry, Proj. 12c, Reel 2, COS/PLA/A/17/7, Defense Plan Central Europe, Notes of Meeting between SHAPE Team and the three Headquarters Central Europe at Fontainebleau, 16.11.1951, 19.11.1951, S. 14.
[126] FRUS 1952–1954 V, S. 328 und 331.

V. Der nukleare Einstieg.
»New Look« und MC 48, 1952 bis 1954

Ein Jahr später, im Dezember 1953, war die vorgenannte Meinung so weit überholt, daß der NATO-Rat im öffentlichen Kommuniqué seiner Ministerratssitzung eine neue Einstellung der Allianz zu den Nuklearwaffen andeuten konnte. Der Rat stellte zunächst fest, daß der Unterhalt eines langfristigen Verteidigungssystems »bedeutende militärische und finanzielle Probleme« aufwerfe. Zur militärischen, aber auch zur finanziellen Lösung dieser Probleme wurde der Militärausschuß anschließend aufgefordert, seine Neueinschätzung der benötigten Streitkräfte fortzusetzen und dabei die Wirkung der »neuen Waffen« zu berücksichtigen. Worum es sich dabei handelte, konnte aus der Mitteilung geschlossen werden, daß der amerikanische Präsident beabsichtige, den Kongreß zu ersuchen, den NATO-Befehlshabern Informationen über nukleare Waffen für die militärische Planung zur Verfügung zu stellen. Schließlich sollten für die Allianzverteidigung stets die »letzten Typen moderner Waffen« bereitgestellt werden. Soweit es sich dabei um Nuklearwaffen handelte, konnten dies auch nur die USA tun. Zum ersten Mal erwähnte der NATO-Rat in seinem öffentlichen Kommuniqué den »Schild«, den die präsenten Streitkräfte im Angriffsfall bilden sollten, damit die Mitglieder hinter ihm »schnell« ihre »volle Stärke« mobilisieren konnten[1].

Das noch unentschiedene Nebeneinander von konventionellem und nuklearem Faktor zeigte sich gleichzeitig darin, daß die Streitkräfteplanung in der Tradition der Beschlüsse von Lissabon und der MC 14/1 fortgeschrieben wurde[2]. Die Begründung dafür war, daß der Mangel an »empirischen Daten« und an »militärischen Planungsfaktoren über den Gebrauch atomarer Waffen« es noch nicht erlaube, einen Streitkräftebedarf aufzustellen, der »den Einfluß der neuen Waffen berücksichtige«[3]. Das galt nach Meinung des SACEUR – seit 30. Mai 1952 General Mathew B. Ridgway als Nachfolger von Eisenhower – bis in das Jahr 1956 hinein, dem Endpunkt der Streitkräfteplanung von 1953. Bis dahin konnte es allenfalls Änderungen in der Zusammensetzung und in der Organisation der Streitkräfte der NATO-Mitglieder geben, aber keine bedeutenden Änderungen an ihrer Zahl[4].

---

[1] NATO. First Five Years, S. 198 und 202: »They wish once more to emphasize that this association was forged as a shield against aggression.« (Lissabon, 25.2.1952).
[2] Watson, Joint Chiefs, S. 300.
[3] NATO, IMS, Central Records, MC 26/3 (Final), NATO Force Requirements as of 31 December, 1956, 25.11.1953, S. 2 und 4.
[4] Wampler, NATO Strategic Planning, S. 10 f.

Der Stand der Diskussion zur nuklearen Frage in der Allianz, ausgehend und immer wieder angestoßen von der politischen und militärischen Führung der USA, den amerikanischen Bündnisbefehlshabern und britischen Politikern und Soldaten, ließ zum Jahresende 1953 eigentlich auch keine andere Schlußfolgerung über das Verhältnis nuklearer und konventioneller Mittel zu. Die Problematik einer Kriegführung, die auf der Kombination nuklearer und konventioneller Mittel beruhte, ergab sich aus dem »Strategischen Konzept« (DC 6/1) von 1949 mit seinen zwei Hauptkomponenten: dem den USA übertragenen strategischen Luftkrieg mit allen Mitteln, also auch Atombomben, und der den Europäern aufgegebenen Verteidigung des europäischen Vertragsgebiets. Mit der ständig diskutierten Frage, wie denn der Abwurf von Atombomben auf das sowjetische Territorium den sowjetischen Angriff auf das kontinentaleuropäische Bündnisgebiet beeinflussen werde, war der Zusammenhang zwischen den beiden Vorhaben hergestellt, aber deren Zusammenwirken noch nicht befriedigend geregelt.

Noch vor der Übernahme seines Kommandos als SACEUR forderte deshalb Eisenhower am 26. Januar 1951 die »engst mögliche Integration der strategischen Luftstreitkräfte mit den europäischen Verteidigungsanstrengungen«[5]. Durch die Rüstungsanstrengungen der USA im Gefolge des Koreakrieges waren die Aussichten, diese Idee zu verwirklichen, besser geworden als vorher. Ein neuer Plan der amerikanischen Luftwaffe vom 12. August 1951 für den strategischen Luftkrieg gegen die UdSSR beinhaltete drei Zielsetzungen:
1. Das nukleare Potential und seine Einsatzmittel zu reduzieren,
2. die Fähigkeit, allgemein Krieg zu führen, zu zerstören und
3. den Vormarsch der sowjetischen Landstreitkräfte zu verzögern.

Die zunehmende Zahl der Flugzeuge, Bomben und Basen rund um Europa erlaubte bald, die Einsätze zur Verzögerung des sowjetischen Angriffs auf die zweite Stelle vorzuziehen[6]. Bedenken von General Curtis LeMay, dem Befehlshaber des Strategic Air Command (SAC), daß ein derart »taktischer« Einsatz des SAC nicht die volle Wirkung des Waffensystems ausschöpfen würde, konnten zerstreut werden[7]. Am 1. Mai 1951 wurde die »Third Air Force« in Großbritannien aktiviert und durch zwei mittlere Bomberstaffeln auf Rotationsbasis verstärkt. Gleichzeitig stationierte man hier Komponenten, die für die endgültige Montage der Atombomben nötig waren[8]. Am 25. April 1953 wurde die »Seventh Air Force« in Französisch-Marokko mit Basen in Lybien und Saudi-Arabien in Dienst gestellt[9]. Die amerikanische Marine rüstete ihre Flugzeugträger für einen atomaren Einsatz um. Seit 1949 besaß sie ein Trägerflugzeug (J-1 SAVAGE), das für den Abwurf von

---

[5] SHAPE History 2, Section I, S. 46.
[6] Schraut, U.S. Forces in Germany, S. 175; Poole, Joint Chiefs, S. 144 f. und 155; Wampler, NATO Strategic Planning, S. 4 und 52; Elliot, Project Vista, S. 171.
[7] Schraut, U.S. Forces in Germany, S. 175.
[8] Wampler, Legacy, S. 328.
[9] Harley, United States Air Forces, S. 23 und 28.

Atombomben geeignet war[10]. Die Zahl der für atomaren Einsatz geeigneten Flugzeuge des SAC und der verfügbaren Atombomben wuchs zwischen 1951 und 1952 beträchtlich, ebenso die der nuklearen Gefechtsköpfe, die von der »Atomic Energy Commission« im Kriegsfall an die amerikanischen Streitkräfte ausgeliefert werden konnten[11]. Das in Großbritannien stationierte Bomberkommando der Royal Air Force (RAF) war inzwischen vorzugsweise für eine Unterstützung des SACEUR vorgesehen[12].

Diese rund um den europäischen Kontinent stationierte und im Kriegsfall verfügbare Nuklearmacht der Anglo-Amerikaner bedurfte sicher, um nicht nur als abschreckende Kraft zu wirken, der Koordinierung mit der europäischen Landverteidigung. Wegen der seit 1946 in dem »Atomic Energy Act« festgelegten Geheimhaltungsbestimmungen über die Nuklearmittel der USA konnten dafür nur die amerikanischen Befehlshaber und ihre nationalen Kommandowege in der NATO eingesetzt werden. Am 21. Januar 1951 wurde zunächst das amerikanische Luftwaffenkommando in Europa unmittelbar den amerikanischen Vereinten Stabschefs unterstellt. Am nächsten Tag übernahm Generalleutnant Lauris G. Norstad, der in Zukunft von besonderer Bedeutung für den nuklearen Bereich der NATO werden sollte, dieses Kommando. Ihm unterstanden damit alle amerikanischen Luftstreitkräfte in Europa und Nordafrika. Die Verbindung zur Bündnisverteidigung ergab sich ab 2. April 1951 von selbst, als Norstad zugleich Befehlshaber der alliierten Luftstreitkräfte in Europa Mitte wurde[13]. Eine ähnliche Konstellation war durch den amerikanischen Admiral gegeben, dem die 6. U.S. Flotte im Mittelmeer im Rahmen eines nationalen Kommandos unterstand und der gleichzeitig NATO-Befehlshaber Europa Süd war, sowie durch den amerikanischen Bündnisbefehlshaber im Atlantik[14]. Im Hauptquartier von Norstad wurde aus anglo-amerikanischen Offizieren eine besondere Gruppe gebildet, die den Einsatz von atomaren Waffen studieren sollte[15].

Nach Meinung Norstads war es allerdings erforderlich, daß die Führung aller Luftstreitkräfte, welche die Bündnismitglieder in Europa zur Verfügung stellten, unmittelbar durch einen amerikanischen Offizier beim SACEUR erfolgte[16]. Dies schien umso notwendiger, als der Air Deputy des SACEUR bisher ein britischer Offizier war, über den keineswegs die Planung und Führung des amerikanischen SAC-Einsatzes laufen konnte. Das Problem wurde mit einer umfassenden neuen Kommandoregelung bei SHAPE und beim Kommando Europa Mitte am 27. Juli 1953 gelöst. Norstad erhielt den Posten des Air Deputy. Seine Stelle als Befehlsha-

---

[10] Poole, Joint Chiefs, S. 151; Schneider, Nuclear Weapons, S. 161 f.; Maloney, Atomare Abschreckung, S. 57.
[11] Roman, Curtis LeMay, S. 51; Ross, American War Plans, S. 139.
[12] SHAPE History 2, Section I, S. 59 und 61.
[13] Harley, United States Air Forces, S. 22; SHAPE History 2, Section I, S. 20, 58 und 60 f.; Jordan, Norstad, S. 81.
[14] Jordan, U.S. Naval Forces, S. 72 f.; allgemein: Maloney, Securing Command.
[15] SHAPE History 2, Section I, S. 68; Elliot, Project Vista, S. 178.
[16] SHAPE History 2, Section I, S. 69.

ber der Alliierten Luftstreitkräfte Europa Mitte wurde mit einem britischen Offizier besetzt. Der SACEUR, seit 11. Juli 1953 General Alfred M. Gruenther, gab die von Eisenhower noch persönlich innegehabte Befehlsführung im Bereich Europa Mitte an einen französischen Offizier, Marschall Alphonse Juin, ab, der seinerseits den Befehl über die alliierten Landstreitkräfte Europa Mitte an einen neu eingesetzten französischen General abtrat. Damit war in allen drei europäischen Kommandobereichen eine gleichartige Organisation erreicht. Im Stab von Norstad wurde eine Planungs- und Verbindungsstelle für den gesamten Luft- und nuklearen Einsatz gebildet, die unmittelbaren Kontakt zu allen Kommandobereichen der NATO, zum SAC der amerikanischen Luftwaffe und zum Bomberkommando der britischen Luftwaffe hatte[17].

Parallel zur Regelung der organisatorischen Kommandofragen war seit 1951 über die Kompetenzen für den Einsatz der strategischen Luftstreitkräfte zwischen dem SACEUR, dem Befehlshaber des SAC und den JCS verhandelt worden. Nach schwierigen Verhandlungen, die wohl nur erfolgreich abgeschlossen werden konnten, weil es sich um rein amerikanische Verhandlungspartner handelte, nämlich Eisenhower als SACEUR, Norstad als Befehlshaber der Luftstreitkräfte der USA in Europa, zugleich der NATO in Europa Mitte, Bradley als Vorsitzendem der amerikanischen Stabschefs, General Hoyt S. Vandenberg als Stabschef der amerikanischen Luftwaffe und Generalleutnant Curtis LeMay als Befehlshaber des SAC, kam es am 6. Dezember 1951 zu einer Übereinkunft. Dem SACEUR wurden die Zielauswahl und die Anforderung der notwendigen Luftwaffeneinsätze übertragen. Die Prüfung der technischen und operativen Durchführung sowie die Auswahl der einzusetzenden Waffensysteme oblag dem SAC. Die Zuteilung und Freigabe der erforderlichen Einsatzmittel behielten sich schließlich die nationalen Generalstäbe der Amerikaner und Briten vor[18]. Nach einer Konferenz der beiden Bündnisbefehlshaber für Europa und den Atlantik mit amerikanischen und britischen Stellen, denen die strategischen Luftstreitkräfte unterstanden, wurde am 20. Mai 1952 von SHAPE eine Richtlinie für die atomare Planung erlassen. Bestätigt wurde die Kompetenz des SACEUR für die Planung und die Koordinierung aller Operationen, die den Einsatz atomarer Waffen zur Unterstützung der oder durch die ihm unterstellten Streitkräfte zum Gegenstand hatten. Norstad übernahm die besondere Verantwortung für den Einsatz »auswärtiger Bombenstreitkräfte«[19].

Auf Grund der strengen amerikanischen Geheimhaltungsbestimmungen im Bereich der nuklearen Technik und Rüstung war es sehr schwierig, Informationen über nukleare Waffen und ihre Einsatzmöglichkeiten an andere als amerikanische Offiziere weiterzugeben. Selbst gegenüber amerikanischen Offizieren in Bündnisfunktionen wurde von nationalen Stellen in den USA noch eine gewisse Zurück-

---

[17] SHAPE History 2, Section I, S. 62, 69 und 77; Wampler, Legacy, S. 315.
[18] SHAPE History 2, Section I, S. 60; Wampler, NATO Strategic Planning, S. 6; Roman, Curtis LeMay, S. 64 f.
[19] Roman, Curtis LeMay, S. 67.

haltung geübt. Ab Oktober 1951 aber erhielt Eisenhower regelmäßig Einblick in die amerikanischen Überlegungen und Planungen, auch in den Stand der technischen Entwicklung bei den Nuklearwaffen nach Qualität und Quantität. Er bemühte sich, diese Informationen nach dem Prinzip »need-to-know« an ausgewählte Offiziere anderer Nationen in seinem Stab weiterzugeben. Es handelte sich dabei vor allem um allgemeine Daten zum taktischen Einsatz von Nuklearwaffen und zum Verhalten in einem Atomkrieg, weniger um technische Angaben zu einzelnen nuklearen Gefechtsköpfen oder gar zum amerikanischen Bestand an nuklearen Mitteln. Noch lange Zeit blieb deshalb der Informationsstand im nuklearen Bereich in den NATO-Stäben höchst unterschiedlich, und noch lange gab es Papiere, die »nicht für fremde Augen« oder »nur für amerikanische Augen« gedacht waren[20].

Trotzdem erfüllte bereits die Tatsache, daß es mehr oder minder gelungen schien, die auswärtige nukleare Schlagkraft der USA und Großbritanniens, die vor allem aus Bomben- und Trägerflugzeugen bestand, mit der europäischen Landverteidigung zu koordinieren, mit Optimismus über die Erfolgsaussichten dieser Verteidigung. Am 11. April 1953 teilte General Ridgway der Ständigen Gruppe mit, daß der Einsatz der alliierten strategischen Luftstreitkräfte und die möglichen Wirkungen der nuklearen Waffen die bisher »buchstäblich« aussichtslose Verteidigung in Mitteleuropa zum besseren geändert habe[21]. In der am 30. September 1952 von ihm herausgegebenen operativen Richtlinie war dagegen wohl von der Aufgabe die Rede gewesen, Europa bis an die »Grenzen der Fähigkeiten zu verteidigen«, aber zunächst galt es, ein »allgemeines Desaster« der eigenen Streitkräfte oder einen »entscheidenden Erfolg« eines sowjetischen Angriffs zu verhindern. Das schien nun eher möglich, weil das alte Konzept Eisenhowers, einen Angreifer in Mitteleuropa aus der Luft von den Flanken her zu schlagen, durch die bessere Koordinierung des nuklearen Waffeneinsatzes mit der Landverteidigung viel an Schlagkraft gewonnen hatte[22].

Im Jahre 1953 waren aber auch nukleare Waffen der amerikanischen Streitkräfte im Zulauf nach Europa, die den »Schild« in die Lage versetzen sollten, selbst mit nuklearen Schlägen auf einen Angreifer zu wirken und dadurch die strategischen Nukleareinsätze von den Flanken her zu ergänzen. Da der »Schild« im Kommandobereich Europa Mitte aus Streitkräften vieler Bündnispartner bestand, kamen nun fast alle Mitglieder mit der nuklearen Problematik in Berührung, während der nukleare Einsatz durch strategische Luftstreitkräfte eine rein anglo-amerikanische Angelegenheit gewesen war.

Die Entwicklung nuklearer Sprengköpfe und der zugehörigen Einsatzmittel, mit denen auch die Landstreitkräfte ausgerüstet und mit denen unmittelbar auf dem Gefechtsfeld militärische Ziele bekämpft werden konnten, begann in den

---

[20] Wampler, NATO Strategic Planning, S. 4 f.; Elliot, Project Vista, S. 177 f.
[21] Roman, Curtis LeMay, S. 67 f.
[22] U.S., Military History Institute, Carlisle, PA, Ridgway Papers, Basic Operational Guidance, 30.9.1952; SHAPE History 2, Section I, S. 155.

USA bereits nach dem ersten sowjetischen Atomtest 1949. Die amerikanischen Stabschefs brachten in die nun beginnende Diskussion um die Erweiterung des Nuklearpotentials militärische Forderungen ein, die eine »wirtschaftliche« Verwendung von Nuklearwaffen gegen »kleine Ziele« vorsahen[23]. Am 31. Januar 1950 wies der amerikanische Präsident die Atomic Energy Commission an, die Entwicklung »aller Arten von Atombomben, einschließlich der sogenannten Superbombe« fortzusetzen[24]. Dieses Programm wurde durch den Beginn des Koreakrieges erheblich beschleunigt. Besonders das amerikanische Heer war an der Herstellung von nuklearen Gefechtsköpfen geringerer Sprengkraft für den Einsatz auf dem Gefechtsfeld interessiert, weil es hier eine Chance sah, durch die Beteiligung am nuklearen Einsatz seine Stellung gegenüber Luftwaffe und Marine und damit auch bei den Verhandlungen um die Anteile am Verteidigungshaushalt verbessern zu können. Die begrenzte Anzahl amerikanischer Bodentruppen in Europa wurde zudem durch nukleare Feuerkraft aufgewertet. So kündigte der Heeresstabschef schon im Juni 1950 öffentlich an, man werde Artilleriegeschütze für den nuklearen Einsatz entwickeln[25]. 1951 besaß die U.S. Army bereits eine Vorschrift für den »Taktischen Einsatz von Atomwaffen (FM 100-31)«[26]. Das angekündigte Artilleriegeschütz stand 1952 mit dem Kaliber 280 mm zur Verfügung und konnte einen nuklearen Gefechtskopf von 20 KT bis 30 km weit verschießen[27]. 1951 begannen in der Wüste von Nevada umfangreiche Tests mit Atomwaffen, an denen Truppenverbände teilnahmen[28].

Das Einsatzkonzept für Nuklearwaffen auf dem Gefechtsfeld lag im Kern schon im Oktober 1949 vor und wurde auch öffentlich bekannt gemacht. Der Vorsitzende der amerikanischen Stabschefs, General Bradley, schrieb: »Wenn man davon ausgeht, daß der Verteidiger den ersten Angriff aufhalten und eine starke Verteidigungslinie aufbauen kann, dann ist das einzige Mittel, eine solche Linie zu durchbrechen, die Konzentration starker Streitkräfte. Solche Truppenkonzentrationen würden ein Ziel für den Einsatz atomarer Waffen in der taktischen Verteidigung bilden. [...] So kann die Atombombe gut zu einem stabilen Kräftegleichgewicht beitragen, denn sie tendiert dazu, einen Verteidiger zu stärken[29].« Im Oktober 1950 wurde dieses Konzept auch der europäischen Öffentlichkeit vorgestellt[30]. Die Überlegungen schienen wie maßgeschneidert für die Verteidigung des europäischen Vertragsgebiets der NATO. Der »Schild«, hinter dem neue konventionelle Kräfte mobilisiert werden sollten und der halten sollte, bis die UdSSR auf ihrem Staatsgebiet durch strategisch-nukleare Luftangriffe in die Knie gezwungen war, erhielt nukleare Verstärkung und damit die Fähigkeit, selbst nuklear abschrecken

---

[23] Condit, Joint Chiefs, S. 533.
[24] Ebd., S. 559 f.
[25] Department of Defense, Semiannual Report, 1.1.-30.6.1950, S. 74.
[26] Rose, Evolution, S. 251.
[27] KAG 1952, S. 3463B und 3673D; Steuer, Streitkräfte, S. 94.
[28] Wampler, Legacy, S. 303.
[29] Bradley, This Way.
[30] Bradley, U.S. Military Policy.

oder kämpfen zu können. Damit verbesserten sich die Aussichten auf eine längerfristige Verteidigung in der gewählten Linie beträchtlich. Man gewann Zeit, das Eintreffen der Verstärkungskräfte und die Wirkungen der strategischen Luftangriffe abwarten zu können. So war es kein Wunder, daß alle Untersuchungen zum Zusammenhang zwischen taktischen Nuklearwaffen und Landverteidigung sehr schnell auf die Lage im europäischen NATO-Gebiet zu sprechen kamen. General James Gavin untersuchte im September 1950 in Korea die Möglichkeiten eines Einsatzes atomarer Waffen auf dem Gefechtsfeld. Seine Schlußfolgerung war, daß die taktische Anwendung nuklearer Waffen angesichts der konventionellen Überlegenheit der Sowjetunion auch in Europa militärisch nutzbringend sein könnte[31].

Von April bis Dezember 1951 führte das »California Institute of Technology« im Auftrag des amerikanischen Verteidigungsministeriums eine umfangreiche Studie zum Einsatz von Nuklearwaffen in der taktischen Land- und Luftverteidigung durch (»Project Vista«)[32]. Der Bericht legte das größte Gewicht auf den Einsatz von Nuklearwaffen gegen taktische Ziele, die 30 bis 40 km hinter den gegnerischen Angriffstruppen lagen. Das hatte in Europa den Vorteil, daß durch einen derartigen taktischen Nukleareinsatz vielleicht ein strategischer Nuklearschlag der Sowjetunion auf Europa oder die USA vermieden werden konnte. Solange die USA die Überlegenheit bei den kleinen Nuklearwaffen besaßen, war ihr Einsatz nach Meinung der Experten entscheidend für Erfolg oder Mißerfolg der Verteidigung. Zwei Einsatzoptionen schienen besonders geeignet, einen großen konventionellen Angriff der UdSSR zu verzögern: die nukleare Zerschlagung der sowjetischen Luftbasen in den osteuropäischen Satellitenstaaten und im westlichen Rußland sowie die Unterstützung der Landoperationen durch nukleares Feuer. Es wurde eine »Taktische Atomluftstreitkraft« (»Tactical Atomic Air Force«) empfohlen, oder zumindest sollten alle taktisch einsetzbaren amerikanischen Flugzeuge, die SHAPE unterstellt waren, nuklearfähig sein. Diese taktisch-nukleare Luftkomponente sollte mit der Landverteidigung durch amerikanische und andere Bündnistruppen eng verknüpft werden, um so den wirkungsvollsten Einsatz der »mächtigsten Waffen« zu sichern.

Die amerikanischen Streitkräfte waren im Verein mit den amerikanischen Bündnisbefehlshabern schon dabei, diese Ideen in die Tat umzusetzen. Im Januar 1952 erhielt Eisenhower von den JCS die Genehmigung, mit der Einsatzplanung für taktische Nuklearwaffen zu beginnen[33]. Es wurden ihm 80 Waffen dieser Art für seinen Kommandobereich verfügbar gemacht[34]. Auf Antrag von Ridgway wurde 1953 atomare Artillerie nach Europa, d.h. in die Bundesrepublik Deutschland, verlegt[35]. Die amerikanische Luftwaffe folgte 1954 mit der Stationierung von Raketen (Typ MATADOR) auf dem Flugplatz Hahn[36]. Das Heer verstärkte später

---

31 Gavin, War and Peace, S. 113 ff.; Elliot, Project Vista, S. 164 f.
32 Elliot, Project Vista, S. 169 ff.
33 Ebd., S. 177.
34 Wampler, Legacy, S. 313.
35 FRUS 1952-1954 V, S. 437 ff.
36 Harley, United States Air Forces, S. 31; Steuer, Streitkräfte, S. 100.

seine nukleare Kampfkraft durch den Raketenwerfer HONEST JOHN und die Lenkrakete CORPORAL[37]. Mit diesen Waffensystemen konnten taktische Ziele in Entfernungen von 30 bis 500 km nuklear bekämpft werden. Die zumindest theoretische Erprobung einer taktisch-nuklearen Gefechtsführung begann mit Planspielen und in Manövern der NATO-Streitkräfte in den Jahren 1952/53. Zugleich wurde unter amerikanischer Schirmherrschaft eine »Special Weapons School« in Oberammergau eröffnet, in der Stabsoffizieren die Einsatzmöglichkeiten und Wirkungen nuklearer Waffen nahegebracht wurden[38]. 1954 erschien eine amerikanische Spezialeinheit für die Bewachung und Wartung nuklearer Sprengköpfe in der Bundesrepublik[39].

Ab 1953 sahen sich die europäischen Bündnismitglieder so mit zwei Tatsachen konfrontiert: der Stationierung von Nuklearwaffen der amerikanischen Streitkräfte auf ihren Territorien und einem möglichen Einsatz dieser Waffen von oder auch auf ihren Staatsgebieten. Die Entwicklung einer politischen oder militärstrategischen Konzeption zu diesen neuen technischen Möglichkeiten hinkte selbst in den USA beträchtlich hinter den geschaffenen Tatsachen her. Präsident Truman und seine Regierung stellten den Zusammenhang zwischen der Verfügbarkeit ausreichender Nuklearmittel mit neuartigen Einsatzmöglichkeiten im taktischen Bereich und der immer noch ungenügend militärisch abgesicherten Verteidigung in Westeuropa politisch nicht her. Sie schufen vielmehr mit der technischen Entwicklung von nuklearen Gefechtsköpfen aller Größen und den dazu gehörigen Einsatzsystemen die Voraussetzungen für entsprechende politische Beschlüsse der Regierung unter Präsident Eisenhower. In einem letzten einschlägigen Papier, auf das sich später Eisenhower bezog, stellte die Truman-Administration zwar fest, daß die militärischen Anstrengungen der europäischen Bündnispartner »scharf« von ihren wirtschaftlichen und politischen Fähigkeiten begrenzt würden, so daß Europa von sich aus auch 1955 noch keine ausreichende Sicherheit gegen einen »entschiedenen sowjetischen Angriff« hätte. Die nun vorhandenen Möglichkeiten, dem mit nuklearen Mitteln abzuhelfen, wurden jedoch nicht erwähnt. Vielmehr argumentierte man, wenn es nur gelänge, durch eine »Verzögerungsaktion« den sowjetischen Angriff »teuer« zu machen, könne man ihn abschrecken, ohne ihm eigentlich erfolgreich begegnen zu müssen[40]. Kostspielig sollte eine sowjetische Aggression dadurch werden, daß sie mit hohem Zeitaufwand, dem Zwang zur Kräftekonzentration, der Unmöglichkeit, die westeuropäische Industrie »substantiell« unbeschädigt in die Hand zu bekommen und mit hohen Verlusten verbunden war. Die amerikanischen Nuklearmittel erschienen nicht als Kostenfaktoren auf der sowjetischen Seite. Sie wurden allerdings auch nicht im Zusammenhang mit der »besten Verteidigung« der USA, nämlich der »offensiven und wirksamen Fähigkeit

---

[37] Steuer, Streitkräfte, S. 94; Elliot, Project Vista, S. 178; Schraut, U.S. Forces in Germany, S. 179.
[38] NATO. First Five Years, S. 104 f.; NATO, IMS, Central Records, MC 43/1 (Final), NATO Exercises 1953, 9.12.1953; Wampler, Legacy, S. 318.
[39] Schraut, U.S. Forces in Germany, S. 179.
[40] Wampler, Conventional Goals, S. 354; NSC 141, Reexamination of United States Program for National Security, 19.1.1953, in: FRUS 1952-1954 II, S. 209-222 (Zitate; auch für das Folgende).

zu Lande, zu Wasser und in der Luft« genannt, obwohl diese ja eindeutig und bekanntermaßen auf den nuklearen Einsatzmitteln beruhte. Vielleicht war dies nur schlichte und vorsichtige verbale Zurückhaltung, denn die Taten der Regierung Truman im nuklearen Sektor seit 1949 sprachen doch eine ganz andere Sprache. In jedem Fall fehlte durch solche Vorsicht ein politisches Konzept für das wachsende Nuklearpotential der USA.

Die auf eine kostengünstige und langfristig wirksame Verteidigung bedachte amerikanische Regierung unter Präsident Eisenhower schuf hier auf der von ihren Vorgängern vorbereiteten technischen Grundlage sofort Abhilfe. Sie formulierte ihre politischen und militärstrategischen Ziele mit bezug auf die Bündnisverteidigung allgemein und in Europa sehr deutlich[41]. Abschreckung und Verteidigung der USA selbst sollten durch offensive Streitkräfte gewährleistet werden, mit denen der UdSSR, aber auch der Volksrepublik China, massive Schäden zugefügt werden konnten. Mit diesem »Gegenschlag« und damit mit einem allgemeinen Krieg wurde für den Fall eines Angriffs nicht nur auf die USA, sondern auch auf alle NATO-Mitglieder, Deutschland und Berlin gedroht. Unterhalb dieser höchsten Abschreckungsebene griffen aber mit Blick auf die NATO noch andere Überlegungen Platz: »Wir schlagen vor, die NATO als die Verteidigung Europas durch Europa mit Unterstützung der Vereinigten Staaten zu betrachten«, formulierte der neue Außenminister John Foster Dulles vor dem amerikanischen Nationalen Sicherheitsrat[42]. Die amerikanische Unterstützung sollte dabei zunehmend aus dem nuklearen Bereich geleistet werden, denn das bot einige Vorteile für die USA. Mit Hilfe der taktischen Nuklearwaffen schienen Streitkräfte möglich, die zahlenmäßig von den NATO-Partnern in Europa unterhalten werden konnten und doch ausreichend waren, eine sowjetische Aggression abzuschrecken oder den Angreifer zu vernichten. Andere amerikanische Unterstützung, die bisher geleistet worden war, nämlich konventionelle Streitkräfte oder Finanz- und Militärhilfe, konnte »so schnell, wie es die Interessen der USA erlaubten«, reduziert werden[43]. Wie im »Project Vista« schon angedeutet, schien es vielleicht auch möglich, bei einem militärischen Konflikt im europäischen Vertragsgebiet zunächst auf den Einsatz der strategischen Nuklearkräfte zu verzichten, der unter Umständen einen immer gefährlicher drohenden sowjetischen Schlag auf die USA selbst auslösen konnte. Aus der Sicht der USA war damit die Verteidigung des kontinentaleuropäischen Vertragsgebietes der NATO auf eine Grundlage gestellt, die militärisch wirksam und wirtschaftlich vertretbar war.

Die durchweg technische, um nicht zu sagen nukleartechnische Basis dieser amerikanischen Überlegungen, die zudem die Gefahr einer nuklearen Vernichtung von Teilen der Mitgliedsterritorien heraufbeschwor und der Regionalisierung eines militärischen Konfliktes in Westeuropa Vorschub leistete, mußte nun den europäischen Bündnispartnern einsichtig und annehmbar gemacht werden. Dazu schien

---
41 NSC 162/2, Basic National Security Policy, 30.10.1953, in: FRUS 1952–1954 II, S. 577–597.
42 FRUS 1952–1954 V, S. 398.
43 FRUS 1952–1954 V, S. 592 (NSC 162/2, 30.10.1953).

ein »Erziehungsfeldzug über Atomwaffen« oder ein »Erziehungsprogramm« notwendig[44]. Die Kernthese dazu gab Dulles am 23. April 1954 im NATO-Rat an: In jedem globalen oder lokalen Krieg »sollte es unsere gemeinsame Politik sein, nukleare Waffen als konventionelle Waffen gegen militärische Kräfte des Gegners einzusetzen, wann und wo immer es militärisch vorteilhaft sein würde«[45].

Die politischen und militärischen Gremien der Allianz betrachteten die Atomwaffen, die auf dem Gefechtsfeld eingesetzt werden konnten, vor allem unter dem Gesichtspunkt, welchen Einfluß diese Waffen auf den Bedarf und auf die Organisation der Streitkräfte haben würden. Der Hintergedanke dabei war, daß es vielleicht möglich sein könnte, weniger konventionelle Streitkräfte als bisher geplant aufzubauen oder gar die schon vorhandenen zu reduzieren. Die Überlegungen von SHAPE vom August 1951 zum Streitkräftebedarf bis 1954 gingen auf das Problem in der Form ein, daß kein anderer einzelner Faktor als die nuklearen Gefechtsfeldwaffen die Zahl, die Organisation und die zeitliche Verfügbarkeit von Streitkräften, wie auch das Operationskonzept stärker beeinflussen werde. Ein nuklearer Schlag gegen die sowjetischen Streitkräfte und ihre logistische Basis konnte nicht nur die Möglichkeit einer erfolgreichen Verteidigung, sondern sogar einer sofortigen Gegenoffensive eröffnen. Aber tatsächliche Konsequenzen für Streitkräftebedarf und Operationsführung konnten mangels ausreichender Informationen noch nicht gezogen werden[46].

Die Streitkräfteberechnungen des TCC erfolgten ohne Rücksicht auf »die Wirkungen gewisser neuer Waffen und Techniken«. Der NATO-Rat empfahl aber, bei der Beurteilung der Risiken der Bündnisverteidigung, des Streitkräftebedarfs und der Organisation der Bündnisstreitkräfte diese Waffen sobald wie möglich zu berücksichtigen[47]. Dazu gehörte zunächst mehr Information über die »neuen Waffen«, die nur die Amerikaner liefern konnten. Im Rahmen ihrer durch die nationale Atomgesetzgebung bedingten Geheimhaltungsbestimmungen taten sie das auch für alle Bündnispartner. Im Herbst 1952 berichteten sie vor der Ständigen Gruppe über »neue Waffen und Techniken«[48]. Es ging hierbei nicht nur um die nuklearen Gefechtsfeldwaffen, sondern auch um die strategischen und ganz allgemein um neue Waffenentwicklungen. Verbesserte konventionelle Waffen konnten nach Meinung des vortragenden amerikanischen Offiziers überhaupt keinen Einfluß auf die Streitkräftezahlen haben, da die Sowjetunion ihre Streitkräfte hier auch ständig modernisierte. Der Einsatz der strategischen Nuklearmittel würde sich auf die Kampfhandlungen in Europa erst 90 Tage nach Kriegsbeginn auswirken. Er konnte also auch die Zahl der Streitkräfte, die die NATO beabsichtigte, bis zu diesem Zeitpunkt (D+90) präsent zu haben oder zu mobilisieren, nicht beeinflus-

---

[44] FRUS 1952-1954 V, S. 484; Watson, Joint Chiefs, S. 28.
[45] FRUS 1952-1954 V, S. 512 (S. 509-514: die gesamte NATO-Ratssitzung).
[46] SHAPE, Central Records, Proj. 12c, Reel c-1, SHAPE 333/51, 1954 Force Requirements, 14.8.1951, S. 6.
[47] FRUS 1952-1954 V, S. 222.
[48] NATO, IMS, Central Records, SGM-2098-52, New Weapons and Tactical Techniques, 10.9.1952 (für das Folgende).

sen. Taktische Atomwaffen waren bis jetzt nie unter Gefechtsbedingungen erprobt worden, meinte der amerikanische Offizier. Von daher schien es gefährlich, aus ihrer Wirkung auf die Möglichkeit einer Reduzierung konventioneller Streitkräfte zu schließen. Selbst wenn der Einsatz nuklearer Gefechtsfeldwaffen zunehmend denkbar werde, werde man diese zusätzliche Kampfkraft benötigen, um mit ihr die anfängliche konventionelle Überlegenheit der Sowjetunion auszugleichen. Vielleicht war es vorstellbar, das geplante Gesamtvolumen der Bündnisstreitkräfte zu verringern, aber sicher nicht die gegenwärtig vorhandenen oder die noch geplanten Streitkräfte für die Anfangsphase eines Krieges. Verzögerungsoperationen unter Verwendung von nuklearen Gefechtsfeldwaffen auf vorgeplante oder zufällige Ziele würden erfolgreicher verlaufen und damit mehr Zeitgewinn für die Mobilisierung weiterer Kräfte bedeuten als rein konventionelle Operationen. Nach bisher gewonnenen amerikanischen Erfahrungen erforderte das Gefecht unter nuklearen Bedingungen größere Beweglichkeit und kleinere Einheiten bei den Landstreitkräften, wie auch bessere Fernmeldeeinrichtungen, um erhöhte Mobilität und größere Feuerkraft in weiteren Räumen sicher koordinieren zu können. Der »Schild« der Land- und Luftstreitkräfte in Europa mußte also flexibel werden, würde aber auch mit nuklearen Waffen nur um Zeitgewinn kämpfen können, um die strategische Luftoffensive zur Wirkung und die zu mobilisierenden Truppen an die Front kommen zu lassen. Eine Reduzierung der Front- oder Deckungsstreitkräfte und der Mobilisierungsverbände schien daher nicht möglich. Was von der Koordinierung des »Schildes« mit den externen Luftstreitkräften des SAC und des Bomber Command für die Verzögerung des sowjetischen Angriffs vielleicht doch früher als 90 Tage nach Kriegsbeginn zu erwarten war, wurde nicht näher untersucht.

Der SACEUR, General Ridgway, schloß sich dieser Sicht der Dinge, die auch die der amerikanischen Stabschefs war, an. Unbeeindruckt hatten sich die JCS im Sommer 1952 von britischen Überlegungen gezeigt, schon jetzt auf die atomare Luftmacht zu setzen und die konventionellen Streitkräfte zu reduzieren, auch wenn ihnen diese Möglichkeit als »militärstrategisch vernünftig und wirtschaftlich praktisch« angepriesen wurde[49]. Es gab jetzt im Herbst 1952 keine Möglichkeit, die für 1954 geplanten Streitkräfte zu verringern. Wenn man zwei Jahre weiter in das Jahr 1956 blickte und alle neuen Waffentechniken und Operationsmöglichkeiten einbezog, mochte man nach Meinung der JCS und der Bündnisbefehlshaber für diesen ferneren Zeitpunkt zu anderen Ergebnissen kommen. Also schlug der SACEUR vor, mit einer solchen Studie ohne Verzug zu beginnen[50].

Versehen mit den neuesten Daten über die von den USA geplante strategische Luftoffensive gegen die UdSSR und mit den Zahlen über die 1956 verfügbaren nuklearen Waffen fertigte Ridgway diese Studie im Auftrag der JCS an, um sie über

---

[49] Poole, Joint Chiefs, S. 309 f.; Wampler, Legacy, S. 335 ff.; allgemein: Baylis/MacMillan, Strategy Paper.
[50] SGM-2098-52, 10.9.1952, SACEUR Comment, S. 2.

die Ständige Gruppe dem Militärausschuß vorzulegen[51]. In vielen Punkten nahm die Beurteilung Ridgways, die am 10. Juli 1953 die Ständige Gruppe erreichte, Vorschläge und Probleme vorweg, die sich ein reichliches Jahr später in dem Bericht, den der Militärausschuß im November 1954 dem NATO-Rat vorlegte (MC 48), wiederfanden. Die Studie des europäischen Befehlshabers der NATO bestätigte einmal mehr, daß die nuklearen Gefechtsfeldwaffen und die taktischen Nuklearwaffen ein besonderes europäisches Problem waren, das im Befehlsbereich Atlantik und in der Regionalen Planungsgruppe Kanada-USA so nicht auftrat. Betrachtet man vorausschauend die weitere Entwicklung bis zum nächsten strategischen Konzept für das ganze Vertragsgebiet (MC 14/2), so erkennt man unschwer, daß die europäische Problematik dieses Konzept erheblich präjudizierte. Mit der Einführung der taktischen Nuklearwaffen in die Bündnisstrategie, also deren fast völlige Nuklearisierung, ging eine Europäisierung der gesamten militärstrategischen Planung der NATO einher.

Ridgway teilte eine militärische Auseinandersetzung mit der UdSSR in Europa in drei Phasen ein:
– Die Anfangsverteidigung von ca. 30 Tagen Dauer,
– die Konsolidierung der Verteidigung und die Mobilisierung weiterer Kräfte bis 90 Tage nach Kriegsbeginn und
– die Bündnisoffensive beginnend nach diesen 90 Tagen.

Sein Bericht betraf aber nur die ersten 30 Tage. Sein Vorschlag für diese Phase der Anfangsverteidigung basierte auf dem Einsatz von ungefähr 700 Nuklearwaffen in den ersten zwei Tagen, mit denen die Flugplätze, die Versorgungslinien und die Truppenkonzentrationen des sowjetischen Angreifers zerschlagen werden sollten. Die dahinter stehende Absicht war es, das gefährlichste feindliche Angriffspotential sofort »an der Quelle« zu vernichten; eine britische Idee, für deren Verwirklichung vor allem das eigene Bomberkommando in Frage kommen sollte[52]. Die angenommene Zahl von etwa 850 nuklearen Gefechtsköpfen entsprach in etwa dem, was die USA 1956 tatsächlich für die Verteidigung des europäischen Vertragsgebiets in den ersten 30 Tagen bereitstellen wollten. Aufgabe der konventionellen Deckungsstreitkräfte sollte es sein, leicht zu verteidigende Positionen im nördlichen und südlichen Abschnitt des europäischen Kommandobereichs zu halten, während in der Mitte eine »defensive-offensive strategy« verfolgt werden sollte, die wohl auf das Halten am Eisernen Vorhang abzielte, also auf die Verwirklichung der »forward strategy« aus war, aber doch zunächst nur eine Verzögerungsoperation sein konnte. Immerhin wurde der Erfolg des massiven Nukleareinsatzes so optimistisch eingeschätzt, daß man hoffte, 14 Tage nach Kriegsbeginn Verteidigungspositionen an der Elbe besetzten zu können.

Bei der Berechnung des Streitkräftebedarfs für 1956 ergaben sich für Ridgway höhere Zahlen, als sie der NATO-Rat 1952 für 1954 vorgesehen hatte. Der Grund

---

[51] Wampler, NATO Strategic Planning, S. 9 ff. (SACEUR's Estimate of the Situation and Force Requirements for 1956); Wampler, Legacy, S. 497 ff. (für das Folgende).
[52] Baylis/MacMillan, Strategy Paper, S. 209.

dafür waren die Verluste, die man durch den Einsatz von 200 bis 300 sowjetischen Atomwaffen im Bereich des SACEUR erwarten mußte. Darüber hinaus schien es erforderlich, die taktischen Luftstreitkräfte zu verstärken, um die notwendigen nuklearen Schläge gegen die sowjetischen Flugplätze führen zu können. Die Zahl der präsenten Heeresdivisionen im Abschnitt Europa Mitte mußte erhöht werden, um den Gegner während der anfänglichen Verzögerungsoperationen zwingen zu können, seine Truppen zusammenzufassen. Die Zahl der später zu mobilisierenden Divisionen sollte dagegen gesenkt werden. Für das zu erwartende nukleare Gefecht verlangte Ridgway die Genehmigung, Nuklearwaffen schon im Frieden in seinem Befehlsbereich lagern und sie im Kriegsfall sofort einsetzen zu dürfen.

Mit ihrer Konzentration auf die ersten 30 Tage eines Krieges und den massiven Einsatz taktischer Nuklearmittel in dieser Zeit lag die Studie Ridgways im Trend amerikanischer und vor allem britischer Überlegungen. Sie gingen davon aus, daß es in Zukunft bei einer zunehmenden Menge von Nuklearwaffen auf beiden Seiten ausreichen werde, nur eine begrenzte Anzahl präsenter Streitkräfte zu unterhalten, weil entweder durch die abschreckende Wirkung der Nuklearwaffen ein Krieg ohnehin verhindert werden würde, oder man bei seinem Ausbruch durch den Einsatz eben dieser Waffen mit einem schnellen Ende rechnen konnte. Da sich gleichzeitig die Meinung durchsetzte, daß die politische Konfrontation mit der UdSSR lange anhalten und nicht in absehbarer Zukunft in einen Krieg münden würde, sich auch möglicherweise von Europa weg verlagern würde, schien es angemessen, in Europa nur noch beschränkt präsente Streitkräfte, diese dann aber auf lange Zeit bereitzuhalten und auf umfangreiche zu mobilisierende Reserveverbände ganz zu verzichten. Man konnte durch diese von den USA so bezeichnete Sicherheitspolitik des »long haul« oder »long pull«, die auch von Großbritannien unterstützt wurde, Kosten sparen, war für eine lang anhaltende Auseinandersetzung mit der UdSSR besser gerüstet und bekam mit den in Europa eingesparten Truppen die Hände frei für Abwehrmaßnahmen in anderen geographischen Räumen. Insgesamt schien es damit besser möglich, den Kalten Krieg auf Dauer zu bestehen und zum Schluß vielleicht zu gewinnen, als mit der Festlegung von immer neuen Krisenzeitpunkten, auf die man sich mit ganz bestimmten Höchstzahlen von Truppen vorbereiten mußte, weil dann eine militärische Auseinandersetzung möglich schien[53].

Der Ansatz Ridgways, den konventionellen »Schild« der NATO in Europa um ca. 850 nukleare Einsatzmittel zu ergänzen, sonst aber eigentlich an der Streitkräfteplanung nichts zu ändern, konnte die Erwartung vieler Politiker nicht erfüllen, daß ansehnliche Reduzierungen an den bereits bestehenden Streitkräften durch die Integration von nuklearen Waffen in die NATO-Strategie möglich sein müßten[54].

---

[53] Interview with Admiral Arthur W. Radford, Chairman, Joint Chiefs of Staff: Strong U.S. Defense for the »long pull«, in: U.S. News and World Report, 5.3.1954; Baylis/MacMillan, Strategy Paper, S. 204 f.; »Ein langfristiges Verteidigungssystem«, in: Engel, Handbuch, S. 595 (Kommuniqué der NATO-Ratssitzung vom 14.–16.12.1953).
[54] SHAPE History 3, S. IX.

Der am 19. Mai 1953 vom NATO-Rat ernannte neue SACEUR, General Alfred M. Gruenther, schlug deshalb mit der bei SHAPE nun eingerichteten »New Approach Group« (NAG) einen anderen Weg ein. Die Gruppe, die aus amerikanischen, britischen und französischen Offizieren bestand, ging von dem Grundsatz aus, daß »jede Aufgabe einzig und allein mit nuklearen Waffen gelöst werden sollte«[55]. Alle denkbaren nuklearen Einsätze vom SAC bis zum Atomgeschütz sollten in die Planung einbezogen und auf ihre Wirkung für die Verteidigung des europäischen Vertragsgebiets geprüft werden. Die Fähigkeiten und Absichten der UdSSR und ihrer Satelliten im konventionellen und nuklearen Bereich sollten neu bewertet werden; auch angesichts der Tatsache, daß die Sowjetunion seit dem 11. Juli 1953 im Besitz der Wasserstoffbombe war. Operative und taktische Änderungen, die sich aus dem Einsatz von Nuklearwaffen für den Kampf der Landstreitkräfte ergeben konnten, sollten ernsthaft in Erwägung gezogen werden. Ein von Field Marshal Montgomery dafür entwickeltes Einsatzkonzept sah vor den »Schildstreitkräften« drei »Gürtel« für den nuklearen Waffeneinsatz vor. Bis ca. 30 km Tiefe sollten atomare Artillerie und Raketen unter Kontrolle der Bodentruppen wirken. Jenseits der »Artilleriezone« war bis ca. 800 km der Bereich der taktischen Luftwaffen und dahinter der für die strategischen Luftstreitkräfte[56]. Schließlich setzte man sich zum Ziel, die »forward strategy« mit den vorhandenen Streitkräften zu realisieren. Es wurde darauf verzichtet, weiter mit zwei Plänen zu arbeiten, d.h. mit einem »Emergency Defense Plan« auf der Grundlage der vorhandenen Streitkräfte und mit einem längerfristigen, auf ein bestimmtes Jahr bezogenen Plan mit zahlreicheren Streitkräften, die man hoffte, zu diesem Zeitpunkt bereit zu haben. Der zu erarbeitende Plan sollte auf den 1957 vorhandenen Streitkräften und den dann in »Masse« für den SACEUR verfügbaren Nuklearmitteln beruhen[57].

Die Zusammenarbeit von Offizieren unterschiedlicher Nationalität an diesem Plan wurde bei SHAPE dadurch erleichtert, daß sich die amerikanische Regierung unter Eisenhower entschloß, die restriktive Informationspolitik im Nuklearbereich zu lockern[58]. Informationen sollten nun gegeben werden können über die Waffenwirkung auch größerer Nuklearsprengkörper als 20 KT, über den taktischen und strategischen Einsatz, über die sowjetischen nuklearen Kapazitäten und über militärische und zivile Verteidigungsmöglichkeiten gegen Atomwaffen. Ausgewählten Bündnispartnern sollten zusätzliche wissenschaftliche und technische Informationen zukommen. Von diesem Informationsfluß ausgeschlossen blieben Angaben über die Herstellung und die Art atomarer Waffen, über die Anzahl der vorhandenen amerikanischen Atomwaffen, über die gesamte nukleare Kapazität der USA und über die Lagerung von Nuklearmitteln auch außerhalb der Vereinigten Staaten. Nur wenn es notwendig schien, die Zustimmung eines Landes zur

---

[55] Ebd., S. 43.
[56] Ebd., S. 53.
[57] Wampler, NATO Strategic Planning, S. 11 ff.; Wampler, Legacy, S. 562 ff.
[58] NSC 151/2, Disclosure of Atomic Information to Allied Countries, 4.12.1953, in: FRUS 1952-1954 II, S. 1256-1285 (für das Folgende).

Stationierung von Atomsprengkörpern zu erlangen, sollten dessen Regierung die nötigen Informationen gegeben werden. Neben einer verbesserten Zusammenarbeit in der NATO erhofften sich die USA noch andere Vorteile für die eigenen Absichten und Handlungen beim Einsatz nuklearer Mittel. Zum einen erwartete man größere Anstrengungen der Bündnispartner in ihren nationalen Verteidigungsbereichen einschließlich der Zivilverteidigung, zum anderen erhoffte man sich ein größeres Verständnis für die Probleme von Nuklearwaffeneinsätzen und damit verbunden größere Freiheit bei einem tatsächlich notwendig werdenden Einsatz. Wenn auch die Gesetzgebung im Rahmen des Atomic Energy Act von 1946 erst am 30. August 1954 geändert wurde und erst am 2. März 1955 ein Abkommen über den Austausch von Atominformationen zwischen den Mitgliedern den NATO-Rat passierte, so erleichterten bereits diese Absichtserklärungen der amerikanischen Regierung die Arbeit der »New Approach Group« bei SHAPE ganz wesentlich.

Während der Arbeiten der NAG wurde der NATO-Rat nicht im unklaren darüber gelassen, worauf die neuen Planungen hinausliefen. Gruenther erklärte am 23. März 1954, die »Hauptstütze« der neuen Strategie sei der »überwältigende« Einsatz von Nuklearwaffen, ohne den keine »vordere Verteidigungslinie« gehalten werden könne. Auf die sich ergebenden politischen Konsequenzen wies der SACEUR wenig später hin. Er teilte den Außenministern mit, wenn sie die neue »Philosophie« akzeptierten, seien sie verpflichtet, dem Gebrauch von Atombomben zuzustimmen. Auf einige Zweifel hin, die er bemerkt zu haben schien, verdeutlichte Gruenther das Problem, daß der Nukleareinsatz »sofort« und »augenblicklich« erfolgen müsse[59].

Die Studie der NAG ging am 6. Juli 1954 »per Hand« an die Ständige Gruppe. Gleichzeitig legte Gruenther als SACEUR eine Studie über operative Absichten und Streitkräftebedarf im Jahre 1957 vor, der ähnliche Papiere von SACLANT und CINCCHAN folgten[60]. Die Ständige Gruppe und der Militärausschuß fertigten je eigene Papiere, die sich, dem Titel der NAG-Studie folgend, mit der »wirksamsten Streitkräftestruktur« der NATO insgesamt »für die nächsten wenigen Jahre« beschäftigten[61]. Sie waren sehr europazentrisch angelegt und befaßten sich vor allem mit den Streitkräften, die im europäischen Vertragsgebiet benötigt wurden. Diese Beschränkung auf Europa lag in der Logik der Tatsache begründet, daß nur hier die Integration von taktisch verwendbaren Nuklearwaffen im Mittelpunkt der Planungen stand und Veränderungen bei der Operations- und Streitkräfteplanung bringen mußte. In der Region Kanada-USA wurden diese Waffen zumindest nicht für den taktischen Einsatz zu Lande, sondern allenfalls für die Luftverteidigung benötigt. Auch in den Seebereichen des nordatlantischen Bündnisses kam

---

[59] SHAPE History 3, S. 61 und 65; Wampler, Legacy, S. 621.
[60] SHAPE History 3, S. 71 f.; Wampler, Legacy, S. 619 f.
[61] SG 241/3, The most effective pattern of NATO military strength for the next few years, 3.9.1954; Wampler, Legacy, S. 620; MC 48 (Final), The most effective pattern of NATO military strength for the next few years, 22.11.1954, in: NATO Strategy Documents, S. 229–250.

den taktischen Nuklearwaffen kein so entscheidender Einfluß zu wie in Kontinentaleuropa.

Die Überlegungen der neuen Studie (MC 48) kreisten völlig um die Nuklearwaffen sowohl der NATO, oder besser der USA, als auch die der UdSSR[62]. Als Nuklearwaffen galten dabei »nukleare und thermonukleare Waffen [...] eingesetzt durch Flugzeuge, Lenkraketen, ungelenkte Raketen und Artillerie«, also das ganze Arsenal, das zumindest die USA inzwischen besaß, und das geographisch vom Rhein bis in die entferntesten Winkel der Sowjetunion eingesetzt werden konnte. Die Hoffnung der Allianz, daß man mit einer auf Nuklearwaffen gegründeten Strategie der Sowjetunion eher gewachsen sein würde als mit einer auf der Basis konventioneller Streitkräfte, lag in der »großen und wachsenden Macht auf dem Feld der atomaren Waffen« und »*unserer* Überlegenheit an atomaren Waffen und in *unserer* Fähigkeit, sie einzusetzen«, die sich die NATO zusprach. In der Tat schien 1954 das reine Zahlenverhältnis von 1700 Nuklearsprengköpfen der USA zu 150 der UdSSR diesen Optimismus zu rechtfertigen[63]. Aber das war eben keine eigene Macht der NATO, sondern eine von den USA geborgte. Das Bündnis beabsichtigte dieses Nuklearpotential im Frieden zur Abschreckung und im Krieg zur »erfolgreichen Vorwärtsverteidigung in Europa« und letztlich zur Vernichtung der Sowjetunion einzusetzen. Bezogen auf den Kalten Krieg und seine Dauer hoffte man, mit dieser Strategie »ein hohes Maß an Vertrauen und Sicherheit« zu gewinnen und auch der eigenen Öffentlichkeit vermitteln zu können.

Im Kriegsfall erwartete man von der UdSSR, daß sie ihre Nuklearwaffen vor allem gegen das Nuklear- und Rüstungspotential der USA, Großbritanniens und Kanadas wie auch gegen die Basen der nuklearen Einsatzmittel in Europa und Nordafrika einsetzen würde. Gleichzeitig mußte damit gerechnet werden, daß die Sowjets versuchen würden, das europäische Vertragsgebiet durch nukleare Zerstörung der wichtigsten Häfen in Europa, Nordafrika und Nordamerika sowie durch Unterbrechung der wichtigsten Seeverbindungen im Atlantik und Mittelmeer von dem übrigen Vertragsgebiet zu »isolieren«. Eine eher »entfernte Möglichkeit« schien nun ein groß angelegter konventioneller Angriff der UdSSR in Europa ohne den Einsatz von Nuklearwaffen zu sein, der in der Hoffnung unternommen werden konnte, daß die NATO dann auch keine Nuklearwaffen einsetzen würde, oder daß deren Einsatz zu spät käme, um die Besetzung großer Teile Kontinentaleuropas noch verhindern zu können. Aber auch in diesem Fall sahen die militärischen Bündnisplaner keine andere Möglichkeit, als durch den sofortigen Einsatz von strategischen und taktischen Nuklearwaffen dieses »Überrennen« Europas oder das Unterlaufen eines Nukleareinsatzes zu verhindern. So war im Kriegsfall in jeder Situation mit einem nuklearen Schlagabtausch von »unvergleichlicher Intensität« zu rechnen, den die Sowjetunion nach dem Urteil der Bündnismilitärs wegen

---

[62] Wampler, NATO Strategic Planning, S. 15 ff.; Wampler, Legacy, S. 589 ff.; MC 48 (Final), 22.11.1954, in: NATO Strategy Documents, S. 229–250 (für das Folgende; Hervorhebung im Original).
[63] Trachtenberg, Peace, S. 181.

der großen Vorteile mit einem Überraschungsangriff beginnen würde, und den die NATO überstehen und unverzüglich beantworten mußte. Für diese Phase eines Krieges mit der UdSSR setzte man 30 Tage an und versprach sich am Ende »größere Vorteile« oder gar die »Kapitulation« der UdSSR, weil man sich im nuklearen Bereich »überlegen« glaubte.

Alle Überlegungen zur operativen und Streitkräfteplanung konzentrierten sich auf diese ersten 30 Tage eines Krieges, weil darüber hinaus wenig vorhergesagt werden konnte und weil nur bei einer Beschränkung auf eine so kurze Dauer einer militärischen Auseinandersetzung Einsparungen im konventionellen Bereich möglich schienen. Umsonst warnten der SACLANT und auch britische Marineoffiziere davor, eine so kurze Kriegsdauer für die NATO insgesamt anzunehmen[64]. Die operativen Absichten bestanden darin,
— den sowjetischen Überraschungsangriff durch Auflockerung und Schutz der nuklearen Einsatzmittel zu »überleben«,
— sofort mit Nuklearwaffen gegen die sowjetische Luftwaffe, ihre Basen und die sowjetischen Nuklearmittel zurückzuschlagen, um damit die Luftüberlegenheit in Europa zu erringen,
— ein »schnelles Überrennen« von Europa zu verhindern; als letzte Verteidigungslinie galt dabei trotz des geplanten Einsatzes von taktischen Nuklearwaffen nach wie vor die Rhein-Ijssel-Linie,
— von den angrenzenden Seegebieten her diese Vorhaben offensiv zu unterstützen und
— die Versorgung notfalls über Strände und kleinere Häfen zu sichern.

Die dafür benötigten Streitkräfte und technischen Mittel sahen in ihrer Qualität wie folgt aus:
— Angemessen gesicherte und ständig einsatzbereite, mit nuklearen Waffen versehene Streitkräfte, besonders Luftstreitkräfte,
— ständig präsente, angemessen ausgerüstete, ausgebildete und tief gestaffelt dislozierte Streitkräfte mit einer »integrierten atomaren Fähigkeit«, worunter man einen Verbund atomarer und konventioneller Waffensysteme mit entsprechenden Aufklärungs- und Fernmeldesystemen und einer gemeinsamen taktischen Einsatzdoktrin verstand,
— einsatzbereite technische Systeme, die eine frühzeitige Warnung vor einem Angriff und einen sofortigen nuklearen Gegenschlag ermöglichen sollten.

Entsprechend waren die Empfehlungen formuliert, die der NATO-Rat billigen sollte. An erster Stelle stand die Schlußfolgerung aus dieser neuen Strategie: die Bündnisstreitkräfte mußten in der Lage sein, nukleare und thermonukleare Waffen einzusetzen und die militärischen Pläne davon ausgehen können, daß dies von Beginn eines Krieges an (»from the outset«) geschehen würde. Der Einsatzzeitpunkt wurde dahingehend präzisiert, daß in dem Augenblick, in dem die »positive Feststellung« eines feindlichen Angriffs vorlag, losgeschlagen werden mußte, weil eine Verzögerung auch nur von Stunden »tödlich« für die NATO sein konnte. Die

---

[64] Baylis/MacMillan, Strategy Paper, S. 213.

übrigen Forderungen, die den NATO-Rat zur Genehmigung erreichten, betrafen vor allem technische »Mindestmaßnahmen«:
- Die Ausrüstung der NATO-Streitkräfte mit einer »integrierten nuklearen Kapazität«,
- ein umfassendes Frühwarnsystem, das angemessen personell besetzt das ganze europäische Vertragsgebiet abdecken sollte und
- die Auflockerung und Umdislozierung der nuklearen Gegenschlagkräfte, also der taktischen Luftstreitkräfte in Europa.

Eine weitere Forderung des Militärausschusses war im November 1954 schon erfüllt, nämlich die nach einem Beitrag der Bundesrepublik Deutschland zur Bündnisverteidigung. Mit der Unterzeichnung der Pariser Verträge am 23. Oktober 1954 und der Einladung der Bundesrepublik zum Bündnisbeitritt durch den NATO-Rat am 22. Oktober 1954 war der Schaden, den das Scheitern der EVG in der französischen Nationalversammlung am 30. August 1954 nicht nur der europäischen Integration, sondern auch dem westlichen Sicherheitssystem zugefügt hatte, in kürzester Zeit durch eine neue Regelung behoben worden. Der deutsche Beitrag stand nun mit zwölf Divisionen und 1326 Flugzeugen für 1957 in Aussicht, da sich die Bundesrepublik bereit erklärt hatte, diese Streitkräfte in etwa drei Jahren aufzustellen[65]. Zum »erstenmal« schien es damit möglich, durch die Kombination von »neuen Waffen *plus* einem deutschen Beitrag« eine »wirkliche Vorwärtsstrategie weit im Osten von Rhein-Ijssel anzuwenden«[66]. Nur wenn alle diese Maßnahmen getroffen würden, so der Militärausschuß an den NATO-Rat, werde es den Bündnisstreitkräften möglich sein, einen Gegner wirksam abzuschrecken oder für den Fall eines Krieges ein »schnelles Überrennen« Europas mit einiger Aussicht auf Erfolg zu verhindern. Zu den Kosten der Streitkräfte und technischen Einrichtungen für dieses neue militärstrategische Konzept hielt sich der Militärausschuß bedeckt. Einige der wichtigsten Maßnahmen schienen nicht so teuer, andere schon, war die allgemeine und lapidare Feststellung der Militärs.

Der allgemeine Bericht des Militärausschusses (MC 48) war begleitet von Studien der obersten NATO-Befehlshaber, darunter der des SACEUR (MC 49), über die neuen Planungen in den jeweiligen Befehlsbereichen[67]. Der Grund für die völlige Neubewertung der erst im Dezember 1952 beschlossenen Strategie des Bündnisses (MC 14/1) fand sich hier in schöner Klarheit ausgeführt. Die dafür notwendigen und im Februar 1952 vom NATO-Rat auch beschlossenen Streitkräfte hatten die Mitglieder aus politischen und wirtschaftlichen Gründen nicht aufzubringen vermocht, und so waren die obersten Bündnisbefehlshaber aufgefordert worden, neue Überlegungen anzustellen und dabei die Wirkungen der »neuen«

---

[65] Engel, Handbuch, S. 666 f. (Kommuniqué der 14. NATO-Ratssitzung v. 22.10.1954) und 743 f. (Protokoll über den Beitritt der Bundesrepublik Deutschland v. 23.10.1954); Greiner, Eingliederung, S. 570 ff.
[66] MC 48 (Final), 22.11.1954, S. 12, in: NATO Strategy Documents, S. 242 (Hervorhebung im Original).
[67] NATO, IMS, Central Records, MC 49 (Final), Capabilities Study Allied Command Europe (ACE), 18.11.1954 (für das Folgende).

taktischen Nuklearwaffen gebührend in Rechnung zu stellen. So fand sich das gesamte Nuklearpotential der USA und Großbritanniens unter der Rubrik »direkte und indirekte äußere Unterstützung« in die Operationsüberlegungen des SACEUR einbezogen. Die Luftstreitkräfte des SAC, der anglo-amerikanischen Trägerflotten und des Bomber Command der RAF sollten mit ihren Nuklearmitteln und zusammen mit dem erwarteten deutschen Verteidigungsbeitrag bis 1957 nun eine reale »forward strategy« ermöglichen. Deren vorderste Linie verlief im Kommandobereich Europa von Norden nach Süden wie folgt: vom Trondelag-Gebiet (Mittelnorwegen) über Dänemark, die Ostseeausgänge und Jütland an den Elbe-Trave-Kanal und von dort zurückspringend an die Weser, die Fulda und den Main mit Ludwigskanal über die Donau nach Österreich und über die Alpen an die italienisch-jugoslawische Grenze. In Griechenland galt es am Strumon-Fluß zu verteidigen. Die Türkei war beauftragt, Demirkapi und Catalca zu halten, die Schwarzmeerausgänge zu sperren und in Türkisch-Thrazien sowie in der Osttürkei »vorwärts zu verteidigen«. Trotz der geplanten massiven und mit der Landverteidigung koordinierten nuklearen Unterstützung war diese »forward strategy« nur längere Zeit durchzuhalten, wenn zeitgerecht Verstärkungen und Versorgung aus Übersee eintrafen. Obwohl nur noch von einer kurzen Kriegsdauer von ungefähr 30 Tagen ausgegangen wurde, fand sich so immer noch ein Anklang an frühere Mobilmachungsvorstellungen.

Das operative Konzept für den Landkrieg unter Einsatz taktischer Nuklearwaffen sah vor, hinter einem dünnen, aber durchgehend besetzten »Schirm von leichten Kräften« in ausgewählten und vorbereiteten Zonen mit weit aufgelockerten Kräften zu verteidigen, um selbst keine Ziele für einen feindlichen Nukleareinsatz zu bilden. Andererseits sollte der Gegner, wenn er diese Verteidigungszonen durchstoßen wollte, zu Kräftekonzentrationen gezwungen werden, die man dann mit eigenen Nuklearwaffen zerschlagen wollte[68]. Die wichtigste Forderung an Führung und Truppe war Beweglichkeit im umfassenden Sinne, um feindlichen Nuklearschlägen ausweichen und selbst nuklear zuschlagen zu können. Der Militärausschuß betonte in einer beigefügten Kritik, daß unabhängig von der Art eines sowjetischen Angriffs die NATO in jedem Fall nuklear antworten mußte.

Das operative Konzept des SACEUR wurde zum Teil in Zweifel gezogen. Hier übernahm der Militärausschuß die Kritik des französischen Vertreters in der Ständigen Gruppe, General Valluy. Es schien möglich, die Verteidigungszonen zu umgehen, ohne dabei Truppenkonzentrationen als Atomziele bilden zu müssen[69]. Deshalb schien es notwendig, hinter den Verteidigungszonen Gegenangriffskräfte bereitzuhalten und ihr zahlenmäßiges Verhältnis zu den in der Verteidigung eingesetzten Verbänden sorgfältig zu bedenken. Im Ganzen billigte der Militärausschuß die Überlegungen des SACEUR, nannte aber auch die kritischen Punkte: die Kosten aller Maßnahmen, die sehr wohl die Möglichkeiten aller Mitglieder übersteigen

---

[68] SHAPE History 3, S. 90 (»Air-land-battle«, 29.6.1954).
[69] Ebd., S. 77 f.: »... that SHAPE might have fallen into the error of ›forcing‹ a solution in some cases.«

konnten; die Annahme, es werde möglich sein, bereits eine Stunde vor einem sowjetischen Angriff Klarheit über Richtung und Schwerpunkt dieses Angriffs zu haben, um nach diesen Erkenntnissen die Nuklearwaffen einsetzen zu können; die Wetterbedingungen in Europa und sowjetische Verteidigungsanstrengungen schließlich, die einen Teil der nuklearen Offensive ihrer geplanten Wirkung berauben konnten.

Im Zusammenhang mit dem Beitritt der Bundesrepublik Deutschland zur NATO beschloß der NATO-Rat am 22. Oktober 1954 auch erweiterte Befugnisse für den SACEUR, dem ja die Masse der künftigen deutschen Streitkräfte unterstellt werden sollte[70]. Im Juni 1955 folgte die entsprechende Weisung des Militärausschusses[71]. Neben der unausgesprochenen Absicht, die künftigen Streitkräfte der Bundesrepublik einer wirksamen Kontrolle durch die Bündnisstäbe zu unterwerfen, waren die eigentlichen Ziele, die militärische Organisation der nordatlantischen Allianz im allgemeinen zu verbessern und die »Maschinerie für die gemeinsame Verteidigung von Europa« im besonderen zu stärken[72]. Es handelte sich dabei nicht um neue Vorschläge, sondern eher um eine Präzisierung der alten, noch von 1950 her gültigen Kompetenzen des SACEUR (DC 24/3). Ein unmittelbarer Bezug zu den neuen militärstrategischen Überlegungen der NATO (MC 48) bestand nicht, trotzdem waren einige der neuen Befugnisse des SACEUR auch von Bedeutung für die operative Führung der nun geforderten gut ausgebildeten, ausgerüsteten und angemessen dislozierten präsenten Streitkräfte. Der SACEUR bekam klarer gefaßte Befugnisse und Inspektionsrechte bezogen auf die Ausbildung – einschließlich Manöver –, die Organisation, die Versorgung und die Dislozierung der ihm unterstellten Verbände und der für eine Unterstellung vorgesehenen Truppen. Es gab allerdings auch die nötigen, und bei einem multinationalen Bündnis souveräner Staaten verständlichen, grundsätzlichen Einschränkungen der Bündnisautorität. Die nationale Verantwortung für die gesamte Logistik der unterstellten nationalen Truppenkontingente blieb uneingeschränkt erhalten. Konkrete Maßnahmen in allen Bereichen waren nur nach Beratung und Zustimmung der nationalen Stellen möglich. Zwar sollten alle im geographisch festgelegten Kommandobereich des SACEUR anwesenden Streitkräfte der Mitglieder auch seinen Stäben unterstellt (»assigned«) oder für eine Unterstellung vorgemerkt werden (»earmarked for assignment«), aber die Ausnahmen von dieser Regelung waren doch umfangreich[73]. Streitkräfte für die Verteidigung in Übersee und »andere Streitkräfte«, die der NATO-Rat für geeignet erklärte, unter nationalem Kommando zu bleiben, fielen aus der allgemeinen Regel zur Unterstellung heraus. Die amerikanischen und britischen Seestreitkräfte im Mittelmeer blieben unter nationalem Kommando. Aber alles in allem waren in diesen neuen Bestimmungen für den

---

[70] NATO. First Five Years, S. 261 ff.
[71] NISCA 3/2/7, MC 53, Revised Terms of Reference for the Supreme Allied Commander, 13.6.1955.
[72] NATO. First Five Years, S. 261.
[73] Ebd., S. 70 ff.

SACEUR Ansätze zu erkennen, die nationalen Kontingente auch unter den Bedingungen des neuen militärstrategischen Konzepts zu einer »wirksamen integrierten Bündnisstreitmacht« zu formen, die in der Lage sein konnte, die ihr zugewiesenen Aufgaben zu erfüllen[74].

So waren mit den militärischen Planungen auf der Basis einer »integrierten nuklearen Kapazität«, den erweiterten Befugnissen des SACEUR, die eine »integrierte Bündnisstreitmacht« zum Ziele hatten, und dem erwarteten Beitrag der Bundesrepublik Deutschland zur Bündnisverteidigung die Weichen für eine erfolgversprechende Abschreckung und Verteidigung der NATO in Europa gestellt. Ihr Kern, die militärischen Pläne auf der Basis taktisch einsetzbaren Nuklearwaffen, bedurfte allerdings noch der politischen Bestätigung durch alle Mitglieder im NATO-Rat. Diesen Beschluß auf der Sitzung des Rates auf Ministerebene im Dezember 1954 herbeizuführen, war das Bestreben der amerikanischen Regierung während des ganzen Jahres 1954. Besonders im zweiten Halbjahr 1954 wurden umfassende Anstrengungen mit allen politisch-diplomatischen Mitteln unternommen, um die in Arbeit befindlichen militärischen Pläne in der Allianz möglichst einmütig angenommen zu sehen[75]. In der amerikanischen Argumentation waren zwei Linien erkennbar: Zum einen wies man auf die unumstößliche Notwendigkeit der Nuklearwaffen hin, zum anderen versuchte man, Besorgnisse der europäischen Bündnispartner zu zerstreuen. In die erste Argumentationsreihe gehörte die Feststellung, daß das neue militärstrategische Konzept übernommen werden mußte, weil es sich zunehmend als unmöglich erwies, die konventionellen Kräfte bereitzustellen, die erforderlich schienen, das europäische Bündnisgebiet gegen einen groß angelegten Angriff des sowjetischen Blocks zu verteidigen. Aus den gesamten amerikanischen Darlegungen im Ständigen NATO-Rat wurde deutlich, daß die USA bislang allen Streitkräfte- und Verteidigungsplanungen der NATO nur unter der stillschweigenden Voraussetzung zugestimmt hatten, daß für die Unterstützung der Truppen Nuklearwaffen in »substantiellen Mengen« eingesetzt werden würden[76]. Nun, da sie in der Tat in den USA verfügbar waren, forderten die Amerikaner die offizielle Umstellung der Bündnisstrategie auf Nuklearwaffen aller Kategorien ein. Dies auch mit der Begründung, daß die USA nach all den Entwicklungs- und Herstellungskosten nicht auf die Einführung und gegebenenfalls den Einsatz der neuen taktischen Nuklearwaffen verzichten wollten. Die in den Augen der USA seit der Gründung der NATO ohnehin gegebene starke Abstützung der Militärstrategie der Allianz auf die amerikanischen Nuklearwaffen sollte jetzt durch eine öffentliche politische Verlautbarung des NATO-Rates bestätigt und bekräftigt werden. Außenminister Dulles machte die amerikanische Position noch einmal unmißverständlich klar: »Die Vereinigten Staaten betrachten die Fähigkeit, Atomwaffen als konventionelle Waffen zu verwenden, als wesentlich für die Verteidigung des NATO-Vertragsgebiets angesichts der gegenwärtigen Bedro-

---

[74] MC 53, 13.6.1955, S. 6.
[75] FRUS 1952-1954 V, S. 522; Greiner, Konzept, S. 224 ff.; Wampler, Legacy, S. 637 ff.
[76] FRUS 1952-1954 V, S. 511.

hung⁷⁷.« Zur Beruhigung der europäischen Partner wurde u.a. angeführt, man sei selbstverständlich für Abrüstung, man plane keinen Präventivkrieg, und nicht jeder kleine Konflikt müsse zu einem Nuklearkrieg führen. Die neuen Waffen stünden zwar in Europa nur den amerikanischen Streitkräften zur Verfügung, aber diese seien ja den NATO-Befehlshabern unterstellt.

Die Reaktion der Europäer blieb das ganze Jahr 1954 über eher zurückhaltend. Das beruhte zunächst auf einem geringen Kenntnisstand. Wesentliche Informationen über die amerikanischen Atomwaffen, die den amerikanischen NATO-Befehlshabern bei der Vorbereitung der MC 48 und MC 49 zur Verfügung gestanden hatten, wurden in dem Augenblick, da die Papiere allen Mitgliedern zur Beratung im Militärausschuß zugänglich gemacht wurden, wegen ihrer streng geheimen Natur wieder zurückgezogen[78]. Erst für Januar oder Februar 1955 konnten die USA nach dem Atomic Energy Act vom 30. August 1954 bessere Informationen versprechen. Neben dem sicherlich unzureichenden Informationsstand der meisten Mitglieder wurde ihre Haltung vor allem dadurch bestimmt, daß man sich Entlastung durch die neuen Nuklearwaffen bei den konventionellen Rüstungsanstrengungen versprach, mit denen man ohnehin verglichen mit den von der Allianz aufgestellten Plänen ständig im Rückstand war. So blieben die europäischen Äußerungen im Ständigen NATO-Rat spärlich und unspezifisch. Der französische Vertreter drückte die allgemeine Zustimmung seiner Regierung zu den amerikanischen Vorschlägen aus. Der britische betonte die Überlegenheit des Westens in der nuklearen Waffentechnik als notwendige Grundlage der neuen Militärstrategie[79]. Wenn auch britische militärstrategische Überlegungen schon 1952 die abschreckende Wirkung des anglo-amerikanischen Nuklearpotentials in Rechnung stellten und unter seinem Schirm die konventionellen Streitkräfte reduzieren wollten, so war doch die Einschätzung der taktischen Nuklearmittel durch die Briten zurückhaltender als die der Amerikaner. Für »lokale Aktionen« außerhalb Europas und als »ergänzende Abschreckung« in Westeuropa behielten konventionelle Streitkräfte für die britischen Militärs ihren Wert, auch um in Europa einen sowjetischen Angriff »langsam und schwierig« zu machen und eine sowjetische Besetzung zu verhindern[80].

Auch die europäische Öffentlichkeit wurde während des Jahres 1954 langsam mit dem bekannt gemacht, was sich in der NATO anbahnte. Im Januar erläuterte der SACEUR in einiger Ausführlichkeit die künftigen militärstrategischen und operativen Absichten der NATO: »Wir haben [...] einen Luft-Boden-Schild, der, obwohl er noch nicht stark genug ist, einen Gegner doch zwingen würde, sich vor einem Angriff zu konzentrieren. Die konzentrierten Streitkräfte wären äußerst verwundbar gegen Verluste bei Angriffen mit atomaren Waffen. [...] Wir sind jetzt in der Lage, atomare Waffen gegen einen Aggressor einzusetzen, nicht nur durch

---

[77] Ebd., S. 511 f.
[78] Ebd., S. 523.
[79] Ebd., S. 515.
[80] Baylis/MacMillan, Strategy Paper, S. 207 und 213 ff.

Flugzeuge mit großer Reichweite, sondern auch durch Flugzeuge mit kurzer Reichweite und durch 280 mm Artillerie. [...] Dieses Luft-Boden-Team stellt einen sehr wirksamen ›Schild‹ dar, und es würde im Falle eines Angriffs sehr gut kämpfen. Wir glauben, daß er so stark ist, daß die Sowjets in dem von ihnen besetzten Teil Europas nicht genügend Luft- und Landstreitkräfte haben, um sicher zu sein, diesen ›Schild‹ zu überwältigen. Natürlich können die Sowjets zusätzliche Kräfte heranführen, um diesen Mangel zu beseitigen. Aber wenn sie das tun, dann sollte es uns möglich sein, eine Warnung vor einem bevorstehenden Angriff zu bekommen. Als Ergebnis einer solchen Warnung sollten wir in der Lage sein, unsere Verteidigungskraft beträchtlich zu erhöhen. Insbesondere könnten wir dann unsere Luftstreitkräfte alarmieren[81].« Im Juni 1954 ergänzte Gruenther diese Ausführungen. Wenn man die Nuklearwaffen »verbanne«, sei man gezwungen eine »Mauer-aus-Fleisch-Strategie« zu verfolgen, die erheblich mehr konventionelle Streitkräfte und damit Kosten erfordern werde. Angesichts des geringen Wertes, den die Sowjets einem Menschenleben beimäßen, wäre es sicher ein großer Fehler, eine Strategie einzuführen, die Atombomben durch Menschen ersetzten wolle[82].

Sein Stellvertreter Montgomery stellte im Oktober 1954 den Stand der militärischen Planung bei SHAPE dar: »Ich will absolut klar machen, daß wir bei SHAPE unsere ganze operative Planung auf den Einsatz nuklearer und thermonuklearer Waffen zu unserer Verteidigung gründen. Bei uns heißt es nicht länger: ›Sie können vielleicht eingesetzt werden‹. Es ist schon entschieden: ›Sie werden eingesetzt werden, wenn wir angegriffen werden‹. Der Grund dafür ist der, daß wir den Streitkräften, die gegen uns versammelt werden können, nicht begegnen können, es sei denn, wir verwenden nukleare Waffen; weil unsere politischen Führer niemals große Begeisterung gezeigt haben, uns den Umfang an Streitkräften zur Verfügung zu stellen, der es uns ermöglicht hätte, ohne diese Waffen auszukommen. Dies bedeutet eine gewisse neue Organisation unserer Streitkräfte und unserer Strategie. Eine besondere Gruppe bei SHAPE hat diese Dinge im vergangenen Jahr sehr genau untersucht und ist jetzt zu einigen Schlußfolgerungen gelangt. Wir brauchen jetzt die Mitarbeit der nationalen Stellen, um diese Pläne in die Praxis umzusetzen. Wir haben jetzt in der Tat den Punkt erreicht, an dem der Einsatz von nuklearen und thermonuklearen Waffen in einem heißen Krieg unabwendbar ist[83].« Deutlicher konnten der Stand und die Probleme der neuen militärstrategischen und operativen Planung von SHAPE in der Öffentlichkeit kaum benannt werden. Die Nebenwirkung solcher öffentlicher Mitteilungen, nämlich den Russen »unmißverständlich klarzumachen«, daß die Alliierten beabsichtigten, gegen jeden sowjetischen Angriff sofort Atomwaffen einzusetzen, war natürlich auch berechnet und von nicht zu unterschätzender Bedeutung für die abschreckende Wirkung und allgemeine Glaubwürdigkeit der neuen Bündnisstrategie[84].

---

[81] NATO. First Five Years, S. 108.
[82] Wampler, Legacy, S. 610 f.
[83] Montgomery, A Look, S. 508.
[84] Baylis/MacMillan, Strategic Paper, S. 208.

Um die uneingeschränkte Annahme der MC 48 sicherzustellen, zogen die Amerikaner vor der entscheidenden Ministerratssitzung der NATO im Dezember 1954 noch einmal alle diplomatischen Register. Damit das Konzept weniger als amerikanische Initiative erschien, vielmehr einen »internationalen Geschmack« bekam, gelangte es als Vorlage des Internationalen Stabes in den Rat[85]. Der Ständige NATO-Rat und einzelne Mitglieder wurden im voraus durch den SACEUR und den amerikanischen Außenminister über den von den USA gewünschten Beschluß unterrichtet. Vorab signalisierten Großbritannien, Frankreich und Kanada ihre Zustimmung. Der SACEUR, der Generalsekretär der NATO und der Vorsitzende der amerikanischen Stabschefs sprachen sich für die neue Konzeption aus. Was der NATO-Rat im Wortlaut beschließen sollte, machte der amerikanische Außenminister schon vorher in der Öffentlichkeit bekannt[86].

Während der Beratung der MC 48 im NATO-Ministerrat am 17. Dezember 1954 erinnerte Dulles zunächst an seine Feststellung aus der Sitzung des NATO-Rates vom 23. April 1954, daß unter den Bedingungen eines modernen Krieges atomare Waffen als eine neue Form »konventioneller« Waffen zu betrachten seien[87]. Er hielt es anschließend für unmöglich, daß die NATO zwei verschiedene Strategien oder Fähigkeiten nebeneinander entwickeln könne, die eine auf der Grundlage taktisch eingesetzter Nuklearwaffen, und die andere auf einer konventionellen Basis. Dies habe auch der einhellige Beschluß des Militärausschusses gezeigt. Das einzig wirksame Mittel zur Verteidigung Westeuropas seien nukleare Waffen. Die MC 48 entsprach im Urteil von Dulles den drei »Idealen«, welche die NATO bisher bei ihrer Verteidigungsplanung verfolgt habe, nämlich
– wirksame Abschreckung,
– wirksame Verteidigung und nicht spätere Befreiung und
– »forward strategy«.
Jede andere Verteidigungsplanung sei demgegenüber »zweitrangig«.

Die anschließende Debatte konzentrierte sich darauf, daß mit einem Beschluß für die MC 48 eine Grundlage für die künftige militärische Planung verabschiedet, gleichzeitig aber keineswegs irgendeine politische Verantwortlichkeit für die »lebenswichtige Entscheidung«, die Pläne in Kraft zu setzen, delegiert wurde. Der französische, italienische und kanadische Außenminister betonten gleicherweise, daß die »politischen Autoritäten« letzten Endes entscheiden würden, ob und wann nukleare Waffen eingesetzt werden würden. Dulles stimmte dieser Auffassung mit der Feststellung zu, in Demokratien machten die Soldaten die Pläne, aber die Autorität, »auf den Knopf zu drücken«, bleibe bei den Regierungen. Fast ohne Debatte weiterer Punkte der MC 48 wurde dann der von den Amerikanern vorformulierte Beschluß von den Außen- und Verteidigungsministern gebilligt. Er erschien mit unwesentlichen Abweichungen im veröffentlichten Kommunique: »Der Rat prüfte einen Bericht des Militärausschusses über die wirksamste Struktur der

---

[85] FRUS 1952–1954 V, S. 538.
[86] Ebd., S. 543 ff. und 557; Wampler, Legacy, S. 637 ff.
[87] NISCA, C-VR(54)50, 18.12.1954, S. 8 ff. (für das Folgende).

V. Der nukleare Einstieg. »New Look« und MC 48   127

militärischen Verteidigungskraft der NATO für die nächsten Jahre, der moderne Entwicklungen bei Waffen und Technik berücksichtigt. Er billigte diesen Bericht als Grundlage für die Planung und Vorbereitung der Verteidigung durch die militärischen Stäbe und Gremien der NATO. Er stellte fest, daß diese Billigung keine Abtretung der Verantwortung der Regierungen beinhaltet zu entscheiden, ob die Pläne im Falle von Feindseligkeiten in die Tat umgesetzt werden[88].«

Die Streitkräfteplanung, die der NATO-Rat nach dem Verfahren des »Annual Review«, das seit 1953 in der Allianz eingeführt war, im Dezember 1954 bis 1957 vorausgreifend billigte, hatte noch keinen Bezug zu den neuen militärischen Plänen. Vielmehr betonte der Rat, daß die Stärke der Verteidigungskräfte »in dem geplanten Umfang aufrechterhalten werden sollte«[89].

Streitkräfteplanung

		23.2.1952 (Lissabon) für 1954 geplant	31.12.1954 vorhanden	17.12.1954 (Paris) für 1957 geplant		
		I	I	I	II	III
Heer (Div.)	M-Day	$33^{2}/_{3}$	29	27	$41^{1}/_{3}$	$58^{2}/_{3}$
	M+30	$77^{2}/_{3}$	$60^{2}/_{3}$	$61^{1}/_{3}$	$61^{1}/_{3}$	100
Luftwaffe	M-Day	8807	5564	6730	8056	8709
Marine	M-Day	849	949	1020	1222	1304
	M+30	2273	2200	2437	2536	2655

I   Ohne westdeutsche, griechische und türkische Divisionen, Flugzeuge oder Schiffe
II Mit westdeutschen Divisionen, Flugzeugen oder Schiffen
III Mit westdeutschen, griechischen und türkischen Divisionen, Flugzeugen oder Schiffen
Quelle: Watson, Joint Chiefs, S. 282 und 318 f.

Betrachtet man die Landstreitkräfte, so zeigt der Vergleich zwischen dem, was 1952 für 1954 geplant wurde, und dem, was nun 1954 für 1957 vorgesehen war, eine Steigerung der Divisionszahlen über die 1952 in Lissabon beschlossenen hinaus. Allerdings kam diese Erhöhung nur durch die Aufnahme der deutschen, griechischen und türkischen Verbände zustande, während ohne sie eine Verminderung eingetreten wäre, wie es ja auch den Erwartungen an die neue Bündnisstrategie entsprach. Diese Reduzierung betraf dabei nur die kontinentaleuropäischen Mitglieder, da die Beiträge der USA, Kanadas und Großbritanniens gleich blieben. Bei den taktischen Luftstreitkräften ergab sich ein ähnliches Bild. So waren die Kontinentaleuropäer die ersten Nutznießer weniger der neuen Strategie als der Tatsache, daß man mit der Bundesrepublik neue Divisionen hatte rekrutieren können[90].

---

[88] Engel, Handbuch, S. 746.
[89] Ebd.
[90] Watson, Joint Chiefs, S. 282, 287, 300 und 318 f.; Wampler, Legacy, S. 667 ff.

Dieser Zusammenhang wird durch einen Blick auf den Kommandobereich Europa Mitte etwas deutlicher. Gefordert waren hier schon für 1956 31 präsente Divisionen und 6700 Flugzeuge für die ersten 30 Tage des von der NATO angenommenen Kriegsszenarios[91]. Vorhanden waren 1954 nach der Einschätzung des SACEUR 18^1/$_3$ einsatzbereite Divisionen – davon allerdings die Masse von zwei französischen in Nordafrika eingesetzt – und 2200 Flugzeuge. Der erwartete deutsche Verteidigungsbeitrag von zwölf Divisionen und 1326 Flugzeugen brachte die Zahl der Divisionen auf den geforderten Stand, nicht aber die der Flugzeuge. Was die Divisionen anging, hoffte der SACEUR bis der westdeutsche Beitrag bereitstand auf die schnelle Mobilisierung weiterer Divisionen bis zu einer Gesamtzahl von 50 zehn Tage nach Beginn eines Krieges[92]. Die geforderte Zahl der Flugzeuge betreffend war und blieb man auf »äußere Hilfe« von der britischen Insel sowie von den amerikanischen Flugzeugträgern im Atlantik und im Mittelmeer angewiesen.

Da erste Überlegungen des SACEUR davon ausgingen, daß man mit drei Divisionen, die über eine integrierte nukleare Kapazität verfügten, acht sowjetische auf einer Frontbreite von ca. 90 km halten konnte – wobei je Korpsabschnitt der Einsatz von vier Wasserstoff- und 16 Atombomben vorgesehen war –, schien die nach der MC 49 geplante Verteidigung im Mittelabschnitt gegen die in Osteuropa und der westlichen Sowjetunion vermuteten 82 sowjetischen Divisionen bei einer Frontbreite von ca. 800 km mit 31 Divisionen denkbar[93]. Diese Berechnungen des SACEUR bestätigten die Feststellung aus der MC 48, daß nur die neuen Waffen und ein deutscher Verteidigungsbeitrag die »forward strategy« im Mittelabschnitt des Befehlsbereichs Europa gewährleisten konnten. Es ergab sich nach dieser Planung, daß im Abschnitt Europa Mitte außer den deutschen Divisionen, den taktischen Nuklearwaffen und der Organisation der »auswärtigen« Luftunterstützung für eine Verteidigung an Weser – Fulda – Main – Ludwigskanal keine weiteren Mittel mehr erforderlich waren. Eine von der NAG vorgeschlagene Verteidigung an der Elbe, die 34 Divisionen erfordert hätte, wurde wegen der erforderlichen zusätzlichen Kräfte nicht weiter verfolgt[94].

Man schien also tatsächlich die wirkungsvollste Verteidigung in der Kombination von 31 präsenten Divisionen und 125 nuklearen Sprengkörpern, die dem SACEUR Ende 1954 zur Verfügung standen, ohne zusätzliche Anstrengungen der Mitglieder – ausgenommen die Bundesrepublik Deutschland – verwirklicht zu haben[95]. General Gruenther hatte die politische Zustimmung zu einer Verteidigungsplanung in Europa auf der Basis des Einsatzes von Nuklearwaffen[96]. Die Frage war aber, ob, wie und wann er im Kriegsfall die Genehmigung von den Bündnisnationen erhalten würde, die Pläne in die Tat umzusetzen.

---

[91] NATO, IMS, Central Records, MC 26/3 (Final), NATO Force Requirements as of 31 December, 1956, 25.11.1953, S. 9 und 35.
[92] MC 26/3 (Final), 25.11.1953, S. 6.
[93] SHAPE History 3, S. 57 und 95.
[94] Ebd., S. 58 f.
[95] Ebd., S. 95.
[96] Ebd., S. 82.

VI. Die Implementierung der »Massive Retaliation«. »Directive« des NATO-Rates und MC 14/2, 1955 bis 1957

Im Mai 1954 listete eine strategische Studienkommission der amerikanischen Stabschefs die Probleme auf, die es mit der Einführung taktischer Nuklearwaffen in die Strategie der NATO zu lösen galt:
- Die USA benötigten von anderen Mitgliedern die Genehmigung, nuklearfähige Waffensysteme auf deren Territorien zu stationieren und dort zu bewegen und/oder deren Territorien, wie auch die anderer Staaten, mit solchen Waffensystemen zu überfliegen.
- Es mußte ein Informationsaustausch zwischen den USA und den anderen Bündnismitgliedern über Nuklearwaffen stattfinden.
- Es mußte darüber nachgedacht werden, wer zu welchem Zeitpunkt den Befehl zum Einsatz von Nuklearwaffen geben sollte.
- Allgemein mußte die Rolle, die die verschiedenen Nuklearwaffen in der Bündnisstrategie spielen sollten, genau festgelegt werden[1].

Dazu kam es im Laufe des Jahres 1955 noch zu Überlegungen über mögliche Nebenwirkungen von nuklearen Waffeneinsätzen auf die Zivilbevölkerung und die Mitgliedsgebiete allgemein. Ab 1955 begannen Diskussionen über truppenfreie oder truppenreduzierte Zonen in Mitteleuropa, durch die Spannungen zwischen den Machtblöcken vermindert werden sollten. Der Einfluß solcher Zonen, aus denen natürlich auch die Nuklearwaffen abgezogen werden mußten, auf die Bündnisstrategie war ein weiteres Diskussionsthema in der NATO.

Kontinuierlich und in fast allen Bündnisgremien beschäftigte die NATO-Partner aber nur die Anpassung der militärstrategischen Planung, und hier besonders der Streitkräfteplanung, an die geforderte integrierte nukleare Fähigkeit. Unter dem Stichwort »Prioritäten« bei Aufstellung und Unterhalt der dem Bündnis von den Mitgliedern zur Verfügung gestellten Streitkräfte befaßte sich die Allianz ab Herbst 1955 mit diesem Thema. Im Vordergrund stand die offen geäußerte oder stillschweigende Erwartung einer beträchtlichen Kosteneinsparung bei den Verteidigungsausgaben durch Verringerung der konventionellen Streitkräfte. Aus der »Prioritäten«-Diskussion entwickelte sich im Laufe des Jahres 1956 unter dem neuen Schlagwort »reappraisal« auf verschiedenen militärischen und politischen Ebenen der Allianz der Versuch einer Neubewertung der gesamten Bündnisstrate-

---
[1] Watson, Joint Chiefs, S. 305; Elliot, Project Vista, S. 174 (eine ähnliche Problemliste von 1951).

gie. Zwei Jahre nach dem Beschluß, die MC 48 zur Grundlage der militärischen Planung zu machen, sah sich der NATO-Rat deshalb im Dezember 1956 gezwungen, eine »Politische Richtlinie« als »Dach« über der militärstrategischen Planung zu verabschieden. Obwohl mithin viele der mit dem »normalen« Einsatz von Atomwaffen zur Verteidigung Westeuropas verbundenen Probleme frühzeitig bekannt waren, wurde keines vor dem entscheidenden Beschluß des NATO-Rates vom 17. Dezember 1954 gelöst[2]. Die Suche nach Lösungen begann erst ab 1955 im Laufe der tatsächlichen Einführung einer integrierten nuklearen Kapazität in die Streitkräfte verschiedener Bündnismitglieder und mit der Ausarbeitung der entsprechenden militärstrategischen und operativen Pläne. Sie war in den wenigsten Fällen von Erfolg begleitet. Vielmehr blieben von da an die nuklearen Waffen und ihre Bedeutung für die Verteidigung der NATO »im Vordergrund von nicht immer konfliktfreien Erörterungen im Bündnis«[3].

Nuklearfähige Waffensysteme der USA waren seit 1946 in Großbritannien stationiert. Teile des SAC wurden während der sowjetischen Berlin-Blockade dorthin und damit in die unmittelbare Reichweite zu den Zielen in der UdSSR verlegt[4]. Im Herbst 1953 erschienen amerikanische Einheiten, die mit dem 280 mm »Atomgeschütz« ausgerüstet waren, in der Bundesrepublik Deutschland. Andere Waffensysteme für Nuklearsprengkörper folgten. 1955 wurden die aus Österreich nach Italien verlegten amerikanischen Heeresverbände zur »South European Task Force« (SETAF) zusammengefaßt, dem nach amerikanischem Urteil ersten einsatzbereiten Heeresverband mit einer integrierten nuklearen Fähigkeit, der ganz auf nukleare Gefechtsführung ausgerichtet war[5]. Die Amerikaner waren geneigt, all diese Stationierungsvorgänge als eine Routineangelegenheit innerhalb ihrer nationalen Streitkräfte zu betrachten. Der Vorschlag, das nuklearfähige Artilleriegeschütz in die Bundesrepublik Deutschland zu bringen, wurde den JCS vom SACEUR, General Ridgway, gemacht und von ihnen dann auch befürwortet[6]. Allenfalls war man bereit, die Stationierungsländer und NATO-Gremien zu informieren, auch um Widerstand in den Regierungen und in der Öffentlichkeit zu vermeiden. Wenig Bereitschaft zeigten die amerikanischen Stellen, den Stationierungsländern irgendeine Mitsprache oder gar Mitentscheidung beim Einsatz von Nuklearwaffen von ihren Territorien aus einzuräumen. Die weitestgehenden Vereinbarungen traf man mit den Briten. 1958 kam als Ergebnis langwieriger Verhandlungen folgende Übereinkunft zustande: »The decision to launch these missiles [d.h. die dann stationierten THOR- und JUPITER-Raketen] will be a matter of joint decision taken by the two governments[7].« Die geringsten Rücksichten mußten auf die noch nicht souveräne Bundesrepublik Deutschland genommen werden, in der dann auch aus diesem Grunde und nicht nur wegen ihrer geogra-

---

[2] Watson, Joint Chiefs, S. 306.
[3] Das Atlantische Bündnis, S. 240.
[4] Greiner, Planungen, S. 187 f.; Duke, U.S. Basing in Britain, S. 120 ff.
[5] Nuti, U.S. Forces in Italy, S. 262 ff.; Bacevich, Pentomic Era.
[6] FRUS 1952-1954 V, S. 437-439.
[7] Duke, U.S. Basing in Britain, S. 143.

VI. Die Implementierung der »Massive Retaliation«

phischen Lage die meisten Systeme stationiert wurden[8]. Ob bei den Waffensystemen auch die zugehörigen nuklearen Gefechtsköpfe gelagert wurden, blieb das Geheimnis der USA und der betreffenden Regierung, wie die Lagerung von Atomsprengköpfen in Grönland mit Zustimmung der dänischen Regierung bewies[9]. Inneramerikanische Schwierigkeiten und Probleme mit der Kontrolle dieser Sprengkörper durch zivile und militärische Stellen lassen aber eher vermuten, daß eine Stationierung außerhalb der USA zunächst nicht die Regel war[10]. Erst im Dezember 1957 faßte der NATO-Rat den Beschluß, Depots für nukleare »Atomladungen« in Europa einzurichten, um die Gefechtsköpfe im Bedarfsfall schnell für die Verteidigung der Allianz bereit zu haben[11]. Bis dahin wurden all diese Fragen von den USA, aber auch den betroffenen Ländern, als bilaterale Angelegenheiten betrachtet, die ohne die Allianz zu gegenseitigem Vorteil auszuhandeln waren.

Im Zusammenhang mit der Einführung der taktischen Atomwaffen stellten sich den Allianzmitgliedern auch Informationsprobleme. Die USA mußten die anderen Mitglieder über ihre nukleare Waffentechnik unterrichten. Die Öffentlichkeit der Bündnispartner mußte mit der neuen Strategie der NATO vertraut gemacht werden. Der UdSSR schließlich mußte signalisiert werden, was sie im Falle einer militärischen Aggression in Europa von der NATO und ihrer Nuklearmacht, den USA, zu erwarten hatte. Denn nur so konnte die eigentliche Absicht der neuen Strategie, die Sowjetunion von einem Krieg durch die Androhung eines sofortigen Nuklearschlages abzuschrecken, erreicht werden. Nachdem mit dem Atomic Energy Act vom 30. August 1954 der amerikanische Kongreß die strikte Geheimhaltung im Nuklearbereich gelockert hatte, befaßte sich der Ständige NATO-Rat mit einem amerikanischen Vorschlag, wie die neue nationale Gesetzgebung der USA in der Allianz umgesetzt werden konnte[12]. Die amerikanische Absicht war es, mit diesen Informationen über den »militärischen Gebrauch der Atomwaffen, die der NATO zur Verfügung gestellt werden sollten«, die Zusammenarbeit unter den NATO-Partnern zu fördern und die Informationen so schnell an die NATO-Befehlshaber weitergeben zu können, daß sie schon 1955 für die militärische Planung und die geplanten Manöver verwendet werden konnten. Die Amerikaner wollten dazu Daten aus den folgenden Bereichen zur Verfügung stellen:
– Zahl, Typen, Sprengkraft und Zündungsmöglichkeiten der der NATO zur Verfügung stehenden Nuklearwaffen,
– die zu erwartende Waffenwirkung unter verschiedenen Einsatzmöglichkeiten,
– die verschiedenen Einsatzsysteme,
– die von den strategischen Luftangriffen gegen die UdSSR erwarteten Wirkungen,
– die sowjetischen Möglichkeiten für eine nukleare Kriegführung.

---

[8] Fischer, Reaktion, S. 110.
[9] Badische Zeitung vom 1.7.1995, S. 4: »Im ewigen Eis lagerten Atomwaffen«.
[10] Maier, Nuklearstrategie, S. 229 ff.
[11] Atlantische Gemeinschaft, S. 145.
[12] Wampler, Legacy, S. 717 f.; NISCA, C-M(54)113, 2.12.1954 (für das Folgende).

Die Lieferung von nuklearen Gefechtsköpfen oder von nuklearem Material an die Mitglieder war ausgeschlossen.

Das Ergebnis der Verhandlungen im Ständigen NATO-Rat war, daß der amerikanische Vorschlag am 2. März 1955 ohne wesentliche Änderungen angenommen, auf amerikanischen Wunsch deklassifiziert und am 13. April 1955 veröffentlicht wurde[13]. Einzig der Umfang der von den USA zu liefernden Informationen war allgemeiner gefaßt. Daß andere NATO-Mitglieder den USA ihre »Atominformationen« auch zur Verfügung stellen sollten, spielte im Gegensatz zum ursprünglichen amerikanischen Entwurf nur noch eine geringe Rolle. So ergab sich der Eindruck, daß der Informationsweg im wesentlichen eine Einbahnstraße von den USA zu den anderen Mitgliedern der NATO war, die dafür andere »wesentliche und materielle Beiträge zu den gemeinsamen Verteidigungsanstrengungen« leisten sollten. Die seit 1949 innerhalb der Allianz bestehende Arbeitsteilung zwischen den nuklear-strategischen Aufgaben der USA und den konventionell-taktischen der kontinentaleuropäischen Partner fand so auch in dieser Vereinbarung über nuklearen Informationsaustausch ihren Niederschlag. Wann Informationen gegeben werden sollten, lag im Ermessen der USA, denn nur »von Zeit zu Zeit« waren solche »Atominformationen« vorgesehen. Mit den nationalen Schritten, die zum Abschluß des Abkommens in den einzelnen Ländern erforderlich waren, ließen sich die Mitglieder der NATO bis zum Frühjahr 1956 Zeit[14]. So enthielten die Pläne der verschiedenen NATO-Befehlshaber zum nuklearen Einsatz noch lange einen »U.S. Annex«, der »nur für amerikanische Augen« bestimmt war[15].

Auf dem nuklearen Sektor war man damit sicher noch etwas von dem amerikanischen Wunsch entfernt, durch Informationen die »gemeinsamen Interessen« zu fördern.

Die Informationsarbeit der NATO gegenüber der Öffentlichkeit glich einem Balanceakt zwischen militärischer Geheimhaltung und Offenheit, um das Vertrauen der Bevölkerungen in den Mitgliedsländern für die nukleare Abschreckung zu gewinnen. Am Beginn stand die »Vorsicht, die geübt werden sollte, wenn man sich auf den Einsatz nicht konventioneller Waffen bezog«[16]. Mit den Kommuniqués des NATO-Rates und den öffentlichen Statements von NATO-Befehlshabern begann Ende 1953 so etwas wie ein öffentlicher »Erziehungsfeldzug«, der allerdings außerhalb der militärischen Fachwelt wenig Echo fand. Sonst hätte das mit einem großen Aufwand an Öffentlichkeitsarbeit durchgeführte Luftmanöver CHARTE BLANCHE vor allem in der besonders davon betroffenen Bundesrepublik kein so negatives Interesse erregen können. Der SACEUR beklagte sich anschließend vor den Verteidigungsministern über die »unglückliche psychologische Wirkung« dieser Übung[17]. In der Öffentlichkeit beschrieb er den schädlichen

---

[13] EA 1955, S. 7559–7561.
[14] Wampler, Legacy, S. 928.
[15] SHAPE History 3, S. 125.
[16] NISCA, C-M(54)51 (Final), 23.7.1954.
[17] NISCA, C-R(55)43, 11.10.1955; Wampler, Legacy, S. 684 ff.

Effekt dieser negativen öffentlichen Meinung über die Bündnisstrategie auf die Glaubwürdigkeit der Abschreckung. Wenn man sich »beschaulich« ausmale, welches Unheil die Nuklearwaffen den NATO-Mitgliedern selbst brächten, so stärke das im »psychologischen Sinne« nur die UdSSR[18]. Die Konsequenz, die das Bündnis zog, war die »strengste Geheimhaltung« für das noch größere Luftmanöver FOX PAW und eine allgemeine Sprachregelung für alle künftigen Bündnismanöver mit simuliertem Nuklearwaffeneinsatz: Die Politik der NATO sei es, den Krieg durch den Aufbau einer wirksamen [nuklearen] Gegenschlagkraft zu verhindern und diese Streitkraft müsse unter angenommenen Kampfbedingungen regelmäßig üben, um Routine zu bekommen[19]. Durch diese allgemeinen Feststellungen war wiederum das Vertrauen der Öffentlichkeit nicht zu erlangen. Das beklagte der Ständige NATO-Rat im Oktober 1956. Die öffentliche Meinung müsse gewonnen werden, denn der Bestand einer Verteidigungsallianz freier Demokratien hänge im Frieden vom »Steuerzahler« ab, der die für die Verteidigung angemessenen Mittel zur Verfügung stellen müsse. Zwei Überzeugungen mußten nach der Meinung des NATO-Rates in der Öffentlichkeit Platz greifen: daß es eine Bedrohung gab, die von der Allianz richtig eingeschätzt wurde, und daß die Gegenmaßnahmen der NATO angemessen und wirtschaftlich vertretbar waren. Hier gab es nach der Einschätzung des Rates erhebliche Informationslücken. Teile der Öffentlichkeit hielten die NATO für militärisch rückständig, andere für zu modern. Die nukleare Vergeltung wurde in ihrem abschreckenden Wert angezweifelt[20]. Aber angesichts der Kompliziertheit der modernen militärischen Technologie und der Ungewißheit über die Form eines künftigen Krieges, die selbst in militärischen Kreisen herrschte, schien es schwierig, eine kritische Öffentlichkeit richtig zu informieren und zu den gewünschten Überzeugungen zu bringen. Die öffentliche Haltung zu Verteidigungsfragen und die darauf gegründete Einstellung zur NATO blieben nicht nur in dem hier behandelten Zeitraum ein schwieriges Feld für alle NATO-Mitglieder gegenüber ihren Bevölkerungen. Dauernde Erfolge konnten nicht erreicht werden. Allenfalls in Krisenzeiten scharte sich ein größerer Teil der »Steuerzahler« um die nordatlantische Allianz.

Mit Blick auf die UdSSR war die Hauptsorge der NATO, die sowjetischen Führer könnten zu der Auffassung gelangen, daß das Bündnis vor der Verwendung von Atomwaffen gegen die UdSSR letzten Endes doch zurückschrecken werde. Als Gründe für eine solche sowjetische Einschätzung nannte der NATO-Rat selbst die folgenden:
— Die Abneigung des Westens als erster Atomwaffen einzusetzen,
— die Furcht, gegen Atomwaffen verwundbarer zu sein als die Sowjetunion und

---

18 Strategie der NATO, S. 55.
19 NISCA, Annex to C-R(55)37, 15.9.1955.
20 NISCA, RDC/432/56, Council Guidance and Defense Planning, 4.10.1956, S. 6.

– Uneinigkeit und Demoralisierung der NATO, die einen Beschluß zum Einsatz von Atomwaffen verhindern konnten[21].

So wurde der NATO-Rat nicht müde, in all seinen veröffentlichten Kommuniqués die gemeinsamen Grundsätze aller Mitglieder, deren politische Solidarität und militärische Entschlossenheit zu betonen. Die öffentliche und militärische Rhetorik zur Interpretation der Bündnisstrategie und zum dort vorgesehenen sofortigen Einsatz der Nuklearwaffen lieferte vor allem der Stellvertreter des SACEUR, Feldmarschall Montgomery, während seiner jährlichen Auftritte in London vor der »Royal United Service Institution«. Schon im Oktober 1954 erklärte er, daß die gesamte Planung von SHAPE auf dem Einsatz nuklearer und thermonuklearer Waffen beruhe. Sie würden eingesetzt, wenn die NATO angegriffen werde[22]. Zwei Jahre später nahm er zu dem Problem Stellung, daß einem militärischen Einsatz nuklearer Waffen ein politischer Beschluß vorausgehen mußte, der Verzögerung bedeuten konnte. Nur die Androhung eines sofortigen Nuklearschlages konnte aber nach Meinung der Bündnismilitärs die Sowjetunion vor jeder militärischen Aktion abschrecken. Die etwas unkonventionelle Lösung Montgomerys für dieses Problem war, die Politiker vor einem Einsatz von Nuklearmitteln überhaupt nicht zu fragen. Eine öffentliche Festlegung der NATO in diesem Sinne würde nach seiner Meinung jede Aggression abschrecken[23]. Diese Theorie einer verzugs- und lückenlosen nuklearen Abschreckung wurde selbst in geheimen Bündnispapieren gepflegt, in denen man es ängstlich vermied, Hinweise auf irgendwelche Verzögerungen beim Einsatz oder auch nur die kleinste Möglichkeit einer nur konventionellen Reaktion zu erwähnen. So waren Pressepolitik, Öffentlichkeitsarbeit und Manöver Teil der erklärten Abschreckungsstrategie der NATO mit den Zielen, das Vertrauen der eigenen Bevölkerungen zu gewinnen, gegenüber der Sowjetunion Ge- und Entschlossenheit zu zeigen und die Fähigkeit unter Beweis zu stellen, die Nuklearwaffen im Bedarfsfall auch unverzüglich einsetzen zu können.

Bei dem Problem, wer zu welchem Zeitpunkt den Einsatzbefehl für die Nuklearwaffen geben sollte, mußte von dem Beschluß des NATO-Rates vom 17. Dezember 1954 ausgegangen werden, daß die Entscheidung, die vorbereiteten Pläne bei Feindseligkeiten in Kraft zu setzen, bei den nationalen Regierungen verblieb. Diese Formel wurde noch zwei Jahre später im Rahmen der »Politischen Richtlinie« vom 13. Dezember 1956 bestätigt, obwohl gleichzeitig betont wurde, daß die Streitkräfte des Schutzschildes »schnell« mit Atomwaffen auf einen Angriff gleich welcher Art antworten mußten; also eine rasche Einsatzentscheidung für die Nuklearwaffen nötig werden konnte[24]. Daß mit den zur Entscheidung befugten Regierungen nicht alle Mitglieder, die im NATO-Rat vertreten waren und dort unter Umständen zu einer solchen Entscheidung versammelt werden konnten,

---

[21] Directive to the Military Authorities from the Atlantic Council, 13.12.1956, S. 5, in: NATO Strategy Documents, S. 273.
[22] Montgomery, A Look, S. 508.
[23] Montgomery, Panorama, S. 519.
[24] C-M(56)138 (Final), 13.12.1956, S. 7, in: NATO Strategy Documents, S. 276.

gemeint waren, wurde schnell deutlich. Bei feindlichen Aktionen, die die Sicherheit der USA selbst oder ihrer der NATO zur Verfügung gestellten Truppen betraf, wollte die führende Nuklearmacht im Bündnis ein Veto für den Einsatz ihrer Nuklearwaffen durch andere Bündnispartner ausschließen. Also behielten sich die Amerikaner das Recht vor, in diesen Fällen sofort ihre nuklearen Mittel einzusetzen, ohne eine Beratung oder einen Beschluß aller oder einiger Mitglieder abzuwarten, um eine Verzögerung des Einsatzes zu vermeiden. Konsultationen innerhalb der NATO wurden von den USA von Anfang an an Bedingungen geknüpft: wenn sie überhaupt möglich schienen, wenn es die verfügbare Zeit erlaubte, wenn das nationale Überleben nicht eine sofortige und unabhängige Reaktion der USA erforderte. Die am Ende einer bis 1962 andauernden Debatte dann in den »Athener Richtlinien« gefundene und öffentlich gemachte Formel lautete dahingehend, daß die USA und Großbritannien ihre Bündnispartner vor der Freigabe nuklearer Waffen konsultieren würden, »sofern Zeit und Umstände dies erlauben« würden[25].

Inwieweit Einsatzbefugnisse an amerikanische nationale und Bündnisbefehlshaber delegiert wurden, ist bis heute nicht abschließend erforscht. In »Notfällen« und bei »drohender Vernichtung« ihrer Verbände scheinen die amerikanischen Befehlshaber auch im europäischen Vertragsgebiet der NATO einige Handlungsfreiheit besessen zu haben. Daß die amerikanischen Bündnisbefehlshaber in Europa eigentlich die »sofortige Entscheidungsgewalt« über den Einsatz der ihnen von den USA zur Verfügung gestellten Nuklearwaffen haben mußten, ergab sich für sie schon aus der konventionellen Überlegenheit der hier versammelten sowjetischen Streitkräfte und der Schnelligkeit, mit der sie im Falle eines Angriffs bekämpft werden mußten. Nur so war zu verhindern, daß das europäische Vertragsgebiet »überrannt« wurde und die eigenen konventionellen Kräfte einer sofortigen Vernichtung ausgesetzt waren.

Von dieser militärischen Logik her waren die politischen Entscheidungsträger einem starken Druck ausgesetzt, wollte man nicht sofort schwere militärische Verluste besonders in Europa oder gar die politische Kapitulation einzelner Bündnispartner riskieren, wofür dann zögernde Politiker die Verantwortung hätten übernehmen müssen[26].

Die Einsatzmöglichkeiten für die taktischen nuklearen Mittel bestimmten auch das Urteil des SACEUR über truppenfreie oder -reduzierte Zonen beiderseits der innerdeutschen Grenze, die seit 1955 immer wieder vorgeschlagen und diskutiert wurden. Der damit verbundene Abzug der taktischen Atomwaffen würde Räume schaffen, wo die sowjetischen Truppen zunächst ohne eine nukleare Bedrohung operieren konnten. Darüber hinaus war eine »forward strategy« für das gesamte europäische Vertragsgebiet nicht mehr möglich, wenn man den Mittelabschnitt von Truppen entblößte. Eine »grundsätzliche Veränderung der NATO-Strategie«

---

[25] Das Atlantische Bündnis, S. 240; Wampler, Legacy, S. 1039 ff.
[26] Siehe zu diesem Abschnitt: Maier, Nuklearstrategie, S. 263 ff.; Beitrag Maier, Politische Kontrolle, in diesem Band, Kapitel IV; Wampler, NATO Strategic Planning, S. 45 ff.; FRUS 1952–1954 V, S. 509–514.

mußte die Folge sein, selbst wenn man davon ausging, daß das deutsche Potential im NATO-System blieb, und die in der Bundesrepublik Deutschland befindlichen amerikanischen Streitkräfte anderwärts in Europa stationiert werden konnten. So gab es keine Zustimmung des SACEUR zu diesen Überlegungen. Einmal mehr erwies sich am Beispiel dieses Problems die Bedeutung des europäischen und des deutschen Vertragsgebiets und der hier stationierten taktischen nuklearen Einsatzsysteme für die neue Bündnisstrategie und die nationalen Sicherheitsinteressen der USA[27].

Obwohl durchaus Kenntnisse über Schäden vorhanden waren, die der Einsatz von Nuklearwaffen nicht nur beim Gegner, sondern auch im eigenen Bereich und in der Umwelt anrichten würde, schienen die militärischen Befehlshaber geneigt, diese Probleme für »beherrschbar« zu halten. Die Diskussion über den Einsatz von nuklearen Waffen auf dem Gefechtsfeld war sicher in den 50er Jahren von einer gewissen Leichtfertigkeit geprägt, die sich auch in Vergleichen mit den konventionellen Bombenangriffen während des Zweiten Weltkriegs ausdrückte. Die Atomwaffentests der USA in der Wüste von Nevada bewiesen die gleiche Bedenkenlosigkeit, zumal hier ja die eigenen Soldaten der in ihrer Gefährlichkeit vielleicht doch unterschätzten nuklearen Waffenwirkung ausgesetzt wurden. In die militärstrategischen Überlegungen flossen Bedenklichkeiten nicht ein oder wurden hinter dem Hinweis versteckt, alles diene der Abschreckung. Wenn diese »Lebenshoffnung« allerdings versagte, war der Schutz der Zivilbevölkerung, selbst wenn man 50 % des Bruttosozialprodukts in den Luftschutz investiert hätte, nicht zu gewährleisten. Daß selbst eine sehr begrenzte Zahl taktischer Nuklearwaffen genügen würde, »fast die Totalität der zivilen und militärischen Bevölkerung des einen oder des anderen Teils Deutschlands zu vernichten«, wurde trotzdem bestritten[28].

Immerhin stellte sich die NATO auch diesem Problem. Im Mai 1955 empfahl der NATO-Rat den Mitgliedern, ihre zivile Notstandsplanung auf die neue Bündnisstrategie auszurichten. Als Hauptziele sowjetischer Kernwaffenangriffe vermutete man die »alliierten Produktions- und Einsatzanlagen für Atomwaffen«, aber auch Regierungs-, Industrie-, Verkehrszentren und Hafenanlagen. Auch »größere Bevölkerungszentren, deren Zerstörung sich auf die Kriegführung und im besonderen auf die Moral der Zivilbevölkerung vermutlich äußerst nachteilig auswirken würde«, kamen als Ziele in Frage. Die zivilen Notstandsmaßnahmen« sollten in diesem »Chaos«, dessen »Ausmaß [...] alles bisher für möglich Gehaltene« übertreffen würde, die Regierungsfähigkeit und das Leben der Bevölkerung zu erhalten suchen. Die Verwirklichung der Maßnahmen wurde in das Ermessen der einzelnen Mitglieder gestellt[29].

Risiken und Imponderabilien der nuklearen Bündnisstrategie verstärkten die ohnehin weit verbreitete Ansicht, ein Krieg mit nuklearen Mitteln müsse auf jeden

---

[27] Rupieper, Deutsche Frage, S. 199 ff.; NA, RG 218, Radford File, CCS 092 Germany (5-4-49), sec. 30, Message from Gen. Gruenther to JCS, 25.5.1955.
[28] Greiner, Eingliederung, S. 615 ff.; Wampler, Legacy, S. 929.
[29] NISCA, C-M(55)48, 27.5.1955.

Fall verhütet werden. Vor allem um sich über die künftige Streitkräftestruktur klar zu werden, mußte aber das Szenario des unbedingt zu verhindernden Nuklearkrieges rational durchdacht werden. Das geschah nach dem Beschluß des NATO-Rates zur MC 48 vom 17. Dezember 1954 auf einer Sitzung der Verteidigungsminister mit der Ständigen Gruppe und den obersten Befehlshabern der NATO am 10. und 11. Oktober 1955[30]. Die Vorträge des Vorsitzenden der Ständigen Gruppe und der vier NATO-Befehlshaber ergaben das allgemeine Bild, daß sich nicht nur die Allianz auf einen Nuklearkrieg vorbereitete, sondern auch die UdSSR, wie es die NATO ja auch erwartete. Die sowjetischen Landstreitkräfte sollten zwar, wie die politische Führung der UdSSR öffentlich angekündigt hatte, um 800 000 Mann reduziert werden, gleichzeitig aber in Organisation und Doktrin auf das nukleare Gefecht umgestellt werden. Die sowjetische Luftwaffe entwickelte zielstrebig eine strategisch einsetzbare nukleare Komponente. Die Raketenforschung in der Sowjetunion schien weit fortgeschritten. Alles in allem hatte die nukleare Bedrohung nun alle Bündnismitglieder erreicht. Gleichzeitig schienen die sowjetischen Aktivitäten außerhalb des Vertragsgebiets bedrohlich zuzunehmen. Ob ein nukleares Patt zwischen den USA und der UdSSR in Aussicht stand, das die gesamte aktuelle Bündnisstrategie in Frage stellen konnte, wurde im Kreis der Verteidigungsminister und Oberbefehlshaber nicht diskutiert.

Die amerikanisch-kanadische Regionale Planungsgruppe konzentrierte ihre Überlegungen ganz auf die Luftverteidigung, da die sowjetische Luftwaffe nun in der Lage schien, die USA und Kanada in »relativ kurzer Zeit« wirtschaftlich und militärisch lahmzulegen. Das Frühwarn- und Führungssystem der Luftverteidigung SAGE (Semiautomatic Ground Environment) sollte schon 1956 einsatzbereit sein und die USA und Kanada gleicherweise schützen.

Die beiden Seebefehlshaber der NATO im Ärmelkanal und im Nordatlantik fürchteten weniger einen nuklearen Einsatz durch die sowjetischen Seestreitkräfte als vielmehr deren U-Boot- und Minenkapazitäten. Übereinstimmend waren sie der Meinung, daß die sowjetische Marine in der Ostsee und im Nordmeer eingeschlossen und ihre Basen nuklear vernichtet werden müßten. Sonst konnte das im Kriegsfall zur Verstärkung und Versorgung Westeuropas einzuführende Konvoisystem weder im Nordatlantik noch im Ärmelkanal gesichert werden, da für etwa 50 bis 80 Konvoischiffe nur bis zu drei Geleitschiffe vorhanden waren, die sicherlich gegen die zu erwartenden sowjetischen U-Bootangriffe nicht ausreichten. Die nukleare Kapazität der amerikanischen Flugzeugträger sollte deshalb in erster Linie zur Zerstörung der sowjetischen Marinebasen und erst danach zur Unterstützung der Land- und Luftschlacht in Europa dienen[31]. Unter einer »forward strategy« verstanden SACLANT und CINCCHAN die Schließung der Ostsee, die Verteidigung der gesamten norwegischen Küste und die Sperrung des europäischen Nordmeeres in der Linie Island – Färöer – Shetlandinseln – Südnorwegen für die

---

[30] NISCA, C-R(55)41-44, 10. und 11.10.1955 (für das Folgende).
[31] Maloney, Atomare Abschreckung, S. 58.

sowjetischen Seestreitkräfte, um ihnen den Eintritt in den Nordatlantik zu verwehren.

Das Hauptinteresse der Minister galt aber der Verteidigung Kontinentaleuropas. Der SACEUR nannte dafür drei Voraussetzungen, die zum Teil schon bekannt und auch öffentlich von ihm genannt worden waren:
1. Eine »integrierte atomare Fähigkeit« bei Land- und Luftstreitkräften,
2. den Verteidigungsbeitrag der Bundesrepublik Deutschland und
3. Verbesserungen bei der Luftverteidigung, dem Frühwarn- und Führungssystem für die taktische Luftwaffe und bei der Versorgung aller Truppen allgemein.

Bei diesen Problemkreisen fanden sich nun ziemlich genau auch die größten Mängel. Die zur Verfügung gestellten Divisionen waren schlecht ausgerüstet und verfügten bis auf einige amerikanische nicht über nuklearfähige Waffensysteme. Die deutschen Divisionen würden auf Grund nationaler Schwierigkeiten bei der Aufstellung nicht 1957, wie von der Bundesregierung zunächst angekündigt, sondern erst 1959 bereitstehen. Tatsächlich wurde die letzte der deutschen Divisionen dann erst 1965 als »assignierter« Großverband gemeldet. Die Luftverteidigung war noch national organisiert. Statt eines Radarsystems, das eine Warnzeit von 30 bis 40 Minuten vor einem Angriff gewährleisten sollte, gab es einzelne Radarstellungen, die nur von Montag bis Freitag jeweils acht Stunden besetzt waren. An den benötigten taktischen Flugzeugen fehlten rund 1000. Der Rest von 4300 war zum großen Teil nicht kampfbereit.

Kein Wunder, daß der Rückhalt der Abschreckung und Verteidigung die nuklearen Luftstreitkräfte in Großbritannien, im Atlantik (Strike Fleet Atlantic), im Mittelmeer (6. U.S. Flotte) und auf dem Kontinent waren. Mit ihnen sollte bei Kriegsbeginn ein Nuklearschlag gegen die sowjetischen Flugplätze und Häfen wie gegen die ca. 30 Orte geführt werden, an denen die breite Spur der sowjetischen Eisenbahn auf die schmalere der europäischen wechseln mußte. Bei den Landstreitkräften ging der SACEUR nun von den vorhandenen aus und nicht mehr, wie noch in der konventionellen Phase, von den erforderlichen. Zusammen mit den zwölf deutschen Divisionen glaubte er insgesamt 30 für die Verteidigung des Mittelabschnitts verfügbar machen zu können, zu denen noch 13 rasch zu mobilisierende hinzukommen sollten. Das waren »marginale« Kräfte und die »Position« zu Land, also der sogenannte »Schild«, würde »dünn« sein. Das Ergebnis eines Krieges mit der Sowjetunion mit diesen und den Gesamtkräften der NATO würde das altbekannte sein: die nukleare Vernichtung der UdSSR und das »Überranntwerden« Kontinentaleuropas. Wenn nicht alle Forderungen der MC 48, die hier noch einmal konzentriert vorgetragen worden waren, erfüllt würden, werde es, so General Gruenther, eher eine »rearward« als eine »forward strategy« geben.

In einer »ziemlich realistischen« Diskussion im kleinen Kreis kam sofort die Frage auf den Tisch, die die Allianz dann längere Zeit beschäftigen sollte, nämlich die der Prioritäten, d.h. welche Streitkräfte überhaupt noch unterhalten und welche verstärkt werden sollten[32]. Dahinter steckte die, wie Generalsekretär Lord Ismay

---

[32] FRUS 1955-1957 IV, S. 25.

formulierte, in der Allianzöffentlichkeit und in den nationalen Parlamenten gehegte Hoffnung, man werde durch die neue Bündnisstrategie bedeutende Einsparungen durch Verringerung vor allem der konventionellen Streitkräfte machen können. Verschiedene Verteidigungsminister hatten schon ihrer Sorge Ausdruck verliehen, wo sie die Gelder für den gegenwärtig geforderten nationalen Beitrag zur Bündnisverteidigung noch hernehmen sollten. Vielleicht waren als Rettung aus dieser finanziellen Zwangslage nun konventionelle Streitkräfte so gut wie »überflüssig«. Der kanadische und der britische Verteidigungsminister argumentierten in diese Richtung. Ihre Prioritäten lagen bei den nuklear-strategischen Kräften der USA und Großbritanniens, deren Schutz- und Einsatzsysteme verbessert werden mußten, um vor allem die Abschreckung aufrechtzuerhalten. Die konventionellen Streitkräfte des »Schildes« in Europa sollten nur auf dem gegenwärtigen Stand gehalten werden. Dafür mußten nationale Streitkräfte für Einsätze außerhalb des Vertragsgebiets bereitgestellt werden. Die zu einem Urteil aufgeforderten Bündnisbefehlshaber zogen sich auf die Position zurück, sie könnten unmöglich »Prioritäten« für die Streitkräfte der einzelnen Mitglieder setzen. Das sei Sache der nationalen Stabschefs. Sie gaben auch vorsichtig zu verstehen, daß die Kosten für die neue Strategie nicht geringer, sondern eher höher als bisher angenommen sein würden. Der Generalsekretär war der Meinung, daß konventionelle Streitkräfte weiter benötigt würden und daß man dies der Öffentlichkeit und den nationalen Abgeordneten ganz klar machen müsse. Allen war einsichtig, daß das Bündnis in jedem Fall eine klare Richtlinie für die nationalen Streitkräfteplanungen im Rahmen der neuen Strategie geben mußte, um nationale Alleingänge zu verhindern.

Dieses Problem wurde am 19. Oktober 1955 von den Verteidigungsministern dem Ständigen NATO-Rat zur weiteren Behandlung übergeben. Der Auftrag an die Vertreter der Mitglieder im Ständigen NATO-Rat lautete, eine umfassende Überprüfung der Streitkräfte nach Zahlen und Prioritäten in Erwägung zu ziehen und zu überlegen, welches Gremium für eine derartige Prüfung in Frage komme, wenn sie überhaupt als erforderlich betrachtet würde. Der verklausulierte und vieldeutige Auftrag zeigte deutlich, wieviele Unsicherheiten in dem Beschluß vom Dezember 1954 noch steckten, die Verteidigungsplanung der Allianz ganz auf Nuklearwaffen zu gründen. Der Rahmen für Lösungen wurde aber von den Verteidigungsministern immerhin abgesteckt. Auf der einen Seite sollten die Streitkräfteziele, die man sich 1953 für das Jahresende 1956 gesetzt hatte, immer noch erreicht werden. Dabei waren die für Personal und Material im Verteidigungsbereich steigenden Preise zu berücksichtigen. Hinzu kamen nun neue, für die Strategie der MC 48 erforderliche technische Einrichtungen wie ein radargestütztes Frühwarnsystem in Europa. Auf der anderen Seite war eine Erhöhung der nationalen Verteidigungshaushalte nach übereinstimmender Meinung der Verteidigungsminister gegenwärtig unmöglich. Also mußte festgelegt werden, welche Streitkräfte mit geringstem Vorrang zu bedenken oder welche gar ganz aufgegeben werden konnten. Hier nun, so beklagten die Minister, hatte man bisher vergeblich auf militärische Ratschläge gehofft[33].

Im militärischen Bereich der Allianz gab es zumindest schon eine Richtung für alle künftigen Überlegungen und Ratschläge. Es schien der Ständigen Gruppe nämlich im Augenblick unmöglich, die künftigen Strukturen der Streitkräfte zur Gänze zu bestimmen. Die Entwicklung hin zu den Streitkräften, die man für die neue Strategie benötigte, sollte daher ein »evolutionärer«, also langsamer Prozeß der Anpassung sein, der nicht durch eine einmalige Entscheidung beschleunigt oder einfach herbeigeführt werden konnte. Man vertrat deshalb die Meinung, die Mitglieder sollten zunächst die Einsatzbereitschaft der vorhandenen und der bis 1956 aufzustellenden Streitkräfte verbessern. Von den »assigned« und »earmarked« Verbänden, für die sich die militärischen Stellen der NATO allein zuständig fühlten, durften überhaupt keine Abstriche gemacht werden, denn sie waren die minimale Grundlage der beschlossenen Strategie[34].

Etwas mehr Klarheit in der verworrenen Lage versprach man sich nun von den seit September 1955 in der Beratung befindlichen Papieren, die die MC 48 und MC 49 fortschreiben sollten. Die beiden Dokumente vom 26. September 1955 (MC 48/1 und MC 49/1) zeigten aber eher Mängel und neue Forderungen als Wege zu kostenmindernden Streitkräfteeinsparungen auf. Zur Verwirklichung der »forward strategy« in Europa fehlten weiterhin die zwölf deutschen Divisionen, ein Frühwarnsystem, ein Alarmsystem, ein Luftverteidigungssystem und ausreichend Versorgungsgüter. Positiv konnte nur vermerkt werden, daß nun »Atomic Strike Plans« entwickelt worden waren. Diesen Plänen fehlte es allerdings an der Koordinierung des taktischen Einsatzes »westlich des Rheins« mit dem strategischen durch Kräfte »außerhalb von SHAPE«, wie z.B. durch das SAC. Dagegen lagen weiter politische Hypotheken auf der ganzen militärischen Planung. Sie konnte erst nach Entscheidungen der Mitglieder zum Einsatz der Nuklearwaffen und zur Unterstellung der nationalen Kontingente unter die Operationsführung der Bündnisbefehlshaber in die Tat umgesetzt werden. Daraus resultierten mögliche zeitraubende politische Prozesse, die sich die militärischen Führer der NATO glaubten eigentlich nicht leisten zu können[35].

Der SACEUR beklagte die Verzögerung beim Aufbau des Verteidigungsbeitrages der Bundesrepublik Deutschland, die Reduzierungen bei den Streitkräften anderer Mitglieder und die zeitweise Verlegung von »assigned« und »earmarked« Verbänden aus seinem Befehlsbereich hinaus. Damit war vor allem Frankreich gemeint, das die politische Krise in seinen nordafrikanischen Gebieten mit Truppen aus seinem Staatsgebiet oder aus der Bundesrepublik zu meistern suchte. Die

---

[33] NISCA, C-M(55)90, Defence Ministers' Conference – Follow-Up-Action, 19.10.1955; Wampler, Legacy, S. 725 ff.

[34] NATO, IMS, Central Records, Protokolle der 241st, 242nd, 246th, 247th, 250th und 252nd Meetings der Ständigen Gruppe vom 1.11. bis 1.12.1955.

[35] MC 48/1, The most effective Pattern of Military Strength for the next few Years – Report No. 2, 26.11.1955, in: NATO Strategy Documents, S. 253–268; SHAPE History 3, S. 110 (für Koordinierungsproblem).

Folgen von all dem waren »ernsthafte Mängel« im Streitkräftebereich, die die militärische Position gefährdeten und die Verwirklichung der »forward strategy« bis 1959 verzögern konnten. So gab der SACEUR für die ihm von den Mitgliedern zur Verfügung gestellten Truppen keinerlei Prioritäten- oder gar Reduzierungsempfehlungen. Er forderte vielmehr den NATO-Rat auf, in die Mitglieder zu dringen, ihre Verteidigungsanstrengungen zu erhöhen, und den Deutschen nahezulegen, ihren Streitkräfteaufbau zu beschleunigen[36].

Die Sitzung des Militärausschusses am 9. und 12. Dezember 1955, auf der die beiden Dokumente abschließend diskutiert wurden, zeigte durchaus unterschiedliche Meinungen zu den Fragen der Prioritäten bei den nationalen Streitkräften und einer allgemeinen Überprüfung der Bündnisstrategie. Die USA, Kanada, Frankreich und die Türkei sprachen sich gegen Prioritätenfestsetzungen und Überprüfungen aus. Man versprach sich davon keinen Erfolg, wünschte die vor einem Jahr beschlossene Strategie endlich zu verwirklichen oder sah überhaupt keine Möglichkeit, irgend etwas zu ändern oder gar Truppen zu reduzieren. Die kleineren Mitglieder Italien, Belgien und die Niederlande setzten sich für neue Prüfungen innerhalb der Allianz ein. Schließlich einigte man sich auf einen »overall NATO reappraisal« und gleichzeitig auf nationale Überprüfungen, zu denen die militärischen Stellen des Bündnisses Ratschläge geben sollten[37].

Allen war damit geholfen. Die einen konnten nun gemächlich auf den Prüfungsprozeß in der NATO warten und mußten eigentlich selbst nichts tun. Die anderen erhielten freie Hand, ihre nationalen Streitkräfte umzubauen, ohne allzusehr auf den Rat der Bündnismilitärs hören zu müssen. Der Ständige NATO-Rat bestätigte diese ungute Doppelgleisigkeit gegenwärtiger und künftiger Streitkräfteplanung in einem neuen Beschluß. Den allgemeinen Feststellungen, die militärischen Pläne seien an einer langanhaltenden Bedrohung ausgerichtet, und die Mitglieder sollten ihre nationalen und Bündnisstreitkräfte weiter unterhalten oder gar ausbauen, folgten zwei durchaus gegensätzliche Feststellungen: Viele Mitglieder könnten keine »substantiellen Erhöhungen« ihrer Verteidigungsausgaben mehr erreichen, aber es werde »beträchtliche Ausgaben« erfordern, um alle neuen Maßnahmen des MC 48-Konzeptes zu verwirklichen. Diesen Gegensatz, der noch dadurch verschärft wurde, daß schon der Unterhalt der gegenwärtig vorhandenen Streitkräfte bei steigenden Preisen Mehraufwendungen erforderte, versuchte man nun durch zwei Vorschläge zu mildern: Besondere Verteidigungsprobleme sollten unter der Aufsicht des Ständigen NATO-Rates und nach seinen Vorschlägen, also auf Bündnisebene, diskutiert werden. Das war der multilaterale allgemeine Überprüfungsansatz. Gleichzeitig sollten alle Mitglieder für sich nach den Vorgaben der

---

[36] NATO, IMS, Central Records, MC 49/1, SACEUR's Report on future Capabilities Plans 1957, 26.11.1955.
[37] NATO, IMS, Central Records, Protokolle der 12th Session (1st and 2nd Meeting) des Militärausschusses, 12.12.1955.

MC 48 und mit dem Rat der militärischen Bündnisstellen selbst eine umfassende Überprüfung ihrer Streitkräfte vornehmen[38].

Die Außen- und Verteidigungsminister folgten am 15./16. Dezember 1955 dieser Linie. Sie billigten die Fortschreibungen der MC 48 und der MC 49, stimmten der Einrichtung eines integrierten Luftverteidigungssystems in Europa zu und genehmigten das vom Ständigen NATO-Rat vorgeschlagene Verfahren für die Prioritätensetzung bei der Streitkräfteplanung und für die allgemeine Überprüfung der Bündnisstrategie. Wohin die Reise unter diesen Voraussetzungen gehen würde, demonstrierte der britische Verteidigungsminister Selwyn Lloyd mit seiner Auffassung, in erster Linie sollten nun die Mitglieder ihre Verteidigungsleistungen überprüfen. Die multilateralen Diskussionen auf Bündnisebene dagegen wurden zu einem bloßen »Gedankenaustausch« herabgestuft. Einmal mehr nannten die Briten ihre »Prioritäten« unter der Überschrift »Qualität vor Quantität«: erstens, Aufbau einer strategischen Luftwaffe, zweitens, Raketenforschung und drittens, ein Frühwarnsystem für die nuklear-strategischen Gegenschlagkräfte. Vom »Schild« der Bündnisstreitkräfte in Europa war nicht die Rede. Sollten einzelne Mitglieder gezwungen sein, ihre konventionellen Streitkräfte der Zahl nach zu kürzen, so mußten Wege und Mittel gefunden werden, ihnen zu helfen, um das Schlimmste zu vermeiden. Der französische Verteidigungsminister versuchte zwar, dagegenzuhalten, und verlangte nach wie vor, die für 1956 vorgesehenen Streitkräfte aufzubauen, weil sie »genau der militärischen Lage« in Europa entsprächen, aber er fand wenig Zustimmung, zumal die Franzosen ja selber nicht in der Lage waren, diese Ziele zu erreichen. Blieb nur der militärische Beitrag der Bundesrepublik Deutschland als Zuwachs bei der Quantität konventioneller Streitkräfte der NATO in Europa. Gerade sie mußte nun unglücklicherweise auf dieser NATO-Ratstagung die Verzögerung ihres Streitkräfteaufbaus bis 1959 offiziell einräumen[39].

Im Auftrag des Ständigen NATO-Rates beantwortete die Ständige Gruppe schließlich noch die Frage: »Warum brauchen wir ›konventionelle‹ Streitkräfte?« Die Antwort lautete, allein sie konnten das befürchtete Überrennen von weiten Teilen des europäischen Vertragsgebiets in wenigen Tagen verhindern. Luftstreitkräfte konnten dies auch mit Einsatz von Nuklearwaffen nicht. Mochte eine dann erfolgende Besetzung durch sowjetische Truppen noch hingenommen werden können, so mußten die Folgen einer anschließenden »Befreiung«, die nur unter Einsatz von Nuklearwaffen denkbar schien, so katastrophale Auswirkungen in den »befreiten« Vertragsgebieten haben, daß sich schon von daher der Bedarf an konventionellen Streitkräften ergab. Die Ständige Gruppe schlug allerdings vor, den Begriff »konventionelle Streitkräfte« nicht mehr zu verwenden. Die Antwort auf die gestellte Frage lautete dann, daß Land-, Luft- und Seestreitkräfte benötigt wur-

---

[38] NISCA, C-M(55)120, Draft Resolution on NATO Defense Planning, 15.12.1955; RDC/432/56, 4.10.1956, S. 13 f.
[39] NISCA, C-R(55)58 – 60, 15. und 16.12.1955; FRUS 1955–1957 IV, S. 32 und 35; siehe allgemein zu den amerikanischen und britischen Positionen in der Strategiedebatte: Wampler, Legacy, passim.

den, um das Vertragsgebiet zu schützen, und daß alle diese Streitkräfte zunehmend mit nuklearen Mitteln ausgerüstet werden würden. Um einen größeren Anteil an Landstreitkräften kam man dabei auf dem europäischen Kontinent nicht herum, wollte man das gefürchtete Überrennen verhindern, auch wenn sie wegen des hohen Personalbedarfs besonders kostenintensiv waren[40].

Die erste Hälfte des Jahres 1956 war durch drei Entwicklungen in der NATO und in einzelnen Mitgliedsländern bestimmt, die wenig miteinander zu tun hatten oder gar gegenläufige Tendenzen aufwiesen. Im Februar begannen die »multilateralen Diskussionen spezieller Verteidigungsprobleme« mit allgemeiner Bedeutung für die Verteidigungsplanung der Allianz[41]. Gleichzeitig wurde in den militärischen Gremien eine neue strategische Richtlinie vorbereitet, da die MC 14/1 vom Dezember 1952 nicht mehr der inzwischen beschlossenen Konzeption der MC 48 entsprach. Einzelne Mitglieder begannen schließlich selbständig, die Schlüsse aus der neuen Strategie für Zahl und Organisation ihrer Streitkräfte zu ziehen.

Generalsekretär Lord Ismay eröffnete am 20. Februar 1956 in Paris die gemeinsame Diskussion und nannte die Ziele der bis zum 29. Februar geplanten Gespräche. Es ging um ein »Höchstmaß an Information« für »eine Periode der Anpassung und des Überdenkens«. Es war nicht vorgesehen, die NATO-Strategie umfassend zu überprüfen oder gar Entscheidungen zu treffen. Auf der Grundlage des Ratsbeschlusses vom 17. Dezember 1954 und der dazu entwickelten militärischen Pläne ergaben sich zwei Probleme der Allianz, zu deren Lösung die Diskussionen beitragen konnten:
– mit den wahrscheinlich vorhandenen Mitteln die wirksamsten Streitkräfte zu formieren, und
– dazu den Mitgliedern Hilfestellung zu geben, die allein die Verantwortung dafür trugen, ihren Anteil zur kollektiven Stärke beizutragen.

Für diese beiden Probleme gab es nach dem Urteil des Generalsekretärs keine »schnelle, billige und einfache Lösung«[42].

Der SACEUR General Gruenther traf in seinen einführenden Worten sicher die Stimmung der meisten Mitglieder. Man sei hier zusammengekommen, weil über erhöhte Verteidigungslasten, über die richtige Art der Strategie und die dafür notwendigen Waffen große Unsicherheiten bestünden[43]. Der Themenkatalog der Tagung, den die militärischen Gremien vorgeschlagen und den der Ständige NATO-Rat genehmigt hatte, zeigte schon die Schwerpunkte, aber auch die Probleme der neuen Bündnisstrategie:
– Organisation, Auflockerung und Bereitschaft der Luftwaffeneinheiten,
– Luftverteidigung,
– Organisation der Heeresdivisionen,

---

[40] NATO, IMS, Central Records, SGM-912-55, Requirements for conventional Forces, 22.12.1955.
[41] NISCA, RDC/432/56, 4.10.1956, S. 4; Wampler, Legacy, S. 798 f.
[42] NISCA 3/5/7/2, Opening remarks for multilateral dicussions by Secretary General.
[43] NATO, DEF 3.1.03 (55-56), Records, Defense Planning – Multilateral Discussions, AC/100 – VR/1 – 11, 20.-29.2.1956 (für das Folgende).

– Probleme der Befehlsbereiche SACLANT und CINCCHAN,
– Aufgabe und Organisation der Seestreitkräfte des SACEUR,
– neue Waffen für Luftwaffe, Heer und Marine,
– Finanzierung der neuen Waffen.

Die amerikanisch-kanadische Regionale Planungsgruppe schied von Anfang an aus dieser Diskussion aus, ohne daß dafür ein Grund angegeben wurde.

Alle Überlegungen erfolgten ausdrücklich mit Bezug auf einen allgemeinen Nuklearkrieg. Lokale Kriege ohne Nuklearwaffen schienen zumindest im Urteil der Anglo-Amerikaner nur noch außerhalb des Vertragsgebiets denkbar. Fast automatisch führte die Diskussion immer wieder in den Befehlsbereich des SACEUR, weil dort außer Island alle Mitglieder Truppen stationiert hatten, die meisten Probleme mit der neuen Strategie zu lösen waren und wohl auch die höchsten Kosten anfallen würden, damit aber auch die größten Möglichkeiten für Einsparungen gesehen wurden.

Schon der erste Tagungsordnungspunkt: Organisation, Auflockerung und schnelle Einsatzbereitschaft der Luftstreitkräfte war zwar für alle Teile des Vertragsgebiets wichtig, aber doch wegen dessen Nähe zum sowjetischen Machtbereich vor allem für den europäischen Bereich. Die als Rahmen für die gesamte Diskussion vom SACEUR vorgestellten und nach Dringlichkeit geordneten Aufgaben bestätigten dies und zeigten zugleich die große Bedeutung von Luftstreitkräften für Abschreckung und Verteidigung nach der neuen Bündnisstrategie. Es galt in dieser Reihenfolge:

1. »To maintain an atomic counter-offensive force,
2. to insure effective early warning and alert,
3. to provide air defense,
4. to maintain a shield for our land and sea areas,
5. to be prepared for subsequent operations.«

Die überragende Bedeutung der ersten drei Aufgaben gegenüber allem anderen, was sonst noch wichtig schien, wurde dabei vielfach betont. Wenn die Gegenschlagkräfte nicht sofort und wirkungsvoll den Angreifer treffen konnten, bestand wenig Hoffnung, daß die Schildstreitkräfte erfolgreich verteidigen konnten. Der Luftoffensive mußte »überwältigende Bedeutung« eingeräumt werden, denn ohne sie gab es keine Chance für die »forward strategy«. Für die Reaktion dieser Luftstreitkräfte gab es klare Zeitvorgaben: Von den am dichtesten an der Grenze zur DDR gelegenen Basen sollte zehn Minuten nach einem erkannten Feindangriff gestartet werden, von den weiter rückwärts liegenden Plätzen in 60 Minuten. Die dem SACEUR zugeordneten Kräfte sollten ihre Angriffe auf die Kampfzone konzentrieren, während die nationalem Kommando unterstehenden Luftstreitkräfte des amerikanischen SAC und des britischen Bomber Command gegen die rückwärtigen Gebiete des sowjetischen Angreifers und gegen das Territorium der UdSSR selbst wirken sollten. Die entsprechenden Ziele waren, soweit ortsfest, schon aufgeklärt und zugeteilt, so daß sie sofort nach der politischen Freigabe eines nuklearen Einsatzes angegriffen werden konnten.

Damit waren eigentlich die Prioritäten in aller wünschenswerten Klarheit gesetzt: Zuerst die für den nuklearen Waffeneinsatz vorgesehenen Luftstreitkräfte aller Kategorien und die sonst dazu befähigten Waffensysteme, wie das Atomgeschütz, die Raketen HONEST JOHN und CORPORAL sowie der Flugkörper MATADOR. Dann erst die nur konventionell ausgerüsteten Luft- und Landstreitkräfte. In der Diskussion entstand auch sofort der Eindruck, daß das Absinken der Schildstreitkräfte auf den vierten Rang der Prioritätenliste eigentlich nur bedeuten konnte, daß die »forward strategy« zugunsten einer »peripheral strategy«, die vor allem im Interesse der Anglo-Amerikaner lag, aufgegeben werden sollte. Dieser Schlußfolgerung widersprach der SACEUR sofort mit der Feststellung, daß in Europa das »Schildelement« und die »forward strategy« unabdingbar gebraucht würden.

Trotzdem kam die Allianz natürlich nicht darum herum, einen großen Teil ihrer gemeinsamen Mittel künftig den für die Bündnisstrategie wichtigsten, nämlich den nuklearfähigen Streitkräften, ihrem Schutz und ihrer Einsatzfähigkeit zu widmen. Die Liste der Forderungen des SACEUR lag ganz auf dieser Linie:
– Auflockerung der nuklearfähigen Luftstreitkräfte auf Flugplätzen mit nur einer Staffel,
– Frühwarn- und Führungssystem,
– Alarmsystem,
– gemeinsames Luftverteidigungssystem,
– auf den Auftrag des sofortigen nuklearen Gegenschlages ausgerichtete Ausbildung, Organisation, Ausrüstung und personelle Ausstattung aller Streitkräfte.

Die integrierte Luftverteidigung für Europa, die der NATO-Rat im Dezember 1954 auf den Weg gebracht hatte, war ein Schritt, diesen Forderungen nachzukommen, aber auch ein kostenträchtiges Unternehmen, obwohl sich die USA bereit erklärt hatten, ein Pilotprojekt allein zu finanzieren[44]. An den Bedenken und dem Widerstand vieler Mitglieder zeigte sich auch, daß die Gemeinsamkeiten schnell ihre Grenzen fanden, wenn es darum ging, dem Bündnis Befugnisse über die nationalen Luftverteidigungskräfte und in den nationalen Lufträumen zu übertragen.

Die Diskussion um die Organisation von Heeresverbänden für das nukleare Gefecht zeigte andere Kontroversen. Die nur konventionellen größeren Mitglieder der NATO Frankreich und die Bundesrepublik Deutschland plädierten für kleine, leicht zu führende und im Gelände bewegliche Großverbände, um mit schneller Auflockerung und Konzentration den feindlichen Atomschlägen entgehen, aber trotzdem selbst an den entscheidenden Stellen angreifen zu können. Engländer und Amerikaner hielten wenig von derartiger Beweglichkeit, um den Gegner damit »auszumanövrieren«. Für sie stand die atomare Feuerkraft der Divisionen im Vordergrund, mit der der Gegner ohne viel Manöver vernichtet werden sollte. So konnte bei Führung und Organisation alles beim Alten bleiben. Das neue Element

---

[44] NATO, IMS, Central Records, MC 54, Air Defense Command and Control in Europe, 12.12.1954.

schien allein die Artillerie, die, ausgerüstet mit immer kleineren nuklearen Gefechtsköpfen, nun in der Lage war, allen anderen Truppen mit vernichtendem Unterstützungsfeuer zu helfen. Diese »dual-capability army«, mit Waffensystemen ausgestattet, die konventionelle und nukleare Munition verschießen konnten, war das eigentliche Ziel der Anglo-Amerikaner. Andere Mitglieder konnten diesen Weg mangels entsprechender Waffensysteme und erst recht mangels nuklearer Munition nicht beschreiten. Eine einheitliche Auffassung zur Organisation und Einsatzweise der Divisionen für das Gefecht unter nuklearen Bedingungen gab es damit nicht. Ein Umstand, der natürlich besonders ärgerlich war, da man hier gehofft hatte, durch beträchtliche Verkleinerungen der Divisionen erhebliche Einsparungen machen zu können. Ständige Gruppe und SACEUR versprachen, eine Übersicht aller Vorschläge vorzulegen.

Die Probleme im Bereich Nordatlantik und Ärmelkanal wie auch der Seestreitkräfte des SACEUR waren die alten, schon von der Tagung der Verteidigungsminister im Oktober 1955 her bekannten:
- Die Sperrung der Ausgänge von Ostsee und Schwarzem Meer sowie des Nordmeeres, um die sowjetischen Seestreitkräfte daran zu hindern, im Nordatlantik und in den europäischen Randmeeren mit U-Booten und Minen tätig zu werden sowie
- die nukleare Zerschlagung der sowjetischen Marinebasen.

Während der SACEUR die Verteidigung auf dem Kontinent nur für die ersten 30 Tage eines Krieges plante, weil dann eine Entscheidung gefallen war, und man über diese 30 Tage intensiven nuklearen Schlagabtausches hinaus ohnehin nichts über die weitere Entwicklung sagen konnte, dachten die Seebefehlshaber in längeren Zeiträumen. Hier ergab sich auch eine unterschiedliche Einschätzung der Wirkung nuklearer Mittel gegen militärische und zivile Ziele.

In der Diskussion über neue Waffen für die drei Teilstreitkräfte wurden noch einmal die Prioritäten der beiden anglo-amerikanischen Nuklearmächte der Allianz deutlich. Bei der Luftwaffe galt es vor allem, die »strategische Abschreckung« auf dem neuesten technischen Stand zu halten. Bei den Landstreitkräften war das Ziel eine »dual capability« für viele Waffensysteme bei immer mehr nuklearen Gefechtsköpfen für immer kleinere Kaliber. Einen Dämpfer erhielten all diese hochgespannten Erwartungen, die man in nukleare »Wunderwaffen« setzte, mit denen man ja hoffte, teures Personal einsparen zu können, als in einer letzten Diskussionsrunde die Finanzierung all dieser Waffensysteme angerissen wurde. Von 1949 bis 1954 hatten die Bündnispartner zusammen 56 Milliarden U.S.-Dollar für Verteidigung ausgegeben. Vorausberechnungen bis 1960 ergaben ohne die Bundesrepublik Deutschland eine Summe von ca. 52 Milliarden, von denen 43 schon für den Unterhalt der im Augenblick vorhandenen Streitkräfte veranschlagt werden mußten. Es blieben ca. 9 Milliarden für zusätzliche Streitkräfte oder neue Waffen; eine auf alle Bündnismitglieder bezogen sehr kleine Summe, die auch nach der Festlegung von Prioritäten kaum ausreichend schien.

So diente die Aussprache am Schluß der Tagung weniger der weiteren Klärung der Prioritäten, was die Amerikaner auch nicht wollten, als vielmehr dazu, die über die »Zahl der neuen Projekte [...] ohne genauere Hinweise auf [...] die Kosten« alarmierten nationalen Repräsentanten wieder zu beruhigen[45]. Der SACEUR wies darauf hin, daß es sich bei der Anpassung der Streitkräfte an die neue Bündnisstrategie um einen langfristigen, evolutionären Prozeß handeln werde. Er weigerte sich aus diesem Grund, schon jetzt »negative Prioritäten« für Kürzungen an den nationalen Streitkräfteprogrammen zu setzen. Die Ständige Gruppe und der Generalsekretär betonten das, was schon vorhanden war, und auch in Zukunft Abschreckung und Verteidigung sichern sollte: die Befehlsorganisation mit den unterstellten Streitkräften, die anglo-amerikanischen strategischen Luftstreitkräfte und letztendlich die »größte Stärke der NATO, [...] ihre Einigkeit«.

Das Ergebnis dieser Konferenz wurde allgemein als unbefriedigend empfunden. Wie es nun mit der Streitkräfteplanung im Zuge der Implementierung des Konzeptes der MC 48 weiter gehen sollte, wußte so recht niemand. Der multilaterale Versuch, dieses Problem zu lösen, wurde zunächst aufgegeben. Der Ständige NATO-Rat verabschiedete sich fast völlig aus dieser Diskussion und überließ das Feld den militärischen Gremien der Allianz und den nationalen Initiativen einzelner Mitglieder.

Die Ständige Gruppe beschäftigte sich inzwischen auf Grund eines britischen Vorschlages vom 23. Mai 1956 erstmals mit einer neuen »Strategic Guidance«, die die alten Richtlinien MC 3/5 und MC 14/1 ersetzen und auf den Beschlüssen des NATO-Rates vom 17. Dezember 1954 aufbauen sollte. Das Papier Großbritanniens stieß sofort auf den Widerstand des amerikanischen und des französischen Vertreters. Die Briten hatten in ihrem nationalen Interesse, aber durchaus auch in Übereinstimmung mit den bisherigen Überlegungen zur MC 48, als erste und einzige Priorität der neuen Bündnisstrategie die nukleare Abschreckung benannt. Das »Halten« irgendwelcher »Linien« erwähnten sie nur am Rande. Für den Fall eines Krieges war allein davon die Rede, »atomare Waffen zu gebrauchen«. Die Bedenken der Amerikaner und Franzosen richtete sich gegen diese zugespitzte Betonung der nuklearen Komponente in den Bündnisplanungen. Der amerikanische Vertreter befürchtete Widerstand durch kleinere Bündnispartner, den der französische Repräsentant als deren Anwalt in der Ständigen Gruppe auch sofort formulierte. Man könne geographische Besonderheiten – gemeint war die kontinentaleuropäische Verteidigung – nicht als »nationale Empfindlichkeiten« abtun, sondern müsse ihre Bedeutung für die ganze Allianz berücksichtigen. So lag der gefundene Kompromiß darin, der nuklearen Abschreckung und Verteidigung »erstrangige Bedeutung« zuzumessen, aber gleichzeitig für genügend militärische Stärke zu plädieren, um damit zu verhindern, daß »irgendein Gebiet aufgegeben werden mußte«. Der Stab der Ständigen Gruppe, das sogenannte »International Planning Team«, das aus amerikanischen, britischen und französischen Offizieren bestand, erhielt den Auftrag, so schnell wie möglich den Entwurf einer »Strategic Guidance« auf der Grundlage des britischen Papiers und der Allianzdokumente MC 3/5, MC 14/1, MC 48 und MC 48/1 vorzulegen. Die Amerikaner bestanden darauf, daß die Reihe

---

[45] Wampler, Legacy, S. 799.

der MC 48-Dokumente erhalten blieb und dabei jedes Jahr die Maßnahmen festgelegt werden sollten, die zur Realisierung der »Strategic Guidance« nötig schienen[46].

Bis zum Oktober 1956 wurden schließlich sechs Entwürfe für die neue »Strategische Richtlinie« gefertigt und in der Ständigen Gruppe diskutiert, ohne daß es gelang, die Gegensätze zwischen den dort vertretenen drei Bündnispartnern USA, Großbritannien und Frankreich zu überbrücken. Die hauptsächlichen Streitpunkte wurden auf der Sitzung am 12. Oktober 1956 noch einmal klar benannt:
»a. The relationship between the first and the second phases of war.
b. Whether or not to take cognizance of events outside the NATO area.
c. Whether or not to consider in any circumstances limited military situations within the NATO area[47].«

Die Situation um den Erlaß dieser neuen »Strategischen Richtlinie« wurde dadurch noch kompliziert, daß die Stellungnahmen von SACEUR und SACLANT so »diametral entgegengesetzt« waren, daß eine Harmonisierung ausgeschlossen schien. Während der SACEUR die Landstreitkräfte in ihrer Rolle als konventionelles Verteidigungs- wie als nukleares Gegenschlagsinstrument betonte, verlangte der SACLANT, der amerikanische Admiral Jerault Wright, daß die NATO auch ausreichend konventionelle Streitkräfte haben müsse, um einen möglichen *begrenzten* Krieg mit der UdSSR in Europa verhindern oder bestehen zu können[48].

Betrachtet man die mehr oder minder unverrückbaren Fronten zu den drei aufgeführten Problemen, die auch durch Wortkosmetik (»wording«) kaum aufgelockert werden konnten, so ergab sich folgendes Bild: Nur für eine Debatte über die erste Phase von 30 Tagen eines Krieges mit der UdSSR traten die Briten und die Vertreter des SACEUR ein. Ihre schon oft gehörte Begründung war, daß über die Lage nach dieser nuklearen Destruktionsphase ohnehin nichts gesagt werden konnte. Weniger deutlich wurde angeführt, daß man dabei auch nur über die Streitkräfte für diese 30 Tage nachdenken mußte und dadurch bei Reserve- und Mobilmachungsverbänden kräftig gespart werden konnte. Der amerikanische Vertreter in der Ständigen Gruppe wollte Überlegungen zur zweiten Phase nach den ersten 30 Tagen anstellen, wobei allerdings alle von den JCS verfolgten Invasionspläne auf das sowjetische Territorium im Rahmen der NATO-Strategie entfallen sollten[49]. Das französische Argument war schließlich, daß in der ersten Phase nur die Nuklearmächte der Allianz zum Zuge kämen. Eine Beschränkung der »Strategischen Richtlinie« auf diesen Zeitraum also alle »kleineren Nationen« zu Statisten bei ihrer Erarbeitung mache.

Das »out-of-area«-Problem wollten Großbritannien und Frankreich in der neuen »Strategischen Richtlinie« behandelt sehen. Für Großbritannien war in diesem

---

[46] NATO, IMS, Central Records, Protokolle der 279th und 282nd Meetings der Ständigen Gruppe, 23.5. und 21.6.1956; MC 48/2 datierte dann vom 15.3.1957; Wampler, Legacy, S. 862 ff.
[47] NATO, IMS, Central Records, Protokoll des 297th Meeting der Ständigen Gruppe, 12.10.1956.
[48] NATO, IMS, Central Records, Protokoll des 287th Meeting der Ständigen Gruppe, 1.8.1956; Wampler, Legacy, S. 863 f. (Hervorhebung im Original).
[49] Wampler, Legacy, S. 932 ff.

Zusammenhang der Nahe und Mittlere Osten mit dem Suez-Kanal von Bedeutung. Der französische Vertreter in der Ständigen Gruppe, General Valluy, erklärte das »Nordafrika-Problem« zu einer Angelegenheit der Allianz, die hier eine Basis für Versorgung, Gegenoffensiven und die Verteidigung des Mittelmeeres zu schützen habe. Nach französischer Meinung war hier schon ein »Krieg« mit der UdSSR im Gange, die versuchte, das Vertragsgebiet durch ihre Aktivitäten rund um den europäischen Kontinent »einzuschließen« oder einfach zu umgehen. Die USA und der SACEUR, durch zunehmende Truppenabzüge Frankreichs und Großbritanniens aus dem europäischen Vertragsgebiet beunruhigt, wollten nicht auch noch in der »Strategischen Richtlinie« für dieses Vorgehen Handhabe schaffen und damit die Bündnisverteidigung in Europa weiter schwächen.

Die Diskussion um mögliche »begrenzte militärische Situationen« im europäischen Vertragsgebiet sah die USA, Großbritannien und den SACEUR in Frontstellung gegen Frankreich und den SACLANT. Für die ersteren war jede Erwähnung einer solchen Möglichkeit in dem neuen Strategiepapier eine »gefährliche Feststellung«, die das System der nuklearen Abschreckung durchlöchern mußte. Die Glaubwürdigkeit der nuklearen Abschreckung beruhte nach amerikanischem Urteil geradezu darauf, daß die Russen überzeugt sein mußten, daß in jedem Fall atomare Waffen eingesetzt werden würden, weil sich die NATO-Streitkräfte auch auf einer ganz niedrigen Ebene eines militärischen Konfliktes nicht auf der Basis Mann gegen Mann mit der Sowjetunion messen konnten. Für den französischen Repräsentanten in der Ständigen Gruppe gab es gerade deswegen, aber auch aus anderen Gründen, für die UdSSR genügend Anlässe, »örtlichen Gebrauch« von ihren Streitkräften ohne atomaren Einsatz zu machen: sei es die eigene Furcht oder die der NATO vor der nuklearen Verwüstung, oder sei es die Hoffnung auf ein zweites Korea, also einen konventionellen Krieg in Europa. Auch schien es »gefährlich«, sich nur auf eine Art des Krieges einzustellen. Der amerikanische Vertreter, General Leon W. Johnson, konterte mit der Definition des New Look, wie sie der Außenminister der USA im Januar 1954 geliefert hatte, die USA würden in jedem Kriegsfall atomare Waffen an Orten und zu Zeitpunkten ihrer Wahl einsetzen. Mit der MC 48 habe man sich zudem auf den »schlimmsten Fall« (worst case), einen Atomkrieg mit der UdSSR festgelegt, das sei allgemeine Meinung und damit würden auch alle anderen Arten militärischer Konflikte abgedeckt. Daß sich der SACLANT auf die Seite der Befürworter von Optionen für begrenzte militärische Lagen schlug, lag eher an spezifischen amerikanischen Marineabsichten als an Überlegungen zu einer Militärstrategie der NATO. Schon immer war die U.S. Navy für die Berücksichtigung begrenzter militärischer Konflikte weltweit eingetreten, um sich dadurch Einsatzmöglichkeiten zu erhalten, die bei Verhandlungen um Anteile am Verteidigungshaushalt von Bedeutung sein konnten.

Die Gegensätze in der Ständigen Gruppe blieben bis zum Schluß der Beratungen bestehen. Die Überlegung, ob sie auf der politischen Ebene ausgeglichen werden konnten, erübrigte sich, da der gesamte Komplex erst dem Militärausschuß zur weiteren Beratung vorgelegt wurde[50]. Hier ergab sich am 18. Oktober 1956 im Kreise aller Allianzmitglieder und nicht nur im exklusiven Zirkel der Ständigen Gruppe die Möglichkeit eines umfassenden Gedankenaustauschs. Der Vorsitzende, der italienische General Mancinelli brachte das Problem, vor dem die Allianz mit ihrer neuen »Strategischen Richtlinie« stand, auf den Punkt. Einerseits galt es, einen Krieg durch die Schaffung einer wirksamen Abschreckung zu verhindern, andererseits sich eine »Flexibilität« zu erhalten, die ein Handeln in »begrenzten Situationen vor Ausbruch eines allgemeinen Krieges« ermöglichte, und dies innerhalb und außerhalb des Vertragsgebiets. Hätte man für all dies die entsprechenden Finanzmittel besessen, hätte es das Problem, sich zwischen diesen Möglichkeiten entscheiden oder sie wenigstens in eine klare Reihenfolge bringen zu müssen, natürlich nicht gegeben. Da aber alle Mitglieder der Meinung waren, daß ihre wirtschaftliche Lage keine Erhöhung der Verteidigungshaushalte erlaubte, mit den vorhandenen Mitteln das gesamte angesprochene Aufgabenspektrum aber nicht wirksam abzudecken war, glaubte man nun eine Wahl treffen zu müssen. Es war die Entscheidung zwischen einer eher unbeweglichen nuklearen Abschreckung aller möglichen und denkbaren feindlichen Aktionen mit der Folge eines allgemeinen Nuklearkrieges, wenn die Abschreckung denn versagte. Und andererseits der Flexibilität, auf alle Vorstöße der UdSSR auch konventionell angemessen reagieren zu können, sei es im Vertragsgebiet oder weltweit, um dadurch vielleicht den schlimmsten Fall eines weltweiten Atomkrieges zu verhindern. Der Militärausschuß teilte sich schnell in Befürworter einer totalen Abschreckung – nämlich unter Einschluß von Kanada die Nuklearmächte USA und Großbritannien – und in Fürsprecher eines beweglichen militärischen Instrumentariums unter dem Dach der nuklearen Abschreckung – mit Frankreich an der Spitze vor allem die kleineren kontinentaleuropäischen Mitglieder und die Bundesrepublik Deutschland.

Neben allgemeinen politischen und militärischen Argumenten waren natürlich unausgesprochene nationale Interessen und Einflußmöglichkeiten im Bündnis im Spiel. Im Prinzip hätte eine Strategie der totalen Abschreckung das Gewicht der Nuklearmächte in der NATO weiter erhöht. Das war für alle anderen fast unannehmbar, auch wenn sich nur mit einer solchen Strategie die Verteidigungshaushalte auf dem derzeitigen Stand halten ließen oder gar Einsparungen möglich wurden. Vor allem die Mitglieder auf dem europäischen Kontinent, die die ersten Opfer eines nuklearen Krieges oder einer Kapitulation der NATO werden mußten, wenn sich die Allianz nämlich doch nicht entschließen konnte, sofort auf jeden kleinsten Zwischenfall mit ihren Nuklearmitteln zu antworten, glaubten dieser Überlegung nicht folgen zu können.

Der kanadische Vertreter, Generalleutnant Charles Foulkes, kennzeichnete die seit Dezember 1954 bestehende Situation. Man habe sich in der MC 48 entschlossen, das ganze Vertragsgebiet zu verteidigen und zwar dadurch, daß man auf einen Angriff, mit welchem Mittel er auch geführt werde, sofort mit dem Einsatz

---

[50] NATO, IMS, Central Records, Protokolle der 285th bis 287th und 292nd/293rd Meetings und eines Informal Meetings der Ständigen Gruppe, 5., 6. und 10.7.; 1.8.; 7.11. und 14.9.1956.

aller zur Verfügung stehenden eigenen Mittel, also auch mit Nuklearwaffen, antworten werde. Es gehe nicht an, diese Entschiedenheit dadurch abzuschwächen, daß man zum einen aus dem Vertragsgebiet »abschweife« (»to stray outside the NATO area«) oder zum anderen die nukleare Abschreckung durch die Diskussion weiterer Reaktionsmöglichkeiten »verwässere«. Allenfalls seien Vorkehrungen zu treffen, um zu verhindern, daß sich »Grenzzwischenfälle« oder »Infiltrationen« zu einem »großen Krieg« entwickelten.

Diese Position war in allen Papieren, die der Ständigen Gruppe vorgelegen hatten, hartnäckig verteidigt worden. Denn weder gab es darin Hinweise auf »Aktionen außerhalb des NATO-Gebietes« noch auf »Aktionen unterhalb der Schwelle eines Krieges innerhalb des NATO-Gebiets«. Vielmehr fand sich dort beständig der alles weitere bestimmende Satz: »NATO should not under any circumstances give any inclination that it will not retaliate with all means at its disposal should the NATO area be attacked by any means.«

Nachdem die Befürworter von mehr Flexibilität in der Bündnisstrategie die Erfolglosigkeit ihrer Bemühungen, sie in der neuen »Strategischen Richtlinie« auch verankern zu lassen, einzusehen begannen, änderten sie ihre Taktik. Der Vertreter Frankreichs, Generalleutnant Jean Etienne Valluy, knüpfte nun im Militärausschuß an die Tatsache an, daß die Regierungen, also Politiker, den nuklearen Einsatz freigeben mußten. So sollten sich denn auch Politiker mit der »Strategischen Richtlinie« und ihrer Ausgestaltung beschäftigen und »Direktiven« dazu geben, »was das strategische Konzept der NATO sein könnte«. Da schon der kanadische Vertreter gemeint hatte, man solle die »politische Führung des Rates« suchen, war der allseits begrüßte Vorschlag geboren, dem Ständigen NATO-Rat das auf der militärischen Ebene offenbar unlösbare Problem einer neuen »Strategischen Richtlinie« zuzuschieben. Der britische Vertreter, Admiral Sir Michael M. Denny, teilte schließlich mit, seine Regierung werde dem Ständigen NATO-Rat ein entsprechendes Dokument vorlegen. Dann werde dort der »Prozeß beginnen, eine neue politische und wirtschaftliche Richtlinie zu finden«. Daraufhin beschloß der Militärausschuß, den Entwurf der neuen »Strategischen Richtlinie« an die Ständige Gruppe zurückzugeben und die Arbeit daran erst wieder aufzunehmen, wenn eine »Politische Richtlinie« vorlag[51].

Den Ständigen NATO-Rat traf diese Initiative des Militärausschusse natürlich nicht unvorbereitet. Seit dem 25. Juli 1956 war er durch Memoranden Kanadas und Frankreichs auf die Notwendigkeit, »eine Neueinschätzung der NATO Strategie« vorzunehmen, hingewiesen worden[52]. Wenn sich nun Briten und Amerikaner mit eigenen Vorschlägen dem anschlossen, so gab das nur den Anstoß dazu, daß sich der Ständige NATO-Rat tatsächlich mit der Materie befaßte und sein »großes Schweigen« und seine »Ratlosigkeit« zu überwinden trachtete[53]. Gelegentlich hatte

---

[51] NATO, IMS, Central Records, Protokoll der 14th Session des Militärausschusses, 18./19.10.1956; Wampler, Legacy, S. 901, zu dem vorgelegten britischen Papier.
[52] NISCA, C-M(56)121, Defence Planning – The Reappraisal, 22.10.1956, Annex A, S. 3.
[53] BA-MA, BW 2/1842, FS Nr. 218, NATO-Botschaft (Paris) an AA, 19.9.1956.

er sich schon seit dem Sommer 1956 mit militärstrategischen Fragen beschäftigen müssen, weil nationale Entscheidungen und Planungen der drei wichtigsten Mitglieder, der USA, Großbritanniens und Frankreichs, die Gefahr heraufbeschworen, daß jede Verteidigung, und vor allem die in Europa, bald illusorisch werden könnte. Frankreich hatte Anfang 1956 400 000 Soldaten in Algerien stationiert, davon 300 000 Heeressoldaten. Waren 1955 noch 90 000 französische Soldaten in der Bundesrepublik Deutschland, so 1956 nur noch 59 000. Ab August 1956 kündigten der französische und der britische Vertreter wiederholt die Verlegung von Truppen aus dem Vertragsgebiet in den Nahen Osten an, um der sich entwickelnden Krise am Suez-Kanal auch militärisch begegnen zu können. Für die Bündnisverteidigung im Befehlsbereich von SHAPE bedeutete dies einen Verlust von drei französischen Divisionen bei den eigentlichen Schildstreitkräften, und drei bei den strategischen Reserven von SHAPE. Die Briten begannen 1956 mit einer Umorganisation ihrer Heeresstreitkräfte in der Bundesrepublik Deutschland, die zwar nach britischen Angaben keine Verringerung der Truppenzahl bedeutete, aber doch eine Panzerdivision in eine Infanteriedivision verwandelte. Auf Gerüchte in der Presse, der britische Verteidigungshaushalt werde 1956/57 um 500 Millionen britische Pfund gekürzt werden, teilte der britische Vertreter im MRC mit, es würden nur 36,5 Millionen gestrichen. Diese Kürzungen an Truppen und Finanzmitteln bei wichtigen Bündnismitgliedern wogen umso schwerer, als die sehnlichst erwarteten deutschen Divisionen 1956 noch in weiter Ferne lagen. Sie waren die einzig zu erwartende Verstärkung der Allianzverteidigung. Im Juli 1956 wurden darüber hinaus Pläne der amerikanischen Streitkräfte bekannt, die von Kürzungen um 800 000 Mann bis 1960 und Truppenabzügen aus Europa sprachen[54]. Erst die Presseveröffentlichungen über diesen sogenannten »Radford-Plan« riefen die NATO-Gremien auf den Plan.

Das MRC hielt am 23. Juli 1956 eine Sondersitzung ab, auf der der amerikanische Vertreter erklärte, seine Regierung habe nicht die Absicht, ihre NATO-Verpflichtungen einseitig zu ändern. Er schloß allerdings nicht aus, daß die Sollstärken der amerikanischen Streitkräfte überprüft würden, wenn die NATO eine Revision ihrer Verteidigungsplanung beschließen sollte. Der britische Vertreter stimmte dem zu und betonte zudem, alle Generalstäbe der NATO-Mitglieder prüften im Augenblick die Truppenstärken im Hinblick auf die Verwendung neuer Waffen[55].

Dem allgemeinen Trend nach nationalem einseitigem Abbau sogenannter konventioneller Streitkräfte, ohne daß schon über die Streitkräfteplanung nach der neuen Bündnisstrategie entschieden war, widersetzten sich verschiedene Mitglieder in der Ständigen Gruppe und im Ständigen NATO-Rat, allerdings mit wenig Erfolg. Auf einer Sondersitzung am 27. Juli 1956 gab die Ständige Gruppe einem

---

[54] NATO, IMS, Central Records, Protokolle der 109th, 118th und 120th Sitzung des MRC, 16.3., 23.7. und 16.8.1956; NISCA, C-R(56)11, 16.3.1956; C-R(56)23, 5.5.1956; C-R(56)44, 6.8.1956; C-R(56)46, 17.8.1956.
[55] NATO, IMS, Central Records, Protokoll der 118th Sitzung des MRC, 23.7.1956.

deutschen Kritiker, Generalleutnant Adolf Heusinger, Gelegenheit, die Sicht der Bundesrepublik Deutschland zur Verteidigung in Europa vorzutragen. Er tat dies, indem er die Aufgaben des »Schildes« im Rahmen der Bündnisstrategie erläuterte. Dieser
- vermindere die Abhängigkeit von Atomwaffen, und damit die Gefahr eines Atomkrieges,
- sichere den Schutz des Vertragsgebietes vor Besetzung,
- erlaube eine angemessene Antwort auf »kleinere Kriege«, bürgerkriegsähnliche Situationen oder Überraschungsangriffe,
- gestatte Abrüstungsgespräche über Nuklearwaffen, weil man noch eine konventionelle Option habe,
- sei eine Notwendigkeit für den Fall gegenseitiger nuklearer Abschreckung, die den Einsatz nuklearer Waffen zukünftig unmöglich machen könne.

Unterstützung für die deutsche Sicht gab es erwartungsgemäß nur von französischer Seite. Generalleutnant Valluy bezeichnete die Bündnisstrategie der MC 48 als eine keineswegs gemeinsame und »homogene« Strategie, sondern als eine der Arbeitsteilung nach geographischer Lage und nationalen Interessen der Mitglieder. Das anglo-amerikanische nukleare »Schwert« sei zwar zur Kriegsverhinderung und zur nuklearen Absicherung des »Schildes« nötig, aber für die Kontinentaleuropäer nur von »peripherer« Bedeutung bei der Verteidigung ihrer Staatsgebiete. Dazu mußte vielmehr der »Schild« konventionell stark sein und weit im Osten stehen. Wenn nun technische und finanzielle Überlegungen der Angelsachsen auf dessen Reduzierung durch Abzug ihrer Truppen aus Europa hindeuteten, so mußten die politischen Folgen bedacht werden. »Militärische Weichheit«, so Valluy, werde »politische Schlaffheit« der Europäer gegenüber der Sowjetunion zur Folge haben. Diese Drohung mit möglichen politischen Folgen einer weiteren Schwächung der europäischen Bündnisverteidigung beeindruckte Briten und Amerikaner in der Ständigen Gruppe wenig. Wie die laufenden Diskussionen in diesem Gremium ja schon gezeigt hatten, befürworteten sie eine Abstützung der Allianzstrategie ganz auf nukleare Abschreckung unter Zurückstellung anderer Optionen. Während der Sondersitzung behielten sich der amerikanische und britische Vertreter daher für ihre Regierungen das Recht vor, die Streitkräfte zur Bündnisverteidigung jederzeit zu überprüfen, aber nur nach Absprache mit den anderen Mitgliedern auch zu ändern. Womit zumindest weiteren einseitigen Schritten vorgebaut schien[56].

Am 13. Juli 1956 besuchte der Ständige NATO-Rat das Hauptquartier von SHAPE[57]. Als Ergebnis dieses Gesprächs wurde SACEUR aufgefordert, für den Rat ein Statement über die Notwendigkeit des »Schildes« für die Bündnisverteidigung anzufertigen. Am 23. Juli 1956 übersandte der Generalsekretär den nationalen Repräsentanten den Entwurf einer Stellungnahme zu den laufenden Beratungen über die »Strategische Richtlinie« in den militärischen Gremien. Darin hieß es,

---
[56] BA-MA, BW 2/1844, Meeting of the Standing Group with General Heusinger, 27.7.1956; Wampler, Legacy, S. 1018 (zum »Schwert-Schild-Konzept« allgemein).
[57] FRUS 1955–1957 IV, S. 88.

daß technische Entwicklungen eine Überprüfung des »Verteidigungsschildes« nötig machten, daß aber die Allianzmitglieder übereingekommen seien, inzwischen keine einseitigen Schritte mit Bezug auf die bestehenden militärischen Bündnisverpflichtungen zu unternehmen, ohne sich mit ihren Partnern beraten zu haben. Auf diese Art und Weise wollte sich aber im Augenblick niemand binden lassen. So lautete der Beschluß des Ständigen NATO-Rates zum Vorschlag des Generalsekretärs, es sei unter den gegenwärtigen Umständen »unerwünscht«, eine solche Feststellung zu treffen[58]. Was blieb, war das Statement des SACEUR »über die Notwendigkeit von Schildstreitkräften«, das eine Meßlatte sein konnte für alle unilateralen Maßnahmen mit Bezug auf diesen immer dünner werdenden »Schild« in Europa. Aber die Ausführungen von General Gruenther waren eigentlich noch mehr: eine Definition nämlich der seit Dezember 1954 festgelegten Grundsätze der Allianzstrategie, in der alle Teile zusammengesehen wurden und so dem verhängnisvollen Trend entgegengewirkt wurde, einzelne Bestandteile dieser Strategie je nach nationalem Interesse zu betonen, andere zu vernachlässigen und damit das ganze System zu gefährden:

> »The mission for NATO, in its simplest terms, is to deter war, should the deterrent fail, defend all of its territory. This requires army, navy and air forces in being, prepared to perform four tasks. These are:
> — to retaliate with a strong atomic counteroffensive force,
> — to provide early warning and alert,
> — to maintain an effective air defense, and
> — to insure a proper ›shield‹.
>
> The ›shield‹ is, first of all, a barrier. It is soldiers and tanks and ships at sea and the aircraft to support them. It is at once the warning bell which sounds the alarm of a premeditated attack, and the strong visible shelter behind which people can live and work and build confidence in a future without fear. It is a ›shield‹ built by fifteen nations, all of whom have invested in it their money, their weapons and their men in order to insure that it will stand firmly against the onslaught of an unfriendly power.
>
> And it is not a static ›shield‹ – it is a defense in time and space. For though it be dented and bent, it must hold until the atomic counteroffensive, which would be launched at the first alarm, has so damaged the invading forces, their avenues of approach, and their reserves of men and materials, that the attack will be brought to a halt. Having stopped the enemy and regained the initiative, the forces of the ›shield‹, profiting from the damaging blows inflicted by our air counteroffensive, will then eliminate any limited foothold he may have gained within NATO's borders.
>
> Thus the ›shield‹, by the very fact that it exists in adequate strength, properly deployed, plays its own vital role in the deterrent. For it forces the would-be aggressor to make his critical decision at the very outset. If he decides to attack, he must do so in great strength, and with full knowledge of all the devasting consequences of global war in an atomic area. He can have no hope of ›limited‹ gains, or of a favorable ›compromise‹ settlement. The ›shield‹ raises the stakes to a point where non but a madman, or a

---

[58] NATO, DEF 3.1.01, PO(56)762, 23.7.1956; NISCA, C-R(56)42, 25.7.1956.

nation in the most desperate of straits, would consider the game to be worth the candle[59].«

Diesem Konzept ließ der SACEUR Ende September 1956 seine eigene Streitkräfteplanung bis 1960/62 folgen; quasi sein »Testament« für die NATO, die er im November 1956 verließ[60]. General Gruenther legte seinem Vorschlag an die Ständige Gruppe ein »neues Konzept« zugrunde, das ganz und gar dem von der NATO anvisierten Kriegsbild eines allgemeinen Nuklearkrieges entsprach, aus dem aber nun mit einer neuen Bewertung der benötigten Truppen die Konsequenzen für die Streitkräfteplanung gezogen wurden. In jedem Fall rechnete er mit einem allgemeinen Nuklearkrieg, der mit Sicherheit zur Zerstörung der UdSSR führen würde. Gerade diese der Sowjetunion zu vermittelnde Gewißheit schien dem SACEUR die beste Abschreckung. Jede »lokale Aggression« mußte entweder mit den vorhandenen Kräften im Keim erstickt oder, wenn das nicht möglich schien, mit Nuklearwaffen beantwortet werden und dann ebenfalls zu einem allgemeinen Nuklearkrieg führen. Nach Meinung des SACEUR mußten in einer solchen nuklearen Auseinandersetzung »organisierte militärische Operationen für mehr als 30 Tage« nicht mehr berücksichtigt werden. So umfaßte die Planung des SACEUR nur noch die für 30 Tage nötig erachteten Streitkräfte. Diese mußten allerdings alle in der MC 48 geforderten Kriterien erfüllen, sollten insbesondere über eine »volle integrierte nukleare Kapazität« verfügen und waren so zu dislozieren, daß sie weit aufgelockert den feindlichen Nuklearschlägen entgehen konnten. Die Verbände der höchsten Präsenzstufe sollten in sechs Stunden ihre Verteidigungspositionen erreichen können, um hier entweder eine örtliche Aktion konventionell zu beenden oder nuklear zurückzuschlagen. Unter diesen Annahmen schien es möglich, eine »erhebliche Reduzierung« der Kräfte zu erreichen, die man trotzdem für fähig hielt, eine »vernünftige Verteidigung« des europäischen Vertragsgebiets zu gewährleisten. Diese Reduzierung, die nun der SACEUR für 1960/62 vorschlug, ergab sich für alle Allianzmitglieder außer der Bundesrepublik Deutschland aber nicht nur wegen der genannten Vorbedingungen, sondern auch, weil man bis 1960/62 nun fest mit dem deutschen Verteidigungsbeitrag rechnete.

Gegenüber dem Streitkräfteansatz des NATO-Rates vom Dezember 1954 für das Jahr 1957 war durch die Berechnungen des SACEUR eine Einsparung von acht Divisionen bei den präsenten Verbänden und von 51 1/3 bei den später zu mobilisierenden zu erzielen. Die Verringerung der Divisionen betraf nur den Befehlsbereich Europa Mitte. In Nord und Süd sollten die bisher geplanten Truppenstärken erhalten bleiben. Die Reduzierung bei den zu mobilisierenden Großverbänden betraf vor allem die bis 30 Tage nach Kriegsbeginn oder noch später aufzustellenden Divisionen. Für 1957 hatte man im Dezember 1954 rund 235 Staffeln der taktischen Luftwaffen vorgesehen. Hier ergab sich nach dem Ansatz des SACEUR eine Steigerung von 13 Staffeln. Zusätzlich sollten 34 Raketenbataillone zur Flugabwehr aufgestellt werden. Dafür konnten 25 Bataillone schwerer

---

59 NATO, DEF 3-1-03 (56), Statement on the Need for »Shield Forces«, 28.7.1956.
60 Wampler, Legacy, S. 937.

Flugabwehrartillerie eingespart werden. Neben diesen präsenten und kurzfristig zu mobilisierenden Kräften des »Luft-Boden-Schildes« hielt der SACEUR weiter ein Luftverteidigungs- und Frühwarnsystem, strategische und taktische Aufklärungssysteme zur Warnung vor unmittelbar bevorstehenden Angriffen und die nuklearen Gegenschlagkräfte für erforderlich. Das, woran alle Mitglieder vor allem sparen wollten, an aktiven und Reservedivisionen, war aber immerhin in einem Umfang von rund 60 Divisionen erkennbar, auch wenn manche der langfristig zu mobilisierenden Divisionen, die jetzt wegfallen sollten, ohnehin nur auf dem Papier gestanden hatten[61].

Zu den Versuchen einzelner Mitglieder, ihre Streitkräfte zu verringern oder aus dem Vertragsgebiet abzuziehen, und den Bemühungen von SACEUR und SACLANT, Kriterien für die unter den neuen Strategie benötigten Streitkräfte zu entwickeln, gesellten sich im Laufe des Jahres 1956 die immer häufiger vorgetragenen Vorschläge verschiedener Mitglieder für eine politische Richtlinie des NATO-Rates, die all dies quasi als »Dach« wieder zusammenführen sollte. Mittel und Kräfte für die neue Strategie sollten endgültig ermittelt und mit dem, was die Mitglieder zur Verfügung stellen wollten oder konnten, in Einklang gebracht werden. Rund zwei Jahre nachdem der NATO-Rat im Dezember 1954 die MC 48 zur Grundlage der militärischen Planung gemacht hatte, mußte sich das höchste politische Gremium der Allianz also erneut damit beschäftigen, wenn es nach der amerikanischen Meinung ging, sogar grundsätzlich. Denn es galt, eine »gesicherte Übereinkunft über die NATO-Strategie« zu erreichen, dann in einem nächsten Schritt die Streitkräftepläne zu überprüfen und die nationalen Beiträge festzulegen[62]. Einmal mehr erwies sich, daß die Einführung der neuen Strategie mehr Probleme geschaffen als gelöst hatte. Dabei zeigten nicht nur die dem Ständigen NATO-Rat vorgelegten nationalen Denkschriften, sondern mehr noch interne Überlegungen einzelner Mitglieder, daß man über die gesamte Bündnisstrategie in Zweifel und »ernsthafte Konfusion« geraten war[63]. Es ging also bei den nun anstehenden Beratungen im NATO-Rat tatsächlich um eine Grundsatzdebatte zum Konzept der MC 48 und nicht nur um das Setzen von Prioritäten bei der Streitkräfteplanung oder ihre Anpassung an das Strategiepapier, worüber seit Oktober 1955 eifrig in allen Gremien der Allianz nachgedacht worden war.

Das grundsätzliche Problem formulierte der amerikanische Heeresstabschef, General Maxwell D. Taylor, in einem Artikel, den er im Frühjahr 1956 für die Zeitschrift »Foreign Affairs« geschrieben hatte, den er aber nach Interventionen des Außen- und Verteidigungsministeriums nicht veröffentlichen durfte. Das »One War Concept«, d.h. die Ausrichtung aller Planungen auf einen allgemeinen Atomkrieg, womöglich nur von kurzer Dauer, wie es vor allem die Briten und z.T. auch

---

[61] NATO, DEF 4-1-01 (57), SHAPE/231/56, 28.9.1956, Anl.: SHAPE/230/56, The Force Posture Allied Command Europe 1960/62, 28.9.1956; Wampler, Legacy, S. 936 ff.
[62] NISCA, C-M(56)121, Defense Planning – The Reappraisal, 22.10.1956, Annex D, Memorandum by the United States Representative, 19.10.1956, S. 10.
[63] Wampler, Legacy, S. 864.

die Amerikaner verfolgten, habe den Blick auf »die Möglichkeit geringerer Formen von Aggression« und auf die »wahren Gefahren« verstellt und sei damit eigentlich schon wieder überholt. Was gefordert werden müsse, sei eine »Abschreckungsphilosophie«, die es vermeide, sich auf eine Form der Kriegführung festzulegen[64].

War Taylor noch die Veröffentlichung seiner Gedanken untersagt worden, um die Bündnispartner nicht zu verunsichern und gegenüber der UdSSR den Willen zu lückenloser nuklearer Abschreckung aller ihrer militärischen Aktionen nicht zu untergraben, so fanden sich seine Ideen doch im März 1956 in neuen sicherheitspolitischen Überlegungen des Nationalen Sicherheitsrates der USA wieder. Der allgemeine Nuklearkrieg schien hier eher eine entfernte Möglichkeit, weil »gegenseitige Abschreckung« sowohl die USA als auch die UdSSR davon abhalten würden, einen solchen Krieg auszulösen[65]. Da er auch für alle NATO-Mitglieder wegen der zu erwartenden Zerstörungen im Vertragsgebiet unerwünscht sein mußte, kam es eigentlich darauf an, ihn überhaupt zu vermeiden. Insbesondere war zu verhindern, daß er sich aus einem kleineren Konflikt durch Eskalation entwickelte. Dazu taugte das Mittel der totalen nuklearen Abschreckung und in ihrer Folge der nuklearen Verteidigung mit allen Mitteln nicht. Das zeigte schon ein Blick auf die von der Sowjetunion ausgehende Bedrohung und auf die Verbündeten. Diese war trotz der sowjetischen Ankündigung, die Streitkräfte um 1,2 Millionen Mann verringern zu wollen, nach Meinung aller Bündnispartner nicht geringer geworden, hatte sich aber verlagert. Ein von der UdSSR ausgelöster allgemeiner Nuklearkrieg schied als Möglichkeit fast aus, aber weltweit und an den Rändern des Vertragsgebiets, auch in den Mitgliedsländern selbst, mußte mit Aktivitäten unterschiedlichster Art gerechnet werden. Für jede denkbare Aggression galt es daher, ein angemessenes Gegenmittel bereitzuhalten, um zu vermeiden, daß man ausschließlich mit Nuklearmitteln stets vor der Frage stand, zu eskalieren oder zu kapitulieren. Was ihre Verbündeten in der NATO anging, so kamen die Amerikaner zu dem Urteil, sie würden wohl ganz gern unter dem »Schirm der amerikanischen Abschreckungsmacht« sitzen, sich aber immer unwilliger an Aktionen beteiligen, die ein Kriegsrisiko oder gar die Gefahr eines Nuklearkrieges heraufbeschworen.

Die Folgerungen, die der amerikanische Nationale Sicherheitsrat aus dieser Lage für die eigenen und für die Streitkräfte der NATO zog, lauteten: »The United States and its allies [...] will have to have, for an indefinite period, military forces with sufficient strength, flexibility and mobility to enable them to deal swiftly and severely with communist overt aggression in its various forms and to scope successfully with general war should it develop.« Noch deutlicher wurde das amerikanische Anliegen an die eigenen, aber auch die Bündnisstreitkräfte unter den Stichworten »örtliche Situation« und »örtliche Aggression«:

»Within the total U.S. military forces there must be included ready forces which with such help as may realistically be expected from allied forces, are adequate

---

[64] Taylor, Trumpet, S. 183 f.; Wampler, Legacy, S. 793 f.
[65] NSC 5602/1, Basic National Security Policy, 15.3.1956, in: FRUS 1955–1957 IXX, S. 258 (für das Folgende).

(a) to present a deterrent to any resort to local aggression, and
(b) to defeat or hold, in conjunction with indigenous forces, any such local aggression, pending the application of such additional U.S. and allied power as may be required to suppress quickly the local aggression in a manner and on a scale best calculated to avoid hostilities broadening into general war.

Such ready forces must be sufficiently versatile to use both conventional and nuclear weapons. They must be highly mobile and suitably deployed, recognizing that some degree of maldeployment from the viewpoint of general war must be accepted. Such forces must not become so dependent on tactical nuclear capabilities that any decision to intervene against local aggression would be tantamount to a decision to use nuclear weapons. However, these forces must also have a flexible and selective nuclear capability, since the United States will not preclude itself from using nuclear weapons even in a local situation.«

Im Sinne der letzten Feststellung erklärten sich die USA deshalb bereit, »ausgewählten Verbündeten« nuklearfähige Waffensysteme zur Verfügung zu stellen, damit diese sie bei Ausbruch eines Krieges selbst einsetzen konnten.

In unterschiedlicher Weise spiegelten die Vorschläge Frankreichs, Großbritanniens und der USA selbst für die Beratung im Ständigen NATO-Rat die Spannbreite der militärstrategischen Diskussion zwischen einem starren »One War Concept« und einer größeren Flexibilität der Optionen wider[66]. Einig war man sich über die erstrangige Bedeutung von nuklearen Abschreckungs- und Gegenschlagkräften, die beständig auf dem neuesten technischen Stand zu halten waren. Das weiteste Spektrum an rein konventionellen Streitkräften unter dem »nuklearen Schirm« forderten die Franzosen sowohl für das europäische Vertragsgebiet als auch für den Einsatz außerhalb. Die Briten betonten zwar wie die Amerikaner, es gelte Beweglichkeit im Denken und in den Plänen zu zeigen, um der sowjetischen Bedrohung in ihren verschiedenen und wechselnden Formen weltweit begegnen zu können. An Streitkräften für Europa schien aber das »benötigte Minimum« ausreichend, da in jedem Fall Nuklearwaffen einzusetzen waren. Die Amerikaner brachten aus ihren internen Überlegungen immerhin den Gedanken ein, daß die Landstreitkräfte des NATO-Schildes in Europa »begrenzte, bewaffnete Angriffe« ohne nukleare Waffen zu bewältigen hätten. Sie waren ansonsten ausgesprochen der Meinung, daß die in der MC 48 formulierte Strategie »noch gültig« und jeder sowjetische Angriff mit Atomwaffen zu beantworten sei. So war nun die Frage, ob die vom NATO-Rat geforderte »Politische Richtlinie« alle Mitglieder endgültig auf das bisher verfolgte »One War Concept« festlegen sollte, oder ob man in Abschreckung und Verteidigung »beweglicher« werden sollte. Letztendlich galt es noch, den von Norwegern und Kanadiern, den Initiatoren des »reappraisal of the NATO strategy«, schon zu Beginn genannten ökonomischen Gesichtspunkt zu berücksichtigen.

---

[66] NISCA, C-M(56)121, Defense Planning – The Reappraisal, 22.10.1956 und Annexes A-E, 25.7. bis 19.10.1956 (Statements des kanadischen, französischen, britischen und amerikanischen Vertreters im Ständigen NATO-Rat) (für das Folgende).

VI. Die Implementierung der »Massive Retaliation«

Die Beurteilung der sowjetischen Absichten, die einen wesentlichen Teil der »Politischen Richtlinie« ausmachte, faßte alle und, wie General Taylor gefordert hatte, auch die »wahren« Gefahren ins Auge[67]. Ein bewußt von der Sowjetunion ausgelöster »allgemeiner Atomkrieg« schied nach Meinung aller Bündnismitglieder aus. Er konnte allenfalls dadurch entstehen, daß die NATO auf ein sowjetisches Vorgehen mit herkömmlichen Waffen nuklear reagierte oder die Sowjetunion Absicht und Reaktion der NATO falsch einschätzte. Problematisch wurde es, wenn die Allianz nicht nuklear antworten wollte oder konnte, weil sie sich scheute, als erster Atomwaffen einzusetzen, oder weil man sich vor einem sowjetischen Nuklearangriff als Gegenreaktion fürchtete oder weil man uneinig und demoralisiert war. Dann konnten sich nämlich die sowjetischen Führer Erfolgschancen mit sehr unterschiedlichen Aktionen ausrechnen, wie mit:
— allgemeinen Angriffen oder
— örtlichen Angriffen gegen die NATO,
— Angriffen gegen Nicht-NATO-Staaten an der Peripherie des Vertragsgebiets,
— Aufständen und Bürgerkriegen,
— Interventionen außerhalb des Vertragsgebiets,
— Interventionen in den Satellitenstaaten.

In all diesen Fällen stand die Allianz dann vor der Frage, ob und wie sie handeln wollte.

Schon die Art des Vorgehens, das man der UdSSR zur Abschreckung androhen wollte, mußte dieses Handeln im voraus bestimmen. Die Europäer wollten mit der »Vernichtung jedes Aggressors« drohen, was den sofortigen Einsatz aller Nuklearmittel, auch auf sowjetischem Territorium, bedeutet hätte. Das entsprach dem bisher immer befürworteten System der totalen Abschreckung durch Androhung einer vernichtenden Vergeltung. Die Amerikaner vertraten demgegenüber, wie in ihrer »Basic National Security Policy« dargelegt, nun eher eine abgestufte Form der Abschreckung, die der UdSSR signalisieren sollte, daß sie mit keiner Art von Angriff letztlich Erfolg haben werde, auch nicht mit einem überraschenden oder im Verlauf der Auseinandersetzung mit überlegenen Mitteln fortgesetzten. Diese Art des selektiven und auf Eskalation angelegten Handelns sollte sich durchsetzen, wie der für die Streitkräfte vorgesehene Aufgabenkatalog auswies.

An erster Stelle stand die nukleare Vergeltungsstreitmacht als »Hauptabschreckung« und Antwort auf jede sowjetische Aggression, aber besonders auf einen nuklear geführten Angriff. Unter diesem nuklearen Schirm sollten die Land-, See- und Luftstreitkräfte ihren Teil zur Abschreckung beitragen und das Vertragsgebiet mit folgender Aufgabenstellung verteidigen:
— Aggressionen abschrecken und Einschüchterung von außen verhindern.
— Aggressionen der Sowjets oder der Satelliten erkennen.
— Aggressionen im Rahmen der »forward strategy« unter Einsatz von Nuklearwaffen mit Beginn der Feindseligkeiten begegnen und den Kampf durchhalten,

---

[67] C-M(56)138 (Final), 13.12.1956, in: NATO Strategy Documents, S. 269–276 (für das Folgende).

bis die strategische Gegenoffensive ihr Ziel erreicht hat, ohne jede Absicht von größeren Rückzügen.
- Infiltrationen, Einfällen und örtlichen bewaffneten Aktionen der Sowjets oder der Satelliten mit oder ohne offene oder verdeckte sowjetische Unterstützung begegnen, »ohne zwangsläufig zu nuklearen Waffen greifen zu müssen«.
- Die zur Unterstützung dieser Aufgaben erforderlichen Seeverbindungen schützen und aufrechterhalten.

Im europäischen Bündnisbefehlsbereich sollten dazu weiter amerikanische, britische und kanadische Streitkräfte stationiert bleiben. Die nuklearen Vergeltungsstreitkräfte und ihre Warnsysteme mußten in einem Zustand dauernder Bereitschaft gehalten werden, um auch auf Überraschungsangriffe reagieren zu können. Die Gefahren für die Allianz durch Ereignisse außerhalb des Vertragsgebiets wurden in zweierlei Form berücksichtigt: Zum einen bei der Organisation und Ausrüstung der Streitkräfte derjenigen Mitglieder, die davon betroffen sein konnten, und zum anderen durch die Feststellung, der Schutz des Vertragsgebiets sei vordringlich und Einsätze außerhalb davon seien damit in Einklang zu bringen.

Diese von den Außen- und Verteidigungsministern am 13. Dezember 1956 gebilligte »Politische Richtlinie« war seit dem 19. Oktober 1956 im Ständigen NATO-Rat und im Militärausschuß heftig diskutiert worden[68]. Das eher selektive und eskalatorische Abschreckungsprinzip setzten die Amerikaner als nukleare Vormacht der Allianz besonders gegen die Kontinentaleuropäer durch. Fürchteten die USA einen nuklearen Schlagabtausch mit der Sowjetunion auf den jeweils eigenen Staatsgebieten, wenn sofort alle Arten von Nuklearwaffen eingesetzt wurden, so sahen die Europäer einen regionalen Nuklearkrieg in Europa auf sich zukommen, wenn die Nuklearwaffen eskalatorisch verwendet werden sollten. Die USA verließen hier den Kreis der Vertreter einer totalen nuklearen Abschreckung und Verteidigung und folgten in ihrem nationalen Interesse einem beweglicheren Kurs, wie er sich seit dem Frühjahr 1956 intern herausgebildet hatte. Daß der NATO-Schild im kontinentaleuropäischen Vertragsgebiet wenigstens so lange stehen sollte, bis die nukleare Gegenoffensive ihre Wirkung zeigte, war ein Anliegen der französischen und deutschen Vertreter, während die Briten verlangten, daß die Schildstreitkräfte freie Hand für Rückzüge bekommen sollten. Es zeigte sich der Unterschied zwischen den Befürwortern eines »Schildes«, der standhalten sollte, und Vertretern eines »Stolperdrahtes«, der nur dazu dienen sollte, einen Angriff zu identifizieren und damit die nukleare Gegenoffensive auszulösen. Großbritannien und Frankreich waren die eifrigsten Verfechter von militärischen Einsätzen außerhalb des Vertragsgebiets, um sich so die Möglichkeit für den Abzug ihrer Truppen aus dem europäischen Befehlsbereich zu sichern. Erst auf amerikanischen Druck wurde der Vorrang der Verteidigung des Vertragsgebiets akzeptiert. Letztlich beanspruchten hier aber alle betroffenen Mitglieder, also vor allem die ehemaligen

---

[68] BA-MA, BW 2/1842, AA, Abt. 2 – Ref. 211, Aufzeichnung, Betr.: Politische Direktive des NATO-Rates an die militärischen Dienststellen der NATO, 4.10.1956; NISCA, Ministerial Meetings, Brief for the Chairman, 11.12.1956 (für das Folgende).

VI. Die Implementierung der »Massive Retaliation«

oder noch Kolonialmächte, freie Entscheidungen gegenüber der Allianz und ihren Befehlshabern.

Betrachtet man die »Politische Richtlinie« unter der Frage, ob das »One War Concept« durch sie wirklich beweglicher gestaltet wurde, so muß die Antwort nein lauten. Zwar fand sich in ihr auch die Forderung, man müsse der sowjetischen Bedrohung in »allen ihren Formen« angemessen entgegentreten können, aber auf die meisten denkbaren Aktionen gab es eigentlich nur eine nukleare Antwort[69]. Es war lediglich nicht mehr in erster Linie eine sofortige Reaktion mit dem gesamten Nuklearpotential der USA, sondern eher eine auf die Stärke des Angriffs bezogene, militärisch ausgerichtete, mit dem taktischen und Gefechtsfeldpotential, das den NATO-Befehlshabern von den USA zur Verfügung gestellt worden war.

Daß dem so war, bewiesen Entscheidungen der Außen- und Verteidigungsminister während der NATO-Ratssitzung. Eine konventionelle Antwort sollte es nunmehr nur noch auf »infiltrations, incursions or hostile local actions« geben, während die Vorlage noch »armed attacks« mit einbezogen hatte. Deutsche und Franzosen hatten mit diesem Antrag auf Änderung des Textes Erfolg, obwohl in den Vorverhandlungen die amerikanischen Vertreter noch darauf bestanden hatten, daß nur eine »serious aggression« mit Nuklearwaffen beantwortet werden sollte[70]. Niederländer und Deutsche initiierten den Beschluß, nuklearfähige Waffensysteme schon auf der Ebene der Division und nicht erst auf der Korpsebene in die Schildstreitkräfte einzuführen, wozu sich die USA bereit erklärten[71]. Nur so konnte letztlich auch die zusammenfassende Forderung der »Politischen Direktive« realisiert werden, daß nämlich die Schildstreitkräfte die Fähigkeit besitzen sollten, »schnell [...] auf jede Art von Aggression mit Nuklearwaffen antworten zu können«[72]. Aus der Sicht der Europäer war durch diese Maßnahmen die Abschreckung gestärkt. Die Amerikaner sahen hierin eher eine Verteilung des Risikos bei einem nuklearen Einsatz auf alle Bündnispartner und mehr Beweglichkeit bei der Wahl der nuklearen Einsatzmittel.

Diese breitere Dislozierung der Einsatzmittel für Nuklearwaffen schien es auch erforderlich zu machen, in der »Politischen Richtlinie« die Freigabeentscheidung neu zu bedenken. Trotz einiger Überlegungen und Diskussionen während der Jahre 1955/56 blieb es aber schließlich bei der Formel vom Dezember 1954, daß die Verantwortung dafür bei den Regierungen der Nuklearmächte verblieb[73]. Wie diese Verantwortung gegenüber den Bündnispartnern wahrgenommen werden sollte, hatte der amerikanische Präsident im Frühjahr 1956 festgelegt. Konsultationen vor einem Nuklearwaffeneinsatz sollten mit »geeigneten« (»appropriate«) Mitgliedern stattfinden, wenn es die Zeit erlaubte und kein Angriff auf die USA oder ihre Streitkräfte vorlag. Gleichzeitig behielten sich die Amerikaner das Recht vor,

---

[69] C-M(56)138, 13.12.1956, S. 7, in: NATO Strategy Documents, S. 276.
[70] NISCA, C-VR(56)74, 13.12.1956, S. 10, 14 und 21 f.; Wampler, Legacy, S. 988 f.
[71] NISCA, C-VR(56)74, 13.12.1956, S. 8.
[72] C-M(56)138, 13.12.1956, S. 6, in: NATO Strategy Documents, S. 275.
[73] C-M(56)138, 13.12.1956, S. 7, in: NATO Strategy Documents, S. 276.

auch in »örtlichen Situationen« Nuklearwaffen einzusetzen[74]. Eisenhower hatte darüberhinaus amerikanischen Befehlshabern, darunter auch dem SACEUR in seiner Eigenschaft als U.S. CINCEUR, den Gebrauch von Nuklearwaffen in ihrem Befehlsbereich bei »extremen Notsituationen« freigegeben[75]. Im »Emergency Defense Plan, 1-57« vom Juli 1956 war vorgesehen, daß Atomwaffen erst nach Freigabe (»release«, von daher der Begriff »R-Hour«) durch den SACEUR eingesetzt werden konnten. Dies war gleichzeitig (»simultaneously«) oder unmittelbar folgend (»subsequent«) mit der Auslösung von »General Alert« möglich[76]. Eine derartige »predelegation of authority« stieß im übrigen bei einigen NATO-Mitgliedern auf Zustimmung[77].

Indem das Konzept vom Dezember 1954 nun etwas differenziert worden war, und ihm alle Mitglieder auf höchster politischer Bündnisebene zugestimmt hatten, war der amerikanische Wunsch nach einem »festen Einverständnis über die NATO-Strategie« erfüllt[78]. Im Kern hatte sich an dem Konzept der MC 48 kaum etwas geändert. Es blieb bei der sofortigen nuklearen Reaktion auf fast alle militärischen Konfliktmöglichkeiten, mit deren Androhung man hoffte, sie in- und außerhalb des Vertragsgebiets aus der Welt geschafft zu haben. Man bereitete sich so auf einen Krieg vor, der im Hinblick auf die UdSSR als ziemlich unwahrscheinlich galt, und der, wenn die NATO gezwungen war, ihn auszulösen, von allen Mitgliedern als höchst unerwünscht angesehen wurde. So ruhte das gesamte Strategiegebäude der Allianz auf der nuklearen Abschreckung und konnte bei deren Versagen mangels anderer Reaktionsmöglichkeiten leicht einstürzen.

Durch die Debatte im NATO-Rat zog sich vielfach das bekannte Argument, daß die Ausrüstung der Streitkräfte mit nuklearfähigen Waffensystemen doch zu Einsparungen führen mußte. Nachdem man sich nun eindeutig für solche Systeme ausgesprochen hatte, hätte man zum Ursprung der »Politischen Richtlinie«, der »Prioritäten-Debatte« vom Oktober 1955, zurückkehren müssen, um die entsprechenden finanziellen Prioritäten für die benötigten Streitkräfte auch zu setzen. Das, was sich die im NATO-Rat versammelten Mitglieder in dieser Beziehung selbst mit auf den Weg gaben, blieben aber wenig hilfreiche Allgemeinplätze. Bei einer Entscheidung über die Verteilung ihrer Mittel sollten die Mitgliedsregierungen »unter anderem« folgende Punkte berücksichtigen: steigende Preise für neue Waffen, die wirtschaftliche Stabilität als wesentlicher Faktor der Sicherheit und die Ausnutzung aller wirtschaftlicher Ressourcen. Ein weiterer Richtpunkt war der Hinweis, daß der fortdauernde Bedarf an Menschen, Geld und Material für die NATO-Verteidigung eine »reale Gegebenheit« blieb. Den militärischen Gremien, die die »Politische Richtlinie« zur Grundlage für die weitere Arbeit an einem militärstrategischen Konzept machen sollten, wurde vorgegeben, daß es unter den

---

[74] NSC 5602/1, 15.3.1956, in: FRUS 1955-1957 IXX, S 247.
[75] Wampler, Legacy, S. 1039.
[76] SHAPE History 3, S. 123.
[77] Wampler, Legacy, S. 976 und 1039 (der deutsche und der portugiesische Verteidigungsminister).
[78] NISCA, C-M(56)121, 22.10.1956, Annex D, S. 10.

VI. Die Implementierung der »Massive Retaliation« 163

derzeitigen Verhältnissen, wenn überhaupt, nur wenige NATO-Staaten gab, von denen sich eine wesentliche Erhöhung der für die Verteidigung bestimmten finanziellen Mittel erwarten ließ[79]. Die einzigen Mitglieder, von denen dann überhaupt noch etwas erwartet werden konnte, waren die Bundesrepublik Deutschland mit ihren zugesagten zwölf Divisionen, 1300 Flugzeugen und 200 Schiffen, und die USA mit ihrer weiter gewährten Militärhilfe, nun im Bereich der nuklearfähigen Waffensysteme.

Der Öffentlichkeit teilte man nur mit, daß der NATO-Rat eine »Direktive für die künftige militärische Planung« gebilligt habe, die das »ständige Wachsen der sowjetischen Kapazität«, d.h. an nuklearen Mitteln, und der »verschiedenen Arten neuer, d.h. nuklearer, Waffen« der NATO berücksichtige. Damit wurde zumindest angedeutet, daß die neue Richtlinie eine Antwort auf die zunehmenden Nuklearpotentiale beider Seiten und ihre mögliche wechselseitige Neutralisierung sein sollte. Eine weitere Mitteilung des Kommuniqués stellte fest, daß die »Konzeption einer ›vorgeschobenen Verteidigung‹ bestehen bleibe«[80]. Damit sollte offenbar aus dem rein nuklearen Szenario der Bündnisstrategie das für die Europäer wichtige und z.T. noch konventionelle Element herausgehoben werden. Betrachtete man die kurz- und längerfristigen Planungen des SACEUR, so lag die »vorgeschobene Verteidigung« für 1957 immer noch an Rhein und Ijssel[81]. Für 1960/62 war die Verteidigung »der Bevölkerung, der Territorien, lebenswichtiger Seegebiete und der offensiven Schlagkraft der NATO« ohne geographische Angaben vorgesehen[82].

Die Verabschiedung der »Politischen Richtlinie« machte den Weg frei für die weitere Bearbeitung des neuen militärstrategischen Konzepts. Alle seit 1952 noch gültigen militärischen Dokumente sollten durch nur noch zwei neue Papiere ersetzt werden.

Trugen die 1954 und 1955 vom Rat gebilligten militärstrategischen Unterlagen eher den Charakter von Studien zur neuen Bündnisstrategie, so sollten jetzt genauere Festlegungen erfolgen. Nach einem umfangreichen Beratungsprozeß in den ersten Wochen des Jahres 1957 zwischen der Ständigen Gruppe, die mehrere Entwürfe fertigte, und den Mitgliedern lag im Februar 1957 die Quintessenz der militärischen Gedankengänge aller Mitglieder vor[83]. Sie wurden am 6. April im Militärausschuß und ab 13. April 1957 im Ständigen NATO-Rat besprochen und gebilligt. Das Leitthema der daraus hervorgehenden MC 14/2 war der »allgemeine Krieg« mit allen Mitteln als »größte Bedrohung für das Überleben der NATO-Mitglieder«. Daß die UdSSR von sich aus einen solchen allgemeinen Nuklearkrieg beginnen würde, war trotz aller Vorteile, die ihr ein überraschender Schlag bieten mochte, eher unwahrscheinlich. Umso sicherer schien ein allgemeiner militärischer

---

[79] C-M(56)138 (Final), 13.12.1956, S. 7, in: NATO Strategy Documents, S. 276.
[80] Engel, Handbuch, S. 806 f.
[81] SHAPE History 3, S. 124.
[82] Wampler, Legacy, S. 938 f.
[83] MC 14/2 (Revised), Overall Strategic Concept for the Defense of the North Atlantic Treaty Organization Area, 6.4.1957, in: NATO Strategy Documents, S. 277-313 (für das Folgende).

Konflikt als Ergebnis der nuklearen Antwort der NATO auf irgendwelche militärischen Aktionen der Sowjetunion. Diese Wahrscheinlichkeit war sehr hoch, da ja die NATO beabsichtigte, jeden militärischen Zugriff oberhalb einer »örtlichen feindlichen Aktion« nuklear zu beantworten. Das wurde nun noch einmal deutlich herausgestellt, wenn am Ende von Betrachtungen über »alternative Bedrohungen der Sicherheit der NATO«, die jetzt doch Eingang in die MC 14/2 gefunden hatten, der fast kategorische Satz stand: »In keinem Fall gibt es ein NATO-Konzept für einen begrenzten Krieg mit den Sowjets.« Da hinter jeder feindseligen Handlung gegen das Vertragsgebiet, auch wenn sie von einem anderen Staat als der UdSSR ausging, sowjetische Absichten zu vermuten waren, mußte sich in fast allen Fällen die Frage des nuklearen Einsatzes und damit die der Auslösung eines allgemeinen Krieges stellen. Die andere Möglichkeit der UdSSR, nämlich »begrenzte militärische Situationen unterhalb eines allgemeinen Krieges außerhalb des NATO-Gebiets«, die zu einem allgemeinen Krieg führen konnte, wurde im Sinne der »Politischen Richtlinie« geregelt. Der Schutz des Vertragsgebiets erhielt »erste Bedeutung« und die Abwehr von sowjetischen Aktivitäten außerhalb davon war mit den NATO-Verpflichtungen des betroffenen Mitgliedes »zu harmonisieren«[84].

Für die Vorbereitung auf einen allgemeinen Krieg galt es zunächst, die Abschreckung zu organisieren, um ihn zu verhindern, dann die Verteidigung zu planen und schließlich eine »erfolgreiche Beendigung« zu bedenken. Der Abschreckung dienten die Nuklearwaffen aller Kategorien und die immer wieder öffentlich geäußerte Absicht, sie sofort gegen jeden Aggressor einsetzen zu wollen. Sie ruhte vor allem auf den strategischen Luftstreitkräften der USA und Großbritanniens, die das sowjetische Territorium mit Nuklearmitteln bedrohten. Die Verteidigung war dagegen nur für 30 Tage vorbereitet. Alle Überlegungen für die Zeit danach schienen ungewiß und daher auch überflüssig. Das offensive Hauptziel der Verteidigung war die Vernichtung der gegnerischen Nuklearsysteme, des militärischen und des Rüstungspotentials. Die Absicht, das eigene Nuklear- und Kriegspotential zu schützen, führte in Europa und seinen Randmeeren zu der bekannten Forderung nach einer »forward strategy«, verlangte die Verteidigung der britischen Inseln und Nordamerikas besonders gegen Luftangriffe und wies den Seestreitkräften im Nordatlantik die Aufgaben zu, die sowjetischen Marinestreitkräfte in ihren Basen nuklear zu vernichten oder ihnen den Austritt aus Ostsee, Schwarzem Meere und Nordmeer zu verwehren. Nur so schien es möglich, die See- und Luftverbindungen, und damit die Verstärkung und Versorgung des europäischen Kampfgebiets über den Atlantik hinweg zu sichern. Der erfolgreiche Abschluß einer solchen Verteidigung durch die militärische und politische Entmachtung der UdSSR

---

[84] MC 14/2 (Revised), 6.4.1957, S. 12, in: NATO Strategy Documents, S. 292, enthält den Hinweis auf »begrenzte militärische Situationen unterhalb eines allgemeinen Krieges außerhalb des NATO-Gebiets« im Gegensatz zu MC 14/2 (Revised), 21.2.1957, nicht mehr. Vielmehr ist nur von »Gefahren für die NATO durch Entwicklungen außerhalb des Vertragsgebiets« die Rede, verbunden mit dem Hinweis, daß die »NATO military authorities« nur für »incidents« nach Art. 5 und 6 des Vertrages zuständig seien.

gründete in der noch bestehenden Überlegenheit der NATO, oder besser ihrer Nuklearmächte, an Nuklearmitteln und deren Einsatzsystemen.

Aus den Aufträgen ergaben sich die Prioritäten für die nuklearen Streitkräfte und für alle Vorkehrungen zu ihrem Schutz und für ihren Einsatz. Auch bei den Schildstreitkräften zu Land, in der Luft und auf See wurde die Ausrüstung mit Nuklearmitteln betont. Konventionelle Streitkräfte spielten in der Strategie der »Massiven Vergeltung« (»massive retaliation«), die die MC 14/2 dokumentierte, nur noch eine Rolle am Rande.

In der MC 48/2 wurde nun versucht, diese Strategie in ein Streitkräfteprogramm, allerdings nur qualitativer Art ganz ohne jede Zahlenangabe, umzusetzen[85]. Es handelte sich im wesentlichen um eine Aufzählung von Streitkräften und technischen Systemen, die man benötigte, um einen Krieg nach der Art der »massive retaliation« überleben, gegen den Angreifer zurückschlagen und seine angreifenden Verbände aufhalten zu können. Berücksichtigt wurden im wesentlichen nur die präsenten Streitkräfte und Systeme für die erste Phase eines Krieges. An der Spitze standen auch hier die nuklearen Gegenschlagkräfte definiert als »long-range strategic air striking forces mainly under national command«. Auch bei den anschließend aufgezählten »land, sea and air shield forces« war die Fähigkeit zum Einsatz nuklearer Mittel besonders wichtig. Diese Konzentration auf die nuklearen Waffen für Abschreckung und Verteidigung führte natürlich zu besonderer Abhängigkeit der ganzen Bündnisstrategie von den Entscheidungen und vom Handeln der USA und eingeschränkt auch Großbritanniens. Streitkräfte unter nationalem Kommando sollten daneben in den rückwärtigen Zonen den Bündnisstreitkräften die Freiheit des Handelns sichern, den Bevölkerungsschutz und die innere Sicherheit gewährleisten. Seestreitkräfte hatten einen Beitrag zum nuklearen Gegenschlag zu leisten und die Seeverbindungen über den Atlantik zu sichern.

Die geographische Verteilung dieser Streitkräftekategorien stellte sich so dar: Die nuklearen Gegenschlagkräfte waren in den USA, auf den britischen Inseln und in Nordafrika stationiert oder befanden sich auf Schiffen rund um den europäischen Kontinent. Die Schildstreitkräfte standen natürlich auf dem europäischen Festland. Die Streitkräfte in Großbritannien, den USA und Kanada gewannen ihre besondere Bedeutung als Schutz der dort versammelten Potentiale für den Gegenschlag und für die Unterstützung der »forward strategy« in Europa. Die Qualitäten dieser Streitkräfte wurden allgemein beschrieben als:
– Ständige hohe Einsatzbereitschaft besonders der Streitkräfte für den nuklearen Gegenschlag,
– eine »integrierte nukleare Fähigkeit«,
– ausreichende Stärke, Ausbildung, Ausrüstung und Versorgung,
– Flexibilität für den konventionellen und den Einsatz außerhalb des Vertragsgebiets.

---

[85] MC 48/2, Measures to implement the Strategic Concept, 6.4.1957, in: NATO Strategy Documents, S. 315–331.

In Verbindung mit diesen Streitkräften waren eine Vielzahl technischer Einrichtungen erforderlich, um ihr Überleben im Nuklearkrieg und ihren erfolgreichen Einsatz sicherzustellen:
- Aufklärungssysteme, die einen bevorstehenden Angriff entdecken sollten,
- Frühwarn- und Führungssysteme für die Luftstreitkräfte,
- Alarmsysteme, die einen schnellen Übergang vom Friedens- in den Kriegszustand ermöglichen sollten,
- ein Befehlssystem für die »zentrale Führung« und die »dezentrale Ausführung« aller Aufträge,
- »Überlebenssysteme«, worunter die Luftverteidigung, die Auflockerung der nuklearen Waffensysteme, die Dezentralisierung der politischen und militärischen Führung und der Bevölkerungsschutz verstanden wurden,
- Versorgungssysteme für die ersten 30 Tage, dezentralisiert und geschützt bei den Truppen und für die anschließende Weiterversorgung im rückwärtigen Gebiet.

Es war dies alles eigentlich wenig Neues, sondern nur der Versuch, die mit der MC 48 eingeleitete militärstrategische Veränderung zu präzisieren, zu systematisieren und in ein detailliertes Streitkräfteprogramm umzusetzen. Gleichzeitig erfolgte allerdings eine Zuspitzung des »One-War-Konzeptes«. Denn was unter dem Stichwort »Flexibilität« von den völlig auf einen allgemeinen Nuklearkrieg ausgerichteten Streitkräften im konventionellen Bereich erwartet wurde, war außerordentlich unverbindlich und marginal. Ganz deutlich sollten hier Streitkräfte und technische Systeme für einen »Erfolg während der Anfangsphase eines allgemeinen Krieges« aufgebaut und unterhalten werden, die ganz nebenbei auch noch »genügend flexibel« sein sollten, »geringeren Bedrohungen« zu begegnen. Es ist deshalb fraglich, ob die MC 14/2 bereits eine »strategy of flexible response« oder »flexible, differentiated responses« einleitete[86]. Die Flexibilität bezog sich allenfalls auf das gesamte Nuklearspektrum, und auch hier wurde weiterhin das »äußerste Vertrauen [...] in massive amerikanische Nuklearschläge nach Eurasien hinein« gesetzt[87]. Konventionelle Streitkräfte, die lediglich geeignet sein sollten, »örtliche feindliche Aktionen« zu beherrschen, hatten nur noch marginale Bedeutung und konnten zur Flexibilität wenig beitragen.

In den Beratungen des Militärausschusses und des Ständigen NATO-Rates wurde dieses Konzept ohne Abstriche angenommen. Es zeigte sich aber auch noch einmal ein nicht geringes Unbehagen an diesem eindimensionalen und unbeweglichen Plan, der die NATO geradezu zwingen mußte, von sich aus in einen allgemeinen Nuklearkrieg einzusteigen. Das Ganze machte nur Sinn, wenn man sich seiner abschreckenden Wirkung gegen jede »militärische Situation« sicher sein konnte. Die stärksten Bedenken im Militärausschuß trug dabei der dänische Vertreter vor, der damit in letzter Minute die weitgehendsten Änderungswünsche

---

[86] Wampler, Legacy, S. 1012; Heuser, NATO, S. 40.
[87] SHAPE History 3, S. 408.

verband[88]. Die Passagen über Verpflichtungen außerhalb des Vertragsgebiets und die Aussage, die NATO habe kein Konzept für einen begrenzten Krieg mit der UdSSR, sollten nach Meinung der Dänen wieder aus der MC 14/2 gestrichen werden. Diese Anträge scheiterten am Widerstand aller anderen Mitglieder. Sie gaben aber dem Vertreter der Ständigen Gruppe und des SACEUR Gelegenheit, das ganze Gedankengebäude der »Massiven Vergeltung« auf den Punkt zu bringen. Die Feststellung, die NATO habe kein Konzept für einen begrenzten Krieg mit der Sowjetunion, wurde zum »grundlegenden Prinzip« der MC 14/2 erklärt. Jeder Angriff, auch der eines osteuropäischen Satelliten der UdSSR, werde zu einem Krieg nach dem »NATO-Konzept«, d.h. zum Einsatz von Nuklearwaffen führen. Die eigene Initiative zum nuklearen Einsatz war für den SACEUR das Schlüsselwort des ganzen Konzeptes. Das, was die »Politische Richtlinie« an Möglichkeiten für einen nur konventionellen Einsatz benannt hatte, nämlich »Infiltrationen, Einfälle und örtliche Feindaktionen«, fiel nicht unter den Begriff des »begrenzten Krieges«, sondern unter den feindlicher Aktivitäten, die von Polizei und Grenzsicherungsdiensten zu regeln waren. Von dem Augenblick an, da die Allianz dem Vertragstext zufolge involviert war, gab es eigentlich nur noch die Wahl zwischen Nichthandeln und nuklearem Einsatz. Vor diese Wahl mußten nach Meinung vieler Bündnismilitärs die politischen Führer der Mitgliedsländer gestellt werden, zum einen, weil sie tatsächlich die Entscheidung für einen Nuklearwaffeneinsatz zu treffen hatten, zum andern, um ihnen zu demonstrieren, wohin ihre Sparsamkeit im Verteidigungsbereich geführt hatte. Jede andere Interpretation des Konzeptes oder auch nur andere Formulierungen schienen gefährlich für das wasserdichte System der nuklearen Abschreckung, das hier in einer letzten zugespitzten Form präsentiert und auch von allen Bündnismitgliedern akzeptiert wurde.

Die Beratungen zur MC 14/2 und MC 48/2 im Ständigen NATO-Rat vom 13. April bis 9. Mai 1957 standen nicht unter dem Zeichen, daß man hier das neue militärstrategische Konzept abschließend politisch behandelte, sondern eher unter dem Eindruck neuer Überprüfungen der Bündnisstrategie. Mit einer solchen wurde der SACEUR, seit 20. November 1956 der amerikanische General Lauris Norstad, vom Rat selbst bereits am 12. April 1957 beauftragt[89]. Anlaß dazu waren die Schwierigkeiten der Bundesrepublik Deutschland, ihren Verteidigungsbeitrag in dem geplanten Umfang und in der vorgesehenen Zeit zu leisten, sowie die britische Ankündigung im Ständigen NATO-Rat, ihre Streitkräfte drastisch reduzieren zu wollen. Diese Probleme konnten nicht ohne Einfluß auf die Gesamtstrategie und das Verhältnis von nuklearen Vergeltungskräften zu den sogenannten Schildstreitkräften bleiben. Einseitige nationale Entschlüsse brachten so das mühsam zustandegekommene Strategiegebäude der Allianz noch vor der endgültigen Fertigstellung wieder ins Wanken. Wie der NATO-Rat auf Ministerebene in seinem

---

[88] NATO, IMS, Central Records, Protokoll der 16th Session des Militärausschusses, 6.4.1957; BA-MA, BW 2/1958, GenLt Adolf Heusinger, Vermerk über die 16. Sitzung des Military Committee, 6.4.1957 (für das Folgende).
[89] NISCA, C-R(57)23, 15.4.1957 (Sitzung v. 12.4.1957).

öffentlichen Kommuniqué zur Sitzung vom 2. und 3. Mai 1957 bestätigte, war das Gleichgewicht zwischen den »letzten [d.h. den nuklearen] Waffensystemen und der konventionellen Bewaffnung« in Frage gestellt. Die militärischen Gremien sollten deshalb neu über das Gleichgewicht der verschiedenen Streitkräftearten nachdenken. Woran es nun zu mangeln begann, konnte man aus dem erschließen, was der Rat forderte, nämlich an einem »machtvollen Schild von Land-, See- und Luftstreitkräften, um die Territorien der Mitglieder zu beschützen«[90].

Als der Ständige NATO-Rat am 9. Mai 1957 letzte Hand an das militärstrategische Konzept legen wollte, war daher vieles wieder offen. Diese Situation nutzten nun einige Mitglieder, ihre immer noch bestehenden Bedenken wenigstens zu Protokoll zu geben[91]. Das deutsche Verlangen richtete sich darauf, den »Schild« im Befehlsbereich Europa Mitte in der Stärke von 30 Divisionen und in der Zusammensetzung aus nationalen Kontingenten verschiedener Mitglieder wie bisher geplant festzuschreiben. Von der Erfüllung dieser Forderung wurde die deutsche Zustimmung zu den revidierten Bündnisdokumenten abhängig gemacht. Der niederländische Vertreter verlangte, der Rat solle den schon von den Dänen im Militärausschuß kritisierten Satz, die NATO habe kein Konzept für einen begrenzten Krieg mit der UdSSR, »*nicht* aufrechterhalten«. Norwegen verlangte eine andere »Politik« als die des Nuklearwaffeneinsatzes in fast jedem Fall. Demgegenüber vertraten die Briten noch einmal die Kernaussage der MC 14/2, der UdSSR müsse auch zur Abschreckung von »Zwischenfällen« mit dem »totalen Krieg« gedroht werden. Dies lag auf der Linie der öffentlichen Ankündigung der NATO-Außenminister, die atlantische Allianz müsse in der Lage sein, gegen jeden Angriff alle verfügbaren Mittel einzusetzen, und gerade der Besitz der »modernsten Verteidigungsmittel« werde jeden Angriffsversuch »abschrecken«[92].

Der Kompromiß zwischen Kritikern und Verteidigern der MC 14/2 und MC 48/2 im Ständigen NATO-Rat lautete schließlich dahin, daß die Dokumente ohne Änderung gebilligt, aber »im Lichte künftiger Informationen oder Erfahrungen« überprüft werden sollten, und jedes Mitglied später neue Beratungen zu jedem Teil der Dokumente verlangen könne[93]. Zu einer »festen Übereinkunft« über die Bündnisstrategie, wie der amerikanische Wunsch bei Beginn der Beratungen im Oktober 1956 gelautet hatte, war man damit sicher nicht gelangt, geschweige denn zu verbindlichen Richtlinien für die nationalen Streitkräfteplanungen.

---

[90] Engel, Handbuch, S. 881.
[91] NISCA, C-R(57)30, 11.5.1957 (Sitzung v. 9.5.1957) (für das Folgende).
[92] Engel, Handbuch, S. 880.
[93] NISCA, C-R(57)30, 11.5.1957.

VII. Die Europäisierung der »Massive Retaliation«: MC 70, 1958

Die vom Ständigen NATO-Rat am 12. April 1957 geforderte neuerliche Prüfung der Strategie- und Streitkräfteplanung verlangte vom SACEUR, General Lauris Norstad, Antworten auf zwei Fragen: nach dem Zusammenhang zwischen seinen Verteidigungszielen und den dazu erforderlichen Mitteln sowie nach dem Verhältnis zwischen konventionellen und nuklearen Streitkräften und Waffen[1]. Am 1. Oktober 1957 lagen die Studien des SACEUR dazu vor und wurden am 2. Oktober von Norstad im Ständigen NATO-Rat erläutert[2]. Der grundsätzliche Unterschied, der sich zwischen der MC 48 vom Dezember 1954 und den neuen Studien knapp drei Jahre später ergab, war nach Meinung des SACEUR die Tatsache, daß die nukleare Überlegenheit des Westens gegenüber der UdSSR beständig abgenommen hatte und sich in Zukunft weiter vermindern würde. Von daher schien es nicht mehr möglich, als einzige Antwort auf alle denkbaren militärischen Aktionen der Sowjetunion die »massive nukleare Vergeltung« bereitzuhalten. Vielmehr mußte es das Bestreben der Allianz sein, eine nukleare Eskalation zu verhindern oder der UdSSR die Auslösung eines allgemeinen Nuklearkrieges zu überlassen. In der Studie hieß es dazu: »Indeed, as long as we are able to repel limited aggression by conventional weapons – or if necessary, with low yield nuclear weapons – it is the enemy, not us, who in this case would face the terrible decision of starting a general nuclear war to salvage a position lost or on the verge of being lost.« Daß es eigentlich nicht darum ging, begrenzten Aktionen mit konventionellen Mitteln zu begegnen, zeigte eine weitere Bemerkung in der Studie: »Our military advantage lies in numbers and types of nuclear weapons, in more effective delivery systems and in a diversified base complex.« Wenn also von »begrenztem Krieg« die Rede war, dann nicht in konventioneller Form, sondern in nuklearer Form. Die Begrenzung bezog sich nur auf die Größe und die Art der einzusetzenden Nuklearwaffen und auf den geographischen Raum, in dem sie eingesetzt werden sollten.

Vor dem Ständigen NATO-Rat betonte Norstad daher zwar die Bedeutung der konventionellen Streitkräfte und des »Schildes«. Indem er aber seine abschrecken-

---

[1] NISCA, RDC/163/57, 12.4.1957; C-M(57)41, 21.3.1957; C-R(57)23, 15.4.1957; Wampler, Legacy, S. 1042 ff., mit stärkerer Betonung einer doch noch vorhandenen konventionellen Option.
[2] NATO, DEF 5-1-02 (58-63), SHAPE/154/57 und 154-1/57, ACE Minimum Force Study, vol. I und II, 1.10.1957; NISCA, C-R(57)64, 22.10.1957 (Sitzung v. 2.10.1957); FRUS 1955-1957 IV, S. 170 f.

de Wirkung, seine Nuklearfähigkeit und die »notwendige Alternative« besonders hervorhob, die der Schild zur »äußersten Möglichkeit«, d.h. zum allgemeinen Nuklearkrieg darstellte, konnten für ihn die wichtigeren Bestandteile dieses Schildes nur die Nuklearwaffen und nicht die konventionellen Streitkräfte sein. Die »furchtbare Entscheidung«, die der SACEUR mit dieser Art von Flexibilität den NATO-Mitgliedern ersparen wollte, war die zwischen einem regional begrenzten Nuklearkrieg in Europa und einem allgemeinen und weltweiten, nicht die Wahl zwischen einem nuklearen und konventionellen Konflikt mit der Sowjetunion. Die Überlegungen Norstads beruhten darauf, daß die Schildstreitkräfte mit taktischen Nuklearwaffen ausgerüstet sein mußten und die technischen und politischen Voraussetzungen für ihren Einsatz spätestens eine Stunde nach Angriffsbeginn gegeben waren. Nur dann war es möglich, die Zahl der benötigten Streitkräfte auf einem »angemessenen Minimum« zu halten. Am 12. April 1957 hatten die USA nun auch öffentlich angekündigt, daß sie ihre europäischen Bündnispartner ab 1958 mit nuklearfähigen Waffensystemen ausrüsten wollten[3]. Norstad forderte deshalb jetzt »Depots von Nuklearwaffen der NATO« und ein System, das es erlaubte, die nuklearen Sprengkörper in amerikanischem Besitz und die Einsatzsysteme der Verbündeten im Verteidigungsfall schnell und problemlos zusammenzubringen. Da inzwischen auch die anderen Befehlshaber der NATO an ähnlichen Studien arbeiteten wie der SACEUR, die alle zu einer einzigen zusammengefaßt werden sollten, vertagte der Ständige NATO-Rat eine Entscheidung bis zum Vorliegen dieser Gesamtstudie.

Am 11. Dezember 1957 beschäftigte sich der Militärausschuß mit dieser neuen Studie[4]. Trotz der Zweifel, die inzwischen vielerorts am gültigen Strategiekonzept MC 14/2 aufgekommen waren, hielt der Militärausschuß daran fest. Entgegen den Diskussionen über ein »nukleares Patt« zwischen den USA und der UdSSR und über »begrenzte Kriege«, die darauf hinzudeuten schienen, daß das Bündniskonzept der »massiven nuklearen Vergeltung« verbesserungsbedürftig war, bestätigte man noch einmal die zentrale Aussage der MC 14/2, daß es »in keinem Fall ein NATO-Konzept für einen begrenzten Krieg mit den Sowjets gebe«. Die in der MC 70 vorgesehene »Minimalstreitkraft« sollte die Befähigung erhalten, »voll in die nukleare Gegenoffensive einzusteigen«. Neben die bei den amerikanischen Streitkräften schon vorhandene und bei den Verbündeten im Aufbau begriffene »integrierte nukleare Einsatzfähigkeit« sollten nun Mittelstreckenraketen treten, die im europäischen Vertragsgebiet zu stationieren waren. Der nuklearisierte »Schild« sollte also durch ein nukleares »Schwert« ergänzt werden, mit dem das sowjetische Territorium von Europa aus getroffen werden konnte.

Damit waren gewichtige Teile des nuklearen Abschreckungs- und Verteidigungssystem der NATO nach Europa verlagert. Das nordamerikanische Vertragsgebiet war insofern von einer militärischen Auseinandersetzung mit der UdSSR

---

[3] NISCA, NATO Press Release 57/7, Advanced Weapons in U.S. Mutual Aid Program, 12.4.1957.
[4] NATO, IMS, Central Records, MC 70, The Minimum Essential Force Requirements, 1958–1963, 29.1.1958; ebd., Protokoll der 18th Session des Militärausschusses, 11.12.1957 (für das Folgende).

abgekoppelt. Man hatte eigentlich nun kein NATO-Gesamtkonzept für einen Krieg mit der UdSSR mehr, sondern ein europäisches NATO-Konzept, das, wenn sich die UdSSR darauf einließ, auch zu einem nur auf Europa begrenzten Krieg führen konnte. Die USA, vielleicht ein wenig eingeschränkt durch das Mitspracherecht der europäischen Bündnispartner, hatten damit als Besitzer der wesentlichen nuklearen Mittel in Europa die Wahl, sie nur zu militärischen Zwecken auf dem nach Osten erweiterten europäischen Gefechtsfeld oder mit der politischen Absicht, den Krieg schnell zu beenden, gegen das sowjetische Territorium einzusetzen. Dies war eine Tatsache, die den USA nach dem Start des ersten sowjetischen Weltraumsatelliten am 4. Oktober 1957 und der schnell voranschreitenden Entwicklung sowjetischer Interkontinentalraketen nicht unangenehm sein konnte. Einmal mehr schien nach Meinung des SACEUR »Erziehung« der doch etwas zögernden europäischen NATO-Partner nötig. Sie sollten verstehen, »daß Nuklearwaffen nicht länger gleichbedeutend mit einem allgemeinen Krieg waren, sondern als Waffen angesehen werden konnten, die nur in dem Maße eingesetzt werden konnten und sollten, um die erwünschten politischen und militärischen Ziele zu erreichen«[5].

Die Regierungschefs der NATO-Mitglieder entschieden auf ihrer Dezembertagung 1957 in Paris, daß Depots für nukleare Gefechtsköpfe in Europa eingerichtet und dem SACEUR Mittelstreckenraketen zur Verfügung gestellt werden sollten. Die militärischen Gremien forderte man auf, Empfehlungen für den Einbau dieser Waffen in die gemeinsame Verteidigung abzugeben[6].

Vom 15. bis zum 17. April 1958 berieten die Verteidigungsminister der NATO über diese neuen Pläne der militärischen Stellen, die MC 70. Selbst dem veröffentlichten Kommuniqué konnte man das wesentlich neue Element der Planung entnehmen. Es hieß dort: »Diese Verteidigungsstrategie soll auch in Zukunft auf die Konzeption einer starken Abwehrkraft gegründet sein, zu der sowohl der Verteidigungsschild mit seinen herkömmlichen und atomaren Waffen gehört, wie auch die mit Atomwaffen ausgerüsteten Vergeltungsstreitkräfte[7].« Davon ausgehend versuchte die MC 70 nunmehr, die konventionellen und nuklearen Funktionen der Schildstreitkräfte genauer zu beschreiben und in ein Verhältnis zueinander wie auch zum gesamten strategischen Konzept zu bringen[8]. Ihre Basis blieb die strategische Konzeption der MC 14/2 und MC 48/2. Man bereitete weiter einen allgemeinen weltweiten Krieg mit allen Mitteln von ca. 30 Tagen Dauer vor und hoffte, damit alle anderen Konfliktarten abschrecken oder beherrschen zu können. Aus dem wachsenden Nuklearpotential der UdSSR, das in diesem Bündnispapier zum erstenmal zahlenmäßig aufgelistet wurde, ergab sich allerdings auch, daß es der Allianz in Zukunft immer schwerer fallen mußte, diese Art des Krieges zur Ab-

---

[5] Wampler, Legacy, S. 1048.
[6] Die Atlantische Gemeinschaft, S. 145.
[7] Ebd., S. 148.
[8] NATO, IMS, Central Records, MC 70, 29.1.1958 (für das Folgende).

schreckung und erst recht zur Verteidigung ins Auge zu fassen[9]. Also mußten zwei Dinge verhindert werden: daß es der UdSSR gelang, irgendeinen militärischen Erfolg im Vertragsbereich zu erlangen, ohne daß die NATO zu ihren Nuklearwaffen griff oder greifen konnte, und daß ein Nuklearwaffeneinsatz der Allianz unausweichlich zu einer Eskalation bis zur allgemeinen nuklearen Reaktion führte. Das Konzept für die Streitkräfte in Europa, wo diese Möglichkeiten am ehesten Wirklichkeit werden konnten, lautete daher: »They must be capable of a range of actions varying from a rapid concentration in a demonstration of determination to oppose a potential threat at one end of the scale, to an application of force, with or without nuclear weapons, to repel promptly and decisively a hostile local action at the other.« Jenseits einer »Demonstration der Entschlossenheit«, mit der durch eine »schnelle Konzentration« von Kräften an möglichen Gefahrenherden abschreckend gewirkt werden sollte, konnte so schon das »prompte« und »entscheidende« Zurückschlagen einer »feindlichen lokalen Aktion« Nuklearmittel erfordern. Die »Politische Richtlinie« hatte hier noch einen rein konventionellen Einsatz vorgesehen. Die Idee hinter diesem Verfahren war nicht nur, die Einsatzschwelle für Nuklearwaffen aus Gründen der Abschreckung weiter zu senken, sondern durch die schnelle, auch nukleare Bereinigung einer »begrenzten Situation« zugunsten der NATO die Sowjetunion vor die Wahl zu stellen, die Aggression aufzugeben oder ihrerseits zu eskalieren. Die »furchtbare Entscheidung«, aufzugeben oder den Einsatz zu erhöhen, vor der der SACEUR am 2. Oktober 1957 den NATO-Rat gewarnt hatte, schien so, auch wenn die NATO als erste zu kleineren Nuklearwaffen in einem begrenzten Rahmen gegriffen hatte, an die Sowjetunion zurückgegeben.

Damit in dem Falle, in dem der Einsatz durch die UdSSR doch erhöht wurde, nicht gleich zum Knüppel der allgemeinen nuklearen Vergeltung gegriffen werden mußte, wollte die NATO bis 1963 ein abgestuftes System von nuklearfähigen Waffen und zugehörigen Gefechtsköpfen in Europa versammeln: für die Unterstützung der Truppen auf dem Gefechtsfeld, für den taktischen Einsatz in der Tiefe des Gefechtsfeldes und für Schläge auf das sowjetische Territorium. Das Waffenarsenal reichte vom Raketenwerfer HONEST JOHN bei den Divisionen im Befehlsbereich des SACEUR bis zu den Mittelstreckenraketen THOR und JUPITER am Rande des europäischen Vertragsgebiets in Großbritannien, Italien und der Türkei, die ausdrücklich den Schildstreitkräften zugeordnet wurden. Erst wenn dieses Arsenal im Kriegsfall ausgereizt war, konnte wohl mit dem Einsatz der »strategic forces external to NATO commands« gerechnet werden, also den eigentlichen nuklearen strategischen Gegenschlags- und Vergeltungsstreitkräften der USA und Großbritanniens zur Zerschlagung der UdSSR selbst.

Das Konzept abgestufter, lückenloser nuklearer Abschreckung und Verteidigung stellte sich dazu, konkret in Streitkräften und Waffensystemen ausgedrückt,

---

[9] NATO, IMS, Central Records, MC 70, 29.1.1958, S. 21: 2500–4000 Gefechtsköpfe aller Art bis 20 Megatonnen TNT, mit denen 1961 in Europa 1000 und in den USA 50 Ziele mit Raketen angegriffen werden sollten; 1963 dann schon 2000 bzw. 500.

wie folgt dar: Von 1958 bis 1963 sollte die Zahl der gesamten präsenten, dem Bündnis von seinen Mitgliedern zur Verfügung gestellten Divisionen von 42 (dazu 16 Regimental Combat Teams) auf 50 (zusätzlich 15 RCT) anwachsen. Diese Gesamtzahl entsprach der Zahl der dem SACEUR zugeordneten Divisionen. Die »Strategische Reserve« von 6²/₃ Divisionen wurde mit Masse (5¹/₃ Divisionen) von den USA gestellt und blieb in dieser Zeit gleich. Im Befehlsbereich Europa Mitte sollte bis 1963 endlich die schon immer geforderte Zahl von 30 präsenten Divisionen erreicht werden, von 22²/₃ Divisionen ausgehend, die 1958 tatsächlich existierten. Der Zuwachs von rund sieben Divisionen wurde ausschließlich von der Bundesrepublik Deutschland erwartet. Die Anzahl der »Ground Nuclear Delivery Units« unterschiedlichster Art sollte im gleichen Zeitraum von 40 auf 135 erhöht werden.

Die Zahl der taktisch einsetzbaren Flugzeuge sollte mit rund 4350 gleich bleiben, die der Einheiten mit Boden-Boden- bzw. Boden-Luft-Raketen von drei auf neun bzw. von neun auf 67 erhöht werden. Auch bei diesen Angaben entsprach die Gesamtzahl der Flugzeuge derjenigen, die für den Befehlsbereich des SACEUR gefordert wurde. Hinter diesem »Luft-Boden-Schild« sollten schon 1959/60 sechs Staffeln Mittelstreckenraketen auf dem Kontinent (Türkei und Italien) und vier in Großbritannien stehen. Der Militärausschuß war der Meinung, daß eine kleinere Streitkraft das strategische Konzept der MC 14/2 nicht würde umsetzen können.

Die Zahlen entsprachen nicht den »idealen Erfordernissen« der Befehlshaber, sondern stellten das »notwendige Minimum« für die Allianz dar. Vergleicht man diese Angaben mit denen, die der SACEUR im Oktober 1956 für 1960/62 als »Minimum« gefordert hatte, so fällt vor allem die Steigerung bei den »Ground Nuclear Delivery Units« von Null auf 135 und die Erhöhung der ja auch nuklear ausgerüsteten Luftabwehrraketeneinheiten von 29 auf 67 auf. Die Anzahl der Divisionen und taktischen Flugzeuge war dagegen im großen und ganzen gleich geblieben. Ein Vergleich mit den Beschlüssen vom 23. Februar 1952 in Lissabon für das Jahr 1954 zeigt fast eine Halbierung der Anzahl von Divisionen, die in den ersten 30 Tagen nach Kriegsbeginn präsent sein oder mobilisiert werden sollten. Die Zahl der von Anfang an präsenten Großverbände hatte sich allerdings um zehn erhöht. Für die Flugzeuge ergibt sich mehr als eine Halbierung des geforderten Bestandes[10]. Ob damit allerdings auch die von allen seit 1953 gewünschte Kostenreduzierung verbunden sein würde, war eine immer noch offene Frage. In der Bundesrepublik Deutschland, die als einziges Mitglied gleichzeitig konventionelle Streitkräfte aufstellen und die neuen Waffensysteme anschaffen mußte, kam man jedenfalls zu dem Schluß, daß man das Programm der MC 70 aus finanziellen Gründen nicht werde erfüllen können[11].

Was sich seit 1952 grundsätzlich im europäischen Vertragsgebiet geändert hatte, brachte ebenfalls das jüngste Allianzmitglied, die Bundesrepublik Deutschland, auf einen kurzen Nenner:

---

[10] Poole, Joint Chiefs, S. 293.
[11] BA-MA, BW 2/858, FüB, Betr.: Folgerungen aus der MC 70, 27.2.1958.

»Strategische NATO-Konzeption Schild/Schwert bedeutete ursprünglich:
- Schild = konventionelle Streitkräfte zum Halten am Eisernen Vorhang.
- Schwert = strateg. Atomwaffen für Abschreckung und atomaren Gegenschlag.

Durch technische Entwicklung (Aufholen der SU [Sowjetunion] auf Atom- und Fernwaffengebiet) hat Schild-Schwert-Theorie Wandlung erfahren:
- Schwert = wie bisher, verstärkt durch Mittelstrecken-, später Interkontinentalraketen.
- Schild = mit modernen (d.h. nuklearen) Waffen zusätzlich Aufgabe der Abschreckung ›in vorderster Linie‹ und der Verhinderung der Ausweitung örtlicher Übergriffe zu ›großem Krieg‹[12].«

Da die Mittelstreckenraketen zur Verfügung des SACEUR nach der MC 70 zu den Schildstreitkräften rechneten und nicht zum Schwert, wie hier irrtümlich angenommen, mußte die abschreckende Aufgabe des Schildes von der »vordersten Linie« bis auf das sowjetische Territorium ausgedehnt gesehen und damit noch viel stärker betont werden. Der Schild hatte nicht die zusätzliche Aufgabe der Abschreckung. Dies war vielmehr zur Hauptaufgabe geworden, quasi in Ergänzung und Regionalisierung der von den Schwertstreitkräften der USA allgemein für die NATO gewährleisteten Abschreckung.

Mit der Streitkräfteplanung der MC 70 war die 1953 durch die New Approach Group von SHAPE eingeleitete Umstellung der gesamten militärstrategischen Planung der NATO auf Nuklearwaffen abgeschlossen. Angesichts der finanziellen und wirtschaftlichen Schwierigkeiten, die in Lissabon 1952 für eine zwar nuklear abgesicherte, aber im Kern doch konventionelle Verteidigung in Europa benötigten Streitkräfte aufzubauen und zu unterhalten, hatten sich die nun verfügbaren Nuklearmittel aller Kategorien im Urteil aller Allianzmitglieder als das »wirkungsvollste Modell der militärischen Stärke der NATO für die nächsten Jahre« (MC 48) erwiesen. Als letzte konventionelle Option in der ganz auf nukleare Abschreckung ausgerichteten Bündnisstrategie blieb in Europa die »entschlossene Demonstration« gegen »Infiltrationen« und »Einfälle« der Sowjetunion oder ihrer Satelliten in das Vertragsgebiet. Jenseits dieser konventionellen Möglichkeit lauerte am Ende einer von der NATO initiierten Eskalation der weltweite Nuklearkrieg. Die »konventionelle Phase« der NATO in Europa war vorüber. Es blieb die Hoffnung auf die Wirksamkeit der nuklearen Abschreckung und damit auf die Verhinderung aller militärischen Aktionen, von der Infiltration bis zum allgemeinen Nuklearkrieg. Dies war die eigentliche Absicht aller militärstrategischen Überlegungen der westlichen Allianz.

---

[12] BA-MA, BW 2/858, Aufzeichnung zu der Frage: Warum atomare Ausrüstung der Bundeswehr?, 14.3.1958.

Heinz Rebhan

Der Aufbau des militärischen Instruments der NATO

I. Die militärische Lage der NATO 1949/50

Mehr als ein Jahr nach Gründung der NATO am 4. April 1949 fällten maßgebliche Politiker und Militärs ein vernichtendes Urteil über die Organisation und den Zustand der Streitkräfte des Bündnisses. Die Organisation des Atlantikpaktes sei »absolut hoffnungslos« und komme keinen Schritt vorwärts. Die militärische Stärke der westeuropäischen Staaten sei »äußerst unbefriedigend«: »Wir haben weder die Truppen, noch die Schiffe oder Flugzeuge, noch die militärische Ausrüstung, um Westeuropa im Falle eines sowjetischen Angriffs verteidigen zu können[1].« Die verschiedenen, Ende 1949/Anfang 1950 gegründeten Bündnis-Komitees[2] hatten zwar mit viel Engagement getagt, aber ihrer Arbeit war wenig Erfolg beschieden. Die Alliierten waren sich ihrer Schwächen und Unzulänglichkeiten, wie Streitkräftemangel, mangelhafte Ausrüstung, veraltete Waffensysteme und fehlende militärische Kommandostrukturen wohl bewußt. Trotzdem herrschte in der Gründerzeit ein gewisser Optimismus. Dieser beruhte im Wesentlichen auf der Annahme, daß eine sowjetische Invasion nicht unmittelbar drohe und der amerikanische atomare Schirm die mangelnde Anzahl an Streitkräften ausgleiche. Vorerst hatten die wirtschaftlichen Wiederaufbauprogramme Vorrang vor einer Wiederaufrüstung: »Economic recovery enjoyed priority over defence«, konstatierte der britische Außenminister Ernest Bevin im Mai 1950[3].

Die Kontinentaleuropäer – von ähnlichen wirtschaftlichen Sorgen geplagt wie ihre britischen Partner – stimmten dem Statement Bevins gerne zu. Die Kanadier und Skandinavier legten besonderen Wert auf die Verbesserung der mangelnden wirtschaftlichen Zusammenarbeit der Bündnispartner gemäß Artikel 2 des NATO-

---

[1] Field Marshal Montgomery, Commander-in-Chief der Westunion, urteilte wie folgt: »As the things stand today and in the forseeable future, there would be scenes of appalling and indescribable confusion [...] if we were ever attacked by the Russians«, zit. in: Ismay, NATO, S. 30 und in: Public Record Office (PRO) Kew, CAB 134/37 A.O.C. (50) 16, 2nd August, 1950, Exchange of Views on General Situation, S. 2; siehe dazu: Ismay, NATO, S. 29 f. und Bartlett, Retreat, S. 57.

[2] Die Bündniskomitees der Gründungszeit waren: Defence Committee, Military Committee einschließlich der Standing Group, Defence Financial and Economic Committee, Military Production and Supply Board und fünf regionale Planungsgruppen. Zusammensetzung und Aufgaben werden später im Kapitel »Erste Organisationsformen« beschrieben.

[3] PRO, CAB 129/40 C.P. (50) 118, 26.5.1950, Meeting of the North Atlantic Council, 15-18 May, 1950, S. 3; PRO, CAB 134/37 Atlantic (Official) Committee A.O.C. (50) 17, 26.7.1950. Besonders für den britischen Finanzminister Sir Stafford Cripps hatte der wirtschaftliche Wiederaufbau absolute Priorität: FRUS 1950 III, S. 49 f. Siehe dazu auch Warner, Labour-Regierung, S. 136.

Vertrages⁴. In der Tat war der Verteidigungsetat bei der Mehrzahl der Alliierten im Haushaltsjahr 1949/50 nur um die Höhe der jährlichen Inflationsrate gestiegen⁵. Seit der Gründung der NATO im April 1949 waren die westeuropäischen Staaten sicherheitspolitische »Trittbrettfahrer« der Nordamerikaner. Nach ihrem Verständnis sollten die Vereinigten Staaten mit Hilfe des »European Recovery Program« (ERP, Marshallplan) sowohl den wirtschaftlichen Gesundungsprozeß garantieren, als auch den wirtschaftlichen Wiederaufbau mit ihren im NATO-Vertrag eingegangenen Verpflichtungen militärisch absichern⁶.

Die USA hingegen suchten in beiden Bereichen die aktive Teilnahme der westeuropäischen Staaten, um eine langfristige Festlegung amerikanischer Kräfte und Mittel in Westeuropa zu vermeiden. Zu diesem Zweck wurde 1948 die »Organization for European Economic Cooperation« (OEEC) gegründet, der NATO-Vertrag ratifiziert und das »Military Assistance Program« gestartet. Schon bald war den westeuropäischen Regierungen klar, daß die USA die angebotene Hilfe auch als Druckmittel benutzten, um mehr Engagement der Europäer im wirtschaftlichen und militärischen Bereich zu erzielen⁷. Bis zum Ausbruch des Koreakrieges im Juni 1950 hatten wirtschaftspolitische Fragen sowohl bei den Amerikanern als auch bei den Westeuropäern Vorrang. Die zögerliche Umsetzung der Ziele des NATO-Vertrages durch die Westeuropäer im ersten Jahr des Bündnisses war dafür ein deutliches Zeichen. Andererseits bestanden vor allem innerhalb der amerikanischen Regierung, aber auch bei den europäischen Regierungen, unterschiedliche Auffassungen über den einzuschlagenden Weg, wie der angenommenen sowjetischen Bedrohung zu begegnen sei.

1. Divergierende Verteidigungskonzeptionen

Schon während der Vorverhandlungen zur Gründung des Atlantikpakts (Washington Exploratory Talks) hatten sich für die Gestaltung der Allianz zwei mögliche Wege als Reaktion auf die sowjetische Herausforderung abgezeichnet: Eine bloß politisch-militärische Koordination oder eine umfassende militärpolitische Kooperation⁸. Die amerikanischen Unterhändler Robert A. Lovett, Charles Bohlen und George F. Kennan nahmen statt der Gefahr militärischer Aktionen in erster Linie eine politisch-ideologische Herausforderung der europäischen Demokratien

---

[4] National Archives (NA) Washington, D.C., RG 59, 740.5/4-450, Defense Minister Claxton discusses North Atlantic Defense Committee Meeting; RG 59, 740.5/4-550, CCF Leaders Reference to Art. II of North Atlantic Treaty; RG 59, 740.5/4-750, Highlights of recent NATO Meeting.
[5] Die Militäretats der NATO-Mitgliedstaaten waren 1949-1950 um durchschnittlich 6,8 % gestiegen: National Archives Canada (NAC), RG 2, B 2, vol. 204, U-40-4-7, FEC Memo 1, 30.3.1950, Annex. Siehe dazu: Hammerich, Invasion, S. 30-38.
[6] Leigh-Phippard, Congress, S. 18-23.
[7] Abelshauser, Rüstung, S. 3-20.
[8] Osgood, NATO: Problems, S. 34.

durch die Sowjetunion an, weil diese u.a. zunächst ihre Kriegsschäden beheben und das eigene unsichere Regime konsolidieren müsse[9]. Insbesondere Kennan, Leiter des politischen Planungsstabes im State Department, begriff die Allianz lediglich als ein Mittel, das europäische Selbstvertrauen wiederherzustellen und einen bescheidenen militärischen Schild aufzubauen, hinter dem der Westen vorrangig den wirtschaftlichen Wiederaufbau betreiben konnte. Es ging ihm nicht vorrangig um die Wiederherstellung des militärischen Gleichgewichts in Europa[10]. Als profunder Kenner der sowjetischen Politik[11] war er der Auffassung, daß das grundlegende Ziel des Kreml nicht die militärische, sondern die ideologische Eroberung Europas durch Einsatz politischer Mittel sei. Dieser Gefahr müsse man mit – in dieser Reihenfolge – politisch-wirtschaftlichen Mitteln, verdeckten Operationen und zuletzt mit militärischen Mitteln begegnen. Obwohl er vor dem Einsatz von Streitkräften letztlich nicht zurückschreckte, warnte er die USA und ihre Verbündeten, sich allzusehr auf militärische Instrumente zu verlassen. Er befürchtete, daß eine Überbetonung des militärischen Charakters die politische Initiative der NATO gegenüber der Sowjetunion unflexibel gestalten werde[12].

Kennans Konzept zur europäischen Sicherheit verkörperte die Hoffnungen mancher politischer Führer beiderseits des Atlantiks. Er unterstützte die Überlegungen Bevins und Georges Bidaults zur Bildung einer »Dritten Kraft« in Europa, die weitgehend unabhängig von amerikanischer Hilfe und Patronage als selbständiger Block zwischen den beiden Supermächten etabliert werden sollte. Diese Gedanken traten allerdings ab Herbst 1949 in den Hintergrund[13]. In der Anfangsphase der Allianz waren die britische und französische Regierung mit einem dreifachen Problem konfrontiert: Gleichzeitig auf die militärische Bedrohung in Europa zu reagieren, ihre überseeischen Besitzungen zu halten und den wirtschaftlichen Wiederaufbau einschließlich der sozialen Wohlfahrtsprogramme nicht zu gefährden. Eine formale Sicherheitsgarantie der USA mit der damit verbundenen Wirtschafts- und Militärhilfe schien ein erfolgversprechender Weg zu sein, die eigene Wirtschaftskraft nicht zu überfordern und den Großmachtstatus wiederzugewinnen. Daher setzte man einerseits auf die abschreckende Wirkung des Nordatlantischen Bündnisses (Bevin), andererseits wurden Überlegungen angestellt, auf dem Weg über die Wiederaufrüstung eventuell die Balance of Power auf dem Kontinent wiederherzustellen.

---

9   FRUS 1948 III, S. 157; Wiggershaus, Bedrohungsperzeptionen, S. 24.
10 Kennan, Russia, S. 88–91; Osgood, NATO, S. 35–36.
11 Als Minister-Counseler, Chargé d'affairs in Moskau von Juli 1944 bis April 1946.
12 U.S. Objectives with Respect to Russia, Summary of Conclusions, in: NA, RG 59, Ex. Secr. PPS No 38, UM Doc-30, April 22, 1949; Mayers, Kennan, S. 153; Kennan Papers, box 28, File 1-D-18, Kennan's »Unfinished Paper«, Sept. 1951, zit. in: Mayers, Kennan, S. 159; siehe auch Kennan, Memoiren, S. 342–346. Später (1951) beklagte sich Kennan bei Außenminister Dean Acheson: »Wir haben die militärischen Probleme überbetont«, die USA hat zu sehr die NATO unterstützt; zit. in: Mayers, Kennan, S. 159.
13 Mayers, Kennan, S. 153–155; Kennan, Memoiren eines Diplomaten, S. 398–414.

Diese Vorstellungen waren indes zu verschwommen, um sich klar von der auf militärische Maßnahmen setzenden Konzeption des amerikanischen Außenministers Dean Acheson zu unterscheiden[14]. Nach anfänglichem Zögern verwarf Acheson das von Kennan unterstützte Konzept einer Dritten Kraft in Europa und legte sich eindeutig auf die Bildung einer amerikanisch-europäischen Interessengemeinschaft fest. Dieser Auffassung folgte die erfolgreiche Gründung der NATO. Während Kennan noch 1949 glaubte, die amerikanische Diplomatie könne Wege finden, mit Stalin zu bescheidenen Vereinbarungen zu kommen, setzte Acheson – unter dem Einfluß von John Hickerson, Director for European Affairs im State Departement, und militärischer Planer im Pentagon – eindeutig auf militärische Stärke. Nachdem die Sowjetunion ihre erste Atombombe gezündet hatte, geriet Kennan zunehmend ins politische Abseits. Ende 1949 wurde er als Leiter des politischen Planungsstabes von Paul Nitze abgelöst. Dieser Personalwechsel in einer Schlüsselstellung im State Department war zugleich Programm; denn Nitze gehörte nicht nur zu den Bewunderern Achesons, sondern teilte mit diesem – ebenso wie Lucius Clay, Commander in Chief U.S. Forces Europe, und Averill Harriman, U.S. Representative Europe – grundsatzfeste antisowjetische Überzeugungen[15].

Weniger ein kohärentes Konzept als unvorhergesehene Sachzwänge bestimmten letztlich den Kurs der Allianz in Richtung einer integrierten Militärorganisation. Die Basis dazu legte der amerikanische Kongreß, indem er die Gewährung von Militärhilfe mit der Forderung nach Entwicklung von kollektiven strategischen Verteidigungsplänen verknüpfte. Angesicht ihrer prekären sicherheitspolitischen Lage schien den Europäern eine Integration ihrer nationalen Streitkräfte in eine Bündnisarmee der einzige Weg zu sein, nationale Sicherheit zu gewinnen. Um die spätere Phase einer allgemeinen Aufrüstung innerhalb des NATO-Rahmens besser verstehen und einordnen zu können, ist eine kurze Darstellung der sicherheitspolitischen Ausgangslage der einzelnen Bündnispartner in Westeuropa nach Gründung der NATO unentbehrlich.

2. Die sicherheitspolitische Lage der westeuropäischen Mitgliedstaaten

Die westlichen Alliierten hatten nach Ende des Zweiten Weltkrieges den größten Teil ihrer Truppen vom europäischen Kriegsschauplatz abgezogen und demobilisiert. Bis Ende 1946 waren die amerikanischen Truppen von 3,1 Millionen Soldaten im Mai 1945 auf 391 000, die britischen auf dem Kontinent von 1,321 Millionen auf 488 000 geschmolzen, die kanadischen Soldaten waren komplett abgezogen (299 000 in 1945)[16]. Die rapide Demobilisierung kriegserfahrener Soldaten

---

[14] Osgood, NATO, S. 31–40. Acheson wurde im Januar 1949 Nachfolger von Secretary of State George Marshall.
[15] Mayers, Kennan, S. 153–160; Mai, Containment, S. 499.
[16] Ismay, NATO, S. 4.

hatte zur Folge, daß die verbliebenen alliierten Besatzungstruppen in West- und Südeuropa nicht als Kampftruppen eingesetzt werden konnten. Die gleiche Feststellung traf auch auf die restlichen nationalen Kräfte der Kontinentaleuropäer zu. So bestanden die Streitkräfte Belgiens und der Niederlande einzig aus denjenigen, die dem Debakel von 1940 entkommen waren und in Großbritannien Zuflucht gefunden hatten, wo sie mit britischen Waffen ausgerüstet worden waren. Frankreich war nicht in der Lage, das für die Westeuropäische Union geforderte Minimum von fünf Divisionen aufzubringen; das Material stammte größtenteils aus Amerika und war veraltet, die Personalstärke unzureichend. Nach 1945 gab es keine französische Luftwaffe und nach der Selbstversenkung der Flotte 1942 in Toulon so gut wie keine Marine mehr[17]. Nach Beginn des Kalten Krieges hatte die Mehrzahl der europäischen Mächte die Wehrpflicht wiedereingeführt und damit begonnen, ihre Land-, Luft- und Seestreitkräfte wieder aufzurüsten. In einer ersten Phase hatte Großbritannien durch Kriegsmateriallieferungen an nord- und westeuropäische Staaten und Ausbildung von Fachpersonal den Löwenanteil beigetragen. Bis Ende 1949 waren britische Militärgüter im Wert von 1,5 Milliarden U.S.-Dollar geliefert worden[18]. Das Hauptproblem – nicht nur für das Vereinigte Königreich – bestand darin, wie weitere Transferleistungen bezahlt werden konnten.

In *Großbritannien* war die Labour-Regierung nach der schweren wirtschaftlichen Krise von 1949, verbunden mit einer konsequenten Abwertung des Pfunds gegenüber dem Dollar, gezwungen, den Militäretat einer erneuten kritischen Überprüfung zu unterziehen[19]. Bereits die Wirtschaftskrise von 1947 hatte zu einer Reduzierung der Streitkräfte von 1,3 Millionen auf 1,1 Millionen Soldaten geführt. Die erneute Kürzung traf am stärksten die Truppen in Übersee[20]. Bis April 1949 waren die Gesamtstreitkräfte auf 795 000 Mann gesunken. Unter Vorgabe eines vom Kabinett abgesegneten oberen Limits von 760 Millionen Pfund (= 2,128 Milliarden U.S.-Dollar) pro Haushaltsjahr – das Verteidigungsministerium verlangte mindestens 810 Millionen – sollte der Militäretat bis 1953 bis auf 700 Millionen Pfund jährlich heruntergefahren werden[21].

Doch die British Chiefs of Staff (BCOS) wehrten sich unter Hinweis auf die Gefährdung der sicherheitspolitischen Prioritäten Großbritanniens: erfolgreiche Führung des Kalten Krieges, im Ernstfall die Verteidigung des Vereinigten Königreichs gegen feindliche Luftangriffe, die Aufrechterhaltung der Sicherheit der See-

---

[17] Watt, Bemerkungen, S. 359 f.; Guillen, Frankreich, S. 104 f.; Beaufre, NATO, S. 20–28.
[18] Watt, Bemerkungen, S. 360.
[19] PRO, CAB 128/16, C.M.(49) 51th Conclusion, 29.7.1949; C.M.(49) 54th Conclusion, 29.8.1949; C.M.(49) 55th Conclusion, 17.9.1949.
[20] Streitkräftestärke Großbritanniens zum 31.12.1946: 1,427 Millionen; zum 4.8.1947: 1,301 Millionen, davon in Übersee: 500 000, davon z.B. in Westdeutschland 130 000, in Palästina 95 000, in Ägypten 59 000, in: PRO, CAB 131/4 D.O.(47) 63, 2.8.1947; CAB 129/20 C.P.(47) 226, 4.8.47; CAB 131/6 D.O.(48) 3, 5.1.48.
[21] PRO, CAB 129/32 C.P. (49) 10, 20.1.1949; PRO, CAB 131/7 D.O.(49) 65, 15.10.49: Size and Shape of the Armed Forces, 1950–1953, Annex II; die Royal Navy (180 Kriegsschiffe + 350 in Reserve) erhielt 25 %, die Army (ca. 10 Divisionen) 38 %, die Royal Air Force (692 Flugzeuge) 29 % des Militäretats; für die WEU wurden 7,5 Millionen Pfund Militärhilfe eingeplant.

verbindungen, Behaupten der britischen Stellung in Mittelost. Am Ende der Prioritätenliste stand die Entsendung von Truppen zur Verteidigung Westeuropas[22]. Aus britischer Sicht war die Weigerung, eine von Frankreich geforderte Verstärkung der British Army of the Rhine (BAOR) vorzunehmen, durchaus verständlich. Die Frage war nur, wie lange man die Franzosen noch hinhalten konnte[23]. Erst im März 1950 konnte sich die Labour-Regierung zu einer besonders von Field Marshal Montgomery, Commander-in-Chief der Western Union, und Verteidigungsminister Lord Alexander unterstützten kontinentalen Strategie durchringen mit der Absicht, wenigstens im Ernstfall die Rheinarmee um zwei Divisionen zu verstärken[24].

Diese Entscheidung lag auch im Sinne des Außenministers Bevin, zu dessen Prämissen die besonders enge Zusammenarbeit mit den Vereinigten Staaten gehörte, nicht nur um einer eventuellen sowjetischen Aggression zu begegnen, sondern auch im Interesse des Commonwealth und der europäischen Einheit, verbunden mit einer starken Betonung der Bedeutung der NATO[25]. In einer Studie des Foreign Office wurde die Gründung der NATO als die größte Leistung der westlichen Diplomatie seit dem Zweiten Weltkrieg gewürdigt; die gegenwärtige Abhängigkeit der westeuropäischen Staaten von amerikanischer Wirtschafts- und Militärhilfe stärke die atlantische Gemeinschaft, und: die enge anglo-amerikanische Kooperation sollte auch außerhalb des nordatlantischen Bereichs fortgesetzt werden[26]. Damit waren die überseeischen Engagements Großbritanniens gemeint.

Großbritannien war als Folge des Sieges im Zweiten Weltkrieg für mehr Territorien politisch und militärisch verantwortlich als vor 1939. Auch wenn sich die britischen Truppen bald aus Indochina und Indonesien zurückzogen, fühlte sich die Noch-Weltmacht bis 1947 für die Sicherheit Indiens und Ceylons, aber auch für Hongkong und Malaya verantwortlich. Des weiteren unterhielt sie kostspielige Besatzungstruppen in Libyen, Norditalien, Österreich und Westdeutschland, größere Truppenkontingente in Palästina (bis 1948) und Ägypten, kleinere in Transjordanien, Irak, Griechenland (bis 1947) und in einigen afrikanischen Kolonien[27]. Infolge des Sieges der Kommunisten in China mußten die Truppen in Hongkong verstärkt werden. Die ab 1949 beginnende Niederschlagung der kommunistisch geführten Rebellion in Malaya kostete weitere Truppen und Material[28]. Anstatt deshalb, wie Premierminister Clement Attlee ursprünglich beabsichtigte, Truppen aus Mittelost abzuziehen, bestand das Kabinett auf der Aufrechterhaltung der dortigen

---

[22] PRO, CAB 129/37, C.P.(49)245, 8.12.49, Defence Estimates, 1950-1951, Annex C.
[23] PRO, DEFE 6/10, JP (49) 132 (Final), 15.10.49.
[24] PRO, DEFE 4/27, COS(49)188th Meeting, 21.12.49; CAB 131/8, D.O.(50) 5th Meeting, 23.3.50. Zum Streit zwischen kontinentaler bzw. maritimer Strategie: Baylis, British Defence Policy, S. 19-29.
[25] PRO, CAB 129/37, C.P.(49) 208, 18.10.49; PREM 8/1203, PUSC (50) 9, 21.4.50. Dazu Warner, Labour-Regierung, S. 125-143.
[26] PRO, PREM 8/1203, PUSC (50) 9, 21.4.50, Prime Minister's Office Records; CAB 21/1761, PUSC (50) 51, 28.4.50, zit. in: Warner, Labour-Regierung, S. 127.
[27] Dockrill, British Defence, S. 22; Darwin, Britain, S. 126-166.
[28] Bartlett, Retreat, S. 53.

britischen Macht- und Einflußzone, trotz der enormen Kosten. Dazu kam die Besetzung der Suezkanal-Zone, des Herzstücks der britischen Position in Mittelost[29].

Der vielleicht bitterste Schlag der Nachkriegszeit war die Aufkündigung der anglo-amerikanischen Kooperation in der nuklearen Forschung durch den McMahon Act am 1. August 1946 seitens der USA, der die Weitergabe von nuklearen Informationen untersagte. Zwar verfügten die Briten aus der Mitarbeit am Projekt »Manhattan« über beträchtliche wissenschaftliche Kenntnisse über den Bau der Bombe, aber ihre Herstellung in eigener Regie würde den bereits überlasteten Haushalt zusätzlich strapazieren. Andererseits war der Besitz der Atombombe unabdingbar, wenn Großbritannien seinen Großmachtstatus beibehalten und in Abwesenheit amerikanischer Truppen in Europa der sowjetischen Bedrohung widerstehen wollte. Die bereits 1946 im engen Kabinettskreis getroffene Entscheidung, ein eigene Atombombe zu bauen, konnte bis 1950 vor dem Parlament geheimgehalten werden. Schon im April des gleichen Jahres drängten die BCOS auf die beschleunigte Produktion von Lenkflugkörpern und einen ausreichenden Vorrat an atomaren Waffen[30].

Großbritannien besaß zwar nach dem Rückzug der amerikanischen Truppen aus Europa die größte Armee in Westeuropa, mußte sich aber aus ökonomischen Gründen mehr und mehr vom Empire verabschieden und war gezwungen, vor allem die Truppen in Übersee zu reduzieren. Gemessen an seinen begrenzten Ressourcen und vor allem an seinen knappen Finanzen, unterhielt das Land allzu lange eine viel zu große weltweite militärische Präsenz aufrecht. Erst mit Beginn des Kalten Krieges konnte es sich auf eine erneute finanzielle und militärische Hilfe durch die USA verlassen. Die hohen Verteidigungslasten führten zu großen finanziellen Opfern und Einsparungen auf anderen Sektoren, von denen es sich erst im Laufe des Jahres 1950 einigermaßen erholen konnte.

Frankreich war mit ähnlichen Problemen wie Großbritannien konfrontiert: Dem Aufbau einer starken militärischen Position in Europa bei gleichzeitigem Halten der überseeischen Kolonien, der Wiedergewinnung der wirtschaftlichen Stärke und Erfüllung der sozialen Wohlfahrtsprogramme. Dazu kam noch die Furcht Frankreichs vor einem Wiedererstarken Deutschlands. Von 1947/48 an hatte sich bei der führenden politischen Klasse die Erkenntnis durchgesetzt, daß das Land außerstande war, seine militärische Sicherheit allein auf sich gestellt zu garantieren. Bis dahin hatte Frankreich stets seine nationale Unabhängigkeit betont. Nun war es gewillt, gemeinsam mit seinen europäischen Partnern die Verteidigung des westeuropäischen Kontinents aufzubauen. Dies bedeutete natürlich auch die Aufgabe eines Teiles an nationaler Souveränität auf dem Sicherheitssektor. Ein Bruch mit der nationalen Tradition[31]!

---

[29] Dockrill, British Defence, S. 28–32.
[30] PRO, DEFE 4/30, Confidential Annex to COS (50) 65th Meeting, 25.4.50; Dockrill, Defence, S. 23–26; dazu ausführlich: Gowing, Independence; Clark/Wheeler, Origins; Maier, Nuklearstrategie, S. 225–240.
[31] Dazu Guillen, Frankreich, S. 103–123; Soutou, Frankreich, S. 209–238.

Der Brüsseler Vertrag von 1948 war ein erster Schritt auf dem Weg zu einer gemeinsamen Verteidigung. Er bot Frankreich doppelte Sicherheit: gegen Deutschland und gegen die Sowjetunion. Bald kam Frankreich jedoch zu der Auffassung, daß die Sicherheitsgarantien des Brüsseler Paktes wegen unzureichender Mittel und Kräfte der fünf Signatarstaaten illusorisch waren. Großbritannien lehnte ein ernsthaftes Engagement auf dem Kontinent ab, während die Benelux-Staaten militärisch kaum ins Gewicht fielen. Somit ruhte die Hauptlast im Rahmen dieser Westunion auf Frankreich. Die militärische Führung sah sich indes wegen fehlender Mittel außerstande, ihre wichtigste Aufgabe, das Halten der Rheingrenze, zu erfüllen. Nicht einmal die fünf vom Brüsseler Pakt geforderten Divisionen konnten ausgerüstet werden. Der Finanzminister wehrte sich gegen eine Erhöhung des Verteidigungsetats, weil er eine Wirtschafts- und Währungskatastrophe befürchtete[32].

Der gut unterrichtete englische Botschafter in Paris, Sir Oliver Harvey, berichtete im jährlichen Report für das Jahr 1949 äußerst beunruhigt nach London, daß der Engpaß jeglicher Aufrüstung nicht personeller, sondern materieller Natur sei. Auch der Nachschub von Kriegsmaterial aus den USA erfülle bei weitem nicht die französischen Vorstellungen. Kampfwert und Moral der französischen Armee seien erheblich in Frage zu stellen. Die tiefer liegende Ursache der bedenklichen sicherheitspolitischen Lage sei in erster Linie auf die in der Öffentlichkeit vorherrschende Meinung zurückzuführen, wirtschaftlicher Wiederaufbau habe Vorrang vor der Wiederaufrüstung. Weitere Gründe seien die Instabilität der Regierungen sowie die personellen und finanziellen Belastungen durch den Krieg in Indochina, wo mittlerweile 142 000 französische Soldaten kämpften[33].

Trotz alarmierender Berichte aus Paris weigerten sich die Briten beharrlich, sich stärker auf dem Kontinent zu engagieren, eine Haltung, die auch die Amerikaner bedauerten. Dazu kamen grundlegende Divergenzen über die strategische Konzeption. Während sich die britische Strategie im wesentlichen auf die Verteidigung der »Festung Großbritannien« konzentrierte, weigerte man sich in Frankreich nach den Erfahrungen aus zwei Weltkriegen entschieden, eine erneute Invasion in Kauf zu nehmen, auf die dann eine »Liberation« folgen würde[34].

Wenn also von England kein realistischer Beitrag zu erwarten war, dann mußte anerkannt werden, daß die Schlüssel zur Verteidigung Frankreichs nicht in London, sondern in Washington lagen. Im Bewußtsein der Unzulänglichkeiten der Westunion brachte die französische Regierung mehrfach in dringlichen Appellen an die Vereinigten Staaten zum Ausdruck, daß die Verteidigung des westeuropäischen

---

[32] Guillen, Frankreich, S. 105; die Regierung durfte nicht einmal 30 Flugzeuge annehmen, die England kostenlos verleihen wollte, weil kein Geld zur Bezahlung von Ersatzteilen vorhanden war: ebd., Anm. 6.
[33] PRO, FO 371/89246, Annual Report on the French Army for the Period 1st May 1949 to 1st February 1950, 25.3.1950.
[34] Premier Henri Queuille in der New York Times vom 3.3.1949, zit. in: Osgood, NATO, S. 37; vgl. Watt, Bemerkungen, S. 368.

Kontinents ohne deren Engagement in Europa unmöglich sei[35]. Das transatlantische Bündnis war also zu einem erheblichen Teil auch das Ergebnis französischer Vorstöße und Pressionen auf die amerikanische Regierung.

Wachsende industrielle Produktion, weniger Inflation und geringeres Staatsdefizit stabilisierten im Lauf des Jahres 1949 zusehends die wirtschaftliche und finanzielle Situation Frankreichs. Während Finanzminister Maurice Petsche im rapiden Fall des Goldpreises die Hauptursache der finanziellen Stabilisierung sah, anerkannte die Bank von Frankreich die Wirkung der ausländischen Hilfsmaßnahmen, namentlich die Marshallplan-Hilfe, die sich für 1949 auf 243 Milliarden Franc (= 694 Millionen U.S.-Dollar) belief[36]. Der Militäretat 1950 konnte allerdings mit 420 Mrd. Franc (1949: 385 Mrd. Franc) – dies entsprach ca. 19 % der staatlichen Gesamtausgaben – von der verbesserten wirtschaftlichen Lage nur unwesentlich profitieren[37]. Denn 15 % des Staatshaushalts mußten noch für die Beseitigung der Kriegsschäden aufgewendet werden. Aus dem zwischen den USA und Frankreich am 27. Januar 1950 unterzeichneten »Mutual Defence Assistance Programme« (MDAP) zur Wiederaufrüstung der französischen Streitkräfte in Europa wurde dann von Juli 1950 bis Juli 1951 Material im Wert von ca. 1600 Millionen U.S.-Dollar nach Frankreich verschifft. Dazu kamen Materiallieferungen zur Ausrüstung der französischen Truppen in Indochina[38].

Französisch-Indochina repräsentierte nach anglo-amerikanischer Auffassung die letzte Barriere gegen die Ausbreitung des Kommunismus in Südostasien[39]. Frankreich selbst betrachtete den Konflikt zunächst als einen rein kolonialen Krieg. Erst gegen Ende der 40er Jahre, als es notwendig wurde, Argumente gegen antikoloniale amerikanische Tendenzen zu entwickeln, begannen die französischen Entscheidungsträger den Krieg in Indochina als Teil des globalen Kalten Krieges darzustellen[40]. Gezwungen durch wachsende finanzielle Belastungen, wandte sich die französische Regierung eindringlich an die USA mit der Bitte um Finanzhilfe in Höhe von 500 Millionen Dollar und militärische Unterstützung in Indochina. Die USA beschränkten sich indes auf Materiallieferungen in Höhe von 275 Millionen Dollar – Geldhilfe und ein unmittelbares militärisches Engagement lehnten sie ab[41]. Ständig stand die französische Regierung mithin vor dem Dilemma, sich zwischen seinen Verpflichtungen in Indochina und der Verteidigung Westeuropas zu

---

[35] Vgl. Guillen, Frankreich, S. 107.
[36] PRO, FO 371/89209, British Embassy Paris to Foreign Office (FO) No. 385 »F«, 26.6.1950, in Annex: Memo of the Statement of the Minister of Finance M. Petsche, 22.6.1950; FO 371/89211, British Embassy to FO, JCDS/EMC/9, 1.2.1950. Exchange Rate FF vers. U.S. $ 1950: 350 FF = 1 U.S. $.
[37] PRO, FO 371/89211, JCDS/EMC/, 1.2.1950; FO 371/89241, France War Damage and Costs: 46 Mrd. U.S. $, 15.9.1950; NAC, RG 2, B 2, vol. 204, U-40-4-7, NATO Financial and Economic Committee to Minister of Defence, 30.3.1950, Annex A; NAC, RG 2, B 2, vol. 203, U-40-4-F, Defence Expenditures 1949 of NATO Countries, 17.12.1949.
[38] PRO, FO 371/96073, Annual Report on the French Army for 1950, 29.3.1951, para. 15.
[39] PRO, DEFE 4/30, COS (50) 49th Meeting, 24.3.1950, Annex I to JP (49) 162 F.
[40] Vgl. Watt, Bemerkungen, S. 363.
[41] Vgl. Guillen, Frankreich, S. 119 f.

entscheiden. Ende 1949 war mehr als die Hälfte des insgesamt 500 000 Mann starken Heeres in Übersee stationiert; 40 % des Militärpotentials war allein in Indochina gebunden[42]. Gerade die kriegserfahrenen Offiziere wurden dringend für die Ausbildung der 15 geplanten Divisionen benötigt, die Frankreich der NATO zugesagt hatte. Die auf dem Kontinent stationierten französischen Heereskontingente wurden von britischer und amerikanischer Seite als nicht kriegstauglich beurteilt[43]. Eine ähnlich schlechte Benotung erhielten die französische Luftwaffe und Marine[44].

Immerhin hielt Frankreich Anfang 1950 insgesamt 612 000 Mann unter Waffen, deren Einsatzfähigkeit allerdings – mit Ausnahme der Truppen in Indochina – zweifelhaft war. Die Ursachen der desolaten sicherheitspolitischen Lage waren vielfältig: Vorrang von wirtschaftlichen Wiederaufbau- und Sozialprogrammen, instabile Regierungen, psychologische Nachwirkungen der Niederlage von 1940 und der Rückzug der Engländer auf ihre Insel, geringe Moral der Truppe, Einfluß einer starken kommunistischen Partei, die auf Anweisungen aus dem Kreml agierte, knappe Kassen und vor allem die Belastungen des sich hinziehenden Kolonialkrieges in Indochina. Trotz verbesserter finanzieller Lage Anfang 1950 sollten echte Fortschritte erst nach Ausbruch des Koreakrieges erzielt werden.

Bei den unmittelbaren Nachbarn Frankreichs, Belgien, Luxemburg und den Niederlanden, war die Lage um keinen Deut besser. In den *Niederlanden* beherrschte hauptsächlich der Kolonialkrieg in Indonesien von 1945 bis 1949 das politische Leben. Außerdem gab es noch das Problem mit dem ehemals feindlichen Nachbarn Deutschland. Nach den bitteren Erfahrungen des Zweiten Weltkrieges hatte Holland seine Neutralitätspolitik aufgegeben und war zu einer Bündnispolitik übergegangen. Da England militärisch und wirtschaftlich als zu schwach angesehen wurde, um dauerhafte militärische Hilfe leisten zu können, konnte die holländische Souveränität nur in einem Bündnis mit den Vereinigten Staaten auf Dauer sichergestellt werden[45].

In ersten Entwürfen zur Verteidigungsplanung des Brüsseler Paktes und später der NATO war allerdings nur vom Halten der Rheinlinie die Rede. Das war zwar für Frankreich sehr attraktiv, für Holland aber hätte dieses Konzept die Aufgabe des größten Landesteiles bedeutet. Auf Eingaben des holländischen Generalstabes hin wurde im mittelfristigen Verteidigungsplan der NATO die Rheinlinie wenigstens entlang des Flusses Ijssel bis zum Ijsselmeer verlängert. Dies hieß im Ernst-

---

[42] PRO, FO 371/89246, Annual Report on the French Army for 1949, 21.3.1950. Vom Heer waren stationiert in Frankreich 152 000 Soldaten, in Westdeutschland und Österreich 60 600, in Nordafrika 90 000, in Indochina 142 000, sonstige in Übersee 55 300.
[43] PRO, FO 371/89246, Annual Report on the French Army, 22.3.1950, Summary of Sir O. Harvey, No. 189; NA, RG 59, PPS 1947–1953, box 28, Europe 50–51, Statement of Mr. Charles Bohlen before the Vorhees Group, 3.4.1950.
[44] PRO, FO 371/89253, Report on the French Air Force 1949, No. 140, 24.2.1950; FO 371/89250, Report on the French Navy 1949, ref. 533, 9.1.1950; die Luftwaffe verfügte über 15 Jagdstaffeln der Typen VAMPIRE und SPITFIRE und 64 000 Mann Personal, die Marine stand vor dem völligen Neuanfang, Personal 54 000.
[45] Kersten, Außen- und Bündnispolitik, S. 153–176.

fall trotzdem ein Drittel des Landes von vornherein aufzugeben, wenn es nicht gelingen sollte, die Verteidigung so weit wie möglich im Osten aufzunehmen. Dafür fehlten jedoch die nötigen Kräfte. Als Konsequenz war die holländische Regierung – im Gegensatz zur öffentlichen Meinung – schon Anfang 1949 der Auffassung, daß ein deutscher militärischer Beitrag unentbehrlich sei[46].

Bis zum Ende des Kolonialkrieges in Indonesien im September 1949 standen in den Niederlanden keine nennenswerten Streitkräfte zur Verfügung. Im Laufe des Jahres 1950 kehrten Soldaten im Umfang von zwei Divisionen aus Indonesien zurück. Jetzt konnte mit dem Neuaufbau der Streitkräfte mit Hilfe der USA begonnen werden, zuvorderst mit der Aufstellung der bereits dem Brüsseler Pakt versprochenen Felddivisionen. Am 4. Mai 1950 traf das erste Schiff mit militärischer Ausrüstung aus den USA in Rotterdam ein. Nach den Belastungen des Kolonialkrieges war die Regierung nicht gewillt, für die Streitkräfte mehr Geld auszugeben als unumgänglich, trotz einer befriedigenden wirtschaftlichen Situation. Bisher hatte der Militäretat den Haushalt mit 21 % belastet, nur Großbritannien gab mehr aus[47]. Der noch im Kriegsexil in London unterzeichnete Vertrag über eine Wirtschafts- und Zollunion mit Belgien und Luxemburg (Benelux) konnte auch 1949 noch nicht in Kraft treten, denn die Niederlande und vor allem Luxemburg hatten im Zweiten Weltkrieg vergleichsweise mehr gelitten als Belgien, dessen Wirtschaft sich schneller erholte und dem Land eine günstige Handelsbilanz bescherte.

Auch für *Belgien* kam nach zweimaliger militärischer Aggression durch Deutschland eine Fortsetzung der traditionellen Neutralitätspolitik nicht mehr in Frage. Vor diesem Hintergrund war es nicht verwunderlich, wenn die Belgier wenig Selbstvertrauen in eine nationale Verteidigung besaßen und vermehrt in ein regionales Bündnis drängten[48]. Zudem hatte das Land im Hinblick auf seine geographische Lage und sein Gelände eine schwer zu verteidigende Landesgrenze. Wie die niederländische befürwortete mithin auch die belgische Regierung relativ frühzeitig eine deutsche Wiederbewaffnung als Barriere gegen eine Invasion aus dem Osten. Nach Ansicht des damaligen belgischen Ministerpräsidenten, Paul-Henri Spaak, war die Furcht vor dem Sowjetimperialismus das Hauptmotiv zur Gründung von Brüsseler Pakt und NATO[49].

Belgien hatte wegen der Teilnahme an der Besetzung Deutschlands bessere Beziehungen zu Amerikanern, Engländern und Franzosen als etwa die Niederlande. Bald nach Gründung der NATO konnte mit dem niederländischen Generalstab eine enge sicherheitspolitische Zusammenarbeit aufgenommen werden, schon um

---

[46] Schulten, Integration, S. 91.
[47] Für das Haushaltsjahr 1949 waren 1049 Millionen Gulden, für 1950 1179 Millionen eingeplant: NAC, RG 2, B 2, vol. 204, U-40-4-7, NATO Financial and Economic Committee, 30.3.1950; PRO, FO 371/89321, Netherlands: Annual Review for 1949; FO 371/89382, Report on Netherland Armed Forces for 1949.
[48] De Vos, Ein kleines Land, S. 71-88; de Vos/Sterkendries, Außenpolitik, S. 177-194.
[49] Siehe dazu die berühmt gewordene Rede Spaaks vor der Generalversammlung der UNO am 28.9.1948, in: Spaak, Combats, S. 216-218.

einen zu großen Einfluß der beiden »Pseudo-Großmächte« (De Vos) England und Frankreich zu verhindern. Das amerikanische Engagement in Europa wurde sehr begrüßt, besonders die Marshallplan-Hilfe, aus der Belgien 741 Millionen Dollar oder 4,8 % von insgesamt 15 378 Millionen, verteilt über vier Jahre, erhielt[50]. Die relativ günstige wirtschaftliche Entwicklung erlaubte eine zügige Neuordnung der Streitkräfte mit zwölfmonatiger Wehrpflicht, den Aufbau einer Luftwaffe und die Einrichtung eines Stützpunktes im Kongo[51]. Der Wehretat stieg 1950 um 18 % auf 9,1 Milliarden belgische Franc (= 182 Millionen Dollar). Bei einer Gesamtstärke von 77 000 Soldaten konnten Ende 1950 zwei Divisionen mobilisiert werden. Das kleine Mitgliedsland *Luxemburg* konnte dagegen nur ein Bataillon auf die Beine stellen und war mehr als andere auf enge Kooperation im Bündnis angewiesen[52].

Das Hauptaugenmerk der bündnisinternen strategischen und organisatorischen Planungen der NATO war von Anfang an auf Mitteleuropa gerichtet. Hier würde sich ein sowjetischer Angriff zuerst entwickeln, hier würde auch der Hauptstoß erfolgen. Diese Einschätzung konnten die peripheren Partner in Nord- und Südeuropa zwar nachvollziehen, wollten aber trotzdem als gleichberechtigte Partner behandelt werden. Nichts anderes stand im NATO-Vertrag. Dessen Ziel war sehr ehrgeizig: Verteidigung des gesamten Vertragsgebietes, auch am äußersten Rand.

Norwegen und *Dänemark* waren solche Randstaaten. Norwegen hatte zudem eine direkte Grenze zur Sowjetunion. Ein Bündnis mit den skandinavischen Ländern und Großbritannien wäre daher von Natur aus günstiger gewesen, aber Schweden hatte 1949 ein Bündnis abgelehnt. Gezwungen durch die bittere Erfahrung des deutschen Angriffs und die Besetzung Norwegens 1940 sah sich die Regierung gezwungen, ihre bisherige neutralistische und zugleich englandfreundliche Politik aufzugeben und mit den angelsächsischen Mächten – einschließlich den USA – zu kooperieren[53].

Das norwegische Territorium war für die Vereinigten Staaten und Großbritannien zunächst nur von begrenztem Interesse für den Fall, daß die Sowjets das Land besetzen und von Marine- und Luftwaffenbasen aus die britischen Inseln und die Seeverbindungen über den Atlantik bedrohen könnten. Laut Einschätzung der angelsächsischen Stabschefs kam einem sowjetischen Angriff auf Norwegen eine geringere Priorität zu. Wenn trotzdem der Fall eintreten sollte, wäre der größte Teil des norwegischen Territoriums sowieso verloren, allenfalls ein Brückenkopf könnte gehalten werden. Für den norwegischen Verteidigungsminister, Christian Hauge, stand außer Frage, daß der geostrategisch ungünstig gelegene Randstaat auf andere

---

[50] De Vos, Ein kleines Land, S. 77; Schulten, Integration, S. 95; die Niederlande erhielten 7,2 % aus dem Marshallplan.
[51] Die USA hatten ein starkes strategisches Interesse an den Uranvorkommen im Belgisch-Kongo: NA, DP, RG 59, 740.5/8-550, Brussels to Secstate, Telegram No. 197.
[52] NA, DB, RG 59, 740.5/9-1250 Brussels to Secstate, Telegram No. 407; RG 59, 740.5/1-351, No. 1096; RG 59, 740.5/1-2451, No. 4327; RG 59, 740.5/3-1951, No. 650; RG 59, 740.5/8-450, Luxembourg to Secstate, No. 16.
[53] Riste, Europäer, S. 155; Tamnes, Norway, S. 222-224.

und stärkere Länder angewiesen war[54]. Bei weiteren Diskussionen gewann die »Northern Flank«, trotz der eher kontinentalen Fokussierung der NATO-Strategie, aus zwei Gründen zunehmend an Bedeutung. Zum einen konnte die auf der Kola-Halbinsel stationierte sowjetische U-Bootflotte die Seeverbindungen über den Atlantik bedrohen, zum anderen die im äußersten Norden stationierten sowjetischen Bomber die amerikanische Westküste erreichen. In diesem Zusammenhang kooperierte Norwegen mit den Westmächten auf den Gebieten der Frühwarnung, der Fernmeldeverbindungen und im Feindnachrichtenwesen mit der Einschränkung, daß man den Alliierten im Frieden keine Militär- und Marinestützpunkte zur Verfügung stellen wollte. Angesichts eines relativ kleinen Heereskontingents in Stärke einer Brigade, die Teil der britischen Besatzungstruppen in Deutschland war und der Weigerung der Westmächte, sich militärisch an der Verteidigung Norwegens zu beteiligen, wuchs die Lücke zwischen militärischen Erfordernissen und verfügbaren Kräften zusehends. Das Kabinett war jedoch nicht bereit, mehr als 340 Millionen Norwegische Kronen (= 48 Millionen U.S.-Dollar) im Haushaltsjahr 1949/50 für die Landesverteidigung aufzuwenden[55].

Dänemark schloß sich widerstrebend und erst nachdem die skandinavische Verteidigungsunion fehlgeschlagen war der NATO an. Während der Vorgespräche zur Bildung der Allianz hatte es die dänische Regierung noch vorgezogen, im Hintergrund zu bleiben und die Norweger agieren zu lassen. Aber dem Land blieb keine andere Wahl. Seine traditionelle Neutralitätspolitik war im Zweiten Weltkrieg gescheitert. Der zögerliche Beitritt zur NATO erfolgte daher aus der Angst heraus, in einer unsicheren Welt allein gelassen und isoliert zu werden[56].

In der Nachkriegszeit blieben die politischen und militärischen Beziehungen zu Großbritannien eng. Die Briten versorgten Dänemark mit Waffen und Ausbildungserfahrung. Dänemark stellte andererseits den britischen Besatzungskräften in Deutschland eine Brigade mit 4000 Mann zur Verfügung. Nach dem Beitritt zur NATO zielten die dänischen Bemühungen darauf ab, von den Briten und Amerikanern die Zusicherung zu erhalten, im Ernstfall Verstärkungen nach Dänemark zu schicken – vorerst allerdings erfolglos. In dieser frühen Phase wirkte die alliierte Einsatzplanung kaum ermutigend. Sie basierte darauf, die Rhein-Ijssel-Linie zu halten, das hieß ein gutes Stück hinter den Landzugängen zum dänischen Jütland. Im Norden sollte der Nord-Ostsee-Kanal und das nördliche Norwegen »nach Möglichkeit« gehalten werden. Immerhin führten die dänischen – und norwegischen – Bemühungen im Sommer 1950 zu einem Teilerfolg: Die Briten versprachen die Verlegung zumindest eines Panzerregiments an den Nord-Ostsee-Kanal[57].

Das Ausbleiben fester Zusagen für alliierte Verstärkungen sowie die Vorstellung, sich auf der falschen Seite der Verteidigungslinie zu befinden, trugen zu einer Phase von Pessimismus und Niedergeschlagenheit innerhalb der Regierung um

---

[54] Tamnes, Defence, S. 179 f.
[55] NAC, RG 2, B 2, vol. 204, U-40-4-7, NATO Financial and Economic Committee, 30.3.1950.
[56] Petersen, Isolation, S. 167–176; Petersen, Dänemark, S. 101–128.
[57] Petersen, Isolation, S. 176.

Premierminister Hedtoft bei. Man war besorgt über die exponierte geographische Lage des Inselstaates und die Problematik seiner Verteidigung. Man fragte sich sogar, ob es klug gewesen sei, dem Atlantikpakt ein Jahr zuvor beigetreten zu sein. Der norwegische Außenminister Halvard Lange berichtete von unterschwelligem Groll gegenüber Norwegen, weil es Dänemark in das Bündnis hineingezogen habe[58]. Jedenfalls reichten die eigenen Kräfte nicht aus, das eigene Territorium erfolgreich zu schützen. Der Militäretat für 1950 in Höhe von 364 Millionen Kronen (= 51 Millionen U.S.-Dollar) war in etwa so groß wie in Norwegen (= 48 Millionen U.S.-Dollar). Die Ausrüstung der 35 000 Mann starken Armee war von britischer und amerikanischer Hilfe abhängig. Die Luftwaffe bestand aus zwei Jagdstaffeln SPITFIRE und einer Jagdstaffel moderner METEOR-Jetflugzeuge. Die ersten amerikanischen Waffenlieferungen noch vor Ausbruch der Koreakrise wurden von der dänischen Presse positiv kommentiert, zeige dies doch, daß auch kleine Länder nicht schutzlos einem Aggressor ausgeliefert seien[59].

Auch *Italien* war ein Randstaat, jedenfalls vor dem Beitritt Griechenlands und der Türkei, und gehörte zur »Southern Flank« der NATO. Italien selbst wollte allerdings – besonders in der Anfangsphase des Bündnisses – eher als Teil der »Central Front« denn als eine Mittelmeermacht gelten. Die italienische Regierung befürchtete nämlich, daß ein Ausschluß aus den Planungen zur Verteidigung Zentraleuropas ihren ohnehin geringen Einfluß innerhalb der Allianz weiter schwächen würde. Ungeachtet der politischen Überlegungen konzentrierten sich die italienischen Generäle auf den Schutz des nordöstlichen Landesteils, der ihrer Meinung nach am stärksten einer sowjetischen Aggression ausgesetzt war und wo auch ein lokaler Krieg mit Jugoslawien über das Schicksal des »Free Territory of Triest« ausbrechen konnte[60].

Italiens Hoffnungen in der Nachkriegszeit, von den Siegermächten einen gerechten Friedensvertrag zu erhalten, wurden bitter enttäuscht. Der Verlust Triests und aller Kolonien, hohe Entschädigungszahlungen, die Abtretung des Großteils der Kriegsflotte und sogar der Handelsflotte an die Siegermächte hatten nicht nur einen negativen Einfluß auf die öffentliche Meinung, sondern führten auch bei politisch Verantwortlichen zu einer ablehnenden Haltung gegenüber jeder Art von Bündnissen, besonders ausgeprägt in der politischen Linken[61]. Die Entscheidung, Italien 1949 als Gründungsmitglied der NATO zu akzeptieren, war allerdings auch einigen Partnern nicht leicht gefallen[62]. Immerhin war es keine atlantische Macht und zudem früherer Kriegsgegner. Anderseits war Italien von allen westeuropäi-

---

[58] FRUS 1950 III, S. 126 f., Tele from Embassy in Norway to Secstate, 9.6.1950.
[59] PRO, CAB 137/37- A.O.C.(50)43, 13.9.1950, App. C; NAC, RG 2, B2, vol. 204, U-40-4-7, NATO Financial and Economic Committee, 30.3.1950; NA, RG 59, 740.5/8-550, Copenhagen to Secstate; NA, RG 59, 759.5 MAP/6-750, Copenhagen to Depstate; 759.5 MAP/8-850, MDAP monthly Report for July.
[60] Nuti, Italy, S. 197; Varsori, Außen- und Bündnispolitik, S. 240-244.
[61] Rainero, Integration, S. 145-154.
[62] Zur Geschichte Italiens in der Nachkriegszeit: Di Nolfo, Mussolini; Weber, Italiens Weg, S. 197-221.

schen Staaten innenpolitisch am stärksten kommunistisch bedroht. Mit Hilfe der USA konnte im April 1948 immerhin ein kommunistischer Wahlsieg verhindert werden[63].

Die christdemokratische Regierung unter Alcide de Gasperi versuchte sowohl den Einfluß der Kommunisten zu begrenzen als auch die nationalen Interessen vor allem in der Triestfrage zu befriedigen. Die Lösung der Triestfrage war aber auch aus militärstrategischen Gründen notwendig. Im Falle eines Krieges wurde ein Angriff durch die Laibacher Pforte, also über jugoslawisches Gebiet erwartet. Eine Absprache mit dem seit 1948 aus der KOMINFORM (Kommunistisches Informationsbüro) ausgestoßenen Jugoslawien über eine gemeinsam zu führende Verteidigung mußte daher für Italien lebenswichtig erscheinen. Aber die Haltung Titos war für die Italiener gänzlich unberechenbar[64].

In ersten strategischen Überlegungen der britischen und amerikanischen Stabschefs zur Verteidigung Italiens überwogen Zweifel, ob Norditalien in eine integrierte Verteidigung einbezogen werden konnte. Als Ergebnis vieler Debatten sah ein Plan vom Februar 1950 wenigstens koordinierte Operationen mit der italienischen Armee vor, mit der Möglichkeit eines Rückzugs der alliierten Besatzungskräfte aus Österreich nach Triest und anschließender Evakuierung über See[65]. Das italienische Heer von 185 000 Soldaten, zusammen mit den Carabinieri durch den Friedensvertrag auf 250 000 Mann begrenzt, schlecht ausgerüstet und sehr mobilmachungsabhängig, war freilich gegen starke Angreifer chancenlos. Etwas besser beurteilt wurden die Luftstreitkräfte, deren Jagdstaffeln nach und nach mit modernen Jetflugzeugen vom Typ VAMPIRE und VENOM in englischer Lizenzfertigung ausgerüstet wurden. Der Marine wurde nur Begleitschutz und Minenräumdienst im begrenzten Rahmen zugetraut.

Im Militäretat Italiens für 1950 waren 323 Mrd. Lira (= 495 Millionen U.S.-Dollar), ca. 20 % des Haushalts, vorgesehen. Dies war im Vergleich mit den Partnern ein Durchschnittswert, für Italien selbst aber eine große Bürde, denn die Wirtschaft litt unter erheblichen strukturellen Problemen: Überbevölkerung, hohe Arbeitslosigkeit, Mangel an materiellen und finanziellen Ressourcen. Das geringe Durchschnittseinkommen von 260 Dollar pro Jahr war halb so hoch wie in Frankreich, ein Viertel Großbritanniens oder ein Siebtel der Vereinigten Staaten[66]. Die Wiederaufrüstung durfte also nicht auf Kosten des wirtschaftlichen und sozialen Wiederaufbaus erfolgen. Ohne substantielle Hilfe von außen könne Italien nicht

---

[63] Di Nolfo, Mussolini, Kap. VII; Smith, United States, S. 79-84; NATO and the Mediteranean, S. 4.

[64] Siehe dazu: Heinemann, Vom Zusammenwachsen, S. 16-22; Nuti, Italy, S. 201-203.

[65] PRO, DEFE 5/22, COS (50) 226, 1.7.1950: Coordination of Politics of U.S. and UK Government towards the Italian Armed Forces, App. II; PRO, DEFE 11/23, Tele from JCS to Commanding General, U.S. Forces Austria, 3.2.1950.

[66] PRO, FO 371/89733, British Embassy Rome, Dispatch No. 92, Italian Armed Forces, 3rd March 1950; FO 371/96269 Sir Mallet Rome No. 78 to FO, Attaché Report on Italian Armed Forces in 1950, 5.2.1951. Italiens Streitkräfte waren durch den Friedensvertrag auf 250 000 Mann für das Heer, 200 Jagd- und 150 Transportflugzeuge sowie 25 000 Mann für die Marine begrenzt.

verteidigt werden, urteilten die amerikanischen und britischen Stabschefs[67]. Innenpolitisch war der Beitritt Italiens zur westlichen Allianz vor allem durch die Hoffnung auf Militärhilfe motiviert. Die italienische Wirtschaft profitierte kräftig aus dem European Recovery Program, das Ende 1949 Waren im Wert von 798 Millionen U.S.-Dollar umfaßte[68].

Daß *Portugal*, der einzige eindeutig undemokratische Staat Westeuropas, ohne größere Probleme NATO-Mitglied werden konnte, war vor allem auf seine geographische Lage zurückzuführen. Wichtiger als die Stützpunkte an der portugiesischen Atlantikküste waren dabei die Inseln im Atlantik, die Azoren und Madeira; ihr Besitz war für die Behauptung der Südflanke der NATO und die Sicherung der Nachschubwege über den Atlantik unentbehrlich[69]. Portugal hatte bereits im Zweiten Weltkrieg Großbritannien Stützpunktrechte eingeräumt, obwohl das Land selbst neutral geblieben war. Die Gewährung dieser Rechte erklärt sich aus der jahrhundertealten Allianz beider Staaten. Ende 1944 schloß Portugal mit den USA ein Abkommen über die Nutzung des Luftwaffenstützpunktes Santa Maria auf den Azoren, als Gegenleistung einer amerikanischen Garantie für das gesamte portugiesische Staatsgebiet. Die anglo-amerikanischen Basen waren jedoch nur für die Dauer des Krieges zur Verfügung gestellt worden[70].

Ende 1947 kam der Nationale Sicherheitsrat der USA zu dem Schluß, die Azoren seien – zusammen mit Grönland und Island – »primary base areas«, für den Lufttransport sogar »the most vital spot in the world«[71]. Am 2. Februar 1948 kam es deshalb zu einer – allerdings kurzfristigen – Verlängerung des Stützpunktabkommens. Es konnte daher nicht überraschen, daß sich die USA und Großbritannien von Anfang an für eine Mitgliedschaft Portugals im atlantischen Bündnis einsetzten. Bedenken einiger Partner wegen dessen undemokratischer Regierungsform wurden von den USA mit dem Argument ausgeräumt, ohne die Azoren könne nicht sichergestellt werden, daß im Kriegsfall amerikanische Hilfe rechtzeitig nach Europa gelange[72]. Der NATO-Beitritt brachte außen- wie innenpolitischen Prestigegewinn für das Regime des seit 1932 an der Macht befindlichen Ministerpräsidenten Antonio de Oliveira Salazar. Bot das Bündnis auch keine Garantie für den portugiesischen Kolonialbesitz, so hoffte man doch auf umfangreiche Militärhilfe aus den USA, die es dem wirtschaftlich schwachen Land erlauben würde, Kräfte für den Erhalt seiner überseeischen Besitzungen freizusetzen. Portugal war immerhin neben Großbritannien und Frankreich die bedeutendste Kolonialmacht in der NATO und anders als diese keinesfalls gewillt, irgendwelche Besitzungen preis-

---

[67] PRO, DEFE 5/22, COS (50) 226, 1.7.1950, Coordination of Policies of U.S.- and UK-Governments towards the Italian Forces.
[68] FO 371/89680, Rome to Foreign Office, Monthly Economic Report, 28 Jan. 1950.
[69] Nogueira, Portugal, S. 94-96; Reid, Time of Fear, S. 198; Andrade, Portugisische Bündnispolitik, S. 255-268.
[70] Reid, Time of Fear, S. 193; Kennan, Memoiren, S. 148-168; Crollen, Portugal, S. 26, 31-39, 53.
[71] HSTL; NSC Records, box 203, zitiert in Heinemann, Vom Zusammenwachsen, S. 166.
[72] Reid, Time of Fear, S. 121, 195; Heinemann, Vom Zusammenwachsen, S. 167.

zugeben, im Gegenteil: Die wirtschaftliche Rückständigkeit des Mutterlandes machte es erforderlich, den gesamten Kolonialbesitz hartnäckig zu verteidigen[73].

Die Sicherheit des portugiesischen Territoriums in Europa war nicht unmittelbar bedroht. Dementsprechend gering war auch der portugiesische Beitrag zur nordatlantischen Verteidigung. Während Salazar Größe und Schlagkraft seiner Armee rühmte und zugleich umfangreiche Militärhilfe forderte[74], bestand das Heer 1950 gerade einmal aus 30 655 Mann ohne Divisionsgliederung; die Marine verfügte über bemerkenswert viele – wenn auch veraltete – Kriegsschiffe, u.a. fünf Zerstörer, drei U-Boote und 7357 Mann; am schwächsten war die Luftwaffe mit 201 Jagdflugzeugen aus dem Zweiten Weltkrieg und 2000 Mann. Der Militärhaushalt verschlang 1 516 000 Escudos (= 43,3 Millionen U.S.-Dollar) oder 29,8 % des Bruttosozialprodukts[75]. Gleichwohl war die U.S.-Regierung nicht unzufrieden, wenn Portugal nur dem Ausbau des Stützpunktes auf den Azoren bereits in Friedenszeiten zustimmen würde, dies sei der bedeutendste Beitrag Portugals zur alliierten Verteidigung. Aber genau dies lehnte Salazar vorerst noch ab, ebenso die Einrichtung von Stützpunkten auf dem Festland. Erst am 6. September 1951 kam ein weiterer Vertrag zwischen den USA und Portugal über die Nutzung der Basen auf den Azoren zustande; bald darauf wurden Großbritannien die gleichen Rechte eingeräumt[76]. Portugal grenzte nicht an das Vertragsgebiet und konnte aufgrund seiner kolonialen Probleme und knappen Ressourcen vorerst keinen Beitrag in Form von Truppen zur integrierten Verteidigung leisten, zumal die Verteidigung der Iberischen Halbinsel noch überhaupt nicht geregelt war. Für die Sicherung der Nachschubwege über den Atlantik war das Land allerdings unentbehrlich.

Ebenso unentbehrlich war *Island* als »Sprungbrett« über den Atlantik. Vor allem für die USA stand daher die Aufnahme des Landes in die NATO außer Frage: »Grönland und Island sind für die Sicherheit der USA und Kanadas wichtiger als einige westeuropäische Länder«, äußerte sich Unterstaatssekretär Lovett im State Departement[77]. Die strategische Bedeutung Islands lag nicht nur in der Nutzung des Flugplatzes Keflavik als »staging point« für Transportflugzeuge mit begrenzter Reichweite zwischen den USA und Europa, sondern auch darin, der Sowjetunion im Ernstfall den Zugriff auf die Insel zu verwehren. Erst nach langwierigen Verhandlungen konnte schließlich ein Verteidigungsabkommen zur Stationierung von amerikanischen Truppen auf der Insel im Dezember 1951 ratifiziert werden[78].

---

[73] Dazu ausführlich: Heinemann, Vom Zusammenwachsen, S. 165–193. Die portugiesischen Kolonien umfaßten in Afrika: Angola und Mosambik (Uranerzvorkommen!), in Asien: Macao, Ost-Timor und Goa.
[74] NA, RG 59, DF 1950–1954, 740.5/8-2350, Tele Lisbon to Secretary of State.
[75] NA, RG 59, 740.5/12-2850, Tele Lisbon to Secstate; NAC, RG 2, B2, vol. 204, U-40-4-7 NATO Financial and Economic Committee, 30.03.50; NA, RG 59, 740.5/9-2750, Embassy's Tele No. 106 to Depstate.
[76] NA, RG 59, 740.5/9-1250, EUR- Mr. Bonbright to the Secretary; NA, RG 59, Lot 59D108, box 1; PRO, DEFE 4/29 COS (50) 23rd Meeting, 17.2.50.
[77] Zit. in: Heinemann, Vom Zusammenwachsen, S. 196.
[78] Dazu ausführlich: Heinemann, Vom Zusammenwachsen, S. 195–238.

Insgesamt betrachtet war die sicherheitspolitische Situation der westeuropäischen Vertragspartner zu Beginn des Bündnisses ziemlich desolat, trotz der bei manchen Staaten relativ hohen Militäretats. Die Kriegsschäden waren unterschiedlich: hoch in Frankreich, Italien und den Niederlanden, relativ gering in Belgien, Norwegen und Dänemark. Gerade die »kleineren« Mitgliedstaaten wie Belgien, die Niederlande, Dänemark und Norwegen, deren traditionelle Neutralitätspolitik gescheitert war, setzten auf das Bündnis. Großbritannien, Frankreich, die Niederlande, Belgien und Portugal besaßen weiterhin Kolonien und waren z.T. in Kolonialkriege verwickelt. Dort stationierte Truppen fehlten auf dem europäischen Kontinent. Für geographisch stark exponierte Länder wie Norwegen, Dänemark und Italien erschien eine erfolgversprechende Landesverteidigung schier unmöglich. Wirtschaftliche Wiederaufbauprogramme, ernsthafte Krisen und innenpolitische Instabilität wie in Frankreich und Italien gefährdeten bzw. verlangsamten die seit Beginn des Kalten Krieges einsetzende Wiederaufrüstung. Wirtschaftliche Stabilität und soziale Programme genossen noch Vorrang. All diese Faktoren wirkten sich negativ auf eine Verbesserung der Verteidigungsfähigkeit aus; mangels Masse verharrten viele Programme zur Stärkung der Landesverteidigung im Planungsstatus. Die europäischen Mitgliedstaaten zeigten sich mithin unfähig, sich selbst zu verteidigen und hofften Sicherheit zu gewinnen, sowohl durch Bündnisse mit gleichgefährdeten Partnern, als auch durch Hilfeleistungen von den wirtschaftlich starken nordamerikanischen Staaten. Ein Bündnis der Schwachen allein reichte nicht aus.

3. Militär- und Wirtschaftshilfe aus den USA und Kanada

Während die Westeuropäer noch stark unter den Kriegseinwirkungen zu leiden hatten, waren die Vereinigten Staaten die weltweit stärkste Wirtschaftsmacht mit einem Pro-Kopf-Einkommen doppelt so hoch wie in Großbritannien, dem relativ »reichsten« Staat Westeuropas. Kanada war nach Kriegsende die viertmächtigste Nation der Welt, auf wirtschaftlicher Ebene das zweitgrößte Exportland. Die durch den Krieg angekurbelte Wirtschaft beider nordamerikanischen Staaten lief auch nach dem Krieg weiterhin auf Hochtouren[79].

Nun hatte Präsident Harry S. Truman schon zu Beginn des Jahres 1947, als die USA die Verantwortung für Hilfsleistungen an Griechenland und die Türkei von einem wirtschaftlich stark angeschlagenen Großbritannien übernahmen, in der später sogenannten »Truman Doctrine« wirtschaftliche und militärische Hilfe für die vom kommunistischen Block bedrohten Staaten versprochen[80]. Bereits einen Tag nach Unterzeichnung des Nordatlantikvertrages sandten deshalb die fünf Mitglieder des Brüsseler Paktes, gefolgt von Dänemark, Italien und Norwegen, formelle Hilfsgesuche nach Washington. Die Vereinigten Staaten reagierten unverzüg-

---

[79] Létourneau, Kanada, S. 67.
[80] FRUS 1949 I, Military Aid Priorities, S. 259–263.

lich. Innerhalb von wenigen Wochen hatte die U.S.-Regierung ein militärisches Hilfsprogramm in Höhe von insgesamt 1,45 Milliarden U.S.-Dollar für das Fiskaljahr 1950 vorbereitet[81]. Secretary of State Dean Acheson hatte dazu unmittelbar nach Unterzeichnung des Nordatlantikvertrages die Position der Vereinigten Staaten gegenüber Hilfeersuchen klar definiert: Artikel 3 des Vertrages verpflichte die USA nicht automatisch zu Hilfsleistungen, es gelte vielmehr das Prinzip von gegenseitiger Hilfe zur Selbsthilfe. Innerhalb dieses Prinzips war jeder Partner verpflichtet, ehrlich einzuschätzen, was er selbst zu leisten im Stande war und wieweit er anderen helfen konnte. Unmittelbar nach Ratifizierung des Nordatlantikpaktes legte Präsident Truman am 25. Juli 1949 die »Mutual Defense Assistance Bill« dem Kongreß vor. Sowohl sein Außenminister als auch die Vereinigten Stabschefs unterstrichen die Dringlichkeit (»extremly urgent necessity«) militärischer Hilfe für die Europäer[82]. Der Kongreß bewilligte eine militärische Hilfe in Höhe von 1,314 Milliarden Dollar, wovon 1 Milliarde für die westeuropäischen Staaten im Fiskaljahr 1950 bestimmt war; die gleiche Summe war für 1951 vorgesehen[83]. Zusätzlich bewilligte der Kongreß 5,7 Milliarden Dollar Wirtschaftshilfe. In dieser Summe waren 4,7 Milliarden für die Marshallplan-Länder enthalten[84]. Am 6. Oktober konnte Truman den »Mutual Defense Assistance Act« unterzeichnen – nur zwei Wochen nach Bekanntwerden der ersten Detonation einer sowjetischen Atombombe.

Kanada war durch den Beitritt zur NATO, Seite an Seite mit den USA und Großbritannien, gleichberechtigter Partner in einer überregionalen Allianz geworden und dabei gleichzeitig bestrebt, sich dem übermächtigen Einfluß dieser beiden Partner wirksam zu entziehen: »Bei zwölf Leuten in einem Bett braucht sich der einzelne weniger um seine Unschuld zu sorgen«[85], kommentierte der kanadische Verteidigungsminister Brooke Claxton die Unterzeichnung des Vertrages. Kanada war kein Empfänger amerikanischer Wirtschafts- oder Militärhilfe, und auch ohne Druck von außen durchaus zu Hilfsleistungen an Westeuropa und Großbritannien bereit. Die kanadische Militärhilfe resultierte allein aus Artikel 3 des NATO-Vertrages und sollte anders als im »Mutual Defense Assistance Act« der USA keine globalen Sicherheitsinteressen der westlichen Welt absichern, sondern sich ausschließlich auf Westeuropa beziehen[86]. Darüber hinaus war das Militärhilfeprogramm auch Ausdruck des kanadischen Bestrebens, innerhalb des Bündnisses Einfluß zu gewinnen.

---

[81] Ismay, NATO, S. 23 f.
[82] Zitat in: Ismay, NATO, S. 24; FRUS 1949 I, Basic Policies of MAP, S. 250–257, Objectives of MAP, S. 314–321; NA, MB, RG 218, JCS 49, 092 Western Europe (3-12-48) sec. 29: J.C.S. 1868/115, 23.9.1949 und J.C.S. 1868/133, 11.10.1949.
[83] NA, DB, RG 59, 740.5/6-2950, R. Hilton to Mrs. Kreps.
[84] Das »European Recovery Program« (ERP) umfaßte insgesamt 13,2 Milliarden Dollar. Davon erhielt England mit 26 % den größten Anteil, gefolgt von Frankreich mit 24 %, Westdeutschland und Italien dagegen je »nur« 12 %; NA, DB, RG 59, 782.5 MSP/2-2052.
[85] Létourneau, Kanada, S. 61; Létourneau/Roussel, Der kanadische Beitrag, S. 101–108.
[86] Würzler, Anfänge, S. 108–129.

Am 17. August 1950 einigte sich das kanadische Kabinett über die Grundlinien des Militärhilfeprogramms im Umfang von zunächst 300 Millionen CAN Dollar, das im Laufe des Jahres 1951 auf 360 Millionen ausgeweitet wurde. Das Programm umfaßte drei Komponenten: Ausbildungsplätze für europäische Kampfpiloten in Kanada, Verschiffung von veralteter waffentechnischer Ausrüstung des Heeres in Stärke von zwei Divisionen nach Europa und – in geringem Maße – moderne Waffen. Die kanadische Militärhilfe war anfangs sehr stark auf die Bedürfnisse der eigenen Streitkräfte (Rüstungskonversion) und Industrie zugeschnitten. In erster Linie sollte veraltetes, aus britischen Lieferungen bestehendes Kriegsmaterial durch moderneres amerikanisches Gerät ersetzt und zugleich standardisiert werden[87]. Meist unerwähnt bleibt dabei die kanadische Unterstützung des Marshallplans; freilich wurde der beachtliche finanzielle Beitrag von etwa 325 Millionen CAN Dollar für den wirtschaftlichen Wiederaufbau Europas von der weit größeren Hilfe der Vereinigten Staaten überschattet. Ebenso blieb die kanadische finanzielle Hilfeleistung an Großbritannien in der Kriegs- und Nachkriegszeit meist unbeachtet[88].

Die U.S.-amerikanische Hilfe lief recht schleppend an. Zunächst waren nur 100 Millionen Dollar verfügbar. Die übrigen 900 Millionen sollten erst freigegeben werden, wenn der U.S.-Präsident die (amerikanischen) Empfehlungen zum Aufbau einer integrierten Verteidigung des Vertragsgebietes gebilligt hatte[89]. Eiligst entwickelte daher der Verteidigungsausschuß der NATO ein verteidigungspolitisches Grundkonzept, das der NATO-Rat auf seiner 3. Tagung am 6. Januar 1950 in Washington verabschieden konnte. Präsident Truman nahm den Verteidigungsplan an und gab die restlichen 900 Millionen Dollar frei. Voraussetzung für die Lieferung von militärischem Gerät, einschließlich sogenannter »Offshore-Beschaffungsaufträge«[90], war der Abschluß bilateraler Verträge. Diese wurden am 27. Januar 1950 zwischen den USA und den acht NATO-Staaten unterzeichnet, die um Hilfe gebeten hatten. Am 8. März 1950 wurden die ersten für Frankreich bestimmten Flugzeuge in Norfolk, Virginia, verladen[91].

Die Organisation der Verteilung der Mittel übernahmen erst kurz zuvor gegründete Arbeitsstäbe der NATO (Military Production and Supply Board in Zusammenarbeit mit dem Defense Financial and Economic Committee), deren Aktivitäten zunächst sehr schleppend anliefen. Seriöse Finanz- und Wirtschaftsdaten der Partnerstaaten waren zu diesem Zeitpunkt noch schwer erhältlich. Die ameri-

---

[87] Ebd., S. 127-129.
[88] Létourneau, Kanada, S. 67, Anm. 32.
[89] FRUS 1949 IV, S. 352-356; FRUS 1950 III, S. 1-12; Kaplan, United States, S. 152; Knapp, Ökonomische Aspekte, S. 305. Tatsächlich wurden 1950 nur 67 Mill. $ ausgegeben, im Jahr 1951 aber schon 791 Mill. $.
[90] Bei Offshore-Beschaffungsaufträgen kauften die USA bei europäischen Bündnispartnern Rüstungsmaterial ein und stellten es dem gleichen oder einem anderen Mitgliedstaat kostenlos zur Verfügung.
[91] Condit, Test of War, S. 3 f.; Ismay, NATO, S. 23 f.; KAG 1949, S. 2084A, 2101K, 2123H. Für die westeuropäischen Länder war u.a. die Lieferung von 1384 Kampfpanzern vom Typ M4 A1 vorgesehen, davon erhielt Frankreich allein 1254 Exemplare: NA, MMB, RG 218, JCS 50-54, 092 Western Europe (3-12-48) sec. 40, Memo for the Secretary of the Army, 30.1.1950.

kanischen Militärberater, die zur Abwicklung der Militärhilfe in jedes Empfängerland entsandt wurden, verstärkten den vielerorts verbreiteten Eindruck, daß NATO und Militärhilfe in erster Linie zu Symbolen für eine sicherheitspolitische Alimentierung Europas durch die USA geworden waren[92]. Sinn und Zweck des Hilfeprogramms war indes die militärische Aufrüstung und Verstärkung der wenigen in Europa stehenden Divisionen, die angesichts der sowjetischen Bedrohung ohne diese Hilfe chancenlos gewesen wären.

4. Die Bedrohung durch die Sowjetunion und militärstrategische Pläne

Im Westen herrschte eine weitgehende Übereinstimmung in der Beurteilung der politischen Ziele der Sowjetunion, einschließlich ihrer militärischen Potentiale[93]. Aus der engen Zusammenarbeit der USA, Großbritanniens und Kanadas im nachrichtendienstlichen Bereich resultierte eine umfangreichen Analyse der sowjetischen Absichten und strategischen Potentiale vom 30. November 1948[94].

In dieser Studie wurde als Hauptziel sowjetischer Politik die Errichtung einer von Moskau kontrollierten kommunistischen Weltherrschaft bezeichnet; eine friedliche Koexistenz mit der Sowjetunion sei daher auf Dauer unmöglich[95]. Zwar sei ein sowjetischer Angriff auf den nordamerikanischen Kontinent noch nicht durchführbar, Westeuropa könne hingegen in relativ kurzer Zeit erobert werden. Nach anglo-amerikanischen Schätzungen verfügte die UdSSR dazu als Landmacht über 175 präsente Divisionen mit 2,5 Millionen Soldaten[96]. Diese Annahme blieb jahrelang konstante Größe in den alliierten Lagebeurteilungen und wurde auch in der Öffentlichkeit genannt. 84 von 175 präsenten Divisionen waren in der sowjetischen Besatzungszone, in osteuropäischen Satellitenstaaten oder in den westlichen Militärbezirken der UdSSR disloziert[97]. Dazu kamen 80 bis 90 Divisionen der Satellitenstaaten, deren Kampfwert allerdings nur mit 30 % vergleichbarer sowjetischer Divisionen angenommen wurde. Man unterstellte der UdSSR die Fähigkeit,

---

[92] Kaplan, Community, S. 60-65.
[93] Wiggershaus, Bedrohungsperzeptionen, S. 17-54.
[94] NA, Modern Military Branch (MMB), RG 218, Geographic Files, 1948-1950, USSR (3-27-45) sec. 34, JIC 435/12: Soviet Intentions and Capabilities, 30.11.1948, ausführlich kommentiert in: Greiner, Planungen.
[95] FRUS 1948 III, S. 237-248, Washington Paper, 9.9.1948.
[96] Veröffentlichungen zur Anzahl der sowjetischen Heeressoldaten schwankten zwischen 2,5 Millionen (General Omar Bradley, Chairmen JCS) und 4 Millionen (British Ministry of Defence). Aufgrund unterschiedlicher Mannschaftsstärken kalkulierte General Lawton J. Collins, Chief of Staff U.S. Army 1949-1953, daß die 175 sowjetischen Divisionen mit 110 amerikanischen Divisionen vergleichbar seien: Park, Defending the West, S. 23-25.
[97] Die Dislozierung der 175 Divisionen wurde wie folgt eingeschätzt: Soviet-occupied Europe: 35 Divisions, Western Frontier Districts: 49, West Central Districts: 20, Caucasus: 21, Middle Asia Districts: 19, Far East: 31 Divisions, in: NA, MMB, RG 218, JCS 1950-54, 092 Western Europe (3-12-48) sec. 42, J.C.S. 2073/7, 27.2.1950, p. 91.

die präsenten Verbände binnen fünf Tagen auf volle Kriegsstärke zu bringen und in 30 Tagen insgesamt 320 Divisionen zu mobilisieren.

Das Nordatlantische Bündnis verfügte demgegenüber 1949 in Mitteleuropa lediglich über zehn bis zwölf ungünstig dislozierte und z.T. schlecht ausgerüstete Divisionen als Besatzungstruppen. Diese konnten im Ernstfall um weitere sechs Divisionen aus den Vereinigten Staaten und Kanada verstärkt werden[98]. Zum Zeitpunkt eines Kriegsausbruchs rechnete man begründeterweise mit einem Kräfteverhältnis von mindestens 4 zu 1 zugunsten der UdSSR, bei Flugzeugen zur Erdkampfunterstützung sogar mit 5 zu 1. Auf diesem Kräfteverhältnis beruhte die Annahme, die sowjetischen Truppen könnten in fünf Tagen den Rhein, in 14 Tagen die Kanalküste, in 30 Tagen den Atlantik und in zwei Monaten die Pyrenäen erreichen. Nach Eroberung des Festlandes bot sich nach Ansicht der anglo-amerikanischen Stabschefs der Kampf gegen die USA und Kanadas von dieser Basis aus an.

Der eindeutigen konventionellen Überlegenheit der Sowjetunion stand bis Ende 1949 das amerikanische atomare Monopol[99] und die überwältigende waffentechnische und kriegswirtschaftliche Stärke der USA gegenüber. Im Vergleich der wirtschaftlichen Potentiale sprach eine vierfache, bei Schlüsselindustrien gar eine achtfache Überlegenheit zugunsten der Vereinigten Staaten[100]. In Anbetracht der bekannten kriegswirtschaftlichen Schwächen der Sowjetunion hielten die anglo-amerikanischen Militärexperten einen sowjetischen Angriff in den nächsten zehn Jahren für unwahrscheinlich; erst dann würde die Sowjetunion die Schwächung durch den Zweiten Weltkrieg überwunden haben[101]. Die Kontinentaleuropäer fühlten sich dagegen wegen ihrer geographischen Nähe zur Sowjetunion und fehlender Verteidigungskräfte stärker bedroht; allein 22 aktive sowjetische Divisionen waren in der sowjetisch besetzten Zone (SBZ) stationiert. Trotzdem wurde auch hier ein sowjetischer Großangriff für ziemlich unwahrscheinlich gehalten.

Zwei Ereignisse im Herbst 1949 sollten diese allgemeine Zuversicht während der Gründungsphase der NATO deutlich verändern. Ende August 1949 zündete die UdSSR ihre erste Atombombe. Einen Monat später rief Mao Zedong die Volksrepublik China aus und unterzeichnete einen Freundschaftsvertrag mit der Sowjetunion. Der Sieg der kommunistischen Partei Maos entlastete die UdSSR an der chinesischen Front erheblich. In den USA erwartete man nun ein rasches An-

---

[98] Die USA und Großbritannien hatten je zwei, Frankreich fünf und Belgien eine Division als Besatzungstruppen in Westdeutschland stationiert: PRO, DEFE 4/30 COS (50), 46th Meeting, 21.3.1950.

[99] Der Vorrat an atomaren Waffen und Bombenabwurfsystemen war allerdings begrenzt. Bis Ende 1949 standen 170 Atombomben vom Typ Mark 3 FAT MAN und ca. 35 Bomber vom Typ B-29, stationiert in New Mexico, bereit. Das Strategic Air Command (SAC) wies gravierende technische Ausrüstungsmängel auf, das Bomben-Montagesystem war desolat, der Atombombenbestand für ein strategisch effektives Luftbombardement zu gering. Watson, Missile Age, S. 457. Die USA verfügten Ende 1945 lediglich über zwei Atombomben, neun im Juli 1946, 13 in 1947 und 50 in 1948: Rosenberg, Origins, S. 131.

[100] Wirtschaftsvergleiche USA–UdSSR in: FRUS 1950 I, S. 248 und 307.

[101] PRO, CAB 131/7, DO (49) 3, 7.1.1949; Forrestal Diaries, S. 512.

wachsen der Zahl sowjetischer Atombomben und einen zügigen Ausbau der sowjetischen strategischen Luftstreitkräfte, deren B-29-Nachbauten (TU 4) unter Umständen (one-way-mission) den nordamerikanischen Kontinent erreichen konnten[102]. Im Februar 1950 verwiesen die Joint Chiefs of Staff (JCS) mit Nachdruck auf die eigene Bedrohung. Der Sowjetunion wurde jetzt aufgrund ihrer verbesserten wirtschaftlichen Lage die Fähigkeit zu einem erfolgversprechenden Angriff aus dem Stand zugebilligt[103]. Dem nuklearen Luftkrieg wurde mehr Beachtung geschenkt als anderen militärischen Optionen. Neben Zielen in den USA und Kanadas schien vor allem Großbritannien als wichtiger und für die sowjetische Luftwaffe am leichtesten zu erreichender Stützpunkt des Strategic Air Command (SAC) vom »atomaren Blitz« bedroht[104].

In der ersten großen Bedrohungsanalyse der NATO[105] fehlten dagegen alle Angaben über die strategische sowjetische Luftwaffe und ihre Fähigkeiten, obwohl sie sich größtenteils auf das amerikanische Urteil vom Februar 1950 und sogar auf die anglo-amerikanischen Einschätzungen vom November 1948 stützte. Wegen ungenügender Berücksichtigung der Bedrohung Nordamerikas lehnten die JCS daher die Feindlagebeurteilung der NATO ab. In den NATO-Gremien wurde der Analyse aus politisch-psychologischen Gründen jedoch zugestimmt. Die Bedrohungsanalyse der NATO bildete somit die Grundlage für die mittelfristigen strategischen Planungen im Bündnis bis 1954[106]. In den militärstrategischen Plänen der Kontinentaleuropäer gewann dabei der Rhein, der in anglo-amerikanischen Überlegungen eher eine Zeitmarke für den sowjetischen Vormarsch darstellte, die Bedeutung einer ersten Widerstandslinie. Daran waren vor allem Frankreich und Belgien, weniger die Niederlande oder Dänemark interessiert. Trotz der offensichtlichen Schwächen bei Land- und taktischen Luftstreitkräften weigerten sich die Briten freilich, ihre Rheinarmee zu verstärken, auch nicht im Falle eines Krieges. Aber auch die USA konnten es sich nicht vorstellen, neben der Führung des strategischen Luftkrieges einen nennenswerten Beitrag an konventionellen Streitkräften zur Verteidigung Westeuropas zu leisten; gemäß ihrem früheren Plan OFFTACKLE war Europa keinesfalls am Rhein, eher an seiner Peripherie zu verteidigen[107].

Die ursprünglichen Vorstellungen der Amerikaner waren indes für die Westeuropäer unannehmbar und gefährdeten erstmals den Zusammenhalt des Bündnisses. Im Oktober 1949 stellte die aus militärischen Vertretern der USA, Großbritanniens

---

[102] NA, MMB, RG 218, GF 1948-50, Western Europe (3-12-48) sec. 42, JCS 2073/7, Intelligence Guidance for U.S.-Representatives on the Regional Planning Group of the NATO, 27.2.1950; sec. 39, JCS 1868/173, Estimate of Military Requirements for the Defense of the Canada-U.S. Area, 5.1.1950.
[103] FRUS 1950 I, S. 143; JCS 2073/7 (wie Anmerkung zuvor), S. 88 und 90.
[104] FRUS 1950 I, S. 181; Greiner, Planungen, S. 202 f.
[105] NATO HQ, NISCA 7/1, DC 13, part II: Estimate of Enemy Capabilities and possible Courses of Action, 28.3.1950, abgedruckt in: NATO Strategy Documents, S. 115-135.
[106] Siehe Beitrag Greiner in diesem Band.
[107] PRO, DEFE 6/10, J.P. (49) 132 (Final), 12.10.1949: Brief for the UK-Planners in the NATO Military Committee Standing Group; FRUS 1949 IV, S. 325; FRUS 1950 III, S. 280.

und Frankreichs bestehende Standing Group ein erstes strategisches Konzept vor[108]. Danach sollte die wichtigste Aufgabe der Allianz nicht die Kriegführung, sondern die Kriegsverhinderung durch Abschreckung sein[109]. Am 6. Januar 1950 wurde das strategische Gesamtkonzept im NATO-Rat angenommen[110].

Danach wurden die Streitkräfteziele bis zum 1. Juli 1954 im mittelfristigen Verteidigungsplan (Medium Term Defence Plan, MTDP) festgeschrieben: Insgesamt 90 Divisionen (aktive und Reserveverbände), ca. 1000 Kriegsschiffe und ca. 8000 Flugzeuge. Allein für die Verteidigung Mitteleuropas wurden 53 Divisionen und 4200 Flugzeuge für notwendig gehalten. Das Datum 1. Juli 1954 war gewählt worden, weil dies als Zeitpunkt für die größte Bedrohung angenommen wurde. Dieser Plan wurde am 1. April 1950 vom Verteidigungsausschuß der NATO gebilligt[111].

Ungleich schwieriger war die Erarbeitung einer kurzfristige Planung zur Verteidigung Mitteleuropas mit den tatsächlich verfügbaren Kräften. Dieser Plan konnte allerdings erst nach Ausbruch des Krieges in Korea verabschiedet werden[112].

Allgemeine Übereinstimmung herrschte immerhin darüber, daß eine effektive Verteidigung nur mit ausgewogenen kollektiven Kräften möglich sei. Dabei sollte jede Nation diejenige Aufgabe übernehmen, für die sie am besten geeignet war. Dies lag ganz auf der Linie der USA. Um die Kosten für diese Verteidigung möglichst gering zu halten, sollte auf die von Acheson angeregte Arbeitsteilung zurückgegriffen werden. Er hatte in Vorbereitungspapieren zur 4. Ratstagung im Mai 1950 in London die U.S.-Delegation angewiesen, auf einem Konzept von »balanced collective rather than balanced national forces« zu bestehen[113]. Es ergaben sich aber Differenzen in der Frage, ob sich die Aufstellung ausbalancierter kollektiver Kräfte mit der Existenz der für notwendig gehaltenen nationalen Streitkräfte vereinbaren lasse. Denn einige der westeuropäischen Bündnispartner wie Großbritannien, Frankreich, Belgien, die Niederlande und Portugal hatten überseeische politische und militärische Verpflichtungen außerhalb des Vertragsgebietes zu erfüllen. Wem sollten die Bündnistruppen unterstellt werden, wer sollte sie führen? Die im ersten Jahr gefundene Organisationsform konnte diese Fragen jedenfalls nicht zufriedenstellend beantworten.

---

[108] NATO HQ, NISCA 7/1, SG 1: Strategic Concept for the Defence of the North Atlantic Area, 10.10.1949.
[109] Armitage/Mason, Air Power, S. 188–193.
[110] PRO, DEFE 6/10, J.P. (49) 132 (Final), 12.10.1949, Item 4; DC 6: The Strategic Concept for the Defence of the North Atlantic Area, 29.11.1949; DC 6 ist abgedruckt in: NATO Strategy Documents, S. 49–75.
[111] NATO HQ, NISCA 7/1, DC 13: NATO Medium-Term Defence Plan (MTDP), 28.3.1950; abgedruckt in: NATO Strategy Documents, S. 107–117; dazu ausführlich: Greiner, Planungen, S. 247–253; NA, MMB, RG 218, 092 Western Europe (3-12-48) sec. 41: WU Regional Plan to defend Europe, 8.2.1950; PRO, CAB 131/9 D.O. (50) 31, 28.4.1950, Meeting of the North Atlantic Defence Committee at The Hague on 1st April, 1950.
[112] NATO HQ, NISCA 7/5, DC 26, Regional Short-Term Defence Plan, 24.10.1950; Condit, Joint Chiefs, S. 402.
[113] FRUS 1950 III, S. 53 und 86.

5. Erste Organisationsformen

Die ersten organisatorischen Strukturen ergaben sich aus dem Vertrag selbst. Artikel 9 begründete die Einrichtung eines North Atlantic Council (NAC). Dieses höchste Entscheidungsorgan, bestehend aus den Außenministern der Mitgliedstaaten, war befugt, für notwendig gehaltene nachgeordnete Organe einzusetzen, speziell einen Verteidigungsausschuß (Defence Committee, DC)[114]. Die Vereinigten Stabschefs der USA hatten im August 1949 auf einer »good will tour« die europäischen Bündnispartner besucht, um sich vor Ort über deren Sicherheitsprobleme zu informieren und über die zukünftige Struktur der Allianz zu sprechen. Dieser Besuch markiert den Beginn der gemeinsamen, amerikanisch-europäischen Bemühungen um die Verteidigung Westeuropas. Kurz darauf konstituierte sich in Washington eine alliierte Arbeitsgruppe, um Vorschläge für die unter Artikel 9 möglichen Institutionen auszuarbeiten. Der Bericht der Arbeitsgruppe, der am 17. September dem NATO-Rat zur Entscheidung vorgelegt wurde, entsprach den amerikanischen Vorstellungen[115]. Während der 1. Ratstagung in Washington im September 1949 wurde daraufhin die Einrichtung des »Defence Committee«, bestehend aus den Verteidigungsministern der Bündnispartner, beschlossen. Gleichzeitig beauftragte der Rat das neu eingerichtete »Defence Committee« mit der Einsetzung eines »Military Committee« (MC), bestehend aus den Stabschefs der Partnerstaaten, eines »Military Production and Supply Board« und einer »Steering and Executive Group«, später umbenannt in die Standing Group (SG).

Die Organisationsvorschläge der Europäer blieben weitgehend wirkungslos. Selbst Großbritannien konnte seine bereits im Februar 1949 erarbeiteten Pläne nur teilweise umsetzen. Demnach sollte die atlantische Struktur zur Organisation der Westunion passen, nicht dieser aufgepfropft werden. Das im Weltkrieg bewährte höchste Führungsgremium der »Combined Chiefs of Staff« der Alliierten USA und Großbritannien sollte wiederbelebt, die Organisation der NATO so klein wie möglich gestaltet werden[116]. Am umstrittensten war die Zusammensetzung der Standing Group. Frankreich hoffte durch die Aufnahme in diese militärische Spitzengruppe der NATO mehr Einfluß auf die globalen Absprachen der Anglo-Amerikaner zu gewinnen. Aber auch Kanada, Italien und die Beneluxländer wünschten die Zugehörigkeit zur SG. Die Umsetzung solcher Vorschläge hätte jedoch das ständige Gremium zu schwerfällig werden lassen und der Kontrolle durch die USA vermehrt entzogen. Nach dem freiwilligen Ausscheiden Kanadas aus der SG konnten solche weitergehenden Wünsche abgelehnt werden, so daß die britischen Stabs-

---

[114] Zur Organisationsstruktur: Pedlow, »O« in NATO, S. 153-170; Das Atlantische Bündnis; SHAPE, Chronology.
[115] NA, MMB, RG 218, JCS 1949 CCS 092 Western Europe (3-12-48), sec. 24, JCS 1868/90, 11 July, 1949: The Military Organization under the North Atlantic Treaty.
[116] PRO, DEFE 4/19, C.O.S. (49) 21st meeting, 9th Feb. 1949, Item 5: Atlantic Pact Military Organization.

chefs schließlich, wenn auch widerstrebend, einer Aufnahme Frankreichs in das höchste militärische Führungsgremium zustimmen konnten[117].

Hinsichtlich der räumlichen Gliederung des Vertragsgebietes stand die amerikanische Position seit Juli fest: Einnehmen einer starken militärischen Führungsrolle bei gleichzeitiger Sicherstellung der größten eigenen Handlungsfreiheit. Exakt diesen Maximen entsprach ihr Organisationsvorschlag: regionale, strikt auf das Vertragsgebiet beschränkte Planungsgruppen ohne jede Kommandostruktur, auch nicht im Ernstfall. Im Oktober 1949 hat das Defence Committee dazu die Bildung von fünf Planungsgruppen beschlossen: Kanada-USA, Nordatlantik, Nordeuropa, Südeuropa-westliches Mittelmeer und die wichtigste in Westeuropa. Damit war die NATO regionalisiert. Einmütig wünschten alle Partner die Präsenz der Vereinigten Staaten in allen Planungsgruppen, zumindest aber in der westeuropäischen. Damit wäre jedoch das amerikanische Prinzip der Regionalisierung durchbrochen und ihnen mehr Verantwortung zugeschoben worden, als ihnen lieb war. Die USA lehnten dies deshalb ab und gehörten vorerst lediglich zur kanadisch-amerikanischen und zur nordatlantischen Gruppe, den übrigen Gruppen wollten sie nur in beobachtender bzw. beratender Funktion angehören[118].

Zunehmende Forderungen der nicht in der Standing Group vertretenen Bündnispartner nach mehr Einflußnahme in militärischen Fragen während der Zeit, in der das »Military Committee« nicht tagte, führten am 18. Dezember 1950 zur Einrichtung eines »Military Representatives Committee« (MRC). Nichtsdestoweniger blieb die Standing Group tonangebend und hatte wesentlichen Einfluß auf die militärischen Planungen der 50er Jahre.

Die erste Organisationsform des Bündnisses war sehr lose, es fehlten militärische Strukturen und Kommandoebenen für den Ernstfall sowie Hauptquartiere für die Befehlsgebung. Stattdessen verließ man sich auf Komitees, die aus den Repräsentanten der Mitgliedstaaten bestanden. Die einzigen militärischen Organe waren die dem Military Committee und der Standing Group untergeordneten Regionalen Planungsgruppen: Nordeuropa, Westeuropa und Südeuropa-westliches Mittelmeer. Keine der Planungsgruppen war jedoch in der Lage, NATO-Truppen im Kriegsfall zu führen. In Westeuropa existierte 1950 zwar ein gemeinsames Hauptquartier, aber das gehörte noch der Vorgängerorganisation der NATO, der Western Union Defence Organisation (WUDO) an, die am 17. März 1948 zusammen mit dem Brüsseler Vertrag geschaffen worden war. Ihr Sitz lag in Fontainebleau bei Paris, und sie verfügte ebenfalls über keine Kommandostruktur. Ihr höchster militärischer Repräsentant, Field Marshal Bernard Montgomery, war Vorsitzender des »Western Union's Commanders-in-Chief Committee«. Montgomery kritisierte diesen Zustand heftig. Nur zehn Tage vor dem Ausbruch des Krieges in Korea

---

[117] FRUS 1949 IV, S. 4, 108, 323-325 und 294; NA, MMB, RG 218, GF 1948-50, Western Europe (3-12-48) BP part 1, FS Gruenther to JCS (for Secretary), 6.8.1949; Condit, Joint Chiefs, S. 390-393; Greiner, Planungen, S. 233.
[118] NAC, RG 2, B 2, vol. 202, U-40-2 (vol. 4) Memorandum for Cabinet, 18.5.1949, Preliminary Paper No. 4; NAC, RG 2, vol. 112, U-40-4 (vol. 3) 1949: D.C. 1, 4.10.1949; NA, DB, RG 59, 740.5/9-1450, Discussion with Mr. Bevin, 14.9.1949; FRUS 1949 IV, S. 327.

I. Die militärische Lage der NATO 1949/50

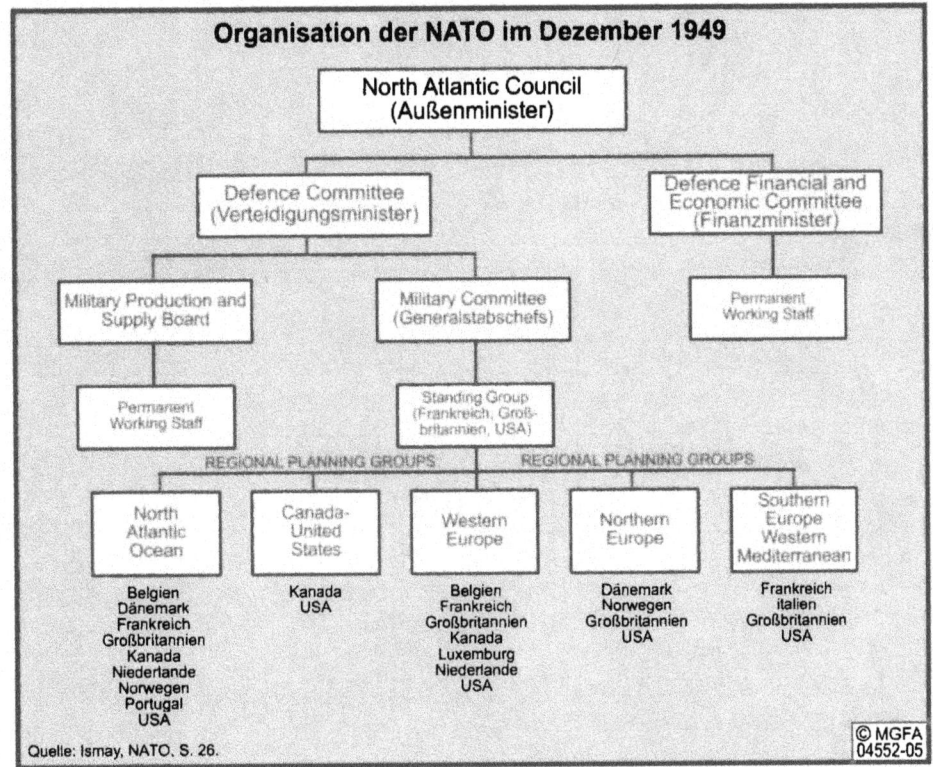

warnte er: »Wie die Dinge heute und in absehbarer Zukunft stehen, werden in Westeuropa Szenen einer entsetzlichen und unbeschreiblichen Konfusion entstehen, falls wir jemals von den Russen angegriffen werden[119].« Wie Montgomery drangen viele europäische militärische Führer auf die Einrichtung einer Kommandostruktur, aber die Vereinigten Staaten widersetzten sich derartigen Vorstößen. Sie wollten nicht noch mehr in die Verteidigung Europas involviert werden. Erst mit den dramatischen Entwicklungen im Zuge des Koreakrieges konnten die Weichen neu gestellt werden.

---

[119] »As things stand today, and in any forseeable future, there would be scenes of appalling and indescribable confusion in Western Europe if we were ever attacked by the Russians«, zitiert in: Pedlow, »O« in NATO, S. 156.

II. Beschleunigte Aufrüstung infolge des Koreakrieges 1950 bis 1953

Der Ausbruch des Koreakrieges am 25. Juni 1950 markierte einen Wendepunkt in der Entwicklung der Allianz, denn dieses Ereignis führte nicht nur zu einem forcierten Streitkräfteaufbau und zu einer massiven Aufstockung der amerikanischen Militärhilfe einschließlich der Entsendung von amerikanischen Divisionen nach Europa, sondern hatte auch eine wesentliche Reorganisation der Bündnisstruktur zur Folge. Darüber hinaus hatte er Auswirkungen auf die Aufnahme Griechenlands, der Türkei und Westdeutschlands in die NATO[1]. Der Kriegsausbruch, fünf Wochen nach der Londoner Ratstagung, erschütterte zugleich einen Großteil der Annahmen, auf denen die Allianz im ersten Jahr aufgebaut worden war. Die wichtigste Veränderung war die neue, verstärkte Hinwendung der USA zu Europa. Die Europäer hatten durch das amerikanische Engagement in Korea ein zunehmendes Interesse der USA in Fernost befürchtet und eine Kürzung der Militärhilfe erwartet. Statt dessen waren die Westeuropäer jetzt geradezu erleichtert darüber, wie die USA auf die neuen Probleme der NATO in Europa reagierten[2].

1. Die Forcierung der Aufrüstungsprogramme

Die katalysatorische Wirkung des koreanischen Konflikts auf die allgemeine Aufrüstung in Nordamerika und Westeuropa[3] erklärt allein nicht den nun folgenden enormen Anstieg der Rüstungsanstrengungen. Wie kam es also zu einer zwei- bis dreifachen Steigerung der Verteidigungsausgaben und Streitkräftepotentiale in Friedenszeiten, kaum fünf Jahre nach dem Zweiten Weltkrieg? Den Anstoß dazu gab die amerikanische Führungsmacht selbst. Einige Monate vor Beginn des Koreakrieges, im Herbst und Winter 1949/50, hatten sich die Vereinigten Staaten unter dem Schock der sowjetischen Atombombenexplosion einer fundamentalen Revision ihrer Außenpolitik unterzogen, obwohl die Sowjetunion damit die Unversehrtheit der Territorien der westlichen Bündnisländer vorerst noch nicht ernsthaft

---

[1] Kaplan, United States, S. 8 f.; Lafeber, NATO, S. 33.
[2] Kaplan, NATO, S. 43–45.
[3] Geiling, Außenpolitik, S. 70 und 78; Mai, Sicherheitspolitik, S. 6 und 173; Greiner, Planungen, S. 287–291.

bedrohte. »Die Bombe änderte alles«, erinnerte sich Acheson fünf Jahre später[4]. Das Ergebnis dieser Revision war die Studie NSC 68, in der die Bedrohung der westlichen Welt durch die gewaltige Militärmaschine der Sowjetunion analysiert und Maßnahmen vorgeschlagen wurden, wie diese Gefahr zu neutralisieren sei: im Ergebnis aus einer Position der Stärke[5].

Zum einen hatten die atomaren Waffen den Ausbruch des Koreakrieges nicht verhindert, zum anderen konnte man sich kaum vorstellen, einen mit konventionellen Waffen vorgetragenen, regional begrenzten Angriff durch den Einsatz der Atombombe zurückzuschlagen. Um so mehr war also die verstärkte Aufrüstung der konventionellen Kräfte in den USA und Europa notwendig, wie in dem Strategiepapier gefolgert wurde. Bis zum Ausbruch des Koreakrieges hatte NSC 68 jedoch noch keinen Einfluß auf den Militäretat der USA, der für 1951 kleiner ausfiel als für 1950. Denn Präsident Truman war seinem Sparsamkeitsprinzip treu geblieben. Erst der Einmarsch nordkoreanischer Truppen in Südkorea schien die in NSC 68 angenommene Einschätzung der sowjetischen Feindseligkeit zu bestätigen. Bisher waren das Pentagon und die NATO übereinstimmend von 1954 als Zeitpunkt für die größte Kriegsgefahr ausgegangen, jetzt wurde der planerische Zeitpunkt auf 1952 vorverlegt. Die nun folgende Revision der Rüstungsprogramme hatte eine gewaltige Aufrüstung der Streitkräfte zur Folge[6].

Auf Vorschlag der JCS planten die USA eine Verdoppelung der Mannschaftsstärken ihrer Streitkräfte bis zum 30. Juni 1951. Die zehn Divisionen der Army sollten zunächst Kriegsstärke erreichen und dann bis Ende 1952 auf 18 Divisionen anwachsen. Der Bau von Kriegsschiffen sollte um 41 % gesteigert werden. Der größte Nutznießer des hektischen Aufbauprogramms war die Air Force; ihr räumte man Priorität ein, 64 % mehr Geschwader als vor dem Koreakrieg wurden genehmigt. Parallel dazu wurde der Militäretat enorm gesteigert. Ende September genehmigte der Kongreß eine erste Aufstockung um 10 Milliarden Dollar, am 1. Dezember eine zweite um 16,8 Milliarden für das Fiskaljahr 1951/52. Damit war der Verteidigungshaushalt innerhalb eines Jahres um das drei- bis vierfache gestiegen[7]. Eine ähnliche Steigerung erfuhr das Programm für Militärhilfe (Mutual Defense Assistance Program, MDAP). Schon im August 1950 wurden zu den bereits gebilligten 1,3 Milliarden Dollar weitere 4 Milliarden vom Kongreß genehmigt, den Löwenanteil von 3,5 Milliarden erhielt Westeuropa[8]. Öffentliche Umfragen zeigten eine breite Zustimmung für diese Priorität. Zwar befürworteten 75 % der Amerikaner ein Eingreifen in Korea, aber 51 % glaubten, daß es wichtiger sei, eine Invasion in Europa zu stoppen als in Asien (17 %). Die Zustimmung zur NATO stieg

---

[4] Zit. in: Lafeber, NATO, S. 39.
[5] NSC 68 wurde seit der Deklassifizierung des Dokuments 1975 ausführlich diskutiert in: Wells, Sounding; Poole, Joint Chiefs, S. 4-82, Einführung dazu von Terrence Gough; Lafeber, NATO, S. 39-44; Dokument in: FRUS 1950 I, S. 234-292.
[6] FRUS 1950 I, S. 415, 467 und 479; Poole, Joint Chiefs, S. 51.
[7] Poole, Joint Chiefs, S. 38-40, 57, 69-75. Gesamtstärke der U.S. Streitkräfte bis 30.6.1950: 1 454 000 Mann; geplant bis 30.6.1951: 2 806 000; bis 30.6.1954: 3 281 000.
[8] Poole, Joint Chiefs, S. 47.

von 80 % vor Kriegsausbruch auf 87 % danach. Auch der enorme Anstieg der Verteidigungslasten wurde von 51 % befürwortet und nur von 29 % abgelehnt[9]. Die Ereignisse in Korea lieferten der U.S. Regierung somit die Argumente gegenüber dem Kongreß und der Öffentlichkeit zur Durchsetzung der in NSC 68 geforderten Aufrüstung. Und da die Exekutive vom aggressiven Charakter der Sowjetunion überzeugt war, nutzte sie die Gunst der Stunde[10].

In Westeuropa herrschte große Erleichterung über das energische Eingreifen der USA in Korea. Der »Testfall Korea« stärkte somit das Vertrauen in das atlantisch-europäische Verteidigungsbündnis[11]. Gleichzeitig sorgten sich die Europäer allerdings um die Präsenz und Handlungsfähigkeit der USA in Europa. Kein Allianzpartner zweifelte daran, daß jetzt drastische Aufrüstungsmaßnahmen notwendig waren. Die Zeit der Planung mußte zu Ende sein. Die USA verlangten mit einiger Berechtigung von den Europäern, verzugslos dem amerikanischen Beispiel zu folgen, zumal die USA die erfolgreiche Verteidigung des größten Teils Westeuropas in ihrer Planung bis 1954 berücksichtigten; die großzügige Militärhilfe basierte auf diesem Konzept[12].

Im August empfahl die Standing Group dem NATO-Rat, die Mitgliedstaaten von der notwendigen, sofortigen Aufstockung präsenter Streitkräfte zu überzeugen. Auf Anregung der JCS verlangte der Stellvertreterrat von jeder Nation die feste Zusage einer Realisierung ihrer geplanten Verteidigungsanstrengungen. Die noch vor der 5. Ratstagung eintreffenden Antworten waren freilich nicht sehr ermutigend. Portugal und Island hatten überhaupt nicht, Dänemark und Norwegen sehr unbefriedigend reagiert[13].

Frankreich hatte zunächst vorgeschlagen, eine Gemeinschaftskasse einzurichten, um finanzielle Unterstützung von anderen NATO-Staaten für die Ausrüstung der eigenen Streitkräfte zu erhalten. Der Vorschlag wurde abgelehnt. Die geplante Neuaufstellung von fünf französischen Divisionen bis Mitte 1951 wurde hingegen von der Zulieferung der nötigen Ausrüstung (im Wert von 2000 Milliarden Franc = 5,71 Milliarden U.S.-Dollar) abhängig gemacht. Zudem plante die französische Regierung, innerhalb der nächsten drei Jahre zehn weitere Divisionen aufzustellen. Der Militäretat für 1951 wurde allerdings nur relativ bescheiden um 80 Milliarden auf insgesamt 500 Milliarden Franc (= 1,429 Mrd. U.S.-Dollar) angehoben[14].

---

[9] Gallup, Poll, S. 912, 930, 934, 938; Lafeber, NATO, S. 46.
[10] Zu den Gründen für die U.S.-Aufrüstung siehe May, American Commitment, S. 62-67.
[11] FRUS 1950 VII, S. 130-154, 175-186 und 395; Kaplan, United States, S. 145-163.
[12] FRUS 1950 VII, S. 1384 und 1402; Greiner, Planungen, S. 290; Poole, Joint Chiefs, S. 187.
[13] PRO, CAB 134/37, A.O.C.(50) 43, 13.9.1950: North Atlantic Council Agenda, App. C, Item 3; Poole, Joint Chiefs, S. 188.
[14] PRO, CAB 134/37, A.O.C.(50) 23, 9.8.1950, Annex I, Item 4: Finance of North Atlantic Treaty Production and Transfers; CAB 134/37, A.O.C.(50) 39, 31.8.1950, Item 1: Atlantic Defence, French Position; CAB 134/37, A.O.C.(50) 42, 6.9.1950: The French Plan for a Common Defence Budget. Französische Streitkräfte 1950 jetzt insgesamt: 630 000 (1949: 500 000), davon in Europa: 230 000 (+ 18 000), in Indochina: 147 000 (+ 5000), in Nordafrika: 102 000 (+ 12 000), andere Übersee-Territorien: 48 000 (- 7000), in: PRO, FO 371/96073, Annual Report on the French Army 1950, 28.3.1951.

Großbritannien kündigte am 26. Juli 1950 eine sofortige Erhöhung des Militäretats um 100 Millionen Pfund an, um die Ausrüstung der Streitkräfte zu verbessern. Weit größere Summen waren nötig, um die volle Einsatzbereitschaft herzustellen. Im August beschloß das Kabinett ein Dreijahresprogramm in Höhe von 3400 (= 9,52 Milliarden U.S.-Dollar) – im September 3600 – Millionen Pfund. Bei der Verabschiedung durch das Unterhaus Anfang September ging man davon aus, daß die USA die fehlenden 550 Millionen Pfund zuschießen würden. Mehr als 950 Millionen Pfund pro Jahr konnte man sich nicht leisten. Dem NATO-Rat sagte die Regierung die personelle und materielle Auffüllung der $2^1/_3$ Divisionen der Rheinarmee und die Aufstellung einer weiteren Panzerdivision bis Mitte 1951 zu. Die Royal Navy und Royal Air Force sollten modernisiert werden[15].

Vom amerikanischen Beispiel ermutigt, war *Belgien* sogleich bereit, den Militäretat um 60 % aufzustocken und die Wehrpflicht von 12 auf 24 Monate zu verlängern. Wenn man berücksichtigt, daß der Aufbau der belgischen Streitkräfte nach 1945 praktisch am Nullpunkt begann, muß das nun aufgelegte Aufstellungsprogramm von sechs Divisionen (davon zwei sofort einsatzbereite) und einer Luftwaffe mit 500 Flugzeugen bis 1954 als beachtlich bezeichnet werden[16].

Die *Niederlande* reagierten vergleichsweise zögerlicher als ihre belgischen Nachbarn. Obwohl Premierminister Willem Drees das amerikanische Engagement in Korea durchaus anerkannte und die westliche Wiederaufrüstung befürwortete, glaubte er nicht, daß man der niederländischen Bevölkerung zusätzlich zu den Lasten des Guerillakrieges in Indonesien noch weitere finanzielle Opfer aufbürden konnte. Sein Außenminister Dirk Stikker war anderer Meinung. Er wollte sich keinesfalls mit der von der NATO geplanten Rhein-Ijssel-Verteidigungslinie abfinden und forderte deshalb nicht nur die Wiederbewaffnung Westdeutschlands, sondern auch die Stationierung von drei niederländischen Divisionen auf deutschem Boden. Trotz erheblicher innenpolitischer Probleme hatte Stikker Erfolg: Die Regierung beschloß eine bescheidene Erhöhung des Militärhaushalts um 10–15 %, die Aufstellung von drei präsenten Divisionen bis Ende 1951 und weiteren zwei Reservedivisionen bis 1954, dazu eine Luftwaffe mit 320 Flugzeugen[17].

Insgesamt waren die festen Zusagen der Europäer zur Verteidigung Mitteleuropas enttäuschend. Der britische Verteidigungsminister Emanuel Shinwell traf den Nagel auf den Kopf, als er nach der 5. Ratstagung feststellte, daß zur Verteidigung

---

[15] PRO, CAB 128/18, C.M.(50) 55th Conclusion, 4.9.1950, Item 3; CAB 129/41, C.P.(50) 181, 31.7.1950: Defence Requirements and U.S. Assistance; CAB 134/37, A.O.C.(50) 41, 5.9.1950, Item 8; DEFE 4/36, COS(50) 166th Meeting, 11.10.1950: Defence of Western Europe. Britische Streitkräfte 1950, gesamt: 713 000 Mann, geplant bis 1.4.1951: 809 000; Army: ca. sieben Divisionen, RAF: ca. 4000 größtenteils veraltete Flugzeuge.

[16] NA, RG 59, 740.5/8-550, Brussels to Secstate; ebd., 740.5/9-1250, Brussels to Secstate; ebd., 740.5/1-351, Brussels to Secstate; Stärke der belgischen Streitkräfte 1950: 77 000 Mann, in: 740.5/1-2451, Paris to Secstate.

[17] NA, RG 59, 740.5/8-150, The Hague to Secstate; ebd., 740.5/1-2651, The Hague to Secstate; Stärke der niederländischen Streitkräfte 1950: 69 000 Mann, in: 740.5/1-2451, Paris to Secstate. Kanada lieferte die Ausrüstung für eine Infanteriedivision an die Niederlande als Militärhilfe: NAC, RG 2, B 2, vol. 173, N-20, 26.10.1950.

ostwärts des Rheins mindestens 32 präsente Divisionen nötig seien, nach jetzigem Stand aber nur ca. 20 bis zum 1. Juli 1951 zur Verfügung stünden. Der französische Beitrag sei eher ein Gerippe, die Benelux-Beiträge könne man kaum mitzählen. Die »Lücke« von zwölf Divisionen müßten deutsche Truppen füllen, denn wie könne man die Verteidigung Westdeutschlands rechtfertigen, ohne daß die Deutschen selbst die Bürde eigener Verteidigungslasten mittragen würden[18]? Bundeskanzler Adenauer hatte in einem an die drei Westmächte gerichteten Memorandum vom 29. August 1950 einen militärischen Beitrag angeboten. Auch die USA hatten sich bereits für die Integration deutscher Verbände entschieden. Der Antrag Achesons zur Aufnahme deutscher Truppen in die Verteidigung Westeuropas während der Ratstagung in New York war aber von Frankreich abgelehnt worden. Auf Vorschlag des Pentagon koppelte Acheson daraufhin die von den Europäern dringend ersehnte Entsendung von U.S.-Truppen und die Zusage weiterer Militärhilfe an die Zustimmung der Bündnispartner zur Bewaffnung der Bundesrepublik Deutschland (»one package program«). Die Ereignisse in Korea sowie die ungenügenden eigenen Leistungen vor Augen ließen eine deutschen Beitrag zwingend erscheinen. Die Streitfrage war indes, wie das Problem schnell und effektiv gelöst werden konnte[19].

Ende Oktober legte die französische Regierung dazu überraschend einen Alternativplan, den Pleven-Plan, vor, der mit der völligen Integration deutscher Truppen in eine supranationale Europa-Armee die Wiederaufstellung von nationalen deutschen Streitkräften verhindern sollte. In einer Atmosphäre der Furcht vor einem Dritten Weltkrieg führte fortgesetztes Drängen der Anglo-Amerikaner Ende Dezember zur prinzipiellen Zustimmung der französischen Regierung zur deutschen Wiederbewaffnung sowie zur Billigung des Pleven-Plans im NATO-Rat. Mit der dringend geforderten Verlegung von weiteren amerikanischen Truppen nach Europa verfolgten die Westeuropäer in diesem Zusammenhang zwei Ziele: die Verstärkung der alliierten Front und die Ausbalancierung der neuen deutschen Streitkräfte auf dem Kontinent. Truman hatte bereits am 10. August auf Anregung seines Außenministers der Stationierung von fünf Divisionen und zehn Geschwadern in Europa zugestimmt. Am 9. September kündigte er die Entsendung von U.S.-Truppen öffentlich an, wobei er darauf hinwies, daß ihre Einschiffung von entsprechenden Anstrengungen der Bündnispartner abhänge. Die Botschaft traf auf breiteste Zustimmung der Allianzpartner, nicht hingegen im U.S.-Kongreß, wo im Januar 1951 über die eigenmächtige Entscheidung des Präsidenten eine heiße Debatte entbrannte (»Great Debate«). Erst am 4. April 1951 stimmte der U.S.-Senat schließlich der Entsendung von nur vier Divisionen und sechs Luftwaffengeschwadern zu[20]. Das veränderte Bedrohungsbild und die enormen Anstrengungen

---

[18] NAC, RG 2, 18, vol. 244, C-10-9-M, 3rd Nov. 1950, CDC Special Meeting; FRUS 1950 III, S. 340-342; NISCA 7/3, DC 28, Medium-Term Plan Force Requirements, 26.10.1950. Die 20 Divisionen stellten: Frankreich: 10, USA: 6, Großbritannien: 3¹/₃, Belgien: 1.
[19] Siehe dazu: Wiggershaus, Entscheidung, S. 350-362; Maier, Auseinandersetzungen, S. 5-12.
[20] NA, DB, RG 59, 740.5/9-1150; FRUS 1950 III, S. 130-134, 148, 170, 220, 273-279; FRUS 1951 III, S. 22-24; Nelson, A History und Thoß, Presence, S. 411-432; Thoß, Kollektive

der USA beeinflußten die Entscheidung der kanadischen Regierung, ihr Verteidigungsprogramm zu erweitern. Ende Dezember beschloß das Kabinett die unverzügliche Verlegung einer Brigade und einer modern ausgerüsteten Jagdstaffel nach Europa. Weitere Fliegerstaffeln sollten folgen. Außerdem erklärte sich Kanada bereit, über 1000 Piloten der NATO in Kanada auszubilden. Der Militäretat wurde von 493 auf 950 Millionen Dollar nahezu verdoppelt[21].

Gegenüber den Leistungen der Nordamerikaner blieben die Anstrengungen der Europäer trotz ihrer geographischen Nähe zum potentiellen Gegner weit zurück. Die Ausgaben für ihre Verteidigung waren von insgesamt 5 auf 6,6 Milliarden U.S.-Dollar für 1951 nicht wesentlich gestiegen. Anläßlich einer Besprechung im Pentagon im Februar 1951 stellten die JCS daher eine beträchtliche Lücke zwischen den nationalen Zusagen an den NATO-Rat und den Forderungen des MTDP fest. Der Unterschied betrug ca. 19 D+30-Divisionen (einsatzbereit 30 Tage nach Alarmierung), 3800 Flugzeuge und 450 Schiffe. Der Vorsitzende der JCS, General Bradley meinte, es sei unrealistisch, wenn man von den Europäern das gleiche Tempo bei der Aufrüstung erwarte wie in den USA. Für die Europäer sei es schlicht unmöglich, die notwendigen Rüstungsgüter vor 1954 zu produzieren[22]. Im Großen und Ganzen trugen letztlich beide Seiten des Atlantiks nach Maßgabe ihrer wirtschafts- und finanzpolitischen Möglichkeiten zu einem zwar nicht für hinreichend erachteten, aber dennoch beeindruckenden Aufrüstungsschub bei. Derartig beachtliche Anstrengungen wären ohne die katalysierenden Wirkungen von Koreakrieg und die beginnende sowjetische Nuklearrüstung politisch weder in Nordamerika noch in Westeuropa durchsetzbar gewesen.

2. Die Reorganisation der Struktur des Bündnisses

Parallel zur forcierten Aufrüstung beschleunigte der Koreakrieg den Aufbau einer integrierten Kommandostruktur. Nachdem sich die JCS für die Verstärkung der europäischen Front entschieden hatten, bestanden sie darauf, daß die amerikanischen Truppen in ein »Unified Command« unter einem »Supreme Commander« integriert wurden. Dieser Oberkommandierende konnte nur ein amerikanischer General sein, denn die USA waren als Welt- und einzige westliche Nuklearmacht eindeutig der mächtigste Bündnispartner. Sowohl nukleare wie konventionelle Streitkräfte durften im übrigen laut U.S.-Verfassung nur einem amerikanischen Oberbefehlshaber unterstellt werden. Die Stationierung von U.S.-Truppen in Europa bedingte daher einen entsprechenden Strukturwandel in der Allianz.

Verteidigung, S. 22 f.; Poole, Joint Chiefs, S. 218, 221-224; Ireland, Entangling Alliance, S. 194 und S. 207-216 (The Great Debate).

[21] NAC, RG 2, 18, vol. 244, C-10-9-M, CDC 69th Meeting, 28.12.1950: Expansion of Defence Programme. Kanadische Streitkräfte 1950: 62 000 aktive und 52 000 Reservesoldaten.

[22] FRUS 1951 III, S. 59 und 83. NAT European Defense Budgets, pre- and post-Korea rate, S. 6.

II. Beschleunigte Aufrüstung infolge des Koreakrieges 1950 bis 1953

Die Europäer wünschten schon seit Mai 1950 mehrheitlich die baldige Einrichtung einer gemeinsamen Kommandostruktur. Der Planungsstatus entsprach weder im Frieden noch im Kriegsfall der neuen Lagebeurteilung nach dem nordkoreanischen Überfall[23]. Daher räumten die JCS rasch ihre vorjährige Position, die USA sollten sich nicht weiter in Europa involvieren, und entwickelten eigene Vorschläge zur Reorganisation, in denen sie zunächst einmal auf die Stärkung der Stellung der Standing Group besonderen Wert legten. Diese sollte in ihrer bisherigen Zusammensetzung als »Allied Chiefs of Staff« im Kriegsfall sowohl global führen als auch im Frieden die neue Bündnisorganisation leiten. Drei von den sechs weltweiten Kommandobereichen der USA sollten gleichzeitig Befehlsbereiche der NATO bilden: Nordamerika, der Atlantik und Westeuropa/Mittelmeer. Die bisherigen regionalen Planungsgruppen sollten dazu bis auf die kanadisch-amerikanische aufgelöst werden, die Organe der Westunion in der NATO aufgehen. Nach problemlosem, grundsätzlichem Einverständnis mit den britischen Chiefs of Staff konnten die Vorschläge über die Standing Group dem NATO-Rat vorgelegt werden[24]. Auf der 5. Ratstagung vom 16.-18. September 1950 in New York beschlossen die Außenminister nunmehr, integrierte militärische Kommandostrukturen für Europa und den Atlantik einzurichten und die Bündnistruppen in Europa einem »Supreme Commander« im Frieden wie im Krieg zu unterstellen, der über genügend Autorität verfügen sollte, die seinem Kommando unterstellten nationalen Truppen zu einer effektiven, integrierten Streitmacht zu formen.

Während der nächsten Ratstagung im Dezember 1950 in Brüssel baten die Allianzpartner formell Präsident Truman um die Ernennung des Fünf-Sterne-Generals Eisenhower zum Supreme Allied Commander Europe (SACEUR)[25]. Das war eine ausgezeichnete Wahl. Dwight D. Eisenhower war wohl die einzige Führungspersönlichkeit, die im Stande war, sowohl die ständigen französisch-britischen Reibereien zu überbrücken, als auch die uneingeschränkte Unterstützung der amerikanischen Institutionen zu gewinnen. Seine Ernennung wurde daher von der gesamten westlichen Presse und den Regierungen begrüßt[26]. Nach seiner Ankunft in Europa in den ersten Januartagen 1951 stellte Eisenhower allerdings fest, daß es äußerst schwierig werden würde, eine für alle zwölf Bündnispartner akzeptable Kommandostruktur aufzubauen. Relativ schnell konnte man sich über die Auflösung der europäischen Planungsgruppen einigen. Deren Aufgaben wurden teils von der

---

[23] NA, MMB, RG 218, GF 1948-50, CCS 092 Western Europe (3-12-48) sec. 48: JCS 1868/187, 1.6.1950: Considerations of Command. Öffentliche Kritik an Organisation der NATO in: Sunday Times, 28.5.1950: The Defence of the West, Grave Defects.
[24] NA, MMB, RG 218, GF 1948-50, CCS Western Europe (3-12-48) sec. 55, JSPC 876/176, 8.9.1950: Relationship between NAT and Global Planning; ebd., sec. 59, JSPC 876/197, 7.10.1950: Command Structure for Europe; PRO, CAB 131/8, D.O. (50) 17th Meeting, 1st September, 1950: Reorganization of Inter-Allied Defence Machinery; Greiner, Planungen, S. 298.
[25] PRO, CAB 129/44 C.P. (51) 1, 1st Jan. 1951, Brussels Meetings; Pedlow, NATO, S. 153-169; Kaplan, NATO, S. 46.
[26] NA, RG 59, 740.5/12-2850, London to Depstate: Press Reaction to Eisenhower Appointment; Sisk, Forging, S. 64-83; Kaplan, NATO, S. 46.

Standing Group, teils von Eisenhowers Supreme Headquarter Allied Powers Europe (SHAPE) in London (ab 1952 in Fontainebleau bei Paris) übernommen[27].

Anfang 1951 begann eine kleine Gruppe von Offizieren aus sieben Nationen unter Leitung des von Eisenhower ausgewählten Chefs des Stabes, Generalleutnant Alfred Gruenther, in Paris mit der Einrichtung von SHAPE. Die »SHAPE Planning Group« konnte durch Übernahme von Plänen und Personal der Westunion profitieren; die militärische Organisation der Westunion wurde mit Aktivierung von SHAPE zum 2. April 1951 aufgelöst. Durch die Ernennung von Feldmarschall Montgomery, bisheriger Vorsitzender des Commander-in-Chiefs Committee der Westunion, zum Stellvertreter Eisenhowers, wurde das siegreiche Team von »Ike« und »Monty« aus Weltkriegszeiten wiederbelebt[28].

Eisenhower unterstand zwar der Standing Group, konnte als Oberbefehlshaber der U.S.-Truppen in Europa aber auch direkt mit Secretary of Defense George Marshall und den JCS kommunizieren. Am 20. März 1951 genehmigte die Standing Group Eisenhowers Organisationsplan, in dem der SACEUR drei ihm untergeordnete Kommandobereiche in Nord-, Zentral- und Südeuropa mit Hauptquartieren in Oslo, Fontainebleau bei Paris und Neapel vorschlug. In dem für die Gesamtverteidigung wichtigsten zentraleuropäischen Bereich ernannte er den französischen General Alphonse Juin zum Commander-in-Chief (CINC) der Landstreitkräfte, U.S.-Generalleutnant Lauris Norstad zum CINC der Luftstreitkräfte und Vizeadmiral Robert Jaujard (F) zum Naval Flagg Officer[29].

Den Kommandobereich Nordeuropa übernahm auf Vorschlag Eisenhowers der britische Vizeadmiral Patrik Brind. Eisenhower war der Überzeugung, daß in diesem Raum See- und Luftoperationen dominieren würden. Die einzig verfügbaren Kräfte stellte hier immer noch die Royal Navy. Die Landstreitkräfte Dänemarks und Norwegens wurden jeweils nationalen Kommandeuren unterstellt[30]. Für Südeuropa konnte dagegen Anfang 1951 noch keine Lösung gefunden werden. Nationale Eifersüchteleien und Prestigedenken waren die größten Probleme bei der Abgrenzung der Kommandobereiche und Postenverteilung. Die größte Kontroverse entbrannte bei der Ernennung des Supreme Allied Commander Atlantic (SACLANT) und der damit gekoppelten Lösung für Südeuropa/Mittelmeer.

SACLANT war mit SACEUR gleichgestellt und für die lebenswichtigen Seeverbindungen zwischen Europa und Nordamerika verantwortlich. Südeuropa und das Mittelmeer mit den wichtigen Seeverbindungen über den Suezkanal bildeten die rechte Flanke in Eisenhowers Plänen zur Verteidigung Mitteleuropas. Der Versuch, in diesen Regionen eine sowohl politisch verträgliche, wie militärisch sinnvolle Kommandostruktur einzurichten, in der die nationalen Interessen Großbri-

---

[27] NA, MMB, RG 218, GF 1950-52, CCS 092, Western Europe (3-12-48), sec. 69: JCS 1868/226, 12.2.1951: Phasing out of European Regional Planning Groups and the Assumption of their Tasks by the SG and SHAPE.
[28] Ismay, NATO, S. 38. Zu Einzelheiten siehe: Hamilton, Monty, S. 779-879.
[29] PRO, CAB 131/11, D.O. (51) 33, 16th March, 1951: Commands in SHAPE; Poole, Joint Chiefs, S. 225.
[30] Papers of Eisenhower, S. 64 f. und 120.

tanniens, Frankreichs, Italiens, Griechenlands, der Türkei und der USA zu berücksichtigen waren, dauerte zwei Jahre. Im Kern war es ein Prestigekampf zwischen der schrumpfenden Seemacht Großbritannien und der neuen See- und Weltmacht USA.

Im Dezember 1950 hatte der NATO-Rat den Posten des SACLANT an die USA vergeben. Im Februar sickerte die Nachricht durch, daß die USA beabsichtigen, Admiral Fechteler zum ersten SACLANT mit Hauptquartier in Norfolk, Virginia, zu ernennen. Die Tatsache, daß die USA damit in den beiden höchsten Kommandobereichen, in Europa und im Atlantik, den Oberbefehlshaber stellten, löste in Großbritannien – initiiert vom Oppositionsführer im Unterhaus, Winston Churchill – einen Sturm der Entrüstung aus[31]. Obwohl Eisenhower für die Ernennung des SACLANT nicht verantwortlich war, versuchte er Kompromißlösungen zu finden. Er war sich des Ernstes der öffentlichen Reaktion in Großbritannien bewußt und erachtete es deshalb als »absolut notwendig«, der Royal Navy zum Ausgleich wenigstens einen bedeutenden Posten im traditionellen britischen Einflußbereich, dem Mittelmeer einzuräumen. Damit konnte er immerhin erreichen, daß die Ernennung des SACLANT so lange aufgeschoben wurde, bis eine Lösung für Südeuropa und das Mittelmeer gefunden worden war.

Die USA waren jedoch nicht bereit, ihre starke, im Mittelmeer stationierten 6. Flotte einer anderen Nation anzuvertrauen, zumal diese Flotte bereits über atomare Waffen verfügte. Die JCS beabsichtigten daher, den südeuropäischen Bereich der NATO einschließlich der 6. Flotte dem amerikanischen Admiral Robert B. Carney zu übergeben. Die Briten wollten dagegen den gesamten Mittelmeerraum als dritten hohen NATO-Bereich einem britischen Admiral unterstellen, auf gleicher Ebene mit dem SACEUR. Diese Vorschläge hätten aber entweder zu einer Teilung der Bereiche oder zu Überschneidungen im Befehlsstrang im gleichen Raum geführt. Im Laufe der sich hinziehenden Auseinandersetzungen komplizierte Frankreich durch die Forderung nach einem eigenem Kommandobereich im westlichen Mittelmeer weitere Lösungsansätze. Während der Verhandlungen über die Aufnahme Griechenlands und der Türkei in die NATO versuchte Großbritannien vergeblich, diese Länder in ein britisch geführtes separates Mittelostkommando einzugliedern.

Anfang 1952 gaben die Briten ihren Widerstand gegen die Ernennung eines U.S.-Admirals im Atlantik auf; im April konnte der SACLANT, inzwischen Admiral Lynde D. McCormick, sein Kommando in Norfolk antreten. Diese Einigung konnte durch die Trennung der Zuständigkeit für die Heimatgewässer der britischen Inseln – vor allem des Kanals und der Nordsee – vom Befehlsbereich des SACLANT erreicht werden. In diesem, nunmehr dritten hohen NATO-Bereich kommandierte ein britischer Admiral als CINC Channel (CINCCHAN) die britische Home Fleet. Durch die Ernennung eines gleichrangigen Royal Air Force Commanders zum CINC des »Coastal Command« erhielten die Briten zudem ei-

---

[31] KAG 1951, S. 11393. Zur Entwicklung von SACLANT: Maloney, Securing Command; siehe auch: Poole, Joint Chiefs, S. 230-241 und Pedlow, Politics, S. 6, 13-22.

nen zweiten hohen Kommandoposten, der via »Channel Committee« gleichfalls direkt mit der Standing Group verkehren durfte. Die Einrichtung dieser Posten war freilich eher ein kosmetisches Trostpflaster als die Konstruktion einer einflußreichen Kommandobrücke.

Im November 1952 wurde schließlich auch im Mittelmeer ein Kompromiß erzielt. U.S.-Admiral Carney wurde CINC für Südeuropa (AFSOUTH) einschließlich der 6. U.S. Flotte; der britische Admiral Lord Louis F. Mountbatten (Dienstantritt im März 1953) CINC der »Allied Forces Mediterranean« (AFMED). Lord Mountbatten war dabei weder auf gleicher Ebene wie der SACEUR, noch Carney untergeordnet, sondern als CINC eines vierten NATO-Bereichs in Europa Carney gleichgestellt, beide waren dem SACEUR unterstellt. Das westliche, zentrale und östliche Mittelmeer wurden Sub-Areas von AFMED, blieben aber im wesentlichen Bereiche nationaler Kommandos von Frankreich, Italien, Griechenland und der Türkei mit zusätzlichem NATO-Auftrag. Auch hier griffen also wieder Zugeständnisse an nationale Eitelkeit auf Kosten stringenter Kommandostrukturen[32].

Als Griechenland und die Türkei im Februar 1952 in die NATO aufgenommen wurden, mußte entschieden werden, wie ihre Truppen in die NATO-Struktur eingegliedert werden sollten. Obwohl die Briten die Integration in ihr vorgesehenes Mittelostkommando vorschlugen, entschied der NATO-Rat bei seiner Tagung in Lissabon, daß die Landstreitkräfte der neuen Mitglieder CINCSOUTH unterstellt wurden. Diese Entscheidung gebar neue Schwierigkeiten, denn der Kommandeur der Admiral Carney unterstellten Landstreitkräfte war ein italienischer General. Griechen wie Türken lehnten jedoch eine derartige Unterstellung strikt ab. Andererseits waren Griechen und Italiener nicht gewillt, unter einem britischen General zu dienen und traditionelle Rivalitäten auf dem Balkan schlossen jede Regelung aus, die Griechen Türken oder Türken Griechen unterstellt hätte. So gab es nur eine akzeptable Lösung, die Schaffung eines neuen Kommandos, Allied Land Forces Southeast (LANDSOUTHEAST) unter einem amerikanischen General.

Schon während der 7. Ratstagung in Ottawa im September 1951 war niemand so recht glücklich über die 1950 begonnenen organisatorischen Veränderungen der höchsten zivilen NATO-Gremien. Die viel zu hohen Teilnehmerzahlen bei Ratstagungen – 36 Außen-, Verteidigungs- und Finanzminister und über 300 Berater – erschwerten erheblich die Beschlußfassungen. Der NATO-Rat beauftragte daher das in Ottawa eingesetzte »Temporary Council Committee« (TCC), bestehend aus drei Repräsentanten der USA, Großbritanniens und Frankreichs, neben seiner Hauptaufgabe, Vorschläge zur Finanzierbarkeit gemeinsamer NATO-Streitkräfte und Lastenverteilung zu erarbeiten, auch mit der Ausarbeitung von Vorschlägen zur Straffung der zivilen Organisation[33].

Das TCC empfahl die Einsetzung eines ständigen Generalsekretärs, der unmittelbaren Zugang zu den Regierungen der Bündnispartner sowie zu NATO-

---

[32] Pedlow, NATO, S. 165 f.; Poole, Joint Chiefs, S. 316 f.
[33] PRO, CAB 129/49, C. (52) 2, 3rd Jan., 1952: North Atlantic Council Meeting in Rome, 24–28th Nov. Zu Aufgaben und Wirken des TCC: Hammerich, Operation Wise Men, S. 137–152.

Behörden haben und mit Hilfe eines internationalen Sekretariats/Stabes Ratsbeschlüsse ausführen sollte. Der Stellvertreterrat sollte durch permanent anwesende Repräsentanten der Regierungen der Mitgliedstaaten (NATO-Botschafter) ersetzt werden. Weiter sollten die Aufgaben des »Defence Production Board« und des »Financial and Economic Board« von Ratskomitees wahrgenommen werden. Alle Reorganisationsvorschläge des TCC wurden während der 9. Ratstagung in Lissabon am 25. Februar 1952 vom NATO-Rat angenommen. Nach relativ kurzer Kontroverse wurde der britische Minister für Commonwealth Relations, Lord Ismay, zum ersten Generalsekretär der NATO ernannt. Dies erleichterte die britische Zustimmung zur Verlegung des NATO-Hauptquartiers von London nach Fontainebleau bei Paris[34].

Eine letzte Änderung der Kommandostruktur hat schließlich der Nachfolger im Amt des SACEUR, General Matthew B. Ridgway, eingeleitet. Mitte 1953 wurde das Kommando für die Landstreitkräfte in Mitteleuropa (CINCENT), das bis dahin vom SACEUR unmittelbar wahrgenommen worden war, einschließlich untergeordneter Land-, Luftwaffen- und Marinekommandos, dem französischen Marschall Alphonse-Pierre Juin übertragen. Dies war neben organisatorischen Überlegungen ein Zugeständnis an die erstarkende Landmacht Frankreich. Auch die Position General Lauris Norstads, bisher Befehlshaber der alliierten Luftstreitkräfte in Mitteleuropa, wurde durch die Beförderung zum Air Deputy of SACEUR aufgewertet. Durch diese Maßnahme sollte der wachsenden Bedeutung von Luftstreitkräften und nuklearen Einsatzmitteln Rechnung getragen werden. Als Air Deputy war Norstad für die Koordination und den effektiven Einsatz der im Ernstfall SACEUR zugeteilten Nuklearstreitkräfte, der in England stationierten U.S.-Geschwader des Strategic Air Command und des britischen Bomber Command, verantwortlich. In der Folgezeit wurde Norstad für die gesamte nukleare Einsatzplanung bei SHAPE zuständig[35].

Zwischen 1950 und 1953 hatte sich somit die Struktur der NATO drastisch verändert und eine derart auf zügige Entscheidungs- und Umsetzungsprozesse hin orientierte Form angenommen, daß sie im wesentlichen bis zum Auszug Frankreich aus der integrierten Kommandostruktur im Jahre 1966 unverändert blieb. Die wichtigsten Entscheidungen sind während der 6. Ratstagung im Dezember 1950 in Brüssel gefallen, die Schaffung einer integrierten militärischen Kommandostruktur und die Ernennung der Oberkommandierenden für Europa und den Atlantik. Die vielfach strittigen Probleme wie deren Lösungen verlangten den Nationen manches

---

[34] PRO, CAB 129/49, C. (52) 39, 15th Feb., 1952: Reform of the NAT Organization; NA, RG 59, 740.5/1-252, 740.5/1-452, 740.5/1-852, 740.5/1-1252, 740.5/1-1552 und 740.5/1-2852: NATO Reorganization; FRUS 1952–54 V, part 1, S. 219; NA, RG 59, 740.5/1-2252, 740.5/1-2352, 740.5/2-652, 740.5/6-1852: Location of NATO HQ; Condit, Test of War, S. 344–347; Kaplan, NATO, S. 49–51.

[35] DDEL, USAMHI, Ridgway Papers, Norstad to Ridgway, 16.12.1952; Watson, Joint Chiefs, S. 288–290; Ismay, NATO, S. 74.

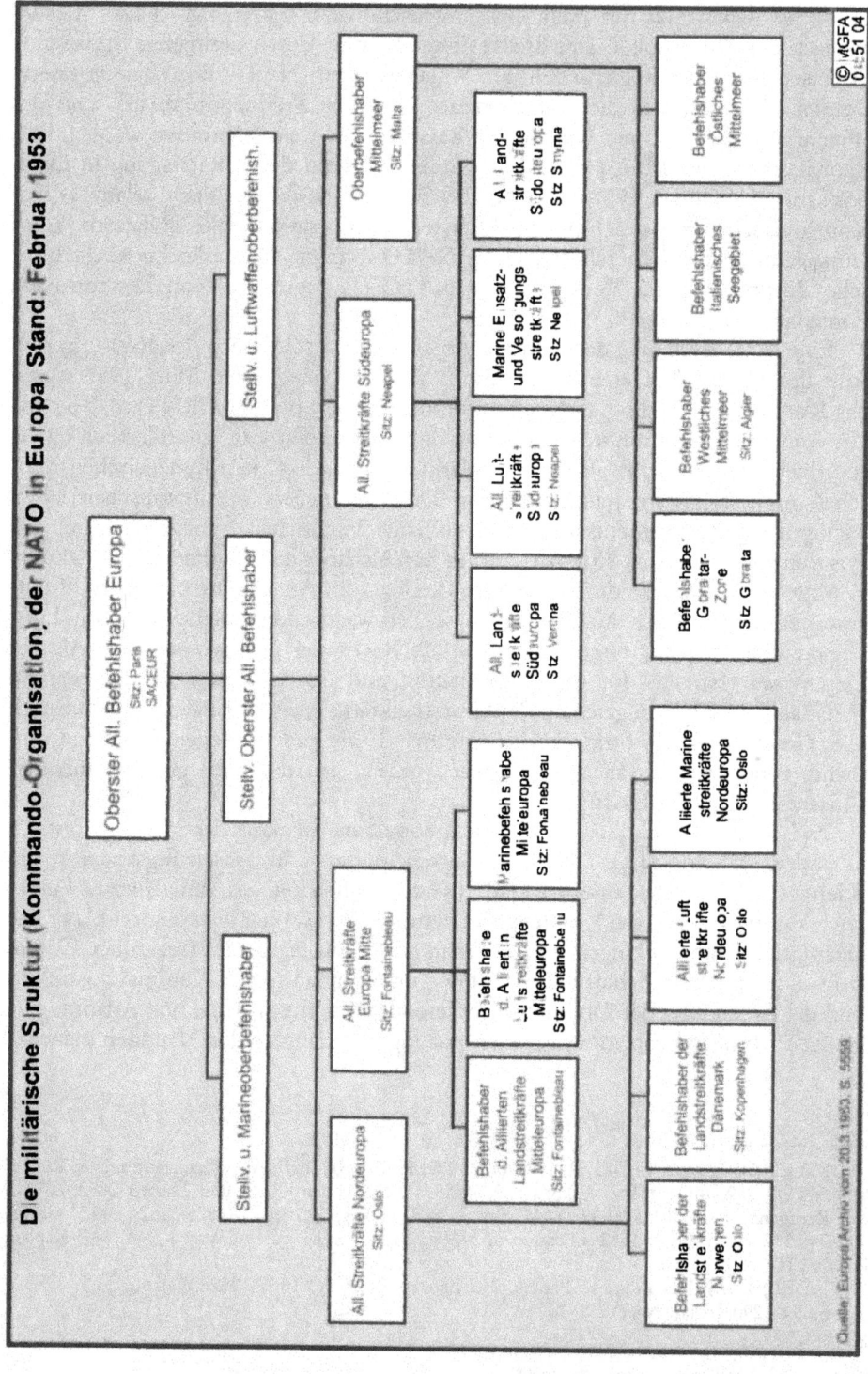

II. Beschleunigte Aufrüstung infolge des Koreakrieges 1950 bis 1953   217

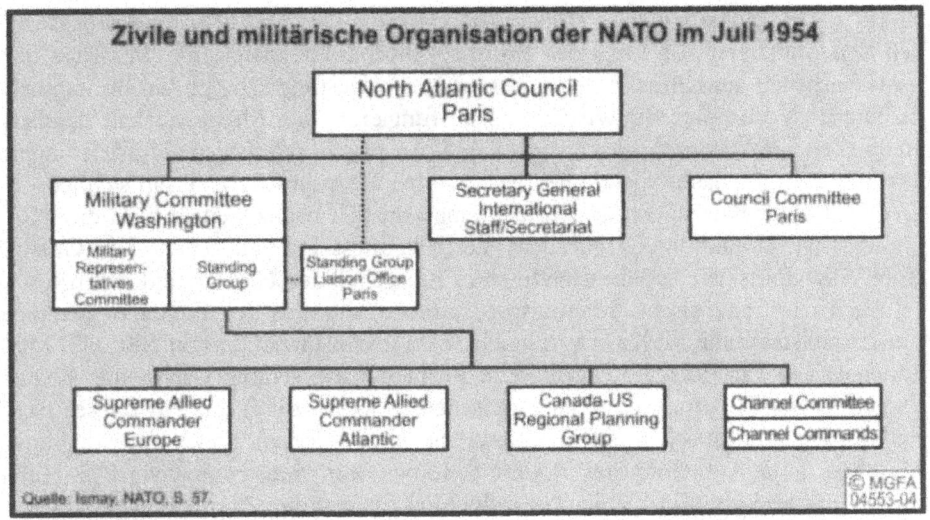

Quelle: Ismay, NATO, S. 57.

an Kompromißfähigkeit ab. Alte Rivalitäten und Konflikte zwischen den Mitgliedern mußten kompensiert werden. Die militärisch ideale Lösung wurde nicht erreicht, politische Argumente hatten Vorrang.

3. Wirtschaftliche und politische Probleme

Ende 1951 schien der seit Ausbruch des Koreakrieges anhaltende Aufrüstungselan nachzulassen. Die örtliche Begrenzung des Krieges und beginnende Waffenstillstandsverhandlungen verminderten die Furcht vor einem Dritten Weltkrieg. Während die Begründungen für den Ausbau der alliierten Streitkräfte an Überzeugungskraft verloren, häuften sich die aus der enormen finanziellen Belastung resultierenden wirtschaftlichen und politischen Probleme. Der vom NATO-Rat in Brüssel beschlossene rasche Aufbau von kollektiven Streitkräften war wegen der offensichtlichen, sowohl wirtschaftlich wie finanziell bedingten Schwäche der westeuropäischen Staaten, über die General of the Army Eisenhower nach seinem Besuch im Januar 1951 dem U.S. Präsidenten berichtet hatte, ernsthaft gefährdet[36].

Obwohl der industrielle Produktionsindex Westeuropas 45 % über dem Stand von 1938 lag, unterschied sich das durchschnittliche jährliche Pro-Kopf-Einkommen von 597 Dollar erheblich von dem der Vereinigten Staaten mit 2143 Dollar. Die Inflationsrate stieg generell auf 9-10 %, in Frankreich sogar auf 20 %. Die plötzliche starke Nachfrage nach Rüstungsgütern verursachte einen Preisanstieg bei importierten Rohstoffen und führte zu akuten Zahlungsbilanzdefiziten, besonders in Großbritannien. Das von der Labour-Regierung inzwischen auf 4700 Millionen

---

[36] Papers of Eisenhower, S. 24-32; Truman, Memoirs 2, S. 258-262.

Pfund (= 13 Milliarden U.S.-Dollar) aufgestockte Dreijahres-Rüstungsprogramm ließ den Militäretat auf 14 % des Bruttosozialprodukts ansteigen[37]. Im Zuge der nach Ausbruch des Koreakrieges einsetzenden Aufrüstung sah sich Großbritannien gedrängt, als Vorreiter für Westeuropa zu fungieren, den Militärhaushalt deutlich anzuheben, um dadurch gleichzeitig einen Anspruch auf weitere Hilfsleistungen anzumelden. Die nachfolgende Regierung unter Winston Churchill sah sich jedoch veranlaßt, über Kürzungen im Verteidigungshaushalt nachzudenken und die USA um massive Unterstützung auf dem Verteidigungssektor zu bitten. Die Gefahr einer Wirtschaftskrise ließ die Gefahr eines Krieges in den Hintergrund treten[38].

Auch das französische Rüstungsprogramm drohte aus den Fugen zu geraten. Finanzminister René Mayer erwartete ein Zahlungsbilanzdefizit von 500–600 Millionen Dollar für 1952. Innenpolitische Probleme wie ständig wechselnde Regierungen (sechs Regierungsbündnisse zwischen 1945 bis 1954) und ein starker Einfluß der kommunistischen Partei erschwerten die Festlegung hoher Verteidigungsausgaben. Laut Außenminister Robert Schuman war ohne zusätzliche U.S.-Hilfe für das französische Engagement in Indochina das gesamte Aufrüstungsprogramm ernsthaft in Gefahr[39].

Unter Hinweis auf eigene beispielhafte Anstrengungen und in Kenntnis der enormen wirtschaftlichen und finanziellen Probleme ihrer Bündnispartner unterzogen sich die USA der schwierigen Aufgabe, die Westeuropäer ständig zu mahnen, der Wiederaufrüstung Vorrang einzuräumen, um bis Ende 1952 – gemessen am feststehenden Streitkräfteziel – so viel kampfstarke Divisionen wie möglich aufstellen zu können. Den Grund für diese Eile sahen die amerikanischen Stabschefs in den Ereignissen in Korea: »Die Vereinigten Staaten befinden sich zur Zeit in einer der gefährlichsten Perioden ihrer Geschichte. Der Koreakrieg kann die erste Phase eines globalen Krieges zwischen den Vereinigten Staaten und der Sowjetunion sein«[40], schrieben sie an Verteidigungsminister George Marshall. Dieser warnte vor jedem Nachlassen der Anstrengungen, auch nach Beginn eines Waffenstillstandes in Korea. Präsident Truman hatte ohne Zögern im Dezember 1950 die in NSC 68/4 empfohlenen neuen Streitkräfteziele für die USA genehmigt: 18 Divisionen, 397 größere Kriegsschiffe und 95 Geschwader, Gesamtstärke 3 462 205 Mann. Der Kongreß bewilligte im Oktober 56,351 Milliarden Dollar für das Fis-

---

[37] FRUS 1951 III, part 1, S. 449–458; Poole, Joint Chiefs, S. 241; Maier, Auseinandersetzungen, S. 60 und 62; Bartlett, Retreat, S. 62–65.
[38] Leigh-Phippard, Congress, S. 76; Hammerich, Invasion, S. 32.
[39] Poole, Joint Chiefs, S. 267; FRUS 1951 III, part 1, S. 1191; Guillen, Generalität, S. 133–136. Die Kosten für sieben Jahre Indochina-Krieg lassen sich auf 4,9 Mrd. U.S.-$ hochrechnen. Diese Summe entsprach 30 % des jährlichen Verteidigungshaushalts oder der gesamten U.S.-Wirtschafts- und Militärhilfe an Frankreich von 1945 bis 1951, in: NA, RG 469 (MSA), file 217, box 1; Tertrais, L'impact, S. 213–225.
[40] Poole, Joint Chiefs, S. 79 und 81. Zu dieser Zeit hatte Nordkorea gerade Seoul zurückerobert und General MacArthur an das Pentagon gemeldet, daß die Evakuierung der 8. Armee unausweichlich sei. Ein Eingreifen Chinas wurde befürchtet. Die britischen Stabschefs reagierten weniger aufgeregt. Nach ihrer Einschätzung war »the period of greatest danger« erst Ende 1952 zu erwarten, wenn der sowjetische Block die maximale Überlegenheit erreichen werde.

kaljahr 1952, interessanterweise für die Air Force mehr Geld als von der Regierung beantragt. Damit wurde Luftstreitkräften als Hauptträger der Abschreckung auch von der Legislative deutliche Priorität eingeräumt. Das Militärhilfeprogramm wurde von 6,25 (Antrag des Bureau of the Budget) auf 5,788 Milliarden Dollar geringfügig gekürzt[41].

An der 7. Tagung des NATO-Rates in Ottawa Mitte September 1951 nahmen neben den Außenministern erstmals auch die Verteidigungs- und Finanzminister der zwölf Mitgliedstaaten teil. Die Hauptgründe für die Einberufung waren der Abschluß der Verhandlungen über die Aufnahme Griechenlands und der Türkei in die NATO und die Diskussion der wirtschaftlichen und finanziellen Probleme der Wiederaufrüstung in Westeuropa[42]. Die personell überbesetzte Konferenz generierte allerdings eher weitere Diskussionen als die Lösung der anstehenden Rüstungsprobleme. Die bemerkenswerteste Aktion war die Einsetzung des Temporary Council Committee (TCC), das die militärischen Forderungen mit den wirtschaftspolitischen Möglichkeiten der einzelnen NATO-Staaten vergleichen und notwendige Maßnahmen bis zur nächsten Ratstagung vorschlagen sollte. Mit anderen Worten: Das TCC hatte zu prüfen, ob die Militärs zuviel verlangten oder die Regierungen zu wenig taten, wie Lord Ismay treffend präzisierte[43].

Bisher enthielt der mittelfristige Verteidigungsplan (Medium-Term Defence Plan) ausschließlich militärische Forderungen, deren Daten weder von zivilen Instanzen der U.S.-Regierung noch von der NATO jemals auf ihre wirtschaftliche und finanzielle Realisierbarkeit hin überprüft worden waren[44]. Unter Vorsitz eines Executive Bureaus, das aus Vertretern der »Großen Drei« bestand, der sogenannten »Drei Weisen«, Averell Harriman, Jean Monnet und Sir Edwin Plowden, machten sich die international zusammengesetzten Arbeitsstäbe des TCC sogleich an die Arbeit und versandten Fragebögen an die einzelnen Mitgliedstaaten, um detaillierte Angaben zur wirtschaftlichen, finanziellen und militärischen Situation zu erhalten. In ihren Antworten schienen die meisten Nationen grundsätzlich gewillt zu sein, ihre Rüstungsprogramme zu erfüllen, vorausgesetzt die USA gewährten angemessene militärische und wirtschaftliche Hilfe. Laut MC 26/1 sollten zur Verwirklichung der »Forward Strategy«, das hieß Aufnahme der Verteidigung weit ostwärts des Rheins, bis Mitte 1954 98 Divisionen (aktive und Reserveverbände), 1099 Kriegsschiffe und 9285 Flugzeuge aufgestellt werden[45].

---

[41] Poole, Joint Chiefs, S. 79-105.
[42] NA, RG 59, 740.5/8-2151, Advance Information for September Meeting of NAC in Ottawa.
[43] NA, RG 218, JCS 1951-53, CCS 092 Western Europe (3-12-48), sec. 94: Meeting of the NAC, 22nd Sept., 1951; FRUS 1951 III, part 1, S. 677; 7th Session of the NAC, S. 616-692. Zur Arbeit des TCC siehe: Hammerich, Invasion, S. 35-37; Poole, Joint Chiefs, S. 269-270; Ismay, NATO, S. 43 f.
[44] FRUS 1951 III, part 1, S. 646-651.
[45] NA, RG 59, 740.5/8-2851: SHAPE's Review of MTDP Requirements; DDEL, EP, PPS box 82, Montgomery (3): Staff Conference at SHAPE. 18th May, 1951, Remarks by FM Montgomery; FRUS 1951 III, part 1, S. 732 f. und S. 742; Poole, Joint Chiefs, S. 274.

Erstmals in der Geschichte waren verbündete Staaten bereit, freiwillig bis dahin »geheim« gehaltene wirtschaftliche, finanzielle und militärische Daten untereinander auszutauschen. Dieser Datenaustausch führte allerdings zum eifersüchtigen Vergleich von Verteidigungslasten und wirtschaftlicher Leistungsfähigkeit. Einige Staaten wie z.B. Großbritannien bestanden daher auf einer gerechten Verteilung der Lasten (Burden Sharing)[46]. Im abschließenden, 700 Seiten starken Bericht an den NATO-Rat kam das TCC zu dem Ergebnis, daß die NATO zwar bereits im Jahre 1952 eine wesentliche Aufstockung ihrer Streitkräfte erreichen werde, die in MC 26/1 festgeschriebenen Ziele für 1954 aber nicht ganz erfüllt werden könnten. Dazu sei eine derzeit nicht zu verkraftende Verdoppelung der westeuropäischen Militärausgaben von derzeit 8 auf 16 Milliarden U.S.-Dollar notwendig[47]. Die Empfehlungen des TCC standen indes auf wackeligen Füßen. Die im vorbereiteten Pressekommunique verbreitete generelle Einigkeit der Bündnispartner über den »realistischen Aktionsplan« des TCC war nämlich keineswegs gegeben. Der TCC-Report sollte einen entscheidenden Einfluß auf die nun folgenden Beschlüsse des NATO-Rates in Lissabon haben. Allerdings waren die späteren internen Auseinandersetzungen über die Streitkräftebeschlüsse von Lissabon hier bereits angelegt. General Eisenhower übertrieb nicht, wenn er den umfangreichen Bericht als »a truly monumental piece of work« bezeichnete, Lord Ismay sprach treffender von einer »wonderful emergency operation«[48].

4. Die Streitkräfteziele von Lissabon

Auf der 9. Ratstagung vom 20. bis 25. Februar 1952 in Lissabon, an der zum erstenmal Delegationen aus Griechenland und der Türkei teilnahmen, war ein umfangreiches Programm zu bewältigen. Zu den bedeutenden Streitfragen gehörten: der Bericht des Stellvertreterrates zur sowjetischen Außenpolitik, der Bericht des TCC zur Reorganisation und Aufrüstung der NATO, die Finanzierung des Infrastrukturprogramms der NATO und der deutsche Verteidigungsbeitrag im Rahmen der Europäischen Verteidigungsgemeinschaft (EVG). Indem der NATO-Rat am 22. Februar 1952 die noch zuvor in Rom abgelehnten Berichte zum Verhältnis zwischen EVG und NATO billigte, erhob er die EVG zur offiziellen NATO-Politik, ein Ergebnis, das im Dezember 1950 noch niemand erwartet hatte. Strategie und Bündnispolitik der EVG sollte ausschließlich von NATO-Gremien wahr-

---

[46] NA, RG 59, 740.5/10-951: Burden of Defence Expenditures in Various Countries; ebd., 740.5/11-1551: Country-by-Country Comparison; ebd., 740.5/11-1551, Paris to ECA; ebd., 740.5/11-2851, London to Secstate. Zum Problem der Lastenverteilung siehe Hammerich, Invasion, S. 35–37.
[47] NATO HQ, NISCA TCC 12-16: TCC Final Report of 18th December, 1951; Poole, Joint Chiefs, S. 275–279.
[48] NA, RG 59, 740.5/2-852, Paris to Secstate, Press Release on TCC Report; Zitate in: Ismay, NATO, S. 47.

genommen werden[49]. Durch den deutschen Beitrag im Rahmen der EVG sollte Westdeutschland, wenn auch nur als indirektes Mitglied, mit der NATO verbunden werden. Jetzt konnte der NATO-Rat der Aufstellung der dringend benötigten zwölf deutschen Divisionen bis 1954 zustimmen. Über die Finanzierung des dritten Bauabschnitts des Infrastrukturprogramms in Höhe von 426 Millionen Dollar wurde man sich ebenfalls einig. Damit konnte das von der Westunion begonnene Programm – Bau von 53 neuen Flugplätzen, 58 Fernmeldeeinrichtungen und zehn Hauptquartieren – fortgeführt werden[50].

Hinsichtlich der Zieldaten für die Aufrüstung bis 1954 folgte der Rat dem Bericht des TCC, in dem für 1952 feste, für 1953 provisorische und für 1954 planerische Streitkräfteziele empfohlen worden waren. Die Beschlüsse des Rates zielten auf ein annäherndes Gleichgewicht zu den Streitkräften der Sowjetunion in Europa. Für Mitteleuropa waren 54 (M+30) Divisionen vorgesehen, darunter etwa 30 sofort einsatzbereite M-day-Divisionen. Die umfangreiche Überprüfungsarbeit des TCC sollte in Form eines »Annual Review« die Grundlage für die zukünftigen Planungen der NATO bilden[51]. Wenige Stunden vor Ende der Konferenz waren allerdings die französischen finanziellen Probleme noch nicht gelöst. Heimische Inflation und anwachsende Ausgaben für den Krieg in Indochina hatten zu einer Lücke von 300 Milliarden Franc (= 860 Millionen U.S.-Dollar) im Haushalt für 1952 geführt. Der französische Ministerpräsident Edgar Faure drohte mit einer Kürzung der an die NATO bis Ende 1952 versprochenen 14 Divisionen auf maximal zehn. Nach der Zusage weiterer amerikanischer Militärhilfe (175 Milliarden Franc) und einer Erhöhung des deutschen Beitrags zur Unterstützung der in Westdeutschland stationierten alliierten Truppen sowie einer Festlegung auf zwölf französische (M+30) Divisionen konnte die für den Konferenzerfolg bedrohliche Situation bereinigt werden. Der deutsche Verteidigungsbeitrag wurde auf die vom TCC empfohlene Höhe von 11,25 Milliarden Dollar festgesetzt. Damit waren zwar die Streitkräfteziele, nicht aber das französische Finanzproblem gelöst[52].

---

[49] Siehe dazu: Maier, Auseinandersetzungen, S. 103–105.
[50] FRUS 1952–1954 V, part 1, S. 116, Anm. 9, S. 137, 139 u. S. 196–198; PRO, CAB 134/763 A.O.C. (52) 17, 5.2.1952: Brief on Infrastructure; ebd., DEFE 4/52 COS (52) 26th Meeting, 13 Feb., 1952, Annex: 2. Infrastructure.
[51] NA, RG 59, 740.5/2-2452: Text of agreed Press Release on TCC-Report; NATO HQ, NISCA, TCC 12–16: TCC Final Reports, 18 Dec., 1951; FRUS 1952–1954, part 1, S. 146–303 u. S. 203: Summary of TCC Report; Poole, Joint Chiefs, S. 293: Force Goals accepted in Lisbon; Condit, Test of War, S. 377; KAG 1952, S. 3361; EA 1952, S. 5051. M+30 = einsatzbereit 30 Tage nach Mobilisierung. Das Mitte 1952 in der Nachfolge des TCC eingerichtete »Annual Review Committee« befaßte sich alljährlich mit Fragen der nationalen Verteidigungsprogramme.
[52] NA, RG 59, 740.5/1-2552, Paris to Secstate; ebd., 740.5/2-2452, Acheson to Secstate: Dicussion with the French, Total U.S.-Aid 1952: 500 Mio. $, davon 200 für Indochina bestimmt; ebd., 740.5/2-2552, Acheson to Secstate, no distribution exept Lovett, Snyder, Harriman; ebd., 740.5/2-2552, R. Knight to J. Bonbright. Deutscher Verteidigungsbeitrag: Poole, Joint Chiefs, S. 291 u. 295 sowie Maier, Auseinandersetzungen, S. 106–108.

Die Streitkräfteplanung der NATO 1952 nach Beschluß des NATO-Rates
am 23. Februar 1952 in Lissabon

	1952 Firm Goals		1953 Provisional Goals		1954 Planning Goals	
Army Divisions	M-day	M+30	M-day	M+30	M-day	M+30
France	5 1/3	12 1/3	5 1/3	17 1/3	17 1/3	22 1/3
Germany	0	0	6	6	8	12
Italy	6	11 2/3	9	15 1/3	9	16 1/3
United Kingdom	4 2/3	6 2/3	4 2/3	6 2/3	4 2/3	7 2/3
USA	5 2/3	7 2/3	5 2/3	7 2/3	6 2/3	9 2/3
Total all countries	25	53 2/3	36 2/3	72 1/3	41 2/3	89 2/3
Navy vessels	M-day	M+180	M-day	M+180	M-day	M+180
France	28	62	29	60	40	104
Italy	8	12	9	13	16	21
United Kingdom	108	223	114	226	119	247
USA	287	448	287	448	288	448
Total all countries	461	834	470	848	504	941
Air Force aircraft	M-day		M-day		M-day	
France	478		1218		2018	
Germany	0		579		1158	
Italy	300		579		852	
United Kingdom	1516		1960		2552	
USA	695		1125		1515	
Total all countries	4067		7005		9965	

Poole, Joint Chiefs, S. 293.

Die Lissaboner NATO-Ratstagung beschloß das ehrgeizigste Streitkräfteprogramm in der NATO-Geschichte, darauf ausgerichtet, die im MTDP festgeschriebene »Forward Strategy« zu realisieren. Es war vor allem unter ständigem Drängen der Truman-Regierung und General Eisenhowers als dem Hauptantreiber zustande gekommen. Für ihn waren die Ergebnisse denn auch: »Alles was ich erwartet habe, sogar noch mehr.« Längst nicht so überschwenglich lauteten die Bewertungen in Europa. Lord Ismay untertrieb sicherlich, als er feststellte, daß nicht alle Mitglieder (z. Beispiel Belgien, Norwegen und Dänemark) über die Beschlüsse des Rates glücklich waren. Dessen ungeachtet konnte Acheson seinem Präsidenten voller Optimismus berichten: »Wir haben so etwas wie einen Grand Slam erreicht[53].«

Die Streitkräftepläne von Lissabon brachten die Erfüllung von Forderungen der militärischen Planer seit 1948. Gemessen an den Chancen zu ihrer Verwirklichung

---

[53] Eisenhower-Diaries, S. 215; Ismay, NATO, S. 47; FRUS 1952-54 V, part 1, S. 176. Zum hartnäckigen Druck der Truman-Regierung auf die Europäer, »to close the gap«, siehe FRUS 1951 III, part 1, S. 6, 29-34, 58-64, 82-86, 123-125, 193-207 und 248-253.

erscheinen sie heute wie eine Fata Morgana. Sollte – wie Air Marshall Sir John Slessor vermutete – durch die erstmalige öffentliche Bekanntgabe von Streitkräfteplänen vor allem der U.S.-Kongreß und die amerikanische Öffentlichkeit zufriedengestellt werden? Offiziell von führenden Politikern als historischer Erfolg zur Verteidigung des Westens gewertet, überwog in der internationalen Presse denn auch Skeptizismus und Kritik. Die »London Times« sah im Konferenzkommuniqué den unglücklichen Versuch, militärische Planung mit politischer Propaganda zu verbinden. Die »Phantom-Armee« werde die Russen nicht beeindrucken. Das Versprechen, innerhalb von zwei Jahren 90 Divisionen bereitzustellen, sei die größte Provokation mit dem geringsten Abschreckungseffekt[54].

Nichtsdestoweniger hatte die NATO drei Jahre nach ihrer Gründung beachtliche Fortschritte erzielt. Die Aufrüstungsanstrengungen zeitigten zunächst zwei Ergebnisse, die für die europäische Sicherheit und Zusammenarbeit bedeutend waren: einmal die zukünftige Mitarbeit Westdeutschlands und zum anderen das nicht zuletzt eben dadurch zusätzlich nötig gewordene weitere Engagement der USA und Großbritanniens bei der Verteidigung Kontinentaleuropas. Die doppelte Eindämmung Deutschlands und der Sowjetunion würde die Anglo-Amerikaner für weitere Jahre in Westeuropa fesseln.

Durch die Einrichtung oberster Kommandobehörden und die Ernennung eines Generalsekretärs mit Sekretariat und internationalem Stab wurden aber auch effektive politische und militärische Organisationsformen gefunden, wie sie 1949 nicht vorhersehbar waren. Unter dem Ansporn einer enormen Steigerung der amerikanischen Militärhilfe konnte die Zahl der Heeresdivisionen nahezu verdoppelt werden. Anfang 1952 verfügte der SACEUR laut Emergency Defence Plan 1-52 immerhin bereits über $22^{2}/_{3}$ M-day- und $44^{1}/_{3}$ M+30-Divisionen[55]. Die Einsatzbereitschaft der Truppen war wesentlich verbessert worden. Im Laufe des Jahres 1951 hatten die USA ihr Truppenkontingent in Westeuropa durch die Entsendung von vier Divisionen auf insgesamt sechs Divisionen, Großbritannien die Rheinarmee mit einer weiteren Division auf $3^{1}/_{2}$ Divisionen verstärkt. Kanada hatte eine Brigade und Luftwaffeneinheiten nach Europa verlegt. Durch die Aufnahme Griechenlands und der Türkei in die NATO zählten weitere 34 Divisionen zum Befehlsbereich von SACEUR, allerdings ohne direkte Auswirkung auf die zentraleuropäische Front[56]. Der Aufbau moderner Luftstreitkräfte war dagegen ein langer komplexer Prozeß. Eisenhower hatte zwar in seinem ersten Jahresbericht festgestellt: »Luftstreitkräfte sind heute der dominante Faktor im Krieg«, aber vom Aufstellungsziel

---

[54] London Times vom 26.2.1952, zitiert in Osgood, NATO, S. 88; weitere Kommentare: NA, RG 59, 740.5/2-2652: Rom; ebd., 740.5/2-2752: Oslo; 740.5/2-2752: Stockholm; 740.5/2-2952: The Hague; 740.5/2-2952: London; 740./3-122: Brussels.

[55] SHAPE Central Records, Proj. 1, Rel. 2, Loc. 21A: SHAPE EDP 1-52, 1. Jan., 1952: Allocated and Earmarked Forces in Nordeuropa: $2/_3$ M-day-, 6 M+30-Divisionen; – in Zentraleuropa: $15^{2}/_{3}$ M-day-, 24 M+30-Divisionen; – in Südeuropa: $6^{1}/_{3}$ M-day-, 14 M+30-Divisionen; DDEL, PPS, box 82, Montgomery (1), FM/59: Report by FM Montgomery, 18 Feb., 1952.

[56] NA, RG 59, 740.5/10-1351, Ankara to Secstate; ebd., RG 84, 320 NATO, NIACT to Paris, 28 Feb. 1952; ebd., RG 59, 740.5/12-751, Paris to Secstate, Conversation with Eisenhower.

von 4000 Flugzeugen für 1952 war man mit nur 1711 einsatzbereiten Flugzeugen noch weit entfernt[57]. Die westlichen Seestreitkräfte waren dem potentiellen Gegner demgegenüber trotz kleinerer Mängel immer noch weit überlegen. Die sowjetische Marine operierte hauptsächlich in Küstennähe und verfügte nur über wenige hochseefähige und zudem meist veraltete U-Boote[58]. Der SACLANT hatte im April 1952 sein Kommando in Norfolk, Virginia, übernommen. Außer für Manöver unterstanden ihm allerdings im Frieden keine Seestreitkräfte der NATO, erst im Kriegsfall sollten dem SACLANT – in Personalunion Oberbefehlshaber der 2. U.S.-Flotte im Atlantik – insgesamt zehn Flugzeugträger mit 756 Flugzeugen, 17 Kreuzern, 240 Zerstörern und 708 Begleitschiffen hauptsächlich aus den USA und Großbritannien unterstellt werden; kleinere Kontingente sollten Frankreich, die Niederlande, Portugal und Norwegen stellen. Von dieser Armada konnte die Beherrschung des Atlantiks erwartet werden[59].

Zum Infrastrukturprogramm von SHAPE war ein Plan zur Finanzierung von 130 Flugplätzen, 300 Fernmeldeeinrichtungen, zehn Hauptquartieren und 3500 km Pipeline erstellt worden. Diese Planung zielte auf eine hocheffiziente Führungs- und Versorgungsfähigkeit sowie auf operativ hochbeweglichen Luftwaffeneinsatz. Dahinter stand die Überlegung, durch die Qualität des militärischen Instruments im Westen die Quantität an Truppen im Osten teilweise auszugleichen. Das Infrastrukturprogramm wurde aus einem gemeinsamen Pool mit gerechter Lastenverteilung finanziert[60].

Soweit zu den bisher erzielten Fortschritten und Programmen. Es dauerte jedoch nur sieben Monate, bis all die Unzulänglichkeiten zutage traten, die in Lissabon übertüncht worden waren. Die wachsende Lücke zwischen Zielen und Zusagen der Allianzpartner einerseits und ihren Möglichkeiten andererseits machte deutlich, daß die Mehrzahl dieser Ziele im geplanten Zeitrahmen nicht erreichbar waren. Schon im August 1952 sah sich der Ständige Vertreter der USA bei der NATO, William Draper, gezwungen, ersten Pressemeldungen entgegenzutreten, in denen über eine Revision der Lissaboner Ziele berichtet worden war[61].

Die Phalanx der Kritiker bildeten die Briten. Während eines Besuchs in Washington und Ottawa zur Führung von politisch-militärischen Gesprächen Anfang August 1952 äußerte sich Air Marshall Slessor kritisch über die Vorarbeit des TCC, die zur Annahme der Lissabonner Streitkräftebeschlüsse geführt hatte. Seiner Meinung nach war weder eine gründliche Analyse der wirtschaftlichen Möglichkeiten

---

[57] SHAPE, Paris, First Annual Report to the SG from Gen. Eisenhower, SACEUR, 2 April, 1952; NAC, RG 25, 1990–91/Acc 008, box 51, pt. 2, 50030-AB-40-58.
[58] Stärke der U.S.- und UK-Flotten 1951: Battleships: 17 U.S. and 5 UK, Aircraft Carriers: 103 and 12, Cruisers: 69 and 24, Destroyers: 351 and 106, Escort Vessels: 420 and 162. PRO, DEFE 4/40, COS (51), 40th Meeting, 5.3.1951, Appendix »C« to J.P. (51) 39 (F).
[59] PRO, DEFE 4/58, COS (52) 162nd Meeting, 28 Nov., 1952, item 5, Appendix to Annex C to J. P. (52) 140: Force Requirements for 1954, table 1: SACLANT.
[60] PRO, DEFE 4/58, COS (52) 162nd Meeting, 28 Nov., 1952, App. to Annex »A« to J.P. (52) 140.
[61] NA, RG 59, 740.5/8-652, Ottawa to Secstate, Discussion of NAC Meeting with Pearson; ebd., 740.5/8-752, Paris to Secstate: Press Roundup; ebd., 740.5/8-1252, Brussels to Depstate: Revision of the Lisbon Program; ebd., 740.5/8-2252, Paris to Secstate: Draper Statement.

der NATO-Staaten erfolgt noch war es nötig, durch Aufstellung von 98 Divisionen ein Gleichgewicht gegenüber den sowjetischen Landstreitkräften herzustellen. Das Hauptziel der NATO, die Abschreckung einer sowjetischen Aggression, könne auch mit schwächeren Kräften erreicht werden. Der Entwicklung neuer Waffen und Techniken sei überhaupt nicht Rechnung getragen worden[62]. Anläßlich der Erstellung des »Annual-Review« wurde dann in der Tat mehr als deutlich, daß die in Lissabon beschlossenen Ziele, in Zentraleuropa bis Ende 1952 54 M+30-Divisionen aufzustellen, voraussichtlich um 15 Divisionen unterschritten würde. Die 54 Divisionen würden zwar existieren, aber nur als Skelett. Schlimmer noch: Von den durch den SACEUR im Emergency Defence Plan (EDP) 1/52 eingeplanten $22^{2}/_{3}$ Divisionen der ersten Stunde waren laut Bericht des U.S.-European Command nur $13^{1}/_{3}$ voll einsatzbereit. Bei den Luftstreitkräften war die Lücke nicht so groß, nur einige hundert Flugzeuge unter dem Ziel von 4000; es waren allerdings viele propellergetriebene veraltete Flugzeuge vom Typ P-47 und P-51 mitgezählt und die Lieferungen aus dem Militärhilfeprogramm überschätzt worden[63].

Gegen den Widerstand der amerikanischen Stabschefs, die eine Revision der Streitkräfteziele ablehnten, weil ihrer Meinung nach weder eine neue NATO-Strategie vorlag noch sich die Einschätzung der Bedrohung geändert hatte, setzte sich im Dezember 1952 im Militärkomitee der NATO die Auffassung durch, daß die in MC 26/1 beschlossenen Ziele unerreichbar waren. Ebensowenig konnte der Zeitplan zur Erstellung des Annual Review 1952 eingehalten werden. Feste Ziele für 1953 wurden erst gar nicht eingeplant. Eine Revision der Streitkräfteplanung für 1953 und 1954 war unumgänglich geworden[64]. Vorerst übernahm der NATO-Rat am 9. Dezember 1952 in der Formulierung der militärstrategischen Richtlinie MC 14/1 die amerikanische Forderung nach konventionellen Streitkräften im ursprünglich geplanten Umfang[65].

Unter diesen Umständen mußte sich die NATO die Frage stellen, ob die gegenwärtige Marschroute fortgesetzt werden sollte oder eine neue Verteidigungspolitik nötig war. Wirtschaftliche Probleme und neue technische Entwicklungen gaben Anlaß zu Zweifeln am gegenwärtigen Aufrüstungsprogramm und legten eine weitreichende Revision der NATO-Politik nahe. Nach Meinung des interministeriellen britischen atlantischen Komitees deutete das gegenwärtige Bedrohungsbild – im Gegensatz zur Einschätzung der amerikanischen Stabschefs – darauf hin, daß

---

[62] NAC, RG 25, B 3, vol. 2146, C-1/23-6, Air Marshal Slessor Visit to Canada, Conversation with Sir O. Franks u.a., 7.8.1952; ebd., RG 2, B 2, vol. 223, I-60-1, 1952, Pearson Memorandum on Conversation in London and Paris, 22.9.1952; FRUS 1952–54 V, part 1, S. 222.

[63] NA, RG 59, 740.5/8-1252: Status of NATO Forces; ebd., RG 469, U.S. Mission to NATO and European Regional Organizations (USRO), Office of the Executive Secretariat Top Secret Files, 1950–55, box 28: Effectiveness of Forces as of 30 June, 1952.

[64] NA, RG 218, JCS 1951–53, CCS 092 Western Europe (3-12-48) sec. 180: JCS 2073/446, 17 Oct., 1952; PRO, DEFE 6/22, J.P. (52) 140 (Final), Annex C, part I: Revised Force Requirements for 1954; EA 1953, S. 5766.

[65] Greiner, Kontinentaleuropa, S. 154.

anstelle eines heißen Krieges eher mit der langen Periode eines Kalten Krieges (»long haul« oder »long pull«) gerechnet werden mußte[66]. Diese Auffassung vom Dezember 1952 wurde später in den USA in der unter dem Stichwort »New Look« bekannten Militärstrategie unter Präsident Eisenhower geteilt.

---

[66] PRO, CAB 134/764, Atlantic Official Committee (A.O.C). (52) 106, 5 Dec., 1952: A »New Look« for NATO, General Discussion. Die unter dem Stichwort »long haul« oder »long pull« bekannte neue Sicherheitspolitik unter Präsident Eisenhower zielte ab 1953 darauf ab, von den bisherigen Rüstungsvorbereitungen Abschied zu nehmen. Wegen fortdauernder politischer Spannungen mit der UdSSR sollte ein bestimmtes Streitkräfteniveau für lange Zeit, anstelle der Fixierung auf ein bestimmtes »Krisenjahr« aufrechterhalten werden.

III. Abstützung der Verteidigung auf Nuklearwaffen 1953 bis 1956

Je mehr die Einsicht in die Unmöglichkeit zunahm, die Lissaboner Ziele zu erreichen, desto mehr klammerten sich die Europäer an eine neue britische These[1], daß Nuklearwaffen – strategisch und taktisch eingesetzt – den Bedarf an konventionellen Streitkräften reduzieren könnten. In der Tat gaben die Briten damit den Anstoß zur Revision des strategischen Konzepts der NATO. Die Kontinentaleuropäer zögerten allerdings, ihre Verteidigungspläne ohne wesentliche und umfangreiche Informationen über die atomare Kriegführung zu ändern. Diese Informationen hatten ihnen die Amerikaner bisher aufgrund des McMahon-Acts vorenthalten[2].

Acheson und die amerikanischen Stabschefs um Bradley konnten sich jedoch nicht für die britische These erwärmen[3]. Ihrer Meinung nach konnte man eine sowjetische Invasion nicht mit Atomwaffen stoppen; allenfalls hatte die strategische Gegenoffensive des SAC einen eher langfristigen Effekt auf dem europäischen Kriegsschauplatz. Deshalb unterstützte die Truman-Regierung so nachhaltig den Aufbau von starken konventionellen Kräften in Westeuropa. Im Kontrast dazu wurde im ›New Look‹ der Regierung Eisenhower der Schwerpunkt auf den Aufbau von nuklearen Kräften gelegt. Die Fundamente dafür in der NATO waren allerdings noch von der Truman-Regierung gelegt worden[4]. Sie hatte die technologischen Neuerungen gefördert, sich für den Bau der H-Bombe entschieden und die Produktion von atomaren Sprengkörpern beschleunigt, deren Zahl von 50 Stück im Jahre 1948 auf 18 000 am Ende der Regierung Eisenhower anschwoll[5].

1. Auf dem Weg zum »New Look«

Im Atomforschungszentrum Los Alamos in Nevada waren Anfang der fünfziger Jahre beachtliche Fortschritte erzielt worden, Größe und Gewicht der Atombomben zu reduzieren. Der Einsatz solcher kleineren taktischen Waffen war jedoch

---

[1] Siehe dazu Greiner, Bündnisstrategie, in diesem Band.
[2] NAC, RG 2, B 2, vol. 223, I-60-1, 1952: Summary of Conversation of Mr. Pearson in London and Paris, 22 Sept., 1952. Der McMahon-Act von 1946 verbot die Weitergabe von Nuklearwaffen, dazugehörigen Bauplänen und Zielplanungen an andere, auch an verbündete Nationen.
[3] Baylis/Macmillan, Strategy Paper, S. 200–226.
[4] Zur Entstehung des »New Look« siehe Wampler, Conventional Goals, S. 354–379.
[5] Rosenberg, Origins, S. 131, 137 f.

noch nicht getestet worden – so begründeten jedenfalls die JCS ihre Ablehnung einer Änderung der NATO-Strategie. Die bekannteste Studie zur Ermittlung der Auswirkungen des Einsatzes von Nuklearwaffen auf die Verteidigung des NATO-Gebietes war das Projekt VISTA[6], dessen Ergebnisse der Truman-Regierung im Februar 1952 vorgelegt wurden. In dem Bericht wurde der taktische Einsatz von kleineren Nuklearwaffen befürwortet, da die Überlegenheit der USA in der Produktion dieser Waffen den Unterschied zwischen Sieg und Niederlage in Europa, zumindest bis 1955, ausmache[7]. Der VISTA-Report hatte allerdings auf die offizielle Position der JCS und des State Department zunächst keine Auswirkung, was die Hoffnungen mancher NATO-Partner dämpfte, die Rüstungslasten durch die Entwicklung neuer Waffen senken zu können[8]. Um die entstandene Diskussion über eine realistische Mindeststärke der NATO-Streitkräfte nicht unnötig anzuheizen und weil die Trägersysteme für taktische Nuklearsprengköpfe erst ab 1956 in größerer Zahl einsatzbereit waren, vermieden es die USA, ihre Kenntnisse auf diesem Feld allzu früh an ihre Bündnispartner weiterzugeben. Dies hätte nur eine noch schnellere Infragestellung des von den Bündnispartnern geforderten Streitkräfteumfangs nach sich gezogen[9].

In Großbritannien hatte der neue Premierminister Winston Churchill das massive Aufrüstungsprogramm der Labour-Regierung geerbt und sofort mit einer umfassenden Überprüfung der britischen Verteidigungspolitik begonnen, die im »Global Strategy«-Papier der britischen Stabschefs resultierte[10]. Die Belastungen aus dem Aufrüstungsprogramm und den überseeischen Verpflichtungen zwangen die Briten zur grundlegenden Revision ihrer Militärstrategie. Diese hatte zum Ergebnis, daß mit weitgehender Abstützung auf die abschreckende Wirkung von U.S.-Atomwaffen die Verteidigungslasten bereits ab 1954 verringert werden sollten, vorausgesetzt, diesen Waffen werde die notwendige Priorität eingeräumt und ihr Einsatz von der U.S.-Regierung freigegeben. Selbst die USA könnten es sich nicht leisten, gleichzeitig sowohl atomar als auch konventionell aufzurüsten. Der Westen solle sich daher mehr auf seine technologische Überlegenheit verlassen als auf viele Divisionen, empfahlen die BCOS[11].

Während des bereits erwähnten Besuchs von Air Marshall Slessor in Washington hatte dieser den Eindruck gewonnen, daß er die Amerikaner vom neuen britischen strategischen Konzept überzeugt hatte. Der Vorsitzende der JCS, General Bradley, bezweifelte allerdings, daß atomare Schläge die sowjetische Kampfma-

---

[6] Benannt nach dem Hotel »Vista del Arroyo« in der Nähe des Campus des California Institute of Technology, in dem die wesentlichen Forschungsarbeiten durchgeführt wurden.
[7] Zum Projekt VISTA siehe: Elliot, Project Vista, S. 169; Greiner, Der nukleare Einstieg, in diesem Band; Evangelista, Innovation, S. 133–136.
[8] Schwartz, NATO, S. 19 f.; Wampler, Conventional Goals, S. 359–361.
[9] Steinhoff/Pommerin, Strategiewechsel, S. 16–18.
[10] Dazu ausführlich: Gowing, Independence, S. 439–441 und Baylis/MacMillan, Strategy Paper, S. 200–226.
[11] PRO, DEFE 4/55, COS (52) 105th Meeting, 23.7.1952, Item 7: New Weapons and Technical Techniques, App. S. 3 f.

III. Abstützung der Verteidigung auf Nuklearwaffen 1953 bis 1956   229

schine in absehbarer Zeit stoppen könnten, zumal taktische Atomwaffen nicht 1954, wie die Briten hofften, sondern erst 1956 in genügender Anzahl zur Verfügung stünden[12]. Trotz dieser Einwände fruchtete später die britische Überzeugungsarbeit, denn auch das amerikanische strategische Denken befand sich im Wandel. So war eine der letzten Aktionen der Truman-Regierung, die umfassende Überprüfung der nationalen Sicherheitspolitik, im Ergebnis ein Plädoyer für ein weiteres Ansteigen der Militärausgaben.

Mit diesem Vermächtnis, niedergelegt in NSC 141, wurde Anfang 1953 die neue Eisenhower-Regierung konfrontiert[13]. Nun war der künftige Präsident bereits im Wahlkampf für eine drastische Kürzung der Staatsausgaben und eine ausgeglichene Zahlungsbilanz eingetreten, allerdings nicht zu Lasten der Sicherheit: »We must achieve both security and solvency[14].« Die dazu erfolgte Überprüfung der nationalen Sicherheitspolitik im Jahre 1953 führte zu einer bedeutsamen Änderung der amerikanischen Strategie und Militärstruktur. Unter dem als »New Look«[15] bekannten Konzept rückten Atomwaffen vollends ins Zentrum der strategischen Überlegungen. Durch eine enorme Feuerkraft sollte eine Reduzierung der Streitkräfte und damit korrespondierend eine Kürzung der Ausgaben erreicht werden. Admiral Arthur Radford, seit August 1953 Vorsitzender der JCS, beschrieb den »New Look« kurz und bündig: Kürzung der Ausgaben, langfristige Planung, Priorität für Luftstreitkräfte, stärkere Luftverteidigung, weniger Soldaten, mehr Atomwaffen; noch treffender war der Slogan des Secretary of Defense Charles Wilson: »Bigger Bang for the Buck«. Im Kern korrespondierte der »New Look« der Eisenhower-Regierung mit den britischen Vorstellungen des »Global Strategy«-Papiers, so daß die Bedenken Bradleys zugleich mit dem personellen Wechsel zu Radford hinfällig wurden und einer für die NATO wichtigen Annäherung der strategischen Parameter zwischen den USA und Großbritannien Platz machten[16].

Die Folgen konnte man bereits während der 11. Tagung des NATO-Rates am 24. April 1953 in Paris spüren, der ersten Tagung seit Eisenhowers Amtsübernahme als Präsident. Denn dort wurden die Lissaboner Streitkräfteziele für 1953 und 1954 um durchschnittlich 15 % gekürzt. Durch die Addition von 23 M-day- und 41 türkischen und griechischen M+30-Divisionen lag die Gesamtstärke über den Lissaboner Zielen, wohl wissend, daß jene Divisionen ausschließlich zur Verteidigung ihrer Heimat eingeplant waren[17]. Gleichzeitig, aber gegenläufig, rührte sich Wider-

---

12 PRO, DEFE 6/677, Sir O. Franks to FO, 3.8.1952, No. 822, Saving; Slessor Visit to Washington and Ottawa: PRO, DEFE 4/55 COS (52) 114th Meeting, 12.8.1952; NAC, RG 2, ser. 18, vol. 223, I-60-1: COS Committee, Special Meeting on 17th September, 1952; ebd., RG 25, Acc. 90-91/008, 50115 R 40 Pt. 2, 9.10.1952; Defence Policy and Global Strategy: PRO, CAB 131/12 D. (52) 41, 29th Sept., 1952 und D. (52) 45, 31st Oct., 1952 with Ref. to D. (52) 26; Dockrill, British Defence, S. 45-47.
13 NSC 141 vom 19.1.1953 in: FRUS 1952-54 II, part 1, S. 209-222.
14 Watson, Joint Chiefs, S. 3.
15 Dockrill, Eisenhower's New Look.
16 Clark/Wheeler, Origins, S. 178; Watson, Joint Chiefs, S. 4 und 35. Zu Statements von Eisenhower und Wilson, Secretary of Defense seit Januar 1953, siehe Snyder, New Look, S. 463-485.
17 Poole, Joint Chiefs, S. 306; Watson, Joint Chiefs, S. 298.

stand gegen allzu drastisch abgesenkte Truppenkontingente. So berichtete der SACEUR, General Matthew Ridgway, im gleichen Monat an die Standing Group, daß – gemessen an der offiziellen Einschätzung der sowjetischen offensiven Kapazität – ein großangelegter Angriff auf eine »critically weak NATO« in Europa treffen würde[18].

Um mehr Klarheit in die laufenden Diskussionen zu bringen, war General Ridgway ein Jahr zuvor von der Standing Group mit der Erstellung einer Studie beauftragt worden, um festzustellen, welche Auswirkungen taktische Atomwaffen auf die Streitkräfteziele der NATO haben würden. Mit ihrer Konzentration auf die ersten 30 Tage eines Krieges und den massiven Einsatz taktischer Nuklearwaffen ging die Ridgway-Studie mit amerikanischen und vor allem britischen Überlegungen konform. Man ging davon aus, daß es zukünftig unter der zunehmenden Anzahl nuklearer Waffen auf beiden Seiten ausreichen werde, nur eine begrenzte Zahl präsenter Streitkräfte zu unterhalten, weil entweder durch die abschreckende Wirkung der Nuklearwaffen ein Krieg verhindert werden würde oder man bei seinem Ausbruch durch den Einsatz eben dieser Waffen mit einem schnellen Ende rechnen konnte[19]. Obwohl im Ergebnisbericht vom Oktober 1953 der Einsatz von 1000 taktischen Atomwaffen gegen eine sowjetische Invasion angenommen wurde, kamen die Planer bei SHAPE zu dem unerwarteten Ergebnis, daß trotz dieser Waffenwirkung nicht weniger, sondern zehn Divisionen mehr als die in MC 26/1 geforderten 98 Divisionen notwendig waren, um die durch den angenommenen Einsatz sowjetischer Atomwaffen entstehende größere Verlustrate kompensieren zu können.

Die Ridgway-Studie war die erste eingehende Überprüfung der NATO-Strategie unter Annahme des Einsatzes von Atomwaffen, und ihre Folgerungen widersprachen den nicht zuletzt fiskalisch orientierten Hoffnungen anglo-amerikanischer Strategieüberlegungen[20]. Die Studie blieb jedoch folgenlos, denn Budgetgrenzen setzten letztlich den Entscheidungsrahmen. In Verbindung mit den Planungsunsicherheiten bei der Erstellung des Annual Review 1953 revidierte der NATO-Rat die Streitkräfteziele ein weiteres Mal nach unten. Nur 30 (statt 42) M-day-Divisionen und 6728 Flugzeuge (statt 9965) wurden nunmehr als feste Ziele für 1954 eingeplant. Die Lissaboner Ziele wurden damit endgültig aufgegeben. Statt dessen sollte auf lange Sicht geplant und die wirtschaftlichen Ressourcen geschont werden, wie U.S. Secretary of Defense Wilson betonte. Gleichzeitig kündigte er an, daß die U.S. Air Force mehr Flugzeuge und nuklearfähige MATADOR Raketeneinheiten 1954 nach Europa verlegen werde[21].

Die Hoffnungen der Briten, die neuen Waffen würden dazu beitragen, nicht nur den Streitkräfteumfang zu verkleinern, sondern auch den Militäretat senken, wur-

---

[18] DDEL, NP, box 41, Eyes only 24, SHAPE/411/53: SACEUR Report on Allied Command Europe, 11 April, 1953.
[19] Greiner, Der nukleare Einstieg, in diesem Band.
[20] PRO, DEFE 5/49, COS (53) 490, 2nd Oct., 1953: SACEUR's Estimate of the Situation and Force Requirements for 1956.
[21] Watson, Joint Chiefs, S. 297–300; neue Streitkräfteziele vom Dezember 1953, S. 300, Tabelle 19.

den indes vom neuen SACEUR General Alfred Gruenther gedämpft, der eher zusätzliche Kosten erwartete. Anläßlich einer Neujahrsansprache im Januar 1954 gab er zwar einen für die Öffentlichkeit bestimmten, optimistischen Bericht zur Lage ab. Die zentraleuropäische Front sei jetzt drei- bis viermal stärker als zu der Zeit, als Eisenhower in Paris ankam. Besonders betonte er die außerordentliche Verstärkung der strategischen Luftstreitkräfte mit Stützpunkten in England und Französisch-Marokko[22]. Diese überwältigende nukleare Vergeltungskapazität habe eine enorme abschreckende Wirkung auf einen Angreifer. Sobald aber auch der Gegner diese Waffen besitze, würden wahrscheinlich mehr konventionelle Streitkräfte benötigt als vor Einführung der Atomwaffen[23].

Einen absolut negativen Eindruck hinterließ dagegen der Stellvertreter des SACEUR, Field Marshall Montgomery, anläßlich eines Lagebriefings vor dem NATO-Rat im März 1954, den General Gruenther nur mit großem Geschick abschwächen konnte[24]. Laut Montgomery wiesen alle Elemente zur Verteidigung Europas erhebliche Mängel auf. Die dem SACEUR unterstellten Landstreitkräfte könnten jedenfalls zur Zeit keinen Sieg erringen: »Wir haben bis heute nicht die Waffen bekommen, [...] um im atomaren Zeitalter effektiv kämpfen zu können«, kritisierte er nach einer Stabsrahmenübung[25].

Eine ähnliche Mängelliste legte das United States European Command dem Pentagon vor. Innerhalb der NATO-Landstreitkräfte wurde nur der britischen Rheinarmee einschließlich der kanadischen Brigade die erforderliche Einsatzbereitschaft attestiert. Die Einsatzfähigkeit der europäischen Seestreitkräfte sei zufriedenstellend, diejenige der Luftstreitkräfte allerdings mangelhaft, mit Ausnahme der Royal Air Force. Auf absehbare Zeit würden die unzulänglichen Ausrüstungen und Instandsetzungseinrichtungen sowie der Mangel an ausgebildetem Personal nicht beseitigt werden können[26].

In der Beurteilung der Verteidigungsfähigkeit der NATO durch ihre Spitzenmilitärs erwies sich letztlich Montgomery als der Realist, der sich nicht scheute, die desolate Lage schonungslos anzusprechen; seine Beurteilung wurde später im SACEUR's Effectivness Report 1954 bestätigt. Natürlich waren die Mängel auch General Gruenther bekannt, aber er dachte nicht nur in militärischen Kategorien; für ihn stand nicht die Fähigkeit zur Kriegführung, sondern die Kriegsverhinderung

---

[22] Im Mai 1951 wurde die »Third Air Force Division« in Großbritannien aktiviert und durch zwei mittlere Bomberstaffeln auf Rotationsbasis verstärkt. Im April 1953 wurde die »Seventh Air Force Division« in Französisch-Marokko mit Basen in Libyen und Saudi-Arabien in Dienst gestellt: Harley, United States Air Forces, S. 23 und 28.
[23] NA, RG 59, 740.5/3-1354, W. Draper to President; PRO, CAB 129/66, C. (54) 86, 5th March, 1954, Speech by the SACEUR on 11th Jan., 1954 at a luncheon at SHAPE.
[24] NAC, RG 25, Acc 90-91, box 279, 50115-P-40 Pt. 2, Wilgress to Secstate for External Affairs Canada, 25.3.1954.
[25] »We have not got today the Weapons, ... to fight effectivly in an atomic age«, in: DDEL, Presidential Series, Ann Whitman File, box 21, Montgomery 1953-1956 (4), DSAC1705/4: SHAPE CPX 4, 30.4.54.
[26] NA, RG 469, USRO, box 9, Summary Report on Effectiveness of Forces European and NATO Countries, 8.2.1954 und 27.7.1954; Watson, Joint Chiefs, S. 319.

durch Abschreckung im Vordergrund seiner Überlegungen. Angesichts der bekannten Mängel gab es jedenfalls keinen anderen Ausweg, als nach neuen Möglichkeiten für eine effektivere Verwendung von Geld und Soldaten zu suchen. Die fortgeschrittene Entwicklung der Nuklearwaffen, von der Wasserstoffbombe bis zu den kleineren Atomwaffen für den taktischen Einsatz, boten sich in dieser ausweglosen Lage geradezu an.

2. Ein neuer Ansatz

Das Dilemma zwischen der politisch-fiskalisch gewünschten Korrektur der Zieldaten nach unten und der gegenläufigen militärisch nüchternen Schlußfolgerung der Ridgway-Studie nach noch mehr Divisionen veranlaßten General Gruenther – in enger Zusammenarbeit mit den JCS – die NATO-Strategie einer grundlegenden Überprüfung (»New Approach«) zu unterziehen. Die Arbeit von Gruenthers »New Approach Group«[27] wurde lange Zeit wegen fehlender Informationen über U.S.-Dislozierungspläne für atomare Waffen in Europa, Vorschriften über deren Einsatz auf dem Kriegsschauplatz und die Zerstörungskraft der Waffen sowie unzureichender Informationen über die geplante nukleare Gegenoffensive des SAC behindert. Dieselben Fragen waren aber im Zusammenhang mit Eisenhowers New Look bereits diskutiert und in NSC 162/2, einem Papier, das dem Einsatz nuklearer Waffen sowohl in der nationalen als auch in der NATO-Strategie einen zentralen Platz einräumte, aufgeworfen worden[28].

Erst nachdem der Kongreß auf Eisenhowers Initiative am 4. Dezember 1953 den McMahon-Act revidiert hatte, konnte Gruenther im Juli 1954 der Standing Group zwei grundlegende Studien vorlegen: »The most effective pattern of NATO military strength for the next few years«, und »SACEUR's Capabilities Studies for 1957«. Zum gleichen Themenkreis hatten die beiden anderen NATO-Oberbefehlshaber, SACLANT und CHANCOM, ihren Streitkräftebedarf und ihre Operationsabsichten für das Jahr 1957 präsentiert. Der zusammenfassende Bericht der Standing Group gab dann die Basis ab für die neue Nuklearstrategie der NATO, bekannt als MC 48 (Final), die im Dezember 1954 vom NATO-Rat angenommen wurde[29].

Das neue strategische Konzept basierte auf der Annahme, daß nukleare Waffen in jedem Krieg mit der Sowjetunion eingesetzt würden. Die NATO sollte sich daher anstelle von maximalen konventionellen Streitkräften auf den Unterhalt kleinerer, sofort einsatzfähiger M-day-Divisionen, sogenannte »Schildstreitkräfte« kon-

---

[27] Zu Gruenthers »New Approach Studies« siehe Wampler, NATO Strategic Planning, S. 11–19.
[28] Zur Entwicklung von NSC 162 und »Project Solarium« siehe Beglinger, Containment, S. 144–172 und FRUS 1952–54 II, part 1, S. 448, 394–443, 577–604.
[29] Wampler, NATO Strategic Planning, S. 13–15 ff.; Watson, Joint Chiefs, S. 305 f.; Zum McMahon-Act siehe Maier, Nuklearstrategie, S. 228–236 und FRUS 1952–54 II, part 1, S. 1258 f.; Beitrag Greiner in diesem Band: Der nukleare Einstieg, S. 103–128.

III. Abstützung der Verteidigung auf Nuklearwaffen 1953 bis 1956 233

zentrieren, die eine erfolgreiche Vorneverteidigung unter atomaren Bedingungen gewährleisteten[30].

Das größte Problem der neuen Militärstrategie war die Frage der Konsultationen vor geplanten nuklearen Einsätzen. Nach amerikanischer Auffassung waren diese nur dann vorgesehen, wenn es die Zeit erlaubte; die amerikanische Zusage war deshalb von Anfang an eingeschränkt. Die europäischen Bündnispartner gaben deshalb ihre Zustimmung zur MC 48 unter dem teilweise theoretisch bleibenden Vorbehalt, daß diese ihre nationale Regierungsverantwortung für den Einsatz der Nuklearwaffen nicht berühre[31].

Erwartungsgemäß revidierte der Rat die vom Internationalen Stab vorgelegten Streitkräfteziele für 1955-1957. Die festen Planziele für 1955 lagen nun mit $26^{1}/_{3}$ M-day- bzw. 60 M+30-Divisionen (ohne zehn bzw. 21 türkische und vier bzw. zwölf griechische Divisionen), 994 Kriegsschiffen und 6271 Flugzeugen nochmals deutlich unter den im Dezember 1953 projektierten provisorischen Zielen. Tatsächlich vorhanden waren 1954 nach Einschätzung des SACEUR $18^{1}/_{3}$ einsatzbereite M-day-Divisionen und 2200 Flugzeuge. Das Fehl an Divisionen hoffte man mit dem deutschen Beitrag ausgleichen zu können, nicht aber bei den Flugzeugen. Der Rat stellte daher auch ausdrücklich fest, daß mit der Annahme der MC 48 der deutsche Verteidigungsbeitrag für die erfolgreiche Durchführung der »Forward Strategy« nach wie vor von höchster Bedeutung sei[32].

Mit der Unterzeichnung der Pariser Verträge am 23. Oktober 1954 und der Einladung der Bundesrepublik Deutschland zum Bündnisbeitritt durch den NATO-Rat am 22. Oktober 1954 war der Schaden, den das Scheitern der EVG in der französischen Nationalversammlung am 30. August 1954 nicht nur der europäischen Integration, sondern auch dem westlichen Sicherheitssystem zugefügt hatte, durch eine neue Regelung der Eingliederung von deutschen Streitkräften wieder behoben worden. Der deutsche Beitrag stand nun mit zwölf Divisionen und 1326 Flugzeugen für 1957 in Aussicht, da sich die Bundesrepublik bereit erklärt hatte, diese Streitkräfte in drei Jahren aufzustellen[33]. Zum erstenmal schien es damit möglich, durch die Kombination von neuen Waffen plus einem deutschen konventionellen Beitrag eine wirkliche Vorwärtsstrategie weit ostwärts der Rhein-Ijssel-Linie anzuwenden.

Mit seiner Dezember-Tagung von 1954 hatte der Rat die NATO auf den Pfad geführt, den die Briten zwei Jahre zuvor, und ein Jahr später die Regierung Eisenhower eingeschlagen hatten. Die NATO hatte nun ihren eigenen »New Look« nach anglo-amerikanischen Vorgaben umgesetzt, wobei den Briten das Verdienst zukam,

---

[30] Wampler, Conventional Goals, S. 368; Maier, Nuklearstrategie, S. 236; Inhalt von MC 48 (Final) in: NATO Strategy Documents.
[31] Zu Konsultation und Kontrolle: Maier, Die politische Kontrolle, in diesem Band; FRUS 1952-54 V, part 1, S. 509-514 und 522; Beglinger, Containment, S. 222; Wampler, NATO, S. 17; Watson, Joint Chiefs, S. 312 und 316.
[32] NA, RG 59, 740.5/3-455, Office of the Assistant Secretary of Defense: NATO Force Goals ... accepted at NAC meeting in Paris, Dec. 1954, table I-IV; Watson, Joint Chiefs, S. 316-318.
[33] Greiner, Eingliederung, S. 570-845.

den Zug in Richtung Nuklearstrategie angeschoben zu haben. Secretary of State John Foster Dulles zeigte sich doch vom Beschluß des Rates begeistert, hatte er seiner Meinung nach das erstemal eine Strategie entwickelt, die Europa real vor einer sowjetischen Invasion schützen konnte[34].

3. Die Stationierung taktischer Nuklearwaffen in Europa

Zwischen 1952 und 1953 waren enorme technische Fortschritte erzielt worden, um die ursprünglich sehr schweren atomaren Sprengkörper (10 000 pounds) zu verkleinern und für den taktischen Einsatz nutzbar zu machen. Anfang 1954 stand eine nur 1000 pounds (= 453 kg) schwere Bombe zur Verfügung, die von den meisten Jagdbombern und von Boden-Boden-Flugkörpern der Typen REGULUS und HONEST JOHN ins Ziel gebracht werden konnten[35]. Die Atomic Energy Commission hatte von April bis Juni 1952 die neuen Waffen unter Teilnahme von mehr als 2000 Soldaten getestet. Auf Drängen der U.S. Army sollten die Tests unter Einsatzbedingungen so realistisch wie möglich durchgeführt werden. Sicherheitsbestimmungen wurden sehr vernachlässigt. Im Juli 1952 verfügten die USA bereits über 841 Atombomben insgesamt, darunter eine relativ große Anzahl an Nuklearwaffen mit einer Sprengkraft von 5-10 Kilotonnen (KT) für den taktischen Einsatz[36].

Die ersten taktischen Nuklearstreitkräfte waren bereits im Frühjahr 1952 nach England verlegt worden: die 49th Air Force Division mit einem Geschwader F-84 Jagdbombern und einem leichten Bombergeschwader des Typs B-45; alle Flugzeuge waren als Atomwaffenträger geeignet. Eine nuklearfähige Staffel Marineflieger wurde zusätzlich der 6. Flotte im Mittelmeer zugeteilt[37]. Nachdem der NATO-Rat im April 1953 die Lissaboner Ziele zum erstenmal um ca. 15 % gekürzt hatte, forderte General Ridgway kurz vor seinem Abschied als SACEUR die Verlegung von weiteren fünf Artillerie-Bataillonen nach Europa, um den Mangel an Kampftruppen einigermaßen zu kompensieren. Die Kanonen vom Kaliber 280 mm konnten sowohl konventionelle Munition als auch einen atomare Gefechtskopf von 20 KT bis 30 km weit verschießen. Die (neuen) JCS stimmten zu, nachdem das State Department versichert hatte, daß von den europäischen Regierungen keine Einwände zu erwarten seien. Das State Department hielt es grundsätzlich nicht für notwendig, eine gesonderte Stationierungserlaubnis vom NATO-Rat oder gar von Westdeutschland einzuholen; nur Großbritannien und Frankreich waren eingeweiht und hatten grünes Licht gegeben. Der deutsche Bundeskanzler Konrad Adenauer, vom SACEUR Ridgway über die bevorstehende Stationierung informiert, bat daraufhin Ridgway, die Atomgeschütze mit Rücksicht auf die Wahl zum deutschen Bundes-

---

[34] Watson, Joint Chiefs, S. 320.
[35] Rosenberg, Origins, S. 143.
[36] Watson, Missile Age, S. 457; Evangelista, Innovation, S. 143, 150-152.
[37] Evangelista, Innovation, S. 152.

III. Abstützung der Verteidigung auf Nuklearwaffen 1953 bis 1956   235

tag im September 1953 erst im Oktober an die U.S. Army in Westdeutschland auszuliefern. Öffentliche Spekulationen über einen im Zusammenhang mit der Stationierung von neuen Waffen beabsichtigten amerikanischen Truppenabzug wurden dabei von Präsident Eisenhower nachdrücklich dementiert[38].

Unbestätigte Berichte aus der Nachrichtenabteilung von SHAPE im Sommer 1954 über eine Stationierung sowjetischer Atomartillerie in Ostdeutschland und der Tschechoslowakei beurteilten die JCS als »äußerst unwahrscheinlich«, besonders in der CSSR, wo keine sowjetischen Truppen stationiert waren. Den Bestand an sowjetischen Atombomben hatte die Central Intelligence Agency (CIA) im November 1950 für Mitte 1954 auf maximal 235 Stück hochgerechnet. Demgegenüber war der tatsächliche amerikanische Bestand mit 1703 Atombomben im Jahre 1954 geradezu überwältigend[39].

Unmittelbar nach Annahme der MC 48 kündigte Secretary of the Air Force Harald Talbot die Verlegung von zwei Einheiten, ausgerüstet mit ferngelenkten Boden-Boden-Flugkörpern des Typs MATADOR B-61, nach Westdeutschland an. Ende 1955 war diese abgeschlossen. Die U.S. Army in Europa erhielt 1955 zusätzlich zur Atomartillerie sechs Batterien atomare Boden-Boden-Flugkörper kurzer Reichweite (30 km) der Typen HONEST JOHN (ballistisch) und CORPORAL (ferngelenkt). Zugleich wurde in Oberammergau die »Special Weapons School« unter amerikanischer Leitung eröffnet. Weitere HONEST JOHN-Batterien erhielt die aus Österreich nach Italien abgezogene amerikanische Brigade; sie wurde zur »South European Task Force« (SETAF) umorganisiert[40]. Ende 1955 planten die USA, die CORPORAL-Batterien von sechs auf zwölf zu verdoppeln. Zur Verbesserung der Luftverteidigung wurden die Flugabwehr-Bataillone ab 1957 mit dem Boden-Luft-Flugkörper NIKE ausgerüstet. Es wurde geplant, sechs von insgesamt elf NIKE-Bataillonen in Westdeutschland, weitere drei in der Türkei und zwei in Norwegen zu stationieren. Zur Verstärkung der Verteidigung der türkischen Meerengen forderte die U.S.-Militärmission in Ankara die sofortige Verlegung von drei amerikanischen HONEST JOHN- und zwei CORPORAL-Bataillonen, bis die türkischen Streitkräfte damit ausgerüstet werden konnten. Die JCS sagten die Ent-

---

[38] NA, RG 59, 740.5/7-1053, Top Secret Security Information for Frank Nash, Assistant Secretary of Defense for International Security Affairs; ebd., RG 59, 740.5/7-1553, Depstate Memo for Mr. Matthews; ebd., RG 59, 740.5/9-1153, Depstate to circular USITO; FRUS 1952-54 V, part 1, S. 437-440; zum befürchteten Truppenabzug: NA, RG 59, 740.5/10-2153 und 740.5/10-2753, Memo for the President.

[39] NA, MB, RG 218, JCS 51-53, 471.6 USSR (11-8-49) sec. 2, JCS 1924/82, 10.8.1954, Report by JIC on Soviet Atomic Artillery; ebd., DB, RG 59, PPS 1947-53, Country-Area Files, box 23, USSR, NIE-3, 15.11.1950; Evangelista, Innovation, S. 143, Anm. 188; Watson, Missile Age, S. 457.

[40] NA, RG 59, 740.5/1-1354, Depstate to Paris and Bonn; ebd., RG 218, 092 Western Europe (3-12-48) sec. 252, OSD to USCINCEUR, 13.1.1954; ebd., RG 59, 740.5/9-2155, Depstate Instruction to Paris; ebd., 740.5/3-1254, Paris to Depstate; Nuti, U.S. Forces in Italy, S. 197-212.

sendung von einem HONEST JOHN-Bataillon für 1958 fest zu. In Frankreich wurde 1957 eine MATADOR-Einheit stationiert[41].

Während der 22. Ratstagung am 14. Dezember 1956 kündigte Secretary of Defense Wilson an, daß unter dem Militärhilfeprogramm für 1957 die Ausrüstung aller NATO-Partner (außer Portugal und Island) mit modernen Waffensystemen, HONEST JOHN- und NIKE-Bataillone sowie Aufhängevorrichtungen für Atombomben (atomic conversation kits) an F-84 Jagdbombern, eingeplant sei. Außerdem erklärten sich die USA bereit, die notwendige waffentechnische Ausbildung des Bedienungspersonals zu übernehmen[42]. Zu diesem Zeitpunkt wurde noch nicht daran gedacht, auch die westdeutschen Verbände mit atomaren Waffensystemen auszurüsten. Großbritannien begann 1957, der in Westdeutschland stationierten 2. Allied Tactical Air Force die ersten atomwaffenfähigen CANBERRA-Jagdbomber zuzuführen[43]. Ende 1957 verfügte SACEUR mithin über eine beachtliche Kapazität an taktischen Nuklearwaffensystemen[44]. Die beschleunigte Indienststellung, mangelnde Ausbildung und finanzielle Probleme schränkten allerdings deren Einsatzfähigkeit noch erheblich ein.

Die USA betrachteten die Stationierung nuklearfähiger Waffensysteme in anderen NATO-Staaten als eine Routineangelegenheit im Rahmen der Modernisierung ihrer Streitkräfte. Allenfalls bestand eine Informationspflicht gegenüber dem Stationierungsland. Die weitestgehenden Vereinbarungen traf man mit den Briten. Die geringsten Rücksichten mußten auf die noch nicht souveräne Bundesrepublik genommen werden, in der dann auch – nicht nur wegen ihrer geographischen Lage – die meisten Systeme stationiert wurden. Abgesehen von den Kampagnen der kommunistischen Presse in Frankreich und Italien wurde damals noch wenig politisches Interesse an der Atompolitik der Regierungen registriert. Die ersten Diskussionen innerhalb der europäischen Regierungen und in der Öffentlichkeit bezüglich der fragwürdigen nationalen Mitwirkung bei atomaren Einsätzen setzten ein, als der SACEUR, General Gruenther, im Januar 1954 in einiger Ausführlichkeit über die künftigen militärstrategischen und operativen Absichten der NATO referierte.

---

[41] NA, DB, RG 59, 740.5/11-655, Opening Statement by Ambassador Perkins at the Examination by the Annual Review Committee; NA, MMB, RG 218, 092 Western Europe (3-12-48) (2) sec. 67, JCS 2073/1332, 26.11.1956; ebd., sec. 69, USNMR Paris to OSD Washington, 1.12.1956; ebd., sec. 79, CMJAMMAT Ankara to USCINCEUR Paris, 23.5.1957; ebd., sec. 81, JCS 2073/1411, 19.6.1957. Der Flugkörper vom Typ MATADOR war der Vorläufer der heutigen »Cruise Missiles«.

[42] NA, RG 59, 740.5/1-257, Depstate to Amembassy Paris, Brussels, Copenhagen, Athens, Rome, The Hague, Oslo, Ankara; ebd., RG 59, 740.5/1-1957, Depstate to Paris, plus all NATO Countries.

[43] NA, RG 59, 740.5/1-2155, London to Secstate: »Discussion now would be hypothetical and fruitless«; ebd., 740.5/3-1857, The Hague to Secstate.

[44] Gesamtzahl der taktischen Atomwaffensysteme unter SACEUR Ende 1957: 5 Bataillone 280 mm Atomic Artillery, 6 Batterien und 1 Bataillon (SETAF) HONEST JOHN-Raketen, 6 Batterien CORPORAL-Raketen, 3 Einheiten (Staffeln) MATADOR-Flugkörper, 13 Staffeln »assigned« Atomic Strike mit 254 Flugzeugen der Typen F-84 F, B-45, B-57; weitere 304 Atomic Strike-Flugzeuge waren »earmarked« to SACEUR. Zur Definition »Assigned Forces«: SACEUR unterstellte Verbände nach Auslösung einer bestimmten Alarmstufe; »Earmarked Forces«: Zur Unterstellung vorgesehen.

Die Informationsarbeit der NATO gegenüber der Öffentlichkeit glich einem Balanceakt zwischen militärischer Geheimhaltung und Vorsicht, um niemanden zu erschrecken, und Offenheit, um das Vertrauen der Bevölkerungen in den Mitgliedsländern für die Strategie der nuklearen Abschreckung zu gewinnen. Allerdings löste das mit großem Aufwand an Öffentlichkeitsarbeit durchgeführte Luftmanöver CARTE BLANCHE vor allem in der davon betroffenen Bundesrepublik ein negatives Echo aus. Die Ablehnung der taktischen Nuklearwaffen durch große Teile der westlichen Öffentlichkeit, die nach Meinung der Militärs das »Rückgrat der westlichen Verteidigung« darstellten und ohne die jede Verteidigung eine »Illusion« war, geriet zum beständigen Problem der Allianz[45].

4. Zwischen Verteidigung und Abschreckung

Obwohl in Teilbereichen Fortschritte erzielt worden waren, konstatierte der SACEUR im »Combat Effectiveness Report 1954« derart große Schwächen, daß er die erfolgreiche Durchführung seines Auftrags, die Forward Strategy, im Ernstfall in Frage gestellt sah. Die in MC 48 gesteckten Ziele seien in weite Ferne gerückt, die Einsatzbereitschaft (combat readiness) niedriger als ein Jahr zuvor. Nur 25 % der Land- und Luftstreitkräfte und nur 50 % der Seestreitkräfte erfüllten SACEUR's »Standard of Readiness«[46]. Nach Meinung des State Department hatte der optimistische Glaube an die zukünftige atomare Schlagkraft und unterschiedliche Auffassungen der Bündnispartnern über das »long haul«-Konzept zu einem derartigen Nachlassen der Einsatzbereitschaft der Streitkräfte geführt. Der zu erwartende deutsche Beitrag und die taktischen Atomwaffen seien keine Wundermittel zur Beseitigung der vom SACEUR aufgezeigten, grundsätzlichen Mängel. Während im voratomaren Zeitraum ein Fehl an Kräften durch rasche Mobilisierung kompensiert werden konnte, seien die andauernden Schwächen der M-day-Kräfte im nuklearen Zeitalter politisch gefährlich und militärisch inakzeptabel[47].

Selbst die USA, bei weitem das stärkste Mitglied der Allianz, hatten Probleme, die Qualität ihrer der NATO zugeteilten Streitkräfte aufrechtzuerhalten. Im Annual Review 1955 wurde deutlich, daß ihre der NATO zugesagten M+180-Reserve-Divisionen aus finanziellen Erwägungen von $17^1/_3$ auf $12^1/_3$ Divisionen gekürzt worden waren. Ähnliche Kürzungen wurden bei den Marine- und amphibischen

---

[45] Ausführlich dazu Cioc, Pax Atomica; Greiner, Eingliederung, S. 615-620. Das Manöver CARTE BLANCHE löste eine bewegte öffentliche Diskussion aus: 345 taktische Atombomben, die von beiden Seiten fiktiv eingesetzt worden wären, hätten annähernd 1,7 Mio. Tote und 3,5 Mio. Verletzte gefordert.
[46] PRO, DEFE 4/77 COS (55) 45th Meeting, 15.6.1955, Annex to JP (55) 41 (F): SACEUR's Combat Effectiveness Report ACE 1954; NAC, RG 25, vol. 52, pt. 4, file 50030 AB-40, Tel.No. 547 of May 4, 1955: SACEUR's Effectiveness Report 1954.
[47] NA, RG 59, 740.5/3-855, RA-J. Palmer to EUR, Mr. Merchant; ebd., 740.5/3-1055, Memo from Mr. Weiss; ebd., 740.5/3-2355, Depstate to Amembassy Paris; ebd., 740.5/11-655, letter to SACEUR's Combat Effectiveness Report.

Streitkräften vorgenommen. Die U.S. Air Force blieb ungeschoren: 60 Staffeln mit 1531 Flugzeugen standen in Europa. Mangels genügend ausgebauter Flugplätze in Westeuropa konnten allerdings nur zwei Verbände pro Jahr zwischen den USA und Europa rotieren[48].

Hoffnungen General Gruenthers, daß nach dem Rückzug Frankreichs aus Indochina im Sommer 1954 von dort zurückkehrende Truppen die NATO-Front verstärken würden, erfüllten sich nicht. Im Gegenteil: Bis Juni 1955 hatten die Franzosen 2^1/$_2$ Divisionen ihrer NATO-Kräfte ohne Konsultation des NATO-Rates nach Algerien verlegt. Gruenther reagierte vorsichtig und machte – auf Anweisung der Standing Group – dem französischen Verteidigungsminister keine Vorwürfe. Im Mai 1955 wurde dem französischen Vertreter in der Standing Group, General Valluy, mitgeteilt, daß die NATO eine auf diese Weise entstandene Lücke von 20 000 Soldaten nicht ohne weiteres schließen könne. Der französische General zeigte zwar Verständnis für die Probleme an der zentraleuropäischen Front, machte aber geltend, daß die Verlegung von Truppen nach Algerien nach Auffassung seiner Regierung eine Antwort auf die kommunistische Herausforderung der Sowjetunion in Algerien gegenüber der Allianz sei. Ein Verlust Nordafrikas würde die südliche Flanke der NATO entblößen[49].

Im August 1955 kündigte Frankreich die Verlegung von zwei weiteren Divisionen an. Die politische Situation in Algerien war laut Valluy so explosiv, daß wahrscheinlich 500 000 Soldaten benötigt würden, um die Ordnung wiederherzustellen. Nur zwei von ursprünglich sechs französischen M-day-Divisionen blieben in Zentraleuropa; diese verfügten nur über zwei Drittel ihrer Sollstärke. Der SACEUR konnte lediglich sein Bedauern ausdrücken. Selbst Admiral Radford konnte sich nicht zu einer Verurteilung des französischen Vorgehens durchringen, denn die Verteidigung Nordafrikas war für die NATO von großer strategischer Bedeutung; Algerien war NATO-Gebiet und zudem nach französischem Verständnis ein Teil Frankreichs[50]. Das State Department gestand Frankreich das Recht zur Verlegung von Truppen ohne Einwände zu, um dort nationale Sicherheitsinteressen wahrzu-

---

[48] NA, RG 218, CCS 092 Western Europe (3-12-48) sec. 49: Order of Battle Report to SACEUR for U.S. Forces, assigned and earmarked, 31.12.1955. Die o.g. 1531 Flugzeuge waren wie folgt stationiert: in Frankreich 699, in Westdeutschland 417, in Großbritannien 271, in Italien 118 und in den Niederlanden 26. Für den Ernstfall war die Verlegung von weiteren Fliegerstaffeln von den USA nach Europa vorgesehen. Um die Verlegung über so große Entfernungen zu üben und um den europäischen Einsatzort kennenzulernen, rotierten amerikanische Einheiten ständig zwischen Nordamerika und Europa, sog. »Rotation Forces«.

[49] NA, RG 218, CCS 092 Western Europe (3-12-48) sec. 311, JCS 2073/945, 10.11.1954: Movement of French Forces to North Africa; ebd., CCS 092 Western Europe (3-12-48) (2) sec. 18, JCS 2073/1060, 31.5.1955, Memorandum for the JCS; ebd., CCS 092 Western Europe (3-12-48) (2) sec. 20, JCS 2073/1076, 15.6.1955, Memorandum for the JCS.

[50] DDF 1955, Tome 1, Envoi d'effectifs OTAN en Algérie, S. 690, 702, 708, 717 und Tome 2, S. 23, 75, 230, 314-316; NA, RG 218, CCS 092 Western Europe (3-12-48) (2) sec. 24, JCS 2073/1098, 26.7.1955; ebd., sec. 31, JCS 2073/1125, 30.8.1955, Memo for JCS; ebd., sec. 32, U.S. CINCEUR Paris to JCS, 9.9.1955, Analysis of redeployment of NATO committed French Army Forces from ACE to North Africa; NA, RG 59, 740.5/8-3155, Possible withdrawel of French Units committed to CENTAG from Germany; Condit, Joint Chiefs, S. 9-12.

nehmen. Auch Großbritannien, selbst Kolonialmacht, hatte zwar Verständnis für das französische Problem, nicht hingegen für die Verfahrensweise[51]. Der Abzug französischer Truppen von der zentraleuropäischen Front schwächte die für die Durchführung der MC 48 wichtigen Schildstreitkräfte um 15-20 %.

Anläßlich einer Tagung der Verteidigungsminister und der Oberbefehlshaber der Allianz vom 10. bis 11. Oktober 1955 in Paris mußte SACEUR zudem berichten, daß die deutschen Divisionen aufgrund nationaler Schwierigkeiten nicht 1957, wie von der Bundesregierung angekündigt, sondern erst 1959 bereitstehen würden. Tatsächlich wurde die letzte deutsche Division dann erst 1965 der NATO gemeldet. Ein weiteres Problem lag darin, daß die Luftverteidigung noch national organisiert war. Es fehlten rund 1000 taktische Flugzeuge[52]. SACEUR's Combat Effectiveness Report 1955 unterschied sich daher im Ergebnis kaum von dem vorjährigen Bericht. Wegen des Abzugs französischer Truppen und Mängeln bei der Einsatzfähigkeit der übrigen Kräfte sah sich SACEUR nicht in der Lage, seinen Auftrag erfolgreich durchzuführen[53]. Zwar könne man derzeit mit den Sowjets gerade noch fertig werden, wenn sie angriffen, »aber in Zukunft wird die Lage nicht mehr zu Hoffnung Anlaß geben«[54].

Die Einschätzung der Bedrohung durch das Military Committee unterstrich Gruenthers Bedenken. Demnach waren die sowjetischen Landstreitkräfte denen der NATO nach wie vor überlegen, zusätzlich hatten sich die sowjetischen Seestreitkräfte – insbesondere die U-Boote – zu einer neuen realen Bedrohung der Allianz entwickelt. Alle NATO-Staaten lagen jetzt in Reichweite der sowjetischen Luftstreitkräfte, und die Sowjetunion konnte ebenfalls Nuklearwaffen einsetzen. Ihr Atomwaffenbestand für den taktischen und strategischen Einsatz wurde jetzt für 1955 auf 300 Sprengköpfe geschätzt. Bis Mitte 1957 wurden 600-650 Atomsprengköpfe erwartet. Die militärische Bedrohung beurteilte das Military Committee Ende 1955 als größer denn jemals zuvor[55].

Vor der Ratstagung im Dezember 1955 faßte die Standing Group die wesentlichen Schwächen im europäischen Kommandobereich (Allied Command Europe, ACE) zusammen und skizzierte die zukünftigen Prioritäten:

---

[51] NA, RG 59, 740.5/3-2356, Depstate (Dulles) to Amembassies Ankara, Athens, Copenhagen, London, Oslo, Paris; ebd., 740.5/3-2156, London to Secstate; Kritik kam aus Kopenhagen und Oslo.

[52] NATO HQ, NISCA, C-R(55) 41-44, 10.10.-11.10.1955; BA-MA, BW 2/568, Diplomat. Vertretung der BRD in London an AA, 31.3.1955, Anlage: General Gruenthers Rede; KAG 1955, S. 5403 B, 18. Ratstagung in Paris 10.10.-11.10.1955.

[53] SHAPE Central Records, Project 1A, Release 7, Loc. 11: SACEUR's Combat Effectiveness Report ACE 1955, 15.2.1956; PRO, DEFE 4/87 COS (56) 54th Meeting, 29.5.1956, Annex to JP (56) 46 (F).

[54] »But things might not be so hopeful in the future«, in: FRUS 1955-57 IV, S. 26.

[55] FRUS 1955-57 IV, S. 28-31; NA, RG 218, CCS 092 Western Europe (3-12-48) (2) sec. 8, JIC 558/322, 7.3.1955, App.: Statement on probable Atomic warfare capabilities of the USSR to mid-1959; ebd., RG 218, JCS 54-56, 350.09 USSR (12-19-49), sec. 10, JCS 1924/86, 13.12.1955: Implications of Sovjet Armament Programs and increasing capabilities; PRO, CAB 134/768 A.O.C.(55) 4, 20.4.1955: Report of the Washington Tripartite WG on preparation for Four-Power Talks, III.B: Causes for Western Distrust of the USSR.

1. Verstärkung der M-day-Kräfte (Forces-in-Being). Luftstreitkräfte allein könnten Land- und Seegebiete nicht halten; die Zuführung von taktischen Atomwaffen werde sich aus finanziellen Gründen noch länger hinziehen.
2. Dringlicher Aufbau eines europäischen Frühwarn- und Alarmierungssystems.
3. Aufbau einer integrierten Luftverteidigung.
4. Keine Vernachlässigung der Logistik und der Infrastrukturprogramme[56].

Das schwächste Element war dabei die Luftverteidigung einschließlich der Frühwarnung. Anfang 1955 gab es weder eine übergeordnete Kommandozentrale noch eine Koordination der Luftabwehrkräfte; einzelne Komponenten wie Frühwarnanlagen und Fernmeldeverbindungen waren sowohl technisch als auch zahlenmäßig äußerst mangelhaft. General Gruenther hatte die Mängel in einer Studie aufgelistet und ein zentrales alliiertes Luftverteidigungskommando als ideale Lösung vorgeschlagen. Die größeren NATO-Mitglieder lehnten jedoch die Kontrolle ihres Luftraumes durch eine NATO-Behörde ab. Am 15. Dezember 1955 genehmigte der Rat vorerst noch die strategische Richtlinie MC 54, nach der von nun an der SACEUR für die Koordination der Luftverteidigung in Europa verantwortlich war. Europa wurde in die vier Kommandobereiche Nord-, Zentral- und Südeuropa sowie die britischen Inseln aufgeteilt. Vom Nordkap bis zur Osttürkei sollten ein Radar-Frühwarnnetz und schnelle Fernmeldeverbindungen (Forward Scatter) eingerichtet werden. Die geschätzten Kosten von 110 Millionen Dollar wurden dem gemeinsamen Infrastrukturprogramm aufgebürdet. Ab 1957 wurde das in den USA bereits erprobte Flugabwehrraketensystem NIKE an die U.S. Verbände in Europa ausgeliefert[57].

Im Annual Review 1955 war das Dilemma der Allianz wiederum deutlich geworden. Einerseits waren für die Reorganisation und Modernisierung der Streitkräfte gemäß MC 48 zusätzliche Ausgaben erforderlich. Andererseits setzte das politische Klima einer beginnenden Entspannung im Umfeld der Genfer Konferenzen einer militärisch notwendigen Ausgabensteigerung Grenzen[58]. In dieser Lage drängte die britische Regierung – wie vier Jahre zuvor – auf eine Neubeurteilung der Strategie und der Streitkräfteplanung des Bündnisses, d.h. auf eine Revision der MC 14/1.

Die Briten begannen 1956 mit einer Umorganisation ihrer Heeresstreitkräfte in der Bundesrepublik Deutschland, indem eine Panzerdivision in eine schwächere Infanteriedivision umgewandelt wurde. Die zusätzlichen Kürzungen an finanziellen

---

[56] PRO, DEFE 4/81 COS (55) 100th Meeting, 6.12.1955, Annex »B« to JP (55) 151 (F): Report on future Capabilities Plans 1957 (MC 49/1).
[57] NA, RG 218, CCS 092 Western Europe (3-12-48), sec. 318, JCS 2073/983, 13.12.1954: SHAPE Study on Air Defense in NATO Area of Europe; ebd., sec. 10, JCS Memo for U.S. National Military Rep. to SHAPE, 31.3.1955; ebd., sec. 54, USNMR Paris from Gruenther to JCS, 31.3.1956; Condit, Joint Chiefs, S. 18-20.
[58] PRO, DEFE 4/81 COS (55) 97th Meeting, 25.11.1955, Annex to JP (55) 146 (F): Military Comments on the 1955 Annual Review; NA, RG 59, 740.5/8-555, Depstate Memo thru Mr. Hollister, Mr. Ohly, Mr. S. Weiss: Matters of Interest relating to the 1955 AR; NAC, RG 25, 1990-91/008, vol. 217, 50-102-M-40, NATO Defence Planning and the 1956 AR, Paris, Dec. 1955. Zur Genfer Konferenz von 1955 jetzt: The Geneva Summit.

Mitteln wogen um so schwerer, als die einzig zu erwartende Verstärkung der Allianz durch deutsche Truppen noch in einiger Ferne lag. Vor dem Hintergrund wachsender finanzieller Probleme hatte sich die britische Regierung vom Konzept einer kostentreibenden und die Ressourcen strapazierenden Doppelstrategie der konventionellen und nuklearen Rüstung endgültig verabschiedet und war statt dessen zum Konzept einer alternativlosen nuklearen Abschreckungsstrategie übergegangen. Taktische Atomwaffen allein konnten aus dieser Sicht SACEUR nicht in die Lage versetzen, seinen Auftrag zu erfüllen. Die Briten hofften vielmehr, ihre Verbündeten davon überzeugen zu können, daß eine neue politische Direktive erarbeitet werden mußte, die davon ausging, daß ausschließlich die thermonukleare Bombe die Sowjets vor einem Angriff abschrecken konnte[59].

Aus diesem Denkansatz zogen die Briten folgende Schlüsse: Nukleare Strike-Forces sollten zukünftig absolute Priorität haben. Die übrigen Streitkräfte wurden nur noch für begrenzte Aufgaben gebraucht. Land- und Luftstreitkräfte hatten nur eine Stolperdrahtfunktion (trip wire) zu erfüllen. Auf den größten Teil der Seestreitkräfte von SACLANT – mit Ausnahme der Striking Fleet – und das gesamte CHANCOM konnte verzichtet werden. SACLANT war auch nach eigenem Urteil nicht mehr in der Lage, die Seeverbindungen im Atlantik wegen der wachsenden Bedrohung durch sowjetische U-Boote mit den zur Verfügung stehenden Kräften zu sichern. Die Sowjetunion hatte 1950 begonnen, ihre U-Bootflotte zu modernisieren. Ende September 1956 verfügte sie bereits über 319 neue U-Boote, davon waren 76 Boote allein im letzten Jahr gebaut worden. Bei gleichbleibender Produktionsrate wurden bis Ende 1960 500 moderne Boote mit großem, 100 mit mittlerem und 19 mit kurzem Aktionsradius erwartet[60].

Der SACEUR hat im EDP 1957 durch ausdrückliche Betonung der Atomic Strike Forces auf die andauernden Streitkräfteprobleme reagiert. Auch wenn im vergangenen Jahr im Bereich der atomaren Gegenschlagkapazität, beim Aufbau des Frühwarnnetzes und der Organisation der Luftabwehr manche Fortschritte erzielt worden waren, waren andererseits ernsthafte Rückschläge zu verzeichnen: der verzögerte Aufbau der deutschen Streitkräfte[61], der Abzug französischer Truppen nach Nordafrika und erste Meldungen über einen bevorstehenden Rückzug britischer Truppen vom Kontinent[62]. Presseverlautbarungen über ähnliche Absichten der USA, der sogenannten Radford-Plan, wurden nach heftigen Protesten Adenau-

---

[59] PRO, DEFE 4/88 COS (56) 63rd Meeting, 29.6.1956, JP (56) 120 (F), 27.6.1956: NATO Strategy and Level of Forces; Clark/Wheeler, Origins, S. 210–229.
[60] PRO, DEFE 4/91 COS (56), 114th Meeting, 8.11.1956, Annex to JP (56) 165: SACLANT's Emergency Defence Plan (EDP) for 1957; PRO, DEFE 5/72 COS (56) 396, 2nd Nov., 1956: The Role of the Russian Submarine Fleet.
[61] Ende 1956 standen statt 95 000 nur 75 000 Mann unter Waffen, Ende 1957 wahrscheinlich weniger als die zugesagten 270 000 Mann: NA, RG 59, 740.5/10-2656, Bonn to Secstate. Siehe dazu: Greiner, Eingliederung, S. 561–845.
[62] Dockrill, Retreat, S. 45–70; Dockrill, No Troops, S. 121–136. Die Briten konnten ihre Kürzungspläne lange Zeit vor den NATO-Gremien geheim halten; PRO, DEFE 5/67 COS (56) 176, 1st May, 1956, Notification to NATO of Front Line Reductions emerging from the Long Term Defence Review.

ers dementiert[63]. Angesichts derartiger Rückschläge auf dem Streitkräftesektor und wachsender atomarer Stärke der Sowjetunion kam der SACEUR zu dem Urteil, daß die NATO hauptsächlich von ihrer nuklearen Kapazität abhängig sei, falls 1957 ein Krieg ausbrechen sollte. Nachdrücklich betonte er, daß die atomaren Gegenschlagkräfte einen überraschenden Angriff unter allen Umständen überleben müßten[64].

In bilateralen Verhandlungen konnte die britische Regierung die zunächst reserviert agierende Eisenhower-Administration von der notwendigen Revision der Bündnisstrategie überzeugen[65]. Nach kontroversen Diskussionen billigte der NATO-Rat am 14. Dezember 1956 die »Political Directive« zur Revision der seit 1952 gültigen MC 14/1. Auf der Basis dieser Direktive erarbeitete das Military Committee im Frühjahr 1957 die MC 14/2: »Overall Strategic Concept for the Defense of the North Atlantic Area«, die im April 1957 den NATO-Rat passierte. Damit stützte sich die Verteidigung der NATO vollends auf die abschreckende Wirkung von Nuklearwaffen. Für konventionelle Kräfte war nicht mehr als eine Stolperdrahtfunktion vorgesehen[66]. Ein weiteres Mal hatte Großbritannien damit Tempo und Richtung der Bündnisstrategie maßgebend beeinflußt.

Das Ringen um ein neues strategisches Konzept wurde im Herbst 1956 von der Suezkrise überschattet. Der NATO-Rat wurde zum erstenmal am 5. September über die Lage am Kanal informiert. Das eigenmächtige Vorgehen Großbritanniens und Frankreichs stürzte das Bündnis in die größte Krise seiner Geschichte. Frankreich drohte sogar das Bündnis zu verlassen, wenn die Dinge um Suez und Algerien katastrophal enden würden. Am 1. November unterstützte die Mehrheit des Rates die Position der USA, das Kanal-Problem im Rahmen der UNO zu lösen. Das gleichzeitige brutale Eingreifen der Sowjetunion in Ungarn schweißte allerdings das Bündnis wieder enger zusammen, ja stärkte die Verteidigungsallianz! Das größte Problem der NATO, so General Gruenther anläßlich seines Abschieds als SACEUR, war letztlich nicht militärischer, sondern politischer Natur: mangelnde Konsultation und Kooperation[67].

---

[63] Zum sog. »Radford Plan« siehe Greiner, Konzept, und Fischer, Abschreckung, S. 235, 281.
[64] PRO, DEFE 4/90, COS (56) 89th Meeting, 6.9.1956, Annex to JP (56) 133 (F) 28.8.1956: SACEUR's EDP 1957. Der SACEUR plante den Einsatz von 200 H-Bomben und 1500 Atombomben im Kilotonnenbereich: DEFE 4/88 COS (56) 63rd Meeting, 29.6.1956, Annex to JP (56) 120 (F) 27.6.1956.
[65] FRUS 1955-57 IV, S. 84-92.
[66] FRUS 1955-57 IV, S. 149-156; NA, RG 218, CCS 092 Western Europe (3-12-48), sec. 72: Overall Strategic Concept for the Defense of the NATO Area, 18.1.1957. Zur Entwicklung von MC 14/2 siehe: Wampler, NATO Strategic Planning, S. 26-51; Greiner, Kontinentaleuropa, S. 162-166; Greiner, Bündnisstrategie, in diesem Band.
[67] NA, RG 59, 740.5/10-456, Dakar to Depstate; ebd., RG 59, 740.5/10-2056, Paris to Secstate; ebd., RG 59, 740.5/11-250, Depstate to American Embassy Paris, all NATO Members, info Moscow; ebd., RG 59, 740.5/11-1556, Depstate Memo of Conversation: NATO; NAC, RG 2, A5a, (16) vol. 5775, Cabinet Conclusion, Nov. 22, 1956, pp 2-4: Discussion with General Gruenther, retiring NATO SACEUR with the Prime Minister; FRUS 1955-57 IV, S. 95. Zur Suezkrise siehe: Darwin, Britain, S. 169, 200-212; Dockrill, British Defence, S. 58-63; Lucas, Alliance.

SACEUR's Studie »Force Posture Allied Command Europe 1960-62« repräsentierte Gruenthers Vision von seinem Auftrag, seinen langfristigen Wünschen und einem zukünftigen Kriegsbild. Die Studie war gleichsam Gruenthers Vermächtnis kurz vor der Übergabe seines Postens an General Norstad. Sollte die Abschreckung versagen, dann mußte Europa verteidigt werden. Da die Initiative beim Angreifer lag, war die NATO auf eine möglichst lange Vorwarnzeit angewiesen. Deshalb waren eine gute Nachrichtenabteilung, ein ausgebautes Frühwarnsystem und eine aktive wie passive Luftverteidigung lebensnotwendig. Am wichtigsten waren aber Nuclear Strike Forces mit einem hohen Bereitschaftsgrad und ein starker »Schild« aus Land-, See- und Luftstreitkräften, um einen Angriff zum Stehen zu bringen. Gemäß dieser Leitlinie konzipierte Gruenther den Streitkräftebedarf für 1960/1962: zusätzliche M-day-Divisionen bei gleichzeitiger Kürzung der M+30- und M+180-Divisionen, mehr nuklearfähige Flugzeuge – bei gleichzeitiger Kürzung der konventionellen Kräfte – und zusätzliche Naval Strike-Forces bei gleichzeitiger Reduktion anderer Kriegsschiffe. Diese Studie war Gruenthers letzte Anstrengung, die Probleme zu lösen, die er drei Jahre zuvor in den »New Approach Studies« aufgezeigt hatte. Sie sollte von grundlegender Bedeutung für die strategischen Pläne und den Streitkräfteaufbau in den sechziger Jahren bleiben[68].

---

[68] PRO, DEFE. 4/92, COS (56) 124th Meeting, 26.11.1956, Annex to JP (56) 162 (F), 16.11.1956.

Zusammenfassung

Was war in den ersten acht Jahren seit Gründung der NATO erreicht worden? Bereits im Vorfeld war die Entscheidung in Richtung einer auf militärische Stärke setzenden Militärallianz gefallen. George Kennan warnte die USA und ihre Verbündeten, sich allzusehr auf militärische Instrumente zu verlassen. Er konnte sich nicht durchsetzen. U.S.-Außenminister Dean Acheson setzte – unter dem Einfluß militärischer Planer – eindeutig auf militärische Stärke. Weniger ein kohärentes Konzept als unvorhergesehene Sachzwänge bestimmten letztlich den Kurs der Allianz in Richtung einer integrierten Militärorganisation. Die sicherheitspolitische Lage der westeuropäischen Staaten war 1949/50 desolat, trotz relativ hoher Militäretats. Wirtschaftliche Wiederaufbauprogramme und soziale Sicherheit genossen Priorität. Großbritannien, Frankreich, die Niederlande, Belgien und Portugal besaßen Kolonien und waren z.T. in Kolonialkriege verwickelt. Dort stationierte Truppen fehlten auf dem europäischen Kontinent. Angesichts der angenommenen Bedrohung fühlten sich die Westeuropäer nicht in der Lage, sich selbst zu verteidigen und hofften, sowohl durch ein Bündnis mit gleichgefährdeten Partnern als auch durch Hilfeleistungen der wirtschaftlich starken nordamerikanischen Staaten nationale Sicherheit zu gewinnen.

Die ersten Pläne zum Aufbau des militärischen Instruments der NATO beruhten in hohem Maße auf der amerikanischen Einschätzung der militärischen Bedrohung durch die Sowjetunion. Unter dem Eindruck einer fast hoffnungslosen Unterlegenheit auf dem konventionellen Sektor sollte die wichtigste Aufgabe der Allianz nicht die Kriegführung, sondern die Kriegsverhinderung durch Abschreckung sein. Im Fall eines Krieges sollte der Einsatz atomarer Waffen eine zentrale Rolle spielen. In den mittelfristigen strategischen Plänen gewann die Rhein-Ijssel-Linie die Bedeutung einer ersten Widerstandslinie im zentraleuropäischen Bereich. Die Verteidigung Westeuropas sollte mit ausbalancierten kollektiven Streitkräften erfolgen. Dabei hatten die Europäer den Kern der präsenten Land- und Luftstreitkräfte bereitzustellen, während die USA die Voraussetzungen für den sofortigen Einsatz nuklearer Waffen leisten würden. Im mittelfristigen Verteidigungsplan der NATO vom April 1950 wurde dazu ein Aufstellungsziel von 90 Divisionen, 1000 Kriegsschiffen und 8000 Flugzeugen bis zum 1. Juli 1954 für notwendig gehalten.

Obwohl viele europäische militärische Führer frühzeitig auf die Errichtung einer gemeinsamen Kommandostruktur drangen, widersetzten sich die Amerikaner anfangs derartigen Vorstößen. Sie wollten nicht mehr als nötig in die europäische Verteidigung einbezogen werden. So fehlte der ursprünglichen Organisationsform der Allianz jegliche militärische wie zivile Führungsstruktur; sie bestand lediglich aus international besetzten Arbeitsstäben, Ausschüssen und Planungsgruppen. Erst mit dem Ausbruch des Koreakrieges im Sommer 1950 setzte eine hektische Phase der massiven Aufrüstung und wegweisender Entscheidungen ein. Die 1951/52 beschlossenen Maßnahmen – Aufnahme Griechenlands und der Türkei, Aufbau einer effektiven Militärstruktur, Einrichtung eines permanent tagenden Rates mit ständigen Vertretern der Mitgliedstaaten, Bestellung eines Generalsekretärs mit internationalem Stab und Festlegung von Streitkräftezielen – veränderten den Charakter der NATO nachhaltig.

Der Besitz der Atombombe hatte den Ausbruch des Koreakrieges nicht verhindert. Auch konnte man sich kaum vorstellen, einen mit konventionellen Waffen begonnenen, regional begrenzten Angriff durch den Einsatz nuklearer Waffen zurückzuschlagen. Umso mehr war die verstärkte Aufrüstung der konventionellen Kräfte notwendig. Auf der Grundlage eines veränderten Bedrohungsbildes und der Furcht vor einer Invasion Westeuropas durch den Sowjetblock konnte die amerikanische Regierung daher zunächst ihre in NSC 68 geforderten Rüstungsmaßnahmen durchsetzen, zumal sie dies mit einer großzügigen Erhöhung der Militärhilfe, gekoppelt an die Auflage einer Zustimmung zur Wiederbewaffnung der Bundesrepublik Deutschland, verband. Die Anstrengungen der westeuropäischen Staaten blieben freilich hinter den Aufrüstungsmaßnahmen der Amerikaner weit zurück, trotz beträchtlicher Steigerung der Militäretats und damit verbundener enormer Belastung der wirtschaftlichen und finanziellen Ressourcen. Parallel zum Streitkräfteaufbau wurden die Probleme einer Reorganisation der Bündnisstruktur gelöst. Die Einrichtung einer einheitlichen Kommandostruktur war politisch wesentlich von der Ernennung des bekannten amerikanischen Weltkriegsgenerals Dwight D. Eisenhower zum Oberkommandierenden der alliierten Streitkräfte in Europa abhängig. Die ideale militärische Lösung wurde dabei nicht immer erreicht, politische Argumente hatten Vorrang. Die vielfach strittigen Reorganisationsprobleme wie deren Lösungen verlangten den Nationen manches an Kompromißfähigkeit ab.

Bald nach der 9. Ratstagung in Lissabon zeichnete sich jedoch ab, daß die dort beschlossenen Streitkräfteziele aus finanziellen und wirtschaftlichen Gründen nicht erreichbar waren. Die entstandene Streitkräftelücke sollten die neu aufzustellenden zwölf deutschen Divisionen füllen, deren Aufbau sich aber verzögerte. Eine ähnliche Lage herrschte bei Marine- und Luftwaffenstreitkräften. Ende 1953 wurden die Lissaboner Streitkräfteziele endgültig aufgegeben, stattdessen sollte auf lange Sicht geplant und die wirtschaftlichen Ressourcen geschont werden.

In dieser aussichtslos erscheinenden Lage bot sich die Einbeziehung der inzwischen technisch fortgeschrittenen taktischen Nuklearwaffen in die Verteidigungspläne des Paktes geradezu an. Falls die Abschreckung versagte, sollten von nun an atomare Waffen in jedem Krieg mit der Sowjetunion eingesetzt werden, ohne Rücksicht auf Art und Umfang des Angriffs. Mit den Beschlüssen auf der Dezember-Tagung von 1954 hatte die NATO damit nach anglo-amerikanischen Vorgaben ihren eigenen »New Look«, wobei den Briten das Verdienst zukommt, den Zug in Richtung Nuklearstrategie angeschoben zu haben.

Verteidigungsausgaben der NATO-Staaten 1949 bis 1956

	1949	1950	1951	1952	1953	% GNP[1]	1954	1955	1956
Belgien	7653[2]	8256	13387	19956	19815	5,2	19925	17067	17065
Dänemark	360	359	475	676	889	3,7	885	920	936
Frankreich	479	479	559	881	1235	12,2	1171	1102	1469
Griechenland	1630	1971	2615	2655	2767	6,5	3428	3688	4345
Großbritannien	779	849	1149	1561	1684	11,8	1570	1576	1614
Italien	301	353	457	521	480	4,8	543	551	584
Kanada	372	495	1220	1875	1970	9,2	1771	1815	1892
Luxemburg	112	170	264	436	488	3,8	566	614	395
Niederlande	680	901	1060	1253	1330	6,2	1583	1699	1854
Norwegen	370	357	572	831	1067	5,6	1141	953	967
Portugal	1419	1516	1553	1691	1975	4,3	2100	2224	2297
Türkei	556	559	652	725	864	7,7	946	1080	1169
Westdeutschland[3]		4820	6841	7358	6195	6,6	6287	7383	7211
Westeuropa in U.S.-$	4471	6719	9249	12189	12424	9,5	11747	11829	13116
USA	13580	14559	33398	47852	49621	14,4	42900	40518	41754
U.S.-Militärhilfe[4]	0	67	791	1096	2751		1634	474	1204
USA und Kanada in U.S.-$[5]	13952	15054	34618	49727	51591	12,0	44671	42333	43646
NATO Total in U.S.-$	18723	21773	43867	61916	64015	11,0	56417	54162	56762

1 GNP: Gross National Product
2 Verteidigungskosten in Landeswährung und Millionen. Umrechnungskurse in U.S.-Dollar 1950 für: Belgische Francs: 50:1; Dänische Kronen: 7:1; Französische Francs: 350:1; Griechische Drachmen: 30:1; Britisches Pound: 1:2,8; Italienische Lira: 625:1; Kanadische Dollar: 1:1; Luxemburgische Francs: 56:1; Niederländische Krone: 3,8:1; Norwegische Krone: 7: 1; Portugal Escudo: 29:1; Türkische Lira: 2,3:1; Westdeutsche Mark: 3,6:1. Quelle: PRO, FO 371/89211 und NA, RG 469, USRO Data-Handbook on NATO-Countries, page C-1b, July 1,1955.
3 Westdeutschland: Besatzungskosten nach NATO-Kriterien bis 1955.
4 MAP: US Military Assistance Program von 1950–1953; ab 1954 Empfehlung des MAP Special Commitee. Die Militärhilfe ist nicht in den »NATO total« Ausgaben enthalten.

Quellen: NATO Information Division, Dec. 19th, 1957, in: Bw 3/183; Poole, Joint Chiefs, S. 329; Watson, Joint Chiefs, S. 206 und 214; NA, RG 469, box 21: USRO Data Handbook on NATO Countries, July 1, 1955.

Durch die Zuführung taktischer Nuklearwaffen sollten sowohl die Streitkräftelücke geschlossen als auch die Verteidigungslasten verringert werden. Dementsprechend revidierte der NATO-Rat die Streitkräfteziele für 1955/57: Statt 32 wurden im zentraleuropäischen Bereich nur noch 26 M-day-Divisionen für notwendig gehalten. Zwischen 1953 und 1957 wurde die zentraleuropäische Front dagegen durch die Zuführung von atomar bestückbaren Flugkörpern und atomwaffenfähigen Kampfflugzeugen im taktischen Bereich wesentlich verstärkt. Die Ablehnung der taktischen Nuklearwaffen durch große Teile der Bevölkerung, ohne die nach Meinung der Militärexperten jede Verteidigung sinnlos war, geriet freilich

Die Streitkräfte der NATO am 31.12.1956 im Bereich des SACEUR

Landstreitkräfte	M-day[1]	Combat Ready[2]	M+30 Tage	M+180 Tage
USA	5 2/3 Divisionen	5 2/3 Divisionen	8 2/3 Divisionen	13 2/3 Divisionen
Kanada	1/3	1/3	1	
Großbritannien	4	4	6	
Frankreich	6	2	17	
Niederlande	1	1	5	
Belgien	2	2	5	
Norwegen	1/3	1/3	2/3	
Dänemark	1	0	3	
Italien	5	0	14	
Portugal	0	0	1	
Total	25 1/3	15 1/3	61 1/3	66 1/3
Griechenland	4	0	12	
Türkei	13	5	24	
SACEUR total	42 1/3	20 1/3	97 1/3	

Luftstreitkräfte	Staffeln	Flugzeuge	Assigned[3]	Combat Ready
USA	60	1531	1133	60 %
Kanada	11	293	275	60 %
Großbritannien	33 RAF[4]-TAF[5]	466	466	46 %
	17 RAF-BC[6]	170	170	46 %
	20 RAF-FC[7]	240		
Frankreich	42	1034	376	45 %
Niederlande	13	271	131	46 %
Belgien	19	392	220	44 %
Norwegen	10	228	160[9]	44 %
Dänemark	9	200	127[9]	44 %
Italien	30	607	335	57 %
Portugal	4	102		
Griechenland	10	275		
Türkei	16	529	297	
SACEUR total	294	6326	3690	53 %

Seestreitkräfte	D-day[8]	D-day+15
Schlachtschiffe	0	0
Flugzeugträger	1	1
Kreuzer	2	3
Zerstörer	10	10
Zerst-Begleitschiffe[10]	3	4
Ozean-Begleitschiffe	2	2
U-Boote	9	9
Minenräumboote	10	10
SACEUR total	37	39

[1] M-day Divisionen: Einsatzbereit am Tag der Mobilisierung
[2] Combat Ready (CR): Voll einsatzbereit nach Kriterien von SHAPE
[3] Assigned Forces: Kräfte, die ab Auslösung einer bestimmten Alarmstufe dem jeweiligen NATO-Kommandeur unterstellt werden
[4] RAF: Royal Air Force
[5] TAF: Tactical Air Fighter
[6] BC: Bomber Command
[7] FC: Fighter Command
[8] D-day: Sofort einsatzbereite Kriegsschiffe
[9] Zahl der assignierten Flugzeuge ist an dieser Stelle geschätzt.

Zusammenfassung

Die Streitkräfte der NATO am 31.12.1956
im Bereich von SACLANT und CINCCHAN

	SACLANT		CINCCHAN	
Luftstreitkräfte	Staffeln	Flugzeuge	Staffeln	Flugzeuge
RAF	7	58	2	21
Seestreitkräfte	D-day	D+15	D-day	D+15
Schlachtschiff	0	0	0	0
Flugzeugträger	3	4	0	0
Kreuzer	3	3	0	0
Zerstörer	9	16	3	3
Zerst.-Begleitschiffe[10]	8	20	3	4
Ozean-Begleitschiffe	5	5	4	7
U-Boote	31	31	0	0
Minenlegboote	1	1	1	1
Minenräumboote	0	0	4	4
Total	60	80	15	19

[10] Begleitschiffe für Zerstörer

Quellen: Für Seestreitkräfte: PRO, DEFE 4/88, COS (56) 65th Meeting, 5.7.1956, Annex to JP (56) 114, encl.»B«: Naval Forces for 1.1.57.
Für Land- und Luftstreitkräfte: SHAPE Central Records, Project 1A, Release 7, Location 11: SACEUR's Combat Effectiveness Report ACE 1955; 15.02.56; speziell für die USA: NA, RG 218, JCS 1955-59, 092 Western Europe (3-12-48) (2) sec. 49: Order of Battle Report to SACEUR for U.S. Forces assigned and earmarked for assigment as of 31.12.1955 until 30.6.1957; für Großbritannien: PRO, PREM 11/1934, 5.6.1956, DEFE 4/95, 4.2. und 5/74, 22.2.1957, AIR 8/2065, 21.11.1956; für Frankreich: NA, RG 59, 751.5 MSP/1-1057; für die Niederlande: PRO, FO 371/124770; für Belgien: NA, RG 469, USRO, box 11; für Italien: PRO, FO 371/130439; für die Türkei: PRO, FO 371/130211.

zum ständigen Problem der Allianz. Hoffnungen, die neuen Waffen würden dazu beitragen, nicht nur den Streitkräfteumfang, sondern auch die Militäretats erheblich zu senken, erfüllten sich nicht im erhofften Maße; allenfalls kann ein Stop der jährlichen Ausgabensteigerung, z.T. auch rückläufige Etats ab 1954, festgestellt werden.

Auch wenn im Bereich der atomaren Gegenschlagkapazität, beim Aufbau des Frühwarnnetzes und der Organisation der Luftabwehr manche Fortschritte erzielt worden waren, gefährdeten im Laufe des Jahres 1955 neue Probleme Zusammenhalt und Effektivität des Bündnisses. Frankreich zog ohne vorherige Absprache im NATO-Rat Truppen aus Westeuropa nach Nordafrika ab. Großbritannien plante einen radikalen Streitkräfteabbau. Selbst aus den USA wurden Rückzugspläne bekannt, während sich die Aufstellung deutscher Streitkräfte erheblich verzögerte. Angesichts derartiger Rückschläge auf dem Streitkräftesektor und wachsender atomarer Stärke der Sowjetunion kam der SACEUR zu dem Urteil, daß die NATO hauptsächlich von ihrer atomaren Kapazität abhängig sei, falls sie angegriffen würde.

Trotz der vielfach schonungslos aufgezeigten Schwächen und Mängel des militärischen Instruments der NATO kann nach einer achtjährigen Aufbauzeit eine positive Bilanz gezogen werden. Insgesamt war die NATO jetzt drei- bis viermal stärker als zu der Zeit, als Eisenhower seinen Dienst in Paris angetreten hatte. Ein großer Teil der vormals nationalen Streitkräfte der Bündnispartner konnte SACEUR, SACLANT und CINCCHAN als integrierte Streitmacht ab einer bestimmten Alarmstufe unterstellt werden, war sofort einsatzbereit (M-day Forces) und erfüllte die z.T. strengen »SHAPE Standards of Readiness«. Dazu zählten im Bereich des SACEUR: $20^1/_3$ Divisionen, 3690 Flugzeuge und 37 Kriegsschiffe. SACLANT konnte im Alarmfall mit 37, CINCCHAN mit 15 assignierten Kriegsschiffen mit hohem Bereitschaftsgrad rechnen. Die Landstreitkräfte des SACEUR waren mit Atomgeschützen vom Typ 280 mm und mit Boden-Boden-Flugkörpern vom Typ HONEST JOHN und CORPORAL ausgerüstet. Bei den Luftstreitkräften waren 558 Kampfflugzeuge nuklearkampffähig, davon 254 an SACEUR assigniert; allerdings erfüllten nur durchschnittlich 53 % SHAPE's Standard of Combat Readiness (Forderung: 70 %).

Insgesamt hat die NATO seit 1950 $42^1/_3$ M-day- oder $97^1/_3$ M+30-Divisionen und 303 Luftwaffenstaffeln mit 6405 Kampfflugzeugen aufgestellt; damit wurden die im Dezember 1954 vom Rat beschlossenen Streitkräfteziele für 1955/57 im wesentlichen erreicht. Alles in allem eine beachtliche Aufbauleistung, gemessen an den zwölf ungünstig dislozierten und schlecht ausgerüsteten Divisionen der Gründungszeit. Die mangelnde Anzahl an militärisch notwendigen, sofort einsatzbereiten Divisionen konnte durch die Ausrüstung mit taktischen Atomwaffen teilweise kompensiert werden. Das militärische Instrument war eindeutig stärker auf Abschreckung als auf Verteidigung ausgerichtet. Dadurch war die wichtigste Aufgabe des Bündnisses seit Annahme des NATO-Dokuments SG 1 vom Oktober 1949 erfüllt: nicht Kriegführung, sondern Kriegsverhinderung durch Abschreckung. Da der vielfach befürchtete Ernstfall nicht eintrat, wird wohl niemals geklärt werden können, ob diese bisher in Friedenszeiten einzigartige Militärallianz mit den gerade zur Verfügung stehenden Kräften, oder mit noch viel größerem militärischen Kraftaufwand, wie von Zeit zu Zeit von Fachleuten für unverzichtbar gehalten, in der Lage gewesen wäre, einen sowjetischen Angriff erfolgreich abzuwehren.

Klaus A. Maier

**Die politische Kontrolle über
die amerikanischen Nuklearwaffen.
Ein Bündnisproblem der NATO
unter der Doktrin der Massiven Vergeltung**

I. Einleitung

Mit Blick auf die Beurteilung der politischen Kontrolle über die amerikanischen Nuklearwaffen innerhalb der NATO lassen sich zwei – freilich interdependente – Gesichtspunkte unterscheiden: Zum ersten der kollektive Aspekt, bilaterale und multilaterale Regelungen eingeschlossen, und zweitens der unilaterale amerikanische Aspekt. Unter diesen beiden Kriterien, das Problem zu betrachten, stellt sich das letztere als das wichtigere dar. Denn die Aufrechterhaltung der politischen Kontrolle über die Atomwaffen durch die Amerikaner war eine Voraussetzung einer wirksamen politischen Kontrolle im Bündnis: »Unless political authorities maintain control over nuclear operations [...] the consultation process will be meaningless[1].«

Zur wechselvollen Geschichte der bilateralen anglo-amerikanischen nuklearen Partnerschaft seit 1945 liegen umfassende wissenschaftliche Untersuchungen vor[2]. Sie sollen hier nicht ausführlich erörtert werden. Es sei lediglich angemerkt, daß die britische Atomrüstung neben dem Aufbau eines eigenen Abschreckungspotentials nicht primär auf einen nationalen nuklearstrategischen Alleingang zielte, sondern eher die Grundlage für britische Einflußmöglichkeiten auf den amerikanischen strategischen und operativen Entscheidungsprozeß bilden sollte. Welche Vorteile die Briten auch immer aus dieser atomaren Ergänzung der »special relationship« im Vergleich zu den übrigen amerikanischen NATO-Verbündeten gezogen haben mögen, die unilaterale atomare Handlungsfreiheit der USA war durch sie nicht ernsthaft in Frage gestellt. Seit Januar 1952 war lediglich der Nuklearwaffen-Einsatz in England stationierter amerikanischer SAC-Verbände einer »joint decision by His Majesty's Government and the United States Government in the light of the circumstances prevailing at the time« unterworfen[3]. Auch die französische

---

[1] Charles, Nuclear Planning, S. 155.
[2] Unter den jüngeren Veröffentlichungen siehe Melissen, Struggle; Clark/Wheeler, Origins; Navias, Nuclear Weapons; Freedman/Navias/Wheeler, Independence in Concert; Twigge/Macmillan, Britain; Twigge/Scott, Planning Armageddon.
[3] Kommuniqué der Gespräche zwischen Präsident Truman und Premierminister Churchill, 9.1.1952, FRUS 1952/1954 VI, No. 353, S. 837–839, Zit. S. 837; Baylis, American Bases, S. 155–159; Duke, U.S. Defence Bases. Das Abkommen wurde 1958 nochmals bestätigt: Report to the President and the Prime Minister, Procedures for the Committing to the Attack of Nuclear Retaliatory Forces in the United Kingdom, June 9, 1958, DDEL, DDE Papers as President (Ann Whitman File), Administration Series, Atomic Energy Commission 1958, box 5. Zur Frage der politischen Kontrolle über die britischen Nuklearwaffen im nationalen, bilateralen und Bündnisrahmen siehe Twigge/Scott, Planning Armageddon.

Regierung erhielt im April 1954 die amerikanische Zusicherung, daß der Einsatz von amerikanischen Nuklearwaffen von französischem Territorium aus eine »joint decision« vorausgehen werde. Daß Frankreich dem britischen Beispiel einer eigenen nationalen Atomrüstung nacheiferte, wurde schon im August 1954 deutlich, als in der französischen Nationalversammlung das Projekt einer supranationalen europäischen Verteidigungsgemeinschaft (EVG) scheiterte, das einer nationalen französischen Atomrüstung im Wege gestanden hätte[4]. Der britische und französische »hardware approach«, mittels eines nationalen atomaren Arsenals ihre Mitbestimmung im Bündnis sicherzustellen, verschärfte die atomare Asymmetrie innerhalb der NATO und damit das Spannungsverhältnis zwischen unilateralen und kollektiven Einsatzentscheidungen. Sie erforderte Kompensationen im NATO-Rahmen für die »nuklearen Habenichtse«, insbesondere die Bundesrepublik Deutschland, der eine nationale Atomrüstung verwehrt bleiben sollte.

Was bedeutete politische Kontrolle über die Atomwaffen? Robert E. Osgood nannte 1962 für eine *allgemeine* Kontrolle von Atomwaffen insgesamt sieben Kriterien: 1. Die Herstellung von Atomwaffen; 2. den Besitz (ownership) von Atomwaffen; 3. den Gewahrsam oder die Obhut (custody) über die Atomwaffen; 4. die erforderliche militärische Führung, gewöhnlich mit dem Akronym C^3 für command, control, and communications bezeichnet; manche fügen zu Recht ein »I« für die Nachrichtengewinnung (intelligence) hinzu. Gerade im Hinblick auf die kurzen Reaktionszeiten in einem Atomkrieg kommt der Frage, wer die strategische und taktische Vorwarnung auslöst, sowohl für den kriegerischen Einsatz als auch für das Krisenmanagement erhebliche Bedeutung zu. 5. Die strategische Planung für den Einsatz von Atomwaffen. Darunter fallen unter anderem die Festlegung der Anzahl, der Typen, der Einsatzmodalitäten und die Zielauswahl. 6. Die politische Entscheidung über den ersten Einsatz oder Nichteinsatz von Nuklearwaffen. 7. Die politischen Entscheidungen, die den weiteren Einsatz von Atomwaffen im Verlauf kriegerischer Auseinandersetzungen regeln[5].

Die Frage nach der *politischen* Kontrolle über die Atomwaffen führt unweigerlich in das Clausewitzsche Spannungsverhältnis zwischen Kriegführung und Politik oder zwischen Staatskunst und Kriegshandwerk (Gerhard Ritter), innerhalb dessen die demokratische Grundordnung den Primat der Politik fordert. Nach Paul Bracken befaßt sich politische Kontrolle daher »with the higher direction of the military for the purposes of statecraft, and therefore the goals of that control are specified outside of war«[6]. Wird dieser Primat der Politik durch ein Übergewicht militärischer Interessen in Frage gestellt, sei es durch das Militär selbst oder dadurch, daß sich Staat und Gesellschaft von sich aus militärischen Imperativen unterwerfen, ist gewöhnlich von Militarismus die Rede. Bei der Anwendung dieses Begriffs ist freilich Vorsicht geboten. Er ist als politische Kampfparole der bürgerlichen Gesell-

---

[4] Delmas, Naissance, S. 263–272. Zur französischen Nuklearwaffenpolitik im Rahmen der NATO allgemein siehe Schmitt, Frankreich. Zur Zusicherung einer »joint decision« siehe ebd., S. 46.
[5] Osgood, Nuclear Control, S. 21.
[6] Bracken, Delegation, S. 367.

schaft des 19. Jahrhunderts entstanden und hat diesen Charakter seither kaum eingebüßt. Dieser herkömmliche Militarismusbegriff ist auf einen innerhalb der Gesellschaft ausreichend konturierten Militärapparat bezogen, wird also analytisch untauglich, wenn in der modernen Industriegesellschaft die Bereiche von Politik, Wirtschaft, Militär, Wissenschaft und Technologie so verschmelzen, daß eine Trennung zwischen Zivil- und Militärbereich de facto nicht mehr existiert. Zur Beschreibung einer Gesellschaft, die unter dem Einfluß von Kaltem Krieg und Rüstungswettlauf einen »politisch-ideologischen-militärischen-wissenschaftlichen-technologischen-industriellen-Komplex« verkörpert, »der – zwar unter militärischen Prämissen stehend, aber nicht einseitig von Militärs beherrscht – mit dem gegebenen Gesellschaftssystem wenigstens in der Tendenz identisch ist«, forderte der Friedensforscher Dieter Senghaas Anfang der 70er Jahre einen »erweiterten« Militarismusbegriff, »der nicht nur konzeptuell auf den Verlust des Primats der Politik vor dem Militär fixiert ist, sondern Gesellschaftssysteme insgesamt als militaristisch charakterisiert«[7].

Auch für Paul Bracken steht nicht die politische Machtbalance zwischen zivilen Politikern und Militärs im Vordergrund, sondern jene »arrangements devised to manage a strategy of deterrence, and with how these may lead to a ›provincialization‹ of strategy that removes the possibility of political understanding, let alone control, of military operations«[8]. Mehr als Senghaas nimmt Bracken die waffentechnologische Entwicklung im Nuklearzeitalter in den Blick, die unmittelbar auf das Verhältnis von Militär und Politik wirkt. Die ungeheure Zerstörungskraft der Nuklearwaffen und die Schnelligkeit, mit der sie ins Ziel gebracht werden können, bringen die realistische Gefahr mit sich, daß die politische Führung oder deren Führungsmittel ausgeschaltet werden können, bevor die legitimen Entscheidungsinstanzen ihre Befugnisse wahrnehmen konnten. Die rasant ansteigenden Produktionsziffern – 1945 besaßen die USA sechs, und 1960 über 20 000 Atomwaffen[9] –

---

[7] Senghaas, Rüstung und Militarismus, S. 14 f.
[8] Bracken, Delegation, S. 353. Bracken problematisiert die Unterscheidung zwischen »provincial control« und »political control« im Nuklearzeitalter. Erstere umfaßt die Führung sowohl strategischer als auch taktischer Verbände zur Erreichung militärischer Ziele und den effizienten Mitteleinsatz, letztere befaßt sich mit dem »higher level of grand strategy« oder den »national objectives«. Zur allgemeinen Theorie und Systematik der amerikanischen politischen Kontrolle über den Nuklearwaffeneinsatz siehe auch Feaver, Guarding the Guardians, S. 3-84.
[9] Global Nuclear Stockpiles; Watson, Missile Age, S. 457, gibt nach einer »Summary of Declassified Nuclear Stockpile Information« des Department of Defense und des Department of Energy nachfolgenden Aufwuchs wieder:

1945:	2	1953:	1 169
1946:	9	1954:	1 703
1947:	13	1955:	2 422
1948:	50	1956:	3 692
1949:	170	1957:	5 543
1950:	299	1958:	7 345
1951:	438	1959:	12 298
1952:	841	1960:	18 638

die Diversifizierung dieser Atomwaffen für nahezu sämtliche militärischen Einsatzmöglichkeiten und ihre weltweite Dislozierung bildeten eo ipso ein Hindernis für eine wirksame zentrale politische Kontrolle.

Die Durchsetzung der politischen Kontrolle über die Atomwaffen der strategischen Verbände und der Verbände für den Gefechtsfeldeinsatz stand vor spezifischen Problemen. Für den strategischen Einsatz bestimmter Verbände, deren Hauptaufgabe in Vergeltungseinsätzen besteht, läßt sich eine zentrale politische Kontrolle leichter durchsetzen als für frontnahe und geographisch weit auseinandergezogene Verbände mit den unterschiedlichsten Kampfaufträgen. Eine prinzipielle Unterscheidung zwischen strategischen und taktischen Atomwaffen ist im Zusammenhang mit der politischen Kontrolle jedoch nicht sinnvoll, da sich diese Einsatzarten in den konkreten Kriegsplänen vermischten, weil durchaus auch Thermonuklearwaffen für den Gefechtsfeldeinsatz vorgesehen waren[10].

Eine Untersuchung zur politischen Kontrolle über die Entscheidung zum Einsatz amerikanischer Nuklearwaffen muß nach Peter Douglas Feaver insgesamt vier Teilaspekte behandeln: 1. Die materielle Verfügungsgewalt (physical control) der Atomwaffen, 2. die verfassungsmäßige Regelung der Nachfolge im Amt des Präsidenten (presidential succession), 3. den geregelten Übergang der Entscheidungskompetenzen des Präsidenten an nachgeordnete Stellen (devolution of command) und 4. die Delegation von Einsatzentscheidungsbefugnissen (predelegation of authoritiy)[11]. Da die unter 2. und 3. aufgeführten Teilaspekte überwiegend formale, wenn auch im Einzelnen nicht unproblematische Regelungen betreffen, die in der Literatur hinreichend behandelt sind, beschränkt sich die nachfolgende Untersuchung unter Verwendung erst in jüngster Zeit freigegebener Archivalien[12] auf die Teilaspekte der materiellen Verfügungsgewalt und der Delegierung von Entscheidungskompetenzen vor dem Hintergrund des atomaren Kriegsbildes und entsprechender nuklearstrategischer Grundsatzentscheidungen der amerikanischen Regierung und der NATO. Im Grunde geht es dabei um die Frage, ob amerikanische Militärbefehlshaber, insbesondere solche, die gleichzeitig NATO-Oberbefehlshaber waren, unmittelbare Zugriffsmöglichkeiten auf Atomwaffen besaßen, sie mithin einsetzen *konnten*, und um die Frage, unter welchen Vorraussetzungen diese Kommandeure Atomwaffen nach eigenem Ermessen einsetzen *durften*.

Zum besseren Verständnis der organisatorischen Zusammenhänge ist dieser Untersuchung ein Überblick über die sicherheitspolitischen Hauptakteure unter den Präsidenten Truman und Eisenhower vorangestellt.

---

[10] Zum geplanten taktischen Einsatz von Thermonuklearwaffen siehe Evangelista, Innovation, S. 107-114; Kaplan, Armageddon, S. 79; Strauss, Men and Decisions, S. 220; Memorandum Major General S.E. Anderson, USAF, Director, Plans & Operations, Use of Thermonuclear Weapons, 27 Dec., 1949, NA, RG 330, Defense-Atomic Energy, Combined Policy Committee Files, 1947-1954.
[11] Feaver, Guarding the Guardians, S. 36 f.
[12] Siehe Norris/Arkin/Burr, Where They Were und Burr, Newly Declassified Documents.

II. Die sicherheitspolitischen Hauptakteure unter Truman und Eisenhower – ein Überblick

1. Der Präsident

Nach der Verfassung ist der Präsident Staatsoberhaupt, Chef der Exekutive und Oberbefehlshaber der amerikanischen Streitkräfte. Er hat sehr weitreichende außen- und sicherheitspolitische Befugnisse, ist jedoch bei der Umsetzung seiner Programme vom Kongreß abhängig, der u.a. über die Bereitstellung der hierzu erforderlichen Mittel entscheidet. Die Ratifikation internationaler Verträge bedarf nach der »advise and consent«-Bestimmung der amerikanischen Verfassung (article II, section 2) einer Zwei-Drittel-Mehrheit im Senat. Von besonderer Bedeutung für die amerikanische Sicherheitspolitik ist das allein dem Kongreß von der Verfassung eingeräumte Recht, einen Krieg zu erklären. Die Mitgliedschaft der USA in der UNO und in regionalen kollektiven Verteidigungsbündnissen hat jedoch dazu geführt, daß die praktische Wahrnehmung dieses Vorrechts der Legislative als Vorbedingung für einen kriegerischen Einsatz amerikanischer Streitkräfte immer problematischer wurde. Sektion 6 des United Nations Participation Act von 1945 z.B. autorisiert den Präsidenten, mit dem UN-Sicherheitsrat Vereinbarungen zu treffen, die diesem im Bedarfsfall die Bereitstellung amerikanischer Truppen in Aussicht stellen. Hatte der Kongreß solchen Vereinbarungen erst einmal zugestimmt, war der Präsident nicht mehr gehalten, für einzelne kollektive Sicherheitsoperationen der UN die Zustimmung des Kongresses zur Teilnahme amerikanischer Truppen einzuholen. Am 27. Juni 1950 erklärte Präsident Harry S. Truman, daß er zur Unterstützung der südkoreanischen Streitkräfte Verbänden der U.S. Air Force und U.S. Navy den Einsatzbefehl erteilt habe. Diesem Einsatzbefehl war weder ein im UN Participation Act vorgesehenes Abkommen mit dem UN-Sicherheitsrat noch eine Zustimmung des Kongresses vorausgegangen. Auch wenn der amerikanische Militäreinsatz in Korea formal eine »Polizeiaktion« darstellte, handelte es sich dabei in Wirklichkeit doch um einen sehr verlustreichen Kriegseinsatz, den der amerikanische Kongreß trotz fehlender Kriegserklärung mit den erforderlichen gesetzgeberischen Maßnahmen und der Bereitstellung erheblicher Mittel unterstützte.

Als Truman jedoch Anfang 1951 seine Absicht bekundete, zur Erfüllung der amerikanischen NATO-Verpflichtungen vier Divisionen nach Europa zu verlegen, stieß er auf Widerstand im Senat. Senator Robert A. Taft warf dem Präsidenten vor, schon mit seinem Entschluß zum militärischen Eingreifen in Korea Verfassungsbruch begangen zu haben, und forderte, daß jeder weiteren Truppenverlegung ins Ausland ein entsprechender Beschluß des Kongresses vorausgehen müsse. Eine amerikanische Truppenverlegung nach Europa, so fürchteten Taft und andere Senatoren, bringe die Gefahr mit sich, daß die USA im Falle eines sowjetischen Angriffs automatisch in einen Krieg verwickelt wurden. Gegen eine solche Situation hatte man jedoch 1949 amerikanischerseits durch die vorsichtige Formulierung der Beistandsklausel in Artikel 5 des NATO-Vertrages bereits Vorkehrungen getroffen[1]. Am Ende dieser »Great Debate« setzte sich Truman mit seinem Anspruch durch, jederzeit amerikanische Truppen verlegen zu dürfen. Die in der Senatsresolution 91 vom 4. April 1951 zum Ausdruck gebrachte Auffassung des Senats (sense of the Senate), daß »in the interests of sound constitutional processes, and of national unity and understanding« für jede künftige Politik, die eine Assignierung amerikanischer Truppen gemäß NATO-Vertrag einschloß, die Zustimmung des Kongresses eingeholt werden sollte, besaß nach Auffassung des Rechtsberaters im Verteidigungsministerium keine zwingende Rechtskraft[2].

Die weitere Entwicklung zeigte, daß damit die Frage des Rechts zur Truppenverlegung dauerhaft zugunsten der Exekutive erledigt war. Als Präsident Dwight D. Eisenhower während der Nahost-Krise im Juli 1958 mit Truppen im Libanon intervenierte, stieß er im Kongreß auf keinen nennenswerten Widerstand, obwohl er vor seiner Entscheidung lediglich mit einzelnen Kongreßabgeordneten konferiert, nicht aber um Zustimmung des Kongresses nachgesucht hatte[3]. Man kann wohl resümieren, daß das weltweite militärische Engagement der USA und die Verhältnisse im Kalten Krieg »have made war decisions a matter of executive discretion in all but the most technical sense«[4]. Diese Erkenntnis hat vor allem im Hinblick auf die nukleare Rüstung und nuklearstrategische Planung verständlicherweise sowohl Politikern als auch der Öffentlichkeit besondere Sorgen bereitet.

2. Der Nationale Sicherheitsrat
(National Security Council – NSC)

Neben dem Kabinett ist der NSC das höchste Beratungsorgan des Präsidenten. Er wurde durch den National Security Act von 1947[5] eingerichtet. Ihm gehörten ursprünglich der Präsident, der Außenminister, der Verteidigungsminister, die Minister für die Teilstreitkräfte sowie der Vorsitzende des National Security Resources Board (NSRB), seit Dezember 1950 abgelöst durch den Director Office of Defen-

---

[1] Kaplan, Unequal Triad, S. 116 f.; Rearden, Formative Years, S. 470-475.
[2] Poole, Joint Chiefs, S. 224; Condit, Test of War, S. 339-341.
[3] Watson, Missile Age, S. 209-216; Ambrose, Eisenhower 2, S. 469-474.
[4] Kelly/Harbison, American Constitution, S. 860; siehe auch Schlesinger, Imperial Presidency, sowie Hoxie, Command Decision, S. 3-32.
[5] Zum National Security Act von 1947 siehe Rearden, Formative Years, S. 16-27. Zum Text einschl. Folgedokumente: Department of Defense, S. 3-159. Zum NSC siehe Korkisch, Amerikanische Sicherheitspolitik.

se Mobilization[6], an. Mit den Änderungsgesetzen zum National Security Act von 1949 erlosch für eine Zeit lang die gesetzliche Mitgliedschaft der Minister für die Teilstreitkräfte, dafür trat der Vice President hinzu, die Joint Chiefs of Staff (JCS) wurden zu »principal military advisers« des NSC. Mit dem Department of Defense Reorganization Act von 1958 wurde die Mitgliedschaft der Minister für die Teilstreitkräfte restituiert. Unter Eisenhower nahmen an den Sitzungen des NSC regelmäßig auch der Finanzminister (Secretary of the Treasury), der Director of the Bureau of the Budget, der Vorsitzende der Atomenergiekommission (Atomic Energy Commission – AEC), die JCS samt ihrem Vorsitzenden, der Director of Central Intelligence sowie von Fall zu Fall auch Vertreter anderer Ressorts und Behörden teil. Der NSC hat die gesetzliche Aufgabe, »to advise the President with respect to the integration of domestic, foreign, and military policies relating to the national security« und »to assess and appraise the objectives, commitments, and risks of the United States in relation to our actual and potential military power and to make recommendations to the President on these matters«[7]. Konkret erstreckte sich die Beratung des NSC auf folgende Gebiete:

1. Politik gegenüber einzelnen Ländern oder geographischen Gebieten.
2. Komplexe Politikfelder wie Außenhandel, Mobilmachung, Abrüstung und Nutzung der Atomenergie, etc.
3. Fragen der Durchführung von NSC-Programmen, Nachrichtengewinnung im Ausland – hierzu war dem NSC die Central Intelligence Agency (CIA) unterstellt – und innere Sicherheit.
4. Formulierung von Grundsätzen für die U.S. Sicherheitspolitik (Basic National Security Policy)[8].

Der NSC verfügte anfänglich über einen Arbeitsstab aus von den Departments abgestellten Militärs und Zivilbeamten unter einem Executive Secretary of the NSC. Unter Eisenhower, der im Gegensatz zu seinem Vorgänger regelmäßig den Sitzungen des NSC präsidierte, wurde die Arbeit des NSC turnusmäßig und effizienter organisiert. Geführt von einem 1953 eingesetzten Special Assistant to the President for National Security Affairs, eine Position, die unter Eisenhowers Nachfolgern erheblichen politischen Einfluß gewinnen sollte, arbeitete ein Planning Board aus Vertretern der Departments und Behörden auf der Ebene der Assistant Secretaries. Es fertigte die Diskussionsvorlagen für den NSC auf der Basis der von den einzelnen Departments gelieferten Entwürfe. Fand ein Papier die Zustimmung des NSC, legte dieser es dem Präsidenten zur förmlichen Billigung vor. Die Billigung durch den Präsidenten schloß die Weisung an die gesamte Exekutive zur

---

[6] Das NSRB hatte nach dem National Security Act von 1947 die Aufgabe, den Präsidenten über die Koordination der militärischen, industriellen und zivilen Mobilmachung zu beraten. Die mit Ausbruch des Koreakrieges zutage getretenen organisatorischen Schwächen des NSRB veranlaßten Präsident Truman Mitte Dezember 1950 ein Office of Defense Mobilization (ODM) im Executive Office des Präsidenten einzurichten. Das NSRB wurde 1953 von Präsident Eisenhower aufgelöst. Rearden, Formative Years, S. 129-132; Condit, Test of War, S. 498 f.
[7] Zit. Rearden, Formative Years, S. 118.
[8] Rearden, Formative Years, S. 119 f.

Durchführung der beschlossenen Politik oder Einzelmaßnahmen ein. Die koordinierte Durchführung der Weisungen wurde vom Operations Coordinating Board (OCB) überwacht. Diesem 1953 von Eisenhower berufenen, aber erst 1957 dem NSC integrierten Gremium gehörten neben einem Repräsentanten des Präsidenten der Under Secretary of State, der Deputy Secretary of Defense, meist vertreten durch den Assistant Secretary of Defense for International Security Affairs (ISA), der Director of Central Intelligence und der Director U.S. Information Agency sowie von Fall zu Fall andere Behördenvertreter an[9].

Am 19. November 1949 bestellte Präsident Truman ein Special Committee of the National Security Council on Atomic Energy, bestehend aus dem Außenminister, dem Verteidigungsminister und dem Vorsitzenden der Atomenergiekommission. Es sollte ihm Empfehlungen für seine Entscheidung zum Bau einer Wasserstoffbombe unter besonderer Berücksichtigung technischer, militärischer und politischer Aspekte unterbreiten[10]. Im November 1950 erarbeitete der Stab des Special Committee Vorschläge für das Prozedere bei der Entscheidung des Präsidenten zum Einsatz von Nuklearwaffen. Präsident Eisenhower schaffte das Special Committee im Januar 1954 wieder ab und ließ die bislang diesem Gremium reservierten atomaren Angelegenheiten fortan mehrheitlich direkt im NSC verhandeln (siehe unten, S. 312).

Seit Juni 1954 gehörten dem NSC ein Net Capabilities Subcommittee, ab Februar 1955 ein Net Evaluation Subcommittee (NESC) an, das sich kontinuierlich mit der Bewertung der objektiven sowjetischen Fähigkeiten zur Zerstörung von Zielen in den USA und ihren überseeischen Einrichtungen in einem allgemeinen Krieg befaßte. Ihm gehörten der Chairman JCS (Vorsitz), der Director Office of Defense Mobilization, der Federal Civil Defense Administrator, der Director Central Intelligence, der Chairman Interdepartmental Committee on Internal Security und seit Mai 1956 der Chairman AEC an[11].

3. Das Außenministerium (Department of State)

Je mehr sich im Zweiten Weltkrieg und im Kalten Krieg Außen- und Verteidigungspolitik auch organisatorisch zu Sicherheitspolitik vermengten, desto mehr drangen Vorstellungen der militärischen Führung und des Verteidigungsressorts in die traditionellen Politikfelder des Außenministeriums ein. Nach den Erfahrungen u.a. mit der amerikanischen Besatzungspolitik in Deutschland und Japan, in der vornehmlich militärische Stäbe den Ton angaben, ist es nicht verwunderlich, daß Beamte und Diplomaten des Department of State in der Einrichtung des National Security Council eine Institutionalisierung der Präponderanz des Militärischen befürchteten, zumal der erste Verteidigungsminister, James Forrestal, bemüht war,

---

[9] Rearden, Formative Years, S. 119; Condit, Joint Chiefs, S. 3–5; Watson, Missile Age, S. 24 f.
[10] Truman an Souers, Executive Secretary NSC, November 19, 1949, FRUS 1949 I, S. 587 f.
[11] FRUS 1955/57 XIX, S. 2, Anm. 4 und S. 56 f., Editorial Note; Watson, Missile Age, S. 329.

die Möglichkeiten, die ihm der National Security Act in diesem Gremium bot, in vollem Umfange zu nutzen[12].

Mit Public Law 73 vom 26. Mai 1949 wurden dem Außenminister und dem Under Secretary of State zehn Assistant Secretaries zugestanden, von denen zwei gleichzeitig als Deputy Under Secretaries fungierten. Unter diesen beiden war der Deputy Under Secretary (Political Affairs) neben seiner Zuständigkeit für allgemeine politische Angelegenheiten Hauptverbindungsmann zwischen dem Außenministerium und dem Verteidigungsministerium.

Als Think Tank für das Außenministerium war am 5. Mai 1947 ein Policy Planning Staff eingerichtet worden, der folgende Aufgaben hatte:
1. Formulierung und Weiterentwicklung von Langzeitprogrammen zur Erreichung der außenpolitischen Ziele der USA als Vorlage für die außenpolitischen Entscheidungsträger des Departments.
2. Vorausschauende Untersuchungen über möglicherweise auftretende Schwierigkeiten bei der Umsetzung dieser Programme.
3. Erstellen von Studien und Berichten über weitreichende politisch-militärische Probleme.
4. Untersuchung von Problemen und Entwicklungen auf ihre Relevanz für die aktuelle U.S. Außenpolitik.
5. Koordination der Planungsarbeit innerhalb des Außenministeriums[13].

Die Zusammenarbeit zwischen dem Außenministerium und dem Verteidigungsministerium wurde in hohem Maße durch das persönliche Verhältnis der Ressortchefs bestimmt. Die Beziehung zwischen Dean G. Acheson, Außenminister vom 21. Januar 1949 bis 20. Januar 1953, und Louis A. Johnson, Verteidigungsminister vom 28. März 1949 bis 19. September 1950, der alle Kontakte zum Außenministerium bei sich konzentrieren wollte, waren nicht spannungsfrei. Dagegen profitierten die Beziehungen zwischen Acheson und George C. Marshall, Verteidigungsminister vom 21. September 1950 bis 12. September 1951, und Robert A. Lovett, Verteidigungsminister vom 17. September 1951 bis 20. Januar 1953, davon, daß die beiden Minister als vormaliger Secretary, beziehungsweise Under Secretary of State Erfahrungen im Außenministerium gesammelt hatten. Das Verhältnis von John Foster Dulles, Außenminister vom 21. Januar 1953 bis 18. April 1959, war zu Admiral Arthur W. Radford, Chairman JCS vom 15. August 1953 bis 15. August 1957, besser als das zu Charles E. Wilson, Verteidigungsminister vom 28. Januar 1953 bis 8. Oktober 1957. Überhaupt förderte Dulles direkte Kontakte seiner Beamten zu den JCS. Letztere trafen sich nahezu wöchentlich mit dem Außenminister oder mit niederrangigeren Vertretern, und ab 1958 konferierten JCS-Stabsmitglieder regelmäßig mit dem Policy Planning Staff[14]. Der unmittelbare Ver-

---

[12] Kennan, Memoirs, S. 368-371; Murphy, Diplomat, S. 291 f.; Rearden, Formative Years, S. 124.
[13] Kennan, Memoirs, S. 325-328.
[14] Watson, Missile Age, S. 20 und 26.

kehr des Außenministeriums mit den Joint Chiefs of Staff zeigt die relative Eigenständigkeit des militärischen Elements innerhalb des Verteidigungsministeriums.

4. Das National Military Establishment (NME) und das Verteidigungsministerium (Department of Defense – DoD)

Die bis 1949 übliche Bezeichnung »National Military Establishment« entstammte der Gesetzesvorlage des Repräsentantenhauses für den National Security Act. Mit den Gesetzesänderungen von 1949 wurde »Department of Defense« als offizielle Bezeichnung eingeführt[15]. Die organisatorische Entwicklung des Verteidigungsressorts bis 1958 wurde hauptsächlich durch folgende legislative beziehungsweise exekutive Maßnahmen beeinflußt: Den National Security Act von 1947, die Gesetzesänderungen von 1949, den Reorganization Plan No. 6 von 1953 und den Department of Defense Reorganization Act von 1958.

a) Der Verteidigungsminister (Secretary of Defense)

Der National Security Act von 1947 definierte die Rolle des neugeschaffenen Verteidigungsministers als »the principle assistant to the President in all matters relating to the national security« und wies ihm folgende Aufgaben zu: 1. Aufstellung von »general policies and programs« für das NME als Ganzes. 2. Ausübung von »general direction, authority, and control« gegenüber den Ministern für die Teilstreitkräfte (Service Secretaries) (siehe unter 4.b). 3. Eliminierung unnötiger Doppelarbeit auf den Gebieten von Beschaffung, Versorgung, Transport, Bevorratung, Gesundheitswesen und Forschung. 4. Aufsicht und Koordination bei der Vorbereitung und Umsetzung des jährlichen Militärhaushalts. Aus Furcht vor einem übermächtigen Generalstab »nach preußischem Muster« billigte der Gesetzgeber dem Verteidigungsminister zu seiner Unterstützung lediglich drei Special Assistants, aber keinen Under Secretary (Staatssekretär) und keine Assistant Secretaries zu, wodurch er paradoxerweise die Position der zivilen Leitung des DoD gegenüber den JCS und den Ministern für die Teilstreitkräfte erheblich schwächte. Ein War Council (später Armed Forces Policy Council), bestehend aus dem Verteidigungsminister, den drei Ministern für die Teilstreitkräfte und den Chiefs of Staff der Teilstreitkräfte, hatte die sehr allgemein gehaltene Aufgabe, den Verteidigungsminister »on matters of broad policy pertaining to the armed forces« zu beraten[16].

Unter den 1949 verabschiedeten Gesetzesänderungen zum National Security Act[17] mutierte das NME zum Department of Defense unter einem Secretary mit

---

[15] Rearden, Formative Years, S. 23.
[16] Ebd., S. 23–27.
[17] Public Law 216, 10.8.1949.

II. Die sicherheitspolitischen Hauptakteure

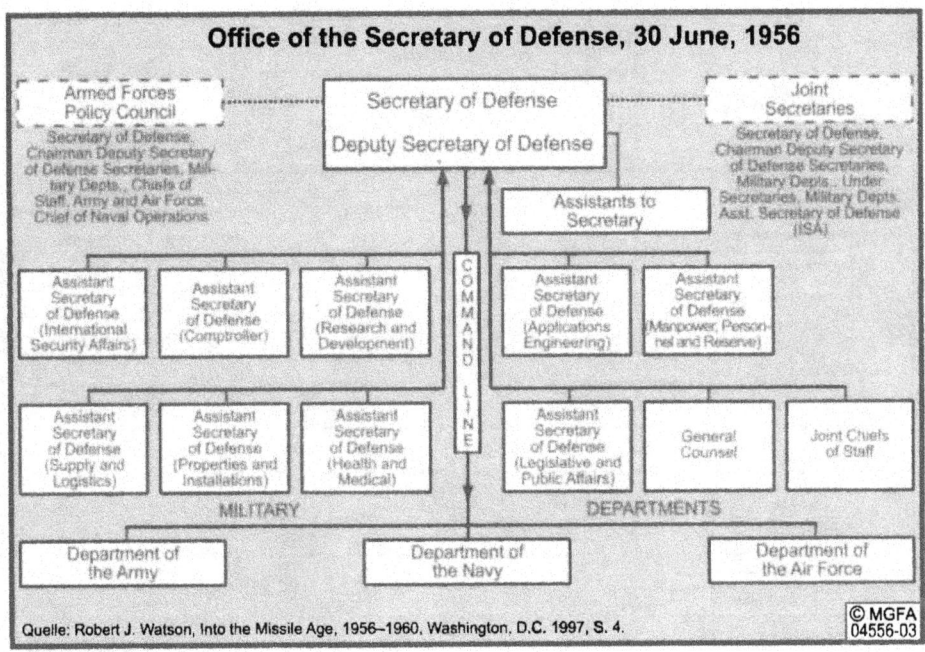

Quelle: Robert J. Watson, Into the Missile Age, 1956–1960, Washington, D.C. 1997, S. 4.

Kabinettsrang, während die Minister für die Teilstreitkräfte fortan lediglich »military departments« vorstanden. Dem Verteidigungsminister wurde in Erweiterung seiner bisherigen »general direction, authority, and control« über die Minister für die Teilstreitkräfte nunmehr »direction, authority, and control«, ohne die einschränkende Qualifizierung »general«, und zwar über das gesamte Department eingeräumt. Seine Stellung innerhalb des Departments wurde zusätzlich durch die Neudefinition seiner Rolle als »principal assistant to the President in all matters relating to the Department of Defense« gestärkt, auch wenn damit formal eine gewisse Einschränkung der politischen »Reichweite« seiner Beraterkompetenz gegenüber der ursprünglichen Fassung »in all matters relating to national security« verbunden war. Auch die personelle Ausstattung der Leitungsspitze wurde verbessert. Der Under Secretary wurde Deputy Secretary (Stellvertretender Minister), und die drei Special Assistants stiegen im Rang zu Assistant Secretaries auf.

Die Gesetzesänderungen von 1949 brachten zwar einige Verbesserungen der Stellung des Verteidigungsministers, aber keinen Durchbruch zu einer konsequenten »unification« der Teilstreitkräfte unter der unangefochtenen politischer Leitung des Ressortchefs[18]. Gegen Ende seiner Amtszeit unterbreitete Verteidigungsminister Lovett unter anderem Vorschläge für eine eindeutigere Definition der Rolle des Verteidigungsministers gegenüber dem Präsidenten, den JCS wie den Mini-

---

[18] Rearden, Formative Years, S. 50–55. Für Hogan, Cross of Iron, war der National Security Act insgesamt Ausfluß einer Art »national security ideology« und damit ein Meilenstein auf dem Weg zum »national security state«.

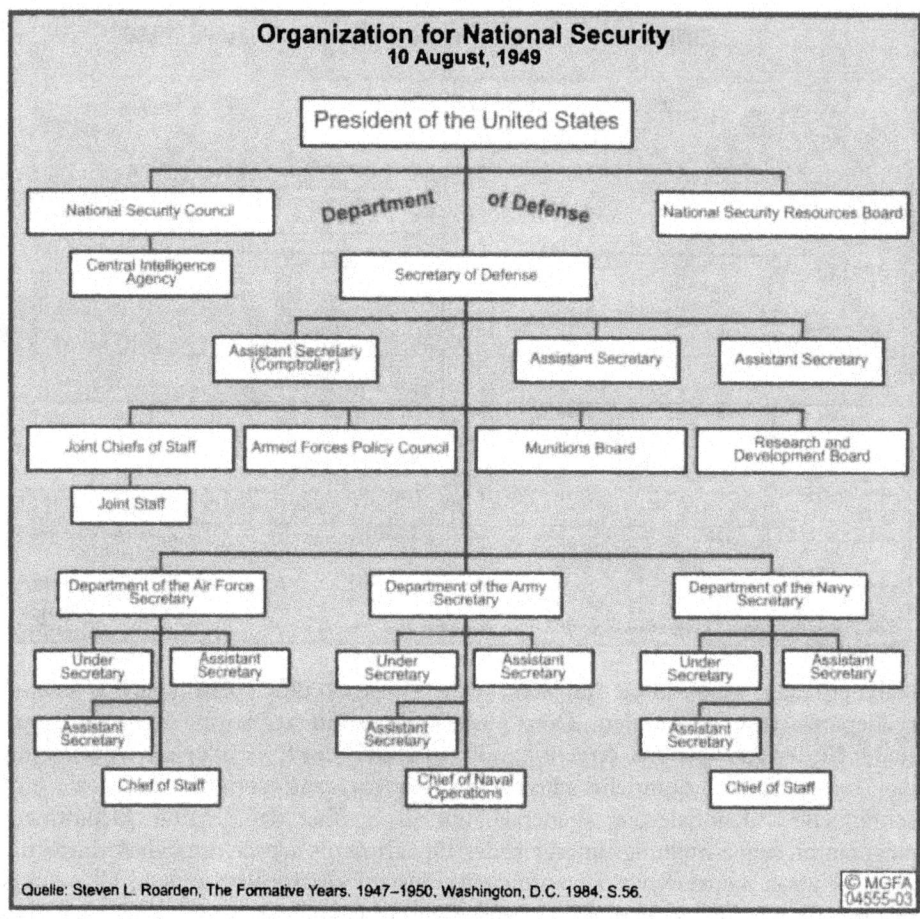

stern für die Teilstreitkräfte, die Präsident Eisenhower und sein Verteidigungsminister Wilson in ihrem Reorganization Plan No. 6 vom 30. Juni 1953 teilweise umsetzten[19]. Eine daraus resultierende DoD-Weisung von 1954 bestimmte, daß im DoD keine Funktion unabhängig von der Weisungsbefugnis des Verteidigungsministers ausgeübt werden durfte. Das Ministerbüro (Office of the Secretary of Defense) innerhalb des DoD umfaßte neben den Stabselementen des Secretary und denen seines Deputy nunmehr neun, statt bislang drei Assistant Secretaries, die Special Assistants und die JCS. Die neuen Assistant Secretaries übernahmen die Aufgaben der aufgelösten teilstreitkraftübergreifenden Boards und Committees. Nach den Vorstellungen Eisenhowers sollten sie sich nicht in den unmittelbaren Verkehr des Verteidigungsministers mit den Ministern für die Teilstreitkräfte einmischen, sondern den Secretary über die DoD-Aktivitäten auf dem Laufenden halten und ihn über deren Verbesserungsmöglichkeiten beraten. Unter den Assi-

---

[19] Condit, Test of War, S. 525–531; Hoxie, Command Decision, S. 194–198.

stant Secretaries hatte der für International Security Affairs (ISA) zuständige eine herausragende Bedeutung. Er war unter anderem für die amerikanische Teilnahme in kollektiven Sicherheitsorganisationen zuständig und leitete das Office of the Defense Adviser U.S. Regional Organizations (USRO), das in Europa die Verbindung zur NATO hielt. Auch saß er als DoD-Repräsentant im NSC Planning Board.

Eisenhowers Drängen nach integrierten, teilstreitkraftübergreifenden Großverbänden unter ungeteilter operativer Führungsverantwortung ihrer Befehlshaber, und der durch den Sputnik-Schock von 1957 ausgelöste öffentliche Druck nach stärkerer Zentralisierung der Rüstungsanstrengungen führten 1958 zu ersten exekutiven Reformen und am 6. August 1958 zum Department of Defense Reorganization Act[20]. Dieses Gesetz markierte einen wesentlichen Fortschritt in der »unification«-Frage, indem es die Autorität des Verteidigungsministers gegenüber den Ministern für die Teilstreitkräfte eindeutig definierte. Der Verteidigungsminister besaß nun unter anderem die Befugnis, zur Realisierung der vom Präsidenten angestrebten und im Gesetz verankerten Streitkräftestruktur innerhalb der militärischen Departments Funktionen zu transferieren oder aufzulösen. Gegen solche Maßnahmen konnten jedoch die für die Streitkräfte zuständigen Ausschüsse des Kongresses innerhalb von dreißig und beide Häuser des Kongresses innerhalb von vierzig Tagen ihr Veto einlegen. Das Office of the Secretary of Defense wurde um einen Director of Defense Research and Engineering erweitert, während die JCS ihm fortan nicht mehr angehörten, weil sie gesetzliche Befugnisse als unmittelbare Berater des Präsidenten und des NSC ausübten, die über ihre Zusammenarbeit mit dem Verteidigungsminister hinausreichten.

b) Die Minister für die Teilstreitkräfte (Service Secretaries)

Mit dem National Security Act von 1947 wurden die bis dahin selbständigen Departments of War und Navy mit ihren kabinettsrangigen Secretaries unter dem neugeschaffenen Verteidigungsminister mediatisiert und um ein drittes Department of the Air Force erweitert. Das War Department wurde umbenannt in Department of the Army. Dem Navy Department waren das U.S. Marine Corps und die Marinefliegerverbände angeschlossen. Diesen drei Departments standen zivile Secretaries vor, die innerhalb des National Military Establishment, ab 1949 umbenannt in Department of Defense, ihre jeweiligen Departments separat verwalteten. Diesen Kompromiß im Zusammenhang mit der angestrebten »unification« der Teilstreitkräfte hatte der Kongreß zur Wahrung seiner unmittelbaren legislativen Kompetenzen bezüglich der Streitkräfte und zur Verhinderung eines überzentralisierten und dadurch übermächtigen NME durchgesetzt. Nach der dem National Security Act vorangestellten Präambel des Streitkräfteausschusses des Senats (Senate Armed Services Committee) lag es in der Absicht des Gesetzgebers, »to provide for their

---

[20] Public Law 85-599. Zum Gesetzgebungsgang ausführlich Watson, Missile Age, S. 243-291.

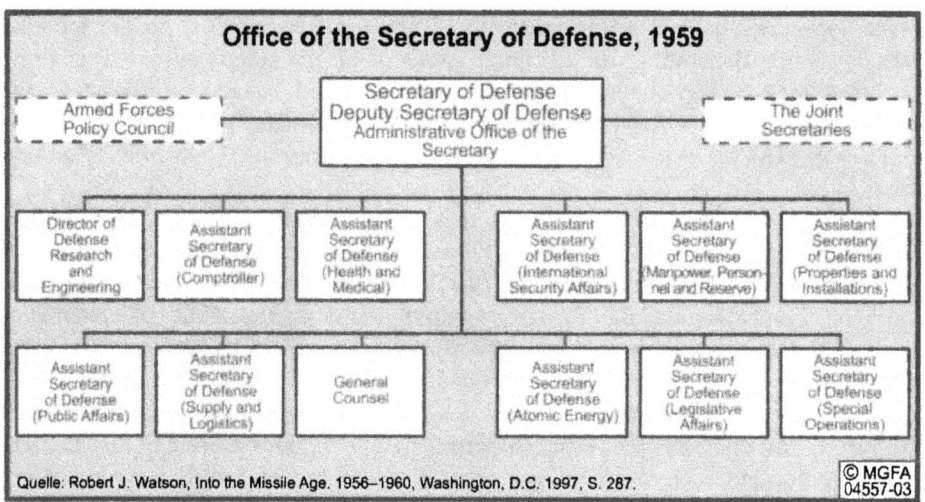

Quelle: Robert J. Watson, Into the Missile Age. 1956–1960, Washington, D.C. 1997, S. 287.

authoritative coordination and unified direction under civilian control but not to merge them«[21]. Die Minister für die Teilstreitkräfte befanden sich daher in der schwierigen Lage, daß sie einerseits als Elemente des Department of Defense Weisungen des Verteidigungsministers ausführen, andererseits die Erwartungen der Teilstreitkräfte nach Interessenvertretung im DoD erfüllen mußten.

Die Änderungsgesetze von 1949 bestätigten zwar die separate Verwaltung dieser Service Departments, wandelten aber ihren Status von einem exekutiven in einen militärischen um, wodurch die Minister für die Teilstreitkräfte ihren Kabinettsrang und ihre gesetzliche Mitgliedschaft im NSC einbüßten[22]. Um eine »clear and unchallenged civilian responsibility in the Defense Establishment«[23] sicherzustellen, gliederte Präsident Eisenhower 1953 die Minister für die Teilstreitkräfte anstelle der einzelnen Chiefs of Staff der Teilstreitkräfte in seinen Befehlsstrang zu den Einsatzverbänden unter dem Verteidigungsminister ein, eine Regelung, die er 1958 zugunsten einer Straffung seiner Kommandogewalt über die Streitkräfte wieder rückgängig machte[24]. Mit dem Verlust ihrer Funktion als »executive agents« (siehe unten!) verloren die Minister für die Teilstreitkräfte ihren unmittelbaren Einfluß auf die operative Führung der integrierten Großverbände. Ihre Zuständigkeit beschränkte sich fortan auf Verwaltungs-, Ausbildungs- und Logistik-Funktionen. Gegen die Befugnis des Verteidigungsministers, Funktionen der Departments zu übertragen oder abzuschaffen, räumte das Gesetz den Ministern für die Teilstreitkräfte, wie auch den Chiefs of Staff ein Appellationsrecht zum Kon-

---

[21] Zit. Rearden, Formative Years, S. 24.
[22] Condit, Test of War, S. 523–525.
[23] So Eisenhower; zit. Watson, Missile Age, S. 16.
[24] Siehe dazu den nachfolgenden Abschnitt c)!

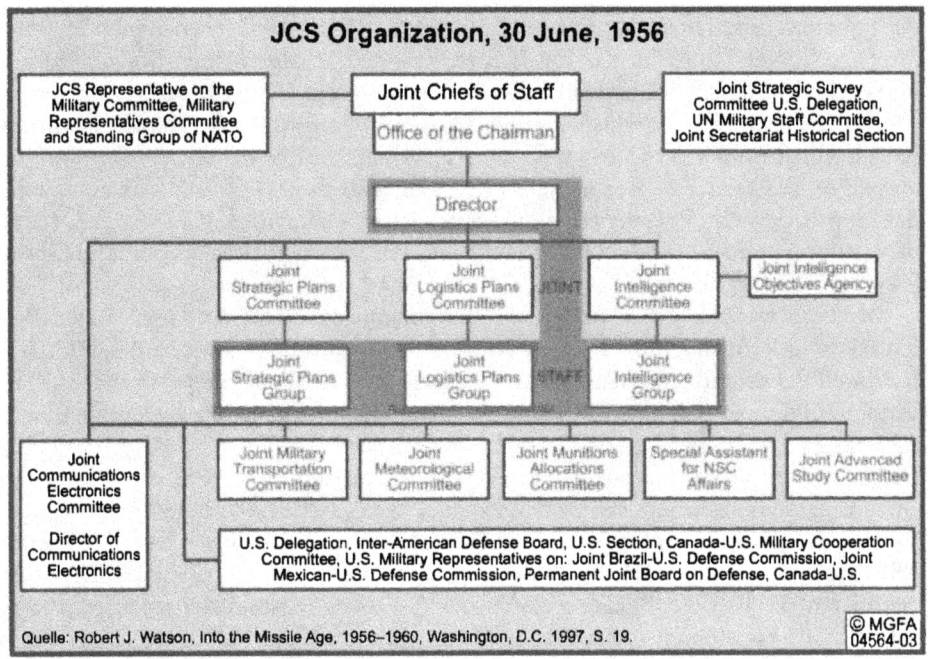

Quelle: Robert J. Watson, Into the Missile Age, 1956–1960, Washington, D.C. 1997, S. 19.

greß ein, das Eisenhower als »legalized insubordination«[25] bezeichnete, aber nicht verhindern konnte.

c) Die Joint Chiefs of Staff (JCS)

Eingerichtet während des Zweiten Weltkrieges als Führungselement für teilstreitkraftübergreifende Verbände wurden die JCS im National Security Act von 1947 gesetzlich verankert. Sie wurden zu »principal military advisers« des Verteidigungsministers, des Präsidenten und mit den Gesetzesänderungen von 1949 auch des NSC, in dessen Planning Board sie vertreten waren. Den JCS gehörten der Chief of Staff U.S. Army, der Chief of Staff U.S. Air Force und der Chief of Naval Operations an. Ab 1952 trat gelegentlich der Commandant U.S. Marine Corps als in Angelegenheiten seiner Waffengattung gleichberechtigtes Mitglied hinzu. Die Gesetzesänderungen bescherten den JCS auch einen vom Präsidenten auf zwei Jahre bestellten Chairman als viertes, nicht stimmberechtigtes Mitglied. Die JCS waren zuständig für die strategische und logistische Planung, die strategische Ausrichtung der Streitkräfte, die Einrichtung teilstreitkraftübergreifender Verbände (unified commands), die Überprüfung des Bedarfs der Streitkräfte und die Formulierung von gemeinsamen Richtlinien für die militärische Erziehung und Ausbildung. Zuarbeit zu den JCS leisteten hauptsächlich der Joint Staff und einzelne Ausschüsse,

---

[25] Zit. Watson, Missile Age, S. 270.

darunter das Joint Strategic Survey Committee (JSSC, 1958 umbenannt in Joint Strategic Survey Council), das die JCS zu Fragen der allgemeinen Militärstrategie und deren Verhältnis zur nationalen und internationalen Politik beriet.

Die eigenständige gesetzliche Rolle der JCS als korporatives Gremium brachte die einzelnen Mitglieder in einen latenten Loyalitätskonflikt zu den Ministern ihrer jeweiligen Teilstreitkraft, denen sie als Chief of Staff ihrer Teilstreitkraft unterstanden. Nach Ansicht Präsident Eisenhowers, selbst ehemaliges JCS-Mitglied, hatte die korporative Rolle der JCS jedoch Vorrang vor ihrem Auftrag als Stabschef ihrer jeweiligen Teilstreitkraft[26].

Bis 1953 waren die JCS nach dem Verteidigungsminister ein Glied in der Befehlskette des Präsidenten zu den »unified and specified commands«, die den Hauptteil der amerikanischen Einsatzverbände ausmachten. Für jeden dieser Verbände wählten die JCS einen aus ihrer Mitte als Bevollmächtigten (executive agent) aus, der in ihrem Auftrag die operative Kontrolle über diesen Verband ausübte. Dieses System war während des Zweiten Weltkrieges zum Zweck einer einheitlichen Operationsführung auf den einzelnen Kriegsschauplätzen eingeführt und nach dem Krieg für regionale Verbandsgruppen beziehungsweise Einzelverbände beibehalten worden[27]. Für die Bildung solcher unified and specified commands benötigten die JCS die Billigung durch den Verteidigungsminister und den Präsidenten. Aus Elementen mehrerer Teilstreitkräfte gebildete Verbände waren »unified commands«, solche, die nur aus Einheiten einer Teilstreitkraft bestanden, waren »specified commands«, wenn ihr Auftrag so wichtig war, daß er eine JCS-Führung erforderte. Unified and specified commands und ihre Aufträge wurden seit 1946 in einem von Zeit zu Zeit fortgeschriebenen und ab 1955 jährlich überarbeiteten »unified command plan« von den JCS designiert. Mit dem Department of Defense Reorganization Act von 1958 erhielten die specified and unified commands ihre gesetzliche Grundlage. Der 1955 beschlossene »unified command plan« listete folgende Verbände auf:

Unified commands: Atlantic Command (LANTCOM); der Oberbefehlshaber war gleichzeitig NATO-SACLANT (Supreme Allied Commander Atlantic). Pacific Command (PACOM). Caribbean Command (CARIBCOM). Alaskan Command (ALCOM). U.S. European Command (USEUCOM); der Oberbefehlshaber war zugleich NATO-SACEUR (Supreme Allied Commander Europe). Far East Command (FECOM); am 1. Juli 1957 aufgelöst. U.S. Northeast Command für Neufundland, Labrador und Grönland; im Juni 1956 aufgegangen in Continental Air Defense Command (CONAD); ab 1958 unified command, zuvor »joint command«.

Specified commands: Strategic Air Command (SAC). U.S. Air Forces Europe (USAFE); nur für die Teile, die nicht USEUCOM assigniert waren, im Juni 1956 kam USAFE komplett unter USEUCOM. U.S. Naval Forces, Eastern Atlantic and Mediterranean (NELM); nur mit den Komponenten, die nicht USEUCOM assigniert waren[28].

---

[26] Watson, Misile Age, S. 20.
[27] Schnabel, Joint Chiefs of Staff, S. 171-186.
[28] Watson, Missile Age, S. 38-40; Cole et al., History.

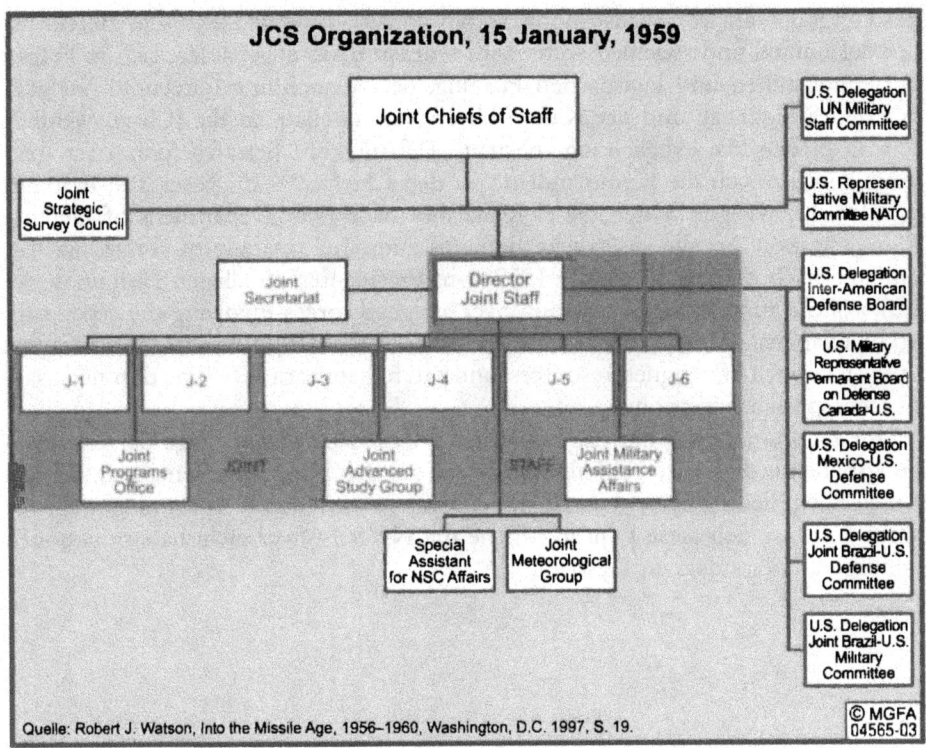

Quelle: Robert J. Watson, Into the Missile Age, 1956–1960, Washington, D.C. 1997, S. 19.

Zur Stärkung der zivilen Verantwortlichkeit innerhalb des DoD hatte Präsident Eisenhower 1953 zwar verfügt, daß die Minister für die Teilstreitkräfte anstelle der JCS-Mitglieder als executive agents zu den unified and specified commands fungierten. Jeder Service Secretary konnte aber, um eine unverhältnismäßige zivile Einmischung in militärische Operationen zu vermeiden, seine executive agent-Funktion »for strategic direction and for the conduct of combat operations«[29] durch seinen Stabschef wahrnehmen lassen. Schon vor der Verabschiedung des Department of Defense Reorganization Act hob Eisenhower diese Funktion der Teilstreitkraftminister, ja das executive agent-System überhaupt, wieder auf. Mehr als die zivile Leitungsgewalt im DoD stand 1958 das »unified command«-Prinzip und – im Hinblick auf das »stepped-up tempo of modern warfare«[30] – ein schneller und reibungsloser Befehlsstrang des Präsidenten zu den Einsatzverbänden im Vordergrund. Deshalb wurden im August 1958 die JCS unter einem in seiner Funktion gestärkten Chairman wieder in diesen Befehlsstrang inseriert und der Joint Staff nach der üblichen militärischen Stabsstruktur umgebaut.

Ab dem 15. September 1958, beginnend mit USEUCOM, übernahmen die JCS korporativ die Führung über die unified and specified commands nach Maßgabe

---

[29] Zit. Watson, Missile Age, S. 16 f.
[30] So Verteidigungsminister Neil H. McElroy; zit. Watson, ebd., S. 265.

des von ihnen am 28. August modifizierten unified command plan: Die Befehlshaber der unified und specified commands wurden darin angewiesen, sich in Fragen der strategischen und logistischen Planung, der Ausrichtung (direction) der assignierten Streitkräfte und der Kampfführung unmittelbar an die JCS zu wenden. Nur in Fragen, die lediglich eine einzelne Teilstreitkraft betrafen (uniservice matters), konnten sich die Kommandeure an den Chief of Staff dieser Teilstreitkraft wenden. Im übrigen hatten die Befehlshaber nach dem Department of Defense Reorganization Act die gesetzliche Befugnis zum »full operational command«. Sie umfaßte nach der am 30. Januar 1959 vom Präsidenten gebilligten Definition der JCS »(t)hose functions of command over assigned forces involving the composition of subordinate forces, the assignment of tasks, the designation of objectives, the over-all control of assigned resources, and the full authoritative direction necessary to accomplish the mission«[31].

Im Zusammenhang mit der zur gleichen Zeit diskutierten Frage der Entscheidungsbefugnis dieser Befehlshaber im Bezug auf den Nuklearwaffeneinsatz fällt die Ausstattung dieser Führungsebene mit einer so erheblichen Kommandogewalt, vor allem dort, wo sich diese Führungsebene mit NATO-Oberbefehlshaberfunktionen überlagerte, besonders ins Gewicht.

---

[31] Zit. Watson, Missile Age, S. 277 f.

III. Die Auseinandersetzung um die Obhut (Custody) über die Nuklearwaffen

1. Begriffsdefinition

Die unterschiedlichen Rahmenbedingungen, unter denen der unmittelbare Zugriff auf die Atomwaffen möglich war, schlugen sich auch in unterschiedlichen Begriffen nieder, bis sich schließlich der Begriff »custody« durchsetzte[1]. Nach einem Memorandum des Military Liaison Committee[2] umfaßte der Begriff »custody« folgende Verantwortlichkeiten: (1) Rechenschaft über die Waffen und die nuklearen und nicht-nuklearen Waffenkomponenten. (2) Physischer Schutz der Waffen und Waffenkomponenten in den Lagerstätten. (3) Einsatzbereitschafts- und Routineinspektionen. (4) Notwendige Reparaturen von Einzelteilen durch die Custodians im Rahmen ihrer Möglichkeiten. (5) Bereitstellung der Waffen für das Training des Einsatzpersonals. (6) Bereitstellung der Waffen für die kontinuierliche wissenschaftliche Überwachung und für die Entwicklung verbesserter Designs, Lagermethoden und Einsatzmöglichkeiten[3].

Eine Vereinbarung über Lagerungsverfahren (Storage Operations Agreement) zwischen der Atomic Energy Commission und dem Department of Defense vom 3. August 1955 definiert custody als »guardianship and safekeeping of atomic weapons and their components and of special nuclear materials«[4]. Nach einer Empfehlung der JCS für einen NATO nuclear stockpile vom November 1957 erforderte die Aufrechterhaltung der U.S. custody »that control or access to the weapons must be maintained to the extent that it would take an act of force to obtain either weapons or information concerning the weapons without proper authoriza-

---

[1] Feaver, Guarding the Guardians, S. 37.
[2] Zum Military Liaison Committee (MLC) siehe unten, S. 274 f.
[3] Department of Defense, Public Reading Room, History of the Custody and Deployment of Nuclear Weapons (U), July 1945 through September 1977, prepared by the Office of the Assistant to the Secretary of Defense (Atomic Energy), February 1978, zensierte Kopie, Stand: August 2000 (zit.: History of the Custody), S. 9.
[4] Office of the Secretary of Defense, Assistant to the Secretary of Defense (Atomic Energy), Custody, 10 November, 1960 (zit. Report on Custody, 10 November, 1960), Inclosure to Herbert B. Loper, Assistant to the Secretary of Defense (Atomic Energy) to Clinton P. Anderson, Chairman, Joint Committee on Atomic Energy, November 10, 1960, Attachements, Tab D, NA, RG 218, Records of the JCAE, Series 2: General Subject Files, classified box 5. Bei »special nuclear material« handelt es sich hauptsächlich um Plutonium und in den Isotopen 233 oder 235 angereichertes Uran; Atomic Energy Act of 1954, Public Law 703, chapter 2: Definitions.

tion«[5]. Custody bezeichnete also in erster Linie einen Umstand, der die Inbesitznahme von Atomwaffen durch Unbefugte verhinderte, und die eigenen Einsatzmöglichkeiten (ability to use) erst zuließ, wenn custody auch den Besitz kompletter Atomwaffen samt ihrer Trägermittel und aller erforderlichen mechanischen oder elektronischen Schlüsselvorrichtungen und Codes einschloß. Mit diesen sogenannten Permissive Action Links (PALs) wurden amerikanische Atomwaffen in Europa erst ab Sommer 1962 ausgerüstet[6]. Es ist davon auszugehen, daß zumindest bis zu diesem Zeitpunkt custody also auch die uneingeschränkte technische Fähigkeit zum Nuklearwaffeneinsatz einschloß.

2. Der Atomic Energy Act von 1946

Lange vor dem ersten erfolgreichen Test einer amerikanischen Atombombe bei Alamogordo (New Mexico) am 16. Juli 1945 wurden Überlegungen zur Kontrolle dieser neuen furchtbaren Waffe angestellt[7]. Im Vordergrund dieser frühen Überlegungen stand nicht die zivil-militärische Kontrollkonkurrenz, sondern die Einsicht in die Notwendigkeit einer internationalen Kontrolle der Atomwaffen. Auch als sich das amerikanische Kabinett am 17. September 1945 zum erstenmal mit der Kontrolle der Atomwaffen befaßte, ging es hauptsächlich um die Frage einer internationalen Kontrolle.

Seit Mai 1945 arbeitete ein von Secretary of War, Henry Stimson, ernannter Ausschuß, dem Wissenschaftler des Manhattan Engineer District (MED) und Vertreter des War und des Navy Departments angehörten, an Empfehlungen für die atomare Nachkriegsforschung, an Kontrollfragen und an entsprechenden Gesetzesvorlagen. Ein Gesetzesentwurf dieses Ausschusses sah die Einrichtung einer Kommission aus fünf zivilen und vier militärischen Mitgliedern vor, die die gesamte amerikanische zivile und militärische Nuklearforschung kontrollieren sollte. Als Präsident Truman im Oktober 1945 die Vorbereitungen für die Atomgesetzgebung forcierte, geriet die Diskussion um die Kontrolle der Atomenergie unter starker Medienbeteiligung schnell zu einer Auseinandersetzung über das zivilmilitärische Verhältnis. An deren Ende hatte Senator Arthur H. Vandenberg große Mühe, gegen eine von Senator Brien McMahon angeführte Gruppe, die für eine ausschließlich zivile Kommission plädierte, einen Kompromiß durchzusetzen, der wenigstens eine gewisse militärische Repräsentanz garantierte. Am 26. Juli 1946 passierte die Gesetzesvorlage beide Häuser des Kongresses und wurde am 1. August durch die Unterschrift des Präsidenten zum ersten Atomic Energy Act der USA. Er verfügte ein in der Folgezeit nie mehr erreichtes Maß unmittelbarer

---

[5] Zit. History of the Custody, S. 61.
[6] Feaver, Guarding the Guardians, S. 192 f.; Sagan, Limits of Safety, S. 106; Trachtenberg, Peace, S. 309; Cotter, Peacetime Operations, S. 47.
[7] Zur Geschichte des Atomic Energy Act von 1946 siehe Hewlett/Anderson, New World, S. 417-530, und Feaver, Guarding the Guardians, S. 87-106.

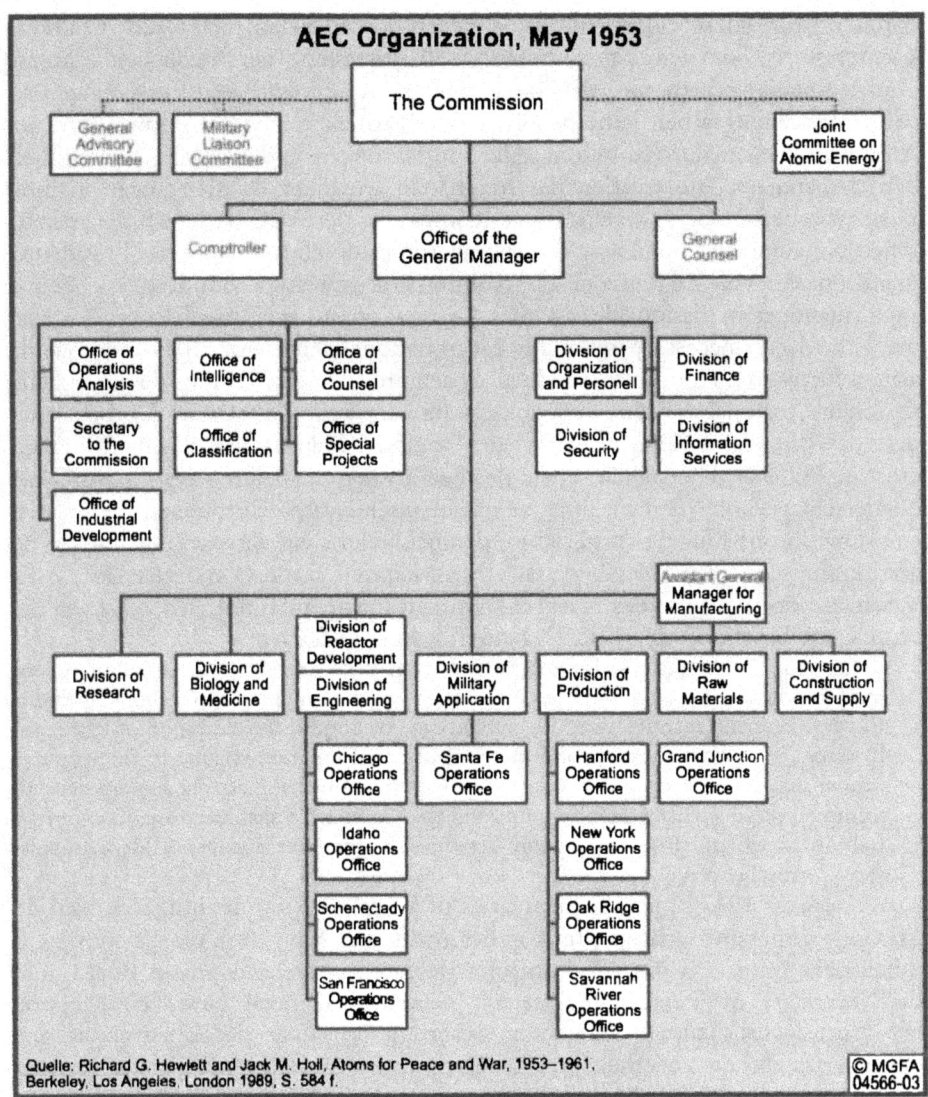

Quelle: Richard G. Hewlett and Jack M. Holl, Atoms for Peace and War, 1953–1961, Berkeley, Los Angeles, London 1989, S. 584 f.

ziviler Kontrolle über das amerikanische Atomenergieprogramm und speziell über die Atomwaffen. Obwohl in der Debatte um den Atomic Energy Act häufig von der heraufziehenden sowjetischen Bedrohung die Rede war, stellte die schließlich erreichte strikte zivile Kontrolle über die Atomwaffen (assertive civilian control) einen Ausweis dafür dar, »daß der Gesetzgeber einen virulenten amerikanischen Militarismus mehr fürchtete als einen sowjetischen Angriff«[8].

Mit dem Atomic Energy Act wurde eine Atomic Energy Commission (AEC) mit fünf vom Präsidenten auf Empfehlung und mit Zustimmung des Senats er-

---

[8] Feaver, Guarding the Guardians, S. 105.

nannten Mitgliedern eingerichtet, von denen der Präsident eines zum Chairman bestimmte. Neben dem Schwerpunkt der Erforschung der friedlichen Nutzung von Atomenergie hatte die AEC die Aufgabe, Experimente und Forschungen sowie Entwicklungsarbeit einschließlich der Produktion von Atomwaffen und Atomwaffenteilen durchzuführen. Alle Einrichtungen und Materialien einschließlich vorhandener Atomwaffen des Manhattan Engineer District gingen in ihren Besitz (property) über. Die eindeutige Kompetenz der AEC bezüglich der militärischen Nutzung der Atomenergie wurde allerdings durch das Recht des Präsidenten relativiert, der von Zeit zu Zeit die Kommission anweisen konnte, »(1) to deliver such quantities of fissionable materials or weapons to the armed forces for such use as he deems necessary in the interest of national defense or (2) to authorize the armed forces to manufacture, produce, or acquire any equipment or device utilizing fissionable material or atomic energy as a military weapon«[9]. Dieser Vorbehalt bildete das Einfallstor für den Zugriff des National Military Establishment auf das atomare Arsenal. Die militärischen Belange fanden auch ihren organisatorischen Niederschlag: Unter den maximal zehn einzurichtenden Abteilungen befand sich eine Division of Military Application, deren Direktor ein aktiver Angehöriger der Streitkräfte sein sollte (Sec. 2, (4) (B)). Ein Military Liaison Committee (MLC) aus Vertretern des War und des Navy Department diente als Bindeglied zwischen diesen Departments und der AEC. Es hatte folgende Aufgaben:

> »The Commission shall advise and consult with the Committee on all atomic energy matters which the Committees [sic!] deems to relate to military applications, including the development, manufacture, use, and storage of bombs, the allocation of fissionable material for military research, and the control of information relating to the manufacture or utilization of atomic weapons. The Commission shall keep the Committee fully informed of all such matters before it and the Committee shall keep the Commission fully informed of all atomic energy activities of the War and Navy Departments.« (Sec. 2, Abschn. 4 B c)

Am 17. Januar 1947 legten die Secretaries of War und Navy die Mitgliederzahl des MLC auf insgesamt sechs, je drei von der Army und Navy, fest, die gleichzeitig als militärische Mitglieder des AEC im Joint Research and Development Board unter dem Secretary of Defense fungierten. Lieutenant General Lewis H. Brereton, U.S. Army, wurde zum Vorsitzenden bestimmt. Im Zuge der Umstrukturierung der amerikanischen sicherheitspolitischen Spitzenorganisation durch den National Security Act von 1947 bekam das Military Liaison Committee mit Donald F. Carpenter einen vom Secretary of Defense ernannten zivilen Vorsitzenden. Der Chairman MLC diente gleichzeitig als persönlicher Berater und Vertreter des Secretary of Defense mit der Kompetenz »to make final decisions on all questions, except those of major policy, which fall within the jurisdiction of the Military Liaison Committee«[10]. Mit einem Amendment zum Atomic Energy Act vom Oktober 1949 (Public Law 347) bestimmte der Kongreß, daß der Chairman MLC vom Prä-

---

[9] Atomic Energy Act, Sec. 6.
[10] Zit. Rearden, Formative Years, S. 113.

sidenten auf Empfehlung und mit Zustimmung des Senats ernannt wurde. Mit seiner paritätischen Zusammensetzung war das MLC zwar gelegentlich ein Forum für Streitigkeiten innerhalb der rivalisierenden Teilstreitkräfte, bei der Durchsetzung militärischer Interessen im Zusammenhang mit der Frage der Obhut über die Atomwaffen, der Entwicklung der H-Bombe und der Steigerung der Produktion von spaltbarem Material fand das MLC in der Auseinandersetzung mit der AEC aber immer zu einer gemeinsamen Front[11].

Teile der militärischen Funktionen und organisatorischen Bestandteile des Manhattan Engineer District überlebten die durch den Atomic Energy Act von 1946 und die Executive Order 9816 bedingten organisatorischen Veränderungen in Form des Armed Forces Special Weapons Project (AFSWP), das im Januar 1947 durch die Secretaries of War und Navy als teilstreitkraftübergreifende Organisation eingerichtet wurde. Es sollte ursprünglich innerhalb des Military Establishment die volle Verantwortung »for all aspects of atomic warfare short of operational and tactical command of the field use of atomic weapons« übernehmen. Unter Führung von General Leslie R. Groves, dem vormaligen Director MED, wurden die Aufgaben des AFSWP ab Juli 1947 nach längeren Verhandlungen mit den JCS jedoch auf die Rolle einer Einheit mit hauptsächlich technischen Aufgaben (technical agency) für die Ausbildung der Truppe im Umgang mit den Atomwaffen reduziert. Diese Ausbildung durch das AFSWP geschah unter Aufsicht der AEC, und hierzu ausgelieferte Atomwaffen oder Atomwaffenteile mußten nach Abschluß der Übungen an diese Behörde zurückgegeben werden. Ähnlich der Funktion des MLC als politisches Bindeglied zwischen der AEC und dem Verteidigungsressort war das AFSWP die unmittelbare operative Kontaktstelle zwischen der AEC und den Streitkräften[12].

Neben der AEC bestimmte der Atomic Energy Act ein Joint Committee on Atomic Energy (JCAE) zur zweiten und übergeordneten zivilen Kontrollinstanz, das sich aus neun Mitgliedern des Senats und neun Mitgliedern des Repräsentantenhauses zusammensetzte. Die erstere Gruppe wurde vom President of the Senate, die letztere vom Speaker of the H.R. ernannt. Nicht mehr als fünf Mitglieder durften jeweils der gleichen Partei angehören. Hauptaufgabe des Committee war es, »die Aktivitäten der Atomic Energy Commission und die mit der Entwicklung, Anwendung und Kontrolle der Atomenergie zusammenhängenden Probleme kontinuierlich zu untersuchen«. Dazu war die AEC gehalten, das Joint Committee on Atomic Energy über ihre Arbeit »fully and currently« zu informieren (Sec. 15)[13].

Als Verbindung der AEC zur einschlägigen wissenschaftlichen Kommunität richtete der Atomic Energy Act ein General Advisory Committee (GAC) aus neun vom Präsidenten ernannten Zivilpersonen ein, das die AEC in wissenschaftlichen

---

[11] Rearden, Formative Years, S. 114. Das MLC bestand auch als gesetzlich eingerichtetes Committee nach der Reorganisation des Department of Defense 1958 fort; Watson, Missile Age, S. 276.
[12] History of the Custody, S. 6; Rearden, Formative Years, S. 111 f. Zur organisatorischen Entwicklung des AFSWP zur Defense Atomic Support Agency (DASA) nach der Reorganisation des DoD im Jahre 1958 siehe Watson, Missile Age, S. 446.
[13] Zur »watchdog«-Funktion des JCAE siehe History of the Custody, S. 67–76.

und technischen Angelegenheiten im Zusammenhang mit Material und Produktion sowie mit Forschung und Entwicklung beraten sollte.

3. Einsatzpolitik: Die Direktive NSC 30

Im Quebec-Agreement von 1943 hatten sich Roosevelt und Churchill gegenseitig verpflichtet, Atomwaffen gegen Dritte nur im gegenseitigen Einvernehmen einzusetzen. Dem ersten amerikanischen Atomwaffeneinsatz gegen Hiroshima am 6. August und gegen Nagasaki am 8. August 1945 hatte die britische Regierung am 4. Juli 1945 zugestimmt[14]. Der Atomic Energy Act von 1946 führte die atomaren Angelegenheiten wieder aus der Kooperation mit Großbritannien (und Kanada) in die ausschließlich nationale Eigenverantwortung zurück. Letzte britische Ansprüche aus dem Kriegsabkommen und damit alle externen Einschränkungen für einen amerikanischen Atomwaffeneinsatz wurden mit dem Modus vivendi von 1949, in dem das Quebec-Agreement für null und nichtig erklärt wurde, beseitigt[15].

Nach Auswertung der Bikini-Tests im Sommer 1946 kam eine Expertengruppe der JCS zu dem Ergebnis, daß mit dem Einsatz von Atomwaffen nicht nur die militärische Macht einer Nation, sondern auch deren soziale und ökonomische Strukturen vernichtet und ihre Wiederherstellung auf lange Zeit verhindert werden könnten. In Verbindung mit anderen Massenvernichtungsmitteln sei es mit dem Einsatz von Atomwaffen möglich, weite Landstriche der Erde zu entvölkern und nur »spärliche Überreste des von Menschenhand Geschaffenen« übrig zu lassen. Solange kein Verbot aller Massenvernichtungswaffen, eine wirksame internationale Kontrolle und absolute Garantien für einen dauerhaften Frieden erreicht seien, bleibe den Vereinigten Staaten nichts anderes übrig, als mit der atomaren Rüstung fortzufahren. Darüber hinaus müßten sich die USA der Möglichkeit atomarer Überraschungsangriffe stellen und dafür Sorge tragen, daß die amerikanischen Streitkräfte im Einklang mit den Realitäten der atomaren Kriegführung planen und handeln könnten. Es liege in der Verantwortung des Kongresses zu definieren, was eine aggressive Handlung, ein unmittelbar bevorstehender oder ein beginnender Angriff seien, um geeignete Anweisungen an den Oberbefehlshaber der Streitkräfte zu ermöglichen, die eine schnelle und wirkungsvolle atomare Vergeltung sicherstellten, »sollte eine andere Nation sich für einen Atomwaffenangriff gegen uns bereitmachen«[16].

---

[14] Siehe den amerikanisch-britisch-kanadischen Entwurf »The U.K.-U.S.-Canadian Collaboration in the Field of Atomic Energy, 1940-1957«, Anlage zu A.I. Scott (United Kingdom, Atomic Energy Authority) an A.J. Stirling Esq. (Foreign Office), 2.5.1958, PRO, FO 371/135506; Twigge/Scott, Planning Armageddon, S. 18-22.

[15] FRUS 1948 I, pt. 2, S. 683 ff. Siehe auch Introductory Remarks at Meeting of CPC [= Combined Policy Committee] (First Meeting of full CPC, December 1947), NA, RG 59, lot 57 D 688, box 55, folder 4.8 CPC, d. Meetings and Agendas, 1945-1951.

[16] The Evaluation of the Atomic Bomb as a Military Weapon. The Final Report of the Joint Chiefs of Staff Evaluation Board For Operation Crossroads, 30 June, 1947. Zit nach einer von Forrestal

Als die JCS am 5. Mai 1948 Präsident Truman über ihre Einsatzpläne für den Ernstfall vortrugen, die unter anderem eine atomare Luftoffensive vorsahen, forderte Truman unter Hinweis auf die zu diesem Zeitpunkt zwar ins Stocken geratenen Bemühungen um eine Kontrolle der Atomrüstung durch die Vereinten Nationen, aber auch im Hinblick auf wahrscheinliche Widerstände seitens der amerikanischen Bevölkerung gegen einen offensiven Atomwaffeneinsatz die Erarbeitung eines rein konventionellen Operationsplans. Der vom Joint Strategic Plans Committee daraufhin entworfene »Alternative Medium Range Emergency War Plan«, Deckname INTERMEZZO, war aber schon vor seiner Fertigstellung Mitte Juli 1948 obsolet[17]. Allzusehr hatten Haushaltsbeschränkungen, heftige Auseinandersetzungen unter den Teilstreitkräften über ihre jeweilige nuklearstrategische Rolle und die in allen militärischen Lageanalysen konstatierte konventionelle Unterlegenheit der USA gegenüber der Sowjetunion die militärischen Planer auf den Einsatz von Atomwaffen verwiesen. Alarmiert durch die nichtnukleare Option des Präsidenten forderte Kenneth C. Royall, Secretary of the Army, am 19. Mai 1948 eine grundsätzliche Überprüfung der Frage eines Atomwaffeneinsatzes durch den NSC. Da der Rückgriff auf Atomwaffen ein integraler Bestandteil der operativen Planungen der U.S. Army sei, müsse der NSC besonders die Frage untersuchen, wann und gegebenenfalls gegen welche Ziele Atomwaffen eingesetzt würden, und hierfür eine »organization capable of immediate engagement in atomic warfare« finden[18]. Da sich Royalls Initiative mit laufenden Verhandlungen zwischen dem National Military Establishment und der AEC über die Frage der Obhut (custody) überschnitt, wollte sich der NSC damit vorerst nicht befassen. Er wies seinen Stab an, eine Studie über die amerikanische Position hinsichtlich der Auslösung atomarer Kampfhandlungen im Kriegsfall auszuarbeiten, die Überlegungen zum Zeitpunkt und den Umständen des Einsatzes und die Art der Ziele einschloß. Da besonders der U.S. Air Force nicht daran gelegen war, den Ausbau ihrer bereits dominanten Rolle bezüglich des Atomwaffeneinsatzes durch die von Royall geforderte Grundsatzdiskussion in den höchsten politischen Gremien zu gefährden, versuchte sie durchzusetzen, daß der NSC die Untersuchung der damit zusammenhängenden organisatorischen Fragen an den War Council[19] delegierte. Dieser sei die geeignete Institution für eine Untersuchung der bestmöglichen Organisation innerhalb des National Military Establishment und anderer relevanter Exekutivbehörden zur

---

am 6.4.1948 Truman vorgelegten gekürzten Fassung: HSTL, Papers of Harry S. Truman, President's Secretary's Files, box 202, folder »NSC Atomic«, Secretary of Defense to the President, April 6, 1948, Enclosure »A«. Siehe auch Memorandum Major General Curtis E. LeMay, Deputy Chief of Air Staff for Research and Development, an General Spaatz, o.D., NA, RG 341, OPD 384.3, 17 August, 1945, sec. 8. Die JCS rückten erst am 7. August 1950 wegen verfassungsrechtlicher Bedenken von diesen Vorschlägen ab. Zu diesem Zeitpunkt gingen die amerikanischen Operationspläne von der rechtzeitigen Bereitstellung von Atomwaffen für eine Gegenoffensive gegen sowjetische Atomstreitkräfte aus. Rosenberg, Overkill, S. 127; siehe auch Ross, American War Plans, S 18.

[17] Herken, Winning Weapon, S. 264.
[18] Zit. Rearden, Formative Years, S. 434.
[19] Zum War Council siehe oben, S. 262.

Sicherstellung der optimalen Ausnutzung der amerikanischen nuklearen Kriegführungsfähigkeit.[20].

Die gravierenden politischen Implikationen ließen es vor allem Forrestal ratsam erscheinen, in der Frage der nuklearen Einsatzpolitik sehr vorsichtig zu taktieren. Bei seinem Treffen mit Präsident Truman und Außenminister Marshall am 15. Juli 1948 wollte er den Präsidenten nicht zu einer definitiven Äußerung hinsichtlich der atomaren Einsatzpolitik drängen, im Vertrauen darauf, daß dessen Entschluß schon richtig sein würde, »wann immer sich Umstände entwickelten, die eine Entscheidung erforderlich machten«. Tatsächlich versprach Truman, sich des Problems mit aller Sorgfalt annehmen zu wollen. Gleichzeitig ließ er aber keinen Zweifel darüber aufkommen, daß er die Entscheidung über den Einsatz von Atomwaffen in eigener Hand behalten und nicht zulassen werde, »to have some dashing lieutenant colonel decide when would be the proper time to drop one«[21]. Immerhin schien Forrestal den Äußerungen des Präsidenten entnommen zu haben, daß dieser seine Überlegungen nicht ausschließlich auf ein internationales Verbot von Atomwaffen gründete. Am 28. Juli wies Forrestal jedenfalls die JCS an, bei ihren militärischen Planungen für den Ernstfall solchen, die den Einsatz von Atomwaffen vorsahen, den Vorrang vor rein konventionellen Planungen einzuräumen[22]. Am 10. September 1948 wurde der Entwurf des NSC-Stabes für einen »Report by the National Security Council on United States Policy on Atomic Warfare« (NSC 30) dem NSC im Entwurf zugeleitet, an dessen Formulierung Vertreter des Department of the Air Force offenbar wesentlichen Anteil hatten[23]. Im Grunde beschränkte sich NSC 30 auf die Frage, ob es ratsam sei, zum gegenwärtigen Zeitpunkt politische Richtlinien für den Einsatz von Atomwaffen zu formulieren, behandelte also nicht die grundsätzlichere Frage des Für und Wider eines Atomwaffeneinsatzes. Trotzdem gewinnt man den Eindruck, daß der NSC-Stab und seine Zuarbeiter ihre gesamte Argumentation auf das Ziel hin ausrichteten, mögliche Einschränkungen für die in Gang befindliche atomare Aufrüstung der Streitkräfte und deren operative atomare Planungsarbeit zu verhindern und darüber hinaus diese atomare Option sicherheitspolitisch durch den Präsidenten absegnen zu lassen. Verteidigungsminister Forrestal bezeichnete daher am 16. September im NSC die nachfolgenden Feststellungen der Zusammenfassung als besonders bedeut-

---

[20] Minutes of the 12th Meeting of the National Security Council, held on Thursday, June 3, 1948, HSTL, Truman Papers, box 203, Records of the National Security Council; Memorandum for the President, June 4, 1948, HSTL, President's Secretary's Files, box 220 (sanitized copy). Siehe auch FRUS 1948 I, S. 624, Anm. 1; Rearden, Formative Years, S. 435.

[21] Zit. Forrestal Diaries, S. 458; Rearden, Formative Years, S. 435 f.; Minutes of the 14th Meeting of the NSC, July 1, 1948, HSTL, President's Secretary's Files, box 204, Records of the NSC.

[22] Rearden, Formative Years, S. 436.

[23] Text: FRUS 1948 I, S. 624-628 und Etzold/Gaddis, Containment, S. 343 ff. Zum Beitrag der U.S. Air Force siehe das Memorandum Kennans vom 7.7.1948, zitiert in FRUS 1948 I, S. 625, Anm. 1 und Rearden, Formative Years, S. 436.

sam[24]: »It is recognized that, in the event of hostilities, the National Military Establishment must be ready to utilize promtly and effectively all appropriate means available, including atomic weapons, in the interest of national security and must therefore plan accordingly« (Ziffer 12). In Ziffer 4 wird festgestellt, daß eine im voraus getroffene Entscheidung, notfalls Atomwaffen einzusetzen, zwar für die militärischen Planer von einigem Nutzen sein könne, diese Vorentscheidung aber nicht wesentlich sei, »since the military can and will, in its absence, plan to exploit every capability in the form of men, materials, resources and science this country has to offer«.

Ganz allgemein hielt es der NSC-Stab für unklug, im voraus den Einsatz von Atomwaffen entweder vorzuschreiben oder zu verbieten, solange der Charakter einer künftigen militärischen Auseinandersetzung nur unzulänglich vorhergesagt werden könne. Solange sich Kriege nicht vermeiden ließen, sei es nicht sinnvoll, sich Beschränkungen im Gebrauch bestimmter Waffen im Kriegsfall aufzuerlegen. Der NSC-Stab war sich freilich darüber im klaren, daß der Atomwaffeneinsatz keine bloße militärische Angelegenheit war. Die Art der Ziele zu bestimmen, die im Ernstfall mit Atomwaffen bekämpft werden sollten, sei zwar in erster Linie eine militärische Aufgabe im Rahmen der Vorbereitung und Planung der Grand Strategy, darüber hinaus müsse aber auch dem Erfordernis Rechnung getragen werden, »for blending a political with a military responsibility in order to assure that the conduct of war, to the maximum extent practicable, advances the fundamental and lasting aims of U.S. policy«.

Hinsichtlich dieser politischen Gesichtspunkte unterschieden die militärischen Planer innenpolitische und außenpolitische Aspekte. Öffentliche Erörterungen oder Entscheidungen über den Einsatz von Atomwaffen würden das amerikanische Volk mit einer moralischen Frage von entscheidender sicherheitspolitischer Bedeutung zu einem Zeitpunkt konfrontieren, zu dem die sicherheitspolitischen Implikationen dieses Problems noch nicht gänzlich offenkundig geworden seien. Eine solche Entscheidung solle das amerikanische Volk erst unter den Gegebenheiten des Ernstfalls (actual emergency) treffen, »when the principal factors involved are in the forefront of public consideration«. Auf keinen Fall dürfe den Sowjets mit öffentlichen Diskussionen auch nur der geringste Anlaß gegeben werden, anzunehmen, die USA würden notfalls keine Atomwaffen gegen sie einsetzen. Dies könne auf Seiten der verantwortlichen sowjetischen Führer genau jene Aggression auslösen, die zu verhindern Grundlage der amerikanischen Politik sei. Sollten die USA sich gegen den Einsatz von Atomwaffen entscheiden oder öffentlich über die moralischen Aspekte dieses Einsatzes debattieren, hätte dies vor allem negative Auswirkungen auf die Sicherheit Westeuropas: Wenn man sich dort heute eines Sicherheitsgefühls erfreue, ohne das es keine wirtschaftliche Erholung Europas und keine Hoffnung auf eine friedliche und stabile Weltordnung in der Zukunft

---

[24] Memorandum for the President, ohne Datum, mit einer kurzen Zusammenfassung der 21. Sitzung des Nationalen Sicherheitsrats am 16.9.1948, HSTL, President's Secretary's Files, box 220, Records of the NSC.

gebe, so sei dies in hohem Maße auf die Atombombe unter amerikanischer »Treuhänderschaft« zurückzuführen, die gegenwärtig die Hauptbalance gegenüber der allgegenwärtigen Bedrohung durch die sowjetische Militärmacht darstelle.

Ausführlich diskutierte der NSC-Stab den Zusammenhang eventueller amerikanischer Entscheidungen in der Atomwaffeneinsatzfrage mit den Überlegungen in den Vereinten Nationen zur internationalen Kontrolle der Atomenergie. Unter Hinweis auf den resignativen dritten Bericht der Atomenergiekommission des UN-Sicherheitsrats vom 17. Mai 1948, in dem diese zur Erkenntnis gelangt war, daß ein Abkommen über wirksame Maßnahmen zur Kontrolle der Atomenergie von einer Kooperation in breiteren Politikfeldern abhänge, hielt der NSC-Stab es für katastrophal, wenn die USA einseitig auf den Einsatz von Atomwaffen verzichten würden. Ein effizientes System internationaler Kontrolle der Atomenergie müsse der Maßstab für amerikanische Selbstbeschränkung bleiben.

Aus all diesen vorgenannten Gründen empfahl der NSC-Stab, zum gegenwärtigen Zeitpunkt davon abzusehen, eine Entscheidung über den Einsatz oder Nichteinsatz von atomaren Waffen in einem möglichen künftigen Konflikt und über den Zeitpunkt und die Umstände eines solchen Einsatzes oder Nichteinsatzes zu treffen: »The decision as to the employment of atomic weapons in the event of war is to be made by the Chief Executive when he considers such decision to be required.«

NSC 30 blieb bis 1960 das einzige speziell zum Atomwaffeneinsatz verfaßte und vom NSC gebilligte Dokument[25]. Es enthielt zwar keine Aussagen, unter welchen Umständen und Bedingungen sowie gegen welche Ziele im Ernstfall Atomwaffen eingesetzt würden, fixierte aber den rüstungstechnologischen und operativplanerischen »Besitzstand« des National Military Establishment, das sich zu diesem Zeitpunkt bereits nahezu unausweichlich in die Abhängigkeit von Atomwaffen begeben hatte. Auch im Department of State wurde NSC 30 so bewertet: »If war of major proportions breaks out, the National Military Establishment will have little alternative but to recommend to the Chief Executive that atomic weapons be used, and he will have no alternative [but] to go along. Thus, in effect, the paper actually decides the issue[26].« Nach einem Briefing des Präsidenten durch General Hoyt S. Vandenberg, Chief of Staff U.S. Air Force, über den Einsatz von Atomwaffen im Ernstfall am 13. September 1948 erklärte Truman, daß er zwar bete, niemals eine solche Entscheidung treffen zu müssen, »but that if it became necessary, no one need have a misgiving but that he would«[27]. Auch vor Senatoren und Abgeordneten des Repräsentantenhauses ließ er am 6. April 1949 keinen Zweifel darüber aufkommen, daß er – wie schon 1945 gegen Hiroshima und Nagasaki –

---

[25] Rosenberg, Origins, S. 130.
[26] FRUS 1948 I, S. 630 f.; Zit. Herken, Winning Weapon, S. 268.
[27] Forrestal Diaries, S. 487; Rearden, Formative Years, S. 436. Nach Rearden hat Präsident Truman NSC 30 nie offiziell gebilligt.

III. Die Auseinandersetzung 281

Atomwaffen einsetzen würde, wenn es das Wohl der Vereinigten Staaten erfordern sollte und die Demokratien der Welt auf dem Spiele stünden[28].

4. Der Fehlschlag vom August 1948

Begleitet von traditionellen zivil-militärischen Animositäten verstärkte sich der latente Konflikt zwischen der zivilen Atomenergiebehörde einerseits, die mit dem Besitz der Atomwaffen die Prerogative des Präsidenten als letzte Entscheidungsinstanz für den Atomwaffeneinsatz garantieren wollte, und dem National Military Establishment andererseits, das sich bereits so weit in die Abhängigkeit von Atomwaffen begeben hatte, daß es sich wegen der komplizierten Übergabeprozeduren um die Einsatzbereitschaft seiner Streitkräfte ernste Sorgen machte. Das Military Liaison Committee erwies sich dabei als unermüdlicher Anwalt des militärischen Interesses an der Obhut über die Atomwaffen[29]. Am 16. Dezember 1947 argumentierte das MLC, daß die Bereitstellung aller verfügbaren Verteidigungsmittel für den sofortigen Einsatz durch die Streitkräfte eine Voraussetzung der nationalen Sicherheit sei und daß die komplizierten Verfahrensweisen, einschließlich der auf die Atomenergiebehörde und auf die Streitkräfte aufgeteilten Kompetenzen für den Atomwaffeneinsatz, diesem Erfordernis nicht gerecht würden. Um ihrer Verantwortung für die Sicherheit der Vereinigten Staaten genügen zu können, müßten die Streitkräfte in die Lage versetzt werden, ihre nuklearen Einsatzverbände samt den Atomwaffen an strategisch sinnvollen Orten und »readily available for instant use« zu dislozieren[30]. Der Vorsitzende der AEC, David D. Lilienthal, ein überzeugter Anhänger der zivilen Kontrolle über die Atomwaffen, hielt dagegen, daß nur der Präsident darüber entscheiden könne, ob die Atomwaffen in den Besitz des Militärs überführt werden sollten. Es sei daher sinnvoll, von diesem Richtlinien für das weitere Prozedere einzuholen.

Präsident Truman wurde durch Forrestal am 6. April 1948 mit der Custody-Frage befaßt, als dieser dem Präsidenten im Zusammenhang mit dem Wunsch nach einer Grundsatzdirektive über den Atomwaffeneinsatz Auszüge aus dem Bericht des »Joint Chiefs of Staff Evaluation Board on Operation Crossroads« vom 30. Juni 1947 vorlegte. In diesem Bericht wurde neben der oben erwähnten gesetzlichen Neudefinition »aggressiver Handlungen« auch eine Revision des Atomic Energy Act von 1946 gefordert, durch die, so die Formulierung Forrestals, es möglich sein sollte, »to provide service representation on the commission to place the ownership and control of fabricated atomic weapons in the armed forces and

---

[28] Public Papers, Truman, S. 197.
[29] Siehe die Zusammenstellung der diesbezüglichen Aktivitäten des MLC vom Dezember 1946 bis zum 23.6.1948 im Memorandum of Discussions on Custody. Summary of Past Actions, 30 June, 1948, NA, RG 330, CPC Files, 1947–1954, box 9, folder »Emergency Transfer of Atomic Weapons« und History of the Custody, S. 8–10.
[30] Rearden, Formative Years, S. 427.

to give the services greater participation and control in the designing and testing of such weapons and in the handling of information relating to their military utilization«[31].

Trotz intensiver Erörterungen kam es zu keiner Annäherung der Standpunkte zwischen der AEC und dem National Military Establishment. Am 30. Juni kam man deshalb überein, die Entscheidung des Präsidenten zu suchen, dem zu diesem Zweck separate Positionspapiere vorgelegt werden sollten[32]. In der entscheidenden Sitzung mit dem Präsidenten am 21. Juli 1948 faßte Forrestal die Argumente des National Military Establishment in vier Punkte zusammen: 1. Ein Überraschungsangriff könne die Vereinigten Staaten einem »unreasonable risk of mistake, confusion and failure to act with the necessary speed and precision« aussetzen. 2. Das Militär müsse schon im Frieden lernen, mit den Atomwaffen umzugehen. 3. Die Übernahme der Obhut durch das National Military Establishment werde die Lagerung der Waffenkomponenten an den strategisch günstigsten Orten erleichtern. 4. Die Übergabe der Atomwaffen an das NME würde die waffentechnologische Forschung und Entwicklung fördern.

Während das NME aus der durch die sowjetische Blockade Berlins ausgelösten internationalen Krise, die die U.S. Regierung veranlaßte, strategische B 29-Bomber nach Großbritannien zu verlegen, die Dringlichkeit seiner Forderungen ableiten konnte, hatte die AEC den argumentativen Vorteil, daß sie für den gesetzlichen Status quo eintrat. Obwohl sie auch technische Gründe gegen einen Transfer der in Sandia (New Mexico) gelagerten Atomwaffen an das Militär anführte, legte sie den Schwerpunkt ihrer Argumentation auf den spezifischen Charakter der Atomwaffen und die daraus abzuleitende Notwendigkeit ihrer zivilen Kontrolle. Mit der Betonung dieses Aspekts, und profitierend von einigen taktischen Ungeschicklichkeiten des NME, lag die Atomenergiebehörde offenbar voll auf der Linie des Präsidenten, der der Atombombe den Charakter einer militärischen Waffe absprach: Sie werde zur Tötung von Frauen und Kindern sowie anderer unbewaffneter Leute und nicht für militärische Zwecke eingesetzt. Daher müsse man die Atomwaffen anders als Gewehre und Kanonen behandeln[33]. Auch das Argument Royalls, es mache wenig Sinn, Atomwaffen nicht einsetzen zu wollen, nachdem man 98% aller für die Atomforschung bestimmten Gelder für die Atomrüstung ausgegeben habe, konnte

---

[31] Secretary of Defense to the President, 6 April, 1948, HSTL, Papers of Harry S. Truman, President's Secretary's Files, box 202, folder »NSC Atomic«.

[32] Am 1.7.1948 leitete Lilienthal das Memorandum der AEC Forrestal im Entwurf zu. Memorandum to the President (Draft), July 1, 1948, Anlage zu AEC an Secretary of Defense, July 1, 1948, NA, RG 330, Defense – Atomic Energy, Combined Policy Committee (CPC) Files, 1947–1954, box 9, folder »Custody of Atomic Weapons«. Siehe auch die ausführliche Begründung der AEC-Position durch Lilienthal in seinem Schreiben an Senator Bourke B. Hickenlooper, Chairman, Joint Committee on Atomic Energy, vom 3.11.1948, NA, RG 330, Defense – Atomic Energy, CPC-Files, 1947–1954, box 9, folder »Custody of Atomic Weapons«.

[33] Lilienthal, Journals 2, S. 391.

den Präsidenten nicht umstimmen³⁴. Nach Beratung mit dem Direktor des Bureau of the Budget, James E. Webb, der sich unter anderem unter Hinweis auf »provocative utterances of certain highly placed officers« dem politischen Einwand der AEC anschloß, entschied Truman zugunsten des Status quo und teilte am 6. August Forrestal mit, er werde aus politischen Gründen die Atomwaffen in Gewahrsam der AEC belassen, wenn er auch in Aussicht stellte, daß er nach den im November anstehenden Präsidentschaftswahlen im Falle seiner Wiederwahl dieses Problem einer neuerlichen Prüfung unterziehen wolle. Truman begründete seine Entscheidung mit den Auswirkungen auf die Öffentlichkeit, dem notwendigen engen Zusammenhang von Custody und Forschung, der Effizienz bestehender Custody- und Überwachungsmaßnahmen sowie der Berücksichtigung der aktuellen allgemeinen Weltlage, womit er sicher auf die Berlin-Krise von 1948 anspielte³⁵. Ein Versuch des Chefs des AFSWP, General Kenneth D. Nichols, im März 1949 das Joint Committee on Atomic Energy für eine militärische Obhut zu gewinnen, wurde von Truman und Lilienthal vereitelt. Einen gewissen Einbruch in die ausschließliche AEC-Obhut über die Atomwaffen erreichte das National Military Establishment aber doch, als sich am 11. Mai 1949 die AEC und das AFSWP auf den gemeinsamen Betrieb der Atomwaffenlager verständigten, wobei die Atomenergiekommission für alle Atomwaffen, die sich in den Lagern oder in der Inspektion befanden, verantwortlich blieb, während das AFSWP all jene Atomwaffen in seine Obhut nahm, die von der AEC zu Ausbildungs- und Manöverzwecken freigegeben wurden³⁶.

5. Die Übergabe der Atomwaffen im Ernstfall (Emergency Transfer)

Um seinen Mißerfolg im Weißen Haus zu kompensieren, machte sich das National Military Establishment im Sommer 1948 verstärkt daran, die Emergency Transfer Procedures des AFSWP nach den militärischen Erfordernissen zu optimieren³⁷. Am 28. Juli erging eine entsprechende Weisung Forrestals, und auf Befehl der JCS beschleunigte das AFSWP die Ausbildung seines Personals, um in der Lage zu sein, »full custody and surveillance« schnellstmöglich zu übernehmen, wenn der Präsi-

---

[34] Neben dem ausführlichen Niederschlag, den die Besprechung mit dem Präsidenten am 21.7.1948 im Tagebuch Lilienthals gefunden hat (S. 388 ff.) siehe Forrestal Diaries, S. 460 f. und Rearden, Formative Years, S. 430.
[35] Forrestal Diaries, S. 461; Rearden, Formative Years, S. 431; Truman an Forrestal, 6.8.1948, NA, RG 330, CPC-Files, 1947-1954, box 9, folder »Custody of Atomic Weapons«.
[36] Report on Custody, 10 Nov 1960, S. 6; Rearden, Formative Years, S. 431 f.; Hewlett/Duncan, Atomic Shield, S. 354 f.; Lilienthal, Journals 2, S. 502; Feaver, Guarding the Guardians, S. 131 f.
[37] »Since a decision has now been made by the President adverse to custody, steps will be taken to perfect the plans for emergency transfer of the weapon in order to minimize the adverse effects upon readiness«. Memorandum Carpenters (Chairman MLC) an Forrestal, 26.7.1948, NA, RG 330, Defense – Atomic Energy, CPC-Files, 1947-1954, box 9, folder »Custody of Atomic Weapons«; Forrestal an JCS, July 28, 1948, NA, RG 330, CD 12-1-30, box 63.

dent einmal diese Verantwortlichkeiten dem National Military Establishment übertragen sollte.

Unter den Gründen, aus denen er dem Präsidenten von einer Übertragung der Custody-Funktion an das National Military Establishment abgeraten hatte, hatte Webb den anhaltenden Disput unter den Teilstreitkräften über ihre jeweilige Rolle und Aufgabe besonders im Zusammenhang mit der atomaren Luftoffensive aufgeführt, den beizulegen Forrestal bisher nicht gelungen sei. Nach Konferenzen der JCS mit Forrestal in Key West, Florida, vom 11. bis 15. März und in Washington am 20. März hatten die Teilnehmer eine vorläufige grundsätzliche Übereinkunft über sich wechselseitig ergänzende Haupt- und Nebenfunktionen der einzelnen Teilstreitkräfte erzielt. Sie reservierte u.a. zwar den strategischen Luftkrieg als Hauptaufgabe der Air Force, erlaubte aber auch der Navy den Aufbau einer eigenen, tendenziell atomaren Luftangriffskapazität gegen See- und Landziele, die ihre Seeoperationen bedrohten[38]. Um die atomare Komponente des strategischen Luftkrieges auszubauen, wollte General Spaatz, Chief of Staff U.S. Air Force, im März 1948 als Bevollmächtigter (executive agent) der JCS »for directing and supervising the operational functions of the Armed Forces Special Weapons Project« bestellt werden. Dadurch sollte verhindert werden, daß die Air Force im Ernstfall durch individuelle, unkoordinierte, möglicherweise sogar widersprüchliche Bedarfsanmeldungen und Instruktionen an der effektiven Durchführung ihrer Aufträge im Rahmen des strategischen Luftkrieges gehindert würde[39].

Der Chef AFSWP, Colonel Nichols, sprach sich am 13. April gegenüber Carpenter, Chairman MLC, im Interesse der Unabhängigkeit des AFSWP von den einzelnen Teilstreitkräften für die Beibehaltung der bestehenden Organisationsstruktur aus, und sah in der Tatsache, daß alle drei Chiefs of Staff gemeinsam und nicht ein einzelner Stabschef seine Ansprechpartner waren, keinen Nachteil für die Einsatzfähigkeit des AFSWP[40].

Der Vorschlag General Spaatz' fand die Unterstützung der U.S. Army, stieß aber auf heftigen Widerstand der U.S. Navy, die befürchtete, künftig von jeglichem

---

[38] Rearden, Formative Years, S. 393–397; Condit, Joint Chiefs, S. 165–184; Futrell, Ideas, S. 196–200.

[39] Condit, Joint Chiefs, 1947–1949, S. 185. Die herausragende Rolle, die dem AFSWP gerade für die Einsatzbereitschaft der U.S. Air Force zukam, macht dessen Maßnahmenkatalog für den Ernstfall vom 9.6.1948 deutlich: Zu den vorbereitenden Schritten, welche der Chef AFSWP in Erwartung eines unmittelbar bevorstehenden Einsatzes einzuleiten hatte, zählte die Überwachung der raschen Durchführung all jener noch ausstehenden Maßnahmen, die in der atomaren Anlage zu dem damals gültigen short range emergency war plan »HARROW« enthalten waren. HARROW bezeichnete den Kriegsplan der U.S. Air Force, den diese im Zusammenhang mit den JCS-Kriegsplänen FLEETWOOD und HALFMOON ausgearbeitet hatte, und der den Einsatz von 50 Atombomben auf 20 sowjetische Städte vorsah. War and Navy Departments, Armed Forces Special Weapons Project, Washington, D.C., 9 June, 1948, »Emergency Procedures to be carried out by this Headquarters at Appropriate Time«, NA, RG 330, Defense-Atomic Energy, CPC-Files, 1947–1954, box 9, folder »Emergency Transfer of Atomic Weapons«; Rosenberg, Overkill, S. 126; Herken, Winning Weapon, S. 376 f.; Greenwood, Emergence, S. 234, Anm. 2.

[40] Memorandum Carpenters, 13.4.1948, NA, RG 330, Defense – Atomic Energy, CPC-Files, 1947–1954, box 9, folder »Emergency Transfer of Atomic Weapons«.

Zugang zu Atomwaffen ausgeschlossen zu werden. Während einer Konferenz im Naval War College in Newport, Rhode Island, vom 20.-22. August 1948 konnte Forrestal bei den Joint Chiefs of Staff eine Interimslösung bis zum Abschluß einer entsprechenden Expertise des MLC durchsetzen, welche den Chief AFSWP zwar auf den Dienstweg zum Chief of Staff U.S. Air Force verwies, eine Präjudizierung der künftigen Organisation für atomare Einsätze unter den Teilstreitkräften aber vermied. Insbesondere wurde den atomaren Aspirationen der U.S. Navy mit dem Hinweis gedient, daß nach der Übereinkunft von Key West Programmierung und Planung auf dem Gebiet der jeweiligen Hauptaufträge in der ausschließlichen Verantwortung der jeweiligen Teilstreitkräfte lägen, daß diese aber auch Beiträge in Betracht ziehen müßten, die von den anderen Teilstreitkräften geleistet werden konnten[41]. Der Disput über die »jurisdiction over the atomic attack«[42] war dadurch freilich nicht endgültig beigelegt[43]. Unzweifelhaft war es aber der Air Force mit der Übereinkunft von Newport gelungen, sich in der chain of command zu den Atomwaffen innerhalb des National Military Establishment eine herausragende Position zu verschaffen.

Inzwischen hatte das Military Liaison Committee in Zusammenarbeit mit der AEC gemäß Weisung Forrestals vom 28. Juli 1948 die Verfahrenspläne für die Übergabe der Atomwaffen im Ernstfall überprüft. Übergabepläne des AFSWP und der hierfür zuständigen Abteilung der AEC, Santa Fe Directed Operations, wurden in gemeinsamen Manövern erprobt und vom MLC für koordiniert und zweckdienlich befunden[44]. Lilienthal äußerte sich noch positiver: Das Verfahren sei in Tests als hervorragend befunden worden, und die erste Waffe sei innerhalb einer Stunde nach Herausgabe des Befehls in Sandia an die Einheiten im militärischen Montageareal ausgeliefert worden[45].

Während die gemeinsamen Anstrengungen auf Sandia Base zufriedenstellende Ergebnisse hinsichtlich der Übergabeverfahren von Atomwaffen im Ernstfall zeitigten, mangelte es der AEC immer noch an genauen Kenntnissen über den Befehlsstrang im National Military Establishment. Am 19. August wurde Lilienthal von Carpenter aufgeklärt: Der Einsatzbefehl des Präsidenten gehe an den Verteidigungsminister, von diesem weiter über die drei Stabschefs der Teilstreitkräfte an

---

[41] Condit, Joint Chiefs, S. 184-189; Rearden, Formative Years, S. 397-402; Text der Newport-Übereinkunft in: Army and Navy Journal, 28.8.1948, S. 1435.

[42] So Webb in seiner Stellungnahme für Truman vom 22.7.1948, zit. Rearden, Formative Years, S. 430. Forrestal kommentierte den Disput: »The difficulty stems mainly from money«, Forrestal Diaries, S. 478.

[43] Als Secretary of Defense Louis Johnson am 23.4.1949 der Navy den Bau des »Superflugzeugträgers USS UNITED STATES« verweigerte, kam es zum »Aufstand der Admirale« gegen das B-36-Bomberprogramm der Air Force. Condit, Joint Chiefs, S. 315-353; Barlow, Revolt of the Admirals.

[44] Sandia Base Operations Memorandum 7, vom 6.8.1948, Emergency Plan for Release and Delivery of Weapons from AEC, Sandia, to AFSWP, vom 13.8.1948, Memorandum Carpenters für Forrestal, o.D., NA, RG 330, Defense – Atomic Energy, CPC-Files, 1947-1954, box 9, folder »Custody of Atomic Weapons«.

[45] Lilienthal an Senator Hickenlooper, Chairman Joint Committee on Atomic Energy, 23.7.1948, NA, RG 330, CPC-Files, 1947-1954, box 9, folder »Custody of Atomic Weapons«.

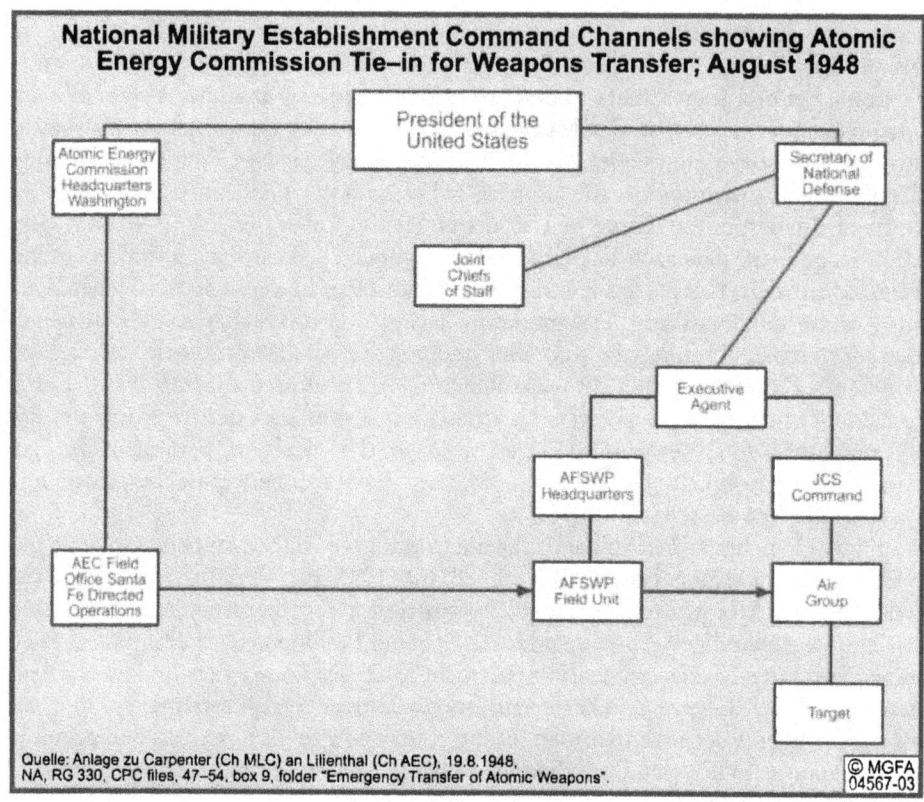

Quelle: Anlage zu Carpenter (Ch MLC) an Lilienthal (Ch AEC), 19.8.1948, NA, RG 330, CPC files, 47–54, box 9, folder "Emergency Transfer of Atomic Weapons".

das AFSWP. Für den Fall, daß ein Bevollmächtigter (executive agent) für die Durchführung eines Einsatzplans bestellt wurde, würde der Verteidigungsminister seine Befehle unter strategischer Anleitung (strategic guidance) durch die JCS über diesen Bevollmächtigten an den Chef des AFSWP richten. Den militärischen Status des AFSWP präzisierte Carpenter folgendermaßen: »The Armed Forces Special Weapons Project is a technical service organization and is not an agency of field command of operational matters. Acting under the guidance of the Joint Chiefs of Staff, the Executive Agent selected for implementation of a plan normally utilizing a Joint Chiefs of Staff command, (an example would be a Strategic Air attached unit) with task units of Special Weapons Project attached, would be the field command agency[46].«

Anfang November 1948 einigten sich Lilienthal und Forrestal auf ein Übergabeverfahren auf der Basis eines AEC-Plans »Action by the Armed Forces and

---

[46] Schreiben Lilienthals an Carpenter, 26.7.1948, NA, RG 330, CPC-Files, 1947–1954, box 9, folder »Emergency Transfer of Atomic Weapons«. Carpenter an Lilienthal, 19.8.1948, mit Anlage »National Military Establishment Command Channels Showing Atomic Energy Commission Tie-in for Weapon Transfer« (siehe Organigramm S. 286); NA, RG 330, CPC-Files, 1947–1954, box 9, folder »Emergency Transfer of Atomic Weapons«.

Atomic Energy Commission for Transfer of Atomic Weapons« vom 8. Oktober 1948, den auch die JCS am 28. Dezember goutierten, nachdem das Verfahren im Rahmen von Übungen erprobt worden war[47].

6. Sommer 1950: Nichtnukleare Atomwaffenbestandteile unter der Obhut des Department of Defense

Das Ziel der JCS vom Juli 1948, ihr Personal in den Atomwaffenlagern so auszubilden, daß es die Obhut über die Atomwaffen übernehmen konnte, war im Frühjahr 1950 weitgehend erreicht. Im AFSWP waren zu diesem Zeitpunkt etwa 1500 Soldaten aller Teilstreitkräfte mit der technischen Überwachung und Wartung sowohl der nuklearen wie auch der nichtnuklearen Bestandteile der Atomwaffen beschäftigt. Im Atomwaffenlager BAKER verteilte sich die Wartungsarbeit auf elf AEC-Zivilisten und ungefähr 500 Soldaten. Das militärische Personal war in zwei Montageteams zu je 77 technisch entsprechend qualifizierte Soldaten gegliedert, dazu kamen noch etwa 140 bis 150 weiteres technisches und administratives Personal sowie etwa 200 Mann Sicherheitstruppe. Ohne dieses militärische Personal wäre die AEC außerstande gewesen, ihr Atomwaffendepotsystem zur effektiven Unterstützung der Einsatzverbände aufrechtzuerhalten[48].

Vermutlich waren es gerade der Gesichtspunkt personeller Einsparungsmöglichkeiten bei der AEC sowie die erreichte technische Kompetenz des militärischen Personals beim AFSWP, die am 17. März 1950 James McCormack, Director of Military Applications, also aus der AEC selbst heraus, vorschlagen ließen, die nichtnuklearen Komponenten der Atomwaffen in militärische Obhut zu geben. Die gesetzliche Auflage für die zivile Kontrolle der Atomwaffen werde ja durch die Beibehaltung der AEC-Kontrolle über die atomaren Kapseln erfüllt[49]. Dieser Vorschlag aus dem AEC-Stab für den »transfer of custody of stockpile of nonnuclear components of atomic bombs to the Department of Defense« und »delegation of responsibility for routine maintenance of nuclear components of stockpiled atomic weapons to the Department of Defense« wurden im Military Liaison Committee und bei den JCS aufmerksam registriert. Für Robert LeBaron, Chairman MLC und Assistant to the Secretary of Defense (Atomic Energy), waren jene technischen Argumente, die die Gegner einer militärischen Obhut im Juli 1948 ins Feld geführt

---

[47] Memorandum William Webster an Forrestal, 28.9.1948; Lilienthal an Forrestal, 22.11.1948 mit Anlage »Arrangements in Connection with Setting in Motion an Emergency Delivery of Atomic Weapons From Atomic Energy Commission Custody to the National Military Establishment«; JCS, Memorandum for the Secretary of Defense, 28 December, 1948; Webster, Memorandum for the Secretary of Defense, 20 April, 1949, mit Anlage »Suggested Directive to the United States Atomic Energy Commission«; Louis Johnson, Secretary of Defense seit 28.3.1949, an Lilienthal, 20.4.1949; alle in NA, RG 330, CPC-Files, 1947-1954, box 9, folder »Emergency Transfer of Atomic Weapons«.
[48] Report on Custody, 10 Nov 1960, S. 7 f.
[49] Hewlett/Duncan, Atomic Shield, S. 537 f.

hatten (technische Unausgereiftheit der Atomwaffen und mangelnde technische Wartungskompetenz des militärischen Personals) bei dem inzwischen erreichten Ausbildungsstand nicht mehr länger stichhaltig[50]. Auch die JCS waren dafür, daß der Secretary of Defense das Vorhaben McCormacks unterstützte[51]. Die AEC stoppte es jedoch mit dem zutreffenden Argument, daß der Entscheidung Trumans vom Juli 1948 über die Beibehaltung der AEC-Obhut nicht technische Überlegungen zugrunde gelegen hätten, sondern es sei vielmehr Trumans Anliegen gewesen, dem Prinzip ziviler Kontrolle Geltung zu verschaffen. AEC-Commissioner Gordon E. Dean war der Auffassung, daß schon mit der Überstellung nichtnuklearer Bestandteile der Atomwaffen an das Militär der Grundsatz ziviler Kontrolle zu einer Fiktion degenerieren würde[52].

Präsident Truman schien jedoch in dieser Hinsicht weniger Skrupel zu haben. Am 14. Juni 1950, wenige Tage vor Ausbruch des Koreakrieges, stimmte er dem dauerhaften Transfer von 90 nichtnuklearen Bestandteilen von Atomwaffen des Typs MK IV zu Übungszwecken an das AFSWP zu. Dieser Transfer war von dessen Chief gefordert worden, damit die Fähigkeit der Montageteams zur korrekten Montage der Atombomben innerhalb der im Kriegsplan gesetzten Fristen in kontinuierlichen Übungen über mehrere Tage erprobt werden konnte. Ein weiterer Grund für diesen Transfer nichtatomarer Bombenbestandteile war die Absicht des Departments of Defense, sich klare Vorstellungen über die Einsatzbereitschaft der gelagerten Atomwaffen zu verschaffen[53].

Wenn somit auch unter dem rein technischen Aspekt die zivile Kontrolle der Atomwaffen durch die AEC faktisch gewahrt blieb, so bedeutete die Entscheidung der Auslieferung nichtnuklearer Teile an das Militär gemessen am Rigorismus Lilienthals doch einen deutlichen Trend hin zu einer Erosion des unmittelbaren zivilen Kontrollprinzips. Diese Entwicklung fügte sich in den durch den Verlust des amerikanischen Atomwaffenmonopols im August 1949 (Zündung eines sowjetischen atomaren Sprengsatzes) ausgelösten neuen sicherheitspolitischen Trend. Diesem zufolge wurde das nuklearstrategische »late-use«-Konzept von einem »early-use«-Konzept abgelöst, das den Angriffsschwerpunkt auf die Ausschaltung des sowjetischen Nuklearwaffenpotentials legte. In diesem Zusammenhang wollte die sicherheitspolitische Direktive NSC 68 vom 7. April 1950 sogar »preemtive strikes« nicht mehr prinzipiell ausschließen: »The military advantages of landing the first blow become increasingly important with modern weapons, and this is a fact which re-

---

[50] Memorandum LeBarons an Stephen T. Early, Deputy Secretary of Defense, »Surveillance and Custody of Atomic Weapons«, 22.3.1950, NA, RG 330, CD, 12-1-30, box 63.
[51] Memorandum for the Secretary of Defense, »Surveillance and Custody of Atomic Weapons«, 7.4.1950, NA, RG 330, CD 12-1-30, box 63; siehe auch LeMay, Diary, Library of Congress, Washington, D.C., Manuscript Division, Eintrag Mai 1950.
[52] Hewlett/Duncan, Atomic Shield, S. 537 f.
[53] Report on Custody; 10 Nov 1960, S. 11 f.; Feaver, Guarding the Guardians, S. 13 f.; Rosenberg, Air Doctrine, S. 264 f.

quires us to be on the alert in order to strike with our full weight as soon as we are attacked, and, if possible, before the Soviet blow is actually delivered[54]!«

7. Korea: Die Auflösung strikter ziviler Kontrolle

Die für die westliche Sicherheitspolitik oft konstatierte katalysatorische Wirkung des Koreakrieges zeigte sich auch auf dem Gebiet der zivilen Kontrolle über die amerikanischen Atomwaffen. Selbst wenn nach dem heutigen Kenntnisstand vieles dafür spricht, daß der Angriff nordkoreanischer Verbände am 25. Juni 1950 über den 38. Breitengrad nach Südkorea auf nordkoreanische Initiative und lediglich mit sowjetischer Zustimmung erfolgte[55], so waren damals die westlichen Regierungen doch mehrheitlich der Meinung, daß hinter diesem Angriff die Sowjetunion steckte. Über die lokale Bedrohung hinaus, für deren Begegnung die USA offenbar kein militärisches Konzept besaßen[56], sah die U.S.-Regierung in dem nordkoreanischen Angriff eine Bestätigung des »Kremlin's design for world domination« (so NSC 68), dem sich die USA weltweit und insbesondere in Europa widersetzen wollten. Dabei spielten Atomwaffen sowohl in operativen Überlegungen zur militärischen Abwehr des nordkoreanischen Angriffs als auch im Rahmen der »atomic diplomacy« zur Abschreckung vor weiteren kommunistischen Angriffen eine zentrale Rolle[57].

General Curtis E. LeMay, Commander in Chief, Strategic Air Command, hielt die Lage für so ernst, daß er in einem Schreiben vom 1. Juli 1950 an General Vandenberg, Chief of Staff USAF, außergewöhnliche Maßnahmen forderte: »Now that war is imminent I feel it necessary that Gen[eral] Whitehead (your successor in event Washington is knocked out) be given a SOP [Standard Operating Procedure, K.A.M.] on ordering the Atomic attack further in that it takes simultaneous commands from Washington one to me and one to the custodians of the Bombs before the attack can be initiated. I feel that I should be given the authority to draw the bombs were such a catastrophe [to] occur[58].«

Zur Abschreckung und notfalls zur Bekämpfung eines möglichen sowjetischen Angriffs gegen Westeuropa empfahlen die JCS die Verstärkung der auf britischen Basen stationierten SAC-Verbände und deren Ausrüstung mit nichtnuklearen Atomwaffenkomponenten, so daß im Ernstfall nur noch die nuklearen Kapseln im schnellen Lufttransport zugeführt werden mußten. Mit diesen Empfehlungen wollten sie die Einsatzbereitschaft der strategischen Verbände in Europa stärken,

---

[54] FRUS 1950 I, S. 282; Rosenberg, Smoking Radiating Ruin, S. 9.
[55] Zum Ausbruch des Koreakrieges siehe die Diskussion auf der Grundlage neuer Quellen in Cold War International History Project (CWIHP)-Bulletin, Nr. 5-7.
[56] Diesen Eindruck hatte jedenfalls Lord Tedder, Chairman British Joint Services Mission; B.J.S.M. to Ministry of Defence, 4th July, 1950, Chairman British Joint Services Mission; DBPO, ser. II, vol. IV, Calendars to No. 11, ii.
[57] Dingman, Atomic Diplomacy, S. 114-155; Gaddis, Origins, S. 115-123.
[58] LeMay Diary, Eintragung vom 1.7.1950; Jannison, Curtis LeMay.

die sie durch die erhöhte Inanspruchnahme der amerikanischen Airliftkapazität für den koreanischen Kriegsschauplatz als gefährdet ansahen. Das Military Liaison Committee warb am 10. Juli 1950 bei der AEC für die Empfehlungen der JCS. Diese schloß sich nach separater Beratung den Empfehlungen der JCS an und trug sie tags darauf Präsident Truman vor. Nach nur kurzer Beratung mit Gordon E. Dean, Chairman AEC, und Louis A. Johnson, Secretary of Defense, stimmte Präsident Truman dem Transfer nichtnuklearer Atomwaffenkomponenten zu den SAC-Verbänden in Großbritannien zu[59]. Solange die nuklearen Kapseln in der Obhut der AEC verblieben, schien allen an dieser Entscheidung Beteiligten das Prinzip der zivilen Kontrolle über die Atomwaffen nicht tangiert.

Knapp 14 Tage später, am 29. Juli 1950, sah sich die AEC mit einem neuerlichen Antrag der JCS für den Transfer nichtnuklearer Komponenten, diesmal nach Guam, konfrontiert. Carleton Shugg, Deputy General Manager AEC, schlug vor, die geforderten nichtnuklearen Atomwaffenkomponenten für den Pazifik aus dem Kontingent zu entnehmen, das am 14. Juni 1950 dem Defense Department zu Übungszwecken überlassen worden war. Gordon Dean, seit dem 11. Juli 1950 Chairman AEC, der bislang nur durch den Chairman Military Liaison Committee, LeBaron, über das Vorhaben der JCS informiert war und die Erfahrung machen mußte, daß man beim AFSWP über den militärischen Informationsstrang bereits wesentlich besser unterrichtet war, wartete immer noch auf die ausdrückliche Autorisierung durch den Präsidenten. Am 30. Juli gab Dean die Atomwaffenkomponenten frei, nachdem ihm Secretary of Defense Johnson telefonisch versichert hatte, daß der Präsident den Transfer verfügt habe. Dieses Verfahren war durch keinerlei Zeitdruck diktiert – der Präsident befand sich auf einer Wochenendseereise – und entsprach offensichtlich nicht den formalen Anforderungen, die ein Jahr zuvor zwischen der AEC und dem Secretary of Defense ausgehandelt worden waren[60]. Am 10. August 1950 beantragten die JCS den Transfer von elf nichtnuklearen Atomwaffenkomponenten für die Lagerung an Bord des Flugzeugträgers USS CORAL SEA, den der Präsident tags darauf genehmigte[61]. Diese ad hoc-Entscheidungsverfahren veranlaßten den Präsidenten am 25. August, das Special Committee des NSC künftig dauerhaft in den Entscheidungsprozeß einzubinden: »I am asking that the Committee of the National Security Council on Atomic Energy, which consists of Chairman of the Atomic Energy Commission, Secretary of State, and Secretary of Defense, pass on the directives which I have to make,

---

[59] Memo JCS to Sec Def, 10 July, 50, Subject: »Storage of Non-Nuclear Components of Atomic Bombs in the United Kingdom«, NA, RG 330, CD 471. G (A-Bomb) (nur Anschreiben); Report on Custody, 10 Nov 1960, S. 8 f.; Hewlett/Duncan, Atomic Shield, S. 521 f.; Dingman, Atomic Diplomacy, S. 123; Feaver, Guarding the Guardians, S. 134 f.

[60] Hewlett/Duncan, Atomic Shield, S. 524 f.; Dingman, Atomic Diplomacy, S. 124–129.

[61] Memo CJCS to Sec Def, 10 Aug., 50, Subject: »Storage of Non-Nuclear Components of Atomic Bombs in CVB Class Carriers«, NA, RG 330 CD 471.6 (A-Bomb) (nur Anschreiben). Am 5.12.1950 stimmte Truman einem weiteren Transfer von elf nichtnuklearen Atomwaffenkomponenten zur Lagerung auf dem Flugzeugträger USS FRANKLIN D. ROOSEVELT zu; Feaver, Guarding the Guardians, S. 135; Poole, Joint Chiefs, S. 192.

that affect all three of those Departments. I informed the Secretary of State of the action which had been taken, and instructed the Secretary of Defense that these actions must be considered by this Committee of the National Security Council before I shall approve any further actions. In that way everybody interested will know exactly what is going on[62].«

Diese Weisung unterstützte die Bemühungen der AEC unter ihrem Chairman Dean, ihre gesetzliche Rolle als Organ der zivilen Kontrolle aufrechtzuerhalten. Daß sich Dean im September 1950 vorstellen konnte, den Briten amerikanische Atomwaffen zum eigenen Gebrauch zur Verfügung zu stellen, falls diese sich bereitfanden, den Amerikanern britisches Plutonium für die zu beschleunigende U.S.-Atomrüstung zu liefern, zeigt jedoch, wie weit man sich an der Spitze der AEC unter dem NSC 68-Aufrüstungsprogramm und den Auswirkungen des Koreakrieges den militärischen Anforderungen bereits unterworfen hatte und vom Wege strikter ziviler Kontrolle über die Atomwaffen abgekommen war[63].

Ab 10. November 1950 befaßte sich eine Arbeitsgruppe innerhalb des Special Committee, National Security Council, mit der Frage des Entscheidungsprozesses im Falle eines Einsatzes von Atomwaffen, speziell in Korea. Dean drängte darauf, daß die Meinung der AEC in den Entscheidungsgang einfließen konnte, *bevor* die Empfehlung der JCS das Ohr des Präsidenten erreichte: »It would be only after an analysis of the situation and the answering of the questions that the Special Committee would then make a recommendation to the President. This is a significant step because it establishes a procedure whereby AEC will participate in any such decision.« Für den Fall, daß der Präsident sich zum Einsatz von Atomwaffen entschloß, erwartete Dean künftig als Minimum eine schriftliche Weisung des Präsidenten an ihn und den Verteidigungsminister. Darüber hinaus verlangte Dean, daß dem Präsidenten und dem Special Committee Inventarlisten über alle an das Department of Defense übergebenen Atomwaffenkomponenten angefertigt wurden, so daß diese jederzeit ein klares Bild von deren Standorten hatten[64].

Auch LeBaron sprach sich am 26. November 1950 dafür aus, daß keine Entscheidung über einen Atomwaffeneinsatz in Korea oder irgendwo sonst getroffen wurde, bevor die JCS dieser Entscheidung zugestimmt hatten, und bevor deren Vorstellungen *daraufhin* durch das Special Committee des NSC an den Präsidenten

---

[62] Memorandum Exec. Sec. NSC to Sec. Def., 25 Aug., 50, Subject: »Delivery of non-nuclear components of Atomic weapons from AEC to Armed Forces«, encl.: Ltr of the President to ChAEC re same subject, NA, RG 330, CD 471. 6 (A-Bomb), Nachweis; das Zitat findet sich im Memorandum Prepared in the Department of State, June 11, 1952 (Kommentar des State Department zu den JCS-Vorstellungen über das Verfahren beim Atomwaffeneinsatz), FRUS 1952/54 II, pt. 2, S. 969–973, Zitat, S. 970; Dingman, Atomic Diplomacy, S. 129.

[63] Der Wunsch nach einer solchen Übereinkunft müsse, so Dean, in erster Linie unter militärischen Aspekten betrachtet werden. General Bradley, Chairman JCS, stimmte einem solchen Vorhaben zu, »whereby the United States would secure the U.K. plutonium output in exchange for furnishing the U.K. with a suitable number of weapons on which there would be the fullest cooperation on all military aspects«. Minutes of the Meeting of the American Members of the Combined Policy Committee, September 7, 1950, FRUS 1950 I, S. 572–575.

[64] Forging the Atomic Shield, S. 89–91; Hewlett/Duncan, Atomic Shield, S. 538.

weitergeleitet worden waren⁶⁵. Das militärische Eingreifen der Volksrepublik China in den Koreakrieg am 30. November 1950 verschärfte die amerikanischen Überlegungen für einen möglichen Einsatz von Atomwaffen, ließ aber auch die Fixierung eines klaren Prozedere für das Entscheidungsverfahren noch dringlicher erscheinen, zumal auch die amerikanischen Verbündeten nach einer Presseerklärung des U.S.-Präsidenten, in der er den Einsatz von Atomwaffen in Korea nicht ausschließen mochte, in verständliche Aufregung versetzt wurden⁶⁶. Eine »check list of Actions by the Secretary of Defense in Event of Decision to Utilize Atomic Weapon in War: or Emergency«, die LeBaron am 15. Dezember dem Secretary of Defense zur Unterschrift und Weiterleitung an den Präsidenten vorlegte, gibt keinen Aufschluß über den Weg, auf dem ein *Antrag auf Entscheidung* den Präsidenten erreichte. Sie stellte lediglich einen Maßnahmenkatalog für den Secretary of Defense dar, den dieser befolgen sollte, *nachdem* der Präsident im Beisein des Secretary of Defense eine endgültige Entscheidung über den Einsatz von Atomwaffen getroffen hatte.

Nach dem Maßnahmenkatalog sollte der Verteidigungsminister u.a. sicherstellen, daß der Außenminister und der Chairman AEC entweder anwesend sind, oder zu diesem Zeitpunkt gewährleistet ist, daß der Präsident seine Entscheidung diesen unmittelbar mitteilen kann. Er sollte die JCS und den Chairman MLC schriftlich oder mündlich mit anschließender schriftlicher Bestätigung von seiner Entscheidung in Kenntnis setzen, und zwar bezüglich des Einsatzes der Atomwaffen, der präsidialen Genehmigung des Transfers dieser Waffen oder ihrer Bestandteile, bezüglich etwaiger Einschränkungen hinsichtlich des Einsatzes der übergebenen Atomwaffen und bezüglich aller sonstigen Informationen, aus denen sich eine Änderung des grundsätzlichen Einsatzplans der JCS ergeben könnten⁶⁷.

Anfang April 1951 zeichneten sich großangelegte chinesische Aufmarschbewegungen ab. Sie verschärften den militärisch-zivilen Konflikt über die in Korea zu verfolgende Kriegführung, der schließlich am 11. April zur Entlassung General of the Army Douglas MacArthurs durch den Präsidenten führte. Gegenüber MacArthurs öffentlich postulierten »no substitute for victory«-Strategie versuchte die U.S.-Regierung, gedrängt von ihren westeuropäischen Hauptverbündeten, bei aller Entschlossenheit zur Abwehr der Aggression eine Ausweitung des Krieges in Korea zu vermeiden. Dessen ungeachtet wurde die amerikanische atomare Einsatzbereitschaft verstärkt. Am Morgen des 6. April berichtete General Omar Bradley dem Präsidenten die neuesten Erkenntnisse über den chinesischen Aufmarsch und

---

⁶⁵ »Only after this subcommittee has acted will the problem reach the President's desk. Mr. LeBaron said he arranged for this machinery in order to prevent the Joint Chiefs from going directly to the President – as they otherwise could under existing statute and procedures«, Borden an McMahon, 28 November, 1950, NA, RG 128 (JCAE), Gen Subject Files, classified box 67.

⁶⁶ Zu Trumans Äußerung vor Pressevertretern am 30.11.1950 und deren Auswirkungen siehe die Editorial Notes in FRUS 1950 I, S. 590 f. und FRUS 1950 VII, S. 1261 f. Für die britische Seite siehe die einschlägigen Dokumente in DBPO, ser. II, vol. IV; Clark/Wheeler, Origins, S. 139–142.

⁶⁷ LeBaron an Sec Def, 15 December, 1950, NA, RG 330, CPC-Files, 1947–54, box 9, folder »Atomic Weapons Transfer & Deployment«.

übermittelte ihm die Empfehlungen der JCS, MacArthur zu autorisieren, im Falle eines größeren Angriffs auf die UN-Streitkräfte von Basen außerhalb der koreanischen Halbinsel Vergeltungsangriffe gegen feindliche Flugplätze in der Mandschurei und in Shantung zu führen. Um 4.00 Uhr nachmittags, nach Besprechungen mit CIA-Director General Walter Bedell Smith, dem Kabinett und seinen engsten Sicherheitsberatern bestellte Truman den Vorsitzenden der AEC, Dean, ins Weiße Haus, schilderte ihm kurz die kritische militärische Lage und wies ihn an, neun *komplette* Atombomben für einen nach Okinawa zu verlegenden B-29-Bomberverband an die Air Force herauszugeben. Gleichzeitig stellte der Präsident jedoch klar, daß sein Transferbefehl den Einsatz dieser Atomwaffen keinesfalls präjudiziere, und wiederholte sein Versprechen, vor einer solchen Einsatzentscheidung das Special Committee NSC zu konsultieren. Dean setzte sich daraufhin mit General Vandenberg in Verbindung, um die Einzelheiten der Übergabe zu besprechen. Die Zusage des Präsidenten, vor einer Einsatzentscheidung das Special Committee zu konsultieren, machte es Dean vermutlich leichter erträglich, daß entgegen seiner ursprünglichen Vorstellungen nicht schon das Transfergesuch der JCS selbst über dieses Special Committee an den Präsidenten gelangt war. Als Dean nämlich zwei Tage zuvor, am 4. April, berichtet worden war, daß das AFSWP binnen 24 Stunden mit einem Transferantrag der JCS rechnete – dort war man offensichtlich wieder einmal besser informiert als an der AEC-Spitze –, hatte er am folgenden Tag seine Kommissionskollegen zusammengerufen, um mit ihnen Vorkehrungen dagegen zu treffen, daß der zu erwartende Antrag der JCS den Präsidenten »durch die Hintertür« erreichte. Dafür hatte Dean die Unterstützung durch James S. Lay, Jr., Executive Director NSC, gefunden. Die JCS hatten aber am 6. April nicht nur den unmittelbaren Zugang zum Präsidenten gewählt, sondern waren auch bestrebt, den Atomwaffentransfer vor dem U.S. Congress geheimzuhalten. Die AEC hatte jedoch die gesetzliche Auflage, das Joint Committee on Atomic Energy über einen so wichtigen Vorgang zu informieren.

Aus dieser Verlegenheit wurde Dean am 9. April durch Truman erlöst, der ihm telefonisch mitteilte, daß über diesen »highly sensitive military move designed to secure readyness« lediglich Senator Brien McMahon, Chairman Joint Committee on Atomic Energy, unterrichtet werden solle, und daß er, der Präsident, das persönlich besorgen wolle. Als Dean am Nachmittag des gleichen Tages mit den Senatoren McMahon, Milliken und Hickenlooper konferierte, waren diese über den Vorgang informiert und nach einem Blick in den Atomic Energy Act übereinstimmend zu der Auffassung gelangt, daß sich der Präsident bei seiner Entscheidung gesetzeskonform verhalten hatte[68].

Da nicht verhindert werden konnte, daß sich die JCS mit ihrem Antrag auf Atomwaffentransfer unmittelbar an den Präsidenten gewandt hatten, setzte die

---

[68] Über die Umstände des Atomwaffentransfers im April 1951 und seine grundsätzlichen Gedanken dazu machte sich Dean ausführliche Notizen in seine Tagebücher; siehe die Auszüge in: Forging the Atomic Shield, S. 127–130 und 134–139; Report on Custody, 10 Nov 1960, S. 12; Feaver, Guarding the Guardians, S. 137–139.

AEC nun alles daran, sich in den Entscheidungsprozeß für einen eventuellen Einsatz dieser Atomwaffen in Korea einzuschalten. Einem Schreiben Deans an Präsident Truman vom 11. April 1951 zufolge markierte der Transfer kompletter Atomwaffen »the end of the Commission's civilian responsibility over a portion of our war reserve«[69]. Dean war nicht bereit, eine weitere Auflösung der strikten zivilen Kontrolle der Atomwaffen durch die AEC widerstandslos hinzunehmen und erinnerte den Präsidenten an zwei grundsätzliche Verantwortlichkeiten seiner Behörde: Einerseits sei sie zwar dafür verantwortlich, daß den Streitkräften unverzüglich nukleare und nichtnukleare Atomwaffenkomponenten zur Verfügung gestellt würden, sobald der Präsident hierzu seine Zustimmung erteilt hatte. Andererseits habe die AEC aber die allgemeine Verantwortung gegenüber dem amerikanischen Volk, dafür Sorge zu tragen, daß das extrem wertvolle und gefährliche spaltbare Material nicht auf unkluge Art und Weise verbraucht werde. Für diese letztere Verantwortlichkeit bemühte Dean neben innen- und außenpolitischen Argumenten vor allem technische und ökonomische Gesichtspunkte. Er hatte sie in einer ausführlichen Tagebuchnotiz vom 27. März 1951 mit einer Perspektive verbunden, die den Übergang vom herrschenden Mangel an Atomwaffen zu deren massenhafter Verfügbarkeit künftig eröffnen könne: »Any decision to use now must be made in the light of the fact that we are just beginning to spurt in the production of weapons, that our stockpile a year or two or three years from today will be infinitely greater than it is today. Should we not, therefore, by almost any possible means postpone the occasion where it would have to be used, if it is whithin our power, to a time when the use of it would *guarantee* victory[70]?«

An dem selben Tage, an dem Dean seinen Brief an Truman abschickte, entband der Präsident MacArthur von seinem Kommando in Korea. Es gibt gute Gründe für die Annahme, daß Truman den Transfer kompletter Atomwaffen nach Guam nicht nur aus dem militärischen Kalkül heraus anordnete, dort einer ernsten militärischen Lageentwicklung begegnen zu müssen, sondern auch als Demonstration der Entschlossenheit gegenüber seinen Kritikern, darunter den JCS, die er so hinter seine Entscheidung gegen MacArthur zu bringen trachtete. Nicht die von MacArthur verfolgte schärfere Gangart in Korea sollte angeprangert werden, sondern dessen von eigenmächtigen öffentlichen Äußerungen begleitete Insubordination[71].

8. Empfehlungen des Special Committee NSC für den Entscheidungsprozeß

Die spektakuläre Maßregelung MacArthurs durch den Präsidenten in der Öffentlichkeit als Ausweis der politischen Direktionsgewalt über das Militär konnte für

---

[69] Zit. Hewlett/Duncan, Atomic Shield, S. 539; siehe auch Feaver, Guarding the Guardians, S. 138 f.
[70] Forging the Atomic Shield, S. 130.
[71] So Dingman, Atomic Diplomacy, S. 138; siehe auch Condit, Test of War, S. 516.

Insider nicht den Mangel kompensieren, daß der Primat der Politik im spezifischen Fall der Entscheidungsvorbereitung für einen eventuellen Atomwaffeneinsatz bislang immer noch nicht in ausreichendem Maße formalisiert war. Am 16. April 1951 legten deshalb Dean, Acheson und Marshall Grundregeln fest, nach denen die Arbeitsgruppe des Special Committee NSC Verfahrensweisen für den Entscheidungsprozeß des Präsidenten über den Atomwaffeneinsatz erarbeiten sollte. Am 24. April präsentierte R. Gordon Arneson, Special Assistant to the Secretary of State for Atomic Energy Affairs, den Entwurf einer Stabsstudie dieser Arbeitsgruppe[72]. Für die Autoren war es schwer vorstellbar, daß die Frage des Einsatzes von Atomwaffen anders als durch eine Initiative der JCS an den Präsidenten herangetragen werden konnte. Lediglich im Fall eines atomaren Überraschungsangriffs auf die Vereinigten Staaten war es nach ihrer Meinung erforderlich, einen sofortigen atomaren Gegenschlag auszulösen: »In such event, the President would take action under his constitutional powers as Commander-in-Chief, consulting with appropriate leaders of the Congress at the earliest possible moment. In contingencies short of a surprise attack upon the United States, the President will doubtless want to consult appropriate Congressional leaders before making a decision.« Für alle übrigen Situationen, die eine Entscheidung über den Einsatz von Atomwaffen durch den Präsidenten erforderten, schlug die Arbeitsgruppe folgendes Procedere vor: Sie gingen davon aus, daß der Präsident vor seiner Entscheidung wenigstens die Ansichten des Vorsitzenden der JCS, des Secretary of Defense, des Secretary of State und des Chairman AEC einholen wollte. Jede Empfehlung an den Präsidenten bezüglich des Einsatzes von Atomwaffen durch die Streitkräfte sollte zwar entweder durch oder über die JCS erfolgen, da diesen die »gesetzliche Verantwortung als militärische Hauptberater des Präsidenten, des National Security Council und des Secretary of Defense« obliege. Die JCS sollten dem Präsidenten dabei ihre Gründe auseinandersetzen, die sie zu ihrer Empfehlung veranlaßten, und in groben Zügen den beabsichtigten atomaren Waffeneinsatz darlegen. Vor seiner endgültigen Entscheidung solle der Präsident jedoch unter Berücksichtigung der Verantwortung des NSC für die Beratung des Präsidenten hinsichtlich der mit der nationalen Sicherheit verbundenen innen- und außenpolitischen sowie militärpolitischen Aspekte, auch mit dessen Special Committee zusammen mit dem Vorsitzenden der JCS über deren Vorschläge konferieren. Bei seinem Treffen mit den Führern des Kongresses solle auch diskutiert werden, in welchem Umfang, auf welche Art und Weise und zu welchem Zeitpunkt mit anderen Ressorts und Regierungsbehörden, darunter den übrigen Mitgliedern des NSC, dem Kabinett und der Zivilverteidigungsbehörde, aber auch mit dem amerikanischen Volk sowie mit ausländischen Regierungen und den Vereinten Nationen

---

[72] Draft Memorandum by the Special Assistant to the Secretary of State, April 24, 1951, FRUS 1951 I, S. 820–826. Die abschließende Version datiert vom 27.4.1951; siehe Staff Study »Procedures with Respect to a Presidential Decision to Use Atomic Weapons«; Anlage zu Memo NSC to Sec Def, 27 April, 1951, NA, RG 330, CD 471.6 (A-Bomb), box 287; Neufassung vom 11.6.1952, FRUS 1952/54 II, pt. 2, S. 973–979; Feaver, Guarding the Guardians, S. 140.

Kontakt aufzunehmen sei. Die Arbeitsgruppe legte ihren Verfahrensvorschlägen die Annahme zugrunde, daß der Notwendigkeit einer Entscheidung zum Einsatz von Atomwaffen wahrscheinlich eine Periode zunehmender Spannungen vorausgehen würde, die es dem Präsidenten ermöglichte, Ratschläge seiner Berater »in the light of existing and emerging situations« einzuholen. Die Arbeitsgruppe orientierte sich also bei ihren Verfahrensvorschlägen nach eigenen Angaben nicht an »last minute developments which may require immediate decision in the midst of inevitable confusion and uncertainty«.

9. Der Widerstand der Joint Chiefs of Staff

Während die AEC den Verfahrensvorschlägen der NSC-Arbeitsgruppe zustimmte, sprachen sich die JCS am 23. Mai 1951 nachdrücklich gegen die Empfehlungen dieser ihrer Meinung nach »unerwünschten und unnötigen« Stabsstudie aus, eine Haltung, der sich der Secretary of Defense, Marshall, anschloß und damit eine Weiterverfolgung dieser Angelegenheit im NSC vorerst verhinderte[73].

Im Zentrum des Problems stand für die JCS die Beteiligung der AEC an den Entscheidungen für den militärischen Einsatz von Atomwaffen. Als LeBaron, Chairman MLC, im Oktober 1951 seine Möglichkeiten erschöpft sah, zu einer einvernehmlichen Lösung zwischen AEC und dem Department of Defense zu kommen, griff er den Vorschlag von Dean auf, eine Entscheidung in dieser Frage unmittelbar durch den Präsidenten, den Secretary of Defense und die JCS herbeizuführen. Das Military Liaison Committee sah sich einerseits vom Secretary of Defense und den JCS im Stich gelassen und war andererseits Vorwürfen durch die AEC ausgesetzt, es würde diese nur unzureichend über die atomaren Aktivitäten im Department of Defense unterrichten[74]. Zur Vorbereitung des Treffens mit dem Präsidenten, dem Chairman AEC, dem Secretary of Defense und dem Chairman JCS forderte Lovett letzteren am 3. November auf, mit den JCS Art und Umfang des Interesses des Department of Defense am Einsatz von Atomwaffen zu definieren und dessen spezifische Verantwortlichkeit aufzuzeigen, und zwar bezüglich der Determinierung des Atomwaffenbedarfs, der zu benützenden Trägermittel sowie der »military determinations of where and how such weapons will be used«. Im Zusammenhang mit dem letzten Punkt sollten die JCS klar zum Ausdruck bringen, daß die Entscheidung, wann erstmals Atomwaffen eingesetzt würden, beim Präsidenten liege. Die Zeit sei reif, die Verantwortlichkeiten des Department of Defense und der AEC eindeutig abzustecken, wobei das Hauptinteresse des Department of

---

[73] Condit, Test of War, S. 465.
[74] LeBaron, Memorandum for the Deputy Secretary of Defense, 19 October, 1951, NA, RG 330, CD 471.6 (A-Bomb), box 287.

Defense in der Deckung des Atomwaffenbedarfs, und die Zuständigkeit der AEC hauptsächlich in der wissenschaftlichen Entwicklung liege[75].

Am 11. Dezember 1951 kamen die JCS dem Ersuchen des Secretary of Defense in einem ausführlichen Memorandum nach[76]. Darin brachten sie ihren Auftrag gemäß NSC 30 und ihre gesetzlichen Zuständigkeiten als »militärische Hauptberater« des Präsidenten, des NSC und des Secretary of Defense in Erinnerung. Die Hauptgrundlage ihrer Argumentation bildete jedoch die Analyse der »breiten und weitreichenden Evolution innerhalb der militärischen Konzeptionen der Vereinigten Staaten auf den Gebieten von Strategie und Taktik sowie Umfang, Art, Auftrag, Ausbildung und Ausrüstung unserer Streitkräfte für den Krieg«. Das Strategic Air Command (SAC) in seiner gegenwärtigen Verfassung und Ausrüstung habe sich, so die JCS, weitgehend »um die Atombombe herum« entwickelt. Aber auch das Tactical Air Command (TAC), die Luftstreitkräfte der Marine und des Marinekorps seien dabei, aus ihren atomaren Fähigkeiten den größtmöglichen Nutzen zu ziehen. Der Erwerb von Stützpunkten im Ausland sei zum großen Teil von atomaren Überlegungen diktiert worden. Daher müsse zur Kenntnis genommen werden, »daß die Atomwaffe zu einem so integralen Bestandteil unserer Planungen und Vorbereitungen für die Führung eines größeren Krieges geworden ist, daß sie ein entscheidendes Element zur Erreichung der vollen militärischen Bereitschaft der Vereinigten Staaten ausmacht«. Ausgehend von diesem stetig zunehmenden atomaren Profil der amerikanischen Streitkräfte forderten die JCS die notwendige Handlungsfreiheit, um im Ernstfall militärische Operationen mit einem Höchstmaß an Effizienz führen zu können. Jede Vorkehrung, die die militärische Handlungsfreiheit beeinträchtigte, würde die Vereinigten Staaten dem »unvernünftigen und unnötigen« Risiko von Irrtum und Konfusion sowie des Versagens im Kriege aussetzen, mit der den Umständen nach gebotenen Schnelligkeit und Präzision zu handeln. Aus diesem Grunde sahen sich die JCS außerstande, »[to] agree to any other agency interposing itself between them and the President in submission to him of recommendations for a military course of action; nor could they agree to any such other agency having a voice in determining how, when and where such military operations are to be conducted«. Die Beziehungen zwischen der AEC und dem Department of Defense definierten sie als Hersteller-Verbraucher-Verhältnis, demzufolge die Verantwortung für die Atomwaffen im Hinblick auf militärische Operationen nach Maßgabe der Befugnisse und der Führungsentscheidungen des Präsidenten beim Department of Defense, die Verantwortung für die Produktion spaltbaren Materials sowie für die wissenschaftliche Forschung und Entwicklung

---

[75] Memorandum LeBaron to Deputy Secretary of Defense, 26 October, 1951, NA, RG 330, CD 471.6 (A-Bomb), box 287; Memo LeBaron to Sec Def, 2 November, 1951, ebd., box 286. Zum Memo Sec Def an die JCS vom 3.11.1951 siehe Poole, Joint Chiefs, S. 152 f.

[76] Nachfolgende Zitate nach »Statement of the Views of the Joint Chiefs of Staff on Department of Defense Interest in the Use of Atomic Weapons«, enclosure to Memorandum Lovett to Lay, 6 February, 1952, FRUS 1952/54 II, pt. 2, S. 863–868; Poole, Joint Chiefs, S. 152 ff.; Report on Custody, 10 Nov 1960, S. 15; Feaver, Guarding the Guardians, S. 140 f.; Condit, Test of War, S. 465 f.

bei der AEC liege. Im einzelnen führten die JCS dazu aus: Die grundsätzliche Bedarfsermittlung für komplette Atomwaffen, die die Produktionsziele und die Produktionsraten für spaltbares Material bestimmten, basierten auf Kriegsplänen und fielen daher in den Verantwortungsbereich des Department of Defense. Die JCS waren lediglich damit einverstanden, daß das Special Committee NSC die Auswirkungen dieser Programme auf die Gesamtwirtschaft überprüfte, bevor sie dem Präsidenten zur Genehmigung vorgelegt wurden. Auch die Festlegung der gewünschten militärischen und technischen Charakteristika atomarer Waffen und die Zuständigkeit für die Herstellung der einzelnen Atomwaffentypen samt ihrer Trägermittel reklamierten die JCS für das Department of Defense, da Entscheidungen, welche Art von Atomwaffen und welche Trägermittel zum Einsatz kommen sollten sowie über spezifische Einsatzmethoden rein militärische Aufgaben seien. Da die strategische Ausrichtung der Streitkräfte nach dem Gesetz in den Verantwortungsbereich der JCS falle, müßten diese auch die militärischen Festlegungen hinsichtlich des Einsatzes von Atomwaffen treffen, sobald der Präsident die Auslösung der atomaren Kriegführung angeordnet habe. Die Entscheidung, wo, wie, welche Anzahl und welche Typen von Atomwaffen zum Einsatz kommen sollten, müsse daher bei den JCS unter dem Präsidenten als Oberbefehlshaber der Streitkräfte liegen. Da das Department of Defense sowohl in militärischer als auch in technischer Hinsicht die erforderliche Kompetenz für den Einsatz von Atomwaffen besitze, müsse dieses Ressort auf diesem Gebiet Hauptberater (principal source of advice) des Präsidenten sein.

Bezüglich des Sicherheitskomplexes argumentierten die JCS, daß das Atomwaffenarsenal inzwischen solche Proportionen angenommen habe, daß Überwachung, Unterhaltung und die Gewährleistung der Sicherheit die Möglichkeiten der AEC überstiegen, und diese Aufgaben inzwischen in personeller und finanzieller Hinsicht nahezu ausschließlich durch das Department of Defense wahrgenommen würden. Auch die Weitergabe von Informationen über Atomwaffen an wichtige Verbündete, die zur Führung gemeinsamer Operationen erforderlich sei, sowie »the actual exchange of fissionable material or weapons material to the extent necessary to further such combined operations«, sollten mit Zustimmung des Präsidenten als Oberbefehlshaber der Streitkräfte über die JCS erfolgen. Als »den wahren Interessen der Vereinigten Staaten abträglich« führten sie die Tatsache an, daß bezüglich des Einsatzes von Nuklearwaffen mit der AEC und dem Department of Defense zwei gleichrangige Behörden zuständig seien, was dazu führe, daß im Einsatzfall zu viele Personen, darunter Vertragsfirmenpersonal, involviert seien und der Befehlsstrang teilweise über nicht-militärische Kanäle laufe.

Zur Custody-Frage unterbreiteten die JCS folgenden Vorschlag: Bis zu dem Zeitpunkt, zu dem sich der Präsident in der Lage sah, die Obhut über die Atomwaffen vollständig von der Atomic Energy Commission in die Hände des Department of Defense zu legen, könne man durch die Einrichtung eines »reservoir of finished weapons in the complete custody of the military« diesem Sicherheitsproblem begegnen und gleichzeitig die militärische Einsatzbereitschaft und operative Flexibilität steigern. Durch diese verbesserte Einsatzbereitschaft der Atomwaffen werde die Frage der Einsatzbefugnis (authority to use) nicht tangiert. Verteidigungsminister Lovett besprach am 29. Januar 1952 die Stellungnahme der JCS, mit der er grundsätzlich übereinstimmte, mit Präsident Truman, der Lovett jedoch an das Special Committee NSC verwies, das ihm konkrete Empfehlungen für seine Entscheidung hinsichtlich des von den JCS aufgeworfenen Problemkomplexes unterbreiten sollte. Dazu wurde am 8. Februar 1952 das Memorandum der JCS vom 11. Dezember 1951 dem Secretary of State und dem Chairman AEC übermittelt[77].

Der Vorschlag der JCS für ein »reservoir of finished weapons« entsprang der Absicht, den Einsatzverbänden einen schnelleren Zugriff auf die Atomwaffen zu ermöglichen. Seit Mitte Januar 1952 wurde bei ihnen die frontnahe Lagerung (forward storage) von Atomwaffen diskutiert. Admiral William M. Fechteler, Chief of Naval Operations, hatte sich am 14. Januar für die Lagerung an Bord von Flugzeugträgern ausgesprochen. Seiner Auffassung nach stellte der Zeitaufwand von 30 Stunden für den bisher üblichen Transport von den amerikanischen zentralen Lagern zu den Schiffen auf hoher See ein unvernünftiges und unnötiges Risiko im Ernstfall dar, da er die Möglichkeit eigener Überraschungsangriffs-Operationen ausschließe und dem Gegner ausreichend Zeit für Gegenmaßnahmen einräume. General Hoyt S. Vandenberg, Chief of Staff U.S. Air Force, war zwar ebenfalls für eine »forward storage«, wollte aber den Vorstoß Admiral Fechtelers so lange nicht unterstützen, bis eine vollständige Integration der atomaren Einsatzplanung aller atomgerüsteten Verbände, einschließlich derjenigen der Navy, erreicht war. Die Anzahl an verfügbaren Atomwaffen reichte nach General Vandenberg vorerst nicht für eine erfolgreiche Durchführung der drei offensiven Aufträge höchster Priorität aus: 1. die Neutralisierung der feindlichen atomaren Trägermittel, 2. die Zerschlagung der sowjetischen Rüstungskapazität und 3. die Verzögerung des Vormarsches der Roten Armee in Westeuropa. Da innerhalb der JCS in dieser Frage keine Einigung erzielt werden konnte, trug deren Vorsitzender, General Omar Bradley, das Problem Secretary of Defense Lovett vor, der jedoch den Zeitpunkt für ungünstig hielt, den Präsidenten neuerlich mit der Custody-Frage zu konfrontieren, solange diesem nicht die geforderten Stellungnahmen des State Department und der AEC zu dem Papier der JCS vom 11. Dezember 1951 vorlagen[78].

Für seine Antwort auf die Vorstellungen der JCS holte sich der Vorsitzende der AEC, Gordon Dean, Rat beim General Advisory Committee, einem beratenden Organ der AEC, dem namhafte Wissenschaftler, darunter J. Robert Oppenheimer (Vorsitzender), James B. Conant, Enrico Fermi und Glenn D. Seaborg angehörten. Dort teilte man zwar die Auffassung der JCS, daß die bestehenden Vereinbarungen über die Lagerhaltung und Bereitstellung der Atomwaffen unausweichliche Verzögerungen bei deren Einsatz mit sich brächten, die durch die beteiligten Stellen mi-

---

[77] Memorandum Secretary of Defense an Executive Secretary NSC vom 6.2.1952, FRUS 1952/54 II, pt. 2, S. 863.
[78] Poole, Joint Chiefs, S. 155–157.

nimiert werden müßten. Eine durchgreifende Änderung der Obhutregelungen allein könne diese Schwierigkeiten aber nicht ausräumen. Der Anspruch der JCS, keine Behörde dürfe sich hinsichtlich der atomaren Einsatzentscheidung zwischen sie und den Präsidenten stellen, wurde vom General Advisory Committee nachdrücklich zurückgewiesen. Es sah darin einen Versuch der JCS, das Recht des Präsidenten auf eine zivile Beratung bezüglich der politischen Implikationen der strategischen Planung einzuschränken[79].

In ihrer offiziellen Stellungnahme vom 27. Mai 1952[80] zu den Ansichten der JCS sprach sich die AEC strikt dagegen aus, daß diese im Falle eines Atomwaffeneinsatzes die ausschließlichen Berater des Präsidenten hinsichtlich des Wie, Wann und Wo sein sollten, und bezog sich dabei auf jenen Entwurf eines Memorandums von Gordon Arneson für den NSC vom 24. April 1951 (siehe oben, S. 295 ff.). Auch der Vorschlag der JCS, das Verhältnis des Verteidigungsministeriums zu der AEC nach dem Prinzip eines Hersteller-Verbraucher-Verhältnisses zu regeln, fand nicht die Zustimmung der AEC. Sie wollte weiterhin die Produktionsraten für spaltbares Material zur Deckung des Atomwaffenbedarfs nach Billigung durch den Präsidenten selbst festlegen. Auch bei der Festlegung der technischen Spezifikationen der Atomwaffen wollte sie wenigstens ihre Rolle als Berater des Verteidigungsministeriums behalten, wenngleich sie einräumte, daß sich diese technischen Spezifikationen hauptsächlich nach den militärischen Erfordernissen richten müßten. Bezüglich der Absicht der JCS, im Interesse einer integrierten Operationsführung geeignete Atomwaffendaten und Materialien an Verbündete weiterzugeben, wies die AEC auf die diesem Vorhaben entgegenstehende Rechtslage hin. Nach der am 30. Oktober 1951 durch den U.S. Congress geänderten Fassung des Abschnittes 10 des Atomic Energy Act von 1946 war allein die AEC autorisiert, nach Billigung durch den Präsidenten bestimmte wissenschaftlich-technische Informationen an andere Nationen weiterzugeben, wenn dadurch die gemeinsame Verteidigung und Sicherheit erheblich gefördert würde. Vor einer solchen Entscheidung des Präsidenten mußten diesem schriftliche Empfehlungen des NSC vorgelegt werden. Die Weitergabe geheimer Daten (restricted data) über Design und Herstellung von Atomwaffen an Verbündete oder gar die Überlassung nuklearer Materialien waren weiterhin verboten[81].

Den Vorwurf der Joint Chiefs of Staff, das gegenwärtige System geteilter Verantwortlichkeit hinsichtlich der Lagerung, Überwachung, Wartung und Sicherheit des Atomwaffenarsenals widerspreche den amerikanischen Sicherheitsinteressen,

---

[79] Oppenheimer wußte nicht so recht, ob er diese Position der JCS überhaupt ernst nehmen sollte, oder ob sie lediglich ein relativ bedeutungsloser Akt von Unverschämtheit (relatively meaningless piece of insolence) darstellte. Hewlett/Duncan, Atomic Shield, S. 580; Feaver, Guarding the Guardians, S. 139 f.

[80] The Views of the Atomic Energy Commission on the JCS Statement of Department of Defense Responsibilities in the Use of Atomic Weapons, Anlage zu Memorandum Chairman AEC (Dean) to Executive Secretary NSC (Lay), 27.5.1952, FRUS 1952/54 II, pt. 2, S. 947-953; Hewlett/Duncan, Atomic Shield, S. 579 f.

[81] Public Law 235, 82nd Congress, 30.10.1951. Text: Atomic Energy Act, S. 27 f.

wies die AEC entschieden zurück. Sie habe alles in ihrer Macht stehende für die Einsatzbereitschaft der Atomwaffen unter normalen und Ernstfallbedingungen beigetragen. In diesem Zusammenhang habe sie den Großteil der entsprechenden Funktionen an das Department of Defense übertragen, um dem militärischen Personal ein Höchstmaß an technischen Fähigkeiten zu verschaffen. Auch habe sie erst kürzlich gegenüber dem Department of Defense ihre Bereitschaft erklärt, überall auf der Welt Atomwaffen zur Gewährleistung der operativen Einsatzbereitschaft zur Verfügung zu halten. Obwohl die AEC dem Department of Defense bescheinigte, daß dieses nunmehr technisch in der Lage sei, die Wartung, Überwachung und Sicherheit des atomaren Arsenals sowohl der nuklearen als auch der nichtnuklearen Komponenten voll verantwortlich zu übernehmen, weigerte sie sich, diesem die volle Obhut über diese Waffen einzuräumen, da dies nach wie vor neben der erforderlichen technischen Kompetenz vor allem innen- und außenpolitische Aspekte tangiere. Dieser politische Vorbehalt wurde von der AEC jedoch selbst beschädigt, indem sie den JCS in der Frage eines Atomwaffenreservoirs unter vollständiger militärischer Obhut zur Steigerung der operativen Flexibilität und militärischen Einsatzbereitschaft entgegenkam. Sie machte lediglich zur Bedingung, daß sie in jedem Fall einen Teil des atomaren Arsenals unter ihrer Obhut behielt, um notwendige Modifizierungs- und Modernisierungsprogramme durchführen zu können. Auch müsse ihr Zugang zu dem geplanten militärischen Atomwaffenreservoir jederzeit gewährleistet bleiben. Zu dieser Konzession wurde die AEC vermutlich durch die Annahme verleitet, daß das von den JCS geforderte Reservoir an einsatzbereiten Atomwaffen in der Obhut des Militärs gemessen an dem Gesamtarsenal einen relativ bescheidenen Umfang haben würde[82].

Das State Department teilte in allen wesentlichen Punkten die Kritik der AEC an den Ansichten der JCS[83]. Es wollte ebenso wie die AEC an seiner Verantwortung festhalten, im Falle einer Entscheidung des Präsidenten über den Einsatz von Atomwaffen diesen über die politischen Aspekte des Wie, Wann und Wo zu beraten. Das State Department widersprach auch der Auffassung der JCS, daß es in die alleinige Verantwortung des Department of Defense falle, im Rahmen der Sicherheitspolitik der Vereinigten Staaten die quantitativen und qualitativen Erfordernisse bezüglich der Atomwaffen allein nach militärischen Gesichtspunkten festzulegen: Fragen wie die nach dem Waffentyp (z.B. Wasserstoffbombe) und nach den Einsatzverfahren tangierten das Problem der Zielauswahl und könnten von erheblicher Tragweite auf den Ausgang eines Konflikts und auf die Möglichkeiten sein, nach Sicherstellung des Sieges den Frieden zu gewinnen[84]. Das Vorhaben der JCS, zum Zwecke der gemeinsamen Operationsführung mit den Verbündeten eine Änderung des Atomic Energy Act von 1946 zu erreichen, die einen Austausch von

---

[82] Feaver, Guarding the Guardians, S. 142.
[83] Memorandum Department of State, 11.6.1952, FRUS 1952/54 II, pt. 2, S. 969-973; siehe auch Memorandum R. Gordon Arneson, Special Assistant to the Secretary of State for Atomic Energy Affairs, 10.6.1952, ebd., S. 964-968.
[84] FRUS 1952/54 II, pt. 2, S. 971.

Informationen über atomare Waffen mit den Verbündeten ermöglichte, wurde vom State Department unter der Bedingung unterstützt, daß seine Zuständigkeit hinsichtlich der Beratung des Präsidenten zu den außenpolitischen Implikationen und den notwendigen Deklassifizierungsmaßnahmen gewahrt blieb. Den Wunsch nach der Einrichtung eines Reservoirs von Atomwaffen unter der ausschließlichen Obhut des Department of Defense war auch das Department of State bereit zu unterstützen, allerdings nur unter der Voraussetzung, daß eine aktualisierte Fassung jenes Entwurfes von Arneson vom 24. April 1951 über das Entscheidungsverfahren beim Atombombeneinsatz von den JCS akzeptiert wurde[85].

10. »Agreed Concepts Regarding Atomic Weapons«

Auf Initiative von Außenminister Acheson und auf Wunsch des Präsidenten tagte am 17. Juni 1952 das Special Committee NSC zusammen mit dem Vorsitzenden der JCS mit dem Ziel, sich auf gemeinsame Empfehlungen für den Präsidenten zu verständigen, die dieser zur Grundlage seiner Entscheidung bezüglich der von den JCS erhobenen Forderungen machen konnte[86]. Das Ergebnis dieser Besprechung bildete die Grundlage für »Agreed Concepts Regarding Atomic Weapons« vom 10. September 1952, die Präsident Truman schließlich als Basis für detaillierte Ausführungsbestimmungen billigte[87]. In diesen Agreed Concepts wurde die Funktion des Special Committee NSC festgeschrieben, den Präsidenten vor jeder Entscheidung »regarding the major production objectives of the atomic energy program, the preparatory deployment of atomic weapons, and the use of atomic weapons« zu beraten, ohne daß dadurch die gesetzliche Stellung der JCS als militärische Hauptberater des Präsidenten, des NSC und des Secretary of Defense tangiert wurde. Während ihrer Sitzung am 17. Juni hatten die Teilnehmer ein entsprechendes Papier einer Arbeitsgruppe dieses Special Committee vom 11. Juni 1952 über die konkreten Verfahrensweisen in allen wesentlichen Punkten akzeptiert[88]. Zum Ein-

---

[85] Siehe die von Vertretern des Special Committee of the National Security Council on Atomic Energy überarbeitete Stabsstudie vom 11.6.1952, FRUS 1952/54 II, S. 973–979 (mit Auslassungen).

[86] Informal Minutes of the Meeting of the Special Committee of the National Security Council on Atomic Energy Affairs and the Chairman of the Joint Chiefs of Staff, 17.6.1952, FRUS 1952/54 II, pt. 2, S. 984–988; Memorandum Secretary of State vom 13.6.1952, ebd., S. 981.

[87] Agreed Concepts Regarding Atomic Weapons, Anlage zum Memorandum Lays, Executive Secretary of the NSC, an Secretary of State, Secretary of Defense und Chairman AEC vom 10.9.1952, FRUS 1952/54 II, pt. 2, S. 1010–1013; History of the Custody and Deployment, S. 21 f.; Atomic Energy Commission (AEC), A Historical Review of Custodial Arrangements for Atomic Weapons, November 14, 1960, enclosure to G.R. Luedecke, General Manager AEC, to Clinton P. Anderson, Chairman JCAE, November 17, 1960, NA, RG 218, Records of the JCAE, series 2: General Subject Files, classified box 5, S. 3.

[88] FRUS 1952/54 II, pt. 2, S. 985; Memorandum LeBaron für Secretary of Defense, 26.9.1952, NA, RG 330, 471.6 (A-Bomb), box 386.

satz von Atomwaffen stellten die Agreed Concepts deshalb nur noch lapidar fest, daß im Falle einer positiven Entscheidung des Präsidenten über den Atomwaffeneinsatz dieser den Secretary of Defense autorisieren werde, Atomwaffen unter den vom Präsidenten näher spezifizierten Bedingungen einzusetzen.

Nachdem die Beraterfunktion des Special Committee sichergestellt war, kamen der Secretary of State und der Chairman AEC dem Wunsch der JCS nach militärischer Obhut sehr weit entgegen. Dem Department of Defense sollte die Obhut über alle außerhalb der Vereinigten Staaten gelagerten Atomwaffen eingeräumt werden. Innerhalb der Vereinigten Staaten sollte das Department of Defense die Obhut über eine für die operative Flexibilität und militärische Einsatzbereitschaft als notwendig erachtete Anzahl von Atomwaffen übernehmen. Der Rest des atomaren Arsenals verblieb unter der Obhut der AEC. Auffällig ist, daß die quantitative Aufteilung der Obhut über die Atomwaffen zwischen dem Department of Defense und der AEC sehr vage blieb. Angaben über konkrete Zahlen sind bis heute leider nicht bekannt. In der Sitzung des Special Committee vom 17. Juni waren sich allerdings Robert LeBaron, Chairman Military Liaison Committee, William C. Foster, Deputy Secretary of Defense und der Vorsitzende der JCS, General Omar Bradley, darin einig, daß die von den JCS in Betracht gezogene Anzahl von Atomwaffen zu hoch sei. Sie wollten sich deshalb dafür einsetzen, daß diese Frage weiter untersucht wurde mit dem Ziel, »die Menge auf realistischere Proportionen zu reduzieren«[89].

Bezüglich des atomaren Rüstungsprogramms wurde in den Agreed Concepts festgelegt, daß das Department of Defense die militärisch erforderliche Anzahl und die Atomwaffentypen, einschließlich der gewünschten militärischen Eigenschaften, feststellen sollte. Die AEC sollte dann Produktionsraten und Produktionsziele bezüglich des spaltbaren Materials (weapon materials) im Lichte dieser militärischen Erfordernisse und deren Realisierungsmöglichkeit vorschlagen. Auf der Basis dieser vom Department of Defense und der AEC besorgten Erhebungen werde der Präsident schließlich das atomare Waffenproduktionsprogramm beschließen.

Zur Frage der Liberalisierung des Austausches von geheimen Daten über Atomwaffen mit den Verbündeten konnte in den Agreed Concepts noch keine Regelung getroffen werden. Die AEC versprach dazu, nach Konsultation mit dem Department of Defense dem Special Committee entsprechende Vorschläge zu unterbreiten. Die Notwendigkeit, den Alliierten mehr Informationen über die Wirkung von Atomwaffen zukommen zu lassen, war ebenso wie der Wunsch nach militärischer Obhut über das atomare Arsenal hauptsächlich Ausfluß eines verstärkten Rückgriffs auf die Atomwaffen im Rahmen der strategischen Planungen der NATO, nachdem sich der konventionelle Aufrüstungsplan, wie er auf der NATO-Ministerratstagung in Lissabon vom Februar 1952 beschlossen worden war, als undurchführbar erwiesen hatte[90]. In der Besprechung vom 17. Juni hatte General Bradley darauf hingewiesen, daß im Rahmen der SHAPE-Planungen ein

---

[89] FRUS 1952/54 II, pt. 2, S. 987.
[90] Siehe unten, S. 328–354.

höheres Maß an Flexibilität hinsichtlich der Handhabung atomarer Waffeninformationen erforderlich sei. Aufgrund der restriktiven amerikanischen gesetzlichen Regelungen sei der SACEUR gezwungen, innerhalb von SHAPE spezielle amerikanische Stabsabteilungen einzurichten, da nur Amerikaner mit amerikanischen Atomwaffendaten umgehen durften. Der Vorsitzende des Military Liaison Committee, LeBaron, schlug vor, bis zu einer entsprechenden Novellierung des Atomic Energy Act eine Interimslösung anzustreben, derzufolge zum Beispiel bestimmte Angaben über die externen Charakteristika der Atomwaffen wie Größe, Gewicht, Form, Sprengkraft und militärischer Wirkungsgrad nicht mehr als »restricted data« im Sinne des Atomic Energy Act angesehen wurden. Der Vorsitzende der AEC, Dean, hielt dies für möglich unter der Voraussetzung, daß die Unterstützung des Joint Committee on Atomic Energy, U.S. Congress, für diesen Weg gewonnen werden konnte[91]. Auch im State Department hielt man eine Novellierung des Atomic Energy Act im Hinblick auf die NATO-Planungsarbeit für längst überfällig. Das Verbot, die Rolle von Atomwaffen im Rahmen gemeinsamer Operationen in irgendeiner zweckdienlichen Weise mit den Alliierten zu diskutieren, führe zu einer »unnatural non-atomic sort of world which does not comport with reality«[92].

Die Frage, in welchem Umfang die Agreed Concepts vom 10. September 1952 während der zu Ende gehenden Amtszeit Trumans noch umgesetzt wurden, kann anhand der heute zugänglichen Quellen nur sehr lückenhaft beantwortet werden. Die Stabsstudie vom 11. Juni 1952 über die Modalitäten bei einer Entscheidung des Präsidenten für den Einsatz von Atomwaffen, die neben der militärischen auch dessen politische zivile Beratung vorsah, wurde zwar am 3. Oktober vom Secretary of Defense akzeptiert und nach Billigung durch das Special Committee NSC am 23. Oktober dem Präsidenten vorgelegt, von Truman aber, folgt man der Feststellung David Alan Rosenbergs, nie förmlich gebilligt[93].

Zur Einrichtung eines von den JCS gewünschten Reservoirs von Atomwaffen unter der Obhut des Department of Defense ist es in den letzten Monaten der Amtszeit Präsident Trumans offenbar nicht mehr gekommen, was wohl mit Anlaß dafür war, daß die JCS weiter auf die Übernahme des gesamten einsatzbereiten Lagerbestandes an Atomwaffen drängten. Im Oktober 1952 unterstützte LeBaron eine Studie des AFSWP, in der vorgeschlagen wurde, daß das Department of Defense die Obhut über alle nuklearen und nichtnuklearen Komponenten von Atomwaffen außerhalb der Vereinigten Staaten, an Bord von Schiffen und inner-

---

[91] FRUS 1952/54 II, pt. 2, S. 985 f.; Notiz für die JCS, 23.6.1952, NA, RG 218, COS 471.6 (8-15-45).
[92] Memorandum R. Gordon Arneson, Special Assistant to the Secretary of State for Atomic Energy Affairs, 10.6.1952, FRUS 1952/54 II, pt. 2, S. 966 f.
[93] Memorandum Le Baron für Secretary of Defense, 26.9.1952; Memorandum Secretary of Defense für Executive Secretary NSC, 3.10.1952; Memorandum LeBaron für General Bradley, 3.10.1952, alles in NA, RG 330, 471.6 (A-Bomb), box 386; Memorandum S. Everett Gleason, Acting Executive Secretary für Präsident Truman, 23.10.1952, HSTL, Papers of H.S. Truman, President's Secretary's Files, NSC Atomic, box 202 (mit Schwärzungen); FRUS 1952/54 II, pt. 2, S. 973 f., Fußnote 1; Rosenberg, Overkill, S. 136.

halb der Vereinigten Staaten übernehmen sollte, mit Ausnahme jener Waffen, die Qualitätsinspektionen durchliefen. Die AEC sollte zwar de jure für das spaltbare Material zuständig bleiben, hätte aber nach den Vorstellungen des AFSWP faktisch nur noch etwa 5 % des Atomwaffenarsenals unter seiner unmittelbaren Obhut behalten. Im übrigen prophezeite die AFSWP-Studie, daß das enorme Anwachsen des atomaren Arsenals im kommenden Jahrzehnt bezüglich Sicherheit, Verfügbarkeit und Aufbewahrung ein Management im »big business«-Rahmen mit klar umrissenen Funktionen und Zuständigkeiten erforderlich machen werde. Secretary of Defense Lovett war bereit, sich beim Präsidenten für die Überführung des gesamten Atomwaffenarsenals in die Obhut des Department of Defense zu verwenden, Acheson und Dean sprachen sich jedoch so kurz vor dem Regierungswechsel dagegen aus, so daß Lovett am 12. Januar 1953 die JCS auffordern mußte, alternative Überlegungen anzustellen[94].

11. Neuer Emergency Transfer-Plan und die Direktive NSC 141

Solange die Masse der Atomwaffen unter der Obhut der AEC verblieb, mußten zwischen dieser und dem Department of Defense einvernehmliche Verfahrensweisen entwickelt werden, die sicherstellten, daß im Ernstfall die Atomwaffen unverzüglich den militärischen Einsatzverbänden zugeführt werden konnten. Am 24. Juni 1952 unterrichtete der Chairman AEC, Dean, Präsident Truman über einen durch die AEC in Zusammenarbeit mit dem Department of Defense entwikkelten »Emergency Transfer Plan«. Dieser sah vor, daß der Präsident im Falle einer Einsatzentscheidung den Vorsitzenden der AEC anwies, Atomwaffen aus deren Obhut in die Obhut des Department of Defense zu überführen. Nachrichtentechnisch sei eine rasche Kontaktaufnahme des Präsidenten mit dem Chairman AEC, den übrigen Kommissionsmitgliedern oder dem Kommissionsstab sichergestellt. Das Department of Defense verfüge über eigene militärische Nachrichtenverbindungen, um sein Personal in den Waffenlagern von der Entscheidung des Präsidenten in Kenntnis zu setzen. Interessanterweise war nach diesem Emergency Transfer Plan festgelegt, daß im Falle einer Verhinderung der Weitergabe des Befehls des Präsidenten an den Chairman AEC oder einen geeigneten Vertreter der AEC Manager of Operations in Albuquerque, New Mexico, autorisiert war, die Atomwaffen in die Obhut des Department of Defense zu entlassen, wenn ihm vom Befehlshaber des Field Command AFSWP bedeutet wurde, daß der Präsident diese Übergabe angeordnet habe[95]. Wenn auch davon ausgegangen werden darf,

---

[94] Report on Custody, 10 Nov 1960, S. 17 f.; Memorandum Bradley für Secretary of Defense, 7.11.1952, »Custody of Atomic Weapons«, NA, RG 330, CD, 471.6 (A-Bomb), box 386; History of the Custody, S. 23; Condit, Test of War, S. 466 f.; Feaver, Guarding the Guardians, S. 145 f.
[95] Memorandum Dean an Lay, Executive Secretary NSC, vom 24.6.1952, HSTL, Presidential Secretary's Files, Subject File, box 202, folder »Atomic Weapons-Stockpile«; Declassified Documents Reference System (DDRS), 1990, S. 1804.

daß dieser Befehlshaber wirklich nur einen tatsächlich ergangenen Befehl des Präsidenten weitergeben würde, so stellte diese Regelung doch eine Abkehr vom Grundsatz eines unverzichtbaren, lückenlosen zivilen Obhutsystems durch die AEC dar, die sich in diesem Fall in die Abhängigkeit von militärischem Wohlverhalten begab[96]. Diese Einbuße an gesicherter ziviler Kontrolle wurde auch kaum durch den Umstand gemildert, daß nach der amerikanischen Militärtradition Gehorsam als Bestandteil des »military professionalism« gilt, der eine über die Beherrschung des militärischen Handwerks hinausgehende Verinnerlichung des Primats der Politik durch das Militär einschließt[97].

Es war zu erwarten, daß sich dieser Trend in dem Maße verstärkte, wie die Notwendigkeit zu einer raschen strategischen und taktischen atomaren Reaktion zunahm. Nach Einschätzung der AEC würde es zwölf Minuten dauern, bis der Befehl des Präsidenten, die Atomwaffen in die Obhut des Department of Defense zu überführen, in den atomaren Lagerstätten eintraf. Im Department of Defense war man dagegen der Auffassung, daß diesem Zeitansatz ideale Bedingungen zugrunde lagen, daß dagegen für eine realistische Planung bei einer solchen Zeitbedarfsermittlung die Schwierigkeiten in Rechnung zu stellen seien, die unter anderem mit der Benachrichtigung zahlreicher Personen an weitverstreuten Orten unter Ernstfallbedingungen verbunden seien[98]. Der U.S. Air Force bereitete auch der voraussichtliche Zeitaufwand des Präsidenten Sorge, den dieser vermutlich für seine Einsatzentscheidung benötigte. Sie warnte davor, daß jede Verzögerung, die bei der Einholung der Zustimmung des Präsidenten zur Freigabe und zum Einsatz von Atomwaffen eintreten würde, weitreichende Auswirkungen auf die erfolgreiche Durchführung ihrer Einsatzpläne haben könne[99]. Am 17. Dezember 1952 empfahl die AEC daher, daß der Emergency Transfer Plan im Hinblick auf die Möglichkeit eines Desasters in Washington, dem der Präsident vor Ausgabe seines Transfer-Befehls zum Opfer fallen könnte, überarbeitet wurde[100].

Obwohl gegen Ende der Truman-Administration sich der Großteil der Atomwaffen noch in der Obhut der AEC befand, kommt man nicht um die Feststellung herum, daß Trumans Nachfolger, Eisenhower, bei seiner Amtsübernahme im Januar 1953 das Prinzip strikter ziviler Kontrolle der amerikanischen Atomwaffen als im Stadium der Auflösung befindlich vorfand. Vor dem Hintergrund einer ameri-

---

[96] »If military obedience was deemed sufficient, then there would be no need for a separate order delivered to the AEC in the first place. In a small yet striking way, the emergency transfer plan showed how nuclear operational policy increasingly reflected the idea that civilian control would depend upon military obedience, not civilian assertiveness.« Feaver, Guarding the Guardians, S. 145.

[97] Siehe dazu kritisch Koch, Aspekte.

[98] Memorandum Roger M. Kyes, Acting Secretary of Defense, für Robert Cutler, Special Assistant to the President, Anlage zum Memorandum LeBarons für Secretary of Defense, 7.4.1953, NA, RG 330, CD, 471.6 (A-Bomb), box 44.

[99] Memo Acting Secretary of the Air Force for Secretary of Defense, 12.9.1952, NA, RG, 330, CD, 471.6 (A-Bomb), box 386. Zur Einsatzplanung und Doktrin der U.S. Air Force siehe Futrell, Ideas, S. 273–408; Moody, Building, S. 283–461; Poole, Joint Chiefs, S. 167–177.

[100] Feaver, Guarding the Guardians, S. 146.

kanischen Strategie, die sich in hohem Maße einem »swift and almost unlimited use of atomic retaliation in the event of major Soviet aggression« verschrieben hatte[101], konnten die JCS dem Bedürfnis nach schneller militärischer Einsatzbereitschaft und operativer Flexibilität gegenüber dem früheren Prinzip der zivilen politischen Hegung der Atomwaffe als einer politischen »Absolute Weapon« (Bernard Brodie) durchsetzen. Unter dem Aspekt des Verhältnisses von Militär und Politik fügte sich dieser Vorgang in die allgemeine Bereitschaft der politischen Führung der USA, sich im atomaren Rüstungswettlauf mit der Sowjetunion in hohem Maße militärische Ratschläge zu eigen zu machen. Sowohl in ihren Entscheidungen für eine mehrmalige Steigerung der Atomwaffenproduktion, als auch bei ihrem Entschluß zum Bau der Wasserstoffbombe waren die politische Führung, die relevanten Ressorts und der Kongreß vornehmlich militärischen Ratschlägen und Forderungen gefolgt. Ein guter Kenner dieser Vorgänge, McGeorge Bundy, urteilte 1988 darüber:

> »Truman's decision on the hydrogen bomb, because of the way it was made, had consequences wider than the decision itself. As Lilienthal had feared, it both marked and encouraged a pronounced shift away from the principle of civilian control to which he had believed (as the president did himself) that Truman was strongly committed. Obviously Truman and Acheson – and Louis Johnson and Lewis Strauss and Brien McMahon, for that matter – were civilians themselves. But all of them, in the process of the H-bomb decision, had shown great respect for, and even reliance on, the judgement of the Joint Chiefs of Staff, and none of them had responded to Lilienthal's passionate argument that a decision of this magnitude must be considered in a perspective larger than that of a competition in destructive power with the Soviet Union[102].«

Die unter der Regierung Truman eingeleiteten Steigerungen der Atomwaffenproduktion und die qualitative Verbesserung durch technologische Innovationen waren so wirksam, daß das Military Liaison Committee im Oktober 1952 zu der Überzeugung gelangte, es sei keine weitere Steigerung der atomaren Produktionskapazitäten mehr erforderlich[103]. Die JCS durften davon ausgehen, daß in absehbarer Zeit die AEC jede ihrer Bedarfsanforderungen an atomarer Rüstung erfüllen konnte, und sich der militärische Bedarf nicht länger an den beschränkten AEC-Kapazitäten für die Produktion von spaltbarem Material zu orientieren hatte. Dieser Zustand des atomaren Überflusses (»atomic plenty«) und der damit erreichte Vorsprung gegenüber der sowjetischen Atomrüstung mußten jedoch vorhersehbar ihren Wert verlieren, wenn die sowjetische Atomrüstung einen Stand der »Mutual Assured Destruction« (MAD) erreichte, der es der Sowjetunion in jedem Fall ermöglichte, den USA schweren Schaden zuzufügen.

---

[101] So ein bilanzierender Bericht über »Armaments and American Policy« eines Beratergremiums des State Departments vom Januar 1953, dem Robert Oppenheimer (Vorsitz), Vannevar Bush, John S. Dickey, Allen W. Dulles und Joseph E. Johnson angehörten. FRUS 1952/54 II, pt. 2, S. 1056-1091, Zitat, S. 1063; Hewlett/Holl, Atoms for Peace, S. 41-44.

[102] Bundy, Danger and Survival, S. 229. McGeorge Bundy zufolge hat auch die nachträgliche politische Lagebeurteilung in NSC 68 diesen Mangel nicht kuriert; ebd., S. 229 f.; Bernstein, Crossing the Rubicon.

[103] Poole, Joint Chiefs, S. 149.

Diese Prognose fand ihren ersten offiziösen Niederschlag im letzten Sicherheitsmemorandum der Truman-Regierung NSC 141 vom 19. Januar 1953. Dessen Autoren gingen davon aus, daß die amerikanischen Rüstungsausgaben über einen längeren Zeitraum aufrechterhalten und selektiv aufgestockt werden mußten, wobei zusätzliche Mittel vor allem für zwei Gebiete bereitgestellt werden sollten:
1. Besonders dringlich war ein substanziell höherer Aufwand für die Verteidigung des Staatsgebietes der USA einschließlich der Zivilverteidigung, um die Verwundbarkeit angesichts des zunehmenden sowjetischen atomaren Potentials zu reduzieren.
2. Die Militär- und Wirtschaftshilfe für den Mittleren und Fernen Osten sollten erweitert werden, um die westliche Abschreckungskapazität und notfalls Verteidigungsbereitschaft gegen lokale kommunistische Angriffe in diesen Regionen auszubauen, »without reliance solely on the threat of general war«[104].

Das Problem des Glaubwürdigkeitsverlusts der Drohung mit dem großen Krieg in der herannahenden Zeit der »atomic equation« zwischen den USA und der Sowjetunion wird wesentlich deutlicher als in NSC 141 in einem Memorandum Paul H. Nitzes, Director Policy Planning Staff und Hauptautor von NSC 68, an den Verteidigungsminister vom 12. Januar 1953 angesprochen. Als Ausweg empfahl Nitze den Rückgriff auf den Einsatz taktischer Nuklearwaffen in »situations short of general war«. Sollte es gelingen, den Einsatz von Atomwaffen auf den taktischen Bereich zu begrenzen, wäre dies, so Nitze, angesichts der sehr großen amerikanischen zahlenmäßigen Überlegenheit auf dem Gebiet dieser Waffen für die USA von Vorteil. Allerdings räumte er ein, daß es schwierig sei, eine genaue Grenze zwischen taktischen und strategischen Einsätzen zu ziehen[105]. Insgesamt zielte NSC 141 auf eine Erhöhung der amerikanischen Verteidigungsausgaben[106], also auf ein Vorhaben, gegen das Eisenhower während seines Präsidentschaftswahlkampfes energischen Widerstand angekündigt hatte.

12. »New Look« und »Massive Retaliation«

Das Grundanliegen der Sicherheitspolitik Eisenhowers war, Sicherheit und Solvenz wieder miteinander in Einklang zu bringen, um zu verhindern, daß exorbitante Rüstungsausgaben die amerikanische Wirtschaft ruinierten oder gar die Gesellschaft durch notwendige Zwangsmaßnahmen in einen Kasernenstaat verwandelten: »Wir dürfen nicht zerstören, was wir zu verteidigen versuchen[107].« Eisenho-

---

[104] Ein Auszug aus NSC 141 ist abgedruckt in: FRUS 1952/54 II, pt. 1, S. 209–222; zit. ebd., S. 228.
[105] FRUS 1952/54 II, pt. 1, S. 202–205.
[106] Nach Gaddis, Strategies, S. 124, war NSC 141 »the most uncompromising expression yet of the interlocking logic of expandable means and symmetrical response« der Containmentpolitik unter der Truman-Regierung.
[107] Zit. Gaddis, Strategies, S. 135.

wers Sicherheitspolitik, die bald mit den Bezeichnungen »New Look« oder »New Approach« etikettiert wurde, enthielt in ihrem Kern folgende Elemente:
1. Reduzierung der Verteidigungsausgaben,
2. Planung auf lange Sicht,
3. Priorität der Luftkriegführung,
4. Stärkung der Verteidigung der USA (continental defense),
5. Ersatz von militärischem Personal durch Steigerung der (atomaren) Feuerkraft,
6. Rückzug amerikanischer Verbände aus dem Ausland,
7. Aufbau einer zentralen strategischen Reserve,
8. im Kriegsfall erste Verteidigungsanstrengungen zu Lande durch die unmittelbar betroffenen Länder selbst[108].

Die Kompensation von Truppenreduzierungen durch den verstärkten Rückgriff auf Atomwaffen, die nach einer Äußerung Admiral Radfords, dem neuen Chairman JCS, »have virtually achieved conventional status within our Armed Forces«[109], war von den Briten in ihrer wirtschaftlichen Bedrängnis schon im Sommer 1952 als Ausweg aus der Misere vorgeschlagen worden, fand damals aber noch nicht die offizielle Unterstützung durch die USA, weil die U.S.-Regierung von diesem Konzept ein allgemeines Nachlassen der europäischen konventionellen Rüstungsanstrengungen befürchtete[110].

Während die neue U.S.-Administration sich in einer breit angelegten und bis in den Herbst 1953 andauernden Überprüfung der amerikanischen Sicherheitspolitik unter den Optionen des »New Look« erging, hatte der vermehrte Rückgriff auf Atomwaffen in die strategischen Planungen der NATO längst Einzug gehalten. General Matthew B. Ridgway, seit Juni 1952 Nachfolger Eisenhowers als SACEUR, hatte in einer im Januar 1953 fertiggestellten Studie für die JCS einen Minimalbedarf von 876 Atomwaffen errechnet, mit denen er hoffte, die Rheinlinie 90 Tage lang nach einem sowjetischen Angriff halten zu können. Dazu forderte er jedoch die Stationierung dieser Atomwaffen bis Ende 1953 in Europa[111]. Diese Forderung des SACEUR und die sich anbahnende allgemeine Neuorientierung der amerikanischen Sicherheitspolitik unter verstärktem Rückgriff auf die Atomwaffen ließen erwarten, daß die JCS bei ihrer Forderung nach militärischer Obhut über die Atomwaffen mit weniger politischem Widerstand als bisher zu rechnen haben würden.

---

[108] Watson, Joint Chiefs, S. 35; Trachtenberg, Peace, S. 151 f.; Dockrill, Eisenhower's New Look; Bowie/Immerman, Waging Peace.
[109] Zit. Watson, Joint Chiefs, S. 35.
[110] Baylis/MacMillan, Strategy Paper, S. 200–226; Clark/Wheeler, Origins, S. 160–182.
[111] J. Kenneth Mansfield (JCAE), Memorandum for the files, July 29, 1953, Sanitized Copy, Sensitive Information Deleted, NA, RG 128, JCAE, Gen. Subject Files, classified box 63. Mansfield faßt die bei den JCS als »Baker-study« kursierende Studie Ridgways zusammen. Die Anlage »Weapons Requested« ist nicht deklassifiziert, die Zahl 876 ergibt sich aber aus der deklassifizierten Anlage über »Number of Targets«, gegen die jeweils ein Atombombeneinsatz geplant war. Vgl. Wampler, NATO Strategic Planning, S. 8–11, mit der Zahl 1000 für taktische Atomwaffeneinsätze. Wampler stützt sich auf eine britische Quelle: COS (53) 490: SACEUR's »Estimate of the Situation and Force Requirements for 1956«, 2 October, 1953, PRO, DEFE 5/49.

Am 30. März 1953 schlugen sie die Überführung sämtlicher Atomwaffen in die Obhut des Department of Defense vor und fanden für diesen Vorschlag die Unterstützung durch den Acting Secretary of Defense und den Acting Secretary of State, während der Vorsitzende der AEC, Dean, vor einer Entscheidung »von solch radikaler Natur und befrachtet mit so vielen Implikationen«[112] erst eine eingehende und sorgfältige Untersuchung verlangte. Allerdings forderten auch State und Defense Department eine neuerliche Bestätigung der »Agreed Concepts Regarding Atomic Weapons« vom 10. September 1952. Eine Ausnahme bildete der nach Maßgabe des neuen Vorschlages zu modifizierenden Passus über »custody«, sowie eine »careful consideration of the question of timing and tactics involved in effecting the transfer so as to minimize the psychological impact of this action both at home and abroad, including ample opportunity for the Department of State to notify our major allies, ... [ca. eine Zeile nicht deklassifiziert] of a positive decision in advance of any publicity«[113]. Eisenhower setzte den 11. Mai als Termin für eine Diskussion im NSC fest, über deren Inhalt und Ergebnis heute noch keine deklassifizierten Quellen vorliegen. Offenbar wollte der Präsident aber dem Wunsch der JCS nach einem kompletten Transfer der Atomwaffen unter die Obhut des Department of Defense noch nicht in vollem Umfang nachgeben, denn am 20. Juni verfügte er auf Empfehlung des NSC, daß in die Obhut des Department of Defense nur so viele atomare Kapseln überführt werden sollten, wie zur Komplettierung der dort bereits vorhandenen nicht-nuklearen Komponenten erforderlich waren. Auch sollte die Überführung nur in ausländische Lagerstätten erfolgen, und zwar nur in solche, die in Gebieten lagen, in denen die USA das uneingeschränkte Recht zu einer solchen Maßnahme besaßen.

Auf Anforderung des Secretary of Defense, seit 28. Januar 1953 Charles Erwin Wilson, lieferte die AEC am 24. Juli 1953 die ersten atomaren Kapseln, hauptsächlich zur Versorgung überseeischer Basen und Navy-Einheiten, an das Department of Defense aus und stellte dazu in einem internen Memorandum an den Director Division of Military Application fest, daß sie fortan bezüglich des ausgelieferten Materials keine Verantwortung mehr für dessen Verteilung, Lagerung und Überwachung trage[114].

Eisenhower hatte seine Entscheidung vom 20. Juni über die Dislozierung von Atomwaffen in ausländische Lagerstätten unter der Obhut des Department of Defense sicherlich auch unter dem Eindruck seiner Erfahrungen als SACEUR zu einem Zeitpunkt getroffen, als mit NSC 153/1 vom 10. Juni 1953 erste Ergebnisse

---

[112] Feaver, Guarding the Guardians, S. 155.
[113] Lay, Memorandum for the President, May 4, 1953, DDRS (1988), S. 2265, ohne Anlagen.
[114] Atomic Energy Commission (AEC), Weapons Custody and Use, Anlage zu W.B. McCool, Secretary AEC, Atomic Energy Commission, Weapons Custody and Use, Note by the Secretary, April 25, 1961, U.S. Departement of Energy Archives, Collection: Secretariat, box 1442, folder 2: MR & A 9-4, Transfer of Weapons from AEC to DoD, zensierte Kopie (zit.: AEC, Weapons Custody and Use), S. 4; History of the Custody, S. 24; Poole, Joint Chiefs, S. 159, Anm. 32; Feaver, Guarding the Guardians, S. 154 f.; Condit, Test of War, S. 467; Rosenberg, Overkill, S. 141.

der Überprüfung der Grundlagen amerikanischer Sicherheitspolitik nach Maßgabe einer Balance zwischen Sicherheit und Wirtschaftlichkeit ausformuliert waren[115]. Vier Monate später, am 30. Oktober 1953, billigten der NSC und der Präsident NSC 162/2, die als grundsätzliche sicherheitspolitische Direktive hauptsächlich auf die »capability of inflicting massive retaliatory damage by offensive striking power« und auf »nuclear weapons to be as available for use as other munitions« abhob und bis heute als zentrales Dokument der Strategie der massiven Vergeltung gilt[116]. Mit Rücksicht auf die Verbündeten, ohne deren Hilfe die U.S.-Regierung selbst bei erheblicher Steigerung ihrer Rüstungsausgaben ihre sicherheitspolitischen Ziele für nicht erreichbar hielt, wurden in NSC 162/2 eindeutige Hinweise auf einen eventuellen amerikanischen Truppenabzug aus Europa vermieden. Dem Frust einiger Mitglieder des NSC, die sich von Truppenreduzierungen Einsparungen für den amerikanischen Verteidigungshaushalt 1955 erhofft hatten, hielt Admiral Radford entgegen, daß dies unter den gegenwärtigen Umständen nur in Frage käme, wenn der NSC die JCS eindeutig autorisiere, ihre militärischen Planungen auf die feste Voraussetzung zu gründen, daß Atomwaffen unmittelbar zu Kriegsbeginn zum Einsatz kommen würden. Dieser Forderung kam Secretary of Defense Wilson in einer Weisung vom 16. Oktober 1953 an Admiral Radford offenbar nach, in der es u.a. hieß: »We have entered an era where the quantity of atomic weapons and their military application necessitates a review of their impact on our strategy. We shall assume that such weapons will be used in military operations by U.S. forces engaged whenever it is of military advantage to do so[117].« Die dieser Annahme zugrunde liegende Aussage in NSC 162/2, die USA würden im Falle kriegerischer Auseinandersetzungen Atomwaffen als »available for use as other munitions« ansehen, wurde in einer Sitzung des Präsidenten mit dem Special Committee NSC am 22. Dezember 1953 jedoch folgendermaßen interpretiert und präzisiert: Diese Formulierung diene in erster Linie dem Zweck, daß die Militärs ihre Pläne auf die Verfügbarkeit atomarer Waffen gründen und diese Waffen im großen Umfang von der Obhut durch die AEC in diejenige des Department of Defense überführt werden könnten. Es handle sich nicht um eine Entscheidung im voraus, daß Atomwaffen bei jeder kriegerischen Auseinandersetzung eingesetzt würden. In bestimmten Fällen würde der Einsatz von Nuklearwaffen durch die Vereinigten Staaten »automatisch« erfolgen. Sollten z.B. die USA oder Westeuropa atomar angegriffen werden, würden die USA Atomwaffen von Anfang an einsetzen. Andererseits sei es wie etwa im Falle einer begrenzten Auseinandersetzung dringend geboten, abzuwägen, ob der sofortige Einsatz atomarer Waffen durch die USA die Gefahr eines

---

[115] NSC 153/1 »Restatement of Basic National Security Policy«, June 10, 1953, in: FRUS 1952/54 II, pt. 1, S. 379-388. Eine Anlage über die Kriegsziele im Fall eines Krieges mit der Sowjetunion wiederholte wörtlich die Ziele in NSC 20/4 vom November 1948.
[116] NSC 162/2, Basic National Security Policy (30.10.1953), in: FRUS 1952/54 II, pt. 1, S. 577-597, Zitate S. 582 u. 593; Watson, Joint Chiefs, S. 14-26.
[117] Zit. Watson, Joint Chiefs, S. 27. Nach Watson implizierte diese Voraussetzung, »that plans could then be drawn for only one kind of war rather than for several (conventional and atomic, each limited or general)«. (S. 26).

strategischen atomaren Einsatzes des Feindes erhöhte, man dadurch der Unterstützung durch die Alliierten verlustig ging, sie der Verwüstung auslieferte oder die Feindseligkeiten ausdehnte. Der Präsident müsse in seiner Rolle als Commander-in-Chief in der Lage sein, diese Gesichtspunkte zu prüfen und seine Entscheidung in jedem einzelnen Fall im Lichte der aktuellen Umstände zu treffen. Auf jeden Fall wollte Eisenhower rigide strategische und operative Festlegungen vermeiden:

> »This position does not unduly enhance the uncertainty for planning purposes. Whenever the United States engages in hostilities, the President has to decide the nature and scope of the action to be undertaken. These decisions will inevitably involve questions of the manner and extent of the use of atomic weapons in any such hostilities. These questions are so intimately bound up with the political and other factors that they cannot be governed by hard and fast rules adopted in the abstract.«

Diese Interpretation wurde unter der ausdrücklichen Feststellung, daß sie keinesfalls die atomaren Abschreckungen in Frage stelle, zur verbindlichen Interpretation der relevanten Äußerung in NSC 162/2 erhoben und mit folgenden Maßnahmen verknüpft: Das Special Committee of the NSC wurde mit Wirkung vom 1. Januar 1954 aufgelöst. Die Angelegenheiten, mit denen es in der Vergangenheit befaßt war, sollten fortan entweder im NSC selbst oder durch den Secretary of State, den Secretary of Defense und den Chairman AEC behandelt werden.

Die »Agreed Concepts Regarding Atomic Weapons« vom 10. September 1952 wurden aufgehoben und durch die obige interpretative Weisung ersetzt. Die in § 3 (Atomic Weapons Stockpile, Custody and Operation) und § 4 (The Establishment of Military Requirements and Characteristics of Atomic Weapons) der Agreed Concepts aufgeführten Angelegenheiten sollten danach gemeinsam durch das Department of Defense und die AEC, wenn angebracht, unter Konsultation des Department of State, erledigt werden[118].

Die Auflösung des Special Committee NSC war nicht notwendigerweise Ausdruck einer Bedeutungsminderung des politischen Beratungsprozesses in atomaren Fragen. Wohl aber kann man darin einen Akt der Normalisierung erblicken, mit dem die Behandlung atomarer Fragen neben allen übrigen Fragen von zentraler sicherheitspolitischer Bedeutung an den NSC verwiesen wurde, den Präsident Eisenhower mit seinem Committee-Arbeitsstil häufiger als sein Vorgänger konsultierte. Mit dieser organisatorischen Entscheidung scheinen jene in der von Repräsentanten des Special Committee verfaßten staff study in der Fassung vom 11. Juni 1952 (siehe oben, S. 294 f.) aufgeführten Verfahrensweisen bei einer Entscheidung über den Einsatz von Atomwaffen – nach dem Befund der derzeitigen Quellenlage – obsolet geworden zu sein.

Eisenhowers persönliche Haltung zum Einsatz von Atomwaffen war ambivalent. Als er im November 1952 als President Elect von der AEC über das amerikanische atomare Arsenal aufgeklärt wurde, hatte wenige Wochen zuvor die erste

---

[118] Memorandum Lay für Secretary of State, Secretary of Defense und Chairman AEC, 4.1.1954, DDRS (1988), S. 2266; Memorandum General Walter Bedell Smith, Under Secretary of State, für Präsident Eisenhower, 3.12.1953, in: FRUS 1952/54 II, pt. 1, S. 607 f.; Botti, The Long Wait, S. 123.

Detonation eines amerikanischen thermonuklearen Sprengsatzes die Pazifikinsel Elugelab in einen Unterwasserkrater von 1,4 km Durchmesser verwandelt. Eisenhower sprach sich dagegen aus, »[for us] to build enough destructive power to destroy everything«, und bezeichnete eine Strategie der totalen Zerstörung als »Negation des Friedens«. Einerseits machte er sich Sorgen, »that some junior officer might decide that they [die Atomwaffen, K.A.M.] could be used like other weapons«, andererseits entnahm er aber auch dem Bericht der AEC mit Interesse, daß Nuklearwaffen relativ billig seien und immer billiger würden[119]. Daß sich die neue Administration in der militärischen Planung künftig stärker auf ihren Einsatz abstützen würde, konnte man zahlreichen öffentlichen Stellungnahmen entnehmen. Eisenhower vermied es jedoch auch hier, sich auf präzise Entscheidungskriterien für den atomaren Einsatz festlegen zu lassen. Als er aufgefordert wurde, eine Bemerkung seines Außenministers in einer Rede vor dem Council of Foreign Relations am 12. Januar 1954, derzufolge die USA die grundsätzliche Entscheidung getroffen hätten, jeder Aggression durch eine »great capacity to retaliate instantly by means and places of our own choosing[120]« zu begegnen, kommentierte der Präsident, daß Dulles lediglich eine fundamentale Wahrheit geäußert habe. Reaktionen aus dem Kongreß, wo man befürchtete, daß eine solche Option das Recht des Parlaments, den Krieg zu erklären, beeinträchtigte, begegnete Eisenhower mit der Zusicherung, daß er im Falle eines sowjetischen Angriffs auf die Vereinigten Staaten nach Art eines »gigantic Pearl Harbor« zwar unverzüglich handeln, aber auch so schnell wie möglich den Kongreß zusammenrufen würde. Im einzelnen wollte er sich aber zu der damit verbundenen verfassungsrechtlichen Problematik nicht äußern: »I could be mistaken, and I would not argue it[121].«

13. Der Atomic Energy Act von 1954

Das ganze Jahr 1954 hindurch genehmigte Eisenhower Pläne für die Dislozierung amerikanischer Atomwaffen nach Europa, vor allem nach Großbritannien und Französisch-Marokko[122]. Im State Department bereitete man sich im Juni darauf vor, hierfür die Zustimmung der betreffenden europäischen Verbündeten zu erhalten[123]. Die vermehrte Dislozierung amerikanischer Atomwaffen überforderte inzwischen das Armed Forces Special Weapons Project (AFSWP), so daß die JCS im Juli 1954 die Gewahrsamsfunktionen über diese Atomwaffen den einzelnen Teilstreitkräften unmittelbar übertrugen und die Rolle des AFSWP auf die notwen-

---

[119] Hewlett/Holl, Atoms for Peace, S. 3-5.
[120] Zit. Ambrose, Eisenhower 2, S. 172. Die Rede ist abgedruckt in: Documents, 1954, S. 7-15; siehe auch Bundy, Danger and Survival, S. 255 f.
[121] Zit. Ambrose, Eisenhower 2, S. 172; Dockrill, Eisenhower's New Look, S. 68.
[122] Einzelheiten zur Atomwaffendislozierung siehe Norris/Arkin/Burr, Where They Were, S. 28.
[123] NA, RG 330, CD 471.6 (Atomic), The views of the Secretary of State re the timing and mechanics of seeking authority to store critical materials in Europe, 7 June, 1954, nur Nachweis, Dokument nicht deklassifiziert.

dige Ausbildung und allgemeine technische Überwachung reduzierten[124]. Offenbar begannen die mit der Dislozierung der Atomwaffen verbundenen Probleme, die zum Verlust der zentralen zivilen Kontrolle durch die AEC führten, sich langsam auch innerhalb des militärischen Command- und Control-Systems einzustellen.

Die im Jahre 1954 rasch fortschreitende Dislozierung der amerikanischen Atomwaffen in den Gewahrsam des Department of Defense fand keinen Niederschlag in der Atomgesetzgebung. Dem am 30. August 1954 vom Kongreß verabschiedeten »Act to Amend the Atomic Energy Act of 1946«[125] ging auch keine Debatte über die Gewahrsamsfrage voraus. Nur wenige Kongreßabgeordnete, darunter Chester Holifield und Charles Price, nahmen die Neufassung des Atomic Energy Act zum Anlaß, vor einer möglichen Gefährdung des Prinzips der zivilen Kontrolle in der Zukunft zu warnen: Nach allgemeiner Ansicht würden Atomwaffen in den militärischen Planungen für die nationale und alliierte Verteidigung rasch einen konventionellen Status erreichen. Folglich könne man damit rechnen, daß das Militär ständig nach mehr Kontrolle über die Waffenprojekte des Atomenergieprogramms strebten. Diese Annahme wollten die Abgeordneten zwar nicht als Kritik mißverstanden wissen, wohl aber als Mahnung, daß es Grenzen gebe, die das Militär nicht überschreiten dürfe, wenn man am Prinzip der zivilen Kontrolle festhalten wolle[126]. Wo diese Grenze genau verlief, darüber ließen sich die Abgeordneten nicht aus.

Indem der neue Atomic Energy Act es dem Department of Defense erlaubte, auf Anordnung des Präsidenten und mit Unterstützung der AEC den Verbündeten bisher als »Restricted Data« qualifizierte atomare Informationen zur Aufstellung von Verteidigungsplänen, für die Ausbildung zum Einsatz von und zum Schutz vor Atomwaffen sowie über die Bewertung der atomaren Fähigkeiten potentieller Gegner zukommen zu lassen, bereitete er in Verbindung mit einer Neudefinition von »atomic weapon« (Section 11d) den Weg für Pläne, im Ernstfall verbündeten Streitkräften amerikanische Atomwaffen unter U.S.-Obhut zur Verfügung zu stellen. Die Aufwertung des Department of Defense in Atomfragen durch den Atomic Energy Act von 1954 veranlaßte das Joint Committee on Atomic Energy, dem Gesetz verstärkte Kontrollmechanismen der Legislative einzufügen. Das Department of Defense war, wie zuvor schon die AEC, gehalten, das Joint Committee über alle seine Aktivitäten im Zusammenhang mit der Atomenergie auf dem laufenden zu halten. Alle Übereinkünfte über internationale Zusammenarbeit, auch militärische Kooperationsabkommen, mußten vor Inkrafttreten 30 Tage lang dem Joint Committee zur Prüfung vorgelegen haben. Mit der stillschweigenden Hinnahme des sich beschleunigenden Übergangs des Gewahrsams über die Atomwaffen weg von der AEC hin zum Department of Defense sanktionierte der Atomic

---

[124] Feaver, Guarding the Guardians, S. 169. Bereits am 16.10.1953 hatte der Secretary of Defense die Zuständigkeitsbereiche des AFSWP und der Teilstreitkräfte nach den Erfordernissen des Betriebs der »operational storage sites« neu geregelt: History of the Custody, S. 24–26.

[125] Public Law 703, 83rd Congress, 2nd Session, »Atomic Energy Act of 1954«. Zur Vorgeschichte siehe Hewlett/Holl, Atoms for Peace, S. 115–143.

[126] History of the Custody, S. 68.

Energy Act 1954 gleichzeitig die damit verbundene schrittweise Verlagerung der zivilen Kontrolle von der AEC zu den zivilen Funktionsträgern innerhalb des Office of the Secretary of Defense (OSD)[127]. Die AEC, seit dem 2. Juli 1953 unter dem neuen Chairman Lewis L. Strauss, gleichzeitig Special Assistant to the President for Atomic Energy Matters (Ernennung am 7. März 1953), gab ihre Rolle als zivile Aufsichtsbehörde über die Atomwaffen zwar nicht widerstandslos auf, ihr Widerstand wurde aber immer schwächer.

Am 20. August 1954 forderte Secretary of Defense Wilson in Fortführung des seit Juni des vergangenen Jahres in Gang befindlichen Prozesses den Transfer einer neuerlichen großen Anzahl von Atomwaffen, mit dem der Gesamtbestand der unter DoD-Obhut befindlichen Atomwaffen auf 45 % des gesamten U.S.-Arsenals anwachsen sollte. In seiner Begründung an Präsident Eisenhower vom 1. Dezember 1954 ist unter den Motiven u.a. der amerikanische Ersteinsatz erkennbar, der einem sowjetischen Angriff zuvorkommen sollte:

»The Joint Chiefs of Staff have recommended and I have approved, as essential to an improved position of military readiness, the deployment of additional numbers of atomic weapons to our overseas bases and the dispersal of atomic weapons to certain operational bases in the United States. The purpose of increased overseas deployment is to make possible the integration of atomic weapons into the operations of our deployed forces without imposing the logistic effort, delays and transportation hazards involved in shipments from central storage in the United States. The purpose of on-base storage in the United States is to permit our combat forces to react instantly to attack *or warning of attack* [Hervorhebung K.A.M.] without the serious delays incident to the transshipment of weapons and other complex arrangements necessitated by reliance upon central storage. In addition to enhancing our position of readiness, further overseas deployment and dispersal within the United States will greatly decrease the over-all vulnerability of the stockpile to enemy attack[128].«

Strauss übermittelte unter dem gleichen Datum dem Präsidenten die Haltung der AEC, die zwar recht allgemein die Frage der zivilen Kontrolle aufwarf, letztlich aber nur die Faktoren aufzählte, die bei einer solchen Entscheidung zu berücksichtigen seien: Die geplante extensive Verwendung von Atomwaffen[129] bei möglichen militärischen Operationen, das offensichtliche sowjetische atomare Potential, die Veränderungen der Weltlage seit 1946, der gegenwärtige und geplante Umfang des amerikanischen Atomwaffenarsenals, mögliche Reaktionen aus dem Kongreß und der Öffentlichkeit, die möglichen außenpolitischen Auswirkungen und die wahrscheinliche Zunahme der Gefahr für die Sicherheit der Bevölkerung. Die AEC

---

[127] Feaver, Guarding the Guardians, S. 159, resumiert: »Gradually, the AEC became merely a producer of weapons as opposed to the premier agency for controlling atomic policy.«

[128] Zit. FRUS 1952/54 II, pt. 2, S. 1576, Anm. 1.

[129] In einem JCAE-Hearing 1956 wünschte sich die U.S. Air Force laut General Nathan F. Twining »a fantastic number of weapons«. General James Gavin nannte für die U.S. Army 151 000 Nuklearwaffen, davon 106 000 für den taktischen Gefechtsfeldeinsatz, 25 000 für die Luftverteidigung und 20 000 »for support of our allies«. Gavin schätzte, daß eine Armee an einem einzigen Tag intensiver Kampfhandlungen insgesamt 423 Atomwaffen einsetzen würde, solche für den Boden-Luft-Einsatz nicht eingeschlossen. History of the Custody, S. 50.

schlug anfänglich zwar als Alternative vor, die vom Secretary of Defense geforderten Atomwaffen zu dislozieren, sie jedoch in der Obhut der AEC zu belassen, stimmte am Ende aber wegen der damit verbundenen administrativen und operativen Schwierigkeiten den Vorstellungen des Secretary of Defense für eine DoD-Obhut zu[130].

Vor dem Hintergrund des »New Look« in der amerikanischen Sicherheitspolitik, dem sich der NATO-Rat im Dezember 1954 durch die Annahme des Berichts des Military Committee (MC 48) unterwerfen sollte[131], war es nur konsequent, daß Eisenhower am 1. Dezember 1954 den Dislozierungs- und Transferplan des Department of Defense nicht nur billigte, sondern darüber hinaus sogar thermonukleare Waffen in diese Maßnahmen ausdrücklich mit einschloß[132].

Seit dieser Entscheidung Eisenhowers entwickelte sich das Übergabeverfahren der Atomwaffen von der AEC zum Department of Defense immer mehr zur Routine. Die JCS formulierten den Bedarf nuklearer und nichtnuklearer Atomwaffenkomponenten für die Dislozierung in auswärtigen und einheimischen Stützpunkten, der Präsident stimmte diesem Bedarf zu und verfügte den Transfer, während sich das State Department erforderlichenfalls um Stationierungsrechte im Ausland bemühte. Das AFSWP nahm die Atomwaffen für das Department of Defense in Empfang und regelte mit den Teilstreitkräften deren Weitergabe an Special Weapon Units, welche die Atomwaffen in den Dislokationsstandorten lagerten und sie eventuell nach ordnungsgemäßer Autorisierung an die Einsatzverbände auslieferten. Am 3. August 1955 trafen AEC und DoD hierzu ein neues »Atomic Energy Commission-Department of Defense Storage Operations Agreement«, das jenes vom 3. August 1951 ersetzte, und insgesamt eine Präponderanz der DoD-Zuständigkeiten festlegte. So sollten z.B. die AEC-Lagerstätten gemeinsam von AEC und DoD, die DoD-Lagerstätten hingegen ausschließlich durch DoD-Personal besetzt und geführt werden[133].

Im Juni 1955 legten die JCS dem Secretary of Defense ihre Empfehlungen für die Dislozierung atomarer und thermonuklearer Waffen für die Unified and Speci-

---

[130] AEC, Weapons Custody and Use, S. 4 f.
[131] MC 48, Report by the Military Committee to the North Atlantic Council on the Most Effective Pattern of NATO Military Strength for the Next Few Years, 18 November, 1954; NATO Strategy Documents, S. 231-250. Siehe unten S. 351.
[132] Andrew J. Goodpaster, Staff Secretary to the President, Notes on Meeting with the President, 0900, 1 December, 1954, o.D., in: FRUS 1952/54 II, pt. 2, S. 1576-1577. Die dieser Aufzeichnung anliegenden Direktiven des Präsidenten an Secretary of Defense und Chairman AEC sind in FRUS nicht mit abgedruckt. Sie finden sich in DDRS (1980), 330 A, jedoch ohne Zahlenangaben. Zu den Prozentzahlen siehe Ambrose, Eisenhower 2, S. 224 f.; History of the Custody, S. 30-33; AEC, Weapons Custody and Use, S. 5 f.; Feaver, Guarding the Guardians, S. 162 f.; NA, RG 330, 471.6 (Atomic), Wilson to Strauss, 20 December, 1954, »Re. designation of AFSWP as DoD Representative to receive the weapons components which the President on 1 December, 1954 directed be transferred to the DoD« (nur Nachweis).
[133] Atomic Energy Commission-Department of Defense Storage Operations Agreement, 3 August, 1955, Tab D zu Report on Custody, 10 Nov 1960. Diese Übereinkunft wurde am 9.2.1959 modifiziert und vor 1960 noch in Kraft gesetzt.

fied Commands[134] mit Zieldatum 30. Juni 1956 vor. Diese Dislozierungsvorschläge für amerikanische Stützpunkte in Übersee betrafen annähernd 75 % des bis dahin zu erwartenden amerikanischen Atomwaffenarsenals. Die Vorschläge der JCS basierten auf den emergency war plans der Specified and Unified Commands, denen zufolge ein Großteil der zugewiesenen Nuklearwaffen innerhalb der ersten Tage nach Ausbruch der Feindseligkeiten zum Einsatz kommen sollte. Während bislang die Anforderungen für Atomwaffendislozierungen von den einzelnen zentralen Lager-Standorten ausgegangen waren, wurden fortan diese Anforderungen durch die militärischen Kommandobehörden aufgestellt, ein Verfahren, das die JCS im Interesse der dadurch für die Kommandobereiche gewonnenen Flexibilität unterstützten. Aus eben diesem Grund sollten die Atomwaffen in unmittelbarer Nähe der Einsatzstreitkräfte gelagert werden, wodurch nicht nur die »rapid availability for use« erreicht, sondern auch die Gefahr verringert wurde, daß die Atomwaffen im Ernstfall in feindliche Hände fielen[135].

14. Die Obhut über die Thermonuklearwaffen und die Emergency Transfer-Direktive vom 4. April 1956

Obwohl Präsident Eisenhower am 1. Dezember 1954 die Dislozierung auch von thermonuklearen Waffen und deren Übergang in die Obhut des Department of Defense freigegeben hatte, widersetzte sich die AEC dieser Maßnahme mit der Begründung, daß sie dem Prinzip ziviler Kontrolle nach Maßgabe der Atomic Energy Acts von 1946 bzw. 1954 widerspreche, und daß der Transfer zum gegenwärtigen Zeitpunkt nicht notwendig sei. Als Alternative schlug Strauss am 23. August dem Präsidenten in Anlehnung an seinen Vorschlag vom 1. Dezember 1954 vor, die thermonuklearen Waffen zwar zu dislozieren, sie aber in der Obhut der AEC zu belassen. Diese Intervention war kurzfristig erfolgreich. Am 29. August unterrichtete Präsident Eisenhower die AEC, er habe seine Weisung vom 1. Dezember 1954 dahingehend modifiziert, daß alle dislozierten thermonuklearen Waffen mit einer Sprengkraft über 600 KT (Kilotonnen Trinitrotoluol-Äquivalent), in ihrer Obhut verbleiben sollten, vorausgesetzt, daß die dafür getroffenen Regelungen die unmittelbare Einsatzbereitschaft (immediate readiness for use) garantierten. Auch sollten thermonukleare Waffen dieser Größenordnung ausschließlich in Stützpunkte verlegt werden, die unter vollständiger Kontrolle der Vereinigten Staaten standen. Die mit dieser Verfügung des Präsidenten zur Dislozierung freigegebenen thermonuklearen Waffen bildeten zusammen mit den dislozierten Atomwaffen knapp 50 % des gesamten damaligen amerikanischen Nukleararsenals[136].

---

[134] Zu den Unified and Specified Commands siehe Kap. II, 4 c.
[135] Report on Custody, 10 Nov 1960, S. 35 f.
[136] AEC, Weapons Custody and Use, S. 6-8; Feaver, Guarding the Guardians, S. 163 f.; Watson, Missile Age, S. 447.

Auf der Grundlage der modifizierten Weisung des Präsidenten einigten sich die AEC und das Department of Defense am 6. September 1955 auf »Interim Principles and Procedures for the Carrying Out of Responsibilities as Directed by the President in Connection with the Early Dispersal of High Yield Weapons«. Danach beschränkte die AEC ihre Obhut über die in den Verantwortungsbereich des Department of Defense dislozierten Thermonuklearwaffen auf »those components, assemblies or complete weapons which contain special nuclear material«[137]. Dislozierte thermonukleare Kapseln mußten stets in AEC-kontrollierten Einrichtungen verwahrt oder von AEC-Custodians begleitet werden. Hierzu entsandte die AEC eigene Custodian-Teams zu den Dislozierungsstätten. Keine thermonukleare Kapsel durfte ohne ausdrückliche Genehmigung eines AEC-Custodian und ohne dessen Anwesenheit in eine Waffe eingesetzt werden. Eine Überführung der Kapseln in die Obhut des DoD bedurfte einer Weisung des Präsidenten zur Ingangsetzung des Emergency Transfer Plan. Auch thermonukleare Waffenkomponenten, bei denen es sich nicht um Kapseln handelte, die aber gleichwohl »special nuclear material« enthielten, mußten von AEC-Custodians verwahrt, beziehungsweise begleitet werden, jedoch mit folgenden Ausnahmen:

1. Im Falle der Auslösung des »Emergency Transfer Plan« auf Weisung des Präsidenten,
2. während on-base Inspektionen, Wartungs- und Instandsetzungsarbeiten, Modifikationsmaßnahmen und während Einsatzbereitschaftsübungen,
3. während des Lufttransports zwischen AEC-Einrichtungen und Auflockerungsbasen,
4. wenn der CINC Continental Air Defense oder ein anderer von den JCS bestimmter Unified oder Specified Commander für seinen Befehlsbereich Emergency Conditions feststellte, die die Beladung der Flugzeuge mit diesen Waffenkomponenten für deren aktuelle oder mögliche Verlegung in die Bereitstellungsräume erforderlich machten.

Außer im ersten Fall bewirkten diese Ausnahmeregelungen keinen de jure-Wechsel dieser Waffenkomponenten von der AEC-Obhut in diejenige des DoD. Dieses komplizierte Verfahren litt obendrein an dem Umstand, daß die AEC und deren Custodians in ihrer Obhutfunktion in hohem Maße auf die DoD-Nachrichtenverbindungen angewiesen waren. Endgültige Verfahrensweisen für die AEC-Obhut über dislozierte Thermonuklearwaffen wollten AEC und DoD gemeinsam bis zum 1. März 1956 entwickeln[138].

Bei der praktischen Durchführung der Interim Procedures tauchten alsbald Probleme auf. Der AEC bereitete es vor allem Schwierigkeiten, mit ihren Custodi-

---

[137] Bei »special nuclear material« handelt es sich nach Section M des Atomic Energy Act in der Fassung von 1954 hauptsächlich um Plutonium und in den Isotopen 233 oder 235 angereichertes Uran; Atomic Energy Act, S. 38.
[138] Die »Interim Procedures« werden ausführlich zitiert im Report on Custody, 10 Nov 1960, S. 37–39 und in History of the Custody, S. 39–42; Chronological History Concerning Principle Storage Operation Procedures, Anlage zu Alfred D. Starbird, Director of Military Application AEC, an James T. Ramey, Executive Director JCAE, 17.11.1960, S. 3.

an-Teams an Bord von Flugzeugträgern und anderen Kriegsschiffen ihre Obhut über die thermonuklearen Waffen effektiv wahrzunehmen. Darüber hinaus war man in der AEC der Auffassung, daß das Department of Defense mit seiner Obhut sowohl über nicht-nukleare Komponenten von Thermonuklearwaffen als auch über nukleare Kapseln des Typs Mark VI faktisch die Obhut über komplette Thermonuklearwaffen besaß. Nach Kritik von Seiten der Unified and Specified Commands an den Interim Procedures befürchteten die JCS ernstzunehmende Beeinträchtigungen der militärischen Einsatzbereitschaft und drängten den Secretary of Defense darauf hinzuwirken, daß diese Waffen unter militärische Kontrolle gebracht, oder falls sich dies vorerst nicht durchsetzen ließ, wenigstens die Interim Procedures modifiziert wurden.

Parallel zu ihren speziellen Bemühungen um Abänderung der Interim Procedures für den Transfer von dislozierten Thermonuklearwaffen verlangten die JCS eine grundsätzliche Regelung für den »automatic transfer of the entire stockpile to military units under emergency conditions«, also sämtlicher noch unter der Obhut der AEC befindlichen Nuklearwaffen[139]. Am 29. September 1955 unterbreitete der Secretary of Defense der AEC einen entsprechenden Vorschlag, der die negativen Erfahrungen aus vorausgegangenen Alarmierungsübungen kurieren sollte, die gezeigt hätten, daß schon unter Normalbedingungen, also ohne die Friktionen durch einen akuten oder bevorstehenden feindlichen Angriff, gefährliche Verzögerungen im Autorisierungs- und Benachrichtigungsverfahren auftraten. AEC und DoD einigten sich nach längeren Verhandlungen auf einen Entwurf für eine Emergency Transfer-Direktive des Präsidenten, den dieser am 4. April 1956 billigte. In dieser Direktive wurden drei Alarmierungsstufen unterschieden: »Peacetime – Normal«, »Peacetime – Urgent transfer action required« und »Defense – Emergency«.

Unter »Peacetime – Normal« wurde nach den bislang gültigen Übergaberegelungen verfahren. Der Status »Peacetime – Urgent transfer action required« konnte durch den Secretary of Defense, Acting Secretary of Defense oder durch den Chairman JCS ausgelöst werden, wenn nach deren Lagebeurteilung eiligere Maßnahmen erforderlich waren, als sie das »Peacetime – Normal«-Procedere zuließ, und der Präsident sich dieser Auffassung anschloß. Stimmte der Präsident dem Transfer-Ersuchen des Secretary of Defense zu, autorisierte er den Chairman AEC und den Secretary of Defense auf schnellstmöglichem Wege. Jedem einzelnen Schritt innerhalb dieses Verfahrens sollte ein schriftliches Memorandum folgen. Der Status »Defense – Emergency« konnte durch einen Befehlshaber eines den JCS unterstellten Kommandos, also jener Specified and Unified Commands, durch die JCS selbst oder durch übergeordnete Stellen durch unmittelbare Meldung an die AEC-Custodians ausgelöst werden. Letztere hatten daraufhin »immediate automatic release of all finished atomic weapons [...] to site commanders or to other military commanders as appropriate« durchzuführen, wobei die Obhut über diese Atomwaffen von der AEC nun auch formell in diejenige des Department of Defense überging. Über ihren auslösenden Entschluß zu diesen Emergency-Maß-

---

[139] AEC, Weapons Custody and Use, S. 10.

nahmen hatten die Berechtigten zwar unverzüglich, aber eben erst nachträglich, den Präsidenten und den Chairman AEC in Kenntnis zu setzen. Ausgerechnet bei der Ausrufung der höchsten Alarmierungsstufe wurde also auf die Mitwirkung des Präsidenten verzichtet. Alle Atomwaffen, die während eines Defense – Emergency-Status an das DoD ausgeliefert worden waren, mußten nach Beendigung dieses Status sofort wieder in die Obhut der AEC zurückgeführt werden. Abschließend bestimmte die Direktive Eisenhowers: »The transfer of custody in no way means or implies authorization to use atomic weapons[140].«

Auf der Grundlage der Direktive des Präsidenten formulierten AEC und DoD ein »Memorandum of Understanding for the Transfer of Atomic Weapons« vom 4. Mai 1956, das die Begriffe »Defense – Emergency« und »finished weapons« definierte, den Meldevorgang an die AEC-Custodians bei Ausrufung eines »Defense – Emergency«-Status präzisierte und die Specified and Unified Commands, die zur Erklärung eines Defense – Emergency-Status autorisiert waren, auflistete[141].

Obwohl die Direktive des Präsidenten vom 4. April 1956 dem Bedürfnis der JCS nach Erhöhung der atomaren Einsatzbereitschaft sehr weit entgegenkam, indem sie im Falle eines Defense – Emergency-Status sämtliche Nuklearwaffen, also auch thermonukleare Waffen, auf Initiative der Befehlshaber der Unified and Specified Commands und nach deren subjektiver Lagebeurteilung in die Obhut des Department of Defense überführte, drängten die JCS über den Secretary of Defense weiterhin nachdrücklich auf die DoD-Obhut über die bereits dislozierten kompletten Thermonuklearwaffen und zwar schon vor der Erklärung eines Defense – Emergency-Status. In einem Schreiben vom 21. April an die AEC unterbreitete der Secretary of Defense die Argumente und Vorschläge der JCS für eine entsprechende Änderung des Interim Agreements. Der »trend toward completely selfsustained high yield weapons« verlange nach einer Entscheidung zwischen dem Prinzip operativer Einsatzbereitschaft und dem Prinzip der Obhut durch die AEC. Nach Wilson sollte das »dual custodial arrangement« zwischen AEC und DoD, das die AEC-Obhut über dislozierte thermonukleare Waffen einschloß, so schnell wie möglich aufgegeben oder wenigstens das Interim Agreement so modifiziert werden, daß es den Erfordernissen operativer Einsatzbereitschaft genügte. Konkret schlug Wilson vor, »to insure the immediate availability of complete weapons under conditions short of a national emergency wherein responsible commanders may find it necessary to make all preparations for emergency dispersal or to evacuate a base to preserve the integrity of their commands and equipment«. Die Di-

---

[140] Schreiben Eisenhowers an Secretary of Defense und Chairman AEC, 4.4.1956, DDRS (1980), 330 B; Watson, Missile Age, S. 447; Shuchman, Nuclear Strategy, S. 344. Im Rahmen einer Übung »OPERATION ALERT 1956« vom 20.-26.7.1956 erprobten CINC PACIFIC und CINC ALASKA die simulierte automatische Freigabe aller Atomwaffen durch die AEC-Custodians unter Defense – Emergency-Bedingungen; JCS 2019/187, 11 July, 1956, NA, RG 218, CCS 471.6 (8-15-45), sec. 83 (lediglich Hinweis auf Planung dieser Übung).

[141] Report on Custody, 10 Nov 1960, tab G. Dieses Memorandum of Understanding wurde am 3.2.1960 mit Wirkung ab 4.3.1960 modifiziert; siehe ebd., tab H; AEC, Weapons Custody and Use, S. 10 f.

rektive des Präsidenten vom 4. April 1956 gewährleiste zwar eine unmittelbare Verfügbarkeit aller Nuklearwaffen unter Defense – Emergency-Bedingungen, es seien aber Umstände denkbar, unter denen schon vorher die nationale Sicherheit eine unmittelbare Verfügbarkeit dieser Waffen verlange, nicht jedoch einen nationalen Alarmzustand rechtfertige, der die Übergabe des gesamten Arsenals auslöste: »Such conditions would include the receipt of strategic warning of possible attack or evidence of impending local sabotage which would necessitate maximum preparatory action short of a national alert.« Wilson wies auf die damaligen technischen Gegebenheiten hin, die es erforderlich machten, Thermonuklearwaffen zu komplettieren, bevor sie in die Flugzeuge verbracht würden. Falls Flugzeuge mit nur inkompletten Thermonuklearwaffen evakuiert würden, müßten sie nach der geltenden Regelung im Falle einer Anordnung des Präsidenten für den Transfer der Kapseln zum Ausgangsstützpunkt zurückkehren. Dort müßten sie entladen, die Trägerwaffen mit den thermonuklearen Kapseln bestückt und die so komplettierten Bomben wieder verladen werden. Der Vorschlag Wilsons, über eine Änderung der Interim Procedures die Beladung von Einsatzflugzeugen mit kompletten Thermonuklearwaffen schon vor Erklärung des Defense – Emergency-Status zu ermöglichen, führte konsequenterweise zu dem weiteren Vorschlag, die zivilen AEC-Custodian Teams durch militärisches Personal zu ersetzen. Die Interim Procedures erlaubten aus praktischen Gründen schon jetzt den Führern von Einsatzflugzeugen, als »Custodial Agents of the Commission« thermonukleare Waffen mit nuklearen Komponenten (außer Kapseln) zu laden. Diese Regelung sollte nach Ansicht Wilsons auf den Transport thermonuklearer Kapseln ausgedehnt werden. Dazu führte er auch taktische Argumente an: Das Department of Defense sei der Auffassung, daß sich der Einsatz von »designated military commanders as agents of the Commission« vor allem auf Kampf- und Munitionsschiffen anbiete, da die Anwesenheit ziviler AEC-Custodians auf diesen Schiffen auch bei optimaler Tarnung dem potentiellen Gegner wichtige Erkenntnisse über die Art der Bewaffnung dieser Schiffe liefern würde. Abschließend berief sich Wilson auf den militärischen Professionalismus, der den Gehorsam militärischer Custodians gegenüber zivilen Vorgesetzten garantiere: »I need not emphasize that such military commanders as may be properly designated would be equally amenable to orders and restrictions concerning the handling of atomic weapons as are civilian custodians and that, in my opinion, the Commission's custodial responsibilities could be exercised in the manner suggested without compromise[142].« Mit seinem Vorschlag der Militarisierung der nur formal aufrecht zu erhaltenden Obhutfunktion der AEC rannte Wilson bei dieser offene Türen ein. Innerhalb der AEC hatte der General Council[143] schon am 10. Oktober 1955 den Vorschlag unterbreitet, anstelle des zivilen AEC-Personals die Kommandanten der thermonuklearwaffenführenden Schiffe als

---

[142] Zitate aus dem Schreiben des Secretary of Defense an den Chairman AEC vom 21.4.1956 (nach AEC: Weapons Custody and Use datiert Wilsons Schreiben vom 20.4.1956) finden sich in der History of Custody, S. 43 f.; Feaver, Guarding the Guardians, S. 165 f.

[143] Rechtsberater der AEC. Zum fraglichen Zeitpunkt hatte William Mitchell diese Funktion inne.

AEC-Custodians zu designieren, »obwohl er nicht der Auffassung war, daß ein solches Arrangement eine zivile Kontrolle der Thermonuklearwaffen darstellte«[144].

Nach Hearings vor dem Military Application Subcommittee des JCAE wurden auch aus dem Kongreß Zweifel an der Zweckmäßigkeit ziviler Custodians an Bord von Schiffen laut[145]. Am 4. Juni 1956 einigten sich AEC und DoD schließlich auf eine neue Übereinkunft, die das Interim Agreement vom 6. September 1955 ersetzte. Das neue, vom Präsidenten am 6. August 1956 gebilligte Agreement erlaubte die Einsetzung von »AEC Designated Military Custodians« anstelle ziviler Custodians während des Transports dislozierter Thermonuklearwaffen in militärischen Transportmitteln, einschließlich Schiffen und Flugzeugen, und solange sich diese Waffen an Bord von Kampfschiffen und Munitionsschiffen befanden. Darüber hinaus erlaubte das Agreement die Beladung von Flugzeugen mit kompletten dislozierten Thermonuklearwaffen unter Defense – Emergency-Bedingungen[146]. Damit war die neue AEC-DoD-Regelung mit der Weisung des Präsidenten vom 4. April kompatibel, wonach nach Feststellung eines Defense – Emergency durch einen der Specified oder Unified Commanders sämtliche Atom- und thermonuklearen Waffen in die Obhut des DoD überführt werden mußten. Dem Wunsch der JCS und des Secretary of Defense, daß diese Kommandeure die Beladung von Flugzeugen mit kompletten Thermonuklearwaffen schon »under conditions short of a national emergency« durchführen durften, war aber noch nicht entsprochen worden[147].

Am 21./24. November 1956 verfügte Präsident Eisenhower, sicherlich unter dem Eindruck der Doppelkrise von Ungarn und Suez sowie der offenen atomaren Drohungen der Sowjetunion, auf Betreiben der JCS die Dislozierung des gesamten vorhandenen Atom- und Thermonuklearwaffenarsenals auf Stützpunkte in den USA, auf Schiffe und, nach Zustimmung des State Department, auf Stützpunkte im Ausland. Nur von den künftig produzierten Nuklearwaffen, mit Ausnahme derjenigen für die Luftverteidigung, sollten 25 % als JCS-»safe reserve« unter AEC-Obhut verbleiben. Gleichzeitig ordnete Eisenhower an, daß das System der »AEC Directed Military Custodians« auf sämtliche Lagerstätten für dislozierte Thermonuklearwaffen ausgedehnt wurde, woraufhin der letzte zivile AEC-Custodian von

---

[144] AEC, Weapons Custody and Use, S. 8.
[145] Ebd., S. 8 f.
[146] »AEC/DoD Agreement as to Principles and Procedures for the Carrying Out of Responsibilities as Directed by the President in Connection with The Dispersal of High Yield Weapons«, 4 June, 1956, Report on Custody, 10 Nov 1960, Attachements, Tab E; AEC, Weapons Custody and Use, S. 10; Watson, Missile Age, S. 447.
[147] So History of the Custody, S. 45. In einem Report des Joint Strategic Plans Committee wird jedoch festgestellt: »The final agreement between the AEC and DoD for custody of dispersed high yield weapons now applies only to peacetime conditions or alert conditions short of a defense emergency.« JCS 2019/198, 16 October, 1956, NA, RG 218, CCS 471.6 (8-15-4-5), sec. 86. Bei einer Besprechung des Präsidenten mit Strauss und General Loper am 6.8.1956 kam nur die Bestellung von Schiffskommandanten als Custodians zur Sprache, die der Präsident genehmigte; L.A. Minnich, Jr., Memorandum of Conference with the President, August 6, 1956, University Publications of America (UPA) Microfilm, Eisenhower Diaries, 1953-61, reel 9; Watson, Missile Age, 1956-1960, S. 447.

den DoD-Standorten für dislozierte Thermonuklearwaffen verschwand[148]. Diese schließlich als »Designated Atomic Energy Commission Military Representatives (DAECMR)« bezeichneten militärischen Custodians dienten quasi zwei Herren. Ein DAECMR besaß eine Reihe von Codes, die ihm von der AEC und dem AFSWP gemeinsam ausgehändigt wurden. Die gleichen Codes erhielt ein Befehlshaber, der einen Defense – Emergency-Status erklären durfte. Dessen Defense – Emergency Message enthielt diese Codes. Nach Prüfung der Übereinstimmung der Codes lieferte der DAECMR die ihm anvertrauten Thermonuklearwaffen in die Obhut des DoD aus[149].

Diese wichtige Änderung in der Dislozierung von Thermonuklearwaffen war Anlaß für eine Neufassung der AEC-DoD-Übereinkunft vom 4. Juni 1956. Neben der vorgenannten Ausdehnung des militärischen AEC-Custodian Systems wurde in dem neuen, am 2. Februar 1957 inkraftgetretenen Abkommen den Befehlshabern der Specified and Unified Commands nun auch erlaubt, Flugzeuge mit kompletten Nuklearwaffen zu munitionieren, sobald einer dieser Kommandeure entschied, »that emergency conditions *short* of a defense emergency exist within his command necessitating the loading of weapons in military vehicles for possible or actual dispersal«[150]. Im Zusammenhang mit von den JCS 1957 erlassenen »Principles Governing Dispersal of Atomic Weapons« verstärkte diese Regelung die Dispositionskompetenzen der Kommandeure erheblich. Nach diesem JCS-Erlaß war es den Unified and Specified Commands nämlich erlaubt, im gegenseitigen Einverständnis dislozierte Nuklearwaffen untereinander auszutauschen und diese innerhalb des eigenen Kommandobereichs nach operativen Notwendigkeiten zu verlegen, wovon sie lediglich die JCS in Kenntnis zu setzen hatten[151].

In der AEC-Studie über »Weapons Custody and Use« werden die Vorgänge im Jahre 1956 folgendermaßen resümiert: Die Entscheidungen des Frühjahrs 1956 hätten das Ende aller konzertierten Bemühungen auf Seiten der AEC markiert, dem Prinzip ziviler Kontrolle Geltung zu verschaffen. Unter dem ständig wachsenden Druck der Anforderungen moderner Kriegführung sei es notwendig gewesen, den Teilstreitkräften die Kontrolle über große Teile des Nuklearwaffenbestandes, einschließlich der praktischen Obhut über die stärksten Thermonuklearwaffen, und im Ernstfall über den Rest des nuklearen Arsenals einzuräumen. Nachdem die AEC einmal so weit gegangen sei, habe sie noch weniger Grund gehabt, sich nach-

---

[148] Memorandum of a Conference with the President, November 21, 1956, FRUS 1955/57 XIX, S. 376; siehe vor allem ebd., Anm. 3, mit einer Tagebuchnotiz des Präsidenten vom 21.11.1956; Eisenhower Diaries, S. 336; AEC, Weapons Custody and Use, S. 21 f.; Watson, Missile Age, S. 448; Feaver, Guarding the Guardians, S. 166 f.
[149] History of the Custody, Bibliography, Ziff. 41.
[150] AEC-DoD Agreement for the Dispersal of High Yield Weapons, 2 February, 1957, tab F, zu Report on Custody, 10 Nov 1960; AEC, Weapons Custody and Use, S. 22.
[151] Diese Principles Governing Dispersal of Atomic Weapons von 1955 waren in aktualisierter Fassung Bestandteil der JCS-Dislozierungsanforderungen bis 30.6.1958, die vom Präsidenten am 6.8.1957 gebilligt wurden. Sie sind zitiert im Report on Custody, 10 Nov 1960, S. 46, die ältere Fassung ist zitiert in History of Custody, S. 45 f.

folgenden DoD-Forderungen nach Lockerung der AEC-Kontrolle über die Nuklearwaffen zu widersetzen[152].

15. Der letzte Akt: Die Direktive des Präsidenten vom 26. Februar 1959

Am 22. September 1958 legten die JCS ihre Dislozierungsanforderungen bis zum 30. Juni 1959 dem Secretary of Defense vor, der die Auffassung vertrat, daß nun alle dislozierten Nuklearwaffen, einschließlich der Thermonuklearwaffen, in die volle Obhut des Department of Defense überführt werden sollten. Am 13. Oktober unterbreitete Donald E. Quarles, seit April 1957 Deputy Secretary of Defense, die Vorschläge des DoD der AEC, die der Überführung sämtlicher dislozierter Nuklearwaffen, einschließlich thermonuklearer Waffen zustimmte. John A. McCone, seit Juni 1958 Nachfolger von Strauss als Chairman AEC, erklärte in einem Schreiben vom 29. Oktober 1958 an den Chairman Joint Committee on Atomic Energy die Gründe für diese Entscheidung der Kommission: »The Commission has considered most carefully all aspects of this problem, including its responsibilities under the Atomic Energy Act, the requirements of operational readiness, and our ability to maintain any real custody over dispersed weapons under present strategic conditions. It is our conclusion that there no longer exists a valid justification for maintaining AEC custody of these weapons in view of the small degree of actual custody that is practical and economical.« In einem persönlichen Briefing des gesamten Joint Committee on Atomic Energy nannte McCone als Grund für den Rückzug der DAECMRs unter anderem die zunehmende Bedeutungslosigkeit des 600 KT-Limits als Trennlinie zwischen atomaren und thermonuklearen Waffen. Die meisten Joint JCAE-Mitglieder billigten die Haltung der AEC, nur der Kongreßabgeordnete Chester Holifield äußerte Zweifel daran, daß die AEC bei ihrer Entscheidung dem Prinzip ziviler Kontrolle das nötige Gewicht beigemessen hatte.

Nachdem sich AEC und DoD über den Transfer sämtlicher dislozierter Nuklearwaffen in die Obhut des DoD geeinigt hatten, erließ Präsident Eisenhower am 26. Februar 1959 eine entsprechende Direktive[153].

Nach dieser Direktive verblieben nur noch wenige Nuklearwaffen als JCS-Reserve in den »national« und »operational storage sites« und damit unter AEC-Obhut. Folgt man den Dislozierungsplänen für 1960 und 1961, so betrug der Anteil weniger als 10 % des gesamten amerikanischen Arsenals.

Nach der History of the Custody and Deployment of Nuclear Weapons des Pentagons markierte die Direktive des Präsidenten vom 26. Februar 1959 eine bedeutsame Zäsur: »With the promulgation of this directive, the end of an era had

---

[152] AEC, Weapons Custody and Use, S. 21.
[153] Ebd., S. 22-24; History of the Custody, S. 53 f.; Report on Custody, 10 Nov 1960, S. 47-49; A Historical Review of Custodial Arrangements for Atomic Weapons, S. 6-8.

arrived. During the past decade, effective transition of custody from the AEC to the DoD had progressed from the initial transfer of non-nuclear components, to nuclear components and complete weapons, followed by low-yield weapons and, finally, to high yield weapons[154].«

Nachfolgend wird untersucht, ob es nur beim Transfer der Nuklearwaffen unter die Obhut des Department of Defense blieb, oder ob die gleichen strategischen und operativen Zwänge, die diesem Prozeß zugrunde lagen, auch den Entscheidungsprozeß für den eventuellen Nuklearwaffen-Einsatz mitbestimmten. Dabei geht es vor allem um die Frage, ob der amerikanische Präsident einen Teil seiner Entscheidungsbefugnis an militärische Kommandobehörden delegiert hat.

---

[154] History of the Custody, S. 54; Watson, Missile Age, S. 449 f.

IV. Die Vorabgenehmigung (Predelegation) des Einsatzes von Nuklearwaffen

1. Begriffsdefinition

Anders als bei dem in der Verfassung geregelten Übergang der Befugnisse des Präsidenten bei dessen Tod oder Handlungsunfähigkeit auf den Vizepräsidenten und der Regelung für einen temporären Übergang dieser Befugnisse im Presidential Succession Act von 1947[1] handelt es sich bei »predelegation« lediglich um die nachgeordneten Kommandobereichen im voraus eingeräumte Befugnis, bestimmte Handlungen durchzuführen, die nach Art, Umfang und Voraussetzungen vorab klar umschrieben sind. De jure ist mit diesem Vorgang keine Aufgabe des Rechtstitels der delegierenden Instanz verbunden. Das prinzipielle Recht des amerikanischen Präsidenten, Befugnisse zu delegieren, ist nahezu unbestritten. Es läßt sich aus seiner von der Verfassung bestimmten Rolle als Oberbefehlshaber der Streitkräfte und aus gesetzlichen Regelungen, darunter dem Atomic Energy Act von 1946 (Sec. 6) und dem Atomic Energy Act von 1954 (Sec. 91) ableiten[2].

Wenn auch der Nachweis für Predelegation wegen des eingeschränkten Zuganges zu den relevanten Archivalien vorläufig nur sehr lückenhaft geführt werden kann, spricht vieles dafür, daß die Eisenhower-Regierung spätestens seit 1954 Überlegungen zu Predelegation anstellte, und daß Präsident Eisenhower gegen Ende seiner Amtszeit gewisse Entscheidungsbefugnisse hinsichtlich des strategischen und taktischen Atomwaffeneinsatzes an die Befehlshaber bestimmter amerikanischer Großverbände delegiert hat[3]. Bezogen auf den Einsatz von Nuklearwaffen wird in den einschlägigen Dokumenten meist von »authorization for the employment of nuclear weapons« gesprochen, während sich in der Forschung und Publizistik mehrheitlich der Begriff »predelegation« durchgesetzt hat.

---

[1] Seit 1947 ist die Nachfolge wie folgt festgelegt: Vice President, Speaker of the House of Representatives, President pro tempore of the Senate, gefolgt von den Kabinettsmitgliedern in der Reihenfolge der historischen Einrichtung ihrer Ressorts. Siehe Bracken, Delegation, S. 361; Arkin, Whose Finger?

[2] Zur Rechtslage siehe Feaver, Guarding the Guardians, S. 48 f.

[3] Roman, Ike's Hair Trigger; Shuchman, Nuclear Strategy, S. 344-350; Rosenberg, Overkill, S. 158 f.; Sagan, Targets, S. 141-143; Trachtenberg, Peace, S. 165-173; Burr, Newly Declassified Documents; Maier, Kontrolle, S. 48-51. Zur Delegation von Befugnissen zum Einsatz britischer Nuklearwaffen an militärische Kommandobehörden siehe Twigge/Scott, Planning Armageddon, S. 85-89.

2. Die Nuklearisierung der NATO-Strategie

Neben den Erfordernissen einer effizienten Luftverteidigung der USA und der Steigerung der Einsatzbereitschaft der strategischen Luftangriffsverbände bei sich immer mehr verkürzenden Reaktionszeiten, insbesondere für einen »launch on warning«, gingen wesentliche Impulse für Predelegation von der Nuklearisierung der NATO-Verteidigungsstrategie aus, wobei nicht so sehr dem geplanten Atomwaffeneinsatz an sich, der von Anfang an Bestandteil der NATO-Verteidigungsplanung war, sondern dem Wechsel von einer »late use«- zu einer »early-use«-Doktrin die entscheidende Bedeutung zukam. 1952 hatten die USA ihre Hoffnung aufgegeben, mittels ökonomischer Unterstützung ihre europäischen Verbündeten zu verstärkten Rüstungsanstrengungen zu bewegen, um so die chronische Lücke zwischen den tatsächlichen oder geplanten Truppenstärken und dem unter militärischem Gesichtspunkt für die Verteidigung Westeuropas erforderlichen Streitkräftebedarf zu schließen. Aus Angst vor neutralistischen Tendenzen in Westeuropa und wegen der negativen Auswirkungen auf die geplante Aufrüstung und Westintegration der Bundesrepublik Deutschland schied eine Lösung des Problems aus, die die Vorneverteidigung, d.h. die Verteidigung Westeuropas so weit östlich wie möglich, aufgegeben hätte. Dem von den Briten schon 1952 aufgezeigten Weg, das Problem durch verstärkten Rückgriff auf Atomwaffen zu lösen[4], folgten die USA nur sehr zögerlich, da es nach ersten Untersuchungen keineswegs sicher war, daß die Nuklearisierung der NATO-Verteidigung eine deutliche Minderung der Rüstungslasten mit sich bringen würde. Auf Druck der Westeuropäer und nach Verhandlungen mit den Briten ermächtigten die JCS jedoch im August 1952 den SACEUR, General Matthew B. Ridgway, eine Studie über den Streitkräftebedarf für 1956 anzustellen, die auf der Verfügbarkeit taktischer Atomwaffen gründete. Im Juli 1953 legte der SACEUR einen entsprechenden Zwischenbericht vor, der jedoch nach Meinung des State Department »formidable problems« aufwarf, weil darin für den SACEUR wesentlich erweiterte Befugnisse, darunter »to fight when attacked, and to atom bomb in overrun friendly territory« gefordert wurden[5]. Von den insgesamt 1000 taktischen Atomwaffen, von denen Ridgway annahm, daß sie 1956 für die NATO-Verteidigung zur Verfügung stehen würden, sollten im Ernstfall 700 in den ersten beiden Kampftagen und weitere 150 innerhalb der ersten 30 Tage vornehmlich gegen die Basen der feindlichen taktischen Fliegerverbände und die Nachrichtenverbindungen eingesetzt werden. 76 Atomwaffen waren für die Bekämpfung von Truppenkonzentrationen vorgesehen, der Rest von 150 Atomwaffen wurde für die Bekämpfung unvorherzusehender Ziele in Reserve gehalten. Von der Sowjetunion wurde angenommen, daß sie über insgesamt etwa 500–800 Atombomben verfügte, von denen die sowjetischen Streitkräfte im Ernstfall zwi-

---

[4] Baylis/MacMillan, Strategy Paper; Clark/Wheeler, Origins, S. 160–182.
[5] Ridgway an Chairman JCS, 14.8.1952, NA, RG 218, CCS 092, Western Europe (3-12-48), sec. 166; Memorandum Merchant to Murphy »The Problem of NATO Force Requirements and the Annual Review«, November 2, 1953, NA, RG 59, 740.5/11-253.

schen 200 und 300 gegen den Kommandobereich des SACEUR einsetzen würden. Weder die zu erwartenden Auswirkungen der eigenen noch diejenigen der sowjetischen strategischen atomaren Offensive wurden in Ridgways Zwischenbericht planerisch in Rechnung gestellt. Obwohl der SACEUR davon ausging, daß der NATO eine mindestens siebentägige Vorwarnzeit zur Verfügung stehen würde, falls die Sowjets mit ihrer Gesamtmobilmachung 30 Tage vor D-Day begannen, forderte Ridgway, »to delegate authority to him, in advance, to put into effect his atomic counter-offensive immediately on the outbreak of war«. Auch sei es notwendig, »to give him authority to stockpile, in peacetime, the atomic missiles required for his counter-offensive«. Die britischen Chiefs of Staff glaubten zwar, daß die politischen Widerstände gegen diese Befugnisse des SACEUR sehr groß sein würden, hielten sie aber für unverzichtbar, egal, welcher Plan schließlich angenommen werden würde. Es waren also nicht diese problematischen politischen Voraussetzungen, die zur Ablehnung des Ridgway-Planes durch die britischen Chiefs of Staff führten, diese machten hierfür trotz der attraktiven Aspekte des Plans – die Masse der eigenen Atomschläge würde außerhalb des NATO-Gebiets niedergehen – mangelnde militärisch-operative Stringenz der Überlegungen Ridgways geltend[6].

Kritik wurde auch innerhalb der Standing Group laut, die in der Folge den SACEUR, seit Juli 1953 General Alfred Gruenther, anwies, die Requirements-Untersuchungen seines Vorgängers auf dessen Basis nicht weiter zu verfolgen. Ein Grund dafür lag sicher auch darin, daß die amerikanischen JCS sich zu diesem Zeitpunkt nicht in der Lage sahen, dem SACEUR und der Standing Group klare strategische und operative Vorgaben zu liefern, weil im Pentagon selbst der Disput über ein nationales amerikanisches Strategiekonzept im Oktober 1953 noch zu keinem einvernehmlichen Ergebnis geführt hatte. Unter Fortsetzung der alten Meinungsunterschiede über die »roles and missions« der einzelnen Teilstreitkräfte vertraten die Army und die Navy, einschließlich des Marine Corps, eine all-round-Strategie des »long haul«, in der die Aufgaben der Abschreckung, der Begegnung lokaler Aggressionen und der erfolgreichen Führung eines allgemeinen Krieges auf alle Teilstreitkräfte gleichmäßig verteilt waren, während die Air Force traditionell den Schwerpunkt auf die Führung des strategischen Luftkrieges legte[7]. Das State Department drängte jedoch auf eine Entscheidung. Dort hielt man am Prinzip des strategischen Konzepts der Vorneverteidigung als Konstante und der Truppenbedarfsplanung als Variable fest. Man sorgte sich nämlich darüber, daß die europäi-

---

[6] SACEUR's Estimate of the Situation and Force Requirements for 1956, Report of the Chiefs of Staff, COS(53)490, October 2, 1953, PRO, DEFE 5/49; COS(53)110th mtg., September 30, 1953, PRO, DEFE 4/65. Der Zwischenbericht des SACEUR vom 10.7.1953 ging nur an die Mitglieder der Standing Group (SG) und ist bislang nur als auszugsweises inhaltliches Referat in den vorgenannten Quellen zugänglich. Wampler, NATO Strategic Planning, S. 8-11; ders., Legacy, S. 452 ff.; Trachtenberg, Peace, S. 173-175; Richardson, NATO, S. 38-40; Watson, Joint Chiefs, S. 290 f. und 297-301.

[7] Siehe die Zusammenfassung der Meinungsunterschiede durch das Joint Strategic Plans Committee vom 19.10.1953, zitiert in Watson, Joint Chiefs, S. 96.

schen Verbündeten, solange sie sich der Gefahr eines Überranntwerdens durch die sowjetischen Streitkräfte ausgesetzt sahen, von Wunschdenken geleitet, nach allen Möglichkeiten der Entspannung Ausschau hielten, womit sie die amerikanische Politik der Verhandlungen mit der Sowjetunion aus einer Position der Stärke heraus konterkarieren würden. Daher verlangte Außenminister John F. Dulles »further efforts to reduce requirements by seeking greater efficiency, integration of our strategic power with NATO planning, and facing squarely the problem of planning on the basis of tactical atomic defense«, um so den europäischen Verbündeten spätestens im Rahmen der Annual Review-Verhandlungen für 1954 den langersehnten »pot of gold at the foot of the rainbow« präsentieren zu können. Obendrein hatte man den Briten, die auf eine Entscheidung in der Nuklearisierungsfrage drängten, für November 1953 Vorgespräche zugesichert, bei denen es nach Auffassung des State Department darum ging, der seit 1952 erkennbaren britischen Tendenz im Vertrauen auf die Wirksamkeit der Abschreckung »of effectively disregarding requirements in subsequent Annual Reviews« entgegenzuwirken[8].

Für die Probleme des State Department mit den NATO-Verbündeten bahnten sich inzwischen Lösungsmöglichkeiten an. Konsequenter als sein Vorgänger setzte der neue SACEUR die Prinzipien des New Look in der strategischen Planung der NATO um. Mittels einer »New Approach Group« aus geeigneten Offizieren der drei in der Standing Group vertretenen Länder und unter entscheidender Mithilfe seines Air Deputy, General Lauris Norstad, trieb er seit August 1953 einen breit angelegten Planungsprozeß voran, in dem die Atomwaffen nicht mehr nur an die konventionelle Verteidigung appliziert, sondern in das Zentrum der operativen Planung gerückt wurden[9]. General Gruenther und seine New Approach Group gingen davon aus, daß ein künftiger Krieg wahrscheinlich in den ersten Tagen durch einen intensiven atomaren Schlagabtausch entschieden würde. Daher sollte die NATO anstelle der Planung eines maximalen Streitkräfteaufwuchses zu Beginn eines Krieges sich auf die Unterhaltung präsenter, einsatzbereiter und atomgerüsteter Verbände schon im Frieden konzentrieren, die zusammen mit unverzichtbaren westdeutschen Streitkräften eine erfolgreiche Verteidigung vor der Rhein-Ijssel-Linie ermöglichen sollten. Den Planungen Gruenthers kam zugute, daß sich im Oktober bzw. im Dezember 1953 in den Direktiven NSC 162/2 und NSC 151/2 der »New Look« der U.S.-Regierung manifestierte. NSC 162/2 sprach im Hinblick auf Westeuropa von der »manifest determination of the United States to use its atomic capability and massive retaliatory striking power if the area is attacked«[10]. Die Direktive NSC 151/2 ermöglichte vorbehaltlich der Zustimmung des Kongresses die Weitergabe notwendiger taktischer atomarer Informationen an die NATO-Stäbe und hatte vor allem den Zweck, die Verbündeten dazu zu bewegen, »to act with

---

[8] Memorandum Merchant to Murphy »The Problem of NATO Force Requirements and the Annual Review«, November 2, 1953, NA, RG 59, 740.5/11-253.

[9] Eine kurze Darstellung des NATO-New Approach gibt Richardson, NATO (R. war Mitglied der NAG). Ausführlich: Wampler, Legacy, S. 589-665.

[10] NSC 162/2, Basic National Security Policy, October 30, 1953, FRUS 1952/54 II, pt. 1, S. 577-597, Zit. S. 585.

IV. Die Vorabgenehmigung des Einsatzes von Nuklearwaffen

the United States in crisis and thus give the United States greater freedom of action to use atomic weapons as required«[11]. Dem gleichen Zweck dienten die Äußerungen von Außenminister Dulles über die nach Massenproduktion und Diversifikation erreichte, beinahe »konventionelle« Rolle der Atomwaffen, mit denen er seine Außenminister-Kollegen während der NATO-Ministerratstagung Mitte Dezember 1953 in Paris für die Nuklearisierung der NATO-Strategie gewinnen und sie ganz allgemein auf das »atomic age« hin »erziehen« wollte. Anfang Dezember, während des Treffens der Regierungschefs und Außenminister der Vereinigten Staaten, Großbritanniens und Frankreichs auf den Bermudas war Dulles jedoch mit seinem Vorschlag »with regard to normalizing the use of atomic weapons« auf heftigen Widerstand seiner europäischen Gesprächspartner gestoßen, weil er in diesem Zusammenhang für den Fall eines möglichen Wiederaufflammens der Kämpfe in Korea von einem »automatic use of atomic weapons« gesprochen hatte. Die »Konventionalisierung« oder »Normalisierung« schlossen also den Ersteinsatz von Atomwaffen durch die USA ein, einen Umstand, den Dulles in Paris folgendermaßen verklausulierte: »All would prefer I suppose not to be first to use A weapons – certainly of mass type. But first to use gains tremendous advantage. Thinking we must do on this subject raises very profound problems[12].«

Die verharmlosende Bezeichnung der für den taktischen Einsatz bestimmten Atomwaffen als normale und konventionelle Kriegsmittel verschleierte freilich den geplanten Einsatz von thermonuklearen Waffen durch das amerikanische SAC zur Verzögerung eines sowjetischen Vormarsches gegen das NATO-Gebiet[13], sie sollte

---

[11] NSC 151/2, Statement of Policy by the National Security Council on Disclosure of Atomic Information to Allied Countries, December 4, 1953, FRUS 1952/54 II, pt. 2, S. 1256–1285, Zit. S. 1257. Ein entsprechendes multilaterales Abkommen trat erst am 29.3.1956 in Kraft; Melissen, Struggle, S. 24 f.

[12] Zu den Äußerungen von Dulles in Paris siehe Notes Prepared by the Assistant Secretary of State for European Affairs (Merchant) on the Restricted Session of the North Atlantic Council, December 16, [1953], FRUS 1952/54 V, pt. 1, S. 476–479 und Memorandum of Discussion of the 177th Meeting of the NSC, December 24, 1953, ebd., S. 479–481. Dispatch from the Permanent Representative of Canada to the North Atlantic Council and the OEEC to the Secretary of State for External Affairs, Canada, December 21, 1953, NAC, RG 25, Acc. 90-91/008, vol. 270, 50115-J-40, pt. 5. Über seine Äußerungen während der Bermuda-Konferenz berichtete Dulles dem NSC am 10.12.1953, siehe Memorandum of Discussion at the 174th Meeting of the National Security Council, December 11, 1953, FRUS 1952/54 V, pt. 2, S. 1846–1948. Auch Eisenhower betrachtete Atomwaffen »as a proper part of conventional armament«; siehe Eisenhower-Churchill Meeting, Bermuda, December 5, 1953, 11:30 A.M., Notes Prepared by Admiral Strauss, ebd., S. 1767–1769, Zit. S. 1768.

[13] Im Dezember 1951 hatten Eisenhower als SACEUR und LeMay als CINCSAC eine Vereinbarung getroffen, in der die Koordination des Teilauftrages von SAC für die Verzögerung eines sowjetischen Angriffs auf Westeuropa mit den Plänen des SACEUR prinzipiell geregelt worden war. Hierzu hatte CINCSAC unter Aufrechterhaltung seiner Oberbefehlshaberbefugnisse beim SACEUR ein Stabselement HQ-SAC (ZEBRA) unter Norstad eingerichtet; Roman, Curtis LeMay. Auf Wunsch des NATO-Rates fertigte die Standing Group einen Bericht S.G. 242 über die Koordination zwischen den Plänen des SACEUR und denen von CINCSAC, der am 6.11.1954 in einem Report des U.K. Joint Planning Staff kurz vorgestellt wird; J.P.(54)91 (Final), 6th November, 1954, PRO, DEFE 4/73; Futrell, Ideas, S. 434; Moody, Building, S. 364–370; Wampler, NATO Strategic Planning, S. 4–8.

offenbar den europäischen Verbündeten die beabsichtigte Übertragung von atomaren Einsatz-Entscheidungsbefugnissen auf den SACEUR erleichtern, die dieser neben geeigneten Alarmierungsverfahren für die Wirksamkeit der neuen atomaren Strategie der NATO, wie schon sein Vorgänger Ridgway, für unabdingbar hielt. General Collins, U.S.-Vertreter im NATO Military Committee, machte am 16. Dezember 1953, noch vor Abschluß der Untersuchungen des SACEUR, gegenüber dem Military Committee entsprechende Andeutungen: Er forderte definitive und wirksame Alarmierungsverfahren und warnte im Hinblick auf die zunehmende sowjetische atomare Rüstung, daß selbst geringfügige Verzögerungen bei der Erteilung der »authority to initiate retaliatory operations« an die Kommandeure zum Zusammenbruch der militärischen Lage des Westens führen könnten. General Collins forderte seine Kollegen im Military Committee deshalb auf, alles daran zu setzen, daß die in Gang befindlichen Verhandlungen über das Alarmierungssystem zwischen den NATO-Befehlshabern und den zuständigen nationalen Stellen erfolgreich zum Abschluß gebracht werden konnten[14].

Das formale Alarmsystem der NATO, über das verhandelt wurde, kannte drei Stufen: »Simple Alert«, »Reinforced Alert« und »General Alert«. Jede Stufe schuf die Voraussetzungen für die Inkraftsetzung der nächsthöheren Stufe. »General Alert« ermächtigte den SACEUR zur Durchführung seiner operativen Pläne. Für alle Alarmierungsstufen war die Zustimmung der nationalen Regierungen erforderlich, lediglich »Simple Alert« konnte unter gewissen Voraussetzungen auch durch NATO-Befehlshaber ohne vorherige Zustimmung nationaler Entscheidungsträger ausgerufen werden. Die Verhandlungen über das formale Alarmierungssystem der NATO mit den zuständigen nationalen Stellen gestalteten sich deshalb so schwierig, weil für deren Wirksamkeit ein Höchstmaß an Kompatibilität mit den entsprechenden nationalen Maßnahmen erreicht werden mußte. Das formale NATO-Alarmierungssystem diente hauptsächlich dem Zweck, einen geordneten, politisch kontrollierten Übergang vom Friedens- zum Kriegszustand ohne gravierende Beeinträchtigung des Krisenmanagements zu ermöglichen. Es folgte also den Vorstellungen über einen Verteidigungsfall, der sich aus einer eskalierenden internationalen Krise heraus entwickelte. Einem überraschenden sowjetischen atomaren Überfall auf Westeuropa trug es kaum Rechnung und eine Befugnis des SACEUR, bei »General Alert« den atomaren Waffeneinsatz auszulösen, war nicht vorgesehen.

Auch bezüglich der Konsultationsrechte der Verbündeten vor einem amerikanischen Atomwaffeneinsatz hielten die USA an ihrer bisherigen Linie des »Konsultationen – Ja, aber nur, wenn es die Umstände erlauben«, fest. Im Rahmen der Abstimmung einer Verhandlungsposition zwischen dem Department of Defense und dem Department of State für bilaterale Verhandlungen mit den alliierten Regierungen, schlugen die JCS eine sehr vorsichtige Handhabung des beanspruchten ameri-

---

[14] Draft Statement by the U.S. Representative to the NATO Military Committee during the December Military Committee Meeting, Enclosure to Memorandum R.F. Johnson, Acting Deputy U.S. Representative to the SG, for CJCS, 5 December, 1953, NA, RG 218, Radford Files, box 23; Wampler, Legacy, S. 602.

kanischen Rechts auf unilateralen Atomwaffeneinsatz vor. Selbst in Fällen, wo eine Konsultation zwar wünschenswert, aber nicht wesentlich war, »as well as in case of a surprise all-out attack of devastating nature« sollte der amerikanische Präsident nach Beratung durch den Secretary of Defense und Secretary of State entscheiden, ob die Vorteile einer Konsultation alliierter Regierungen Vorrang vor den militärischen Erfordernissen haben sollten. Dabei müsse zwar berücksichtigt werden, daß Einsätze vom Territorium der Verbündeten aus souveräne Regierungen unter Umständen gegen deren Willen in Kriegshandlungen verwickeln würden, doch seien auch Fälle denkbar, »when it will be necessary to proceed without consultation with an ex post facto accounting to the government concerned as promptly as possible«.[15]

Der NATO-Rat entschied sich im Dezember 1953 für die Strategie des »long haul«, indem er sich für die Fortsetzung der Studien des SACEUR für eine praktikable Strategie auf der Basis der 1957 voraussichtlich verfügbaren Kräfte aussprach. SACLANT und CINCCHAN sollten parallele Untersuchungen anstellen[16]. Die USA setzten unterdessen ihren Erziehungsprozeß bei ihren westeuropäischen Verbündeten für die Akzeptanz des »normalen« Atomwaffeneinsatzes im Rahmen der NATO-Verteidigung mittels öffentlicher Reden und diplomatischer Aktivitäten fort, die am 23. April 1954 mit einer Rede von Außenminister Dulles während der NATO-Rats-Sitzung in Paris einen vorläufigen Höhepunkt erreichten. Darin wiederholte er seine Auffassung, daß Atomwaffen nicht nur als Vergeltung für einen feindlichen Atomwaffeneinsatz eingesetzt werden dürften, da eine solche Beschränkung den Sowjets Kalkulationsmöglichkeiten ihres Risikos eröffneten und damit die Wirksamkeit der westlichen atomaren Abschreckung verlorenginge[17]. Als Reaktion darauf verstärkten die Europäer ihre Bemühungen um Mitsprache beim Einsatz von amerikanischen Atomwaffen. Der französische Außenminister Georges Bidault forderte kontinuierliche Beratungen im Rahmen der Standing Group, insbesondere über eine französische Mitsprache bei der Entscheidung über den Einsatz amerikanischer Atomwaffen von französischem Gebiet, einschließlich von Französisch-Nordafrika, aus und bezog sich dabei auf eine Äußerung Churchills vom 23. März 1954 im britischen Parlament, in der der Premierminister an die im Januar 1952 zwischen den USA und Großbritannien ausgehandelten britischen Mitspracherechte beim Einsatz von amerikanischen Atomwaffen von briti-

---

15 Changes Recommended by the Joint Chiefs of Staff to the Standing Operating Procedure for Military Rights in Case of Hostilities Proposed by the Department of State, Appendix to Memorandum CJCS for Sec Def, 17 December, 1953, NA, RG 330, CD 092.2, Jul-Dec, 1954, box 24.
16 COS (53) 144th mtg., 22nd December, 1953, PRO, DEFE 5/67; U.S. Delegation at the NAC Meeting to Department of State, FRUS 1952/54 V, pt. 1, S. 471-475.
17 Statement by the Secretary of State to the North Atlantic Council Closed Ministerial Session, Paris, April 23, 1954, FRUS 1952/54 V, pt. 1, S. 509-514. Dulles verlangte, daß eine Kopie seiner Rede vor dem NATO-Rat zu den NSC-Akten genommen wurde, »since this statement officially put our allies on notice regarding our views on the use of these weapons«. Memorandum of Discussion, 195th meeting, NSC, May 6, 1954, FRUS 1952/54 II, pt. 2, S. 1423-1429.

schen Basen aus erinnert hatte[18]. Tatsächlich erreichte die französische Regierung im April 1954 durch Notenaustausch zwischen Verteidigungsminister Georges Bidault und dem amerikanischen Botschafter in Frankreich, C. Douglas Dillon, ein mit der amerikanisch-britischen Vereinbarung vom Januar 1952 nahezu wortgleiches, und damit ebenso eingeschränktes Zugeständnis: »The use of the bases and installations placed at the disposition of the United States Government in Metropolitan France and French North Africa will, in time of emergency, be a matter for joint decision by the United States and France in the light of the circumstances prevailing at the time[19].« Von den Vertretern der kleineren NATO-Partner äußerte sich der norwegische Außenminister Lange am 19. März in einem BBC-Interview zu den Schwierigkeiten, schnell und doch auf demokratische Weise zu internationalen Entscheidungen zu kommen, die er aber nicht »some super manager's action on our behalf in splendid isolation« from public opinion« überlassen wollte. Der Einsatz von Atomwaffen sei eine eminent politische und ethisch problematische Entscheidung, die durch verantwortliche Politiker der Allianz und nicht durch die Militärs getroffen werden dürften[20].

Doch wenige Wochen vor dem vom NATO-Rat General Gruenther gesetzten Termin für die Vorlage seiner Studien (Juli 1954) drängten die JCS auf die Gewährung von Entscheidungsbefugnissen zum Atomwaffeneinsatz für die amerikanischen NATO-Oberbefehlshaber. Am 11. Juni präzisierten sie entsprechende aus Artikel 5 des NATO-Vertrages abgeleitete Forderungen des Joint Strategic Survey Committee vom 27. Mai in einem Memorandum an den Secretary of Defense: »All clearances and authorities not obtainable in peacetime, for the employment of atomic weapons in war, for the unrestricted wartime use of United States bases on foreign territory for atomic overflights, for movements and operations of tactical units, etc., will be encompassed in and granted by the single decision by which each NATO government commits its armed forces to action under Article 5 of the NATO treaty[21].« Am 17. August ließ Livingston T. Merchant, Assistant Secretary of State for European Affairs, Dulles ein Exemplar des JCS-Memorandums nebst

---

[18] Memorandum Arneson, Consultations on Atomic Weapons, March 30, 1954, NA, RG 59, 740.5/3-3054; Memorandum of Conversation by the Special Assistant to the Counselor of the Department of State (Galloway), March 30, 1954, FRUS 1952/54 V, pt. 1, S. 486 f. Zu den britisch-amerikanischen Konsultationsabsprachen vom Januar 1952, bei denen der Einsatz amerikanischer Atomwaffen von den USAF-Basen in England aus als »a matter for joint decision [...] in the light of the circumstances prevailing at the time« definiert wurden, siehe Communiqué Issued by President Truman and Prime Minister Churchill, January 9, 1952, FRUS 1952/54 VI, pt. 1, S. 837-839; Melissen, Struggle, S. 11 f.; Wampler, Legacy, S. 332 f.; Dobson, Informally Special, S. 27-48.

[19] Zit. Schmitt, Frankreich, S. 46; siehe auch Houghton to Department of State, June 30, 1958, FRUS 1958/60 VII, S. 48 f.

[20] U.S. Embassy Oslo to State Department, Statement by Foreign Minister Lange on NATO and Atomic Weapons, April 6, 1954, NA, RG 59, 740.5/4-654.

[21] Memorandum JCS to Secretary of Defense, Use of Atomic Weapons, June 11, 1954, JCS 2073/823, NA, RG 218, CCS 092 Western Europe (3-12-18), sec. 285; zit. Condit, Joint Chiefs, S. 145 nach einem JCS-Memorandum vom 2.5.1955. Zur Formulierung des Joint Strategic Survey Committee siehe Watson, Joint Chiefs, S. 305.

einem Anhang über »Present Status of Arrangements With Foreign Countries Relating to the Use of Atomic Weapons« mit seinem Kommentar zukommen, daß das State Department alles daran setzen müsse, so viel wie möglich von diesem Programm umzusetzen, ohne den politischen Zusammenhalt in der NATO als einem wesentlichen Element der Abschreckung gegenüber der Sowjetunion aufs Spiel zu setzen[22]. Hierzu hatte wenige Wochen zuvor Joseph Wolf vom Office of European Regional Affairs, Department of State, einen Weg aufgezeigt, wie man der Forderung der Militärs »for advance commitment on the normalization of new weapons, so as to permit the matter to be handled thereafter entirely on the military level« ohne Gefährdung des Bündnisses nachkommen konnte. Ausgehend von einem Vergleich mit der Verfassungslage in den USA bezweifelte Wolf, daß es den verbündeten europäischen Regierungen möglich sein würde, einer ausländischen Macht auf ihrem Territorium die geforderten militärischen Rechte im Frieden ohne vorherige Zustimmung des jeweiligen Parlaments einzuräumen. Sobald jedoch mit Beginn der Feindseligkeiten die Befehlsgewalt, sei es durch Parlamentsbeschluß oder durch Ausrufung des Notstandes durch die Exekutive, auf letztere übergegangen sei, könne diese wahrscheinlich unter dem Druck der Situation auch ohne parlamentarische Billigung die gewünschten Maßnahmen treffen. Daher sollten die USA nicht versuchen, »an absolutely firm package in peacetime« zu erreichen, sondern eine Lage herbeiführen, »in which there can be only one decision in the event of war«. Konkret schlug Wolf analog dem Vorschlag der JCS vor, Verhältnisse zu schaffen, die sicherstellten, daß bei einer Erklärung des Kriegsfalles durch ein NATO-Land gem. Art. 5 des NATO-Vertrages diese Erklärung stillschweigend den Einsatz von Atomwaffen durch einzelne oder alle NATO-Streitkräfte implizierte:

>»This would require interweaving of the newest equipment and forces with the conventional forces under the agreed plans, the establishment of requirements based thereon, and might permit foreign ministers to report to Parliaments as they saw fit that this situation is now one of the facts of life. Thus, instead of any sudden and complete decision of the issue being called for, a relatively lengthy period of education of Parliaments and peoples on the facts of life might be commenced, with foreign ministers stating that ultimate decisions are reserved until the decision of peace or war arises, but at that time only one decision is possible.«

Ein solches Programm würde es, so Wolf, darüber hinaus den USA ermöglichen, in ihren bilateralen base rights-Verhandlungen Ergebnisse unter größtem statt kleinstem gemeinsamen Nenner zu erzielen[23].

Anfang Juli legte Gruenther seine New Approach Studies mit seinen Planungsvorschlägen für eine NATO-Strategie mit voraussichtlich bis 1957 verfügbaren Kräften vor. Die Pläne des SACLANT und CHANCOM wurden von der Standing Group mit der Auflage, sie nach Maßgabe der Vorstellungen des SACEUR zu überarbeiten, an diese Kommandos zurückgegeben. Gruenthers Plan basierte auf

---

[22] FRUS 1952/54 V, pt. 1, S. 522, Editorial Note.
[23] Memorandum Wolf to More and Palmer, The New Weapons in the NATO-Council, June 25, 1954, NA, RG 59, 740.5/6-2554.

Streitkräften, die konsequent unter dem Gesichtspunkt einer atomaren Kriegsführung organisiert und disloziert waren. Als Voraussetzung für eine erfolgreiche Verteidigung Westeuropas mit diesen Kräften verlangte Gruenther einen westdeutschen Verteidigungsbeitrag und jene mit politischer Brisanz behaftete Befugnis des SACEUR, die er lapidar auf die Formel brachte: »His authority to implement the planned use of atomic weapons must be such as to ensure that no delay whatsoever will occur in countering a surprise attack[24].« Die Standing Group fertigte unter dem wesentlichen Einfluß von General Collins über die Studien des SACEUR einen Entwurf für einen Bericht an das Military Committee, den sie den Stabschefs der in der Standing Group vertretenen NATO-Mitglieder zur Prüfung vorlegte. In ihrem Entwurf unterstützte die Standing Group Gruenthers Hinweis auf die Notwendigkeit, Atomwaffen sofort bei Ausbruch der Feindseligkeiten einzusetzen und präzisierte hierfür dessen Formel entlang den Empfehlungen der JCS: »The commitment to action by NATO countries under Article 5 of the NATO Treaty should encompass full authority for the employment of atomic and thermo-nuclear weapons in their defense of these forces.« Diese Befugnis sollte nach dem Vorschlag der Standing Group in den Maßnahmenkatalog der Alarmierungsstufe »General Alert« des formalen NATO-Alarmierungssystems inseriert werden.

Nach Auffassung der britischen Chiefs of Staff enthielt der vorgeschlagene Maßnahmenkatalog für »General Alert« – über das formale NATO-Alarmierungssystem wurden damals immer noch Verhandlungen geführt – Vorkehrungen, die es Kommandeuren angegriffener oder bedrohter Verbände erlaubten, Operationen nach Maßgabe der Emergency-Pläne durchzuführen. Daher schien dem britischen Joint Planning Staff der Vorschlag der Standing Group zu implizieren, daß NATO-Länder schon im Frieden mit der NATO-Assignierung ihrer Streitkräfte unter »General Alert« automatisch die atomare Kriegführung akzeptierten. Der britische Joint Planning Staff war sich der politischen Einwände gegen eine Delegation der Einsatzentscheidung für Atomwaffen an den SACEUR bewußt, stellte aber auch die militärische Erfordernis nicht in Frage, daß unter der von Gruenther vorgeschlagenen NATO-Strategie einem größeren sowjetischen Angriff, ob mit oder ohne Einsatz von Atomwaffen *und selbst auf Anzeichen dafür*, sofort mit einem atomaren Gegenschlag begegnet werden müsse: »We agree that where there is time for SACEUR to consult national authorities their consent should be obtained before he takes action which would include atomic attack. In the case of surprise, however, when the first intimation of attack might be a report of numerous enemy aircraft crossing the NATO frontiers, the result of the whole war might depend on SACEUR retaliating immediately with atomic weapons.« Nach Meinung des britischen Joint Planning Staff kam der Entwurf der Standing Group den Erfordernissen des SACEUR zwar ein Stück weit entgegen, ließ aber die Frage offen, was geschehen werde, falls der NATO-Rat dem SACEUR die Zustimmung zu einem »General Alert« verweigerte. Da der britische Joint Planning Staff, für diesen Fall dem SACEUR Entscheidungsfreiheit einzuräumen, wahrscheinlich für politisch

---

[24] Zit. Annex to J.P.(54)76 (Final), September 2, 1954, PRO, DEFE 6/26.

undurchsetzbar hielt, drängte er vorsorglich auf ein entsprechendes anglo-amerikanisches »private agreement«[25].

Der vom International Staff der Standing Group gefertigte endgültige Bericht (S.G. 241/3) über die New Approach Studies der NATO-Oberbefehlshaber enthielt bezüglich deren atomaren Entscheidungsbefugnis eine, verglichen mit der Formel im Entwurf, nur leicht veränderte Variante. S.G. 241/3 schlug vor, »in the event of a war involving NATO, the commitment to action of forces by countries under Article 5 of the North Atlantic Treaty should encompass full authority for the employment of nuclear weapons in defence of those forces; this authority should be written into the terms of the General Alert«[26]. Der fehlende Hinweis auf die thermonuklearen Waffen, die im Entwurf noch aufgeführt worden waren, war gemäß der Sprachregelung durch die Standing Group zusammen mit Atomwaffen unter dem Oberbegriff »nuclear weapons« subsumiert. In seinem Kommentar zu S.G. 241/3 verwies der britische Joint Planning Staff auf die Notwendigkeit eines effizienten Alarmierungssystems als Voraussetzung sowohl für einen unverzüglichen atomaren Gegenschlag als auch für die passiven Verteidigungsmaßnahmen. Hierzu hatte Gruenther offenbar in seinen New Approach Studies diverse Vorschläge unterbreitet, darunter ein »superimposing of a military Alert System on the present political Alert System«[27].

Wie die britische, so akzeptierte auch die französische militärische Führung den New Approach des SACEUR, der zum erstenmal eine erfolgreiche Verteidigung Westeuropas, einschließlich der Bundesrepublik Deutschland, versprach, und somit die »zone de couverture« vor der Ostgrenze Frankreichs verstärkte. Mit der Ablehnung des Projekts einer europäischen Verteidigungsgemeinschaft (EVG) durch die Assemblée Nationale am 30. August 1954 – ein Ergebnis, das maßgeblich von der Nuklearisierung der NATO-Strategie mitbeeinflußt worden war[28] – war die französische Regierung wieder auf die nationale, im Gegensatz zu der in der EVG vorgesehen supranationalen Ebene sicherheitspolitischer Interessendurchsetzung innerhalb des nordatlantischen Bündnisses zurückverwiesen worden[29].

Weil aber nach dem Scheitern der EVG erst einmal eine neue Grundlage für einen westdeutschen Verteidigungsbeitrag – eine der wesentlichen Voraussetzungen des New Approach – geschaffen werden mußte, und weil »certain freedoms of military action are clouded«, weigerten sich die JCS, offiziell zu S.G. 241/3 Stellung zu nehmen. Allerdings wollten sie sicherstellen, daß ihre Vorstellungen dazu neben den britischen und französischen Kommentaren wenigstens inoffiziell zur Kenntnis genommen wurden. An Stelle eines Berichts des Joint Strategic Plans Commit-

---

25 Annex to J.P.(54)76 (Final), September 2nd, 1954, PRO, DEFE 6/26.
26 Zit. Annex »A« to J.P.(54)77 (Final), 3rd September, 1954, PRO, DEFE 6/26; COS (54), 98th Mtg., 13 September, 1954, PRO, DEFE 4/72.
27 Annex »B« to J.P.(54)77 (Final), 3rd September, 1954, PRO, DEFE 6/26. Einzelheiten siehe Twigge/Scott, Planning Armageddon, S. 154 f.
28 Maier, Anglo-Saxon Triangle; Delmas, Naissance.
29 Zur Haltung der französischen militärischen Führung zur Nuklearisierung der NATO-Strategie siehe Trachtenberg, Nuclearization, S. 160; ders., Peace, S. 175; ders., La formation.

tee über S.G. 241/3, der kontroverse Vorstellungen der Army, Navy und des Marine Corps einerseits und der Air Force andererseits über die Wirksamkeit atomarer Waffen enthielt, billigten die JCS am 24. September ein Papier in Form einer revidierten Fassung von S.G. 241/3, das Secretary of Defense Wilson am 27. September Außenminister Dulles übermittelte[30]. Dieses bislang nicht zugängliche Dokument traf im State Department auf allgemeine Zustimmung, da es der dortigen Absicht entgegenkam, von den Verbündeten vorläufig keine »formal advance authorization« for immediate nuclear counter attack« zu verlangen, eine Forderung, die im NATO-Rat eine unerwünschte Verstimmung hervorrufen und dadurch nicht nur jegliche Chance für eine spätere Übereinkunft, sondern darüber hinaus gegenwärtig bestehende Befugnisse des SACEUR beeinträchtigen könne. Vermutlich spielte man im State Department dabei auf eine Regelung an, die der NATO-Rat 1954 gegenüber dem SACEUR eingeräumt hatte, derzufolge dieser keine Weisungen höheren Orts einholen mußte für »moves of a routine or administrative nature or in cases of emergency where the degree of urgency precludes following the full procedure«[31]. Im State Department akzeptierte man die von den JCS vorgeschlagene Formel als Feststellung eines militärischen Erfordernisses, daß »in the event of a war involving NATO it is militarily essential that NATO forces should be in a position to use atomic and thermo-nuclear weapons in their defense from the outset«. Man hätte jedoch den Begriff »full-scale war« vorgezogen, was auf ein differenzierteres Kriegsbild des State Department schließen läßt. Die JCS verzichteten in ihrer Formel auf den Hinweis auf Artikel 5 des NATO-Vertrages, wie er in S.G. 241/3 noch enthalten war, forderten aber an anderer Stelle »prior agreements which, in the event of aggression, would enable NATO to take immediate defensive and retaliatory operations including the use of atomic weapons«. Das State Department wies auf die Übereinstimmung dieser Forderung mit der Direktive NSC 162/2 hin, die »advance consent« der Verbündeten für amerikanische Atomwaffeneinsätze verlangte, schlug aber vor, an Stelle von »prior agreements« lediglich von »established prior arrangements« zu sprechen, eine Formulierung, die das State Department für »flexibler und daher für die politische Ebene annehmbarer« hielt. Die JCS gingen in ihrer revidierten Fassung von S.G. 241/3 von einem sowjetischen nuklearen Überraschungsangriff aus und hielten einen sowjetischen Angriff ohne Einsatz von Atomwaffen lediglich für eine »entfernte Möglichkeit«. Dem gegenüber sprach man im State Department von der wahrscheinlicheren Form eines Angriffs in Etappen (»piecemeal aggression«), bei der die Sowjets einen Angriff ohne Atomwaffen mit atomarer Erpressung kombinieren würden. Andererseits vermißte das State Department in dem JCS-Papier aber einen Hinweis auf die amerikanische Absicht, erforderlichenfalls auch gegen nichtatomar vorgetragene

---

[30] Memorandum for General Twining (et al.), Status of NATO Capabilities Studies, 7 September, 1954 und Memorandum for the Secretary of Defense, 27 September, 1954, NA, RG 218, Radford Files, box 23; Hughes to Dept State, September 16, 1954, FRUS 1952/54 V, pt. 1, S. 522–524.

[31] 1956 wurde diese Regelung durch den NATO-Rat noch einmal bestätigt. Zit. Wampler, NATO Strategic Planning, S. 67, Anm. 139 (ohne Wamplers Hervorhebung); siehe auch Wampler, Legacy, S. 629 und Twigge/Scott, Planning Armageddon, S. 154.

IV. Die Vorabgenehmigung des Einsatzes von Nuklearwaffen

sowjetische Angriffe Atomwaffen einzusetzen, um die Sowjets von solchen Angriffen abzuschrecken. Dies sei, so das State Department, sowohl im Memorandum der JCS vom 11. Juni 1954 als auch in der Rede von Dulles vor dem NATO-Ministerrat am 23. April hervorgehoben worden[32]. Secretary of Defense Wilson stimmte der JCS-Revision von S.G. 241/3 zu und schlug Dulles vor, sie in die Formulierung der amerikanischen Position einfließen zu lassen. Bezüglich der amerikanischen Verfahrensweise bei der Nuklearisierung der NATO-Strategie konstatierte Wilson eine breite Übereinstimmung zwischen ihm und dem Department of State. Vor allem stimmte er einem ihm von Dulles am 7. September übermittelten Grundsatz zu, wonach die amerikanische Politik vor dem Hintergrund der augenblicklichen Situation in Europa – noch war eine EVG-Ersatzlösung für den westdeutschen Verteidigungsbeitrag nicht unter Dach und Fach – keine »immediate comprehensive agreements« verfolgen, sondern schrittweise vorgehen sollte. Als Voraussetzung für künftige Fortschritte in der Durchsetzung des Konzepts einer atomaren Kriegführung in der NATO forderte Wilson jedoch klare politische Vorgaben durch die U.S. Regierung. In Beantwortung entsprechender Vorschläge im Schreiben von Dulles nannte Wilson folgende konkrete Punkte: Er gehe davon aus, daß die Notwendigkeit zum sofortigen Einsatz von Atomwaffen sich auf eine »situation of full scale Soviet inspired aggression, as well as to a Soviet inspired attack which was geographically restricted to only one area« beziehe. Er stimme mit Dulles darin überein, daß die USA nachdrücklich ihre Absicht unterstreichen müßten, keinen Präventivkrieg führen zu wollen und daß eine sinnvolle Verteidigung Westeuropas erreichbar sei. Nach dem Dezembertreffen des NATO-Rats müßten die USA für ein politisches Klima sorgen, das die erforderliche Umsetzung der Beschlüsse ermögliche. Dabei sollten sich die USA hauptsächlich auf jene Regierungsmitglieder der NATO-Länder verlassen, die sich zu diesem Zeitpunkt eine eigene positive Meinung zum »new approach« gebildet hätten. Die Äußerungen des Präsidenten vom 5. August im NSC[33] bildeten, so Wilson, eine eindeutige Grundlage für die Ausräumung aller westeuropäischen Zweifel an der amerikanischen Bereitschaft und Fähigkeit zur atomaren Verteidigung Westeuropas. Ohne einer diesbezüglichen Entscheidung des Präsidenten vorgreifen zu wollen, sah Wilson keinen Grund, warum der amerikanische Vertreter im NATO Military Committee diesem im Dezember nicht allgemeine Angaben über die Zahl der den amerikanischen NATO-Verbänden zur Verfügung stehenden Atomwaffen machen sollte. Zu bestimmten Aspekten der »New Approach Studies« des SACEUR, vermutlich über

---

[32] Memorandum Wolf, Analysis of JCS Memorandum of September 24 on NATO »New Approach« studies [SG 241/3 (JCS Revision)], September 27, 1954, NA, RG 59, 740.5/9-2754; Watson, Joint Chiefs, S. 311 f.

[33] Siehe Memorandum of Discussion, 209th Mtg. NSC, August 5, 1954 [Extr.], FRUS 1952/54 II, pt. 1, S. 700–715. Am 5.8.1954 diskutierte der NSC mit dem Präsidenten die politische Grundsatzdirektive NSC 5422/2 mit »Guidelines Under NSC 162/2 For FY 1956«, ebd., S. 715–731. Darin werden von der U.S. Regierung u.a. praktische Schritte verlangt, »(t)o convince its allies that U.S. policies and actions take due account of their security as well as its own and that the U.S. and its allies will be able to meet the threat of aggression even in case of nuclear balance« (S. 720).

die brisanten unilateralen Handlungsoptionen der USA, sollten die USA mit ausgewählten Ländern bilaterale Gespräche führen³⁴.

Während einer Konferenz am 6. Oktober in Washington von Vertretern des State Department und des Defense Department sprach sich der SACEUR ebenfalls dagegen aus, die Verbündeten zum gegenwärtigen Zeitpunkt zu schnellen Übereinkünften über den Einsatz von Atomwaffen zu drängen. Gruenther war der pragmatischen Auffassung, »that getting a plan approved in principle, as the draft Military Committee Report provides, will permit implementation in fact to take place and lay the groundwork for any future action«³⁵. Auch General Ridgway, seit 15. August 1953 Chief of Staff, U.S. Army, gab am 11. Oktober vorläufig einem »Programm der psychologischen Vorbereitung unserer Alliierten für die Annahme eines atomaren Konzepts« vor amerikanischen Pressionen den Vorzug³⁶. Am 22. Oktober schlossen sich die JCS schließlich dieser Vorgehensweise unter bestimmten Vorbehalten an, eine Entscheidung, die ihnen vermutlich durch die Tatsache erleichtert wurde, daß sich Dulles am 1. Oktober damit einverstanden erklärte, ihre revidierte Fassung von S.G. 241/3 als eine bis zur Klärung der deutschen Wiederbewaffnungsfrage lediglich *vorläufige* Stellungnahme vorzulegen³⁷. In der Sache hielten die JCS unter militärischen Gesichtspunkten an ihrer Forderung vom 11. Juni 1954 nach einer in Artikel 5 des NATO-Vertrages begründeten Einsatzbefugnis fest, unterwarfen sich aber den übergeordneten politisch-taktischen Gesichtspunkten³⁸.

Daraufhin konnten Dulles und Wilson ihre Position in einem gemeinsamen Memorandum³⁹ dem Präsidenten vortragen, die dieser am Ende einer Besprechung am 3. November in allen wesentlichen Punkten akzeptierte. Er stimmte nicht nur dem von General Collins vorgetragenen »New Approach« in der NATO-Strategie zu, sondern billigte auch das vorsichtige Prozedere gegenüber den NATO-Verbündeten: »The Europeans should be led into the atomic era gradually and tacitly⁴⁰.« Gleichzeitig versprach Eisenhower, sich im Kongreß für die Fortsetzung des Mutual Defense Assistance Program (MDAP) zu verwenden, vorausgesetzt, daß die hierfür bereitgestellten Mittel nur noch für die Umsetzung des neuen strategischen Konzeptes der NATO »toward the development of forces prepared for

---

34 Sec Def to Sec State, September 27, 1954, NA, RG 59, 740.5/9-2854.
35 Memorandum Elbrick for Secretary of State, Status of Program on NATO »New Approach« Studies, October 12, 1954, NA, RG 59, 704.5/10-1254; unvollständig abgedruckt in FRUS 1952/54 V, pt. 1, S. 527.
36 Memorandum by the Chief of Staff, U.S. Army, Immediate U.S. Policy Towards Europe, Reference: NSC 5433/1 (11.10.1954), NA, RG 218, CCS 092 Germany (5-4-49), sec. 27.
37 FRUS 1952/54 V, pt. 1, S. 526, Anm. 2.
38 Memorandum CJCS for Sec Def, U.S. Action on NATO Capabilities Studies and Arrangements for Utilization of Nuclear Weapons in Support of NATO Forces, 22 October, 1954, NA, RG 330, 471.6 (Atomic).
39 Memorandum Secretary of State and Secretary of Defense to the President, November 2 (?), 1954, Anlage zu Memorandum Merchant an Secretary of State, November 1, 1954, FRUS 1952/54 V, pt. 1, S. 527–532.
40 Zit. Trachtenberg, Peace, S. 168; dieser Satz fehlt in dem in FRUS 1952/54 V, pt. 1, S. 532 f. veröffentlichten Text des Memorandums über diese Besprechung.

integrated action« nach Maßgabe der Studien des SACEUR Verwendung finden würden[41]. Offenbar sollten auch auf dem Wege über die amerikanische Rüstungshilfe Fakten geschaffen werden.

Die politische und militärische Führung der USA war sich bewußt, daß die europäischen Verbündeten das geplante atomare Konzept für die NATO-Verteidigung nur dann akzeptieren würden, wenn die USA bereit waren, ihre Verbände in Europa mit den dazu erforderlichen taktischen Atomwaffen auszurüsten. Daher begannen die USA 1954 mit deren Verlegung. Im Mai 1954 wurden amerikanische Atomwaffen nach Marokko verbracht – ob es sich um taktische oder strategische Waffen handelte, ist auf der Grundlage der bislang zugänglichen Quellen ungewiß –, im September 1954 verlegten sie Atomwaffen nach Großbritannien. Am 17. November 1954 teilte Wilson Dulles mit, daß die JCS Pläne fertiggestellt hätten für eine Verlegung von Atomwaffen in die Bundesrepublik Deutschland Anfang Dezember 1954. Diese Pläne wurden dann offenbar ab März 1955 realisiert[42].

Nach dem Einlenken der JCS und der Zustimmung des Präsidenten konnte für das Papier des Standing Group Staff I.P.T. 178/15 als Neufassung von S.G. 241/3 bezüglich des Atomwaffeneinsatzes eine Formulierung verwendet werden, die lediglich auf die militärische Notwendigkeit abhob, daß NATO-Streitkräfte in einem Krieg in der Lage sein müßten, Atomwaffen und thermonukleare Waffen von Anfang an einzusetzen. Diese Formulierung lautete nunmehr nach einem britischen Vorschlag vom 27. September folgendermaßen: »The ability to make immediate use of atomic weapons is ensured. Our studies have indicated that without their immediate use we could not successfully defend Europe within the resources available. Any delay in their use – even measured in hours – could be fatal. Therefore, in the event of a war involving NATO it is militarily essential that NATO forces should be in a position [MC 48: »be able«, K.A.M.] to use atomic and thermonuclear weapons in their defense from the outset.« Sie fand schließlich Eingang in das vom NATO-Rat später gebilligte Dokument MC 48[43]. Der britische Joint Planning Staff wollte diese Formulierung wegen ihrer zentralen Bedeutung sogar in den Entschlußteil des Dokumentes setzen, und glaubte im übrigen nicht, daß eine Diskussion im NATO-Rat über diese »äußerst schwierigen Entscheidungen« bezüglich der Befugnisse des SACEUR vermieden werden konnte, zumal diese Frage mit der jeweils nationalen Entscheidungsbefugnis über den Einsatz der strategischen Nuklearwaffen durch das Strategic Air Command (SAC) und das britische

---

41 Memorandum Goodpaster to Sec State, Sec Def and CJCS, November 4, 1954 und Memorandum Goodpaster for the President, November 16, 1954, FRUS 1952/54 V, pt. 1, S. 533–535; Watson, Joint Chiefs, S. 312 f.
42 Secretary of Defense to Secretary of State, 17 November, 1954, NA, RG 59, 740.5/11-1754; Norris/Arkin/Burr, Where They Were, S. 28 f.; History of the Custody, Appendix B: Chronology Deployments by Country, CY [calendar year] 1951–1977 (teilweise zensiert).
43 Office of the U.S. Representative, Military Committee, Standing Group, Proposed UK Corrigendum to Paragraph 22a and Paragraph 2 of Enclosure to S.G. 241/3 (27.9.1954), NA, RG 218, CJCS 092.2 (27 September, 1954), Radford Files, box 23. Zu MC 48 siehe Anm. 50.

Bomber Command zusammenhing. Mit ihrer etwas differenzierteren Ansicht zum Problem eines sowjetischen Überraschungsschlages hatten sich die Briten nicht durchsetzen können. Britischerseits war man der Meinung, daß es den Sowjets nicht möglich sein würde, einen solchen Angriff durchzuführen, ohne daß der Westen eine Vorwarnung, und sei sie noch so kurzfristig, erhielt. Der Joint Planning Staff wiederholte daher seine Forderung nach vertraulichen amerikanisch-britischen Gesprächen über die Befugnisse des SACEUR mit dem Ziel, eine gemeinsame Linie zu finden, bevor dieses Problem im NATO-Rat zur Sprache kam[44]. In der Sitzung der britischen Chiefs of Staff vom 27. Oktober stellte Field-Marshal Sir John Harding nüchtern fest, daß auch ohne eine entsprechende Entscheidung des NATO-Rats die strategischen Planungen des SACEUR fortan fest auf der Annahme seiner Entscheidungsbefugnis zum Nuklearwaffeneinsatz gründeten, und daß die Minister zur Kenntnis nehmen müßten, daß sie, falls sie im Kriegsfall dem SACEUR die Zustimmung zum Einsatz von Atomwaffen verweigerten, dessen gesamten Operationsplan zunichte machen würden. Die britischen Chiefs of Staff teilten die Auffassung des Joint Planning Staff hinsichtlich einer gewissen Vorwarnzeit vor einem sowjetischen Überraschungsangriff, wollten es aber bei der radikaleren Formulierung in I.P.T. 178/15 belassen, um anderen Ländern keinen Vorwand für ein Nachlassen der Einsatzbereitschaft ihrer Streitkräfte zu bieten[45]. Am 8. November teilte jedoch Sir Harold Caccia, Deputy Under Secretary of State, Foreign Office, den Chiefs of Staff das Mißbehagen des Foreign Office über § 39 b des Staff Papers I.P.T. 178/15 mit, der wahrscheinlich nicht die Zustimmung der britischen Minister und der Minister anderer NATO-Staaten finden würde, da darin eine prinzipielle Zustimmung zu der in § 2 der Anlage enthaltenen Einsatzbefugnis des SACEUR enthalten sei. Den Ministern würde eine Zustimmung zu diesem Papier leichter fallen, wenn darin die Grundlage der Planungen des SACEUR und die dafür vorgebrachten Gründe aufgeführt und die Minister lediglich gebeten würden, »to take note«.

Am Ende einigten sich die Chiefs of Staff auf die ambivalente Position, es sei sehr wichtig, daß der NATO-Rat dem SACEUR »some sanction« gab, bei seinen künftigen Planungen davon auszugehen, daß er unmittelbar bei Kriegsausbruch die Befugnis zum Einsatz von Atomwaffen besitzen würde. Gleichzeitig wurde »fully realized that the final authority to use such weapons in war must be by political decision«. General Whiteley, der britische Vertreter in der Standing Group, sollte noch vor der Vorlage von I.P.T. 178/15 im Military Committee am 22. November versuchen, entsprechende Formulierungsänderungen durchzusetzen. Sollte dies mißlingen, müßte darüber im Military Committee selbst verhandelt werden, und wenn auch dies nicht zum Ziel führte, müsse man versuchen, noch vor der NATO-Rats-Sitzung im Dezember eine diesbezügliche Übereinkunft auf politischer Ebene mit den USA zu erreichen[46]. Den Amerikanern wurde britischerseits

---

[44] J.P.(54)86 (Final), 21st October, 1954, PRO, DEFE 4/73.
[45] COS (54), 111th Meeting, 27th October, 1954, PRO, DEFE 4/73.
[46] COS (54), 117th Meeting, 8th November, 1954, PRO, DEFE 4/73.

IV. Die Vorabgenehmigung des Einsatzes von Nuklearwaffen 343

bedeutet, daß diese Änderungsvorschläge auf einen persönlichen Wunsch Premierminister Churchills zurückgingen, die von dessen Furcht herrührten, »that the previous language tended to constitute an automatic commitment authorizing the use of nuclear weapons«[47]. Anfang Dezember unternahm man britischerseits sogar den Versuch, eine Entscheidung des NATO-Rats über den Dezember 1954 hinaus zu verschieben[48].

Nachdem Ende Oktober 1954 ein deutscher Verteidigungsbeitrag im Rahmen der NATO ausgehandelt war[49], gaben auch die JCS am 5. November ihre offizielle Zustimmung zu I.P.T. 178/15. Nach der Billigung dieser Vorlage durch das Military Representatives Committee, wurde sie am 22. November im Military Committee als MC 48[50] diskutiert und nach einigen wenigen Änderungen angenommen. Da Admiral Arthur W. Radford, der General Joseph L. Collins vertrat, diesen Änderungen zustimmte, ist nicht anzunehmen, daß es den Briten gelungen war, ihre substantiellen Änderungswünsche durchzusetzen. Da I.P.T. 178/15 im Gegensatz zu MC 48 bis heute nicht zugänglich ist, ist diese Feststellung vorläufig nicht eindeutig zu belegen. Die Behauptung des britischen Joint Planning Staff, der Änderungsvorschlag des Foreign Office, »that the Council are not being asked to give NATO Commanders authority *now* to use nuclear weapons as a basis for planning«, habe substantiellen Niederschlag in den Ziffern 37 und 40 von MC 48 gefunden, ist in dieser Form unzutreffend[51].

Unter Betonung des vorrangigen Ziels der NATO, zu einer wirksamen Abschreckung und dadurch zur Kriegsverhinderung beizutragen (Ziffer 18), versprach MC 48 der NATO zum erstenmal die Fähigkeit, »to adopt a real forward strategy with a main line of defense well to the East of the Rhine-Ijssel« (Ziffer 22 b), unter der Voraussetzung, daß der NATO dafür atomgerüstete, einsatzbereite Streitkräfte und ein westdeutscher Verteidigungsbeitrag zur Verfügung standen. Die Notwendigkeit eines sofortigen Atomwaffeneinsatzes fand ihren Niederschlag in Ziffer 22 a unter Verwendung des britischen Formulierungsvorschlages vom 27. September. Die von General Gruenther hierzu in seinen Studien geforderte Entscheidungsbefugnis des SACEUR für den Atomwaffeneinsatz wurde in Ziffer 37 auf eine reine Planungsvollmacht reduziert oder, genauer gesagt, kaschiert: »It is militarily essential that NATO forces should be able to use atomic and thermo-nuclear weapons in their defense and that NATO military authorities should be authorized

---

[47] Merchant to Secretary of State, Briefing of Congressional Leaders, November 17: NATO »New Approach« Matters, November 16, 1954, NA, RG 59, 740.5/11-1654.
[48] Wampler, Legacy, S. 636.
[49] Thoß, Beitritt, S. 3-134.
[50] MC 48, Report by the Military Committee to the North Atlantic Council on the Most Effective Pattern of NATO Military Strength for the Next Few Years, 18 November, 1954; NATO Strategy Documents, S. 231-249.
[51] Annex »G« to JP(54)99 (Final), 2nd December, 1954, PRO, DEFE 4/74. Zu den Diskussionen über IPT 178/15 unter den Permanent Representatives und im Military Committee siehe Martin to Department of State, November 24, 1954, FRUS 1952/54 V, pt. 1, S. 536 f.; Merchant to Hughes, November 24, 1954, ebd., S. 538 f.; Hughes to Department of State, December 4, 1954, ebd., S. 539-541; Watson, Joint Chiefs, S. 316.

to plan and make preparations on the assumption that atomic and thermo-nuclear weapons will be used in defense from the outset.« Allerdings wurde der NATO-Rat unter den »Recommendations« (Ziffer 40 a) noch einmal eigens auf die Bedeutung dieser Befugnis hingewiesen. Liest man Ziffer 37 im Zusammenhang mit den im Anhang zu MC 48 aufgeführten »Minimum Measures Necessary to Increase the Deterrent and Defensive Value of NATO Forces«, dann scheint die militärische Notwendigkeit der ursprünglich von Gruenther geforderten, notfalls einem sowjetischen Angriff zuvorkommenden Entscheidungsbefugnis des SACEUR als Voraussetzung seines »New Approach« wieder durch. Dort werden der schnellstmögliche Einsatz der atomgerüsteten Verbände und ein Alarmierungssystem gegen Überraschungsangriffe gefordert, das so wirksam sein müsse, daß die NATO in die Lage versetzt werde, »to launch counter-offensive operations against the enemy's air complex the moment after positive evaluation of attack has been made«. Mit Hilfe eines effizienten Frühwarnsystems glaubte der SACEUR, innerhalb der ersten vier Tage nach Ausbruch der Feindseligkeiten 70 % seines atomaren Arsenals mittels Jagdbombern einsetzen zu können. Angesichts des in Ziffer 5 konstatierten Fehlens eines NATO-Luftverteidigungssystems war dieses Quotum in überschaubarer Zeit nur unter einem dem feindlichen Angriff zuvorkommenden (preemtive) Operationsplan realistisch[52].

Der Fortgang der Diskussion um MC 48 und insbesondere um die Befugnisse des SACEUR zeigt, daß MC 48 nicht die ganze Wahrheit des NATO »New Approach« wiedergab. Am 20. November sah sich der französische Premierminister Pierre Mendès-France veranlaßt, gegenüber seinem amerikanischen Kollegen Dulles zu erklären, daß das französische Comité de Defénse National den Vorschlägen des SACEUR und der Standing Group zwar zugestimmt habe, daß diese Angelegenheit aber zu ernst sei, um sie ausschließlich den Militärs zu überlassen. Im Ernstfall müßten politische Entscheidungen auf höchster Ebene getroffen werden. Hierzu führte er eine angeblich während des Zweiten Weltkrieges getroffene britisch-amerikanische Vereinbarung an, wonach alle wichtigen militärischen Fragen auf persönlicher Ebene zwischen Präsident Roosevelt und Premierminister Churchill entschieden wurden. Dieses Verfahren solle im Falle eines Krieges oder bei unmittelbarer Gefahr eines Krieges wieder angewandt werden, diesmal jedoch unter Einschluß des französischen Premierministers. Konkret dachte Mendès-France, in den Worten von Merchant, an eine »high level political Standing Group« und kündigte dazu einen förmlichen Vorschlag an. Daß Mendès-France gegenüber

---

[52] Appendix to Annex J.P.(54)76 (Final), 2nd September, 1954, PRO, DEFE 6/26. Zum preemtiven Charakter von MC 48 siehe ausführlich Trachtenberg, Peace, S. 160-170: »[...] was the new strategy preemtive in the stronger sense that it assumed that a full nuclear strike might be launched as soon as NATO judged that war was unavoidable, yet before the enemy had actually begun military operations? The indicators are mixed, but the bulk of the evidence does suggest that the MC 48 strategy was preemptive even in this sense. This important conclusion, however, rests largely on construction and inference – on the logic of the strategy as well as on the interpretation of certain key texts.« (S. 160). Siehe auch Wampler, Legacy, S. 646-649.

Dulles auch die Frage des NATO-Alarmierungssystems anschnitt, zeigt, daß seine Sorge hauptsächlich den Befugnissen des SACEUR galt[53].

Am 2. Dezember ließ er Dulles eine Note überreichen, in der er seine Vorstellungen präzisierte und kategorisch erklärte, daß die französische Regierung in keinem Fall einer Regelung zustimmen könne, die den NATO-Oberbefehlshabern die Befugnis einräume, über den Einsatz von Atomwaffen zu entscheiden. Es seien Fälle denkbar, die nicht den sofortigen Einsatz von Nuklearwaffen erforderten. Es sei daher unverzichtbar, »que les gouvernements conservent une entière liberté d'appréciation et de décision«. Andererseits räumte Mendès-France aber auch ein, daß man sich auf einen Angriff von so brutalem Ausmaß einstellen müsse, der eine westliche Gegenwehr unter geringstmöglichen Verzögerungen erfordere. Er regte deshalb an, daß die Standing Group detaillierte Studien erarbeitete, auf deren Grundlage dann die Regierungen im Ernstfall ihre Entscheidungen nach Abwägung aller politischen und militärischen Gesichtspunkte treffen könnten. Mendès-France hielt es für wünschenswert, daß zumindest im ersten Stadium die Diskussion auf die drei in der Standing Group vertretenen Mächte beschränkt blieb und diese Verhandlungen unter höchster Geheimhaltung vonstatten gingen[54]. Als General Gruenther am 8. Dezember dem französischen Verteidigungsminister, den Staatssekretären für Heer, Marine und Luftwaffe und den französischen Stabschefs seine Pläne und MC 48 erläuterte, deutete in der daran anschließenden Diskussion wie auch in allen übrigen Gesprächen zwischen offiziellen französischen Stellen mit Vertretern von SHAPE zwar nichts darauf hin, daß die Franzosen MC 48 nicht akzeptieren würden[55], aber in einer Note de la Direction Politique »Guerre atomique« vom 13. Dezember 1954 wurde die französische Ablehnung einer atomaren Einsatzentscheidungsbefugnis durch eine »autorité purement militaire« wiederholt. Diese sollte einem »Comité politique restreint composé des personalités investies des plus hautes responsabilités dans chacun des pays à compétence mondiale de la coalition, autrement dit le président des États-Unis et le président du Conseil français« vorbehalten bleiben, wobei unklar bleibt, ob in dieser Aufzählung der britische Premierminister bewußt weggelassen oder nur vergessen wurde. Dieser Forderung nach höchstpolitischer Letztentscheidung folgte jedoch die warnende Prognose, »que la liberté de décision des autorités politiques sera, en pratique, dans un proche avenir, considérablement restreinte, lorsque l'ensemble des forces occidental aura été adapté à la seule forme de guerre atomique«. Wie im Aide-mémoire von Mendès-France wurde auch in diesem Papier gefordert, daß die Standing Group in Zusammenarbeit mit dem SACEUR und geeigneten politischen Instanzen Studien erarbeitete, die im Ernstfall die Entscheidung über den Einsatz von Atomwaffen erleichterten, »en accord entre les trois gouvernement, à défaut d'une consultation

---

[53] Memorandum of Conversation, November 20, 1954, FRUS 1952/54 V, pt. 1, S. 535 f.
[54] Telegramm Mendès-France an Bonnet, 30.11.1954, DDF, 1954, No 399 und 412.
[55] Da Gruenther von dem Aide-mémoire Mendès-Frances keine Kenntnis hatte, konnte er seine Gesprächspartner auch nicht darauf ansprechen. Dillon an Secretary of State, December 8, 1954, NA, RG 59, 740.5/12-854.

de tous les gouvernements O.T.A.N. que la nécessité d'agir avec une extrême rapidité pourrait rendre impossible«. Für die bevorstehende NATO-Rats-Tagung sollten sich die drei NATO-Hauptmächte deshalb auf folgendes gemeinsame Programm einigen: Sie sollten erklären, daß sie MC 48 zustimmten. Falls einer oder mehrere der NATO-Partner diesem Dokument vorerst ihre Zustimmung verweigerten, sollten Amerikaner, Briten und Franzosen darauf hinweisen, daß es im Augenblick darauf ankomme, die militärischen NATO-Kommandobehörden und die nationalen Stabschefs in die Lage zu versetzen, ihre operativen Pläne und Vorbereitungen nach der neuen atomaren Strategie auszurichten. Gleichzeitig sollten sie erklären, daß der Entscheidungsmechanismus für die Auslösung der atomaren Vergeltung vorläufig der nachstehenden Regelung folge: Sollten ein oder mehrere NATO-Länder das Problem der Konsultation im Ernstfall vor jedem Atomwaffeneinsatz aufwerfen, sollte dieses Recht prinzipiell anerkannt werden, aber verbunden mit dem Hinweis, daß in bestimmten Situationen die Einhaltung dieses Prinzips schwierig sein würde, vor allem, wenn das Atomwaffenpotential eines NATO-Mitglieds angegriffen würde. Dieses Mitglied würde in einem solchen Fall sein Recht auf Selbstverteidigung nach dem NATO-Vertrag wahrnehmen[56].

Während die französische Regierung offenbar versuchte, schon vor Erreichen eines vor dem Hintergrund des NATO New Approach immer dringlicher erscheinenden nationalen französischen atomaren Status ein atomares Entscheidungsgremium »à trois« innerhalb der NATO einzurichten, wollten die etablierten westlichen Atommächte die Diskussion über atomare Einsatzbefugnisse auf nationaler Regierungsebene belassen und die Einrichtung irgendeiner »formal machinery« innerhalb der NATO vermeiden[57]. Es durfte in ihren Augen nicht passieren, daß nach dem inzwischen aufgegebenen Plan, den NATO-Oberbefehlshabern formale Entscheidungsbefugnisse aus Artikel 5 des NATO-Vertrages durch den NATO-Rat einräumen zu lassen, sie am Ende noch den Status quo einbüßten, der durch eine Entscheidung der NATO-Verteidigungsminister vom Dezember 1951 markiert worden war. Damals hatten diese – freilich unter ganz anderen strategischen Gegebenheiten – von den USA und Großbritannien verlangt, die Fähigkeit sicherzustellen, »to carry out strategic bombing promptly by all means possible with all types of weapons, without exception«[58]. Die Bewahrung unilateraler Entscheidungsfreiheit gegenüber kollektiven Entscheidungsmechanismen innerhalb des Bündnisses wurde von der amerikanischen Regierung aber auch als Voraussetzung dafür angesehen, daß dem amerikanischen SACEUR und SACLANT in ihrer gleichzeitigen Eigenschaft als Oberbefehlshaber amerikanischer Verbände das Recht auf Selbstverteidigung und die Möglichkeit der Ausübung gegebenenfalls vom Präsidenten delegierter Entscheidungsbefugnisse für den Nuklearwaffenein-

---

[56] Note de la Direction Politique, »Guerre atomique«, 13 décembre 1954, DDF (1954), No 444.
[57] Schmitt, Frankreich, S. 21-24; Memorandum Merchant, NATO »New Approach«, December 7, 1954, FRUS 1952/54 V, pt. 1, S. 541; Trachtenberg, Peace, S. 167.
[58] Memorandum Carlton Savage to George Kennan, Use of Atomic Bomb under Atlantic Pact, January 10, 1950, NA, RG 59, Policy Planning Staff (PPS)-files, 1947-1953, box 6, folder Atomic Energy-Armaments 1950; Condit, Joint Chiefs, S. 400-402.

satz erhalten blieben. Den Briten als atomarer Junior-Partner der USA dagegen, der allerdings für absehbare Zeit zu unabhängigen, entscheidungssuchenden atomaren Operationen außerstande war, kam es eher darauf an, im Rahmen der special relationsship die politische Mitbestimmung und Einflußmöglichkeit gegenüber dem amerikanischen Verbündeten zu erhalten, die sie durch MC 48 in Verbindung mit dem vom SACEUR bearbeiteten Alarmierungssystem als gefährdet ansahen. Daß die britischen Chiefs of Staff im Gegensatz zum SACEUR auch in Bezug auf sowjetische atomare Überraschungsangriffe mit gewissen Vorwarnzeiten rechneten, die Chancen gemeinsamer politischer Entscheidungen zuließen, hat der britischen Regierung die Zustimmung zur MC 48 sicherlich erleichtert.

Eine Woche vor Beginn der NATO-Rats-Tagung in Paris berieten sich Wilson, Dulles und Radford noch einmal mit dem Präsidenten über die amerikanische Position. Alle bekräftigten nochmals, daß ungeachtet der Entscheidung des NATO-Rats die Vereinigten Staaten ihre Entscheidungsfreiheit behalten müßten, Atomwaffen einzusetzen, falls ihre Streitkräfte bedroht wurden. Eisenhower war überzeugt, die Regierungen der NATO-Länder würden nach einigem Nachdenken zur Kenntnis nehmen, daß das Recht zum Befehl, Atomwaffen einzusetzen, nicht ausschließlich beim NATO-Rat residieren könne und daß dem NATO-Oberbefehlshaber ein gewisser Spielraum für eine Entscheidung im Ernstfall eingeräumt werden müsse[59].

Am 16. Dezember, ein Tag vor Beginn der NATO-Ministerratssitzung in Paris, verständigten sich Amerikaner, Briten und Kanadier über eine gemeinsame Haltung zu MC 48 und über den Text einer dazu vom NATO-Ministerrat zu verabschiedenden Resolution. Grundlage dieser Vorabstimmung innerhalb des »Anglo-Saxon Triangle«[60] war der nachfolgende, vom britischen Kabinett gebilligte Resolutionsentwurf:

»The North Atlantic Council accepts the conclusions of the Report as a basis for military planning, and agrees that the measures in the enclosure to the Report are necessary to adapt our military forces to meet major acts of aggression, but emphasizes that, except in the event of a prior atomic or thermo-nuclear attack by an aggressor, it must remain the responsibility of member Governments to take final decisions, particularly in regard to the use of atomic or thermo-nuclear weapons[61].«

---

[59] Watson, Joint Chiefs, S. 317; Memorandum for Admiral Radford, 8 December, 1954, NA, RG 218, Radford File, box 23.

[60] Die Bezeichnung »Anglo-Saxon Triangle« tauchte schon 1951 in einem kanadischen Memorandum auf, wobei auf die mit dieser privilegierten in-group verbundenen Gefahr für den Zusammenhalt der NATO hingewiesen wurde. Department of External Affairs, Western Europe and the North Atlantic Community, 29 June, 1951, NAC, RG 2-18, vol. 202. Teilnehmer am 16. Dezember: Dulles, Anderson, Hughes, MacArthur, Merchant, Bowie, McCardle, Martin; Eden, MacMillan, Caccia, Steel, Jebb; Pearson, Campney, Wilgress. Memorandum of Conversation, December 16, 1954, NA, RG 59, 740.5/12-1654; dieses Memorandum ist in FRUS 1952/54 V, pt. 1, S. 547 f. nur auszugsweise abgedruckt. Kurz vor Beginn dieser Sitzung gab Dulles eine Pressekonferenz, in der er u.a. Fragen zu MC 48 beantwortete; FRUS 1952/54 V, pt. 1, S. 542-547.

[61] Memorandum of Conversation, December 16, 1954, ebd., Annex A. Zwei amerikanische Resolutionsentwürfe zu MC 48 wurden offenbar nicht mehr diskutiert. Das Memorandum für Admiral Radford vom 8. Dezember (Anm. 202?) enthielt folgende Fassung: »*Agreeing* that the recommen-

Dulles argumentierte für eine strikte Trennung zwischen der militärischen Kompetenz, Einsatzpläne aufzustellen, und der zivilen Befugnis, einen Krieg zu erklären, »which is for the civilian authorities in the United States«. Im Interesse der von den europäischen NATO-Mitgliedern immer wieder geforderten »forward strategy« müsse den militärischen Stäben die Möglichkeit eingeräumt werden, nach den in MC 48 empfohlenen Leitlinien zu planen. Andernfalls würde sich für die USA und wohl auch für Großbritannien die ernste Frage nach dem Verbleib ihrer Truppen auf dem europäischen Kontinent stellen. Diese Entscheidung müsse der NATO-Ministerrat jetzt fällen, ohne darauf zu warten, bis dieses Gremium sich darauf verständigt habe, wie die Streitkräfte in den Einsatz befohlen werden sollten. Diese Frage werfe in der Praxis ohnehin Probleme auf »which can be solved only by the event«. Dulles machte noch einmal deutlich, daß unbeschadet des Rechts der einzelnen NATO-Mitglieder, einen Krieg zu erklären, es sowohl den Abschreckungseffekt wie auch eine effiziente Verteidigung ernsthaft gefährden würde, falls jeder Widerstand gegen einen Angriff von der Zustimmung aller NATO-Mitglieder abhängig gemacht würde. Auch mit Rücksicht auf die im Ratifikationsprozeß befindlichen Verträge über die Teilsouveränität und Bewaffnung der Bundesrepublik Deutschland wollte Dulles eine Resolution, die jeglichen Hinweis auf das Problem der atomaren Einsatzentscheidung vermied. Vor dem Hintergrund der Unruhe, die diese Frage inzwischen in der öffentlichen Meinung ausgelöst hatte, erhoben jedoch sowohl der britische Außenminister Sir Anthony Eden wie auch der kanadische Außenminister Pearson Bedenken gegenüber dem amerikanischen Vorschlag. Unter Hinweis auf einschlägige Alarmierungsbefugnisse des SACEUR bezweifelte Eden, daß die Kontrolle durch die zivilen Instanzen gewährleistet sei: Während ein voller »General Alert« nur durch die Regierungen ausgelöst werden könne, habe er erfahren, daß der NATO-Ministerrat den SACEUR autorisiert habe, Maßnahmen zur Verteidigung seiner Streitkräfte gegen einen offensichtlichen Angriff zu treffen, der per definitionem nahezu jeden militärischen Angriff einschließe. Der Hinweis von seiten der U.S. Delegation, daß die von Eden angesprochenen Alarmierungsverfahren zwar Gegenstand von Verhandlungen zwischen dem SACEUR und den einzelnen NATO-Mitgliederregierungen seien, darüber vom NATO-Ministerrat aber noch nicht abschließend entschieden worden sei, ließen Eden diese Angelegenheit zwar »much simpler if true« erscheinen, gleichzeitig beharrte Eden jedoch auf einer differenzierten Reaktion auf folgende drei unterschiedlichen sowjetischen Angriffsszenarios:
1. Gewaltmaßnahmen gegen Berlin (»Berlin type of situation«)
2. einen konventionellen Angriff und
3. einen allgemeinen Nuklearangriff.

---

dations of that report are not to be construed to prejudge final decisions by governments concerned on the implementation of plans developed in support thereof.« Ein wesentlich umfangreicherer Resolutionsentwurf des U.S. State Department, der vermutlich am 8. Dezember zwischen Eisenhower, Dulles und Radford diskutiert worden war, ist abgedruckt in FRUS 1952/54 V, pt. 1, S. 541 f.

Auf seine Frage, ob denn der SACEUR für den dritten Fall keine Handlungsbefugnisse besitze, wurde ihm von Dulles bedeutet, er erwarte, daß die NATO-Streitkräfte reagieren, und die für den Ernstfall vorgesehenen Verteidigungsmaßnahmen (emergency defense measures) ergreifen würden, ohne in diesem Fall auf Befehle zu warten. Der kanadische Außenminister Pearson, dem es lieber gewesen wäre, den NATO-Stäben zwar grünes Licht für die Fortsetzung ihrer militärischen Planungen zu geben, dem NATO-Rat aber mehr Zeit für die Behandlung der damit zusammenhängenden politischen Fragen einzuräumen[62], wies zu Recht auf die Schwierigkeiten hin, den differenzierten Ansatz Edens durchzuhalten, so lange die Ziffer 37 von MC 48 die operative Planung ausschließlich auf den Einsatz von Atomwaffen abstellte und daher jeden sowjetischen Angriff, egal welcher Art oder welchen Umfangs, ausschließlich mit dem Einsatz von thermonuklearen Waffen begegnen wollte. Die Resolution des NATO-Ministerrats sollte daher keinem solchen ausschließlichen Ansatz folgen, denn, so Pearson zutreffend, »wenn wir nur auf einer einzigen Grundlage planen, würde die Vorgehensweise später durch diese Pläne diktiert«. Dies lag aber – wie oben gezeigt – durchaus in der Absicht der U.S. Regierung. Dulles vertröstete seinen kanadischen Kollegen mit dem Hinweis, daß bis zum Abschluß der operativen Planungen noch einige Jahre vergehen würden, während denen man die politischen Implikationen weiter untersuchen könne. Der britische Verteidigungsminister Harold Macmillan kam Dulles zu Hilfe, indem er den Diskussionspunkt für ein hauptsächlich semantisches Problem hielt und seine Überzeugung äußerte, daß jeder sowjetische Angriff fast mit Sicherheit uneingeschränkter Natur (»all-out«) sein würde und daß in diesem Fall nach den Worten von Dulles »die Ereignisse das Problem regeln würden«. Am Ende einigte man sich auf die nachstehende Resolution:

> »The Council approves the report MC 48 as a basis for planning and preparations by the NATO Military Authorities, noting that this approval does not involve the delegation of responsibility of governments for putting the plans into action in the event of hostilities[63].«

Damit hatte die amerikanische Delegation zwei Ziele erreicht: Mit Wegfall der »but«-Klausel aus dem britischen Resolutionsentwurf wurde die Frage einer kollektiven Entscheidungskompetenz der NATO-Mitglieder-Regierungen unter den Tisch gekehrt und eine Beschränkung des Selbstverteidigungsrechts der NATO-Verbände ausschließlich für den Fall eines vorausgegangenen sowjetischen Nuklearangriffs vermieden. Gleichzeitig erfüllte die gefundene Formel wenigstens formal die amerikanische Forderung, daß im Interesse der Abschreckung die NATO-Ministerrats-Resolution nicht den Eindruck erwecken dürfe, die NATO habe die Frage nach der Einsatzentscheidung offen gelassen. Zumindest in diesem

---

[62] Department of External Affairs, Brief for the Ministerial Meeting of the North Atlantic Council, Paris, December 1954, Future NATO Defence Planning in Light of the Effect of New Weapons, December 13, 1954, NAC, RG 25, Acc. 90-91/008, vol. 216, 50102-H-40. Im Military Committee hatte der kanadische Vertreter vergeblich eine Überprüfung der MC 48-Conclusions verlangt; Confidential Annex to C.O.S.(54) 133nd Meeting, 22nd December, 1954, PRO, DEFE 4/74.
[63] Memorandum of Conversation, December 16, 1954, NA, RG 59, 740.5/12-1654, Annex B.

angelsächsischen Kreis war Dulles bereit, über die in Aussicht gestellte Fortführung der Diskussion zu den politischen Implikationen einige Andeutungen zu machen. Tatsächlich würden ja, so Dulles, »nur zwei, drei oder vier Leute« im Falle eines Angriffs über Verteidigungsmaßnahmen entscheiden. Informelle Diskussionen über das Prozedere sollten nach seiner Auffassung auf wenige Länder »mit stabilen Regierungen« begrenzt bleiben. Auch Eden war mit Dulles einer Meinung, »that actually a decision would be taken by the people who have to bear the brunt of the defense«. Abschließend wurde vereinbart, die Franzosen bezüglich der gefundenen Resolution zu konsultieren und danach zu entscheiden, ob bei einigen anderen NATO-Mitgliedern informell sondiert werden sollte. Schließlich wollte man, zur Vermeidung konkurrierender Resolutionsentwürfe aus dem Plenum, dem NATO-Ministerrat den eigenen Vorschlag durch den NATO-Generalsekretär präsentieren lassen.

Unmittelbar im Anschluß an ihre Konferenz zeigten die Angelsachsen ihren Resolutionsentwurf der von Premierminister Mendès-France angeführten französischen Delegation. Diesem schien die Resolution akzeptabel, er wollte sie aber über Nacht noch eingehender studieren. Auch brachte er wieder seinen Vorschlag für eine von Vertretern der USA, Großbritanniens und Frankreichs zu besorgende geheime Studie über Modalitäten einer politischen Konsultation in Erinnerung, worauf die Briten anregten, auch die Kanadier an dieser Studie teilnehmen zu lassen. Widerwillig akzeptiert Dulles den französischen Vorschlag, um den Zusammenhalt im Bündnis nicht zu gefährden. Er hielt es für möglich, daß sich die ständigen Vertreter der vier Länder mit einer solchen Studie befaßten, wollte aber zuvor die Meinung der JCS dazu einholen[64]. Vermutlich war es dieses Zugeständnis gegenüber den Franzosen, das Dulles dazu veranlaßte, während eines unmittelbar anschließenden Dinners in der britischen Botschaft noch einmal deutlich das unilaterale Recht der amerikanischen Regierung und ihrer Truppen zum Atomwaffeneinsatz anzusprechen. Nach dem britischen Bericht an das Foreign Office sagte Dulles, »that he wished us clearly to understand that the United States Government would find it virtually impossible ever to give an undertaking that they should consult some international body before United States troops were entitled to use all the weapons at their disposal, including atomic and thermo-nuclear weapons, if there had been a major attack upon them by an aggressor«[65]. Die Formulierung »a major attack« eröffnete amerikanischen Verbänden ein wesentlich breiteres Feld atomarer Reaktionsmöglichkeiten, als die Briten in ihrem Resolutionsentwurf zu MC 48 mit

---

[64] Dulles to Secretary of State, December 17, 1954, NA, RG 59, 740.5/12-1754; Condit, Joint Chiefs, S. 144 f. Offenbar wurde Mendès-France im Gegensatz zu Eden von Dulles nicht über ein bislang inhaltlich nicht zu eruierendes Memorandum der JCS informiert, das Gegenstand eines die Verhandlungen um MC 48 vorbereitenden Gesprächs der amerikanischen Delegation mit ihrem Präsidenten war; Hinweis in Merchant to Dulles, December 21, 1954, NA, RG 59, 740.5/12-2154. Ein Hinweis darauf, daß sich die Ständigen Vertreter mit »next steps regarding the machinery for providing authority to use nuclear weapons« befassen sollten, findet sich auch im Confidential Annex to C.O.S.(54) 133rd Meeting, 22nd December, 1954, PRO, DEFE 4/74.

[65] Telegram No 263, (to) Sir Christopher Steel, December 20, 1954, PRO, FO 371/125105.

»a prior atomic or thermo-nuclear attack« ursprünglich einzuräumen bereit gewesen waren.

Nachdem auch der SACEUR gegen den Resolutionsentwurf keine Einwände erhob – er vertraute ja auf die normative Kraft des Faktischen –, wurde dieser samt MC 48 am 17. Dezember durch den NATO-Generalsekretär Lord Ismay dem NATO-Ministerrat präsentiert, der beide Papiere ohne nennenswerte Diskussion akzeptierte. Erwähnenswert sind jedoch zwei kleinere Änderungsversuche, die Außenminister Dulles mit Argumenten verhinderte, die den preemtiven Charakter der offen zu haltenden atomaren Einsatzentscheidungsbefugnisse des SACEUR in seiner Eigenschaft als nationaler Oberbefehlshaber amerikanischer Verbände erkennen lassen. Dem Vorhaben Pearsons, in der letzten Zeile der Resolution dem Wort »plans« das Wort »defense« voranzustellen, widersetzte sich Dulles mit der Begründung, daß »in the event of hostilities our plans might not be purely defensive«. Ebenso widersetzte sich Dulles dem Vorschlag von Lord Ismay, statt dem Wort »hostilities« dem Wort »aggression« den Vorzug zu geben mit der Begründung, daß bislang niemand in der Lage gewesen sei, den Begriff »aggression« zu definieren[66].

Bei der Umsetzung von MC 48 durch den SACEUR und seinen Stab traten alle Probleme wieder auf, die durch MC 48 eher zugedeckt als gelöst worden waren. Es zeigte sich sehr bald, daß sich die Hoffnungen, mit der Nuklearisierung der NATO-Strategie ließen sich die Rüstungsausgaben verringern, nicht erfüllten. Erstens waren konventionelle Streitkräfte weiterhin notwendig, um einen Angreifer vor den eigenen Linien zu Konzentrationen seiner Verbände zu zwingen, bis sie lohnende atomare Ziele abgaben. Zweitens erwies sich erwartungsgemäß die Umrüstung der NATO-Verbände als ein sehr kostspieliges Unterfangen, insbesondere im Hinblick auf den Aufbau einer Luftverteidigung und eines effizienten Frühwarnsystems sowie eines erhöhten Infrastrukturaufwandes für die erforderliche Dislozierung und den Schutz der eigenen Luftstreitkräfte. Sorge bereitete dem SACEUR aber auch die Koordination der NATO-Verteidigung – MC 48 hatte ja nur die erste Phase eines Krieges mit der Sowjetunion behandelt – mit den weitergehenden nationalen amerikanischen Kriegsplänen. Den stärksten Einfluß auf die Umsetzung der MC 48-Planungen hatte jedoch die Fortdauer der strategischen Diskussion innerhalb der NATO und in den einzelnen Mitgliedsländern. Je mehr sich nämlich das nukleare Patt zwischen den USA und der Sowjetunion komplettierte, umso unglaubwürdiger wurde eine westliche Abschreckungsstrategie, die für nahezu alle kriegerischen Auseinandersetzungen mit dem Einsatz strategischer und taktischer Nuklearwaffen drohte. Im Hinblick auf die Doktrin der Massiven Vergeltung und die nukleare Asymmetrie im Bündnis, in dem nur die Amerikaner und

---

[66] U.S. Delegation to Department of State, NAC Discussion of Item IV in Restricted Session, December 17, December 18, 1954, FRUS 1952/54 V, pt. 1, S. 557–559; Merchant, Memorandum of Conversation, December 17, 1954, ebd., S. 560; Telegram Dulles for President, December 17, 1954, mit der Nachricht, daß Gruenther und Radford die Resolution »(e)ntirely satisfactory« fanden; NA, RG 59, 740.5/12-1754.

in geringerem Umfang die Briten über Nuklearwaffen verfügten und über deren Einsatz bestimmten, hatte der kanadische Außenminister Pearson am 2. Februar 1954 das Problem für die Kohärenz des Bündnisses kurz und prägnant umschrieben: »In a sense, it will keep the potential aggressor guessing. But it may also keep the allies of the United States guessing[67].«

Die Notwendigkeit vermehrter Flexibilität zur Aufrechterhaltung einer effizienten Abschreckung führte vor dem Hintergrund der mit dem Suez-Unternehmen ausgelösten Bündniskrise im Dezember 1956 zu einer neuen Direktive des NATO-Ministerrates für die strategische Planung. Darin wurde bestimmt, daß neben der Aufrechterhaltung einer »fully effective nuclear retaliatory force provided with all the necessary facilities« die Schildstreitkräfte in die Lage versetzt werden müßten, nicht nur jeden Angriff mit Nuklearwaffen abwehren zu können, sondern auch, »to deal with incidents such as infiltratons, incursions or hostile local actions by the Soviets, or by Satellites with or without overt or covert Soviet support«[68].

Trotz der Bemühungen um eine abgestufte Abschreckung (»graduated deterrence«)[69] blieb der strategische und taktische atomare Gegenschlag im Zentrum der NATO-Strategie, zumal mit dem später als erwartet verfügbaren westdeutschen Verteidigungsbeitrag und dem Abzug erheblicher französischer Verbände nach Nordafrika die Möglichkeiten des SACEUR für eine konventionelle Kriegführung in Zentraleuropa erheblich eingeschränkt blieben. So gesehen diente das Bemühen um mehr Flexibilität vorerst weniger dem Aufbau eines konventionellen Kriegführungspotentials als vielmehr der psychologischen Abmilderung des Selbstabschreckungseffektes der Strategie der massiven Vergeltung unter dem nuklearen Patt. Für viele, darunter auch Präsident Eisenhower, war es im übrigen unvorstellbar, daß es in Europa zu größeren kriegerischen Verwicklungen kommen würde, in die die Sowjetunion nicht involviert sein würde (siehe unten S. 372-374). Für diesen Fall stellte aber das auf der Basis der neuen Direktive vom Dezember 1956 erstellte und vom NATO-Rat am 9. Mai 1957 gebilligte Strategiepapier MC 14/2 (Revised) fest, »that, if the Soviets were involved in a local hostile action and sought to broaden the scope of such an incident or to prolong it, the situation would call for the utilization of all weapons and forces at NATO's disposal, since in no case is there a NATO concept of limited war with the Soviets«[70].

---

[67] Pearson, Memorandum to the Prime Minister, United States Defence Policy, February 2, 1954, PAC, RG 25, Acc. 90-91/008, box 279, 50115-P-40, pt. 2.
[68] C-M(56)138 (Final), Directive to the NATO Military Authorities from the North Atlantic Council, 13th December, 1956, in: NATO Strategy Documents, S. 269-276.
[69] Nach Paul H. Nitze bezeichnete »graduated deterrence« eine Politik »of limiting wars – in weapons, targets, area and time – to the minimum force necessary to deter and, if necessary, to repel aggression«, Nitze, Hiroshima, S. 152.
[70] MC 14/2 (revised), 21 February, 1957, in: NATO Strategy Documents, S. 277-313, Zit. S. 291. Zur strategischen Planung der NATO von MC 48 bis MC 14/2 siehe Beitrag Greiner in diesem Band sowie Wampler, NATO Strategic Planning, S. 26-69; ders., Legacy, S. 921-1011.

Die Aufrechterhaltung der uneingeschränkten Fähigkeit zum sofortigen atomaren Gegenschlag ließ die Spannungen zwischen dem Anspruch der nicht atomar gerüsteten NATO-Mitglieder auf Mitsprache bei der Einsatzentscheidung und der aus militärischer Notwendigkeit angestrebten Befugnis der NATO-Oberbefehlshaber, notfalls eine Entscheidung alleine zu treffen, fortdauern. Dem Wunsch von Mendès-France vom 16. Dezember 1954 nach einer geheimen Studie über ein mögliches alliiertes Konsultationsprozedere gab Dulles im Februar 1955 nach und schlug dem Secretary of Defense folgende amerikanische Position vor: Die USA hielten es nicht für möglich, alle Umstände, unter denen Atomwaffen zum Einsatz kommen sollten, im voraus feststellen zu können. Die USA würden zwei Situationen unterscheiden, für die Verfahrensweisen gefunden werden müßten: Einmal ein so unvermittelt eintretender Ernstfall, der keine vorhergehende Konsultation über den Einsatz von Atomwaffen zuließ, zum anderen Umstände, unter denen vorausgehende politische Konsultationen den Normalfall darstellten. Jede Übereinkunft müsse so abgefaßt werden, daß jeder Eindruck des Zögerns mit negativen Auswirkungen auf die Abschreckung vermieden wurde. Jede Konsultation vor der Aufnahme von Kriegshandlungen dürfe nicht das Recht jedes einzelnen NATO-Landes präjudizieren, »to take whatever subsequent action it deemed necessary«.

Die JCS ließen den Secretary of Defense am 2. Mai 1955 wissen, daß sie keine Einwände gegen die von Mendès-France geforderten Vierergespräche erhoben, wiederholten aber ihre Vorstellungen vom 11. Juni 1954, denen zufolge alle nationalen Einsatzbefugnisse sich aus Artikel 5 des NATO-Vertrages ableiteten. Auf jeden Fall sollte auch weiterhin jegliche »separate machinery or procedures« für Konsultationen innerhalb der NATO vermieden werden. Auf dieser Grundlage beschlossen das Department of State und das Department of Defense ein gemeinsames Positionspapier für den Fall, daß die Frage der Konsultationen auf der bevorstehenden NATO-Ministerratstagung zur Sprache kommen sollte. Offenbar wurden die JCS mit diesem Problem durch den Secretary of Defense erst wieder ein Jahr später, im März 1956, befaßt, als es mit der beabsichtigten Stationierung von Mittelstreckenraketen in Europa eine zusätzliche Bedeutung gewann. Am 2. Mai 1956 teilten sie dem Secretary of Defense auf Anfrage mit, daß sie auch unter diesen neuen Gegebenheiten keine Veranlassung sahen, ihre Empfehlungen vom Vorjahr zu revidieren[71].

Die amerikanische Weigerung, sich auf irgendeine Form eines Konsultationsmechanismus innerhalb des Bündnisses einzulassen, führte dazu, daß in der oben erwähnten NATO-Ministerratsdirektive vom Dezember 1956 lediglich die Formel aus der MC 48-Resolution vom 16. Dezember 1954 wiederholt wurde, die eine Befugnis »to make decisions for putting NATO military plans into action in the

---

[71] Condit, Joint Chiefs, S. 144–146; Gavin, Memorandum for Secretary, Joint Chiefs of Staff, Subject: JCS 2201/11, 2 May, 1955; Thackston, Memorandum for the Joint Chiefs of Staff, Machinery for Political Consultation Prior to the Use of Atomic Weapons, 5 May, 1955, beide NA, RG 218, CCS 092 Western Europe (3-12-48) (2), sec. 14–15.

event of hostilities« in die Verantwortung der NATO-Mitgliederregierungen legte[72]. Aber auch der SACEUR hielt sich an MC 48, als er seine Emergency Defense Plans auf die Annahme gründete, daß ihm rechtzeitig die Entscheidungsbefugnis zum Einsatz von Atomwaffen erteilt würde[73]. Die Möglichkeit zum sofortigen, möglichst preemtiven Nuklearwaffeneinsatz lag auch den fortgesetzten Bemühungen des SACEUR um eine Verbesserung des NATO-Alarmierungssystems zugrunde, die Außenminister Eden am 16. Dezember 1954 so irritiert hatten. Vermutlich unter dem Eindruck der Suez-Krise im November 1956 legte der SACEUR ein zweistufiges »Counter-Surprise Military Alert System« vor, das die NATO-Verbände in die Lage versetzen sollte, den ersten feindlichen Angriff zu überleben und Gegenmaßnahmen vorzubereiten, die Umständen gerecht würden, die durch das formale Alarmierungssystem des SACEUR nicht adäquat abgedeckt seien[74].

Nachdem die U.S. Regierung ihren Anspruch auf nationale Entscheidungsbefugnis über den Einsatz von Nuklearwaffen über die bereits bestehenden nationalen Zuständigkeiten im strategischen Bereich hinaus auch für den taktischen Atomwaffeneinsatz ihrer Streitkräfte im Zusammenhang mit der NATO-Verteidigung bewahren konnte, soll im nachfolgenden vor dem Hintergrund der amerikanischen Kriegsbilddebatte die Frage untersucht werden, ob der amerikanische Präsident von diesem unilateralen Vorbehalt schon im Frieden dahingehend Gebrauch machte, daß er bestimmten Befehlshabern seiner Streitkräfte, einschließlich solchen, die gleichzeitig NATO-Oberbefehlshaber waren, Befugnisse zum Einsatz von Nuklearwaffen delegiert hat.

3. Autorisierung der Befehlshaber der Unified and Specified Commands

a) Die Direktive NSC 5515/1

In einem Briefing über die effektiven sowjetischen militärischen Fähigkeiten in der Sitzung des NSC vom 4. November 1954 bezweifelte Admiral Thomas A. Robbins, Jr., Chief of Staff, U.S. Naval War College, und Staff Director, NSC Net

---

[72] C-M(56)138 (Final), 13th December, 1956, NATO Strategy Documents, S. 276.
[73] SACEUR's Emergency Defense Plan – 1956; siehe JP(55)75 (final), 26th August, 1955, PRO, DEFE 6/30. Zu Norstad, ab November 1956 Nachfolger Gruenthers als SACEUR, siehe Wampler, NATO Strategic Planning, S. 46 f.
[74] U.S. Military Representative, MC/SG NATO, USM-118-56, Memorandum for JCS, SACEUR Counter-Surprise Military Alert System, 16 November, 1956, Enclosure to J.C.S. 2073/1330, Note of the Secretaries to the JCS, 20 November, 1956, NA, RG 218, 092 Western Europe (3-12-48)(2), sec. 59; Annex to JP (56)177 (Revised Final), 16 November, 1956, PRO, DEFE 4/93; COS (56) 128th Meeting, 30 November, 1956, ebd.; siehe auch MC 48/1, Ziff. 11, NATO Strategy Documents, S. 258 f.; Twigge/Scott, Planning Armageddon, S. 154 f.

Capabilities Evaluation Subcommittee[75], die Fähigkeit der USA zu einer rechtzeitigen Entschlußfassung, um einem sowjetischen Angriff zuvorzukommen. Daraufhin verfügte Eisenhower die Einrichtung eines speziellen Subcommittee unter dem NSC Planning Board, das die Frage untersuchen sollte, »on what series or group of possible Soviet actions should leave no doubt in the President's mind as to the need for taking immediate military action to save the United States from the consequences of enemy attack, or to ameliorate the existing hostile situation«. Der Auftrag für dieses Subcommittee wurde vom Präsidenten persönlich sehr sorgfältig entworfen. Unter den notwendigen amerikanischen Gegenmaßnahmen im Falle nachgewiesener Anzeichen (»established indications«) feindlicher sowjetischer Absichten kamen für den Präsidenten unter anderem auch Befehle »for possible U.S. preventive military action« in Betracht, wozu er seine Bereitschaft äußerte, notfalls »to give advance authority to local commanders to act«[76].

Das Ergebnis der Arbeit dieses Subcommittee lag am 1. April 1955 als NSC 5515/1 »Study of Possible Hostile Soviet Actions« dem NSC vor. Die Studie zählte mögliche feindliche Handlungen der Sowjetunion gegen die Vereinigten Staaten unter drei Kategorien auf, die sich am Grad der Wahrscheinlichkeit und Bedrohlichkeit orientierten. Angriff wurde in dieser Studie als »offensive action undertaken for the purpose of destroying or overwhelming a strategic objective« definiert und von einem Scharmützel (»skirmish«) oder einer bewaffneten Aufklärung (»armed reconnaissance«) unterschieden. Den einzelnen Kategorien wurden keine spezifischen amerikanischen Gegenmaßnahmen zugeordnet, es wurde lediglich festgestellt, daß der Begriff »military action by the U.S.« die Bandbreite von Mobilisierungsmaßnahmen, die Umgruppierung amerikanischer Streitkräfte, eine mögliche Warnung an die UdSSR, begleitet von einer »limited demonstration of force« bis zu tatsächlichen Kriegshandlungen (»actual hostilities«) umfaßte. Nachfolgend sollen lediglich die Indikatoren der höchsten Kategorie I aufgeführt werden, die nach Meinung der Verfasser wahrscheinlich vor dem Hintergrund einer Verschärfung der internationalen Spannungen und einer drastischen militärischen Lageveränderung in Richtung einer offensiven Haltung (»offensive posture«) der sowjetischen Streitkräfte auftraten, wenn auch die Möglichkeit einer vollkommenen Überraschung nicht grundsätzlich ausgeschlossen wurde. Die gewählte Reihenfolge stellte keine Rangordnung dar:

1. Das Eindringen von Flugzeugen der UdSSR in das amerikanische kontinentale Luftverteidigungssystem in einer Formation, die auf einen Angriff auf die Vereinigten Staaten hindeutete.
2. Die Einführung in oder der Besitz innerhalb der Vereinigten Staaten einer kompletten Nuklearwaffe oder nuklearer Komponenten sowjetischen Ursprungs oder unter sowjetischer Leitung.

---

[75] Zu diesem NSC-Unterausschuß siehe Kap. II, 2.
[76] Memorandum Jacob D. Beam, December 31, 1954, FRUS 1955/57 XIX, S. 1 f. Beam war als Vertreter des State Department Vorsitzender des Subcommittees unter dem NSC Planning Board. Die übrigen Mitglieder vertraten die JCS, die CIA und das FBI.

3. Sowjetische Angriffe gegen U.S. Territorien (Alaska und Hawaii), U.S. Besitzungen, das Pacific Trust Territory, die Panama-Kanal-Zone sowie gegen amerikanische Streitkräfte und Stützpunkte in Übersee.
4. Ein sowjetischer Angriff gegen Länder und Besitzungen, die unter die gegenseitige Verteidigungsgarantie des Nordatlantik-Vertrages fielen.
5. Die Konzentration sowjetischer Untersee-Boote in einer Position und in ausreichender Anzahl, die wirksame Angriffe gegen wesentliche amerikanische Ziele im Küstenbereich zuließen.
6. Das Legen von Minenfeldern in amerikanischen Hafenzufahrten oder in küstennahen Schiffahrtsrouten durch die Sowjetunion.

Vermutlich um dem potentiellen Gegner keine Anleitung für sein Risikokalkül an die Hand zu geben, wurde NSC 5515/1 unter strikter Geheimhaltung diskutiert. Konkrete Maßnahmen oder Anweisungen hat NSC 5515/1 offenbar nicht ausgelöst. Nach Meinung des Präsidenten hatte das Papier mit der Vorlage seinen Zweck erfüllt[77].

b) Die Direktive NSC 5501

Es waren vermutlich die Erfahrungen mit den europäischen Verbündeten während der Verhandlungen um MC 48 und die Zurückhaltung der Europäer bei der Unterstützung der amerikanischen Südostasienpolitik[78], die das State Department dazu veranlaßte, in der Formulierung der amerikanischen Sicherheitspolitik einen flexibleren Kurs vorzuschlagen. In NSC 5501 vom 7. Januar 1955 hieß es, daß es im Interesse der Aufrechterhaltung der Moral der freien Welt zunehmend wichtiger werde, die Anwendung militärischer Gewalt selektiv und flexibel zu planen. Bei der zunehmenden Angst vor einem Nuklearkrieg durften weder die Vereinigten Staaten noch ihre Verbündeten in eine Lage kommen, in der sie nur noch die Wahl hätten, entweder lokale Aggressionen widerstandslos hinzunehmen oder militärische Gewalt in einer Art und Weise einzusetzen, die nach Auffassung des amerikanischen Volkes und der Verbündeten ein unangemessenes Risiko nuklearer Verwüstung mit sich bringen würde.

Obwohl NSC 5501 uneingeschränkt an der Aufrechterhaltung der Fähigkeit zum strategischen atomaren Gegenschlag festhielt, anerkannte es wesentlich stärker als NSC 162/2 die Bedeutung einer Streitkräftestruktur, die es den USA ermöglichen sollte, begrenzten Aggressionen standzuhalten, ohne automatisch den nuklearen Schlagabtausch initiieren zu müssen. Innerhalb der JCS wurde diese Betonung

---

[77] NSC 5515/1, Study of Possible Hostile Soviet Actions, April 1, 1955, FRUS 1955/57 XIX, S. 71–75; Memorandum of Discussion at the 243rd Meeting of the NSC, March 31, 1955, ebd., S. 68–70; Trachtenberg, Peace, S. 165 f.
[78] U.a. hatten die Briten es abgelehnt, zusammen mit den USA die bedrängte französische Festung Dien Bien Phu in Indochina mittels Luftangriffen gegen die Stellungen der Viet Minh zu entsetzen. Damals war von amerikanischer Seite auch ein Atomwaffeneinsatz diskutiert worden; Bundy, Danger and Survival, S. 260–270.

IV. Die Vorabgenehmigung des Einsatzes von Nuklearwaffen

der konventionellen Komponente offenbar nur von General Ridgway, Chief of Staff U.S. Army, vertreten, der kurz vor seiner Pensionierung im Juni 1955 in einem Schreiben an den Secretary of Defense, Wilson, die Überzeugung vertrat, daß militärische Mittel als effiziente Unterstützung der Diplomatie so beschaffen sein müßten, daß sie unverzüglich, selektiv und mit einem dem Anlaß nach gebotenen Maß an Gewalt zur Anwendung kommen könnten[79]. Allerdings wurde in NSC 5501 der Einsatz atomarer Waffen auch in lokalen Konflikten nicht grundsätzlich ausgeschlossen. Atomwaffen sollten in lokalen Konflikten vor allem dann zum Einsatz kommen, wenn damit eine Aggression schnell und erfolgreich beendet werden konnte und wenn ein solcher Einsatz unter Abwägung militärischer und politischer Gesichtspunkte, notfalls aber auch unter Hinanstellung der Interessen der Verbündeten, den amerikanischen Sicherheitsinteressen am besten diente: »In the last analysis, if confronted by the choice of (a) acquiescing an Communist aggression or (b) taking measures risking either general war or loss of allied support, the United States must be prepared to take these risks if necessary for its security[80].« Sollte von der Eisenhower-Administration eine wesentliche Verstärkung der konventionellen Komponente in der amerikanischen Militärrüstung jemals ernsthaft erwogen worden sein, so fiel sie den Entscheidungen des Präsidenten zum Militärhaushalt 1956 zum Opfer. Dafür waren für den Präsidenten jedoch nicht nur wirtschaftliche Gründe maßgebend, eine nukleare und konventionelle Doppelrüstung widersprach seiner strategischen Grundüberzeugung und der Mehrheitsmeinung im Department of Defense. Eine abweichende Äußerung Ridgways vor dem House Armed Services Committee, U.S. Congress, wonach die Kürzungen im Personalhaushalt der Army die Sicherheit der Vereinigten Staaten gefährdeten, veranlaßten den Präsidenten zu einer sehr scharfen Replik gegenüber einer Reihe von Senatoren: Die gesamte militärische Planung sei, so Eisenhower, auf zwei Ziele ausgerichtet, 1. auf die Zerstörung der feindlichen Produktion und 2. auf den Schutz der eigenen Rüstung. Dafür brauche man nicht mehr Soldaten, sondern mehr Ausrüstung, vor allem eine Verstärkung der Air Force und des Frühwarnsystems[81].

Obwohl in zwei Analysen die Anfälligkeit des SAC gegenüber sowjetischen Überraschungsangriffen festgestellt und die Fähigkeit der NATO-Streitkräfte bis Mitte 1955 einem sowjetischen Angriff in Europa widerstehen zu können, bezweifelt wurden[82], hatte Präsident Eisenhower zu diesem Zeitpunkt noch keine Ein-

---

[79] Watson, Joint Chiefs, S. 56. Siehe auch die allerdings nur teilweise abgedruckten Äußerungen Ridgways am 5.1.1955 im NSC, FRUS 1955/57 XIX, S. 15.
[80] NSC 5501, Basic National Security Policy, January 7, 1955, FRUS 1955/57 XIX, S. 24–38; Memorandum of Diskussion at the 230th Meeting of the NSC, January 5, 1955, ebd., S. 9–24; Watson, Joint Chiefs, S. 52–57; Condit, Joint Chiefs, S. 5–11.
[81] Diary entry by the President's Press Secretary (Hagerty), February 1, 1955, FRUS 1955/57 XIX, S. 39 f.
[82] The Report to the President by the Technological Capabilities Panel of the Science Advisory Committee, »Meeting the Threat of Surprise Attack«, February 14, 1955; Weapons Systems Evaluation Group (WSEG), Report No 12, Evaluation of the Combined Effects of the U.S. Atomic Offensives in a War beginning in Mid-1955, Enclosure to J.C.S. 1953/22, 15 March, 1955, NA,

satzbefugnisse für den Nuklearwaffeneinsatz an militärische Befehlshaber förmlich delegiert, ja er ließ am 14. März 1955 gegenüber dem Secretary of State, Secretary of Defense und dem Chairman AEC noch einmal seinen Kommentar zu NSC 162/2 wiederholen, der als Interpretation von Ziffer 34 von NSC 5501 weiter gelten sollte. Danach enthielt NSC 5501 keine Entscheidung im voraus, lediglich im Falle eines atomaren Angriffs auf die Vereinigten Staaten oder Westeuropa würde der amerikanische Atomwaffeneinsatz »automatisch« erfolgen[83]. Während einer Pressekonferenz am 15. März 1955 sprach Außenminister Dulles von einer »less-than-massive retaliation«-Politik und unterschied zwischen »small nuclear weapons against military targets rather than full-scale, city-destroying hydrogen bombs« und verharmloste die erste Kategorie als neue Waffen, die die Chance eröffneten, einen Sieg auf dem Schlachtfeld zu erringen, ohne die Zivilbevölkerung in Mitleidenschaft zu ziehen. Auch Eisenhower erklärte öffentlich, daß gegen militärische Ziele taktische Nuklearwaffen in gleicher Weise zum Einsatz kämen, »just exactly as you would use a bullet or anything else«[84]. Die Äußerungen von Dulles und Eisenhower bezogen sich vornehmlich auf eventuelle kriegerische Verwicklungen in Asien, in Europa jedoch war ein begrenzter Krieg mit der Sowjetunion und unter Einsatz nur taktischer Atomwaffen gemäß MC 48 nicht geplant. Auch im britischen Foreign Office wurde die Meinung vertreten, daß jeder Versuch, Atomwaffen in zwei Klassen einzuteilen, nämlich in konventionelle und solche, die enorme Zerstörungen verursachten, nur zu einer Beeinträchtigung der Abschreckung führen würde[85]. Diese Ansicht wurde von Eisenhower in Bezug auf Europa mit allen Konsequenzen geteilt. Gegenüber Churchill sprach er von der Notwendigkeit, sorgfältige Überlegungen über die Umstände anstellen zu müssen, unter denen die NATO »explosionsartig« reagieren sollte[86]. Da hierbei hauptsächlich die Last den amerikanischen atomgerüsteten Verbänden zufallen würde, mußten für diese besondere, nationale Vorbereitungen getroffen werden. Der U.S. EUCOM Joint Capabilities Plan 1-54 (Alternate) regelte den Einsatz dieses Verbandes unter nationalem Oberbefehl für den Fall, daß der NATO-Rat die Erklärung des Bündnisfalls verzögerte, und der U.S. EUCOM Joint Capabilities Plan 1-54 (Supplement) stellte die Führung der amerikanischen Verbände für den Fall sicher, daß ein Desaster in Europa dem SACEUR die Führung der NATO-Verbände unmöglich machte[87].

RG 218, CCS 373 (10-23-48), B.P., pt. 34. WSEG 12 ging u.a. von der Voraussetzung aus, »that political considerations or the lack of an adequate state of readiness on the part of the U.S. forces *do not* interfere with the timely launching of these [atomic, K.A.M.] weapons«. (S. 414).

[83] Memorandum Lay, March 14, 1955, DDRS (1984), S. 2251.
[84] FRUS 1955/57 XIX, Editorial Note, S. 61.
[85] So Sir Harold Caccia am 1.4.1955 im C.O.S. Committee, C.O.S. (55) 23rd Meeting, 1st April, 1955, PRO, DEFE 4/76.
[86] Trachtenberg, Peace, S. 165.
[87] J.C.S. 2052/83, Note by the Secretaries to the JCS on Requirements for Supporting Units for Headquarters, U.S. European Command, 28 March, 1955, NA, RG 218, COS 381 (11-15-48), sec. 8.

c) Erste Anträge der JCS und die Direktive NSC 5602/1

Den ersten formalen Antrag auf Gewährung militärischer Entscheidungsbefugnisse für den Einsatz von Nuklearwaffen stellten die JCS am 2. Dezember 1955 an den Secretary of Defense für den Bereich der amerikanischen Luftverteidigung. Der Secretary of Defense fand dafür die Unterstützung der AEC, die nach Ausweis der heute verfügbaren Quellen das Joint Committee on Atomic Energy, U.S. Congress, über dieses wichtige Vorhaben nicht informierte[88]. Am 15. Februar 1956 stellten die JCS beim Secretary of Defense den weitergehenden Antrag auf »Presidential Authorization for the Use of Atomic Weapons«, in dem auch für andere Kommandobehörden Predelegation gefordert wurde. Diese Anträge der JCS fielen zusammen mit einer neuerlichen Überprüfung der Grundsätze der amerikanischen Sicherheitspolitik, die seit NSC 5501 im jährlichen Turnus erfolgte.

Der vom NSC Planning Board am 8. Februar 1956 den NSC-Mitgliedern präsentierte Entwurf für NSC 5602 war im wesentlichen eine Fortschreibung von NSC 162/2 und NSC 5501 mit etwas stärkerer Prononcierung der amerikanischen Bemühungen um Abrüstung und um Verhandlungen mit der Sowjetunion. Zum Atomwaffeneinsatz schlug der NSC 5602-Entwurf folgenden Text vor:

> »It is the policy of the United States to integrate nuclear weapons with other weapons in the arsenal of the United States. Nuclear weapons will be used in general war and in military operations short of general war as authorized by the President. To the extent that the military effectiveness of the armed forces will be enhanced by their use, the United States will be prepared to use chemical, bacteriological and radiological weapons in general war. The decision as to their use will be made by the President[89].«

Für militärische Operationen »short of general war« unterstrich der Planning Board-Entwurf für NSC 5602 stärker als NSC 5501 die Notwendigkeit für eine konventionelle Kriegführungsfähigkeit. In die amerikanische Militärstruktur müßten Streitkräfte inseriert werden, welche zusammen mit alliierten Streitkräften ausreichten, vor jeder lokalen Aggression abzuschrecken und notfalls einer lokalen Aggression in einer Weise erfolgreich begegnen konnten, die eine Ausweitung der Feindseligkeiten zu einem allgemeinen Krieg vermied. Diese allzeit bereiten Streitkräfte müßten zum Einsatz von konventionellen und nuklearen Waffen gleichermaßen imstande sein. Einerseits durften sie nicht in einem solchen Maß vom Einsatz ihres taktischen nuklearen Potentials abhängig sein, daß jede Entscheidung zur Intervention gegen eine lokale Aggression wahrscheinlich gleichbedeutend mit einer Entscheidung zum Einsatz von Nuklearwaffen bedeuten würde. Andererseits müßten diese Verbände schon allein deshalb eine nukleare Kapazität zum flexiblen und selektiven Einsatz besitzen, weil die Vereinigten Staaten selbst in einem bloß lokalen Konflikt nicht von vornherein auf den Einsatz von Nuklearwaffen verzichten würden.

---

[88] AEC, Weapons Custody and Use, S. 13. Zu Predelegation in der U.S. Luftverteidigung siehe ausführlich Roman, Ike's Hair Trigger, S. 132–145.
[89] Zit. Condit, Joint Chiefs, S. 15.

Die JCS kommentierten den Entwurf des Planning Boards in einem Memorandum vom 24. Februar an den Secretary of Defense, obwohl ihrer Meinung nach an Stelle einer bloßen Fortschreibung von NSC 162/2 und NSC 5501 wegen der deutlichen Verschlechterung der Lage der freien Welt vor dem Hintergrund einer neuen und flexibleren sowjetischen Politik eher eine grundsätzliche Revision der amerikanischen Sicherheitspolitik erforderlich war[90]. In ihrem Kommentar schlugen die JCS zum Atomwaffeneinsatz eine ergänzende Formulierung vor, welche die im Entwurf des Planning Boards enthaltene konventionelle Option deutlich einschränkte:

> »Nuclear weapons will be used in general war, and will be used in military operations short of general war when the effectiveness of the operations and capabilities of the U.S. forces employed will be enhanced thereby. For such operations, the decision as to specific uses will be made by the President[91].«

Der Secretary of Defense und die JCS konnten sich mit ihrem Versuch, an Stelle von NSC 5602 eine grundsätzlich neue Sicherheitsdirektive zu initiieren, im NSC nicht durchsetzen. Während der Diskussionen um NSC 5602 im NSC am 27. Februar und 1. März stellte es sich allerdings heraus, daß die Hauptbedenken des Department of Defense gegenüber 5602 nicht so sehr aus einer pessimistischeren Beurteilung der allgemeinen internationalen Lage unter dem »Geist von Genf«[92] herrührten, sondern das in § 11 vom NSC Planning Board formulierte nukleare Einsatzkonzept betrafen. Admiral Radford wandte sich gegen die weitverbreitete Ansicht, Nuklearwaffen seien ausschließlich zum offensiven Einsatz bestimmt. Tatsächlich würden diese Waffen nicht nur die offensive, sondern auch die defensive Stärke der amerikanischen Streitkräfte garantieren und daher würde die Verhinderung ihres Einsatzes die offensiven wie defensiven Möglichkeiten stark beeinträchtigen. Tatsächlich würde man sich mit irgendeiner Trennlinie zwischen dem Einsatz und dem Nichteinsatz dieser Waffen immer weiter vom Bereich des Möglichen und der Wirklichkeit entfernen. Nach Radford war es besonders fatal, falls die U.S. Streitkräfte Atomwaffen nicht zur Selbstverteidigung einsetzen könnten. Eisenhower teilte zwar die Meinung Radfords unter rein militärischen Gesichtspunkten, erinnerte aber an die politischen Implikationen, die ein Nuklearwaffeneinsatz in »peripheral or small wars« mit sich bringen würde. Als Außenminister Dulles jedoch den Vorschlag machte, die JCS-Formulierung im Hinblick auf einen »general war« und die Formulierung des Planning Boards in Bezug auf Operationen »short of general war« zu kombinieren, änderte der Präsident seine Meinung, indem er den NSC aufforderte, sich in die Lage eines Truppenkommandeurs

---

[90] Memorandum from the JCS to the Secretary of Defense, Review of Basic National Security Policy, NSC 5602, February 24, 1956, FRUS 1955/57 XIX, S. 200. Die Anlage mit dem Kommentar zu NSC 5602 ist nicht mit abgedruckt. Siehe dazu Condit, Joint Chiefs, S. 16–18. Secretary of Defense Wilson teilte die Lagebeurteilung der JCS; siehe dessen Memorandum an Lay vom 24.2.1956, FRUS 1955/57 XIX, S. 199 f.
[91] Zit. Condit, Joint Chiefs, S. 16.
[92] Der »Geist von Genf« bezog sich auf die u.a. mit der Genfer Viermächtekonferenz vom 17./23.7.1955 verknüpfte, vom DoD nicht geteilte internationale Hoffnung auf eine Entspannung im Ost-West-Verhältnis; Cold War Respite.

zu versetzen, dessen Radar ihm einen Schwarm angreifender Feindbomber anzeigt. Würde er nicht alle verfügbaren Waffen zu seinem Schutz und dem seiner Truppe einsetzen? Dulles brachte zwar dagegen vor, daß die Formulierung der JCS für diesen Fall keine bessere Vorsorge treffe als diejenige des Planning Board, da sie auch in dem von Eisenhower angeführten Fall den Einsatz von Atomwaffen der Entscheidung durch den Präsidenten unterwerfe, war aber schließlich mit dem Präsidenten einer Meinung, daß die amerikanischen Streitkräfte bei einem direkten feindlichen Angriff von den Nuklearwaffen Gebrauch machen würden. Dies sollte nach dem Willen Eisenhowers in NSC 5602 deutlich zum Ausdruck gebracht werden. Secretary of the Treasury Humphrey unterstützte dieses Ergebnis unter Hinweis auf den Kostenaspekt, der es den USA unmöglich mache, sich auf zweierlei Kampfarten vorzubereiten. Daher müßten die USA in einem künftigen Krieg Nuklearwaffen einsetzen. Ergänzend fügte Humphrey hinzu, daß man in »very, very deep water« gerate, falls man in einem Strategiepapier erkläre, man wolle Atomwaffen vielleicht einsetzen, vielleicht aber auch nicht. Am Ende stellte Dulles resigniert fest, daß die USA anscheinend zwischen der wünschenswerten, vollständigen militärischen Flexibilität und dem Verlust ihrer Verbündeten wählen müßten. Er sah ein, daß die USA ihre Verbündeten in stärkerem Maße zur Akzeptanz der amerikanischen Position erziehen mußten, warnte aber davor, daß sich zum gegenwärtigen Zeitpunkt eine Entscheidung zugunsten eines »automatischen« Nuklearwaffeneinsatzes als verheerend für die Vereinigten Staaten erweisen könnte. Eisenhower war jedoch entschlossen, für § 11 von NSC 5602 eine Formulierung zu finden, die zum Ausdruck brachte, daß die USA im Falle eines direkten feindlichen Angriffs auf ihre Streitkräfte jede verfügbare Waffe einsetzen dürften. Als aber die Diskussion über § 11 weiterging und Dulles die Frage aufwarf, was passieren würde, falls die Sowjets eine neue Blockade Berlins betrieben, beschloß Eisenhower eine Entscheidung über § 11 so lange auszusetzen, bis die JCS die darin aufgeworfenen Probleme eingehender untersucht hatten.

Bei der Diskussion über § 14, der sich mit notwendigen Streitkräften zur Abwehr oder Abschreckung lokaler Aggressionen befaßte, tauchten erwartungsgemäß die selben Probleme wiederum auf. Unter Hinweis auf die Erfahrungen in Korea stieß sich der Präsident an dem Begriff »peripheral war«. Die USA, so der Präsident, müßten fortan periphere Kriege auf der selben Basis wie einen »general war« führen und erinnerte in diesem Zusammenhang an den Entschluß der U.S. Regierung, im Falle einer Wiederaufnahme der Aggression gegen Korea durch die Kommunisten aufs Ganze zu gehen (go all-out), um dieser Aggression Einhalt zu gebieten. Humphrey assistierte dem Präsidenten wieder mit dem ökonomischen Argument, daß es den USA unmöglich sei, »to fight just little wars«. Sollten die USA in irgendeinen Krieg verwickelt werden, müßten sie ihn mit der Entschlossenheit führen, »to clean the whole mess up«. Als Governor Stassen sich die Befürchtungen von Dulles zu eigen machte und einwarf, die USA würden einen Großteil ihrer Unterstützung durch die freie Welt verlieren, wenn diese zu der Ansicht gelangte, daß die USA nur nukleare Kriege führen könnten, prophezeite Radford, der Einsatz von Nuklearwaffen würde auf der ganzen Welt akzeptiert,

»sobald die Leute sie in die Hände bekämen«, womit er höchst wahrscheinlich auf das »clamoring«[93] der europäischen Verbündeten nach Ausrüstung ihrer Streitkräfte mit amerikanischen Atomwaffen anspielte. Am Ende wurde auch eine Entscheidung über § 14 bis zur Vorlage einer umfassenden Untersuchung des Department of Defense über das Problem lokaler Aggressionen vertagt[94].

Am 15. März ließ der Präsident aber dem Secretary of State, Secretary of Defense und dem Chairman AEC ausrichten, daß er das JCS-Memorandum »Presidential Authorization for the Use of Atomic Weapons« vom 15. Februar zur Kenntnis genommen habe und § 11 von NSC 5602 (jetzt 5602/1) nunmehr folgenden, von ihm gebilligten, Wortlaut habe:

»It is the policy of the United States to integrate nuclear weapons with other weapons in the arsenal of the United States. Nuclear weapons will be used in general war and in military operations short of general war as authorized by the President. Such authorization as may be given in advance will be determined by the President[95].«

Damit hatte das Verteidigungsministerium zum erstenmal durchgesetzt, daß der Präsident die Möglichkeiten von Predelegation in einer sicherheitspolitischen Grundsatzdirektive fixierte. § 12 lautete nun in der Endfassung: »To the extent that the military effectiveness of the armed forces will be enhanced by their use, the United States will be prepared to use chemical and bacteriological weapons in general war. The decision as to their use will be made by the President.« In der Endformulierung von § 13 konnte das Department of State im Zusammenhang mit der Frage der Konsultation der Verbündeten einen Hinweis auf das uneingeschränkte Selbstverteidigungsrecht der amerikanischen Streitkräfte durchsetzen: »If time permits and an attack on the United States *or U.S. forces is not involved* [Hervorhebung K.A.M.] the United States should consult appropriate allies before any decision to use nuclear, chemical or bacteriological weapons is made by the President[96].«

Die unterschiedliche Bewertung der politischen Auswirkungen der amerikanischen Nuklearstrategie durch das Department of Defense und das State Department, die während der Diskussion um NSC 5602/1 erkennbar wurde, ist noch deutlicher faßbar in einem JCS-Memorandum an den Secretary of Defense vom 12. März 1956. Während Dulles und das State Department glaubten, daß ein zu schneller amerikanischer Rückgriff auf Atomwaffen das Bündnis gefährden würde, waren die JCS genau vom Gegenteil überzeugt: Den USA sei es zwar gelungen,

---

[93] Am 10.5.1956 äußerte Eisenhower während einer NSC-Sitzung: »[...] the NATO powers were now clamoring that we share atomic weapons with them; whereas only a couple of years ago they had recoiled in horror from all thought of employing nuclear weapons.« Memorandum of Discussion at the 284th Meeting of the NSC, May 10, 1956, FRUS 1955/57 XX, S. 393–400, Zit. S. 399; Trachtenberg, Peace, S. 193 f.

[94] Memorandum of Discussion at the 277th Meeting of the NSC, February 27, 1956, FRUS 1955/57 XIX, S. 201–218; siehe auch ebd., S. 218–233.

[95] FRUS 1955/57 XIX, S. 229, Anm. 9.

[96] NSC 5602/1, Basic National Security Policy, Enclosure to Note by the Executive Secretary to the NSC, March 15, 1956, FRUS 1955/57 XIX, S. 242–268; Watson, Missile Age, 1956–1960, S. 36 f.

eine sichtbare Position militärischer Stärke aufzubauen, doch überall in der Welt sei die Meinung verbreitet, den USA mangle es an der festen Entschlossenheit, rechtzeitig zu handeln. Der Eindruck mangelnder Entschlossenheit rühre von der Rücksichtnahme auf die Alliierten und von der Notwendigkeit der Beachtung der nach der amerikanischen Verfassung gebotenen Verfahrensweisen. Daher wollten die JCS, daß der Kongreß den Präsidenten zum schnellen Handeln im Fall einer Krise autorisierte. In diesem Zusammenhang erinnerten sie an die Kongreßresolution vom Januar 1955, die es dem Präsidenten erlaubt habe, im Falle eines bewaffneten Angriffs auf Taiwan und die vorgelagerten Inseln nach eigenem Gutdünken U.S. Streitkräfte einzusetzen. Rückblickend stellten die JCS kritisch fest, wenn es in den letzten paar Jahren bei der Umsetzung der amerikanischen Sicherheitspolitik eine Tendenz gegeben habe, die den amerikanischen Interessen zuwidergelaufen sei, so sei dies die Tatsache gewesen, daß man sich amerikanischerseits während größerer Krisen zu sehr um die Belange der Verbündeten gekümmert habe[97]. In ihrer Kritik an der ihrer Meinung nach mangelhaften amerikanischen Entschlossenheit zum Einsatz von Atomwaffen unterschlugen die JCS freilich die in den eigenen Reihen anhaltende kontroverse Strategiediskussion und die damit verbundene »roles and missions«-Debatte unter den Teilstreitkräften, die nach wie vor in nicht unerheblichem Maße die Suche nach verbindlichen nuklearstrategischen Richtlinien und nach Verfahrensweisen für die atomare Einsatzentscheidung erschwerten. Nicht zuletzt diese Querelen unter den Teilstreitkräften veranlaßten Eisenhower, über eine Reorganisation des Department of Defense nachzudenken. Am 14. Mai kündigte er gegenüber Radford an, daß er einen »more centralized type of approach« in der Formulierung der amerikanischen Sicherheitspolitik anstrebe[98].

Die Meinungsunterschiede unter den Teilstreitkräften über das künftige Kriegsbild bestimmten auch die Debatte um den Joint Strategic Capabilities Plan für 1957 und den Joint Strategic Objectives Plan für 1960, zumal nach Meinung von Admiral Radford NSC 5602/1 die Frage des Atomwaffeneinsatzes in einem künftigen Krieg nicht eindeutig genug beantwortet hatte. Air Force- und Navy-Planer orientierten sich an einem intensiven, kriegsentscheidenden nuklearen Schlagabtausch, während Army- und Marine Corps-Planer glaubten, daß sich die Supermächte unter dem nuklearen Patt künftig auf eine konventionelle Kriegführung beschränken würden. Diese Divergenzen machten Gespräche mit dem Secretary of Defense und mit dem Präsidenten erforderlich. Nach einer Diskussion mit Eisenhower am 22. Mai informierte der Secretary of Defense die JCS, daß er mit der vom Chairman JCS, dem Chief of Naval Operations und dem Chief of Staff, U.S. Air Force vertretenen Position übereinstimme, und daß die JCS ihre Planungen auf dieser

---

[97] Memorandum from the JCS to the Secretary of Defense, Military and Other Requirements for Our National Security, March 12, 1956, FRUS 1955/57 XIX, S. 234–238; siehe auch das JCS-Memorandum mit gleichem Titel, Enclosure to Memorandum CJCS to the President, April 17, 1956, ebd., S. 290–295.
[98] Memorandum of a Conference with the President, May 14, 1956, FRUS 1955/57 XIX, S. 301–303. Zum Defense Reorganization Act von 1958 siehe Kap. II und Watson, Missile Age, S. 243–291.

Grundlage fortsetzen sollten. Damit billigte Wilson, offenbar mit Zustimmung des Präsidenten, einen Planungsentwurf, der u.a. folgende, erheblich über die gerade erst in NSC 5602/1 verfügte Programmatik hinausging:

»In a general war, regardless of the manner of initiation, atomic weapons will be used from the outset. In military operations short of general war, atomic weapons will be used when required in order to achieve military objectives[99].«

Als aber im Zusammenhang mit dem Joint Strategic Objectives Plan für 1960 (JSOP 60) die Frage der Verbandsstärken diskutiert wurde, brach der alte Streit, diesmal zwischen der Air Force auf der einen und Army und Navy auf der anderen Seite, wieder auf, da die Air Force nicht über die Anfangskriegsphase hinaus planen und für den nuklearen Schlagabtausch zu Lasten der Army- und Navy-Rüstung ihre B 52-Langstreckenbomber-Kapazität erhöhen wollte. Der Streit über eine künftige Streitkräftestruktur geriet vollends zu einer strategischen Grundsatzdebatte, als Admiral Radford vorrechnete, daß alle von den Teilstreitkräften für 1960 geforderten Streitkräfte zusammen mit dem Militärhilfeprogramm und dem Etat für die AEC jährliche Ausgaben in Höhe zwischen 51 und 52 Milliarden Dollar ausmachen würden. Er wies deshalb die JCS nach Rücksprache mit dem Secretary of Defense an, den JSOP 60 unter dem Gesichtspunkt zu überarbeiten, daß es allgemeine fiskalische Grenzen zu beachten gebe, solle die amerikanische Wirtschaft auf Dauer gesund bleiben[100]. Am 5. Juli präzisierte Radford gegenüber den JCS seine Kritik an der bisherigen Planung für JSOP 60, die für das verfolgte strategische Konzept seines Erachtens eine unangemessene Streitkräftestruktur forderte. Nach Radford sollte die Streitkräftestruktur hauptsächlich an der größten anzunehmenden Gefahr, nämlich einem allgemeinen atomaren Überraschungsangriff, ausgerichtet werden, unter Beibehaltung einer sekundären Kapazität für Operationen »short of general war«. Obwohl Präsident Eisenhower noch am 22. März die Auffassung vertreten hatte, daß ein Rückzug amerikanischer Truppen aus Europa zum Verlust dieses Kontinents führen würde[101], schlug Radford die Rückführung möglichst vieler amerikanischer Verbände aus dem Ausland vor, unter gleichzeitiger fester Zusage gegenüber den Verbündeten, daß die USA im Falle einer sowjetischen oder »von Kommunisten angestifteten« Aggression ihren Verbündeten sofort mit dem ganzen erforderlichen atomaren Potential zur Hilfe kommen würden. Hierzu sollten die amerikanischen Heeresverbände in Übersee in kleine atombewaffnete »task forces« umstrukturiert, der Rest der Heeresverbände zur Zivilverteidigung in den USA eingesetzt, das Marine Corps verkleinert, aber atomar bewaffnet für begrenzte Kriege eingesetzt, sowie die taktischen Luftstreitkräfte drastisch zugunsten einer Modernisierung von SAC und den strategischen Navy Strike-Verbänden reduziert werden.

---

[99] Zit. Condit, Joint Chiefs, S. 34; zur Systematik der strategischen Planung der JCS siehe ebd., S. 23 f.
[100] Ebd., S. 35 f.
[101] Memorandum of Discussion at the 280th Meeting of the NSC, March 22, 1956, FRUS 1955/57 XIX, S. 268–274, Eisenhowers Bemerkung, S. 273.

IV. Die Vorabgenehmigung des Einsatzes von Nuklearwaffen

Kritik an diesem Programm Radfords übte vor allem der Chief of Staff, U.S. Army, General Taylor, mit dem Argument, daß kleine atomgerüstete Verbände kein Gelände nehmen, geschweige denn halten könnten. Gewichtiger war jedoch der politische Einwand Taylors, daß ein Programm, wie es Radford vorschlug, die Grundlagen des nordatlantischen Bündnisses erschüttern würde. Sollten sich die USA bei ihren strategischen Planungen in solch hohem Maße auf Atomwaffen abstützten, würden bei den Verbündeten Zweifel daran aufkommen, daß die USA ihnen auch dann mit atomaren Waffen zu Hilfe kommen würden, wenn das Überleben der USA nicht unmittelbar bedroht war. Am 13. Juli goß die »New York Times« Öl in das Feuer dieser strategischen Debatte, als sie diesen sogenannten »Radford-Plan« auf ihrer Titelseite zusammen mit Radford zugeschriebenen Überlegungen einer amerikanischen Truppenreduktion von ungefähr 800 000 Mann bis 1960 publizierte. Dieser Artikel löste in Europa bekanntlich starke Unruhe aus und veranlaßte den Secretary of Defense, die Weiterarbeit an JSOP 60 bis Anfang 1957 auszusetzen. Im Grunde lag Radford jedoch mit seinen Vorstellungen eher auf der am 22. Mai von Wilson und Eisenhower vorgegebenen Linie. Die Bedenken Taylors, die er mit seinem Vorgänger Ridgway teilte, zeigen aber auch, daß in NSC 5602/1 die Aussagen über den Atomwaffeneinsatz unter den Bedingungen des nuklearen Patts »fuzzy« (Radford) und interpretationsbedürftig geblieben waren. Präsident Eisenhower allerdings war bei aller gebotenen Vorsicht in der Diskussion um den Atomwaffeneinsatz »clear in his own mind that in any war with the Soviets we would use them«[102].

Nach seiner Zustimmung zu NSC 5602/1 forderte Eisenhower den Secretary of Defense auf, ihm zu dem in die Ziffer 11 auf Wunsch der JCS aufgenommenen Hinweis auf »advance authorization« Empfehlungen vorzulegen und ihm mitzuteilen, ob der Antrag auf »advance authorization« für den Bereich der Luftverteidigung separat behandelt werden sollte. Aus Gründen des timing zog Wilson eine separate Behandlung der Frage der Vorabgenehmigung im Luftverteidigungseinsatz vor, da eine Luft-Luft-Flugabwehr-Rakete bis zum 1. Januar 1957 einsatzbereit sein sollte, zumal mit langwierigen Verhandlungen mit der kanadischen Regierung über die Überführung, Lagerung und den Einsatz dieser Waffe gerechnet werden mußte. Ebenso langwierige Verhandlungen über notwendige Änderungen des Atomic Energy Act von 1954 standen im Kongreß bevor[103].

Am 18. April 1956 billigte Eisenhower eine »Authorization for the Expenditure of Atomic Weapons in Air Defense«, vorläufig begrenzt auf das amerikanische Hoheitsgebiet. Am 14. Dezember wurden die zuständigen Befehlshaber über diese Authorization informiert, bei deren Durchführung im Ernstfall sich die Komman-

---

[102] Memorandum of a Conference with the President, March 30, 1956, FRUS 1955/57 XIX, S. 280-283, Zit. S. 281; Memorandum of a Conference with the President, May 24, 1956, ebd., S. 311-315; Condit, Joint Chiefs, S. 32-40.
[103] Secretary of Defense to Secretary of State, April 5, 1956 (sanitized copy), National Security Archive, Washington, http://www.gwu.edu/~nsarchiv/news/predelgation/pd02. Siehe auch Memorandum for the file, Department of State, Special Assistant to the Secretary, Policy on Use of Atomic Weapons, April 2, 1956, ebd.

deure an »(revised) Interception and Engagement Instructions and Procedures« vom 7. Dezember 1956 zu halten hatten[104]. Bezüglich der vom Präsidenten gewünschten Vorschläge zu Ziffer 11 von NSC 5602/1 legte Secretary of Defense Wilson am 5. April 1956 der AEC einen Entwurf mit der Bitte um Stellungnahme vor. Dieser Entwurf sah unter anderem vor, daß der Präsident atomare Einsatzbefugnisse für den Fall delegierte, wenn amerikanische Streitkräfte in Übersee mit Atomwaffen angegriffen würden[105]. Nach einem Treffen der AEC mit General Loper, Assistant to the Secretary of Defense for Atomic Energy und Chairman MLC, gab der Vorsitzende der AEC, Strauss, in einem Schreiben an den Secretary of Defense eine im großen und ganzen positive Stellungnahme ab. Die AEC hielt zwar an dem Prinzip fest, daß der Präsident oder an dessen Stelle die höchste erreichbare politische Autorität über den Einsatz von Atomwaffen entscheiden sollte, sie anerkannte aber, daß Krisensituationen auftreten könnten, in denen es für höhere Befehlshaber nicht möglich sein würde, mit der obersten politischen Führung Kontakt aufzunehmen, ohne Verzögerungen mit tragischen Konsequenzen zu riskieren. Da sich die Atomic Energy Commission außerstande sah, die im DoD-Entwurf für Predelegation vorgesehenen Situationen dahingehend zu untersuchen, ob sie vom allgemeinen Prinzip ziviler politischer Kontrolle abwichen, beschränkte sie sich in ihrer Stellungnahme darauf, allgemeine Formulierungsvorschläge zu unterbreiten, die ein enges Festhalten am Prinzip einer Entscheidung durch den Präsidenten garantieren sollten. Im übrigen ging sie davon aus, daß die Ausführungsbestimmungen einer entsprechenden Direktive zwar im Department of Defense vorbereitet, aber von allen interessierten Ressorts, einschließlich der Atomic Energy Commission, mitgetragen, und erst dann vom Präsidenten genehmigt werden würden[106].

d) Die »Authorization«-Direktive vom 22. Mai 1957

Am 14. November 1956 kommentierten die JCS einen Entwurf General Lopers für eine präsidiale Direktive »Authorization for the Expenditure of Atomic Weapons« vom 23. August 1956 (in einer revidierten Fassung vom 11. September 1956). Unter anderem kritisierten die JCS an dem Entwurf Lopers, daß die Autorisierung zum Atomwaffeneinsatz amerikanischer Verbände in Übersee nur für Reaktionen auf feindliche *atomare* Angriffe gelten sollte:

---

[104] Fernschreiben HEDUSAF, Washington, D.C. an Adressaten, 14.12.1956, Library of Congress (LC), LeMay Papers, box 206, B 58619/1; J.C.S. 2019/196, Note by the Secretaries to the JCS on Policy Regarding the Use of Atomic Weapons, 3 October, 1956, NA, RG 218, CCS 471.6(8-15-48), sec. 85; J.C.S. 2019/208, Report by the Joint Strategic Plans Committee to the JCS on Authorizataion for Use of Atomic Weapons in Air Defense, 14 December, 1956, ebd., sec. 88.
[105] Dieser der AEC vorgelegte DoD-Entwurf ist der Forschung bisher nicht zugänglich. Er dürfte dem revidierten Entwurf von Assistant to the Secretary of Defense for Atomic Energy vom 11.9.1956 ähnlich gewesen sein, der weiter unten vorgestellt wird.
[106] ACE, Weapons Custody and Use, S. 14 f.

»A military commander may not know whether or not a major air or submarine assault in progress is being made with atomic weapons until too late for effective defense. The integration of nuclear weapons into the defensive weapons systems is rapidly reaching a point where great dependence is being placed upon them, particularly against air or submarine attack. The purely defensive types of atomic weapons are relatively small in yield and localized in effects, with a minimum risk of unplanned side effects. The commanders of major deployed U.S. military forces normally should be prepared to defend their forces against major air or submarine assault with the weapons systems most suitable to the circumstances.«

Im einzelnen sah der von den JCS modifizierte Entwurf in folgenden Räumen und Lagen eine Übertragung von atomaren Einsatzentscheidungsbefugnissen an die Kommandeure vor:

a) Zur Verteidigung der USA, ihrer Territorien und Besitzungen:
   (1.) Innerhalb der Vereinigten Staaten, ihrer Territorien und Besitzungen und in küstennahen Luftverteidigungs-Identifizierungszonen;
   (2.) Innerhalb der an die Vereinigten Staaten, ihre Territorien und Besitzungen angrenzenden internationalen Gewässer;
   (3.) Auf einem an die Vereinigten Staaten, ihren Territorien und Besitzungen angrenzenden Territorium befreundeter Mächte, »subject to the full consent of the countries sovereign over the territory involved«.

b) Zur Verteidigung amerikanischer Streitkräfte außerhalb des Hoheitsgebiets der Vereinigten Staaten, ihrer Territorien und Besitzungen, »in the event of assault upon these forces *by Sino-Soviet Bloc forces with or without atomic weapons* [Hervorhebung im Original, K.A.M]«.

c) Als Vergeltung für einen atomaren Angriff auf die USA (continental United States), »[if circumstances at the time do not permit decision by the President or other person authorized by law to act in his stead]«.

Die zitierte Formulierung war von Vertretern des State Departments und der AEC vorgeschlagen worden. Für den Fall, daß diese Vergeltung von ausländischem Territorium aus erfolgen sollte, war eine solche Einsatzentscheidung schon bestehenden oder noch zu treffenden Absprachen mit diesen Ländern unterworfen.

Zur Umsetzung einer Direktive sollten vom Secretary of Defense konkrete Ausführungsbestimmungen zur Vorlage für den Präsidenten vorbereitet werden, die, soweit sie Operationen außerhalb des amerikanischen Hoheitsgebietes betrafen, mit dem Secretary of State lediglich *koordiniert* werden sollten. In diesem Punkt schwächten die JCS die ursprüngliche Formulierung im Entwurf Lopers, »subject to the concurrence of the Department of State«, also ab.

Dem Entwurf der JCS lag ein erster Vorschlag für »Implementing Instructions« an. Er enthielt folgende einleitende Bemerkungen: Zweck der Autorisierung militärischer Befehlshaber zum Einsatz von Atomwaffen sei die Herstellung einer unmittelbaren Verteidigungsbereitschaft der amerikanischen Streitkräfte gegenüber »major hostile assault wherein the time or damage factors would preclude normal Presidential consideration and decision upon the expenditure of atomic weapons«. Wegen der ernsten internationalen Implikationen eines Einsatzes von Atomwaffen durch amerikanische Streitkräfte sei es wichtig, daß eine besonders strikte Führungskontrolle ausgeübt wurde und der Atomwaffeneinsatz auf »circumstances of great necessity« begrenzt blieb.

Zum Geltungsbereich der Predelegation äußerten die JCS die Absicht, daß diese sich im Einklang mit dem laufenden Unified Command Plan und den laufenden Emergency War Plans über die JCS und ihren nachgeordneten Kommandobehörden bis hinunter auf geeignete Befehlshaber der numerierten Armeen, Flotten und Luftwaffenverbände mit Aufträgen zu atomarer Kriegführung erstrecken sollte. Zur Präzisierung ihres Entwurfs inserierten die JCS folgende Definitionen: »Nuklearwaffen« und »Atomwaffen« würden synonym gebraucht für alle Waffentypen, die Nuklearenergie freisetzten, also auch für thermonukleare Waffen. »Amerikanische Streitkräfte« bezog sich auf »those major organized units of U.S. military forces comprising the essential operational military strength of the United States, including the numbered field armies, fleets, and air forces«. »Angriff« (assault) bezog sich nach den JCS auf einen »major hostile assault or attack of such a magnitude and against such areas or forces as to constitute an immediate and vital military threat to the security of the United States, or to the major U.S. military forces«. Neben den im Entwurf für die »Authorization« enthaltenen Einschränkungen machten die JCS in ihrem Entwurf für »Implementing Instructions« noch folgende operative Einschränkungen: Ein Atomwaffeneinsatz gemäß der »Authorization« sollte nur in den Fällen erfolgen, »wherein the circumstances, in the judgment of the operational commander concerned, will not permit the normal Presidential consideration and decision regarding their use«, womit den Befehlshabern ein nicht unerheblicher, da nicht näher beschriebener, auf subjektiven Lagebeurteilungen basierender Handlungsspielraum eingeräumt wurde[107].

In den Akten des Policy Planning Staff befindet sich ein Entwurf vom 17. Januar 1957 für eine Direktive des Präsidenten zu »Authorization for the Expenditure of Nuclear Weapons«, der im wesentlichen eine Kompilation des JCS-Entwurfs mit Vorschlägen für »Implementing Instructions« darstellt, aber auch einige wichtige Unterschiede aufweist: Die Forderung der JCS, daß sich die amerikanischen Streitkräfte in Übersee auch gegen einen konventionellen Angriff des Ostblocks atomar verteidigen durften, wollte der Entwurf vom 17. Januar 1957 nur für Angriffe gegen amerikanische Streitkräfte in internationalen Gewässern gelten lassen. Predelegation sollte nach dem Entwurf vom 17. Januar 1957 nur wenn nötig, aber ausdrücklich keinesfalls weiter als bis zu den Befehlshabern der numerierten amerikanischen Verbände (Armeeebene) ausgedehnt werden. Im Gegensatz zum JCS-Entwurf enthielt der Entwurf vom 17. Januar 1957 den Hinweis, daß die »Authorization«-Direktive notfalls zur Sicherstellung ihrer Konformität mit grundsätzlichen Richtlinien zur nationalen Sicherheitspolitik, über die man ja unter-

---

[107] Radford, Memorandum for the Secretary of Defense, Authorization for the Expenditure of Atomic Weapons, 14 November, 1956, Appendix »A«: Draft Authorization for the Expenditure of Atomic Weapons, Appendix »B«: Draft Implementing Instructions, NA, RG 218, CCS 471.6 (8-15-45), sec. 87.

schiedlicher Auffassung war, oder auf Verlangen des Secretary of State oder Secretary of Defense überprüft werden sollte[108].

Während eines Treffens mit Wilson und Radford am 19. April 1957 warb Dulles für die von der DoD-Position abweichenden Vorschläge des State Departments mit folgendem Ergebnis:

Ob ein zur Entscheidung über den Atomwaffeneinsatz autorisierter militärischer Befehlshaber angewiesen werden sollte, vor seinem Entschluß, wenn möglich, Anstrengungen zu unternehmen, die Genehmigung des Präsidenten einzuholen, wollte man der Entscheidung des Präsidenten überlassen. Ob Befehlshaber sich auch dann nuklear verteidigen durften, wenn der Angreifer lediglich konventionelle Waffen einsetzte, sollte ebenfalls der Entscheidung des Präsidenten überlassen werden, wenn auch Dulles in diesem Punkt Entgegenkommen gegenüber den JCS-Vorstellungen zeigte. Hinsichtlich der Frage, ob das State Department allen »implementing instructions« zustimmen mußte oder nur solchen, die die Anwendung der Predelegation im Ausland betrafen, kam man überein, daß die Zustimmung des State Department zu allen Ausführungsbestimmungen eingeholt werden mußte. Über eine vom State Department gewünschte Begrenzung des Atomwaffeneinsatzes bezüglich Stärke und Anzahl der Waffen sowie der Angriffsziele einigte man sich auf eine sehr vage und auslegungsfähige Formulierung, der zufolge »[a]ny use of nuclear weapons pursuant to this authorization will be limited to such size and number of weapons and to such targets as are necessary«. Das ursprünglich vorgesehene einschränkende Adjektiv »military« vor »targets« wurde gestrichen[109].

Drei Tage nach seinem Gespräch mit Wilson und Radford erreichten Dulles Warnungen aus dem Bureau of European Affairs, Department of State, vor negativen bündnispolitischen Auswirkungen einer Übertragung von Entscheidungsbefugnissen für den Atomwaffeneinsatz auf militärische Kommandobehörden. Mit Ausnahme der bilateralen Stationierungsvereinbarungen hätten die USA zwar keine ausdrücklichen Beschränkungen ihres Rechts zum Einsatz von Atomwaffen im NATO-Gebiet akzeptiert, doch würden die Verbündeten aufgrund der Äußerungen von Dulles während der Ministerratstagung am 13. April 1954, der NATO-Rats-Resolution zu MC 48 vom Dezember 1954 und der politischen Direktive des NATO-Ministerrats vom Dezember 1956 erwarten, daß sie vor einem amerikanischen Atomwaffeneinsatz konsultiert würden, es sei denn, daß hierzu keine Zeit

---

[108] Department of State, Policy Planning Staff (PPS), Authorization for the Expenditure of Nuclear Weapons, NA, RG 59, PPS Records, 1957–1961, Lot 67D548, box 204. Nach Roman, Ike's Hair Trigger, S. 148, handelt es sich bei dem Entwurf vom 17.1.1957 um eine von Loper besorgte Fassung, mit der dieser zwischen den unterschiedlichen Standpunkten des DoD und des Department of State zu vermitteln versuchte.

[109] Department of State, Special Assistant to the Secretary, Memorandum for the Under Secretary, Report on Secretary Dulles' Meeting with Secretary Wilson and Admiral Radford on Advance Presidential Authorization for the Expenditure of Nuclear Weapons – April 19, 1957, April 20, 1957, NA, RG 59, Decimal Files, 1955–1959, 711.5611/4-2357, NSA website, http://www.gwu.edu/~nsarchiv/news/predelegation/pd04.

blieb. Obwohl nichts in den vorgenannten Erklärungen der amerikanischen Regierung verbiete, die Befugnis zum Einsatz von Atomwaffen an die militärische Ebene zu delegieren, würden die Regierungen der NATO-Mitgliedsländer davon ausgehen, daß die Einsatzbefugnis auf der politischen Ebene bei der amerikanischen Regierung liege und liegen müsse. Die im Entwurf für eine Direktive des Präsidenten vorgesehene Delegation von Einsatzbefugnissen bis hinunter zu den Befehlshabern der numerierten amerikanischen Verbände, eine Absicht, die nicht lange geheim bleiben würde, würden die Verbündeten als eine Delegation an eine relativ niedere militärische Ebene ansehen. Sollte eine Entscheidung gegen diese Bedenken des Department of State für eine Delegation von Einsatzentscheidungsbefugnissen bis auf die Armeeebene hinunter getroffen werden, sollte sich Dulles beim Präsidenten dafür einsetzen, daß für den europäischen Bereich diese Autorisierung nur für den USCINCEUR, General Norstad, erteilt wird, da Norstad über ein umfassenderes Lagebild verfüge als die nachgeordneten Kommandeure und weil das Vertrauen, das die Europäer in seine Person als SACEUR setzten, auch in hohem Maße auf seine Rolle als USCINCEUR ausstrahlen würde[110].

Am 16. Mai 1957 fand eine Besprechung des Präsidenten mit dem Secretary of State, Secretary of Defense und dem Chairman AEC statt, in der man sich auf einen modifizierten Entwurf für eine »Authorization for the expenditure of nuclear weapons« einigte. Dieser Entwurf wurde schließlich vom Präsidenten unter dem Datum 22. Mai 1957 als Direktive erlassen, ihre Inkraftsetzung jedoch so lange ausgesetzt, bis das Department of Defense im Einvernehmen mit dem Department of State Ausführungsbestimmungen zu den »defensive and retaliatory uses« vorgelegt hatte, und diese vom Präsidenten gebilligt worden waren. Die Direktive wies gegenüber dem Entwurf vom 17. Januar 1957 im wesentlichen folgende Änderungen auf: Alle bisherigen Entwürfe hatten in Ziffer 1 die Ziffer 11 von NSC 5602/1 vom 15. März 1956 zitiert. Der darin enthaltene Satz »Nuclear weapons will be used in general war and military operations short of general war as authorized by the President« wurde in der Direktive abgeändert in »Nuclear weapons will be used in general war and, when specifically authorized by the President, in military operations short of general war«. Indem die Genehmigung durch den Präsidenten nur noch im Zusammenhang mit dem Nuklearwaffeneinsatz in begrenzten Kriegen erwähnt wurde, wurde die Entschlossenheit des Präsidenten, in einem allgemeinen Krieg Atomwaffen einzusetzen, stärker, jene für einen Einsatz von Atomwaffen in einem begrenzten Krieg jedoch schwächer akzentuiert[111]. Der Entwurf vom 17. Januar 1957 knüpfte Predelegation für die Verteidigung der Vereinigten Staaten

---

[110] Memorandum Elbrick for Secretary of State, Advanced Presidential Authority for the expenditure of nuclear weapons, April 22, 1957, NA, RG 59, 711.5611/4-2257, NSA website. Daß sich Dulles für Predelegation an General Norstad einsetzte, ist belegt; siehe Wampler, NATO Strategic Planning, S. 46 f.

[111] Nach Auffassung Eisenhowers war es im Fall eines begrenzten Krieges, im Gegensatz zu einem allgemeinen Krieg, nicht schwierig, rechtzeitig die Genehmigung des Präsidenten für den Atomwaffeneinsatz einzuholen. Memorandum of Discussion at the 325th Meeting of the NSC, May 27, 1957, FRUS 1955/57 XIX, S. 503.

an die faktische Unmöglichkeit, »that time or damage factors preclude normal Presidential consideration and decision to expend nuclear weapons« und machte lediglich Predelegation für die Selbstverteidigung amerikanischer Streitkräfte im Ausland und in internationalen Gewässern vom subjektiven »judgment of the operational commander to whom appropriate authority has been delegated« abhängig. Dagegen knüpfte die Direktive den Gebrauch delegierter atomarer Einsatzentscheidungsbefugnisse in fast *allen* Fällen an diese subjektive Einschätzung durch die militärischen Befehlshaber, ausgenommen wurde lediglich ein atomarer Vergeltungsschlag für einen sowjetischen Atomangriff auf die Vereinigten Staaten. Die für diesen letzteren Fall getroffene Regelung in der Direktive folgte einem persönlichen Formulierungsvorschlag Eisenhowers:

> »In the event of nuclear attack upon the Continental United States, it is assumed that the President would have approximately the same information as the Department of Defense regarding the strength and character of the attack and the identity of the nation launching it. Retaliaton for such an attack, therefore, will be on order of the President; except that, in circumstances where immediate communications have become impossible between the President and responsible officials of the Department of Defense, the Department of Defense is authorized to expend nuclear weapons in retaliation against the enemy identified as responsible for the attack, subject in the case of retaliation from friendly foreign territory to existing and future agreements or understandings with the country or countries concerned.«

Diese Bestimmung stellte sicher, daß die Entscheidung für einen atomaren Gegenschlag gegen einen sowjetischen Nuklearangriff auf die USA stärker für die übergeordnete politische Ebene reserviert blieb. Der Hinweis, daß im Falle einer Durchführung des Gegenschlages von befreundetem ausländischem Territorium aus diese Entscheidung sich an bestehende und künftige Abmachungen mit den fremden Regierungen zu halten habe, war in dem ursprünglichen Formulierungsvorschlag Eisenhowers nicht enthalten gewesen und wurde erst auf Wunsch des State Department eingefügt. Die Einschränkung im Entwurf vom 17. Januar 1957, wonach sich amerikanische Streitkräfte im Ausland nur gegen feindliche Nuklearangriffe atomar zur Wehr setzen durften, wurde in die Direktive nicht übernommen. Die von Eisenhower am 18. April 1956 genehmigte »Authorization for the Expenditure of Atomic Weapons in Air Defense« sollte so lange in Kraft bleiben, bis diese allgemeine Direktive nach der Genehmigung der Ausführungsbestimmungen durch den Präsidenten wirksam wurde. Einmal in Kraft gesetzt, ging die Direktive vom 22. Mai 1957 weit über die Verfahrensvorschriften der Direktive vom 4. April des Vorjahres hinaus, die allein schon die Inbesitznahme der Nuklearwaffen durch die Unified and Specified Commands an die Auslösung bestimmter Alarmierungsstufen gebunden hatten[112].

---

[112] Authorization for the Expenditure of Nuclear Weapons [o.D., unsigniert], DDEL, Records of the White House Staff Secretary, box 5; identisch mit Authorization for the Expenditure of Nuclear Weapons, 16 May, 1957 [signiertes Exemplar], Enclosure to Memorandum Lay, Policy on Use of Atomic Weapons, 22 May, 1957, Lynden B. Johnson Library, National Security File, Intelligence File, box 9, Meetings, Records Memoranda on Use of Nuclear Weapons; NSA, http://www.gwu.edu/~usarchiv/news/predelegationz/pre2; Memoranda Lay, April 19, 1957,

e) Die Direktive NSC 5707/8

Die Diskussion im NSC am 27. Mai 1957 über den Entwurf einer neuen sicherheitspolitischen Direktive NSC 5707/7 (Entwurf) drehte sich hauptsächlich um kontroverse Meinungen zum Atomwaffeneinsatz in lokalen Konflikten. Nach Auffassung des State Department mußten Militärpolitik und Strategie zur Erfüllung ihrer politischen Ziele folgende Bedingungen erfüllen:

Der Präsident müsse in der Wahl geeigneter Mittel, einschließlich der Wahl zwischen dem Einsatz nuklearer oder nichtnuklearer Waffen frei sein, um begrenzten Feindseligkeiten im Lichte aktueller politischer und militärischer Umstände begegnen zu können.

Militärpolitik und Strategie müßten die besten Aussichten dafür bieten, daß begrenzte Kriege wirksam, aber mit minimalem Risiko für eine Ausweitung in einen allgemeinen Krieg geführt werden könnten.

Das Risiko eines Zerfalls der für die Sicherheit der Vereinigten Staaten vitalen Bündnisse und der Verlust von Truppenstationierungsvereinbarungen müßten vermieden werden. Die U.S. Militärpolitik und Strategie dürften bedrohte Nationen nicht dazu verleiten, amerikanische Hilfe bei begrenzten Auseinandersetzungen zurückzuweisen oder den Sowjets indirekte Aggressionen und Subversionen erleichtern oder die Hinnahme dieser Aggressionen durch diese Länder fördern.

Schließlich dürfe die moralische Führerschaft der USA in der Welt nicht durch den Eindruck gefährdet werden, daß sich die USA dem Einsatz unverhältnismäßiger Gewalt verschrieben hätten.

Außenminister Dulles stieß sich in diesem Zusammenhang vor allem an einer Formulierung in NSC 5707/7, Ziffer 15, die von einem selektiven *Atomwaffeneinsatz* sprach, während es in den entsprechenden Ziffern 15 und 16 von NSC 5602/1 lediglich geheißen hatte, daß die USA bereit sein müßten, *Gewalt* selektiv einzusetzen, eine Formulierung, die eine Wahl zwischen nuklearen und konventionellen Reaktionen zuließ. Seine eigenen Argumente im »Erziehungsfeldzug« von 1954 zur Akzeptanz atomarer Gefechtsfeldwaffen durch die Europäer Lügen strafend, bezweifelte Dulles, daß die USA jetzt schon über eine solche nukleare Kapazität für einen selektiven Einsatz verfügten, wenn er auch vom Vorsitzenden der AEC, Strauss, darüber aufgeklärt wurde, daß sich gegenwärtig Atomwaffen in der Entwicklung befänden, die ca. 10 % oder gar nur 5 % der Stärke der gegen Nagasaki eingesetzten Atombombe besäßen. Dulles räumte zwar ein, daß sich die Lage in der Zukunft bei ausreichender Verfügbarkeit dieser »little bang weapons« einmal

---

May 1, 1957, NA, RG 59, 711.611/4-1957 und 711.5611/5-157; Bowie, Smith, Memorandum for the Secretary, Policy Regarding Use of Atomic Weapons, May 15, 1957, ebd., 711.5611/5-1557; NSA, http://www.gwu.edu/~usarchiv/news/predelegation/pd07; AEC, Weapons Custody and Use, S. 16 f.; Watson, Missile, Age, S. 449. Auch im britischen Chiefs of Staff Committee wurde im Mai 1957 das Problem einer Delegation der Einatzentscheidungsbefugnis für das Bomber Command erörtert; Chiefs of Staff Committee, Confidential Annex to C.O.S.(57), 42nd Meeting, 28th May, 1957, Minute 3; Allied Strategic Attack in Global War in 1957 and its Consequences, PRO, DEFE 4/97; Allgemein: Gregory, Command and Control.

ändern werde, berief sich aber auf seine Assistant Secretaries, die allesamt für ihren jeweiligen geographischen Zuständigkeitsbereich schlimmste Auswirkungen auf die öffentliche Meinung vorhersagten, falls zum gegenwärtigen Zeitpunkt für lokale Konflikte die alte Option für einen selektiven Einsatz von Gewalt durch das Programm des selektiven Einsatzes nuklearer Waffen ersetzt würde. Admiral Radford hielt dagegen, daß sich die USA seit 1953 der NSC 5707/7 zugrunde liegenden Sicherheitsdoktrin verschrieben hätten, und daß durch die Entscheidung des Präsidenten die militärische Planung tatsächlich im wesentlichen dieser Doktrin folge. Für Radford war die ältere Formulierung in NSC 5602/1 vom 15. März 1956 zu interpretationsfähig und verschwommen, um für militärische Planungszwecke im Department of Defense brauchbar zu sein. Secretary of Defense Wilson versuchte die Befürchtungen von Dulles und dem State Department hinsichtlich der negativen Auswirkungen auf die öffentliche Meinung mit der vordergründigen Bemerkung zu zerstreuen, daß es sich bei NSC 5707/7 ja um ein geheimes und in die Zukunft gerichtetes Papier handle. Die Bemerkung Radfords, daß die USA ja immer noch ein starkes konventionelles Militärpotential besäßen, kommentierte Wilson mit dem Hinweis auf die oft scharfe Kritik am Defense Department, dieses entwickle angeblich zwei oder sogar drei unterschiedliche Sorten von Strategie. Er hielt an seiner Meinung fest, daß, wann immer Streitkräfte der USA in eine kriegerische Auseinandersetzung verwickelt würden, diese sich zu einem großen Krieg auswachsen würde. Die USA sollten keine »small wars« führen: »There should be no more Koreas.« Wilson äußerte darüber hinaus seine generelle Überzeugung, daß es keinen wirklichen Weg zur Vermeidung des Einsatzes neuer militärischer Machtmittel gebe, wenn diese einmal in der Welt seien. Daher müßten diese Mittel entwickelt und ausgenutzt werden, wenn auch auf evolutionärer Basis. Dulles entgegnete darauf, daß sich der von Wilson angesprochene evolutionäre Prozeß nicht nur an der Kriegskunst, sondern auch an der Entwicklung der öffentlichen Meinung orientieren müsse. Der Secretary of the Treasury, Humphrey, brachte sein ceterum censeo vor, daß es »schrecklich viel Geld« kosten werde, falls die USA ihre Militärpolitik nicht an den nuklearen Fähigkeiten ausrichten würden. Am Ende der Diskussion wurde NSC 5707/7 mit den nachfolgenden Änderungen bzw. Ergänzungen als NSC 5707/8 vom Präsidenten gebilligt und am 3. Juni 1957 als neue sicherheitspolitische Direktive erlassen. Ziffer 11 lautete nunmehr:

»It is the policy of the United States to place main, but not sole, reliance on nuclear weapons; to integrate nuclear weapons with other weapons in the arsenal of the United States; to consider them as conventional weapons from a military point of view; and to use them when required to achieve national objectives. Advance authorization for their use is as determined by the President.«

Die kontroverse Ziffer 15 des Entwurfs wurde um eine persönliche Formulierung des Präsidenten ergänzt und erläutert:

»Local aggression as used in this paragraph refers only to conflicts occuring in less developed areas of the world, in which limited U.S. forces participate because U.S. interests are involved. The prompt and resolute application of the degree of force necessary to defeat such local aggression is considered the best means to keep hostilities from broadening into general war. Therefore, military planning for U.S. forces to oppose local aggression will be based on the development of a flexible and selective capability, including nuclear capability for use as authorized by the President. When the use of U.S. forces is required to oppose local aggression, force will be applied in a manner and on a scale best calculated to avoid hostilities from broadening into general war.«

Die in Ziffer 15 des Entwurfs enthaltene Formulierung »[t]he use of nuclear weapons in limited war is unlikely by itself to result in general nuclear war«, gegen die Dulles ebenfalls Einspruch erhoben hatte, wurde gestrichen, obwohl ihm der Präsident erklärt hatte, daß mit seinem Zusatz zu Ziffer 15 hinsichtlich der Entwicklung einer flexiblen und selektiven Fähigkeit »for use as authorized by the President«, die von Dulles beanstandete Formulierung wahrscheinlich keine Probleme verursache, da es in einem begrenzten Krieg, im Gegensatz zu einem allgemeinen Krieg, nicht schwer sein würde, die Genehmigung des Präsidenten zum Atomwaffeneinsatz einzuholen. Da im Gegensatz zu Dulles begrenzte Kriege in der Vorstellung Eisenhowers aber nur in unterentwickelten Ländern denkbar waren, dürfte diese Erklärung des Präsidenten seinen Außenminister die Sorge um die Reaktion der europäischen Verbündeten wohl kaum genommen haben. Eine militärische Auseinandersetzung um Berlin und wahrscheinlich auch im Nahen Osten konnten nach Meinung des Präsidenten nicht als Konflikte von lokalem Charaker durchgehalten werden[113].

Für solche Konflikte galt aber dann, sobald amerikanische Streitkräfte angegriffen wurden, deren Befehlshaber vom Präsidenten zum Atomwaffeneinsatz vorab autorisiert waren, künftig die »Authorization«-Direktive vom 22. Mai. Im November 1957 informierte Dulles offenbar seinen deutschen Kollegen von Brentano über diesen sensiblen Sachverhalt. In einem internen State Department-Memorandum wird eine Bemerkung des britischen Außenministers Selwyn Lloyd kommentiert, NATO-Befehlshaber hätten keinerlei Befugnisse, auf eigene Faust den Einsatz von taktischen Atomwaffen zu befehlen, und an eine gegenteilige Äußerung von Dulles gegenüber von Brentano erinnert: Es gebe eine Ausnahme vom allgemeinen Prinzip, daß der Einsatz von Atomwaffen eine politische Entscheidung ist. Diese Ausnahme betreffe eine Situation, in der Streitkräfte angegriffen würden. In diesem Fall sei deren Kommandeur, falls er über atomare Waffen verfüge, befugt, diese einzusetzen, um die Vernichtung seiner Truppen zu verhindern. Die diesbezügliche Direktive des Präsidenten vom 22. Mai 1957 war freilich zum Zeitpunkt der Dulles-von Brentano-Gespräche in Washington Ende November 1957 wegen der noch fehlenden Ausführungsbestimmungen noch nicht in Kraft[114].

---

[113] Memorandum of Discussion at the 325th Meeting of the NSC, May 27, 1957, FRUS 1955/57 XIX, S. 488–507; NSC 5707/8, Basic National Security Policy, June 3, 1957, ebd., S. 507–524; Watson, Missile Age, S. 103–110. Siehe auch den Bericht von CAEC Strauss mit stark verharmlosenden Bemerkungen über taktische Atomwaffen am 13.6.1957, ebd., S. 524–526, und das Memorandum Cutlers an den Präsidenten, Limited War in the Nuclear Age, vom 7.8.1957, ebd., S. 578–580.

[114] Memorandum Reinstein to Jones (et al.), December 19, 1957, NA, RG 59, 762.00/12-1957. Die in FRUS 1955/57 IV, S. 193–209 veröffentlichten Protokolle der Gespräche zwischen Dulles und von Brentano in Washington (21.–24.11.1957) sind unvollständig und geben die angeführte Äußerung von Dulles nicht wieder. Am 3.4.1958 hielten die JCS noch eine Klarstellung in den

f) Erste Entwürfe für Durchführungsbestimmungen

Im Juli 1957 legten die JCS erste Entwürfe über Ausführungsbestimmungen zur Direktive vom 22. Mai amerikanischen Oberbefehlshabern zur Stellungnahme vor. Der Commander-in-Chief, Pacific (CINCPAC) begrüßte das Vorhaben als weitere Stärkung der militärischen Einsatzbereitschaft und empfahl u.a. die Ausdehnung der Regeln für den Einsatz von Atomwaffen zur Selbstverteidigung auf alle Streitkräfte. Für die Wirksamkeit der »Implementing Instructions« sei es wichtig, daß sie die unter den verschiedenen Alarmierungszuständen vorzubereitenden Maßnahmen autorisierten, einschließlich der Auslieferung kompletter Atomwaffen im Falle positiver Indikatoren für einen Angriff der Sowjetunion und/oder ihrer Satelliten. Sie sollten es CINCPAC auch ermöglichen, im Ernstfall die Befugnis zum Einsatz von Atomwaffen an den nachgeordneten Bereich zu delegieren. CINCPAC wollte jedoch den Einsatz von Atomwaffen zur Selbstverteidigung durch autorisierte Kommandeure auf den Einsatz in der Luftverteidigung, zur U-Boot-Kriegführung und zur unmittelbaren Heeresunterstützung begrenzen. Auch sollten diese Kommandeure Atomschläge nur als Antwort auf den Einsatz feindlicher Atomwaffen initiieren dürfen. Ohne ausdrückliche Genehmigung durch die übergeordnete Führung sollten Atomschläge nur nach sicherer Identifizierung der Nationalität des Angreifers und auch dann nur zur Verminderung der feindlichen atomaren Bedrohung durchgeführt werden. Überhaupt sollten die eigenen atomaren Operationen in einer Art und Weise geführt werden, daß die Wahrscheinlichkeit einer weiteren Ausdehnung der Kriegshandlungen minimiert wurde[115].

Der Commander-in-Chief, Atlantic (CINCLANT) wünschte zusätzlich »automatic release« von Atomwaffen gegen feindliche Unterseeboote, die amerikanische oder verbündete Streitkräfte oder den Schiffsverkehr angreifen, oder die Raketenangriffe gegen die Vereinigten Staaten oder ihre Besitzungen vorbereiteten. Ganz allgemein verlangte CINCLANT, daß die Befugnis zur atomaren Reaktion an alle Kommandeure delegiert wurde, denen zum Atomwaffeneinsatz fähige Streitkräfte unterstellt sind[116].

Am weitesten gingen die Forderungen der Air Force, die verlangte, die Implementing Instructions sollten klar zum Ausdruck bringen, daß, wann immer Vertei-

---

Joint Strategic Capabilities Plans, 1 July 1956–30 June 1958 and 1 July 1958–30 June 1959, für erforderlich: »Plans for all military operations will stipulate that atomic weapons will be used only as authorized by the President«, Enclosure »A« to J.C.S. 1844/249, 3 April, 1958, Memorandum by the Director, Joint Staff for the JCS, Authorization for Employment of Atomic Weapons, NA, RG 218, CCS 471.6(8-15-45), sec. 112; Memorandum by the Chief of Staff, U.S. Army, Guidance to Unified and Specified Commanders in Regard to Queries on the Subject of Atomic Weapons Employment, April 25, 1958, ebd., sec. 113.

115 CINCPAC to Chief of Naval Operations (CNO), 8 August, 1957, NA, RG 218, 471.6 (8-15-45), sec. 98.

116 CINCLANT to CNO, Implementing Instructions for the Expenditure of Atomic Weapons, 5 August, 1957, Appendix to Enclosure to J.C.S. 2019/245, Note by the Secretaries to the JCS on [s. oben], 10 September, 1957, DDRS (1980), 273 A.

digungs- oder Vergeltungsmaßnahmen ergriffen werden müßten, Nuklearwaffen eingesetzt werden durften.

Das SAC bezweifelte, daß beim Nuklearwaffeneinsatz zwischen Vergeltungs- und Verteidigungsschlägen unterschieden werden könne: »SAC, the strategic air offensive force, has as its primary task destruction of the capability of an enemy to launch weapons of mass destruction against the United States and its allies. *This is the core of our defensive posture*. The primary defensive action of an offensive force is to strike at the source of the attacker's blows (emphasis added).« Ganz allgemein ging das SAC davon aus, daß der Handlungsspielraum der Kommandeure, deren Verbände angegriffen wurden, ein Problem darstelle, »which no amount of wording can place anywhere but within the realm of the mature judgment of the commander. The implementing instructions should frankly so admit. They should be equally frank to admit that authorized commanders' judgment will not be infallible, but that in any case the decision to act swiftly and effectively without arbitrary weapon handicaps will always be more successful in preserving forces and deterring expansion or repetition than would the decision *not* to act«[117].

Ein Kommentar des SACEUR ist bisher nicht bekannt. Daß er weiterhin sofortige atomare Gegenschläge gemäß MC 14/2 plante, ist aus einem Bericht des britischen Joint Planning Staff ersichtlich. Danach hatte der SACEUR in seinem »Emergency Defense Plan – 1958« seine ihm unterstellten regionalen Befehlshaber (Main Subordinate Regional Commanders) und Luftflottenbefehlshaber mit mehr Verantwortlichkeiten bezüglich der Entscheidung zum Atomwaffeneinsatz gegen vorgeplante Ziele (nach R-Hour, also der Freigabe des Atomwaffeneinsatzes durch den SACEUR) ausgestattet. Dazu legte der »Atomic Strike Plan« des SACEUR drei Zielgruppen fest: das feindliche Atompotential im Zuständigkeitsbereich des SACEUR, bestimmte Radar- und Führungszentren und Interdiction-Ziele, deren Zerstörung wahrscheinlich einen wesentlichen Einfluß auf die feindlichen Marschbewegungen haben würde[118].

Solange der SACEUR aber sofortige atomare Gegenschläge plante, mußte er auch an seiner Ausstattung mit entsprechenden Einsatzbefugnissen interessiert sein. Allerdings teilte Norstad auch die Einsicht von Außenminister Dulles in die Notwendigkeit, durch ein höheres Maß an operativer Flexibilität die Furcht der Verbündeten zu vermindern, daß der NATO im Ernstfall nur die Wahl zwischen einem allgemeinen Atomkrieg oder der Kapitulation blieb. Diese Alternative lasse den Verbündeten einen amerikanischen Atomwaffeneinsatz in einem europäischen Krieg fragwürdig erscheinen, aber auch gleichzeitig befürchten, daß die USA ohne Konsultation ihrer Verbündeten ein atomares Desaster auslösten. Das amerikanische Beschwichtigungsprogramm gegenüber diesen Sorgen konkretisierte sich im

---

[117] L.E. Lyle, Memorandum to Director of Plans USAF, Subject: Implementing Instructions for the Expenditure of Nuclear weapons, 10 August, 1957, DDRS (1980), 272 B, zit. Roman, Ike's Hair Trigger, S. 150 f.; Shuchmann, Nuclear Strategy, S. 345.
[118] Annex to JP (57)127 (Final), SACEUR's Emergency Defense Plan – 1958, November 8, 1957, PRO, DEFE 4/101; Wampler, NATO Strategic Planning, S. 46.

Dezember 1957 zu dem amerikanischen Vorhaben, einen »NATO atomic stockpile« unter U.S. Gewahrsam einzurichten, aus dem heraus im Ernstfall geeignete Streitkräfte der Verbündeten nach Maßgabe der operativen Planungen des Bündnisses und unter der zentralen Kontrolle durch den SACEUR munitioniert werden konnten. Der Atomic Stockpile-Vorschlag, verbunden mit der Zusicherung, die Europäer mit amerikanischen ballistischen Mittelstreckenraketen auszurüsten, war aber nur eine halbe Lösung des Dilemmas, so lange den NATO-Verbündeten eine Beteiligung an der Entscheidung über den Einsatz dieser Waffen, wenigstens in Form einer »community control«, einer kollektiven Mitbestimmung, verweigert wurde[119].

g) Die Direktive NSC 5810/1

Die Ende 1957/Anfang 1958 geführten Verhandlungen zwischen dem Department of Defense und dem Department of State über die vom Präsidenten geforderten »Implementing Instructions« wurden begleitet von der Diskussion über den Entwurf der neuen sicherheitspolitischen Direktive 5810. Die Debatte im NSC war eine Fortsetzung der Meinungsunterschiede, die schon die Diskussion um das Vorgängerdokument beherrscht hatten und die durch Intervention des Präsidenten mit dessen Interpretation lokaler Konflikte nur vorläufig beigelegt worden waren. Im Grunde ging es um die Frage, ob unter Aufrechterhaltung einer effizienten Abschreckung ein Teil der dafür eingesetzten Mittel zur Verbesserung der amerikanischen Fähigkeit zur Führung begrenzter Kriege eingesetzt werden sollte. General Robert Cutler, Special Assistant to the President for National Security Affairs, trat für zwei Änderungen in der bisherigen amerikanischen Sicherheitspolitik ein:

Unter dem relativen nuklearen Gleichgewicht könnten sich begrenzte Aggressionen nicht nur in unterentwickelten Gegenden ereignen.

Es liege nicht im amerikanischen Interesse, jede begrenzte Aggression unter Einsatz aller militärischen Mittel niederzuwerfen, vielmehr müßten sich die USA ein flexibel einsetzbares militärisches Potential zulegen, das ihnen ermöglichte, in begrenzten militärischen Auseinandersetzungen nur jeweils das Maß an militärischen Gewaltmitteln einzusetzen, das unter den gegebenen Umständen den amerikanischen Interessen am besten diente.

Neil H. McElroy, seit Oktober 1957 Secretary of Defense, erwartete erhebliche zusätzliche Kosten, die der Aufbau einer solchen Kapazität zur Führung begrenzter Kriege mit sich bringen würde. Donald A. Quarles, Deputy Secretary of Defense, befürchtete, daß die Annahme, unter dem nuklearen Patt wären zwischen den USA und der Sowjetunion nur noch konventionelle Kriege denkbar, genau diese Art Krieg produzieren würde. Würde man beispielsweise den Sowjets den Eindruck vermitteln, daß die USA einen Angriff auf Westberlin nicht mit allen erfor-

---

[119] Zum »NATO Atomic Stockpile« und zur Frage der »Community Control« siehe History of the Custody, S. 59–66; Trachtenberg, Peace, S. 194–200; Wampler, NATO Strategic Planning, S. 45 und 67, Anm. 138.

derlichen Mitteln zurückschlagen würden, käme dies einer Einladung an die Sowjets zu einem solchen Angriff gleich. Erwartungsgemäß sprach sich General Maxwell D. Taylor, Chief of Staff, U.S. Army, entschieden für den Aufbau einer amerikanischen »limited war capability« aus, die es den USA erlaubte, begrenzte Kriege – auch Taylor hielt solche Kriege im NATO-Gebiet für möglich – ohne Einsatz von Atomwaffen führen zu können. Allerdings wollte er nicht darauf verzichten, notfalls hierzu »a wide range of nuclear weapons with yields down to very small amounts of TNT equivalent« verfügbar zu haben. Für Taylor war das unverzichtbare amerikanische Abschreckungspotential der Schild, unter dem die USA begrenzte Kriege führen konnten[120]. Taylor, der auch für den Chief of Naval Operations und den Commandant of the Marine Corps sprach, wurde von General Thomas D. White, Chief of Staff, U.S. Air Force, entgegengehalten, daß die USA schon jetzt genügend militärische Fähigkeiten sowohl für einen allgemeinen Krieg als auch für einen begrenzten Krieg besäßen, man müsse allerdings das Potential zur Führung begrenzter Kriege stärker propagieren. Im Gegensatz zu Cutler und Taylor hielt White an der bislang gültigen sicherheitspolitischen Aussage fest, wonach für das NATO-Gebiet die Möglichkeit lokaler Konflikte mit der Sowjetunion ausgeschlossen wurde. Im übrigen war der Chief of Staff U.S. Air Force der Auffassung, daß die amerikanische Fähigkeit, die UdSSR auch nach einem sowjetischen Überraschungsangriff vernichten zu können, die sowjetische Führung auch von der Auslösung begrenzter Kriege abhielt: Die Möglichkeit einer Ausweitung jeder begrenzten militärischen Operation und die Geschwindigkeit, mit der diese Ausweitung eintreten könnte, würden das einer begrenzten militärischen Operation innewohnende Risiko erhöhen und dadurch die Wahrscheinlichkeit solcher begrenzten Operationen vermindern.[121]

General Nathan F. Twining, Chairman JCS, unterstrich die Feststellung General Whites, daß die USA bereits eine ausreichende »limited war capability« besaßen: Die Masse des amerikanischen Atomwaffenarsenals bestehe sowohl nach der Höhe der dafür eingesetzten Finanzmittel als auch zahlenmäßig aus Waffensorten des niederen KT-Bereiches (low yield variety), und diese Rate bewege sich immer schneller in Richtung kleinerer Atomwaffen. Dem Befund General Taylors, daß die USA in den zurückliegenden militärischen Konflikten, vor allem in Asien, trotz der nuklearen Abschreckung militärische Rückschläge erlitten hatten, hielt Twining entgegen, daß die USA ihre Fähigkeit zur Führung begrenzter Kriege nicht ausgeschöpft hätten. Seine ergänzende Bemerkung, »political decisions had more bearing on involvement in limited war than does military capability«, war entweder eine Kritik an der mangelnden Bereitschaft der politischen Führung, Atomwaffen einzusetzen, oder, falls er damit eine Einsicht ausdrücken wollte, eine Entkräftung

---

[120] Siehe Edited Transcript of Remarks by General Maxwell D. Taylor, Chief of Staff, U.S. Army, to the Congressional Command and Operations Group, 29 July, 1958, »The Army's Capability in Limited War«, NA, RG 128 (JCAE), General Subject Files, classified box 63.

[121] Memorandum by the Chief of Staff, U.S. Air Force, for the JCS on Atomic Weapons Employment, 21 August, 1958, NA, RG 218, 471.6(8-15-45), sec. 120.

seines militärischen Arguments. Seine Forderung, an der bisherigen amerikanischen Sicherheitspolitik festzuhalten, begründete Twining vor allem aber mit politisch-psychologischen Argumenten. Die von General Cutler vorgeschlagene Akzeptanz der Möglichkeit lokaler Konflikte im NATO-Raum hätte extrem negative Auswirkungen auf das Bündnis zur Folge. Gegenüber den Sowjets würde die Abschreckung ihren Wert verlieren, da Abschreckung wirkungslos werde, wenn der Gegner zu der Überzeugung gelange, daß die USA ihre Entschlossenheit zum Atomwaffeneinsatz verloren hätten. Das amerikanische Volk sah Twining sogar vom Untergang bedroht, wenn man ihm einen allgemeinen Krieg nur als ferne Möglichkeit darstellte, und dadurch die Amerikaner ihren Willen und ihren Mut verlieren würden, »to face the dangers of the actual world in which we live«.

Wie General Twining bemühte auch Dulles politisch-psychologische Argumente, kam dabei jedoch zu einem völlig unterschiedlichen Ergebnis. Sein Blick war drei Jahre in die Zukunft gerichtet, wenn Regierungen, wie sie derzeit von Macmillan und Adenauer geführt wurden, von der Bildfläche verschwunden sein würden. Der Zustand der öffentlichen Meinung in Westeuropa lasse jetzt schon einen Wandel im Denken künftiger Regierungen erahnen. In drei Jahren würden sich die Europäer in jedem Fall von den USA lösen, ob sie nun daran zweifelten, daß die USA zur Verteidigung Europas einen Atomkrieg führen würden oder ob sie zu der Überzeugung gelangten, daß sich die USA einer ausschließlich atomaren Kriegführung verschrieben hätten. Aus diesem Grunde sei es für die USA dringend notwendig, die in kleinen »sauberen« Atomwaffen liegenden taktischen Verteidigungsfähigkeiten zu fördern, um so ein neues strategisches Konzept entwickeln zu können, mit dem man die Verbündeten bei der Stange halten und die sicherheitspolitische Position der USA in Westeuropa bewahren kann. Dulles war überzeugt, daß es möglich sein würde, ohne das nukleare Abschreckungspotential zu gefährden eine solche »limited war capability« unter Verwendung von Mini-Atomwaffen aufzubauen, wobei man im State Department vor allem an mobile Elemente, wie Flugzeugträger, dachte.

Wie nicht anders zu erwarten, fanden vor allem jene Vorschläge das geneigte Ohr des Präsidenten, die keine Erhöhung der amerikanischen Rüstungsausgaben implizierten. Seiner Meinung nach war der Aufbau mobiler taktischer Streitkräfte für begrenzte Konflikte nur zu Lasten des Abschreckungspotentials oder durch eine Erhöhung des amerikanischen Verteidigungshaushalts möglich. Letzteres kam für den Präsidenten nicht in Frage, da dies, so der Präsident, unter Verwendung seiner von ihm oft gebrauchten Horror-Stereotype, zu Wirtschaftskontrollen und schließlich zum Kasernenstaat führen würde. Obwohl er seine grundsätzliche Bereitschaft erkennen ließ, sich vom Gegenteil überzeugen zu lassen, blieb er einstweilen bei seiner festen Überzeugung, daß die USA auf dem NATO-Gebiet keinen begrenzten Krieg führen könnten. Seinem Eindruck, daß in diesem Punkt sein Außenminister offenbar gegenteiliger Auffassung sei, widersprach Dulles vehement und erklärte, es könnte sich zwar herausstellen, daß sich lokale Kriege in Europa am Ende zu einem allgemeinen Nuklearkrieg ausweiteten, »(b)ut even so, we do not want to lose our allies before the war even starts«. Am Ende einigte sich der

NSC darauf, die Diskussion um die kontroversen Punkte bis zu neuen sicherheitspolitischen Empfehlungen des Department of Defense (Vorlage spätestens am 16. Juni 1958) zu vertagen und so lange die relevanten militär-politischen Ziffern 13 und 14 aus NSC 5707/7 unverändert in NSC 5810/1 zu übernehmen[122].

Wie vom Präsidenten angeordnet, untersuchten das Defense Department und das State Department die militärpolitischen Ziffern 13 und 14 von NSC 5810/1, ohne allerdings zu wesentlichen neuen Einsichten zu gelangen. Offenbar war aber allen Parteien gemeinsam, daß sie davor zurückschreckten, durch signifikante Änderungen in der bestehenden amerikanischen Sicherheitspolitik sowohl bei den Alliierten als auch bei der sowjetischen Führung den Eindruck zu erwecken, die USA würden nicht mehr standhaft hinter ihrer Politik der Abschreckung stehen. Die Haltung des Department of Defense faßte McElroy in vier Punkten zusammen:

1. Wegen der Art der sowjetischen Bedrohung müßten die USA weiterhin in ihrer Sicherheitspolitik das Hauptgewicht auf die Aufrechterhaltung einer angemessenen, aber nicht exzessiven Abschreckung legen.
2. Die USA besäßen eine bedeutende Fähigkeit zur Führung begrenzter Kriege, zu deren Abschreckung und notfalls Führung die amerikanische Streitkräftestruktur flexibel genug sein müsse.
3. Kriegerische Auseinandersetzungen, in die Streitkräfte der Vereinigten Staaten und der Sowjetunion verwickelt sind, könnten nicht auf einen begrenzten Krieg beschränkt werden.
4. Die in NSC 5810/1 formulierte Politik erfülle die in 1. und 2. geforderten Bedingungen.

Unter Hinweis auf die nicht abgeschlossene Diskussion über die Militärdoktrin und mit Rücksicht auf die anstehenden Haushaltsverhandlungen war auch Außenminister Dulles bereit, die in NSC 5810/1, Ziffer 13 und 14, enthaltenen Aussagen einstweilen zu akzeptieren. Ende Juli billigte auch der Präsident diese Ziffern mit der Auflage, daß ihr Inhalt bis zur nächsten jährlichen Untersuchung der Grundlagen der amerikanischen Sicherheitspolitik einer kontinuierlichen Überprüfung unterzogen wurde[123].

Im Vergleich zur sicherheitspolitischen Debatte im NSC vertraten die JCS in ihren Instruktionen für die amerikanischen Repräsentanten in den NATO-Behörden hinsichtlich der Frage eines begrenzten Krieges eine eher pragmatische Position. In ihrem Kommentar zu einem Entwurf der Standing Group für ein klärendes Defi-

---

[122] Paper by Cutler for NSC, Major Factors Influencing Review of Basic Policy, May 1, 1958, FRUS 1958/60 III, S. 78 f.; Memorandum of Discussion at the 364th Meeting of the NSC, May 1, 1958, ebd., S. 79-97; NSC 5810/1, Statement of Basic National Security Policy, Lay to NSC, May 5, 1958, ebd., S. 98-116; Watson, Missile Age, S. 294-297 und 300-304. Zur Position von Außenminister Dulles siehe dessen Memorandum of Conversation with the President, April 1, 1958, DDRS (1989) 3430.

[123] Memorandum from Secretary of Defense to the NSC, July 18, 1958, FRUS 1958/60 III, S. 125-128; Memorandum of Discussion at the 373rd Meeting of the NSC, July 24, 1958, ebd., S. 128-131.

nitionspapier »Understanding of Certain Terms« vermißten sie eine ausreichende Berücksichtigung der Tatsache, daß schnelles und effizientes Handeln gegen jede Art von Angriff auf die NATO eher vom Urteil der Kommandeure und deren politischen und militärischen Vorgesetzten als von rigiden Begriffsdefinitionen abhing. Im übrigen wiesen die JCS den amerikanischen Repräsentanten im Military Committee an, sich bei entsprechenden Äußerungen an die in MC 14/2 (Revised) getroffene Feststellung zu halten, derzufolge kein NATO-Konzept für einen begrenzten Krieg mit der Sowjetunion existierte[124].

h) Die »Implementing Instructions« vom 17. Februar 1959

Inzwischen hatte der Präsident auf die Vorlage der zwischen State Department und DoD auszuhandelnden »Implementing Instructions« gedrängt[125]. In einer Besprechung des Präsidenten mit dem Secretary of State und dem Secretary of Defense am 27. Juni 1958 kamen zwei Punkte zur Sprache, auf die sich die beiden Departments bisher nicht hatten einigen können. Dulles hielt es zum damaligen Zeitpunkt für außenpolitisch opportun, wenn der Präsident seine persönliche, zentrale Kontrolle über den Einsatz von Nuklearwaffen beibehielt. Er befürchtete nämlich, daß bei Bekanntwerden von Predelegation-Regelungen die Verbündeten diese konterkarierten, indem sie auf Verhandlungen über die Einsatzmodalitäten bestehen und notfalls den Abzug der U.S. Verbände aus ihren Territorien oder deren Unterwerfung unter ihre eigene politische Kontrolle betreiben würden. Deputy Secretary of Defense Quarles vertrat dagegen die Auffassung, daß die militärischen Kreise der Verbündeten eher die Sorge umtrieb, die USA könnten nach einem möglichen Tod des Präsidenten oder der Vernichtung seiner Nachrichtenverbindungen außerstande sein, eine Entscheidung zum Nuklearwaffeneinsatz herbeizuführen. Dulles konnte sich mit seinen Vorstellungen, die er im übrigen nicht besonders nachdrücklich vertrat, nicht durchsetzen. Für sein zweites Anliegen fand er jedoch die Zustimmung des Präsidenten. Der Befugnis amerikanischer Kommandeure, zum Schutz ihrer Verbände Nuklearwaffen einzusetzen, durften, falls diese Einsätze von fremdem Territorium aus erfolgten, keine bestehenden oder noch abzuschließenden Vereinbarungen mit der zuständigen Regierung entgegenstehen. Die um diese Auflage modifizierten Implementing Instructions sollten in nur drei Kopien dem Präsidenten zur Billigung vorgelegt werden und als Grundlage für die Ausarbeitung spezifischer Ausführungsbestimmungen für die einzelnen Befehlshaber dienen. Jede dieser separaten Instruktionen sollte spezifische Anweisungen bezüglich der zu berücksichtigenden bilateralen Abkommen enthalten und nach Billigung durch den Präsidenten in einem versiegelten Exemplar dem jeweiligen Kommandeur

---

[124] Memorandum CJCS for Secretary of Defense, Understanding of Certain Terms, 9 April, 1958, NA, RG 218, CCS 092 Western Europe (3-12-48) (2), sec. 104.
[125] Austin, Director Joint Staff, Memorandum for CJCS, Status of the »Instructions for the Expenditure of Nuclear Weapons Under Special Circumstances (S)«, 27 March, 1958, NA, RG 218, CCS 471.6 (8-15-45), sec. 111.

ausgehändigt werden. Damit schloß sich der Präsident zwar der »most strongly« vertretenen Rechtsauffassung seines Außenministers an, »that there is no inherent right to use nuclear weapons in self-defense (or otherwise) in violation or nullification of our international agreements«, er verlangte jedoch, daß das Department of State unter Beratung durch das Department of Defense alle bestehenden Abkommen mit befreundeten Nationen auf ihre Auswirkungen auf die Implementing Instructions hin überprüfte. Zweck dieser Überprüfung war, »[to] take action as deemed appropriate by the Secretary of State to revise any such agreements or understandings which impede U.S. forces in foreign territory in exercising the right to defend themselves«. Damit war der Präsident der Forderung von Dulles zwar formaliter, aber in restriktiver Absicht gefolgt, womit auch sein Außenminister zufrieden war, dem es offenbar in erster Linie um die Einhaltung internationaler Verträge und weniger um die Beteiligung der Verbündeten an der Entscheidung zum Einsatz amerikanischer Nuklearwaffen ging. In der Sache war Dulles der Auffassung, daß vor allem das Abkommen mit Frankreich, gemeint war wohl die Übereinkunft vom April 1954 (siehe oben, S. 253 f.), revidiert werden mußte, wozu er eventuelle französisch-amerikanische Verhandlungen über den französischen Wunsch nach Zugang zu amerikanischen Nuklearinformationen nutzen wollte.

Am 23. August legten der Secretary of Defense und der Secretary of State ihren überarbeiteten Entwurf für die Implementing Instructions vor. Darin wurden sämtliche Entscheidungen autorisierter Befehlshaber für einen amerikanischen Nuklearwaffeneinsatz vom Territorium befreundeter Nationen aus der Bestimmung unterworfen, sich an »applicable agreements or understandings, if any, with the government exercising sovereignty over the country or countries concerned« zu halten. In den »Special Additional Instructions for the Defense of the United States, its Territories and Possessions Against Attack by Sea and for the Defense of United States Forces in Foreign Territory and in International Waters Against Sino-Soviet Bloc Attacking Forces« (section »B« der Implementing Instructions) war diese Formulierung hinter dem Wort »government« durch den Klammersatz »except for a government involved in attack on U.S. Forces« eingeschränkt. Auch Dulles hatte in der Besprechung vom 27. Juni die Auffassung vertreten, daß das (nukleare) Selbstverteidigungsrecht amerikanischer Verbände auf befreundetem Territorium rechtlich unproblematisch war, wenn das Stationierungsland selbst angegriffen wurde. Die gleiche Formulierung, jedoch ohne den gerade erwähnten Klammersatz, galt nun auch für Nuklearwaffeneinsätze gegen Luftangriffe in (und über) den an die USA, ihre Territorien und Besitzungen angrenzenden Territorien befreundeter Nationen, für die in der Authorization-Direktive vom 22. Mai 1957 und in der überholten Fassung der Implementing Instructions noch der »consent of the country sovereign over the territory involved« erforderlich gewesen war. Nunmehr waren also auch für diese Verteidigungsmaßnahmen amerikanische Kommandeure bei ihren nuklearen Einsatzentscheidungen nicht mehr in jedem Fall, sondern eben nur noch, falls internationale Abmachungen entgegenstanden, auf die Zustimmung fremder Regierungen angewiesen. »Operational Limitations« forderten für den Atomwaffeneinsatz »particularly strict command control and supervision« und machten den autorisierten Befehlshabern zur Auflage, sicherzustellen, daß sie von ihrer Autorisierung nicht versehentlich oder auf Grund falscher Informationen Gebrauch machten. Im übrigen sollte die Autorisierung nur so lange gelten, bis die Umstände eine Kontaktaufnahme mit dem Präsidenten oder einer anderen befugten Person zuließen. Auch Art und Umfang des Nuklearwaffeneinsatzes wurden, gemäß der damals aktuellen sicherheitspolitischen Diskussion im NSC, in den Implementing Instructions über die in der Authorization-Direktive vom 22. Mai 1957 vorgesehene Beschränkung hinaus begrenzt: »Further, nuclear weapons will be used in the manner best calculated to avoid expanding hostilities and with due regard for the safety of friendly forces and peoples.«

Eine weitere Modifizierung betraf den Personenkreis der autorisierten Befehlshaber. Während die Authorization-Direktive nur Kommandeure bis hinunter zu den numerierten Verbänden autorisieren wollte, sahen die Implementing Instructions vor, daß auch »commanders of joint task forces and of other commands, equivalent in stature to the numbered forces, as specifically approved by the President and the Secretary of Defense, may from time to time be designated as Authorizing Commanders by the Joint Chiefs of Staff«. Schließlich enthielt offenbar auch der bislang leider noch nicht deklassifizierte Abschnitt 6-d der Implementing Instructions laut einem, an der entsprechenden Stelle gleichfalls zensierten, Memorandum Lays vom 3. September 1958 »new factors«, die von den autorisierten Befehlshaber zu beachten waren.

Zur Konkretisierung der Anwendungsbereiche der Implementing Instructions bot Section »B« nachfolgende Liste mit Beispielen feindlicher Angriffsszenarios, die jedoch keinen Anspruch auf Vollständigkeit erhob: (1) Der Abschuß oder die Zielsteuerung einer Rakete durch ein U-Boot oder Überwasserschiff gegen die Vereinigten Staaten, ihre Territorien und Besitzungen. (2) Ein Raketen-, Bomben- oder air-to-air-Angriff auf wesentliche Teile von U.S. Verbänden in internationalen Gewässern oder auf ausländischem Territorium durch Streitkräfte des sowjetisch-chinesischen Blocks. (3) Ein wesentlicher Angriff durch Fallschirmjäger oder andere Landstreitkräfte des sowjetisch-chinesischen Blocks, der eine signifikante Eindringtiefe in ein von U.S. Truppen besetztes, ausländisches Territorium erzielt und den offensichtlichen Zweck verfolgt, diese amerikanischen Truppen militärisch auszuschalten oder den feindlichen Vormarsch fortzusetzen. Nichtidentifizierte U-Boote oder Flugzeuge, die die vorerwähnten Angriffshandlungen begingen, durften als feindliche Objekte betrachtet werden. Bei der Verteidigung gegen Luftangriffe sollten sich die Kommandeure so eng wie die Situation es zuließ an die bislang nicht deklassifizierten, revidierten »Interception and Engagement Instructions and Procedures« vom 7. Dezember 1965 oder andere anwendbare gebietsspezifische Regelungen halten.

Offenbar fand im September 1958 in Newport eine Besprechung mit dem Präsidenten über einen zweiten Entwurf der »Instructions« statt, während der man sich über den Text weitgehend einigen konnte, mit Ausnahme einer Formulierung, die nach den Worten Gordon Grays, Special Assistant to the President for National Security Affairs, einem Field Commander erlaubt hätte, »to attack any element of Sino-Soviet forces, without restriction«. Am 19. Dezember 1958 erfolgte eine weitere Konferenz des Präsidenten mit Außenminister Herter, Assistant Secretary Robert Murphy und den JCS über eine dritte Fassung. Von dem über diese Besprechung verfaßten Memorandum vom 31. Dezember 1958 ist bislang nur jener Teil des Textes zugänglich, der die oben erwähnte beanstandete Regelung für Vergeltungsangriffe durch die nachfolgende Formulierung ersetzte: »An authorizing commander [...] may also order expenditure of nuclear weapons against elements of the attacking force in the Soviet Union, but only when an attack has been launched against the Continental United States as authenticated through precribed procedures as approved by the President.« Das Memorandum über diese Besprechung läßt im übrigen einen sehr vorsichtigen Präsidenten erkennen, der fürchtete, daß Predelegation, die auch für eine atomare Reaktion auf bloß konventionelle Angriffe galt, allzu schnell zur Eskalation, zu einem »all-out war« führen könnte. Er legte daher fest, daß alle über die Kommandoebene der Unified and Specified Commands hinausgehenden Autorisierungen in jedem Einzelfall seiner ausdrücklichen Zustimmung bedurften. Wegen der zu erwartenden negativen Reaktionen der Bündnispartner waren sich Außenminister Herter und der Präsident einig, daß es äußerst wichtig sei, bezüglich Predelegation kein Wort an die Verbündeten gelangen zu lassen. Es liege im amerikanischen Interesse, den Eindruck aufrechtzuerhalten, daß alle Befugnisse weiterhin unmittelbar beim Präsidenten liegen. Die Implementing Instructions wurden schließlich am 17. Februar 1959 vom Präsidenten gebilligt[126].

Auch nach dem 17. Februar 1959 schaltete sich Präsident Eisenhower wiederholt in die Überarbeitung der Implementing Instructions und in die Modifizierung der Authorization-Direktive vom 22. Mai 1957 ein, wobei er hauptsächlich um die Wahrung bilateraler und internationaler Vereinbarungen bemüht war. Am 2. November 1959 billigte Eisenhower eine Fassung der Implementing Instructi-

---

[126] Goodpaster, Memorandum of Conference with the President, June 27, 1958, 11:05 A.M., June 30, 1958, DDEL, Records of the White House Office of the Special Assistant or National Security Affairs, NSC Series, Subject Subseries, box 1, file »Atomic Weapons, Corresp. & Background for Pres. Approval & Instructions for Use of«; NSA website: http://www.gwu.edu/~nsarchiv/NSAEBB45, Doc. 1; Memorandum Lays an Gordon Gray, »Analysis for Draft ›Implementing Instructions‹ submitted to the President for approval by letter from the Secretary of State and the Deputy Secretary of Defense, dated August 23, 1958«, September 3, 1958, DDEL, Office of Special Assistant to the President for National Security Affairs, NSC Series, Briefing Notes Subseries, box 1, AEC Policy on Use of Atomic Weapons; NSA website: http://www.gwu.edu/~nsarchiv/news/predelegation, Doc. 9; John S.D. Eisenhower, Memorandum of Conference with the President, December 19, 1958 – 2:30 P.M., December 31, 1958, DDEL, DDE Diaries, box 35, Staff Notes, December 1958; Text: Instructions for the Expenditure of Nuclear Weapons in Accordance with the Presidential Authorization dated May 22, 1957 (Revised as of 28 January, 1959), o.D., letzter Überarbeitungsvermerk: 12.5.1960, zensierte Kopie, DDEL, Records of the White House Office of the Special Assistant for National Security Affairs, NSC Series, Subject Subseries, box 1, file »Atomic Weapons, Corresp. & Background for Pres. Approval & Instructions for Use of«; NSA website: http://www.gwu.edu/~nsarchiv/NSAEBB45, Doc. 3; siehe Anlage zu diesem Beitrag. Zur Billigung durch den Präsidenten: Rosenberg, Overkill, S. 158. In einem Schreiben des Präsidenten an Deputy Secretary of Defense Gates vom 2.11.1959 sind die Implementing Instructions auf den 17.2.1959 datiert, siehe unten, Anm. 128.

IV. Die Vorabgenehmigung des Einsatzes von Nuklearwaffen 385

ons nebst Instruktionen an die autorisierten Befehlshaber, die ihm am 6. Oktober 1959 von Deputy Secretary of Defense Thomas Gates vorgelegt worden waren, mit Ausnahme der nachfolgenden Punkte: Den Satz, »Nothing in these instructions shall be construed as preventing any responsible commander from taking such actions as may be necessary to defend his command, with the exception that the expenditure of nuclear weapons may be authorized only by Authorizing Commanders, utilizing the criteria and procedures set forth in these instructions«[127], hätte Eisenhower lieber gestrichen, da er nach seiner Auffassung von den autorisierten Befehlshabern leicht dahingehend mißverstanden werden konnte, daß sie sich über die restriktiven Auflagen hinwegsetzen durften, wenn sie sich der Gefahr der Vernichtung ihrer Verbände ausgesetzt sahen. Im vorliegenden Text der Implementing Instructions mit Revisionsvermerken vom 28. Januar 1959 bis 12. Mai 1960 (siehe Anlage) ist dieser vom Präsidenten beanstandete Satz jedoch erhalten geblieben. Bezüglich der Authorization-Direktive vom 22. Mai 1957 wollte Eisenhower gerne die Autorisierung zum Nuklearwaffeneinsatz »[f]or the defense of the United States forces in foreign territory in the event of attack on these forces by forces of the Sino-Soviet block« (Abschnitt 2.b) durch die Einschränkung »subject to limitations in accordance with international agreements« ergänzen. Nur widerstrebend billigte Eisenhower die bezüglich der Abwehr von Luftangriffen auf (und über) den an die USA angrenzenden Territorien befreundeter Nationen getroffenen Änderung in der Authorization-Direktive (Abschnitt 2.a (3)), wonach der Nuklearwaffeneinsatz nicht mehr in jedem Fall, sondern nur noch wenn ihm Vereinbarungen mit diesen Ländern entgegen standen, der Zustimmung der betreffenden Regierung bedurfte. Mit dieser Änderung sollte offenbar erreicht werden, daß die U.S. Befehlshaber über dem Territorium Mexikos, mit dem die USA keine Vereinbarung getroffen hatten, Nuklearwaffen zur Luftverteidigung einsetzen konnten. Eisenhower akzeptierte diese Änderung lediglich als Zwischenlösung und beauftragte das Department of State, umgehend mit der mexikanischen Regierung über eine Abmachung zu verhandeln, die den USA dieses Recht einräumte. Abschließend unterstrich der Präsident die Notwendigkeit »for the utmost discretion and understanding in exercising the authority set forth in these documents« und verlangte von Gates, daß die autorisierten Befehlshaber zu einem kleinen, geheimen Symposium zusammengeholt wurden, auf dem sicherzustellen sei, daß diese zu einer einheitlichen Auffassung über Geist und Buchstaben der Instruktion gelangten[128].

---

[127] Instructions for the Expenditure (etc.), Basic Instructions, 5.d (siehe Anlage).
[128] President to Gates, November 2, 1959, DDEL, Records of the White House Office of the Special Assistant for National Security Affairs, NSC Series, Subject Subseries, box 1, file »Atomic Weapons, Corresp. & Background for Pres. Approval & Instructions for Use of«; NSA website: http://www.gwu.edu/~nsarchiv/NSAEBB45, Doc. 2.

i) Die Weisung NSC 5906/1

Die mit den »Implementing Instructions« beabsichtigte Ausstattung bestimmter Befehlshaber mit der Befugnis, unter gewissen Umständen selbst über den Atomwaffeneinsatz zu entscheiden, verschärfte verständlicherweise innerhalb der amerikanischen Regierung die anhaltende Kontroverse um mehr strategische Flexibilität zur Führung sogenannter begrenzter Kriege, möglichst ohne Einsatz von Atomwaffen. Während der Diskussionen um die neue sicherheitspolitische Grundsatzdirektive NSC 5906/1 im Sommer 1959 ging es nach Meinung des Präsidenten im Grunde eigentlich nur noch um die Frage, »how far to give junior commanders the authority to initiate the use of these weapons«, wenn ihn auch gleichzeitig die Furcht umtrieb, »of someone doing something foolish far down the chain of command and getting us into major hostilities«. Außenminister Herter ging es dagegen, in Fortsetzung der Politik seines Vorgängers Dulles, in erster Linie darum, die Annahme in NSC 5810/1 zu korrigieren, wonach alle Auseinandersetzungen, in die amerikanische und sowjetische Streitkräfte verwickelt waren, automatisch zu einem allgemeinen Krieg führen würden. Nach Herter sollten die amerikanischen Kommandeure in begrenzten Situationen nicht automatisch gehalten sein, Atomwaffen einzusetzen, sondern nur in den Fällen, in denen der Atomwaffeneinsatz den amerikanischen Zielen (national objectives) diente. Dem State Department und den Befürwortern einer »limited war capability« innerhalb seines eigenen Ressorts – Army, Navy und Marine Corps – hielt Secretary of Defense McElroy entgegen, daß auch in begrenzten Kriegen allein schon zur Bekämpfung der feindlichen Luftangriffskräfte es keine konventionelle Alternative zum Atomwaffeneinsatz gebe. Admiral Radford kritisierte, daß viele Leute nicht zur Kenntnis nehmen würden, wie bedeutsam die Entscheidung unter dem »new look« gewesen sei, »to pattern our forces on the use of atomic weapons«. Auch der Präsident war der Meinung, »that we have crossed this bridge«, und bestand darauf, daß, wann immer die USA organisierte Verbände ins Feld schickten, diese die (atomare) Fähigkeit besitzen müßten, sich selbst erfolgreich verteidigen zu können. An diesem Grundsatz wollte auch Herter nicht rütteln, ihm ging es lediglich um die Frage, ob der Kommandeur vor Ort hierzu die Entscheidungsbefugnis zum Atomwaffeneinsatz haben sollte. Eisenhower bezweifelte grundsätzlich den Wert von Definitionen zur Bestimmung des Charakters begrenzter Kriege in einer Zeit des technologischen Wandels, bemühte sich aber selbst um eine solche Definition, indem er künftige Atomwaffen mit einer Explosivkraft von 20 t TNT-Äquivalent, offenbar ohne Berücksichtigung ihrer kumulativen Wirkung, als konventionelle Waffen bezeichnete, die die herkömmliche Artillerie ersetzen und mithin die Führung begrenzter Kriege »konventionalisieren« würden.

Am Ende der Diskussionen um NSC 5906/1 setzte sich mit Unterstützung des Präsidenten das Department of Defense gegenüber dem State Department durch, das im Grunde eine wesentliche Änderung in der amerikanischen Sicherheitspolitik

IV. Die Vorabgenehmigung des Einsatzes von Nuklearwaffen 387

in Richtung der später mit »flexible response« etikettierten Doktrin anstrebte[129]. In den neu formulierten militärpolitischen Ziffern von NSC 5906/1 hat diese seit 1955 von Außenminister Dulles hauptsächlich mit Rücksicht auf den Zusammenhalt des Bündnisses geprägte Tendenz des State Department zu mehr strategischer Flexibilität nur noch geringe Spuren hinterlassen. Verglichen mit NSC 5810/1 enthielten die neuen Ziffern folgende Änderungen: In Ziffer 12a entfiel die Qualifizierung der Atomwaffen als »conventional weapons from a military point of view«. Eine Ergänzung entsprach dem Wunsch des State Department nach militärischer Planung für begrenzte Konflikte: »Planning should contemplate situations short of general war where the use of nuclear weapons would manifestly not be militarily necessary nor appropriate to the accomplishment of national objectives, particularly in those areas where main Communist power will not be brought to bear.« Dieser Passus wurde auf Wunsch des Secretary of Defense durch eine Anmerkung relativiert, derzufolge der Präsident Ziffer 12a nur unter der Bedingung gebilligt hatte, daß sie nicht als Änderung, sondern lediglich als Klarstellung der bisherigen Sicherheitspolitik »with respect to the use of nuclear weapons and the requirement for maintaining balanced forces« interpretiert wurde. Die zweite Ergänzung dokumentierte das am 19. Dezember 1958 mit dem Präsidenten erreichte Verhandlungsergebnis um die »Implementing Instructions«: »Designated commanders will be prepared to use nuclear weapons when required in defense of the command. Advance authorization for the use of nuclear weapons is as determined by the President.« Ziffer 16 enthielt einen komplizierten Formelkompromiß hinsichtlich der Führung begrenzter Kriege, die einem militärischen Befehlshaber, der gegebenenfalls unverzüglich entscheiden mußte, seinen Auftrag sicher nicht erleichtert hätte: »When the use of U.S. forces is required to oppose local aggression, force should be promptly and resolutely applied in a degree necessary to defeat such local aggression. Force should be applied in a manner and on a scale best calculated to prevent hostilities broadening into general war.« Die in NSC 5810/1 getroffene Festlegung, daß sich der Begriff »local aggression« nur auf Konflikte in wenig entwickelten Gegenden der Welt beziehe, wurde in Ziffer 16 von NSC 5906/1 zwar leicht abgeschwächt, dafür aber um ausführlichere Bemerkungen zur Situation im NATO-Gebiet ergänzt:

»Local aggression as the term [is] used in this paragraph refers to conflicts occuring outside the NATO area in which limited U.S. forces participate because U.S. interests are involved. Conflicts occuring in the NATO area or elswhere involving sizeable forces of the United States and the USSR should not be construed as local aggression. Incidents in the NATO area such as incursions, infiltrations and hostile local actions, involving the United States and the USSR, are covered by the NATO political directive and strategic concept[130].«

---

[129] Siehe Dokumente Nr. 61 (25.6.1959) bis 69 (30.7.1959) in: FRUS 1958/60 III, S. 220-291; Zitate in Dokument Nr. 62 (2.7.1959), ebd., S. 228-235.
[130] NSC 5906/1, Basic National Security Policy, August 5, 1959, FRUS 1958/60 III, S. 292-316; Watson, Missile Age, S. 331-334.

Die Differenzen um die Herstellung einer »limited war capability« beschäftigte die Eisenhower-Administration bis zum Ende ihrer Amtszeit. Eisenhower persönlich war »never very eager to talk about limited war and disliked the subject«[131]. Im Rahmen einer Diskussion über eine von State Department, Defense Department und CIA verfaßten Studie »U.S. and Allied Capabilities for Limited Military Operations to 1 July 1962« vom September 1960, äußerte der Präsident zu der Frage, ob die USA in einem begrenzten Krieg notfalls sofort Atomwaffen einsetzen sollten, oder nur schrittweise im Verlauf einer von den eigenen und den feindlichen Handlungen verursachten Eskalation, seine Überzeugung, daß die USA Atomwaffen von Anfang an einsetzen sollten, wie jede andere Waffe auch, wenn sie von diesen Waffen abhängig und ihre Verbände mit Nuklearwaffen ausgerüstet sind: »Wenn wir uns nicht sicher sind, ob eine feindliche Aggression ohne Atomwaffeneinsatz gestoppt werden kann, dann müssen diese Waffen eingesetzt werden.« Im Grunde sei er dagegen, zur Abwehr einer begrenzten sowjetischen Aggression die Sowjetunion unmittelbar anzugreifen. Sollten die Sowjets jedoch versuchen, das Eingreifen der USA in einen begrenzten Krieg mit der Androhung schwerwiegendster Konsequenzen zur verhindern, könnte ein amerikanischer Präsident sich dafür entscheiden müssen, »that it was his duty to strike the first blow against the USSR in response to such an ultimatum«. Hierzu zitierte Eisenhower Abraham Lincoln mit dem Satz »the way to kill a snake was to scotch its head«[132]. Auch als dem Präsidenten 1961 der erste »Single Integrated Operational Plan (SIOP 62)« vorgelegt wurde, der als Vergeltung oder besser als »preemtive strike« den Abwurf von insgesamt 3267 Kernwaffen gegen einen »Optimum-Mix of combined Military and Urban-Industrial Target Systems« im Ostblock vorsah, gestand Eisenhower seiner Umgebung, diese Vorstellung »frighten[ed] the devil out of me«[133]. Trotz des inherenten Selbstabschreckungseffektes hielt er aber am Prinzip der massiven Vergeltung fest, da er die Abschreckungseffizienz, auch gegenüber begrenzten Kriegen, nicht durch »limited war capabilities« gefährden wollte, die in seinen Augen militärisch fragwürdig waren und dem Gegner Kalkulationsmöglichkeiten eröffneten[134].

j) Die Weisungen an die Oberbefehlshaber

Am 3. Dezember 1959 billigte Eisenhower »certain authorizations to senior commanders in the field of special weapons«[135], also vermutlich jene in der Bespre-

---

[131] So eine Bemerkung Grays, Special Assistant to the President for National Security Affairs, am 6.10.1960, FRUS 1958/60 III, S. 481.
[132] Memorandum of Discussion at the 462nd Meeting NSC, October 6, 1960, FRUS 1958/60 III, S. 482-490.
[133] Zit. Sagan, Targets, S. 25. Zum SIOP 62 siehe ders., SIOP 62; Ball, The Development; Watson, Missile Age, S. 490-495.
[134] Am 25.8.1960 äußerte Eisenhower im NSC, »that the risk of a small war becoming a general war was so great that we must place our main reliance on strategic deterrence«. Memorandum of Discussion at the 457th Meeting NSC, August 25, 1960, FRUS 1958/60 VII, pt. 1, S. 615-621, Zit. S. 616.
[135] FRUS 1958/60 III, S. 353, Editorial Note.

chung vom 27. Juni 1958 erwähnten »separate implementing instructions« für autorisierte Befehlshaber. Bisher sind nur drei undatierte JCS-Entwürfe für Memoranda, adressiert an den Commander-in-Chief Strategic Air Command, Commander-in-Chief Altantic und den Commander-in-Chief Europe, über »Instructions for Expenditure of Nuclear Weapons in Emergency Conditions« zugänglich. Alle drei Dokumente sind sehr stark zensiert, der lesbare Text folgt offensichtlich den Implementing Instructions vom 17. Februar 1959 (siehe Anhang)[136].

Solange die Instruktionen an die autorisierten Befehlshaber nicht vollständig zugänglich sind, läßt sich im einzelnen schwer feststellen, in welchem Umfang diese Befehlshaber bei ihren Entscheidungen zum Nuklearwaffeneinsatz tatsächlich von der Zustimmung der Regierungen der Stationierungsländer abhängig waren. In seinem Schreiben an den Präsidenten vom 6. Oktober 1959 hatte Deputy Secretary of Defense Gates »supplementary guidance to the Authorizing Commanders with respect to ›procedures‹ for obtaining consent of Government, if required« erwähnt, die Eisenhower am 2. November 1959 vorgelegt haben wollte[137].

In einer »quickly-compiled check list of steps which the United States is obligated to take by existing arrangements in relation to allied and friendly nations where we have bases before expending nuclear weapons« vom 28. Juli 1961, also wenige Tage vor dem Mauerbau in Berlin, werden die erforderlichen Aktivitäten des Präsidenten, seit 20. Januar 1961 John F. Kennedy, länderweise aufgeführt, die dieser im Kriegsfall ergreifen sollte, falls amerikanische Bündnisverpflichtungen tangiert waren oder ein Angriff auf die USA erfolgte:

(1) Vereinigtes Königreich: Der Präsident sollte durch persönlichen Kontakt mit dem britischen Premierminister einen gemeinsamen Entschluß (joint decision) herbeiführen, bevor mit Nuklearwaffen ausgerüstete amerikanische Einheiten von britischen Basen aus operierten. Wenn möglich, sollte er auch vor allen übrigen nuklearen Waffeneinsätzen die Briten konsultieren. Vor einem Einsatz nuklear munitionierter POLARIS-Raketen sollte der Präsident alle möglichen Schritte unternehmen, um die Briten und andere Alliierte zu konsultieren. Als Grundlage dieser Pflichten werden in der Liste das Abkommen zwischen Robert Murphy und Patrick Dean vom 7. Juni 1958[138], das Abkommen zwischen dem Präsidenten mit dem britischen Außenminister Eden vom 9. März 1953[139]

---

[136] JCS, Memorandum für Commander-in-Chief Strategic Air Command [et al.], Instructions for Expenditure of Nuclear Weapons in Emergency Conditions, Entwurf, o.D., DDEL, Office of Special Assistant to the President for National Security Affairs, NSC Series, Subject Subseries, box 1, file »Atomic Weapons, Corresp. Background for Pres. Approval Instructions for Use of«; NSA website: http://www.gwu.edu/~nsarchiv/news/predelegation/pd13.

[137] Eisenhower an Gates, 2.11.1959, S. 2, Abschnitt (b), siehe Anm. 128.

[138] Report to the President and Prime Minister, Subject: Procedures for the Committing to the Attack of Retaliatory Forces in the United Kingdom, June 7, 1958, DDEL, DDE Papers as President (Ann Whitman File), Administration Series, box 5, file »Atomic Energy Commission [etc.]«, zensierte Kopie.

[139] Memorandum »Consultation with the U.K. on Use of Atomic Weapons«, June 10, 1953, DDEL, White House Office, NSC Staff Papers, Executive Secretary Series (...), box 2, file »Consultation

und der Schriftwechsel zwischen dem Präsidenten und dem Premierminister vom 6. Februar bzw. 29. März 1961[140] aufgeführt.

(2) Frankreich: Der Präsident sollte vor einem amerikanischen Nuklearwaffeneinsatz die französische Regierung über die eigens dafür eingerichtete, direkte Telefonverbindung konsultieren, es sei denn, daß ein feindlicher Angriff so unmittelbar bevorstand, daß das Überleben der USA auf dem Spiel stand. Nuklearwaffeneinsätze von amerikanischen Basen in Frankreich bedürften eines gemeinsamen Entschlusses (joint decision)[141].

(3) Bei Nuklearwaffeneinsätzen von Basen in Dänemark, Griechenland, Italien, den Niederlanden und Portugal sollte der Präsident selbständig (unilaterally) entscheiden, ob diese Einsätze mit NATO-Plänen übereinstimmten. Im Falle eines feindlichen Nuklearangriffs auf die USA könne er Vergeltungsangriffe des Commander-in-Chief, Strategic Air Command (CINCSAC), als im Einklang mit NATO-Plänen betrachten.

(4) Vor amerikanischen Nuklearwaffeneinsätzen von Basen in der Türkei sollte der Präsident, im Falle eines Angriffs durch eine »aggressive nation«, gleichfalls selbständig entscheiden, ob diese Einsätze zur Verteidigung des NATO-Gebiets erforderlich sind.

(5) Vor amerikanischen Nuklearwaffeneinsätzen von Basen in Spanien sollte der Präsident selbständig entscheiden, ob eine offensichtliche kommunistische Aggression (»evident Communist aggression«) die Sicherheit des Westens bedroht und die Situation diese Einsätze erfordert.

(6) Japan: Für die Verlegung amerikanischer Nuklearwaffen nach Japan und die Aufnahme von nuklearen Kampfhandlungen von japanischem Territorium aus müßten entsprechende Gesuche an die japanische Regierung gerichtet werden.

(7) Kanada: Für die Verlegung amerikanischer Nuklearwaffen nach Kanada, für die Aufnahme nuklearer Kampfhandlungen in Kanada und für den Überflug kanadischen Territoriums mit Nuklearwaffen seien entsprechende Gesuche an die kanadische Regierung zu richten. Nach Ausrufung der Alarmierungsstufe »Air Defense Readiness« oder einer höheren Stufe durch den Commander-in-Chief, North American Aerospace Defense Command (CINCNORAD), dürften ame-

---

with U.K.«, zensierte Kopie; Communiqué on the United States-United Kingdom Political Talks, March 7, 1953, FRUS 1952/54 VI, No. 383, S. 921.

[140] Mit Schreiben vom 6.2.1961 billigte Präsident Kennedy eine revidierte Fassung des Murphy-Dean-Abkommens vom 7.6.1958, in der die Rolle des SACEUR dahingehend geklärt wurde, daß dieser der NATO bereitgestellte britische Nukleareinheiten erst nach einer britisch-amerikanischen »joint decision« einsetzen durfte. Das Schreiben Kennedys vom 29.3.1961 betraf vermutlich das amerikanisch-britische Konsultationsverfahren vor einem Einsatz amerikanischer POLARIS-Raketen aus britischen Hoheitsgewässern. Twigge/Scott, Planning Armageddon, S. 118–122.

[141] Nach Abschluß seiner Gespräche mit General Charles de Gaulle im September 1959 berichtete Eisenhower dem britischen Premierminister Harold Macmillan, daß dieser mit der amerikanischen Verfahrensweise beim Einsatz von Nuklearwaffen zufrieden schien, nachdem er dem General versichert hatte, »that unless the situation were one of surprise attack, with bombers overhead, we would of course never unleash the use of nuclear weapons without consulting our principal allies«. Telegramm Department of State an U.S. Botschaft London, 11.9.1959, FRUS 1958/60 VII, pt. 2, Nr. 136, S. 277–279, Zit. S. 278 f.

rikanische Abfangjäger Kanada zwar überfliegen, Nuklearwaffen aber nur mit Zustimmung des U.S. Präsidenten und des kanadischen Premierministers einsetzen.

(8) Für amerikanische Nuklearwaffeneinsätze von Basen in Taiwan, Norwegen und Island müsse die Zustimmung der jeweiligen Regierung eingeholt werden.

(9) Bezüglich amerikanischer Nuklearwaffeneinsätze von Basen in der Bundesrepublik Deutschland, Marokko, Okinawa, den Philippinen und den Westindischen Inseln notiert die Liste lapidar: »No limitation«[142].

Mit den zahlreichen in der Bundesrepublik Deutschland gelagerten Nuklearwaffen[143], allen seegestützten und den nicht in »joint decision«-Ländern gelagerten Nuklearwaffen des Strategic Air Command besaßen die USA ein gewaltiges nukleares Potential, über das der U.S. Präsident und notfalls die autorisierten Befehlshaber ohne fremde Mitsprache verfügen konnten. Selbst für den Einsatz von Basen in »joint-decision«-Ländern ist es unwahrscheinlich, daß autorisierte Befehlshaber in Situationen, die nicht einmal den Kontakt mit dem Präsidenten zuließen, tatsächlich die Genehmigung der Regierung des Stationierungslandes einholen mußten oder konnten, zumal die Absprachen über »joint decisions« mit »in the light of the circumstances prevailing at the time« qualifiziert waren. Sollte das Stationierungsland selbst angegriffen sein, waren die autorisierten Befehlshaber nach den Implementing Instructions bei ihren Einsatzentscheidungen ohnehin nicht auf die Zustimmung der Regierung des Stationierungslandes angewiesen[144]. Übrigens konnten zumindest luftgestützte Nuklearwaffenträger rasch aus »joint-decision«-Ländern abgezogen werden[145].

Solange die Militärstrategie der USA und der NATO in der zum Teil preemptiven Operationsplanung und zum Zwecke der Abschreckung dem Konzept der Massiven Vergeltung folgten, wäre es inkonsequent gewesen, hätte man die Predelegation-Regelungen als einen wesentlichen Bestandteil dieses Systems allzusehr an die Mitsprache der Verbündeten geknüpft.

Die Überprüfung der amerikanischen Sicherheitspolitik durch die Kennedy-Regierung konstatierte diesen Zusammenhang zwischen dem vorgefundenen strategischen Konzept und Predelegation. Als »most urgent need« warf Kennedys

---

[142] Chief List of Presidential Actions, Anlage zum Memorandum L.D. Battle, Executive Secretary, für McGeorge Bundy, 28.7.1961, NA, RG 59, 700.56311/7-2861; NSA website: http://www.gwu.edu/~nsarchiv/nsa/NC/nuchis.

[143] Siehe Norris/Arkin/Burr, Where They Were, S. 29. Im Januar 1957 befanden sich 10,95 % des amerikanischen Lagerbestandes an Nuklearwaffen in der Bundesrepublik Deutschland; History of Custody and Deployment, S. 51, table V, zensierte Kopie.

[144] Im März 1959 äußerten Deputy Secretary of Defense Quarles und Captain F.H. Schneider, USN, Asistant Head, National Command Matters, Strategic-Plans Devision, Office of the Chief of Naval Operations, die Meinung, »that in the event of Soviet attack, CINCEUR would probably begin the figthing on the principle of the inherent right of a commander to defend his forces«. Eisenhower stimmte dem zu; Memorandum of Conference with the President, March 12, 1959, 8:50 a.m., FRUS 1958/60 VII, pt. 1, S. 433-436, Zit. S. 436.

[145] Die »Principles Governing Dispersal of Atomic Weapons« der JCS von 1957 bestimmten, daß »(in) locations under foreign sovereignty, a capability for the immediate withdrawal of atomic weapons will be constantly maintained«. History of the Custody, S. 52.

Sicherheitsberater, McGeorge Bundy, die Frage nach der Struktur der strategischen Streitkräfte, nach dem Potential für begrenzte Kriege, nach der Verteidigung des amerikanischen Kontinents und nach der NATO-Strategie auf. Dazu schrieb er am 30. Januar 1961 an Kennedy:

>»The urgency of these matters arises from existing papers which in the view of nearly all your civilian advisers place a debatable emphasis (1) on strategic as against limited-war forces, (2) on ›strike-first‹, or ›counter-force‹ strategic planning, as against a ›deterrent‹ or ›second strike‹ posture, and (3) on decisions-in-advance, as against decisions in the light of all the circumstances. These three forces in combination have created a situation today in which a subordinate commander faced with a substantial Russian military action could start the thermonuclear holocaust on his own initiative if he could not reach you (by failure of communication at either end of the line)[146].«

Während unter Präsident Kennedy die nukleare Einsatzdoktrin der USA und der NATO zu der schließlich mit »Flexible Response« etikettierten Strategie mutierte, scheinen Predelegation-Regelungen zumindest bis in die Amtszeit Präsident Lyndon B. Johnsons fortbestanden zu haben[147].

---

[146] McGeorge Bundy, Memorandum to the President, Policies previously approved in NSC which need review, January 30, 1961, FRUS 1961/63 VIII, S. 18.

[147] Am 26. März 1964 setzte Präsident Johnson eine Neufassung der Implementing Instructions mit der Bemerkung in Kraft, er gehe davon aus, »that the redrafted instructions are basically the same as those approved by President Eisenhower and continued in effect by President Kennedy«; Memorandum Präsident Johnson für Secretary of Defense, 26.3.1964, Anlage zu McGeorge Bundy an Secretary of State Rusk, 31.3.1964 und McGeorge Bundy an Präsident Johnson, »Summary of the Existing Plans for Emergency Use of Nuclear Weapons«, 23.9.1964, Lyndon B. Johnson Library, National Security File, box 9, Meetings, Records, Memoranda on Use of Nuclear Weapons, NSA website: http://www.gwu.de/~nsarchiv/news/predelegation, Doc. 3.

V. Zusammenfassung

Der Befund McGeorge Bundys vom Januar 1961 beleuchtete einen tiefen Einschnitt in der politischen Kontrolle der Nuklearwaffen und im Verhältnis zwischen Militär und Politik in den USA. Bündnispolitisch führte Predelegation nahezu alle Bemühungen der amerikanischen NATO-Verbündeten um Teilhabe an dieser politischen Kontrolle über den Einsatz der amerikanischen Nuklearwaffen ad absurdum, und zwar zu einem Zeitpunkt, in dem die U.S. Regierung bereit war, die Streitkräfte ihrer Verbündeten im Ernstfall mit amerikanischen taktischen Nuklearwaffen auszustatten und durch die Bereitstellung von Mittelstreckenraketen ihren europäischen Alliierten eine gewisse Teilhabe an der strategischen Abschreckung unter der operativen Kontrolle durch den SACEUR einzuräumen. Während die AEC und das Joint Committee Atomic Energy der Überführung der Nuklearwaffen aus der strikten zivilen Kontrolle durch die AEC an das Department of Defense und der Vorabautorisierung bestimmter amerikanischer Befehlshaber zum Nuklearwaffeneinsatz zugestimmt hatten, zeigte sich die amerikanische Legislative alarmiert, als sich bei der praktischen Umsetzung des »atomic sharing« die Gefahr des Verlustes der ausschließlichen amerikanischen Verfügungsgewalt über die Nuklearwaffen zugunsten der Verbündeten abzeichnete. Nach Marc Trachtenberg war diese Situation nicht das Ergebnis einer laxen Handhabung einschlägiger Kontrollmaßnahmen, sondern eines »act of high policy«, mit dem Eisenhower am Rande der Legalität seinem Ziel einer europäischen Abschreckungskomponente innerhalb der NATO näher kommen wollte, um so wiederum einen Rückzug amerikanischer Verbände aus Europa zu ermöglichen. Um den Auflagen des Atomic Energy Act für die Erhaltung des amerikanischen Gewahrsams über die den Verbündeten bereitgestellten amerikanischen Nuklearwaffen zu genügen, sollte dieser zwar formaliter aufrecht erhalten bleiben, seine Handhabung aber so ineffizient durchgeführt werden, daß den Verbündeten de facto »effective control« (Trachtenberg) eingeräumt wurde[1]. Einer Bemerkung Eisenhowers gegenüber General Norstad, SACEUR ab November 1956, zufolge, war dieser willens, »to give, to all intents and purposes, control of the weapons. We retain titular possession only«[2]. Als im Januar 1960 der SACEUR einen »Quick-Reaction-Alert«-Status von fünfzehn Minuten für eine bestimmte Anzahl seiner Luftangriffsverbände einrichtete, bei dem auch nichtamerikanische Einsatzflugzeuge mit kompletten amerikanischen

---

[1] Trachtenberg, Peace, S. 196–200.
[2] FRUS 1958/60 VII, pt. 1, S. 462.

Nuklearwaffen munitioniert wurden, war das Joint Committee Atomic Energy, das vermutlich erst am 28. Juni 1960 über diese Pläne offiziell durch das Department of State informiert wurde[3], fest entschlossen, der Kontrollfunktion des Kongresses im Umgang mit den Nuklearwaffen wieder mehr Geltung zu verschaffen. Ein umfassender kritischer Bericht des Joint Committee Atomic Energy von Anfang 1960 wurde zum Bestandteil einer grundsätzlichen Überprüfung der gesamten amerikanischen Sicherheitspolitik unter der Regierung Präsident John F. Kennedys und gelangte so zu einer Bedeutung, die in der offiziellen »History of the Custody and Deployment« des Pentagons vom Februar 1978 wie folgt charakterisiert wird:

»The findings of the report appears [sic!] to have confirmed fears that the Defense Department, with its multitudinous layers of semi-autonomous authority, had become unmanageable, and that the past administration had permitted the situation to deteriorate to the point where the ›nuclear genie‹ was almost out of the bottle. While DoD had won its battle for custody, it was soon to lose the war for control of nuclear weapons and the JCAE report just might have provided the decisive blow[4].«

Das Vorhaben einer Restitution der strikten politischen Kontrolle über die Atomwaffen wurde durch technische Neuerungen, wie die seit 1958 in der Entwicklung befindlichen elektronischen Sicherungseinrichtungen (permissive action links) erleichtert[5].

Die Überführung der amerikanischen Atomwaffen in militärischen Gewahrsam und die partielle Delegation von Entscheidungsbefugnissen über deren Einsatz an bestimmte Befehlshaber waren gravierende Verstöße gegen den Primat der Politik im Rahmen der Strategie der Massiven Vergeltung, die mittels herkömmlicher Militarismuskriterien nur unzureichend erklärt werden können. Sie waren Ausfluß eines grundsätzlichen Wandels im Verhältnis zwischen Politik und Kriegführung: Clausewitz' Formel »wonach der Krieg nichts ist als die fortgesetzte Staatspolitik mit anderen Mitteln«[6] hatte dessen Überzeugung zugrunde gelegen, daß der Krieg durch den Primat der Politik an seiner Entartung zum absoluten Krieg gehindert werden konnte und mußte. Clausewitz' Kriegsbegriff folgte der Vorstellung, daß es die Politik ist, die aus rational begründeten Interessen heraus »den Krieg erzeugt« und auch im Kriege ihre Autonomie bewahrt. Nach den Erfahrungen des Ersten Weltkrieges, der als industrialisierter Krieg die gesamte Nation in Anspruch genommen hatte, erfuhr die Ideologie vom Totalen Krieg Zulauf aus nahezu sämtlichen gesellschaftlichen Gruppen. So forderte zum Beispiel in Deutschland Ernst Jünger »Rüstung bis ins innerste Mark«, was nur erreichbar sei, »wenn das Bild des kriegerischen Vorgangs schon in die Ordnung des friedlichen Zustandes eingezeichnet ist«. Die Radikalen unter den Verfechtern der Ideologie des Totalen Krieges hielten den Krieg gar für den natürlichen Zustand der Menschheit und somit

---

[3] History of the Custody, S. 61 f. und Bibliography, No. 59; danach hatte das Department of State dieser Maßnahme »regarding arming of allied aircraft with nuclear weapons and permitting weapons to become airborne when an enemy attack was imminent« zugestimmt.
[4] History of the Custody, S. 75 f.
[5] Cotter, Peacetime Operations, S. 46–51; Stein/Feaver, Assuring Control.
[6] Clausewitz, Vom Kriege, S. 179.

auch die auf den Krieg hin organisierte Gesellschaft als die natürliche. Idealtypisch gesehen verwischten sich die Grenzen zwischen Politik und Kriegführung, ja sogar die Grenze zwischen Krieg und Frieden wurde schließlich tendenziell aufgehoben, da jede »Friedenszeit« nur der Vorbereitung des nächsten Krieges zu dienen hatte[7]. Das Wesen der »nuklearen Revolution«[8] besteht aber darin, daß spätestens seit der »gesicherten gegenseitigen Vernichtung« es in einem Atomkrieg keinen Sieger mehr geben kann. Die Konsequenzen aus dieser Erkenntnis haben die politischen und militärischen Eliten nur sehr langsam gezogen. Allzusehr waren sie durch zwei Weltkriege geprägt, in denen ungeheure Gewalttaten und unzählige Gewaltopfer Bedrohungsperzeptionen und als deren Ausfluß politische und militärische Konzepte erzeugt hatten, in denen der Übergang von herkömmlichen zu atomaren Gewaltmitteln anfangs lediglich als Steigerung der militärischen Möglichkeiten angesehen wurde[9]. Technische Innovationen, die die Herstellung kleiner Atomwaffen ermöglichten, erlaubten es Politikern und Militärs die menschheitsbedrohenden Gefahren aus dem atomaren Arsenal wenigstens teilweise zu bagatellisieren. Die Detonation der Wasserstoffbombe und das Gewahrwerden des Fallout-Problems scheinen die politischen Eliten seither zu der Einsicht gebracht zu haben, daß es fortan nur noch Aufgabe der Sicherheitspolitik sein konnte, einen Atomkrieg zu vermeiden[10]. Möglichst lückenlose und daher glaubwürdige Abschreckung schien hierzu vorerst das einzige probate Mittel. So gesehen waren die Überführung der Atomwaffen von der AEC in den Gewahrsam des Militärs und die Delegation bestimmter Entscheidungsbefugnisse an militärische Befehlshaber über deren Einsatz weniger das Ergebnis von Kompetenzstreitigkeiten zwischen dem Militär und übergeordneten politischen Entscheidungsinstanzen, sondern eher Ausfluß des Glaubwürdigkeitspostulats der Abschreckungsdoktrin im Rahmen der Massiven Vergeltung, der sich die USA und ihre Verbündeten im Kalten Krieg ausgeliefert hatten. Die partielle Dezentralisierung der Einsatzbefugnisse des Präsidenten im taktischen wie im strategischen Bereich sollte nicht nur eine schnelle Reaktion und die Handlungsfähigkeit des Abschreckungsapparats nach einer möglichen Vernichtung der politischen Entscheidungsträger (decapitation) sicherstellen, sondern auch den potentiellen Angreifer zusätzlich dadurch abschrecken, daß sie ihn mit der Gefahr einer politisch kaum mehr kontrollierbaren, einer »spasmischen« atomaren Reaktion konfrontierte:

»An attack on the alerted American command structure would then do more than destroy the safety catch holding back retaliation. It would turn over authority to perhaps dozens of lowerranking officers. This propensity for cascading authority is an aspect to the system that deters Soviet attack on the command structure, because any such attack

---

[7] Zitate nach Wehler, Verfall, S. 273-431. Zum Gesamtkomplex »Totaler Krieg« siehe Shadows, S. 1-19.
[8] Siehe u.a. Jervis, The Meaning.
[9] Salewski, Dialektik der Bombe, S. 15 f.
[10] Dies hatte Bernard Brodie schon 1946 vorhergesagt: »Thus far the chief purpose of our military establishment has been to win wars. From now on its chief purpose must be to avert them. It can have almost no other useful purpose.« Brodie, Absolute Weapon; Zit. American Atom, S. 214.

would induce a spread of nuclear use authority, and would induce it *downward* in the organization. Here, the Soviets would face a nuclear war system that apparently was going berserk, with which it might be impossible to negotiate a cease-fire agreement[11].«

Unter dieser Logik der Abschreckung war der Wahnsinn zur Methode geworden.

---

[11] Bracken, Command and Control, S. 227; siehe auch Sagan, Targets, S. 143, mit einer entsprechenden Äußerung von U.S. Verteidigungsminister Harold Brown aus dem Jahre 1983. Slocombe, Preplanned Operations, S. 140 f.; Blair, Logic, S. 5; Twigge/Scott, Planning Armageddon, S. 87.

NLE MR Case No. 89-341

Document No. 1 ~~TOP SECRET~~   This document consists of 23 pages
Copy No. 2, Series A

Downgraded To ~~Secret~~
Authority Of NSC
DJH/8am NLE Date 1/19/90

NLE 89-341-1 (appeal)
(NLC-11/29/99)

INSTRUCTIONS FOR THE EXPENDITURE OF NUCLEAR WEAPONS

IN ACCORDANCE WITH

THE PRESIDENTIAL AUTHORIZATION DATED MAY 22, 1957

DECLASSIFIED UNDER THE AUTHORITY OF THE
INTERAGENCY SECURITY CLASSIFICATION APPEALS PANEL,
EXECUTIVE ORDER 12958, SECTION 5.4(b)(3)

DECLASSIFICATION DATE: April 4, 2001

(Revised as of 28 January 1959)

~~TOP SECRET~~

~~TOP SECRET~~

CONTENTS

INSTRUCTIONS FOR THE EXPENDITURE OF NUCLEAR WEAPONS
IN ACCORDANCE WITH
THE PRESIDENTIAL AUTHORIZATION DATED MAY 22, 1957

Paragraph	Title
	BASIC INSTRUCTIONS
1.	Authority
2.	Purpose
3.	Definitions
4.	Authorized Expenditures
5.	Operational Limitations
6.	Responsibilities and Procedures
7.	Effective Date

Section "A" - Special Additional Instructions for the Defense of the United States, its Territories and Possessions Against Attack by Air

1.	Purpose
2.	Procedure
3.	[Authorizing Commanders]

Section "B" - Special Additional Instructions for the Defense of the United States, its Territories and Possessions Against Attack by Sea and For the Defense of United States Forces

1.	Purpose
2.	Definition
3.	Engagement
4.	Operational Limitations
5.	[Authorizing Commanders]

2

~~TOP SECRET~~

~~TOP SECRET~~

Paragraph	Title
	Section "C" - Special Additional Instructions Regarding Retaliation in the Event of a Nuclear Attack Upon the ~~Continental~~ United States 2
1.	Purpose
2.	Policy
3.	Department of Defense Procedure and Responsibilities
4.	Operational Limitations
5.	[Authorizing Commanders]

3

(Deletion app.byPresident-ltr.11/2/59 to Deputy Sec.Def.)

~~TOP SECRET~~

~~TOP SECRET~~

BASIC INSTRUCTIONS

1. AUTHORITY. These instructions are issued pursuant to paragraph 4 of the President's "Authorization for the Expenditure of Nuclear Weapons" dated May 22, 1957.

2. PURPOSE. These instructions establish policies in the implementation of the Presidential Authorization.

3. DEFINITIONS. The following definitions are established for the purpose of these instructions:

   a. The term "nuclear weapons" includes all types of weapons and devices which release atomic energy.

   b. The term "United States, its Territories and Possessions" includes the Canal Zone.

   c. The term "Authorizing Commander" is a commander empowered to expend nuclear weapons pursuant to subparagraph 5c of the Presidential "Authorization for the Expenditure of Nuclear Weapons."

   d. The term "major U.S. forces" refers to those organized units of U.S. military forces comprising the essential operational military strength of the United States, including the numbered field armies, fleets, and air forces and (see subparagraph 6a below) the forces of Authorizing Commanders.

4

~~TOP SECRET~~

e. The term "attack" refers to a major hostile assault of such magnitude and against such areas or forces as to constitute an immediate and vital military threat to the security of the United States or to major U.S. forces, as defined above.

f. The terms "expend", "expending", and "expenditure" refer to the firing or launching and detonation of a nuclear weapon.

g. The terms "foreign territory" and "territory of foreign friendly countries" include the territorial waters and air space thereof.

h. The term "international waters" includes the air space above.

4. AUTHORIZED EXPENDITURES. When the urgency of

> 4. Authorized Expenditures. When the urgency of time and circumstances clearly does not permit a specific decision by the President, or other person empowered to act in his stead, the Armed Forces of the United States are authorized by the President to expend nuclear weapons in the following circumstances in conformity with these instructions:

instructions:

a. For the defense of the United States, its Territories and possessions:

(Chg.approved by President-ltr.11/2/59 to Deputy Sec.Def.)

Electrostatic reproduction made for preservation purposes by the Eisenhower Library for replacement of a deteriorating manuscript item.

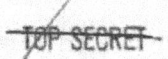

(1) In the United States, its Territories and possessions, and in coastal air defense identification zones, against attack by air - (Special Additional Instructions in Section "A" below).

(2) In the United States, its Territories and possessions, and in international waters adjacent thereto as defined in Section "B", against attack by sea - (Special Additional Instructions in Section "B" below).

(3) In the territory of friendly foreign countries near the United States, its Territories and possessions, subject to applicable agreements or understandings, if any, with the government exercising sovereignty over the country or countries concerned, against attack by air - (Special Additional Instructions in Section "A" below).

b. For the defense of United States forces in foreign territory and in international waters against Sino-Soviet Bloc attacking forces, subject to applicable agreements or understandings, if any, with the government exercising sovereignty over the country or countries concerned - (Special Additional Instructions in Section "B" below).

c. In the event of nuclear attack upon the ~~Continental~~ United States, in retaliation against the enemy identified as

(Deletion app. by President - ltr. 11/2/59 to Sec. Gates)

responsible for the attack, subject in the case of retaliation  from friendly foreign territory to applicable agreements or understandings, if any, with the government exercising sovereignty over the country or countries concerned - (Special Additional Instructions in Section "C" below).

5. OPERATIONAL LIMITATIONS. Because of the serious international implications of the use of nuclear weapons by U. S. military forces, it is essential that particularly strict command control and supervision be exercised, and that the use of nuclear weapons be limited to circumstances of grave necessity. The authority to expend nuclear weapons in the event urgency of time and circumstances clearly does not permit a specific decision by the President, or other person empowered to act in his stead, is an emergency measure necessitated by recognition of the fact that communications may be disrupted by the attack. It is mandatory to insure that such authority is not assumed through accident or misinformation. The authorisation to expend nuclear weapons should be regarded as an authorisation effective only until it is possible, in light of time and circumstances, to communicate with the President, or other person empowered to act in his stead. In the expenditure of nuclear weapons pursuant to these instructions,

7

(Revised as of May 12, 1960)

the following limitations will be observed:

a. An Authorizing Commander may expend nuclear weapons only when the urgency of time and circumstances clearly does not permit a specific decision by the President, or other person empowered to act in his stead.

b. Under this authorization, Authorizing Commanders may not expend nuclear weapons for defense against minor assault nor against assault upon minor U.S. forces wherein damage inflicted would not constitute an immediate and vital threat to the security of the United States or to major U.S. forces.

c. Any expenditure of nuclear weapons pursuant to these instructions will be limited to such size and numbers of weapons and to such targets as are necessary. Further, nuclear weapons will be used in the manner best calculated to avoid expanding hostilities and with due regard for the safety of friendly forces and peoples.

d. Nothing in these instructions shall be construed as preventing any responsible commander from taking such actions as may be necessary to defend his command, with the exception that the expenditure of nuclear weapons may be authorized

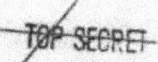

only by Authorizing Commanders, utilizing the criteria and procedures set forth in these instructions."

6. RESPONSIBILITIES AND PROCEDURES. Responsibilities and procedures applicable to the expenditure of nuclear weapons, when the urgency of time and circumstances clearly does not permit a specific decision by the President, or other person empowered to act in his stead, are:

a. The Authorizing Commanders are designated in the appropriate Sections below for the purpose set forth therein. In addition, commanders of joint task forces and of other commands, equivalent in stature to the numbered forces, as specifically approved by the President and the Secretary of Defense, may from time to time be designated as Authorizing Commanders by the Joint Chiefs of Staff. Further, in regard to the air defense of the United States, its Territories and possessions, these instructions do not limit the authority granted to operational commanders pursuant to the "Authorization for the Expenditure of Atomic Weapons in Air Defense: approved by the President on 18 April 1956 and the "Policy Statement on Interception and Engagement of Hostile Aircraft", approved 24 September 1952, which were implemented in accordance with the revised "Interception and Engagement Instructions and Procedures", dated 7 December 1956. Previous authorizations to expend atomic weapons in accordance with the revised Interception and Engagement Instructions and Procedures dated December 7, 1956 (attached hereto as Appendix A) are continued in full force and effect.

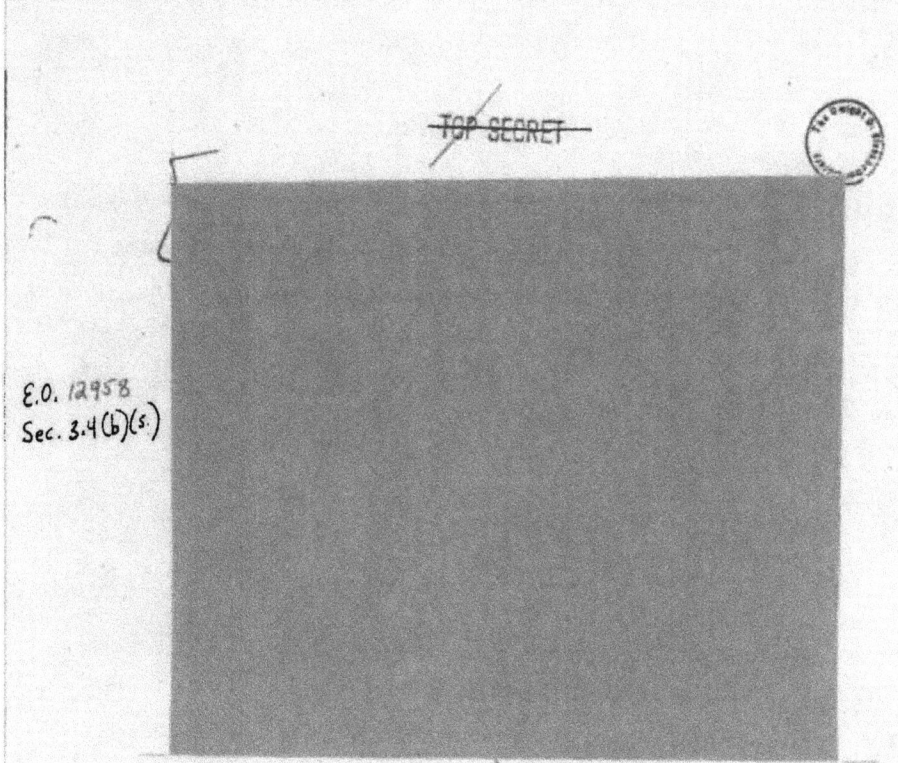

E.O. 12958
Sec. 3.4(b)(s.)

f. An Authorizing Commander expending nuclear weapons pursuant to these instructions shall immediately report his action to the President through the Joint Chiefs of Staff and the Secretary of Defense and advise directly all commanders of commands established by the Joint Chiefs of Staff utilizing the most expeditious means available.

g. Upon approval by the Secretary of Defense, the Secretary of State and the President, separate authorizing instructions will be transmitted by the Joint Chiefs of Staff to the Authorizing Commanders designated herein and may be disseminated to

~~TOP SECRET~~

subordinate commanders only in those cases where such subordinate commanders have been designated as Authorizing Commanders pursuant to the procedures of paragraph 6a above.

E.O. 12958
Sec. 3.4(b)(5)

The existence of these instructions and the provisions thereof are TOP SECRET classified information and must be safeguarded accordingly. No authority exists short of the President to modify this classification or make disclosures inconsistent therewith. In addition to the classification of TOP SECRET, the fact of the existence of these instructions will be limited to a highly restricted group of people.

E.O. 12958
Sec. 3.4(b)(5)

~~TOP SECRET~~

~~TOP SECRET~~

h. The Joint Chiefs of Staff will keep the Authorizing Commanders informed of the current status of agreements or understandings with friendly foreign countries regarding the expenditure of nuclear weapons in their respective territories.

i. The expenditure of nuclear weapons over Canada will be in accordance with the terms of the interim agreement between the governments of Canada and the United States which was forwarded to the Joint Chiefs of Staff by the Secretary of Defense on 16 March 1957. The current agreement is effective until 1 July 1959. Any expenditure after 1 July 1959 will be in accordance with then existing agreements.

7. EFFECTIVE DATE. These instructions are effective upon receipt.

Section "A"

Special Additional Instructions for the Defense of the United States, its Territories and Possessions Against Attack by Air

1. PURPOSE. These special instructions provide additional guidance applicable to the expenditure of nuclear weapons for the defense of the United States, its Territories and possessions, against attack by air:

a. In the United States, its Territories and possessions

and in the coastal air defense identification zones (ADIZ's).

b. In the territory of friendly foreign countries near the United States, its Territories and possessions, subject to applicable agreements or understandings, if any, with the government exercising sovereignty over the country or countries concerned.

2. PROCEDURE.

a. The expenditure of nuclear weapons in the United States, its Territories and possessions and in the coastal air defense identification zones (ADIZ's) will be in accordance with the revised "Interception and Engagement Instructions and Procedures", dated 7 December 1956, which are attached hereto as Appendix "A" and are continued in full force and effect.

b. The expenditure of nuclear weapons in the territory of friendly foreign countries near the United States, its Territories and possessions will be subject to applicable agreements or understandings, if any, with the government exercising sovereignty over the country or countries concerned and will be in accordance, as closely as the situation permits, with the procedures set forth in the revised "Interception and Engagement Instructions and Procedures", dated 7 December 1956, or such other rules as are applicable to the areas concerned.

c. As regards the expenditure of nuclear weapons in the air space above international waters outside of the coastal air defense identification zones for the defense of the United States, its Territories and possessions against attack by air, the provisions in Section "B" below will apply.

3. AUTHORIZING COMMANDERS. Authorizing Commanders for the purposes set forth in paragraph 1a of this Section are those military commanders authorized to declare aircraft as "hostile" pursuant to the revised "Interception and Engagement Instructions and Procedures", dated 7 December 1956. Authorizing Commanders for the purposes set forth in paragraph 1b above will be designated in subsequent specific instructions.

Section "B"

Special Additional Instructions for the Defense of the United States, its Territories and Possessions Against Attack by Sea and for the Defense of United States Forces in Foreign Territory and in International Waters Against Sino-Soviet Bloc Attacking Forces

1. PURPOSE. These special instructions provide additional guidance applicable to the expenditure of nuclear weapons:

   a. In the United States, its Territories and possessions and in international waters adjacent thereto, as defined herein, for the defense of the United States, its Territories and possessions, against attack by sea.

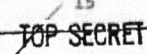

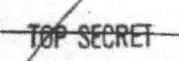

b. For the defense of the United States forces in foreign territory and in international waters, against Sino-Soviet Bloc attacking forces, subject to applicable agreements or understandings, if any, with the government exercising sovereignty over the country or countries concerned.

2. DEFINITION. The following definition is established for the purpose of these instructions:

The term "international waters adjacent thereto", as used in subparagraph 1a above, is defined to include all international waters and the air space above within effective enemy striking range of the United States, its Territories and possessions.

3. ENGAGEMENT. When the urgency of time and circumstances clearly does not permit a specific decision by the President, or other person empowered to act in his stead, any decision to expend nuclear weapons against attacking forces is the responsibility of the Authorizing Commander in consonance with the criteria set forth in these instructions.

a. In amplification of these criteria, the situations below may be considered examples of an attack, as defined in these instructions:

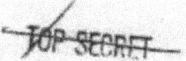 

    (1) A submarine or surface craft engages in launching or controlling missiles against the United States, its Territories and possessions.

    (2) A Sino-Soviet Bloc force engages in launching or controlling missiles, bombing, air-to-air attack, or strafing attack against a major U.S. force in international waters or in foreign territory.

    (3) Sino-Soviet Bloc ground, paratroop or other forces make a major assault and thereby effect a significant penetration of an area occupied by major U.S. forces in foreign territory with the evident intention of rendering them militarily ineffective or of continuing the advance.

    b. The above list of situations is not all inclusive and does not preclude expenditure of nuclear weapons against assaulting Sino-Soviet Bloc forces under other situations consonant with the criteria set forth in these instructions.

    c. Unidentified submarines or aircraft which are engaged in an attack as defined in these instructions may be assumed to be Sino-Soviet Bloc attacking forces.

    d. In defending against attack by air, commanders shall conform as closely as the situation permits to the procedures

set forth in the revised "Interception and Engagement Instructions and Procedures", dated 7 December 1956, or such other rules which are applicable to the areas concerned.

4. OPERATIONAL LIMITATIONS.

a. When the urgency of time and circumstances clearly does not permit a specific decision by the President:

(1) An Authorizing Commander, as designated in subparagraph 5a below and as contemplated in subparagraph 5b below, may order the expenditure of nuclear weapons in international waters and in foreign territory

E.O. 12958
Sec. 3.4(b)(5)

subject to applicable agreements or understandings, if any, with the government (except for a government involved in attack on U.S. forces) exercising sovereignty over the country or countries concerned, to eliminate the local threat of Sino-Soviet Bloc forces engaging in an attack against United States forces, when in his judgment this is vital to the security of his forces.

E.O. 12958
Sec. 3.4(b)(5)

E.O. 12958
Sec. 3.4(b)(5)

b. Authorizing Commanders will bear in mind that the above authority to expend nuclear weapons is an emergency measure necessitated by recognition of the fact that communications may be disrupted by the attack. It is mandatory to insure that such authority is not assumed through accident or misinformation. The authorization to expend nuclear weapons should be regarded as an authorization effective only until it is possible, in light of time and circumstances, to communicate with the President, or other person empowered to act in his stead.

5. AUTHORIZING COMMANDERS ⁹

    a. Authorizing Commanders for the purposes set forth in this section are: The Commander in Chief, U.S. - Europe; The Commander in Chief, Alaska; The Commander in Chief, Caribbean; The Commander in Chief, Atlantic; The Commander

19

(Revised as of May 12, 1960)

~~TOP SECRET~~

in-Chief, Continental Air Defense; The Commander in Chief, Pacific; The Commander in Chief, Strategic Air Command. The Commander in Chief, U.S. Naval Forces, Eastern Atlantic and Mediterranean (CINCNELM) will be an Authorizing Commander for the purposes set forth in this section only when he has been directed to conduct operations as a Specified Commander by the President through the Secretary of Defense. This limitation does not preclude his designation as an Authorizing Commander by CINCEUR in accordance with paragraph 5b below.

b. In addition, commanders of numbered field armies, fleets, and air forces, and commanders of Joint Task forces and of other commands equivalent in stature to the numbered forces may from time to time be designated as Authorizing Commanders by recommendation of a Specified or Unified Commander to the Joint Chiefs of Staff or by the Joint Chiefs of Staff, with the approval of the Secretary of Defense and the President in each such instance.

Section "C"

Special Additional Instructions Regarding Retaliation in the Event of a Nuclear Attack Upon the ~~Continental~~ United States [10]

1. PURPOSE. These special instructions provide additional guidance applicable to the expenditure of nuclear weapons in the event (Deletion app. by President 11/2/59 ^{20}. see ltr. to Sec. Gates)

~~TOP SECRET~~

of a nuclear attack upon the United States in retaliation against the enemy identified as responsible for the attack, subject, in the case of retaliation from friendly foreign territory, to applicable agreements or understandings, if any, with the government exercising sovereignty over the country or countries concerned.

2. POLICY. In the event of a nuclear attack upon the United States, it is assumed that the President would have approximately the same information as the Department of Defense regarding the strength and character of the attack and the identity of the nation launching it. Retaliation for such attack, therefore, will be on order of the President, except in circumstances where immediate communications have become impossible between the President and responsible officials of the Department of Defense. In such circumstances, the Secretary of Defense or the next official in the chain of responsibility, acting in the name of the Secretary of Defense, is authorized to expend nuclear weapons in retaliation against the enemy identified as responsible for the attack, subject, in the case of retaliation from friendly foreign territory, to applicable agreements or understandings, if any, with the government exercising sovereignty over the country or countries concerned.

(Revised as of May 12, 1960)

Electrostatic reproduction made for preservation purposes by the Eisenhower Library for replacement of a deteriorating manuscript item

3. DEPARTMENT OF DEFENSE PROCEDURE AND RESPONSIBILITIES

a. When retaliation is ordered by the Department of Defense such orders will be issued through command channels by the Secretary of Defense or by the next official in the chain of responsibility, acting in the name of the Secretary.

b. In the event that a nuclear attack has in fact occurred, as authenticated through prescribed procedures as approved by the President, on the ~~Continental~~ United States  and it is impossible to communicate with the Secretary of Defense and the Joint Chiefs of Staff, expenditure of nuclear weapons for retaliatory purposes may be ordered by an Authorizing Commander. Before ordering such an expenditure under this authorization, an Authorizing Commander will adhere to the following conditions:

(1) Comply with applicable international agreements or understandings, if any, in expending nuclear weapons for retaliatory purposes from friendly foreign territory.

(2) Alert his retaliatory forces to the fact that they may be recalled prior to their arrival in the target area.

(Deletion app. by President—ltr 11/2/59 to Deputy Sec.Def.)

4. OPERATIONAL LIMITATIONS. The authority to expend nuclear weapons for retaliatory purposes is an emergency measure necessitated by recognition of the fact that communications may be disrupted by the attack. It is mandatory to insure that such authority is not assumed through accident or misinformation. The authorization for expenditure of nuclear weapons for retaliatory purposes should be regarded as an authorization effective only until it is possible, in light of time and circumstances to communicate with the President, or other person empowered to act in his stead.

5. AUTHORIZING COMMANDERS. The Authorizing Commanders for the purpose set forth in this Section and approved by the President are listed below:

    a. The Commander in Chief, Atlantic.
    b. The U. S. Commander in Chief, Europe.
    c. The Commander in Chief, Pacific.
    d. The Commander in Chief, Strategic Air Command.
    e. The Commander in Chief, U. S. Naval Forces, Eastern Atlantic and Mediterranean, will be an Authorizing Commander for the purposes set forth in this section only when he has been directed to conduct operations as a Specified Commander by the President through the Secretary of Defense.

(Revised as of May 12, 1960)

Anmerkungen zum Dokument
»Instructions for the Expenditure
of Nuclear Weapons«

1 Quelle: DDEL, Records of the White House Office of the Special Assistant to the President for National Security Affairs, NSC Series, Subject Subseries, box 1, file »Atomic Weapons, Corresp. & Background for Pres. Approval & Instructions for Use of«, zensierte Kopie; National Security Archive (NSA) website: http://www.gwu.edu/~nsarchiv/NSAEBB45.
Die Instructions wurden von Präsident Eisenhower am 17.2.1959 gebilligt. Das Titelblatt dieses Exemplars trägt am unteren Rand in Klammern den Vermerk »Revised as of 28 January 1959«.
2 Der ursprüngliche Text hatte als geographische Bezeichnung »Continental United States«. »Continental« ist von Hand durchgestrichen. Auf diese Korrektur bezieht sich der Vermerk am unteren Blattrand »Deletion app. by President-ltr. 11/2/59 to Deputy Sec. Def.« Siehe Schreiben Präsident Eisenhowers an Deputy Secretary of Defence Thomas S. Gates vom 2.11.1959, DDEL (wie Anm. 1).
3 Der gesamte Abschnitt 4 ist neu gefaßt: »by the President« ist von Hand unterstrichen. Am unteren Blattrand findet sich der Vermerk »Ch[an]g[e] approved by President-ltr. 11/2/59 to Deputy Sec. Def.«
4 Wie Anm. 2.
5 Auf diesen Abschnitt bezieht sich vermutlich der Vermerk am unteren Blattrand »Revised as of May 12, 1960«.
6 Appendix A liegt dieser Kopie nicht an.
7 Nach einem Memorandum von James S. Lay (Jr.), Executive Secretary NSC, an Gordon Gray, Special Assistant to the President for National Security Affairs, vom 3.9.1958 enthält der geschwärzte Teil u.a. den Abschnitt 6-d mit »new factors to be considered by an ›Authorizing Commander‹«; die Kopie dieses Memorandums ist an dieser Stelle ebenfalls zensiert; DDEL, Office of the Special Assistant to the President for National Security Affairs, NSC Series, Briefing Notes Subseries, box 1, AEC-Policy on Use of Atomic Weapons; NSA website: http://www.gwu.edu/~nsarchiv/news/predelegation/pd 09.
8 Siehe Anm. 6.
9 Auf diesen Abschnitt bezieht sich vermutlich der Vermerk am unteren Blattrand »Revised as of May 12, 1960«.
10 Wie Anm. 2.
11 Wie Anm. 9.
12 Wie Anm. 2.
13 Zu diesem und dem nachfolgenden Abschnitt siehe Anm. 9.

Abkürzungen

AA	Auswärtiges Amt
ABC(-Waffen)	Atomare, biologische, chemische Waffen
ACE	Allied Command Europe
AEC	Atomic Energy Commission
AFMED	Allied Forces Mediterranean
AFSOUTH	Allied Forces Southern Europe
AFSWP	Armed Forces Special Weapons Project
ALCOM	Alaskan Command
AOC	Atlantic Official Committee
AR	Annual Review
AWS	Anfänge westdeutscher Sicherheitspolitik
BA-MA	Bundesarchiv-Militärarchiv
B.J.S.M.	British Joint Services Mission
BBC	British Broadcasting Corporation
BC	Bomber Command
BCOS	British Chiefs of Staff
CAEC	Chairman, Atomic Energy Commission
CARIBCOM	Caribbean Command
CCS	Combined Chiefs of Staff (USA/Großbritannien)
CD	Conference on Disarmament
CDC	Civil Defence Committee
CENTAG	Central Army Group
CHANCOM	Channel Command
CIA	Central Intelligence Agency
CINC	Commander-in-Chief
CINCCHAN	Commander-in-Chief, Channel
CINCENT	Commander-in-Chief, Allied Forces Central Europe
CINCEUR	Commander-in-Chief, Europe
CINCLANT	Commander-in-Chief, Atlantic
CINCNORAD	Commander-in-Chief, North American Aerospace Defense Command
CINCPAC	Commander-in-Chief, Pacific
CINCSAC	Commander-in-Chief, Strategic Air Command
CINCSOUTH	Commander-in-Chief, Allied Forces Southern Europe
CJCS	Chairman, Joint Chiefs of Staff
CMJAMMAT	Chairman, Joint American Military Mission for Aid to Turkey
CNO	Chief of Naval Operations

CONAD	Continental Air Defense Command
COS	Chief(s) of Staff
CPC	Combined Policy Committee
CPX	Command Post Exercise
CR	Combat Ready
CWIHP	Cold War International History Project
CY	Calendar Year
DAECMR	Designated Atomic Energy Commission Military Representative
DASA	Defense Atomic Support Agency
DC	Defense Committee
DDEL	Dwight D. Eisenhower Presidential Library
DDF	Documents Diplomatiques Français
DDR	Deutsche Demokratische Republik
DDRS	Declassified Documents Reference System
DEF	Division Economics and Finance
DELWU	Delegation to the Western Union (USA)
DoD	Department of Defense
EA	Europa-Archiv
ECA	Economic Cooperation Administration
EDP	Emergency Defense Plan
ERP	European Recovery Program
EUCOM	European Command
EVG	Europäische Verteidigungsgemeinschaft
FBI	Federal Bureau of Investigation
FC	Fighter Command (GB)
FEC	Far Eastern Commission
FECOM	Far East Command
FM	Field Marshal, auch Field Manual (Dienstvorschrift)
FO	Foreign Office
FRUS	Foreign Relations of the United States
FS	Fernschreiben
FY	Financial Year
GAC	General Advisory Committee
GF	Geographic File
GNP	Gross National Product
HQ	Headquarters
HQ-SAC (ZEBRA)	Headquarters, Strategic Air Command
HSTL	Harry S. Truman Library, Independence, Miss.
IMS	International Military Staff
IPT	International Planning Team
ISA	International Security Affairs
JCAE	Joint Committee on Atomic Energy
JCS	Joint Chiefs of Staff
JIC	Joint Intelligence Committee
JSOP	Joint Strategic Objectives Plan
JSPC	Joint Strategic Plans Committee

JSSC	Joint Strategic Survey Committee
KAG	Keesings Archiv der Gegenwart
KOMINFORM	Kommunistisches Informationsbüro
KT	Kilotonne
LANDSOUTHEAST	Allied Land Forces Europe Southeast
LANTCOM	Atlantic Command
LC	Library of Congress
MAD	Mutual Assured Destruction
MAP	Military Assistance Program
MC	Military Committee
MC/SG	Military Committee/ Standing Group
MDAP	Mutual Defense Assistance Program
MED	Manhattan Engineer District
MLC	Military Liaison Committee
MMB	Modern Military Branch
MRC	Military Representatives Committee
MSA	Mutual Security Act
MTDP	Medium Term Defense Plan
NA	National Archives, Washington D.C.
NAC	National Archives Canada, Ottawa, auch North Atlantic Council
NAG	New Approach Group
NAT	North Atlantic Treaty
NATO	North Atlantic Treaty Organization
NELM	U.S. Naval Forces, Eastern Atlantic and Mediterranean
NESC	Net Evaluation Subcommittee
NIACT	Night Action (Prioritätsbegriff der Telekommunikation)
NISCA	NATO International Staff Central Archives
NME	National Military Establishment
NSA	National Security Archive
NSC	National Security Council
NSRB	National Security Resources Board
OCB	Operations Coordinating Board
ODM	Office of Defense Mobilization
OEEC	Organization for European Economic Cooperation
OPD	Operations Plans Division (G3), War Department General Staff
ORAE	Operational Research and Analysis Establishment, Ottawa, Canada
OSD	Office of the Secretary of Defense
OTAN	NATO (französisch)
PAC	Public Archives of Canada
PACOM	Pacific Command
PALs	Permissive Action Links
PLA	People's Liberation Army (VR China)
PPS	Policy Planning Staff
PRO	Public Record Office, London
RAF	Royal Air Force
RCT	Regimental Combat Team

RG	Record Group
SAC	Strategic Air Command
SACEUR	Supreme Allied Commander, Europe
SACLANT	Supreme Allied Commander, Atlantic
SAGE	Semiautomatic Ground Environment
SBZ	Sowjetische Besatzungszone Deutschlands
SecDef	Secretary of Defense
SecState	Secretary of State
SETAF	South European Task Force
SG	Standing Group
SGM	Standing Group Memorandum
SHAPE	Supreme Headquarters Allied Powers Europe
SIOP	Single Integrated Operational Plan
SOP	Standard Operating Procedures
SU	Sowjetunion
TAC	Tactical Air Command
TAF	Tactical Air Fighter
TCC	Temporary Council Committee
TNT	Trinitrotoluol
UNO	United Nations Organization
UPA	University Publications of America
USAF	United States Air Force
USAFE	U.S. Air Forces Europe
USCINCEUR	U.S. Commander-in-Chief, Europe
USEUCOM	U.S. European Command
USN	United States Navy
USNMR	U.S. National Military Representative
USRO	U.S. Regional Organizations Mission to the North Atlantic Treaty Organization and Europe
VfZ	Vierteljahrshefte für Zeitgeschichte
WEU	Westeuropäische Union
WG	Working Group
WSEG	Weapons Systems Evaluation Group
WU	Western Union
WUDO	Western Union Defense Organization

Literatur

Abelshauser, Werner, The Causes and Consequences of the 1956 West German Rearmament Crisis, in: NATO: The Founding, S. 311-334

Abelshauser, Werner, Hilfe zur Selbsthilfe. Zur Funktion des Marshallplans beim westdeutschen Wiederaufbau, in: VfZ, 37 (1989), S. 85-113

Abelshauser, Werner, Rüstung, Wirtschaft, Rüstungswirtschaft: Wirtschaftliche Aspekte des Kalten Krieges in den fünfziger Jahren, in: Das Nordatlantische Bündnis, S. 89-108

Acheson, Dean, Present at the Creation. My Years in the State Department, New York 1969

Achilles, Theodore C., Die Rolle der Vereinigten Staaten bei den Verhandlungen über das Atlantische Bündnis, in: NATO-Brief, 4, 1979, S. 11-14

Adenauer, Konrad, Erinnerungen 1953-1955, Stuttgart 1966

Ambrose, Stephen E., Die Eisenhower-Administration und die europäische Sicherheit, 1953-1956, in: Zwischen Kaltem Krieg und Entspannung, S. 25-34

Ambrose, Stephen E., Eisenhower
  vol. 1: Soldier, General of the Army, President Elect, 1890-1952, New York 1983
  vol. 2: The President, 1952-1969, New York 1984

The American Atom. A Documentary History of Nuclear Politics from the Discovery of Fission to the Present, 1939-1984, ed. by Robert C. Williams and Philip L. Cantelon, Philadelphia, PA 1984

American Defense Policy, ed. by Schuyler Foerster and Edward N. Wright, 6th ed., Baltimore, London 1990

American Historians and the Atlantic Alliance, ed. by Lawrence S. Kaplan, Kent, London 1991

Andrade, Luis, Portugiesische Außen- und Bündnispolitik 1949-1956, in: Nationale Außen- und Bündnispolitik, S. 255-267

Anfänge westdeutscher Sicherheitspolitik 1945-1956, hrsg. vom MGFA
  Bd 1: Von der Kapitulation bis zum Pleven-Plan, von Roland G. Foerster, Christian Greiner, Georg Meyer, Hans-Jürgen Rautenberg und Norbert Wiggershaus, München 1982
  Bd 2: Die EVG-Phase, von Lutz Köllner, Klaus A. Maier, Wilhelm Meier-Dörnberg und Hans-Erich Volkmann, München 1990

Bd 3: Die NATO-Option, von Hans Ehlert, Christian Greiner, Georg Meyer und Bruno Thoß, München 1993

Arkin, William M., Whose Finger on the Button?, in: Bulletin of the Atomic Scientists, March/April 2002, S. 73

Armitage, Michael J. and Mason, R.A., Air Power in the Nuclear Age, 1945-1984. Theory and Practice, 2nd ed., London 1985

The Atlantic Pact. Forty Years Later. A Historical Reappraisal, ed. by Ennio Di Nolfo, Berlin, New York 1991

Das Atlantische Bündnis. Tatsachen und Dokumente. NATO Information Service, 7. Aufl., Brüssel 1990

Die Atlantische Gemeinschaft. Grundlagen und Ziele. Eine Dokumentation, hrsg. vom Presse- und Informationsamt der Bundesregierung, Bonn 1972

Atomic Energy Act of 1946 and Amendments, compiled by Gilman G. Udell, Washington, D.C. 1966

L'avenir de l'Alliance Atlantique, par Claude Delmas, préface de Jules Romains, Paris 1961 (= Institutions Politiques d'Aujourd'hui)

Bacevich, A.J., The Pentomic Era: The U.S. Army between Korea and Vietnam, Washington, D.C. 1986

Bagci, Hüseyin, Die türkische Außenpolitik 1945-1956, in: Nationale Außen- und Bündnispolitik, S. 281-309

Bagnato, Bruno, France and the Origins of the Atlantic Pact, in: Atlantic Pact, S. 79-110

Ball, Desmond, The Development of the SIOP, 1960-1983, in: Strategic Nuclear Targeting, ed. by Desmond Ball and Jeffrey Richelson, Ithaca, London 1986, S. 57-83

Baring, Arnulf, Außenpolitik in Adenauers Kanzlerdemokratie, München, Wien 1969

Barlow, Jeffrey, Revolt of the Admirals. The Fight for Naval Aviation, 1945-1950, Washington, D.C. 1994

Bartlett, C.J., The Long Retreat. A Short History of British Defence Policy, 1945-1970, London 1972

Baylis, John, American Bases in Britain: the »Truman-Attlee Understandings«, in: The World Today, vol. 42, no. 8-9 (August-September 1986), S. 155-159

Baylis, John, Anglo-American Defence Relations, 1939-1984. The Special Relationship, 2nd ed., London 1988

Baylis, John, Britain and the Formation of NATO, in: Origins of NATO, S. 3-32

Baylis, John, British Defence Policy. Striking the Right Balance, London 1989

Baylis, John and Alan MacMillan, The British Strategy Paper of 1952, in: The Journal of Strategic Studies, 16 (1993), S. 200-226

Beaufre, André, NATO and Europe, New York 1966

Bedrohung durch die Sowjetunion?, hrsg. von Carl-Christoph Schweitzer, Baden-Baden 1989

Beglinger, Martin, »Containment« im Wandel. Die amerikanische Außen- und Sicherheitspolitik im Übergang von Truman zu Eisenhower, Wiesbaden 1988

Berkowitz, Bruce D. and Allan Goodman, Strategic Intelligence for American National Security, Princeton 1989

Bernstein, Barton J., Crossing the Rubicon. A Missed Opportunity to Stop the H-Bomb?, in: International Security, 14 (1989), S. 132-160

Betts, George C., NATO's Internal Challenges. ORAE Project Report No. PR 310, Department of National Defence, Canada, Ottawa 1985

Blair, Bruce G., The Logic of Accidental Nuclear War, Washington, D.C. 1993

Blair, Bruce G., Strategic Command and Control. Redefining the Nuclear Threat, Washington, D.C. 1985

Bland, Douglas L., The Military Committee of the North Atlantic Alliance: A Study of Structure and Strategy, New York, London 1991

Bluth, Christopher, Britain, Germany and Western Nuclear Strategy, Oxford 1995

Botti, Timothy, The Long Wait: The Forging of the Anglo-American Nuclear Alliance, 1945-1958, New York 1987

Bowie, Robert and Richard H. Immerman, Waging Peace: How Eisenhower Shaped an Enduring Cold War Strategy, New York 1998

Boyd, Andrew, An Atlas of World Affairs, 1987/89, London 1989

Boyle, Peter G., Oliver Franks and the Washington Embassy, 1948-1952, in: British Officials, hrsg. von John Zametica, London 1990

Bozo, Frédéric, La France et l'OTAN. De la guerre froide au nouvel ordre européen, Paris 1991

Bracken Paul, The Command and Control of Nuclear Forces, New Haven 1983

Bracken, Paul, Delegation of Nuclear Command Authority, in: Managing Nuclear Operations, ed. by Ashton B. Carter, John D. Steinbruner and Charles A. Zraket, Washington, D.C. 1987, S. 352-372

Bradley, Omar N., This Way Lies Peace, in: Saturday Evening Post, 08.10.1949

Bradley, Omar N., U.S. Military Policy: 1950, in: Reader's Digest, 10 (1950), S. 143-154

Britain and the First Cold War, ed. by Anne Deighton, London 1990

British Officials and British Foreign Policy, ed. by John Zametica, London 1990

Brodie, Bernard, The Absolute Weapon, New York 1946

Brown, Aurel, Small-State Security in the Balkans, London 1983

Brugioni, Dino A., Eyeball to Eyeball. The Cuban Missile Crisis, New York 1991

Buchan, Alastair and Philip Windsor, Eine Strategie für Europa, Frankfurt, Berlin 1963

Bundy, McGeorge, Danger and Survival. Choices About the Bomb in the First Fifty Years, New York 1990

Bunge, William, Nuclear War Atlas, Oxford, New York 1988

Burr, William, Newly Declassified Documents on Advance Presidential Authorization of Nuclear Weapons Use, 30 August 1998, National Security Archive (NSA) Website: http://www.gwu.edu/~nsarchive/news/predelegation2/predel2.htm

Buteux, Paul, The Politics of Nuclear Consultation in NATO, 1965-1980, Cambridge 1983

Calandri, Elena, The Neglected Flank? NATO in the Mediterranean, 1949-1956, in: Securing Peace in Europe, 1945-1962, ed. by Beatrice Heuser and Robert O' Neill, Oxford 1992

Catual, Honoré, Nuclear Deterrence – Does it Deter?, Berlin 1985

Challener, Richard D., The National Security Policy from Truman to Eisenhower. Did the »Hidden Hand« Leadership make any Difference?, in: The National Security, S. 39-75

Charles, Daniel, Nuclear Planning in NATO. Pitfalls of First Use, Cambridge, MA 1987

Cioc, Marc, Pax Atomica. The Nuclear Defense Debate in West Germany during the Adenauer Era, New York 1988

Clark, Jan and Nickolas J. Wheeler, The British Origins of Nuclear Strategy, 1945-1955, Oxford 1989

Clausewitz, Carl von, Hinterlassenes Werk. Vom Kriege, Nachdruck 19. Aufl., Bonn 1980/1991

Coker, Christopher, Shifting into Neutral. Burden Sharing in the Western Alliance in the 1990s, London 1990

Cold War Respite: The Geneva Summit of 1955, ed. by Günter Bischof and Saki Dockrill, Baton Rouge, LA 2000

Cold War Statesmen Confront the Bomb. Nuclear Diplomacy since 1945, ed. by John Lewis Gaddis, Philip H. Gordon and Ernest R. May, Oxford 1999

Cole, Ronald H., Walter S. Pool, James E. Schnabel and Willard J. Webb, The History of the Unified Command Plan, 1946-1993, Washington, D.C. 1995

Condit, Doris M., The Test of War, 1950-1953, Washington, D.C. 1988 (= History of the Office of the Secretary of Defense, vol. 2)

Condit, Kenneth W., The Joint Chiefs of Staff and National Policy, 1947-1949, Wilmington 1979 (= History of the Joint Chiefs of Staff, vol. 2)

Congress (Washington) Hearings.

Conventional Forces and American Defense Policy, ed. by Steven E. Miller and Sean Lynn-Jones, Cambridge, Mass. 1989

Cook, Don, Forging the Alliance. NATO 1945 to 1950, London 1989

Cotter, Donald, R., Peacetime Operations, Safety and Security, in: Managing Nuclear Operations, ed. by A.B. Carter, J.D. Steinbrunner and Ch.A. Zraked, Washington, D.C. 1987

Crollen, Luc, Portugal, the U.S. and NATO, Leuven 1973 (= Studies in International Relations, vol. 1)

Darwin, John, Britain and Decolonization. The Retreat from Empire in the Post-War World, London 1988

Delmas, Claude, Des illusions aux réalités, in: L'avenir, S. 17-72

Delmas, Jean, Naissance et développement d'une politique nucléaire militaire en France (1945-1956), in: Das Nordatlantische Bündnis, S. 263-272

The Department of Defense, Documents on Establishment and Organization, 1944-1978, ed. by Alice Cole, Alfred Goldberg, Samuel A. Tucker and Rudolph A. Winnacker, Washington, D.C. 1978

Department of Defense, Semiannual Report of the Secretary of Defense and the Semiannual Reports of the Secretary of the Army, Secretary of the Navy, Secretary of the Air Force, January 1 to June 30, 1950, Washington, D.C. 1950 (Department of Defense, Semiannual Report, 1.1.-30.6.1950)

Department of Defense, Semiannual Report of the Secretary of Defense and the Secretary of the Army, Secretary of the Navy, Secretary of the Air Force, January 1 to June 30, 1951, Washington, D.C. 1951 (Department of Defense, Semiannual Report, 1.1.-30.6.1951)

Deutschland zwischen Krieg und Frieden. Beiträge zur Politik und Kultur im 20. Jahrhundert, hrsg. von Karl Dietrich Bracher und Hans-Peter Schwarz, Bonn 1990

De Vos, Luc, Ein kleines Land in der großen Politik: Belgiens behutsamer Beitrag zum Entstehen einer militärischen Integration Westeuropas, in: Die westliche Sicherheitsgemeinschaft, S. 71-88

De Vos, Luc und Jean-Michel Sterkendries, Außenpolitik und atlantische Politik Belgiens 1949-1956, in: Nationale Außen- und Bündnispolitik, S. 177-194

Dilks, David, The British View of Security. Europe and a Wider World, 1945-1948, in: Western Security, S. 25-29

Dillon, George M., Defence Policy Making. A Comparative Analysis, Leicester 1988

Dingman, Roger, Atomic Diplomacy During the Korean War, in: Nuclear Diplomacy, S. 114-155

Di Nolfo, Ennio, Von Mussolini zu De Gasperi. Italien zwischen Angst und Hoffnung 1943-1953, Paderborn 1993

Dobson, Alan P., Informally Special? The Churchill-Truman Talks of January 1952 and the State of Anglo-American Relations; in: Review of International Studies, 23 (1997), S. 27-48

Dockrill, Michael, British Defence since 1945, Oxford 1988

Dockrill, Saki, Eisenhower's New Look National Security Policy, 1953-1961, Basingstoke 1996

Dockrill, Saki, »No Troops, Please. We are American« – The Diplomacy of Burden Sharing in the Case of the Radford Plan, 1956, in: Von Truman bis Harmel, S. 121-135

Dockrill, Saki, Retreat from the Continent? Britain's Motives for Troop Reduction in Germany, in: The Journal of Strategic Studies, 20 (1997) S. 45-70

Documents on American Foreign Relations, New York 1954

Duffield, John S., Power Rules, Stanford 1995

Duffield, John S., The Soviet Military Threat to Western Europe: U.S. Estimates in the 1950s and 1960s, in: Journal of Strategic Studies, 15 (1992), S. 208-227

Duke, Simon, U.S. Basing in Britain, 1945-1960, in: U.S. Military Forces in Europe, S. 117-152

Duke, Simon, U.S. Defence Bases in the United Kingdom. A Matter for Joint Decision, Oxford 1991

Eckert, Michael, Die Anfänge der Atompolitik in der Bundesrepublik Deutschland, in: VfZ, 37 (1989), S. 115-143

Edwards, Jill, Spain, Drumbeat and NATO: Incorporating Franco's Spain in Western Defence, in: Securing Peace in Europe, S. 159-172

Edwards, Jill and Roger Makins, »Mr. Atom«, in: British Officials and British Foreign Policy, 1945-1950, ed. by John Zametica, Leicester 1990, S. 8-38

The Eisenhower Diaries, ed. by Robert H. Ferrell, New York, London 1981

Eisenhower, Dwight D., Annual Report to the Standing Group, North Atlantic Treaty Organization, from General of the Army Dwight D. Eisenhower, Supreme Allied Commander Europe, Paris 1952

Eisenhower, Dwight D., Die Jahre im Weißen Haus, 1953-1956, Düsseldorf 1964

Elliot, David C., Project Vista and Nuclear Weapons in Europe, in: International Security, Summer 1986, S. 163-183

Elsenhans, Hartmut, Frankreichs Algerienkrieg 1954-1962. Entkolonisierung einer kapitalistischen Metropole, München 1974

Engel, Franz-Wilhelm, Handbuch der NATO, Frankfurt a.M. 1957

English, John, »Who Could Ask for Anything More?« North American Perspectives on NATO's Origins, in: A History of NATO: The First Fifty Years, ed. by Gustav Schmidt, vol. 2, Hounds Mill, N.Y. 2001, S. 305-320

Etzold, Thomas H. and John L. Gaddis, Containment. Documents on American Policy and Strategy, 1945-1950, New York 1978

Etzold, Thomas H., The End of the Beginning ... NATO's Adoption of Nuclear Strategy, in: Western Security, S. 285-314

Evangelista, Matthew, Innovation and the Arms Race. How the United States and the Soviet Union Develop New Military Technologies, New York 1988

Facon, Patrick, U.S. Forces in France, 1945-1958, in: U.S. Military Forces in Europe, S. 233-247

Feaver, Peter Douglas, Guarding the Guardians: Civilian Control of Nuclear Weapons in the United States, Ithaca, London 1992 (= Cornell Studies in Security Affairs)

Ferrell, Robert H., The Formation of the Alliance, 1948-1949, in: American Historians, S. 11-32

Fischer, Peter, Atomenergie und staatliches Interesse. Die Anfänge der Atompolitik in der Bundesrepublik Deutschland 1949-1955, Baden-Baden 1994 (= Internationale Politik und Sicherheit, Bd 30/3)

Fischer, Peter, Die Reaktion der Bundesregierung auf die Nuklearisierung der westlichen Verteidigung (1952-1958), in: Militärgeschichtliche Mitteilungen, 52 (1993), S. 105-132

Fischer, Peter, Zwischen Abschreckung und Verteidigung. Die Anfänge bundesdeutscher Nuklearpolitik (1952-1957), in: Das Nordatlantische Bündnis, S. 273-292

Fisher, Louis, Presidential Spending Power (Budgeting), Princeton, N.Y. 1975

Flanagan, Stephan J., NATO's Conventional Defences, London 1988

Fodor, Neil, The Warsaw Treaty Organisation. A Political and Organizational Analysis, London 1990

Foot, Peter, America and the Origins of the Atlantic Alliance: A Reappraisal, in: Origins of NATO, S. 82-94

The Foreign Policy of the Netherlands, ed. by J.H. Leurdijk, Alphen aan den Rijn 1978

Foreign Relations of the United States. Diplomatic Papers
    1947, vol. 3, The British Commonwealth; Europe, Washington, D.C. 1972
    1948, vol. 1, The United Nations, Washington, D.C. 1975/76
    1948, vol. 2, Germany and Austria, Washington, D.C. 1973
    1948, vol. 3, Western Europe, Washington, D.C. 1974
    1949, vol. 1, National Security Affairs. Foreign Economic Policy, Washington, D.C. 1976
    1949, vol. 4, Western Europe, Washington, D.C. 1975
    1950, vol. 1, National Security Affairs, Foreign Economic Policy, Washington, D.C. 1977

1950, vol. 3, Western Europe, Washington, D.C. 1977

1950, vol. 7, Korea, Washington, D.C. 1976

1951, vol. 3, European Security and the German Question, Washington, D.C. 1981

1952-1954, vol. 2, National Security Affairs, Washington, D.C. 1984

1952-1954, vol. 5, Western European Security, Washington, D.C. 1983

1952-1954, vol. 6, Western Europe and Canada, Washington, D.C. 1986

1955-1957, vol. 4, Western European Security and Integration, Washington, D.C. 1986

1955-1957, vol. 19, National Security Policy, Washington, D.C. 1990

1958-1960, vol. 3, National Security Policy; Arms Control and Disarmament, Washington, D.C. 1996

1958-1960, vol. 7, pt. 1: Western European Integration and Security; Canada; pt. 2: Western Europe, Washington, D.C. 1993

1961-1963, vol. 8, National Security Policy, Washington, D.C. 1996

Forging the Atomic Shield. Excerpts from the Office Diary of Gordon E. Dean, ed. by Roger M. Anders, Chapel Hill, London 1987

The Forrestal Diaries, ed. by Walter Millis and E.S. Dutfield, New York 1986

La France et l'OTAN, 1949-1996, publ. par Maurice Vaïsse, Pierre Mélandri et Frédéric Bozo, Paris 1996

Frankel, Josef, British Foreign Policy, 1945-1973, London 1984

Frederiksen, Oliver J., The American Military Occupation of Germany, 1945-1953, Darmstadt 1953

Freedman, Lawrence, The Evolution of Nuclear Strategy, London 1982

Freedman, Lawrence, U.S. Intelligence and the Soviet Strategic Threat, Boulder, CO 1977

Freedman, Lawrence, Martin Navias and Nicholas Wheeler, Independence in Concert: The British Rationale for Possessing Strategic Nuclear Weapons, College Park, MD 1989 (= Nuclear History Program, Occasional Paper 5)

Fremeaux, Jacques and André Martel, French Defence Policy, 1947-1949, in: Western Security, S. 92-103

Futrell, Robert Frank, Ideas, Concepts, Doctrine: Basic Thinking in the United States Air Force, 1907-1960, vol. 1, Maxwell Air Force Base 1989

Gaddis, John Lewis, The Long Peace. Inquiries into the History of the Cold War, New York, Oxford 1987

Gaddis, John Lewis, The Origins of Self-Deterrence: The United States and the Non-Use of Nuclear Weapons, 1945-1958, in: Gaddis, Long Peace, S. 104-146

Gaddis, John Lewis, Strategies of Containment: A Critical Reappraisal of Postwar American National Security Policy, New York, Oxford 1982

Gaddis, John Lewis, The United States and the Question of a Sphere of Influence in Europe, 1945-1949, in: Western Security, S. 60-91

Gallup, George H., The Gallup Poll, Public Opinion, 1935-1971, vol. 2, 1949-1958, New York 1972

Gates, David, American Strategic Bases in Britain: The Agreements Governing their Use, New York 1989

Gavin, James, War and Peace in the Nuclear Age, New York 1958

Geiling, Martin, Außenpolitik und Nuklearstrategie 1945-1963, Köln, Wien 1975

Generals in International Politics. NATO's Supreme Allied Commanders Europe, ed. by Robert S. Jordan, Lexington, KY 1987

The Geneva Summit of 1955, ed. by Guenter Bischof and Saki Dockrill, Baton Rouge, LA 2000

Gersdorff, Gero von, Adenauers Außenpolitik gegenüber den Siegermächten 1954. Westdeutsche Bewaffnung und internationale Politik, München 1994

Gersdorff, Gero von, Die Gründung der Nordatlantischen Allianz (in Bearbeitung)

Gersdorff, Gero von, NATO (in Bearbeitung)

Gervasi, Tom, The Myth of Soviet Military Supremacy, New York 1987

Geschichte und Militärgeschichte. Wege der Forschung, hrsg. von Ursula von Gersdorff, Frankfurt a.M. 1974

Global Nuclear Stockpiles, 1945-2002 (NRDC, Nuclear Notebook), in: Bulletin of the Atomic Scientists, November/December 2002, S. 103 f.

Gnesotto, Nicole, Der sicherheitspolitische Dialog 1954 bis 1986, in: Deutsch-Französische Sicherheitspolitik, hrsg. von Karl Kaiser und Pierre Lellouche, Bonn 1986, S. 5-26

Gowing, Margret, Independence and Deterrence: Britain and Atomic Energy, 1945-1952, vol. 1: Policy Making, London 1974

Greenwood, John T., The Atomic Bomb. Early Air Force Thinking and the Strategic Air Force, August 1945-March 1946; in: Aerospace Historian, 34 (1987), S. 158-166

Greenwood, John T., The Emergence of the Postwar Strategic Air Force, 1945-1953; in: Air Power and Warfare. The Proceedings of the 8th Military History Symposium United States Air Force Academy, 18-20 October, 1978, ed. by Alfred F. Hurley and Robert C. Ehrhart, Washington, D.C. 1979, S. 215-244

Gregory, Shaun, The Command and Control of British Nuclear Weapons, Bradford 1986 (= University of Bradford School of Peace Studies, Peace Research Report No. 13)

Greiner, Bernd, Die Kategorie Risikoniveau. Ein Paradigma zur Analyse amerikanischer Außen- und Militärpolitik während des Kalten Krieges, Frankfurt a.M. 1985

Greiner, Christian, Die alliierten militärstrategischen Planungen zur Verteidigung Westeuropas 1947-1950, in: AWS 1, S. 119-323

Greiner, Christian, Die militärische Eingliederung der Bundesrepublik Deutschland in die WEU und die NATO 1954 bis 1957, in: AWS 3, S. 561-850

Greiner, Christian, Das militärstrategische Konzept der NATO von 1952 bis 1957, in: Zwischen Kaltem Krieg und Entspannung, S. 211—245

Greiner, Christian, Zur Rolle Kontinentaleuropas in den militärstrategischen Planungen der NATO von 1949 bis 1958, in: Das Nordatlantische Bündnis, S. 147-175

Grosser, Alfred, Deutschlandbilanz. Geschichte Deutschlands seit 1945, München 1970

Großbritannien und Europa – Großbritannien in Europa. Sicherheitsbelange und Wirtschaftsfragen in der britischen Europapolitik nach dem 2. Weltkrieg, hrsg. von Gustav Schmidt, Bochum 1989

Guillen, Pierre, Frankreich und die Frage der Verteidigung Westeuropas. Vom Brüsseler Vertrag (1948) zum Pleven Plan (Oktober 1950), in: Die westliche Sicherheitsgemeinschaft, S. 103-123

Guillen, Pierre, Die französische Generalität, die Aufrüstung der Bundesrepublik Deutschland und die Europäische Verteidigungsgemeinschaft, in: Die Europäische Verteidigungsgemeinschaft. Stand und Probleme der Forschung, hrsg. von Hans Erich Volkman und Walter Schwengler, Boppard a.R. 1985, S. 125-157

Hamilton, Nigel, Monty, the Field-Marshal, 1944-1976, London 1986

Hammerich, Helmut R., Invasion oder Inflation. Die Aufrüstung Westeuropas und ihre wirtschaftlichen Auswirkungen auf die NATO-Mitgliedsstaaten 1949-1954, in: Militärgeschichte, NF 8 (1998), S. 30-38

Hammerich, Helmut R., »Jeder für sich und Amerika gegen alle?« Die Lastenteilung der NATO am Beispiel des Temporary Council Committee 1949 bis 1954, München 2003

Hammerich, Helmut R., »Operation Wise Men«. Das Temporary Council Committee und die Geburt der NATO im Jahre 1952, in: Von Truman bis Harmel, S. 137-152

Hammond, Paul Y., Super Carriers and B-36 Bombers: Appropriations, Strategy and Politics, in: American Civil-Military Decisions. A Book of Case Studies, ed. by Harold Stein, Birmingham, AL 1963, S. 465-567

Harkvay, Robert E., The Changing Strategic and Technological Basis, 1945-1962, in: U.S. Military Forces in Europe, S. 43-64

Harley, Bruce R., Historical Highlights. United States Air Forces in Europe, New York 1974 (ungedr. MS)

Hartle, Anthony E., Moral Issues in Military Decision Making, Lawrence, KS 1989

Hardach, Gerd, Der Marshall-Plan. Auslandshilfe und Wiederaufbau in Westdeutschland 1948-1952, München 1994

Heinemann, Winfried, Vom Zusammenwachsen des Bündnisses. Die Funktionsweise der NATO in ausgewählten Krisenfällen 1951-1956, München 1998 (= Entstehung und Probleme des Atlantischen Bündnisses bis 1956, hrsg. vom MGFA, Bd 1)

Heller, Otto, Die »Schild-Schwert«-These und die Neutralen, in: Schild und Schwert. Das österreichische Bundesheer 1955-1970, hrsg. von Manfried Rauchensteiner und Wolfgang Etschmann, Graz 1991, S. 61-87

Herken, Gregg, The Winning Weapon. The Atomic Bomb in the Cold War, 1945-1950, New York 1980

Herz, Martin F., David Bruce's »Long Telegram« of July 3, 1951, Washington, D.C. 1978

Heuser, Beatrice, NATO, Britain, France and the Federal Republic of Germany: Nuclear Strategies and Forces for Europe, London 1998

Heuser Beatrice, Subversive Operationen im Dienste der »Roll-back«-Politik 1948-1953, in: VfZ, 37 (1989), S. 279-297

Hewlett, Richard G. and Oscar E. Anderson, Jr., The New World, 1939-1946, University Park 1962 (= A History of the United States Atomic Energy Commission, vol. 1)

Hewlett, Richard G. and Francis Duncan, Atomic Shield, 1947-1952, University Park 1969 (= A History of the United States Atomic Energy Commission, vol. 2)

Hewlett, Richard G. and Jack M. Holl, Atoms for Peace and War, 1953-1961: Eisenhower and the Atomic Energy Commission, Berkeley, Los Angeles, London 1989 (= California Studies on the History of Science)

Hillgruber, Andreas, Europa in der Weltpolitik der Nachkriegszeit (1945-1963), München, Wien 1979

Hilsman, Roger, NATO: The Developing Strategic Context, in: NATO and American Security, S. 11-36

Hogan, Michael J., A Cross of Iron. Harry S. Truman and the Origins of the National Security State, 1945-1954, Cambridge 1998

Hogan, Michael J., The Marshall Plan. America, Britain and the Reconstruction of Western Europe, 1947-1952, New York 1987

Holmes, John W., The Shaping of Peace: Canada and the Search for World Order, 1943-1957, vol. 2, Toronto 1982

Hoxie, Gordon R., Command Decision and the Presidency: A Study in National Security Policy Organization, New York 1977

Humble, Richard, Fraser of the North Cape. The Life of Admiral of the Fleet Lord Fraser, 1888-1981, London 1983

Iklé, Fred, Discriminated Deterrence, Washington, D.C. 1987

Ipsen, Knut, Die rechtliche Institutionalisierung der Verteidigung im atlantisch-westeuropäischen Raum, in: Jahrbuch des Öffentlichen Rechts der Gegenwart, NF 21 (1972), S. 1-53

Ipsen, Knut, Rechtsgrundlagen und Institutionalisierung der Atlantisch-Westeuropäischen Verteidigung, Kiel 1967

Ireland, Timothy P., Creating the Entangling Alliance. The Origins of the North Atlantic Treaty Organization, London 1981 (= European Studies, No. 6)

Isaacson, Walter and Thomas Evan, The Wise Men. Six Friends and the World They Made: Acheson, Bohlen, Harriman, Kennan, Lovett, McCloy, London, Boston 1986

Ismay, Lord Hastings Lionel, NATO. The First Five Years, 1949-1954, Brüssel 1955

Jackson, Sir William, Britain's Defence Dilemma. An Inside View, London 1990

Jahrbuch der öffentlichen Meinung 1947-1955, hrsg. von Elisabeth Noelle und Erich Peter Neumann, Allensbach 1956

Jahrbuch der öffentlichen Meinung 1957, hrsg. von Elisabeth Noelle und Erich Peter Neumann, Allensbach 1969

Jannison, Theodore R., General Curtis LeMay, the Strategic Air Command and the Korean War, 1950-1953; in: American Aviation Historical Society Journal, 41 (1996), S. 190-199

Jervis, Robert, The Meaning of the Nuclear Revolution. Statecraft and the Prospect of Armageddon, Ithaca, N.Y., London 1989 (= Cornell Studies in Security Affairs)

Jones, Howard, »A New Kind of War«. America's Global Strategy and the Truman Doctrine in Greece, New York, Oxford 1989

Jordan, Robert S., The NATO International Staff/Secretariat, 1952-1957. A Study in International Administration, London, New York, Toronto 1967

Jordan, Robert S., Norstad: Cold War NATO Supreme Commander, Airman, Strategist, Diplomat, Basingstoke, London 2000

Jordan, Robert S., U.S. Naval Forces in Europe and NATO, in: U.S. Military Forces in Europe, S. 65-82

Jordan, Robert S. (with Michael W. Bloome), Political Leadership in NATO. A Study in Multinational Diplomacy, Boulder, CO 1979

Kaplan, Fred, The Wizards of Armageddon. This is Their Untold Story, New York 1983

Kaplan, Lawrence S., A Community of Interests. NATO and the Military Assistance Program, 1948-1951, Washington, D.C. 1981

Kaplan, Lawrence S., The Long Entanglement. NATO's First Fifty Years, Westport, Conn., London 1999

Kaplan, Lawrence S., NATO and the United States. The Enduring Alliance, Boston, Mass. 1988

Kaplan, Lawrence S., An Unequal Triad: The United States, Western Union and NATO, in: Western Security, S. 107-127

Kaplan, Lawrence S., The United States and NATO. The Formative Years, Lexington, KY 1984

Kaplan, Lawrence S., Die Westunion und die militärische Integration Europas 1948-1950. Eine Darstellung aus amerikanischer Sicht, in: Die westliche Sicherheitsgemeinschaft, S. 37-56

Keesing's Archiv der Gegenwart, XVIII./XIX. Jg. 1948/49, XXI. Jg. 1951, XXII. Jg. 1952, XXVII. Jg. 1957

Kelly, Alfred H. and Winfred A. Harbison, The American Constitution. Its Origins and Development, 3rd ed., New York 1963

Kennan, George F., Memoiren 1950-1963, Frankfurt a.M. 1973

Kennan, George F., Memoiren eines Diplomaten 1925-1950, Stuttgart 1968

Kennan, George F., Memoirs, 1925-1950, New York (reprint) 1983

Kennan, George F., Russia, the Atom and the West, New York 1957

Kennan, George F. (Mr. X), The Sources of Soviet Conduct, in: Foreign Affairs, 25 (1947), S. 565-582

Kennedy Paul, The Rise and Fall of the Great Powers. Economic Change and Military Conflict from 1500 to 2000, New York 1987

Kersten, Albert E., Die Außen- und Bündnispolitik der Niederlande 1940-1955, in: Nationale Außen- und Bündnispolitik, S. 153-175

Kinnard, Douglas, Civil-Military Relations: The President and the General, in: The National Security, S. 199-225

Klepak, Harold P., Spain: NATO or Neutrality?, Ottawa 1980 (= ORAE Paper No. 11)

Knapp, Manfred, Ökonomische Aspekte beim Wiederaufbau des nordamerikanisch-westeuropäischen Bündnissystems 1948-1950, in: Die westliche Sicherheitsgemeinschaft, S. 283-309

Koch, Jutta, Aspekte sicherheitspolitischer Kultur der Vereinigten Staaten von Amerika, in: Aus Politik und Zeitgeschichte, B 18/19 (1.5.1998), S. 13-20

Kolko, Joyce and Gabriel, The Limits of Power. The World and the United States Foreign Policy, 1945-1954, New York 1972

Korkisch, Friedrich, Die amerikanische Sicherheitspolitik. Dargestellt an der Geschichte des »National Security Council«, in: Österreichische Militärische Zeitschrift, 1/1990, S. 36-45 und 3/1990, S. 219-228

Krieger, Wolfgang, Gründung und Entwicklung des Brüsseler Paktes, in: Die westliche Sicherheitsgemeinschaft, S. 191-207

Krüger, Dieter, Sicherheit durch Integration? Die wirtschaftliche und politische Zusammenarbeit Westeuropas 1947-1957/58, München 2003

Kuniholm, Bruce R., The Origins of the Cold War in the Near East: Great Power Conflict and Diplomacy in Iran, Turkey and Greece, Princeton, N.J. 1980

Lafeber, Walter, NATO and the Korean War. A Context, in: American Historians, S. 33-51

Lee, William T., Soviet Nuclear Targeting Strategy, in: Strategic Nuclear Targeting, S. 84-108

Leigh-Phippard, Helen, Congress and U.S. Military Aid to Britain. Interdependence and Dependence, 1949-1956, London 1995

Leonardis, Massimo de, Defense or Liberation of Europe? The Strategies of the West Against a Soviet Attack (1947-1950), in: Atlantic Pact, S. 176-206

Létourneau, Paul, Kanada und die Sicherheit Westeuropas (1948-1950) in: Die westliche Sicherheitsgemeinschaft, S. 57-70

Létourneau, Paul und Stéphane Roussel, Der kanadische Beitrag zum Entstehen der nordatlantischen Gemeinschaft, 1947-1949, in: Von Truman bis Harmel, S. 101-108

Lilienthal, David E., The Journals of David E. Lilienthal, vol. 2: The Atomic Energy Years, 1945-1950, New York 1964

Link, Werner, Der Ost-West Konflikt. Die Organisation der internationalen Beziehungen im 20. Jahrhundert, Stuttgart 1980

Loftson, Elfar, Island in der NATO – Die Parteien und die Verteidigungsfrage, Göteborg 1981

Loth, Wilfried, Blockbildung und Entspannung. Strukturen des Ost-West-Konflikts 1953-1956, in: Zwischen Kaltem Krieg und Entspannung, S. 9-23

Loth, Wilfried, Die Formierung der Blöcke. Strukturen des Ost-West Konflikts 1948-1950, in: Die westliche Sicherheitsgemeinschaft, S. 7-23

Loth, Wilfried, Die Teilung der Welt, 5. Aufl., München 1985

Louis, Roger Wm., The British Empire in the Middle East, 1945-1951. Arab Nationalism, the United States and Postwar Imperialism, Oxford 1984

Lowe, Peter, The Significance of the Korean War in Anglo-American Relations, 1950-1953, in: British Foreign Policy, 1945-1956, ed. by Michael Dockrill and John W. Young, London 1989, S. 173-196

Lucas, W. Scott, NATO's »Alliance« and the Suez Crisis, in: Securing Peace in Europe, S. 260-276

Lunak, Petr, Reassessing the Cold War Alliances, in: NATO Review, 49 (2001), No. 4, S. 31-33

McGhee, George, The U.S.-Turkish-NATO-Middle East Connection, London 1990

McInnes, Collin, NATO's Changing Strategic Agenda, London 1990

McLean, Scilla, How Nuclear Weapons Decisions Are Made, London 1986

Maersheimer, John, Conventional Deterrence, Ithaca, N.Y. 1983

Mai, Gunther, Containment und militärische Intervention. Elemente amerikanischer Außenpolitik zwischen der Griechenland-Krise von 1946-1947 und dem Koreakrieg von 1950, in: VfZ, 32 (1984), S. 491-528

Mai, Gunther, Dominanz oder Kooperation im Bündnis. Die Sicherheitspolitik der USA und der Verteidigungsbeitrag Europas 1945-1956, in: Historische Zeitschrift, 246 (1988) S. 327-354

Mai, Gunther, Westliche Sicherheitspolitik im Kalten Krieg. Der Korea-Krieg und die deutsche Wiederbewaffnung 1950, Boppard 1977 (= Militärgeschichte seit 1945, Bd 4)

Maier, Klaus A., Amerikanische Nuklearstrategie unter Truman und Eisenhower, in: Das Nordatlantische Bündnis, S. 225-240

Maier, Klaus A., The Anglo-Saxon Triangle, the French and Western European Integration; in: NATO: The Founding, S. 403-412

Maier, Klaus A., Die internationalen Auseinandersetzungen um die Westintegration der Bundesrepublik Deutschland und um ihre Bewaffnung im Rahmen der Europäischen Verteidigungsgemeinschaft, in: AWS 2, S. 1-234

Maier, Klaus A., Die politische Kontrolle über die ameriaknischen Atomwaffen als Bündnisproblem der NATO unter der Doktrin der massiven Vergeltung, in: Von Truman bis Harmel, S. 39-53

Maizière, Ulrich de, Zur Mitwirkung der Bundesrepublik Deutschland an der Nuklearstrategie der NATO (1955-1972) in: Deutschland zwischen Krieg und Frieden, S. 277-290

Malone, Peter, The British Nuclear Deterrent: A History, London, Sydney 1984

Maloney, Sean M., Atomare Abschreckung zur See. Nuklearwaffen und die Anfänge der NATO Strike Fleet Atlantic in den fünfziger Jahren, in: Militärgeschichtliche Beiträge, 8 (1994), S. 56-60

Maloney, Sean M., Securing Command of the Sea. NATO Naval Planning, 1948-1954, Annapolis, MD 1995

Managing Nuclear Operations, ed. by Ashton B. Carter, John D. Steinbruner and Charles A. Zraket, Washington, D.C. 1987

Manousakis, Gregor M., Griechenland und die NATO 1949-1956, in: Nationale Außen- und Bündnispolitik, S. 269-280

Marshallplan und westdeutscher Wiederaufstieg, hrsg. von Hans-Jürgen Schröder, Stuttgart 1990

May, Ernest R., The American Commitment to Germany, 1949-1955, in: American Historians, S. 52-80

May, Ernest R., Die Grenzen des »Overkill«. Moral und Politik in der amerikanischen Nuklearrüstung von Truman zu Johnson, in: VfZ, 36 (1988), S. 1-40

Mayers, David, George Kennan and the Dilemmas of Foreign Policy, New York, Oxford 1988

Meier-Dörnberg, Wilhelm, Die Planung des Verteidigungsbeitrags der Bundesrepublik Deutschland im Rahmen der EVG, in: AWS 2, S. 605-756

Melandri, Pierre, 1948-1950. Europa und Amerika: Eine ungleiche Beziehung, in: Die westliche Sicherheitsgemeinschaft, S. 239-258

Melandri, Pierre, France and the Atlantic Alliance, 1950-1953: Between Great Power Policy and European Integration, in: Western Security, S. 266-282

Melissen, Jan, The Struggle for Nuclear Partnership: Britain, the United States and the Making of an Ambiguous Alliance, 1952-1959, Groningen 1993

Menzel, Eberhard, Politische und militärische Struktur und Organisationsform in modernen Bündnissen (NATO), Kiel 1968

Merrit, Anna J. and Richard, Public Opinion in Semisovereign Germany. The HICOG Surveys, 1949-1955, Chigago, London 1980

Milett, Steven M., The Capabilities of the American Nuclear Deterrent, 1945-1950, in: Aerospace Historian, 1 (1980), S. 27-32

Milward, Alan S., NATO, OEEC, and the Integration of Europe, in: NATO: The Founding, S. 241-254

Montani, Adams M., Spaniens »Sonderweg« in den fünfziger Jahren. Ein Gegenbild zur demokratischen Entwicklung in der BRD, in: Historische Mitteilungen der Ranke-Gesellschaft, 3 (1990), S. 213-218

Montgomery, Bernard L., A Look Through a Window at World War III, in: The Journal of the Royal United Service Institution, XCIX (1954), S. 507-523

Montgomery, Bernard L., The Panorama of Warfare in a Nuclear Age, in: The Journal of the Royal United Service Institution, CI (1956), S. 503-520

Moody, Walton S., Building A Strategic Air Force, Washington, D.C. 1996

Murphy, Robert D., Diplomat Among Warriors, Garden City, N.Y. 1964

Mutual Defense Assistance Act of 1949. Hearings before the Committee on Foreign Affairs, House of Representatives, 81st Congress, 1st Session on H.R. 5748 and H.R. 5895, Washington, D.C. 1949

The National Defense Program. Unification and Strategy. Hearings before the Committee on Armed Services, House of Representatives, 81st Congress, 1st Session, Washington, D.C. 1949

The National Security: Its Theory and Practice, 1945-1960, ed. by Norman A. Graebner, New York 1986

Nationale Außen- und Bündnispolitik der NATO-Mitgliedstaaten, hrsg. von Norbert Wiggershaus und Winfried Heinemann, München 2000 (= Entstehung und Probleme des Atlantischen Bündnisses bis 1956, Bd 2)

NATO After Thirty Years, ed. by Lawrence S. Kaplan and Robert W. Clawson, Wilmington, Del. 1981

NATO and American Security, ed. by Klaus Knorr, Princeton, N.J. 1959

NATO and the Mediterranean, ed. by Lawrence S. Kaplan, Robert W. Clawson and Raimondo Luraghi, Wilmington, Del. 1985

NATO. The First Five Years, 1949-1954, ed. by Lord Hastings L. Ismay, Utrecht o.J.

NATO: The Founding of the Alliance and the Integration of Europe, ed. by Francis H. Heller and John R. Gillingham, New York 1992 (= Franklin and Eleanor Roosevelt Institute Series on Diplomatic and Economic History, vol. 2)

NATO Strategy Documents, 1949-1969, ed. by Gregory W. Pedlow, Brussels 1997

NATO's Anxious Birth: The Prophetic Vision of the 1940s, ed. by Nicholas Sherwen, London 1985

NATO's Defence of the North, ed. by Eric Grove, Oslo 1989

Navias, Martin S., Nuclear Weapons and British Strategy Planning, 1955-1958, Oxford 1991

Nelson, D.A., A History of U.S. Military Forces in Germany, Boulder, CO 1987

Newhouse, John, The Nuclear Age. From Hiroshima to Star Wars, London 1988

Nitze, Paul H., From Hiroshima to Glasnost. At the Center of Decision. A Memoir, New York 1989

Noack, Paul, Das Scheitern der Europäischen Verteidigungsgemeinschaft. Entscheidungsprozesse vor und nach dem 30. August 1954, Düsseldorf 1977

Nogueira, Albano, Portugal's Special Relationship. The Azores, the British Connection and NATO, in: NATO and the Mediterranean, S. 79-96

Das Nordatlantische Bündnis 1949-1956, hrsg. von Klaus A. Maier und Norbert Wiggershaus, München 1993 (= Beiträge zur Militärgeschichte, hrsg. vom MGFA, Bd 37)

Norris, Robert S., William M. Arkin and William Burr, Where They Were, in: Bulletin of the Atomic Scientists, 55 (1999), No. 6, S. 26-35

North Atlantic Treaty. Hearings before the Committee on Foreign Relations, United States Senate, 81st Congress, 1st Session, Washington, D.C. 1949

The North Atlantic Treaty Organisation. Facts and Figures, ed. by NATO Information Service, Brüssel 1990

Nowarra, Heinz J., Die sowjetischen Flugzeuge 1941-1966, München 1967

Nuclear Diplomacy and Crisis Management, ed. by Sean M. Lynn-Jones, Steven E. Miller and Stephen van Evera, Cambridge, Mass. 1990

Nuti, Leopoldo, The Italian Military and the Atlantic Pact, in: The Atlantic Pact, S. 247-259

Nuti, Leopoldo, Italy and the Defence of NATO's Southern Flank, 1949-1955, in: Das Nordatlantische Bündnis, S. 197-212

Nuti, Leopoldo, U.S. Forces in Italy, 1945-1963, in: U.S. Military Forces in Europe, S. 249-272

Oldag, Andreas, Allianzpolitische Konflikte in der NATO, Baden-Baden 1985

On the Road to Total War. The American Civil War and the German Wars of Unification, 1861-1871, ed. by Stig Förster and Jörg Nagler, New York 1997

O'Neill, Robert, Großbritannien und die atomare Abschreckung, in: VfZ, 37 (1989), S. 595-604

The Origins of NATO, ed. by Joseph Smith, Exeter 1990

Osgood, Robert E., NATO. The Entangling Alliance, Chicago 1962

Osgood, Robert E., NATO: Problems of Security and Collaboration, in: The American Political Science Review, LIV (1960), S. 106-129

Osgood, Robert E., Nuclear Control in NATO, Washington, D.C. 1962

Ovendale, Ritchie, The English-Speaking Alliance. Britain, the United States, the Dominions and the Cold War, 1945-1951, London 1985

Papacosma, Victor S., Greece and NATO, in: NATO and the Mediterranean, S. 189-213

The Papers of Dwight D. Eisenhower, ed. by Louis Galambos et al., Baltimore 1989

Park, William, Defending the West. A History of NATO, Brighton 1986

Paterson, P.C., The Defence Administration of Brooke Claxton, 1946 to 1954, Kingston, Ontario 1975

Pedlow, Gregory W., The Establishment and Evolution of a Military Command Structure for Europe, 1950-1962, in: Die Amerikaner in Europa 1945-1960, hrsg. von Wolfgang Krieger, Ebenhausen 1992

Pedlow, Gregory W., The Evolution of NATO Strategy, in: NATO Strategy Documents, S. IV-XXV

Pedlow, Gregory W., The Politics of NATO Command, 1950-1962, in: U.S. Military Forces in Europe, S. 15-42

Pedlow, Gregory W., Putting the »O« in NATO: The Organizational Development of the North Atlantic Alliance, 1949-1956, in: Von Truman bis Harmel, S. 153-169

Peter, Matthias, Großbritannien, der deutsche Verteidigungsbeitrag und die Wirtschaftskrise 1951, in: Großbritannien und Europa, S. 111-140

Petersen, Nicolaj, The Alliance Policies of the Smaller NATO Countries, in: NATO after Thirty Years, S. 83-106

Petersen, Nicolaj, Dänemark und die Atlantische Allianz 1949-1957. Die kritische Entscheidung, in: Nationale Außen- und Bündnispolitik, S. 101-128

Petersen, Nikolaj, Isolation oder Verstrickung: Dänemark und die militärische Integration in Europa 1948-1951, in: Die westliche Sicherheitsgemeinschaft, S. 167-189

Pikart, Eberhard, Militärische Lage und Bedrohungsperzeptionen, in: Die westliche Sicherheitsgemeinschaft, S. 227-238

Pollard, Robert A., Economic Security and the Origins of the Cold War, 1945-1950, New York 1985

Poole, Walter S., The Joint Chiefs of Staff and National Policy, 1950-1952, Wilmington, Del., 1980 (= The History of the Joint Chiefs of Staff, vol. 4)

Prados, John, The Soviet Estimate: U.S. Intelligence and Russian Military Strength, New York 1982

Public Opinion and Nuclear Weapons, ed. by Catherine Marsh and Colin Fraser, London 1989

Public Papers of the Presidents: Harry S. Truman, 1945-1953, Washington, D.C. 1961-1966

Ra'anan, Uri, The USSR Arms the Third World. Case Studies in Soviet Foreign Policy, Cambridge, Mass. 1969

Rainero, Romain H., Militärische Integration und Neutralitätsbestrebungen in Italien in den Jahren 1947-1949, in: Die westlichen Sicherheitsgemeinschaft, S. 145-154

Rasilius, Andrew P., The Role of Conventional Forces in NATO Strategy: Perspectives, Past, Present and Future, Ottawa 1984

Rearden, Steven L., The Formative Years, 1947-1950, Washington, D.C. 1984 (= History of the Office of the Secretary of Defense, vol. 1)

Rees, Wyn, The 1957 Sandys White Paper: New Priorities in British Defence Policy, in: The Journal of Strategic Studies, 12 (1989), S. 215-229

Reid, Escott, Time of Fear and Hope: The Making of the North Atlantic Treaty, 1947-1949, Toronto 1997

Richardson, Robert C. III, NATO's Nuclear Strategy: A Look Back; in: Strategic Review, 9 (1981) No. 2, S. 35-43

Richelson, Jeffrey, The U.S. Intelligence Community, 2nd ed., New York 1989

Riste, Olav, Der widerstrebende Europäer: Norwegens Haltung zur militärischen Integration 1948-1950, in: Die westliche Sicherheitsgemeinschaft, S. 155-166

Rodgers, Daniel, Atlantic Crossings: Social Politics in a Progressive Age, Cambridge, Mass. 1998

Roman, Peter J., Curtis LeMay and the Origins of NATO Atomic Targeting, in: The Journal of Strategic Studies, 16 (1993), S. 46-74

Roman Peter J., Ike's Hair Trigger: U.S. Nuclear Predelegation, 1953-1960, in: Security Studies, 7 (1998), No. 4, S. 121-165

Rose, John P., The Evolution of U.S. Army Nuclear Doctrine, 1945-1980, Boulder, Colo. 1980

Rosenberg, David Alan, American Atomic Strategy and the Hydrogen Bomb Decision, in: The Journal of American History, 66 (1979), S. 72-87

Rosenberg, David Alan, American Postwar Air Doctrine and Organization: The Navy Experience, in: Air Power and Warfare, ed. by Ehrhart Hurley, S. 245-278

Rosenberg, David Alan, The Origins of Overkill. Nuclear Weapons and American Strategy, 1945-1960; in: The National Security, S. 123-195;

Rosenberg, David Alan, The Origins of Overkill. Nuclear Weapons and American Strategy, 1945-1960; in: Strategy and Nuclear Deterrence, S. 133-181

Rosenberg, David Alan, A Smoking Radiating Ruin at the End of Two Hours: Documents on American Plans for Nuclear War with the Soviet Union, 1954-1955; in: International Security, 6 (1981/82), No. 3, S. 3-38

Rosenberg, David Alan, U.S. Nuclear War Planning, 1945-1960, in: Strategic Nuclear Targeting, S. 35-56

Ross, Steven T., American War Plans, 1945-1950, New York 1988

Rupieper, Hermann-Josef, Deutsche Frage und europäische Sicherheit: Politisch-strategische Überlegungen 1953/1955, in: Zwischen Kaltem Krieg und Entspannung, S. 179-209

Ruston, Roger, A Say in the End of the World. Morals and British Nuclear Weapons Policy, 1941-1987, Oxford 1989

Rustow, Dankwart A., Turkey, America's Forgotten Ally, New York, London 1989

Sagan, Scott D., The Limits of Safety: Organization, Accidents and Nuclear Weapons, Princeton, N.J. 1993

Sagan, Scott D., Moving Targets. Nuclear Strategy and National Security, Princeton, N.J. 1989

Sagan, Scott D., SIOP-62: The Nuclear War Plan Briefing to President Kennedy; in: International Security, 12 (1987), No. 1, S. 22-51

Salewski, Michael, Zur Dialektik der Bombe, in: Zeitalter der Bombe, S. 7-26

Salmon, Trevor C., Unneutral Ireland, Oxford 1989

Schlesinger, Arthur M., The Imperial Presidency, Boston 1974

Schlösser, Maria Helene, Die Entstehungsgeschichte der NATO bis zum Beitritt der Bundesrepublik Deutschland, Frankfurt a.M., New York, Bern 1985

Schloming, Gordon C., American Foreign Policy and the Nuclear Dilemma, Englewood Cliffs, N.J. 1987

Schmidt, Gustav, Die sicherheitspolitischen und wirtschaftlichen Dimensionen der britisch-amerikanischen Beziehungen 1955-1967, in: Militärgeschichtliche Mitteilungen, 50 (1991), S. 107-142

Schmitt, Burkard, Frankreich und die Nukleardebatte der Atlantischen Allianz 1956-1966, München 1998 (= Militärgeschichtliche Studien, Bd 36)

Schnabel, James F., The Joint Chiefs of Staff and National Policy, 1945—1947, Wilmington, Del. 1979 (= The History of the Joint Chiefs of Staff, vol. 1)

Schneider, Mark B., Nuclear Weapons and American Strategy, 1945-1953, Phil. Diss. University of Southern California, Los Angeles 1974

Schraut, Hans-Jürgen, U.S. Forces in Germany, 1945-1955, in: U.S. Military Forces in Europe, S. 152-180

Schubert, Klaus von, Wiederbewaffnung und Westintegration, Stuttgart 1970

Schulten, Jan, Die militärische Integration aus der Sicht der Niederlande, in: Die westliche Sicherheitsgemeinschaft, S. 89-101

Schulzinger, Robert D., The Wise Men of Foreign Affairs. The History of the Council on Foreign Relations, New York 1984

Schwabe, Klaus, Bündnispolitik und Integration 1949-1956, in: Das Nordatlantische Bündnis, S. 71-87

Schwartz, David, NATO's Nuclear Dilemmas, Washington, D.C. 1983

Schwarz, Hans-Peter, Adenauer, Bd 2: Der Staatsmann: 1952-1967, Stuttgart 1991

Schwarz, Hans-Peter, Adenauer und die Kernwaffen, in: VfZ, 37 (1989), S. 567-593

Securing Peace in Europe, 1945-1962, ed. by Beatrice Heuser and Robert O'Neill, Oxford 1992

Selective Service. Hearings before the Committee on Armed Services, House of Representatives, 80th Congress, 2nd Session on H.R. 6274 and H.R. 6401, Washington, D.C. 1948

Senghaas, Dieter, Rüstung und Militarismus, Frankfurt a.M. 1972

The Shadows of Total War. Europe, East Asia and the United States, 1919-1939, ed. by Roger Chickering and Stig Förster, Washington, D.C., Cambridge 2003 (= Publications of the German Historical Institute Washington, D.C.)

SHAPE, Chronology and Organization of the Allied Command Europe, Drucksache vom 1. Dezember 1956

SHAPE History. The New Approach. July 1953-November 1956, ed. by Morris Honick and Edel M. Carter, SHAPE 1976 (= SHAPE History, vol. 3)

Sherwin, Martin J., Scientists, Arms Control, and National Security, in: The National Security, S. 105-122

Shuchman, Daniel, Nuclear Strategy and the Problem of Command and Control, in: Survival, 29 (1987), S. 336-359

Shuckburgh, Evelyn S., Descent to Suez. Diaries 1951-1956, London 1986

Simpson, John, The Independent Nuclear State. The United States, Britain and the Military Atom, New York 1983

Sisk, Thomas M., Forging the Weapon: Eisenhower as NATO's Supreme Allied Commander Europe, 1950-1952, in: Eisenhower: A Centenary Assessment, ed. by Günter Bischof and Stephen E. Ambrose, Baton Rouge, LA, London, S. 64-83

Sloan, Stanley R., NATO's Future. Toward a New Transatlantic Bargain, Washington, D.C. 1985

Slocombe, Walter, Preplanned Operations; in: Managing Nuclear Operations, S. 121-141

Smith, Bradley F., The War's Long Shadow. The Second World War and its Aftermath: China, Russia, Britain, America, New York 1986

Smith, Gaddis, Atlantic Pact as a Problem of U.S. Diplomacy, in: The Atlantic Pact, S. 61-71

Smith, Timothy E., The United States and the Integration of Italy into the Western Bloc, 1947-1949, in: NATO: The Founding, S. 73-98

Smith, Timothy E., The United States, Italy and NATO, 1947-1952, Oxford 1991

Smith, Timothy E., U.S. Security and Italy: The Extension of NATO to the Mediterranean, 1945-1949, in: NATO and the Mediterranean, S. 137-156

Snyder, William, The »New Look« of 1953, in: Strategy

Solem, Eric, NATO, Public Opinion and Defence, Ottawa 1984

Soutou, Georges-Henri, Frankreich und das Atlantische Bündnis 1949-1956, in: Nationale Außen- und Bündnispolitik, S. 209-238

Soutou, Georges-Henri, Die Nuklearpolitik der Vierten Republik, in: VfZ, 37 (1989), S. 605-610

Spaak, Paul-Henri, Combats inachevés. De l'indépendence a l'alliance, Paris 1969

Stein, Peter and Peter Douglas Feaver, Assuring Control of Nuclear Weapons: The Evolution of Permissive Action Links, Lanham, MD 1987

Steinhoff, Johannes und Reiner Pommerin, Strategiewechsel: Bundesrepublik und Nuklearstrategie in der Ära Adenauer-Kennedy, Baden-Baden 1992

Steininger, Rolf, Das Scheitern der EVG und der Beitritt der Bundesrepublik Deutschland zur NATO, in: Aus Politik und Zeitgeschichte, B 17/1985, 27.4.1985

Stephanson, Anders, Kennan and the Art of Foreign Policy, London 1989

Steuer, Siegfried, Die Streitkräfte der NATO-Länder, München 1956

Strategic Nuclear Targeting, ed. by Desmond Ball and Jeffrey Richelson, Ithaca, N.J., London 1986

Strategie der NATO aus der Sicht der Obersten Befehlshaber Europa, bearb. von Gerd Stamp, o.O. 1961

Strategy and Nuclear Deterrence, ed. by Steven E. Miller, Princeton, N.J. 1984

Strategy, Politics and Defence Budgets, ed. by Warner Schilling et al., New York 1962

Strauss, Lewis L., Men and Decisions, Garden City, N.J. 1962

Der Streit um die atomare Bewaffnung. Argumente der Ära Adenauer, bearb. von Philipp Sonntag, in: Militärpolitik. Dokumentation, 6 (1982), H. 25

Sullivan, Ronald J., Dealing with the Soviets, in: American Defense Policy, S. 165-187

Sutherland, R.J., Canada's Long-Term Strategic Situation, in: International Journal, 17, No. 3 (1962), S. 207

Tamnes, Rolf, Defence of the Northern Flank, 1949-1956, in: Das Nordatlantische Bündnis, S. 177-195

Tamnes, Rolf, Norway's Struggle for the Northern Flank, 1950-1952, in: Western Security, S. 215-243

Taylor, Maxwell D., The Uncertain Trumpet, New York 1960

Tertrais, Hughes, L'impact économique et financier des deux guerres d'Indochine, in: Les Cahiers de l'Institut d'Histoire du Temps Present, 34 (1996), S. 213-225

Thoß, Bruno, Der Beitritt der Bundesrepublik Deutschland zur WEU und NATO im Spannungsfeld von Blockbildung und Entspannung (1954-1956), in: AWS 3, S. 1-234

Thoß, Bruno, Bündnissolidarität und Regionalkonflikt. Die Suche der NATO nach einem System gegenseitiger Konsultation und die Suez-Krise (1955-1966), in: Acta No. 14. Commission Internationale d'Histoire Militaire, CIV^e Colloque International d'Histoire Militaire, Montréal 1988: »Conflicts of High and Low Intensity Since the Second World War«, t. 2, Ottawa 1989, S. 691-710

Thoß, Bruno, Kollektive Verteidigung und ökonomische Sicherheit. Die Verteidigungsplanung der NATO zwischen militärischen Erfordernissen und finanziellen Begrenzungen, in: Von Truman bis Harmel, S. 19-37

Thoß, Bruno, The Presence of American Troops in Germany and German-American Relations, 1949-1956, in: American Policy and the Reconstruction of West Germany, 1945-1955, ed. by Jeffry M. Diefendorf, Axel Frohn and Hermann-Josef Rupieper, Washington, D.C. 1993, S. 411-432

Trachtenberg, Marc, A Constructed Peace: The Making of the European Settlement, 1945-1963, Princeton, N.J. 1999

Trachtenberg, Marc A., La formation du système de défense occidentale: les Etats-Unis, la France et MC 48; in: La France et L'OTAN, S. 115-127

Trachtenberg, Marc A., The Nuclearization of NATO and U.S.-West European Relations, in: NATO: The Founding, S. 413-430

Truman Harry S., Memoirs, vol. 2: Years of Fear and Hope, 1946-1953. New York, London 1956

Turkey: A Country Study, ed. by Paul M. Pitman, Washington, D.C. 1988

Tuschhoff, Christian, Die MC 70 und die Einführung nuklearer Trägersysteme in die Bundeswehr 1956-1959, Ebenhausen 1990 (= Nuclear History Program/ Arbeitspapier)

Twigge, Stephen R. and Alan Macmillan, Britain, the United States and the Development of NATO Strategy, 1950-1954, in: The Journal of Strategic Studies, 19 (1996), S. 260-281

Twigge, Stephen R. and Len Scott, Planning Armageddon: Britain, The United States and the Command of Western Nuclear Forces, 1954-1964, Amsterdam 2000

U.S. Military Forces in Europe. The Early Years, 1945-1970, ed. by Simon Duke and Wolfgang Krieger, Boulder, CO 1993

U.S. Nuclear Strategy. A Reader, ed. by Phillip Bobbit, Lawrence Freedman and Gregory F. Treverton, London 1989

Varsori, Antonio, The First Stage of Negotiations: December 1947 to June 1948, in: The Atlantic Pact, S. 19-40

Varsori, Antonio, Italiens Außen- und Bündnispolitik 1949-1956, in: Nationale Außen- und Bündnispolitik, S. 239-253

Varsori, Antonio, Italy and Western Defence, 1948-1955: The Elusive Ally, in: Securing Peace in Europe, S. 196-221

Volkmann, Hans-Erich, Die innenpolitische Dimension Adenauerscher Sicherheitspolitik in der EVG-Phase, in: AWS 2, S. 235-604

Von Truman bis Harmel. Die Bundesrepublik Deutschland im Spannungsfeld zwischen NATO und europäischer Integration, hrsg. von Hans-Joachim Harder, München 2000

Wampler, Robert A., Ambiguous Legacy: The United States, Great Britain and the Foundation of NATO Strategy, 1948-1957, 2 vols., Ann Arbor, Mich. 1996

Wampler, Robert A., Conventional Goals and Nuclear Promises: The Truman Administration and the Roots of the NATO New Look, in: NATO: The Founding, S. 353-380

Wampler, Robert A., NATO Strategic Planning and Nuclear Weapons, 1950-1957, College Park, MD 1990 (= Nuclear History Program, Occasional Paper 6)

Warner, Geoffrey, Die britische Labour-Regierung und das Atlantische Bündnis 1949-1951, in: Die westliche Sicherheitsgemeinschaft, S. 125-143

Watson, Robert J., The Joint Chiefs of Staff and National Policy, 1953-1954, Washington, D.C. 1986 (= History of the Joint Chiefs of Staff, vol. 5)

Watson, Robert J., Into the Missile Age, 1956-1960, Washington, D.C. 1997 (= History of the Office of the Secretary of Defense, vol. 4)

Watt, Donald Cameron, Bemerkungen mit dem Ziel einer Synthese, in: Die westliche Sicherheitsgemeinschaft, S. 343-372

Weathersby, Kathryn, Korea, 1949-1950. To Attack, or Not to Attack? Stalin, Kim Il Sung and the Prelude to War, in: Cold War International History Project Bulletin, 5 (Spring 1995), S. 1-9

Weber, Kathrin, Italiens Weg in die NATO 1947-1949, in: VfZ, 41 (1993), S. 197-221

Wehler, Hans-Ulrich, Der Verfall der deutschen Kriegstheorie: Vom »Absoluten« zum »Totalen« Krieg oder von Clausewitz zu Ludendorff, in: Geschichte und Militärgeschichte. Wege der Forschung, hrsg. von Ursula v. Gersdorff, Frankfurt a.M. 1974, S. 273-311

Weinberg, Gerhard L., A World at Arms. A Global History of World War II, Cambridge, Mass. 1994; dt. Ausg. Stuttgart 1995

Wells, Samuel F., Sounding the Tocsin: NSC-68 and the Soviet Threat, in: International Security, 4 (1979), S. 116-158

Western Security: The Formative Years. European and Atlantic Defence, 1947-1953, ed. by Olaf Riste, Oslo 1985

Die westliche Sicherheitsgemeinschaft 1948-1950, hrsg. von Norbert Wiggershaus und Roland G. Foerster, Boppard a.R. 1988 (= Militärgeschichte seit 1945, hrsg. vom MGFA, Bd 8)

Wettig, Gerhard, Entmilitarisierung und Wiederbewaffnung in Deutschland 1943-1955, München 1967

Wiebes, Cees und Bert Zeemann, Eine Lehrstunde in Machtpolitik. Die Vereinigten Staaten und ihre Partner am Vorabend der NATO-Gründung, in: VfZ, 40 (1992), S. 413-423

Wiggershaus, Norbert, Adenauer und die amerikanische Sicherheitspolitik in Europa, in: Adenauer und die USA, hrsg. von Klaus Schwabe, Bonn 1994, S. 13-46

Wiggershaus, Norbert, Die andere »deutsche Frage«. Die NATO-Gründung und das Problem der Sicherheit vor Deutschland, in: Militärgeschichtliche Beiträge, 4 (1990), S. 51-69

Wiggershaus, Norbert, Aspekte westdeutscher Bedrohungsperzeptionen 1946-1959, in: Feindbilder und Militärstrategien seit 1945, hrsg. von Jürgen Rohwer, Bremen 1992, S. 50-85

Wiggershaus, Norbert, Außenpolitische Voraussetzungen für den westdeutschen Verteidigungsbeitrag, in: Wiederbewaffnung in Deutschland nach 1945, hrsg. von Alexander Fischer, Berlin 1986, S. 63-77

Wiggershaus, Norbert, Effizienz und Kontrolle. Zum Problem einer militärischen Integration Westdeutschlands bis zum Scheitern des EVG-Vertragswerkes, in: Westdeutschland 1945-1955: Unterwerfung, Kontrolle, Integration, hrsg. von Ludolf Herbst, München 1986, S. 253-265

Wiggershaus, Norbert, Die Entscheidung für einen westdeutschen Verteidigungsbeitrag 1950, in: AWS 1, S. 325-402

Wiggershaus, Norbert, Nordatlantische Bedrohungsperzeptionen im »Kalten Krieg« 1948-1956, in: Das Nordatlantische Bündnis, S. 17-54

Wiggershaus, Norbert, Zum Problem einer militärischen Integration Westdeutschlands 1948-1950, in: Die westliche Sicherheitsgemeinschaft, S. 311-341

Wiggershaus Norbert und Hans-Jürgen Rautenberg, Die »Himmeroder Denkschrift« vom Oktober 1950, in: Militärgeschichtliche Mitteilungen, 21 (1977), S. 135-206

Würzler, Heinz-Werner, Die Anfänge kanadischer Militärhilfe für die europäischen NATO-Partner – Probleme und Motivationen (1948/49-1951/52), in: Das Nordatlantische Bündnis, S. 109-129

Würzler, Heinz-Werner, Westeuropa im Kalkül britischer Sicherheits- und Verteidigungspolitik (1945-1954/55), in: Großbritannien und Europa, S. 141-167

Yergin, Daniel, Shattered Peace. The Origins of the Cold War and the National Security State, Boston 1977

Yost, David S., The History of NATO Theatre Nuclear Force Policy, in: The Journal of Strategic Studies, 15 (1992), S. 228-261

Das Zeitalter der Bombe. Die Geschichte der atomaren Bedrohung von Hiroshima bis heute, hrsg. von Michael Salewski, München 1995

Ziegler, Charles A., Intelligence Assessments of Soviet Atomic Capability, 1945-1949: Myths, Monopolies and Maskirovka, in: Intelligence and National Security, 12 (1997), No. 4, S. 1-24

Zwischen Kaltem Krieg und Entspannung. Sicherheits- und Deutschlandpolitik der Bundesrepublik im Mächtesystem der Jahre 1953-1956, hrsg. von Bruno Thoß und Hans-Erich Volkmann, Boppard a.Rh. 1988 (= Militärgeschichte seit 1945, Bd 9)

Personenregister

Acheson, Dean G. 28, 36 f., 65 f., 180, 195, 200, 209, 222, 227, 245, 261, 295, 302, 305, 307
Adenauer, Konrad 209, 234, 241 f., 379
Alexander of Tunis, Lord Harold R.L.G. 182
Arneson, R. Gordon 295, 300, 302
Attlee, Clement 182
Bevin, Ernest 19, 22, 24, 36 f., 177, 179, 182
Bidault, Georges 179, 333 f.
Bohlen, Charles E. 178
Bracken, Paul 254 f.
Bradley, Omar N. 3, 37, 58 f., 93, 101, 106, 108, 210, 227-229, 292, 299, 303
Brentano, Heinrich von 374
Brereton, Lewis H. 274
Brind, Sir Patrick 212
Bundy, McGeorge 307, 392 f.
Caccia, Sir Harold 342
Carney, Robert B. 213 f.
Carpenter, Donald F. 274, 284-286
Churchill, Sir Winston S. 213, 218, 228, 276, 333, 343 f., 358
Clausewitz, Carl von 254, 394
Claxton, Brooke 195
Clay, Lucius D. 21 f., 180
Collins, Lawton J. 332, 336, 340, 343
Conant, James B. 299
Cutler, Robert 377-379
Dean, Gordon E. 288, 290 f., 293-296, 299, 304 f., 310
Dean, Patrick 389
De Gasperi, Alcide 191
Denny, Michael M. 151
Dillon, C. Douglas 334

Draper, William 224
Drees, Willem 208
Dulles, John Foster 111 f., 123, 126, 234, 261, 313, 330 f., 333 f., 338-341, 344 f., 347-351, 353, 358, 361 f., 369 f., 372-374, 376, 379, 380-382, 386 f.
Eden, Sir Anthony 348, 350, 354, 389
Eisenhower, Dwight D. 6, 11, 13-15, 43, 67, 71, 75 f., 78, 80-85, 90 f., 96, 103 f., 106 f., 109-111, 116, 162, 211-213, 217, 220, 222 f., 229, 231 f., 235, 246, 250, 256-260, 264-269, 306, 308, 310, 315, 317, 320, 322, 324, 327, 340, 347, 352, 355, 357 f., 361, 364 f., 371, 374, 384-386, 388 f., 393
Faure, Edgar 221
Fechteler, William F. 213, 299
Fermi, Enrico 299
Forrestal, James V. 22, 260, 278, 281-286
Foster, William C. 303
Foulkes, Charles 150
Gates, Thomas S. 385, 389
Gaulle, Charles de 15
Gavin, James 109
Gray, Gordon 383
Groves, Leslie R. 275
Gruenther, Alfred M. 15, 87, 106, 116 f., 125, 128, 138, 143, 154 f., 212, 231, 236, 238-240, 242, 329 f., 334-337, 340, 343-345
Harding, Sir John 342
Harriman, W. Averell 91, 180, 219
Harvey, Sir Oliver 184
Hauge, Christian 188

Hedtoft, Hans 190
Herter, Christian A. 384, 386
Heusinger, Adolf 153
Hickenlooper, Bourke B. 293
Hickerson, John 180
Holifield, Chester 314, 324
Humphrey, Hubert H. 361, 373
Ismay, Lord Hastings Lionel 94, 138, 143, 215, 219, 220, 222, 351
Jaujard, Robert 212
Johnson, Leon W. 149
Johnson, Louis A. 28-31, 261, 290, 307
Johnson, Lyndon B. 16, 392
Jünger, Ernst 394
Juin, Alphonse 90, 106, 212, 215
Kennan, George F. 2, 21, 178-180, 245
Kennedy, John F. 12, 16, 389, 391 f., 394
Lange, Halvard 190, 334
Lattre de Tassigny, Jean-Marie G. de 60
Lay, James S., Jr. 293, 383
LeBaron, Robert 287, 290-292, 296, 303 f.
LeMay, Curtis E. 104, 106, 289
Lilienthal, David D. 281, 283, 285 f., 288, 307
Lincoln, Abraham 388
Lloyd, Lord Selwyn B. 142, 374
Loper, Herbert B. 366 f.
Lovett, Robert A. 37, 178, 193, 261, 296, 299, 305
MacArthur, Douglas 292-294
McCone, John A. 324
McCormack, James 287 f.
McCormick, Lynde 213
McElroy, Neil H. 377, 380, 386
McMahon, Brien 272, 293, 307
Macmillan, M. Harold, 1st Viscount 349, 379
McNamara, Robert 12
Mancinelli, Guiseppe 150
Mao Zedong [Tse-Tung] 198

Marshall, George C. 19, 25, 70, 212, 218, 261, 278, 296
Mayer, René 218
Mendès-France, Pierre 344, 350, 353
Merchant, Livingston T. 334, 344
Milliken 293
Monnet, Jean 91, 219
Montgomery of Alamein, Bernard L., 1st Viscount 5, 60, 75, 83-87, 96, 116, 125, 134, 182, 212, 231
Mountbatten of Burma, Louis F., 1st Earl 214
Murphy, Robert 384, 389
Nichols, Kenneth D. 283 f.
Nitze, Paul H. 180, 308
Norstad, Lauris G. 105 f., 167, 169, 170, 212, 215, 330, 370, 376, 393
Oppenheimer, J. Robert 299
Osgood, Robert E. 254
Pearson, Lester B. 348 f., 351 f.
Petsche, Maurice 185
Plowden, Edwin 91, 219
Price, Charles 314
Quarles, Donald A. 324, 377, 381
Radford, Arthur W. 229, 238, 261, 309, 311, 343, 347, 361, 364 f., 369, 373, 386
Ridgway, Matthew B. 15, 103, 107, 109, 113-115, 130, 215, 230, 232, 234, 309, 328 f., 332, 340, 357, 365
Ritter, Gerhard A. 254
Robbins, Thomas A., Jr. 354
Roosevelt, Franklin D. 276, 344
Rosenberg, David Alan 304
Royall, Kenneth C. 277, 282
Salazar, Antonio de Oliveira 192 f.
Schuman, Robert 36, 75, 218
Seaborg, Glenn D. 299
Senghaas, Dieter 255
Shinwell, Emanuel 208
Shugg, Carleton 290
Slessor, Sir John 223 f., 228
Smith, Walter Bedell 293
Spaak, Paul-Henri 187

Spaatz, Carl A. 284
Stalin, Iosif V. Džugašvili 180
Stassen, Harold E. 361
Stikker, Dirk Uipko 208
Stimson, Henry 272
Strauss, Lewis L. 307, 315, 317, 324, 366, 372
Taft, Robert A. 257 f.
Talbot, Harald 235
Taylor, Maxwell D. 156, 159, 365, 378
Tito, Josip Broz 191
Truman, Harry S. 14, 20, 25, 28, 65, 67, 70, 75 f., 110 f., 194-196, 206, 209, 211, 218, 256-258, 260, 272, 277 f., 278, 280 f., 283, 288, 290, 293 f., 299, 302, 304-307

Twining, Nathan F. 378 f.
Valluy, Jean Étienne 121, 151, 153, 238
Vandenberg, Arthur H. 25, 37, 272
Vandenberg, Hoyt S. 106, 280, 289, 293, 299
Webb, James E. 283 f.
White, Thomas D. 378
Whitehead 289
Whiteley 342
Wilson, Charles E. 229 f., 236, 261, 264, 310 f., 315, 320, 338-341, 347, 357, 364-366, 369, 373
Wolf, Joseph 335
Wright, Jerault 148
Zeeland, Paul van 73

Autoren und Herausgeber

Dr. Christian Greiner, geb. 1937 in Glogau; Oberstleutnant a.D., ehem. Projektleiter im Forschungsbereich »Deutsche Militärgeschichte nach 1945« des Militärgeschichtlichen Forschungsamtes, Veröffentlichungen u.a.: Die alliierten militärisch-strategischen Planungen zur Verteidigung Westeuropas 1947-1950, in: Von der Kapitulation bis zum Pleven-Plan. Von Roland G. Foerster [u.a.], München, Wien 1982 (= Anfänge westdeutscher Sicherheitspolitik 1945-1956, Bd 1), S. 119-323; Die militärische Eingliederung der Bundesrepublik Deutschland in die WEU und die NATO 1954 bis 1957, in: Die NATO-Option. Von Hans Ehlert [u.a.], München 1993 (= Anfänge westdeutscher Sicherheitspolitik 1945-1956, Bd 3), S. 561-850.

Dr. Klaus A. Maier, geb. 1940 in Friedrichshafen; Oberst a.D., Leiter des Forschungsbereichs »Deutsche Militärgeschichte nach 1945« des Militärgeschichtlichen Forschungsamtes, Veröffentlichungen u.a.: Die internationalen Auseinandersetzungen um die Westintegration der Bundesrepublik Deutschland und um ihre Bewaffnung im Rahmen der Europäischen Verteidigungsgemeinschaft, in: Die EVG-Phase. Von Lutz Köllner [u.a.], München 1990 (= Anfänge westdeutscher Sicherheitspolitik 1945-1956, Bd 2), S. 1-234; Das Nordatlantische Bündnis 1949-1956, München 1993 (Hrsg. zusammen mit Norbert Wiggershaus); Westintegration, Sicherheit und Deutsche Frage. Quellen zur Außenpolitik in der Ära Adenauer 1949-1963, Darmstadt 1993 (Hrsg. zusammen mit Bruno Thoß).

Heinz Rebhan, geb. 1937 in Buchbach/Krs. Kronach; Oberstleutnant a.D., ehem. wissenschaftlicher Mitarbeiter im Forschungsbereich »Internationale Militärgeschichte« des Militärgeschichtlichen Forschungsamtes, Veröffentlichungen u.a.: Verifikation von Rüstungskontrollabkommen durch Fernerkundung (Diplomarbeit), München 1989 (= Beiträge zur internationalen Politik, Bd 9); Abrüstungspolitik in der Zeit des »Kalten Krieges« von 1945 bis 1962, in: Information für die Truppe 1988, H. 8, S. 57-70.

Dr. Bruno Thoß, geb. 1945 in Dresden, Leitender Wissenschaftlicher Direktor am Militärgeschichtlichen Forschungsamt in Potsdam; seit Frühjahr 2001 Leiter des Forschungsbereichs »Militärgeschichte der Bundesrepublik im Bündnis«; Veröffentlichungen u.a.: Zwischen Kaltem Krieg und Entspannung. Sicherheits- und Deutschlandpolitik der Bundesrepublik im Mächtesystem der Jahre 1953-1956, Boppard 1988 (Hrsg. zusammen mit Hans-Erich Volkmann); Der Beitritt der Bundesrepublik Deutschland zur WEU und NATO im Spannungsfeld von Blockbildung und Entspannung (1954-1956), in: Die NATO-Option. Von Hans Ehlert [u.a.], München 1993 (= Anfänge westdeutscher Sicherheitspolitik 1945-1956, Bd 3), S. 1-234; Westintegration, Sicherheit und Deutsche Frage. Quellen zur Außenpolitik in der Ära Adenauer 1949-1963, Darmstadt 1993 (Hrsg. zusammen mit Klaus A. Maier); Vom Kalten Krieg zur deutschen Einheit. Analysen und Zeitzeugenberichte zur deutschen Militärgeschichte 1945 bis 1995, München 1995 (Hrsg.).

www.ingramcontent.com/pod-product-compliance
Lightning Source LLC
Chambersburg PA
CBHW081112160426
42814CB00035B/292